# 그럴 수도 있지

안이숙

## 책 머리에

　우리 주님은 나약하고 쓸모없고 허물과 죄 투성이인 나를 택하여 구원해 주셨다. 주님은 나를 구원해 주셨을 뿐 아니라 교훈해 주시고 도우시고 붙잡아 주셨다. 이것은 인간이 누려야할 최고 은혜요 축복이요 사랑인 것이다.
　나는 주님의 축복을 누리지 못하는 이웃을 만날 때마다 혹은 그들을 생각할 때마다 미안한 생각이 든다.「왜 하나님은 내게 이렇게 엄청난 행복을 누리게 하셨는가?」
　이 모든 축복은 물론 성경에서 배웠고 내 어머니로부터 물려받았으며 감옥에까지 가서도 오히려 가지고 나왔다. 그동안 살아온 내 인생 길은 너무나 짧았다. 그러나 살고 보니 오래 산 것도 같다.
　나를 세상에 보내시던 그날부터 지금 이 시간까지 한없는 사랑의 축복을 부어주시고 마음껏 누리고 살게 하신 하나님 아버지께 감사드린다. 내가 이 땅에서 사는 동안 그 은혜를 어찌 다 갚을 수 있으랴. 그 은혜를 생각할 때마다 강물 같은 눈물이 앞을 가린다.
　「내 무엇 주님께 드릴꼬!」
　몸 드리고 정성 다해 생명을 드리고 마음을 드린다. 그리고 또 한가지 이 땅에서 내가 맺은 소산을 드린다. 이것은 나의 진실한 마음이다. 내가 이제껏 땅에 살면서 겪은 일들을 내 기억으로 떠오르게 도우시는 그분의 힘을 얻어 내가 누리는 축복이 무엇인지 잘 알 수 있도록 힘껏 기록할 것이다. 그리고 이 책을 주님께 바친다.
　이 책은 나의 일곱번째 책이다. 하나님께서는 나로 하여금 일본어에 능하게 하셔서 일본어로 책 두 권을 쓰게 하셨고, 십년에 걸쳐 쓴 영어로 된 책은 10개국 언어로 번역되어 세상에 알려지게 하셨다. 이 얼마나 큰 하나님의 축복인가? 이 얼마나 큰 감사의 조건인가?

그리고 한국어로는 하나님께 드리는 네번째 책이다. 이 책이 주님의 축복으로 인하여 믿는 형제와 자매들이 나 같은 축복을 누리는 데 실오라기만치라도 도움이 되기를 나는 기도한다.

축복의 문은 믿는 데서부터 열린다. 말씀을 믿고 행할 때 축복의 문으로 들어가는 것이다. 그리고 길표(성경)대로 가면 축복의 샘에 도달할 수 있는 것이다.

나는 그 문을 열었고 그 문에 들어와서 길표를 잘 읽고 주의깊고 조심성 있게 걸어왔다. 비록 때때로 넘어졌고 거꾸러졌지만 결국은 이 축복의 샘에 도달했다. 이 샘에서 나는 먹고 마셨고 씻었다. 또한 이 샘물에 잠겨서 세상의 어지러움과 풍랑을 피했다. 그러나 내가 아무리 고통과 환난과 재난과 억울함을 많이 겪었다 해도 아직 부족하다.

이 책을 통해서 하나님의 사랑과 은혜가 전해진다면 이 모든 수고가 주님 안에서 잊혀지지 않으리라고 생각한다.

이 책을 통해 나는 다시 한번 진리의 증인이 되고싶다. 그리고 이 책이 주님께 드리는 선물이 되며 동시에 세상에도 귀한 선물이 되기를 바란다.

로스앤젤레스에서

안이목

# 차례 1

책머리에    11
1. 그럴 수도 있잖아요    21
2. 되돌아가라 미미    24
3. 이 세상을 떠나는 즐거운 이유    49
4. 우울증    50
5. 내것    51
6. 낙심하지 마세요    53
7. 아는 것 많아 못 믿겠소    54
8. 의논하세요    58
9. 고무줄    71
10. 나는 잘 울어요    72
11. 설악산에서 벌어진 변론    73
12. 말    84
13. 잡초    86
14. 꽃    87
15. 버려요    88
16. 기적    90

———————— 차례 2

17. 단골도둑　92
18. 미온상태　98
19. 내려오라고!　100
20. 사랑은　102
21. 사랑연습　103
22. 증오　104
23. 몰랐어요　123
24. 아침　124
25. 나그네　125
26. 불쌍한 사람　126
27. 고집　127
28. 죠지죠　129
29. 사장님　148
30. 남의 허물이 눈에 보이면　161
31. 의논할 이가 있으세요　162
32. 시기　164
33. 불안병 환자　165
34. 사랑 만드는 일　180

## 차례 3

35. 억천 억만의 사랑 182
36. 마음 192
37. 기쁜 일 193
38. 보험 194
39. 편지사건 195
40. 달라요 200
41. 떠날때 201
42. 마리나 202
43. 석양 217
44. 요행 218
45. 의문 219
46. 음식 220
47. 나의 어머니 223
48. 현미경 225
49. 전도 231
50. 아름다운 세상 232
51. 가난 234
52. 기다리라 235

── 차례 4

53. 감독하는 목사님　237
54. 아버지　244
55. 염주나무　246
56. 눈치　250
57. 말 많은 사람　251
58. 그날의 간증　253
59. 무식쟁이　265
60. 배우는 일　266
61. 때는 있다. 그리고 꼭 온다　267
62. 자랑　287
63. 어려운 시집살이와 은혜　291
64. 저녁과 가을　313
65. 오고가는 사람들　315
66. 천국　321
67. 불행　322
68. 아편중독자　323
69. 실수　327
70. 상심　328

———————— 차례 5

71. 기다림 329
72. 부자 330
73. 평강 332
74. 소망 334
75. 바람 336
76. 양반귀신 338
77. 마음 348
78. 대추나무 350
79. 뭐가 다른가요 354
80. 먹어요 362
81. 철석같이 믿었더니 364
82. 새 한마리 368
83. 작은 풀 한 포기에도 사랑을 369
84. 구름 370
85. 인색한 집사님 372
86. 딱해요 384
87. 반가워하세요 386
88. 기적 387

89. 테레비(T. V.) 391
90. 남편이 그렇게 미워요 393
91. 환자 401
92. 알고보니 402
93. 공원에서 404
94. 마음의 게시판 416
95. 왜 모르세요 417
96. 제일 좋은 것 418
97. 기복신앙 420
98. 아버지, 우리 아버지, 내 아버지 432
99. 요한나 433
100. 그는 내안에, 나는 그 안에 441
101. 사랑했어요 442
102. 해방 곧 자유 443
103. 생뗑이 교역자 444
104. 승리하는 투쟁 450
105. 말을 보태고 늘려요 473

## 차례 7

- 106. 억센 사람 477
- 107. 변했어요 478
- 108. 말 482
- 109. 어느 것일까? 483
- 110. 개인주의와 인정주의 487
- 111. 생각 494
- 112. 왕의 이야기 495
- 113. 게으름 511
- 114. 벌레 512
- 115. 사랑을 만듭시다 514
- 116. 무책임 521
- 117. 돌대가리 522
- 118. 미움 525
- 119. 냉전 526
- 120. 그럴 수 있지 534
- 121. 물 한그릇 535
- 122. 한나이야기 536

# 1
# 그럴 수도 있잖아요

못 생기고 모양 없다고 흉보지 마세요.
그를 지으신 분이
그렇게 만드신 것일테니까
그럴 수도 있잖아요.
화 잘 낸다고 나무라지 마세요.
일 때문에 피곤하고
신경이 늘어지면
그럴 수도 있잖아요.

늘상 늦는다고 수군거리지 마세요.
일이 많아 바쁘고
전화 통화를 하다 보면
그럴 수도 있잖아요.
설사 한가했더라도 시계를 보지 않다가
그럴 수도 있잖아요.
욕심이 많다고 욕하지 마세요.
매번 다른 사람 생각을
미처 못하다 보니
그럴 수도 있잖아요.

무식하여 아무것도 모른다고 멸시하지 마세요.
배울 수 있는 길이 제한되어 못 배웠으니

그럴 수도 있잖아요.
인색하고 사랑이 없다고 미워하지 마세요.
경제에 시달릴 때를 염려하여 절제하다 보니
그럴 수도 있잖아요.

노래를 못하고 음성이 나쁘다고 흉보지 마세요.
그렇게 태어났으니
그럴 수도 있잖아요.
게으르고 더럽다고 멸시하지 마세요.
신경상태가 늘어져서
감각이 예민하지 못하니
그럴 수도 있잖아요.

눈치없고 염치없다고 시비하지 마세요.
다 나름대로 생각이 있을테니까
그럴 수도 있잖아요.

이해하세요!
우리 이해하기로 해요.
내가 나를 싸매고 가리고 변호하듯
그럴 수도 있다는 생각을
밥먹듯 하기로 해요.
그러면 기쁨이 생겨요.
마음에 늘 평안이 있어요.
세상 사는 것이 재미있어져요.
오나가나 즐겁고 감사하기만 해요.

왜! 왜! 왜냐고 따지지 마세요.
불행해져요.
미움이 생겨요.
친구가 없어요.
세상이 캄캄하고 싫어지게 되요.

세상만사는 모두 이유가 있기 마련이지요.
세상만사는 모두 그럴 수도 있기 마련이니까요.
그럴 수도 있지!
이해하는 습관은
행복을 만드는 신호랍니다.

## 2
# 되돌아가라 미미

　미국 한츠빌의 교회에서 3일간 간증집회에 참석하고 있을 때였다. 그곳의 청년부 모임으로부터 말씀을 전해 주십사 하는 초대를 받았다. 오십명쯤 되는 젊은 미국 남녀들이 토요일 저녁이 되면 사교실에 모여서 찬송도 하고 기도도 하고 또 특별 강사를 초청하여 신앙 간증을 들은 후 갖가지 케잌과 과자 코크 따위의 음료수를 마시며 웃고 떠들며 지도자가 준비한 재미난 게임도 하는 그런 종류의 모임이었다. 나는 이 모임에 몇번인가 참석하여 간증을 하고 또 노래도 불러주었다. 그들이 게임을 시작하면 나는 그들과 섞여서 구경을 하거나 때로는 슬쩍 빠져나오기도 했다.
　때는 마침 초여름이라 밤공기가 매우 따스했고 새로 돋아 나오는 연초록 빛의 고운 잎사귀들과 거기에서 풍겨나오는 향기는 젊은이들의 마음을 은근히 충동시키기에 충분했다. 모임 장소로 쓸 사교실은 꽤 넓고 탁 트인 곳이어서 젊은이들이 모여 즐거움과 정열을 발산시키기에 아늑해보였다.
　미국의 젊은이들은 둥그렇게 의자를 놓아서 마주 볼 수 있도록 앉은 자세로 기타나 피아노 반주에 맞추어 손뼉을 치며 합창했다. 그 소리는 어찌나 우렁차던지 웅장하게까지 느껴졌다. 그런 틈에 어울려 신나게 노래를 부르노라면 나 역시 싱싱했던 젊은 시절로 되돌아간듯한 착각에 빠져 자못 행복에 겨웠다. 노래를 부르는 동안 한창 기쁨이 충만되어 가면 그 모임의 지도자 겸 사회자가 몇몇 젊은이들을 지적해 기도를 인도하게 한다. 그들이 기도를 마치면 사회자가 기도를 한다. 그런 후에 내가 일어나 간증설교를 하면 기도회는 끝이 나고 계속해서 먹고 마시는 교제의 판이 시작되는 것이다.

그날도 이 다과회가 시작되었을 즈음이었다. 동양인 여자 한 사람이 내 눈에 들어왔다. 기도와 설교가 진행되는 동안에는 그녀를 알아볼 수 없었지만 일단 다과가 시작되자 젊은이들이 자리를 뜨기도 하고 여기저기로 움직이는 사이로 그녀는 유달리 나의 눈을 끌었다. 나는 그녀를 향해 다가갔다. 동양인이라고는 하지만 그녀가 일본인지 중국인인지 혹은 월남이나 필리핀 근방 사람인지 나로서는 잘 알 수 없었다. 그래서 영어로 말을 걸어보았다.

『헬로우!』

내가 말을 걸자 그녀 역시 반가운듯 인사했다.

『헬로우, 당신은 한국인이시라죠?』

나는 몹시 반가운 마음이 들었다.

『그렇다면 당신도 한국인인가요?』

내가 되묻자 그제서야 그녀는 한국말로 말하기 시작했다.

『그럼요. 제 이름은 미미구요, 이런 모임에는 오늘이 처음이에요. 미국 친구가 자꾸 함께 나와보지 않겠냐고 권하는 통에 나와보긴 했는데…. 글쎄요. 뭐가 뭔지 하나도 모르겠네요.』

『그러면 내가 무슨 말을 했는지도 모르겠네요?』

조금은 장난섞인 어조로 물었다.

『나는 구경하는 것만도 정신이 하나도 없는 걸요?』

그녀는 미안하다는듯 얼굴을 살짝 붉히며 말했다.

우리가 이런 얘기를 하고 있는 도중에 그녀를 기어이 이곳으로 오게 했다는 그 미국인 친구가 이것 저것 맛있는 음식을 담은 접시와 마실 것을 들고 미미에게 다가왔다. 그 미국인 아가씨는 나를 보자 내 간증 설교에 대해 고맙다는 인사를 했다.

『아, 부인도 뭘 좀 드셔야지요. 제가 가져다 드리겠습니다.』

나는 음식을 가지러 가려고 몸을 돌이키려던 그녀를 황급히 말렸다.

『아, 아니에요. 전 밤이 늦으면 물도 마시지 않는 습관이 있어요. 나는 먹지 않겠어요.』

그녀는 나의 말을 듣자, 돌아서려던 동작을 멈추고 그대신 내 옆자리로 와서 앉았다.

『어째서 당신은 밤 늦게는 아무것도 드시지 않죠?』
『네, 될 수 있는 대로 안 먹으려고 해요. 왜냐하면 나는 위장이 매우 약하거든요. 밤늦게 뭔가를 먹은 이튿날이면 몹시 피곤해진답니다. 게다가 단 것은 피하라는 의사 선생님의 주의도 있구요.』
『이거요?』
그녀들은 사탕, 과자들을 집어들곤 귀엽게 웃어보였다. 「이렇게 맛있는 걸 못 드시다니!」 하는듯한 웃음이었다. 나 역시 건강한 그들이 부러웠다. 사탕을 입속에 넣고 오물거리던 미국인 아가씨는 그것을 맛있게 꿀꺽 삼키면서 말했다.
『미미를 나오게 하려고 애먹었어요. 선생님이 한국분이시라 미미에게 꼭 뵙게 해 드리고 싶었거든요. 선생님 설교 말씀도 참 좋구요.』
그런데 미미는 이런 모임은 처음이라는 고백과는 달리 수줍어하는 기색도 전혀 없을뿐더러 오히려 자신만만해 보였다. 사실 미미는 그러기에 충분한 미모를 가진 아가씨였다. 그 많은 젊은이들 가운데 가장 멋진 옷차림이었으며, 영어로 얘기하는 그녀의 대화술도 달변이었다.
『미미는 미국에 온 지 얼마나 되셨어요?』
『삼년 됐어요.』
『지금 대학에 다니고 있는 모양이죠?』
그러자 미미는 마치 미국인들이 하는 것처럼 어깨를 으쓱하며 입을 비쭉했다. 그런 모습도 몹시 귀엽게만 보였다.
젊은이들이 떠들면서 먹고 마시는 통에 실내는 매우 시끌벅적했다. 일본식 교육을 받았던 나는 식사중에는 침묵하는 것에 익숙해져 있었다. 그런 사고방식을 가진 나는 처음 미국에 와서 먹고 마시는 동안에 계속 떠들어대는 그들을 보았을 때 별로 마음에 들지 않는 관습이라고 생각했었다. 그러나 미국에서 수십년을 그 습관과 함께 지내다보니 그들의 그런 모습도 잘 이해하게 되었다. 우리에게 음식을 먹는 시간만큼 소중하고 기쁜 시간은 없다. 그러한 기쁨의 시간을 웃고 떠들며 즐긴다는 것은 지극히 자연스러운 일이라 할 수 있을 것이다.
젊은이들은 음식물을 먹으며 와자지껄 떠들어대고 있었다. 나는 함께 먹거나 마시지는 않고 있었지만 그들의 즐겁게 먹는 모습을 지켜보는 것만으로도 아주 흡족한 기분이 되었다.

곧이어 게임이 시작되었다.
　나는 미미가 처음 왔다는 이유도 있고 그들의 노는 모습을 좀더 지켜보고 싶기도 해서 그 게임에 합세하기로 했다. 펼쳐지는 게임마다 모두 폭소가 터져 나오는 흥겨운 시간이었으므로 젊은이들은 하나가 되어 열띤 함성과 활기찬 몸짓으로 게임에 몰두했다. 그들의 모습은 한결같이 건강하고 아름다워 보였으나 그 중에서도 미미의 모습은 특히 자신만만하고 우아했다. 그런 미미의 모습은 금방 모두의 시선을 끌기에 충분했으며 이 모임 처음 출석에 벌써 그들 모두의 주인공이 되어버린 느낌이었다. 미미의 차례가 되면 다들 손뼉을 치고 환호하며 더욱 즐거워했다. 이런 환성과 웃음이 어우러져 온통 야단법석일 때 마침 요의를 느낀 나는 살짝 의자에서 일어섰다. 그런데 용케도 알아본 미미의 친구 미쉘이 얼른 따라나와 화장실로 안내해 주었다.
　미쉘의 친절한 마음에 고마워하며 자리로 돌아오려 하는데 미쉘이 문득 입을 열었다.
　『저… 김 부인, 저와 한 오 분 정도만 얘기하실 수 있는지요?』
　나는 흔쾌히 그러마고 가까운 방으로 들어갔다. 미쉘과 자리를 마주하자 그녀의 부탁이 무엇인지 물어보았다.
　『미쉘, 말하고 싶은 것이 무엇이지요?』
　『저… 미미에 관한 것인데요.』
　나는 어쩐지 불안한 느낌이 들었다.
　『좋아요. 나도 꼭 듣고 싶군요. 어서 얘기해 보세요.』
　미쉘은 이야기를 시작했다.
　『미미, 참 예쁘고 멋진 여자예요.』
　『참으로 그렇더군요.』
　나 역시 공감하고 있던 터라 그렇게 말했다.
　『그래서 미국 사내아이들도 미미를 굉장히 따른답니다.』
　『그럴 수도 있겠는데요.』
　『그런데, 김 부인! 미미는 주님을 전혀 알지 못하고 있어요.』
　이야기는 점점 좋지 않은 방향으로 흘러가고 있었다.
　『한국에 있을 때에는 더러 교회에 나가기도 했다는데… 미미는 주님을 전혀 깨닫지 못한 상태예요.』
　미쉘은 약간 고개를 숙였다. 뭔가 말하기 거북한 것을 이야기하려는듯 천천히 고개를 들었다.
　『저는 미미와 같은 학교에 다니고 있어요. 물론 저는 상급반이고 클라스메이트도 아니지요. 그렇지만 미미의 외모며 사교적인 성격이 인기를 모으기에 충분하잖아요. 그래서 미미를 잘 알고 있는 학생들이 참 많답니다. 저도 우연한 기회에 미미와 친구가 되었어요.』
　여기에서 잠시 말을 끊은 미쉘은 주저하는 것 같더니 다시 용기를 내어 말을 이었다. 나의 마음은 자꾸 불안해졌다.
　『미미네 집은 제가 살고 있는 곳에서 멀지 않아요. 그래서 미미의 사생활에 대해 좀 자세히 알게 되었습니다. 그런데 미미가 혼자인 것 같지가 않았어요.』
　『그래요? 부모랑 살고 있는 건 아닌가요?』
　『아니에요. 한국 남자가 그 집에서 나오는 걸 몇번 목격한 적이 있어요. 우리들은 미미가 아직 미혼인 걸로 알고 있는데 그렇지만은 않은 것 같아요. 그렇다고 해서 그 남자와는 정식 결혼한 사이로 보이지도 않았거든요.』
　나는 할 말을 잃었다. 미미는 과연 그런 여자였던가?
　『한가지 제 맘이 괴로운 것은 그 남자 분이 술에 취한 모습으로 미미 집을 드나드는 것도 몇번인가 본 적이 있다는 것이에요. 게다가 미미는 학교 생활도 성실하질 않아요. 너무 잦은 결석으로 학교측으로부터 주의받은 것으로 알고 있어요. 김 부인께서 좀 도와주셨으면 좋겠는데….』
　나는 미쉘의 이야기를 다 듣고 나서는 마음이 답답해졌다. 미쉘에게 뭐라고 이야기해 주어야 할지 당장 아무런 생각도 할 수가 없었다.
　미쉘이 먼저 사교실 안으로 들어가고 나 혼자 그 방에 남아 한참 동안 깊은 생각에 빠졌다. 주님이 나를 그곳에 보내신 것은 결국 미미를 구하라고 하신 뜻인가 하는 느낌이 들었다. 그렇게 홀로 앉아 있자니 주님과 의논하는 길밖에 내게는 다른 어떤 지혜도 방법도 찾을 수 없었다. 홍분된 마음으로 얼마 동안 기도를 드리고 나서 다시 사교실로 돌아왔다. 그때부터 나의 눈은 미미의 곁을 떠나지 못하고 그녀의 명랑해보이는 행동만을 바라보고 있었다.
　한참이나 떠들썩하던 실내도 지도자의 호각 소리가 나자 금방 조용해졌다. 언제 목사님이 들어오셨는지 목사님의 기도로 집회는 모두 끝났다. 그리고나서 목사님은 내게 와서 정중히 감사의 인사를 했다. 목사님은 나와 함께 서서 젊은이들이 모두 돌아갈 때까지 지켜보며 이야기를 나누었다. 미미와 미쉘도 손을 꼭 붙잡은 채 우리가 서 있는 곳으로 다가왔다. 미쉘은 목사님에게 미미를 소개했다. 그러자 목사님은 눈을 둥그렇게 뜨며 미미의 손을 꼭 붙잡고 반가워했다.

『아! 당신은 미스 코리아가 아니신가요?』

미미는 자신만만한 표정으로 활짝 웃었다. 그리고 그 유창한 영어로 말했다.

『미스 코리아는 다 예쁜 줄 아세요? 모두 성형수술한 인형들뿐인 걸요.』

『그러니까, 미미는 자연 그대로의 미인이라는 뜻이군요. 아 그래요. 이 시대는 무엇이든지 자연 그대로의 것을 좋아하지요. 자연식품, 자연영양제 또 자연미술! 하하하하 ….』

목사님은 즐거운듯 큰 소리로 웃으셨다. 미미에게 좋은 인상을 주어 빨리 교회와 신앙에 관심을 가질 수 있도록 유념하는 것 같았다.

그로부터 십오년이 지난 어느날,

나는 남미로 집회를 인도하러 떠나게 되었다. 마침 집에 있던 여행가방이 너무나 낡아있었기 때문에 새로운 것을 사야만 했다. 남미에 가서 다섯 나라를 돌아다니자면 아무래도 좀 큼직하고 튼튼한 가방을 사지 않으면 안되었다. 나는 가방을 파는 거리로 나가 열심히 돌아다니며 마음에 드는 것을 물색했다. 그런 끝에 간신히 적당한 가방 하나를 찾아내었다. 가방을 사고나자 너무 오랜 동안 신경을 쓰며 돌아다닌 탓인지 몹시 허기가 졌다. 시장기도 때우고 지친 몸도 잠시 쉬어갈 겸해서 나는 어느 식당으로 들어갔다. 그러나 특별 런치메뉴라는 것에는 별로 마음에 드는 것이 없었으므로 다른 것을 주문하려고 웨이트레스를 불렀다. 그러자 동양인 웨이트레스가 내 자리로 왔다. 미국 식당에서 동양인이 일하는 것이 그 즈음에는 별로 이상한 일이 아니었으나 조금은 뜻밖이었다. 나는 그 여자에게 영어로 내가 원하는 음식에 대해 열심히 설명했다. 그런데 웨이트레스는 내 말을 듣기보다는 고개를 갸웃거리며 내 얼굴을 들여다 보는 일에 더 열중하고 있는 것 같았다. 나는 그녀가 도대체 내 말을 제대로 듣고 있는지 의심스러워 질문했다.

『내가 뭘 원하는지 알아 듣겠어요?』
『네?』
그녀는 역시 내 말에는 신경을 쓰고 있지 않았던듯 화들짝 놀란 얼굴이 되어 대답했다.
『내가 하는 말은 제대로 듣지 않고 내 얼굴만 들여다보는 것 같아서 묻는거예요.』
『죄송합니다. 저, 그런데 혹시 안 선생님 아니신가요?』
이번에는 오히려 내 쪽이 깜짝 놀란 얼굴로 그녀를 쳐다보았다. 혹시 내가 아는 사람이 아닌가 기억을 더듬어 보았지만 내 기억에는 들어있지 않은 얼굴이었다.
『글쎄요. 전 잘 못 알아보겠는데, 절 어떻게 아시죠?』
『아, 맞군요. 안 선생님이시군요.』
그렇게 말을 한 그녀는 반가운 표정도 잠깐, 금새 슬픈 기색을 띠면서 그만 내 옆자리에 털썩 주저앉는 것이었다.
여기저기로 많은 집회에 참석하고 있는 나는 이와 같이 불쑥불쑥 먼저 알아보는 사람들을 많이 만나게 된다. 그녀 역시 어느 집회에선가 스치듯 만나 한번쯤 인사를 나눈 적이 있는 사람이려니 생각했다.
『선생님, 어쩌면 이렇게 그대로이십니까? 정말 하나도 변한 게 없으신 것 같아요.』
그녀는 내 얼굴을 요리조리 들여다보며 말했다.
『그때나 지금이나 이렇게 똑같으시다니, 선생님을 뵌 지가…, 그때가 제가 대학 이학년 때였으니까 거의 이십년 가까이나 되었을텐데요.』
『어디서 보았을까요? 이십년 전의 일이라면 정말 옛날 일인데…. 글쎄요.』
『그럼요. 옛날이고 말고요. 그래요 정확히 말해서 20년은 안 됐어도, 15년은 지났겠어요.』
『그래요?』
나는 별로 특별한 일도 아니다 싶어 심드렁하게 말했다. 시장기도 심한데 주문이나 받아서 먹을 것 좀 갖다 주었으면 하는 생각만 굴뚝 같았다.
『선생님, 저 못 알아보시겠죠?』

『글쎄요. 어디서 뵌 분인지….』
　『그럼 옛날에 선생님께서 한츠빌이라는 곳에서 집회하셨던 것은 기억하고 계시나요?』
　나는 한츠빌이라면 서너번 간 적이 있었으므로 잘 알고 있었다.
　『그 도시라면 몇차례 가 본 일이 있어요. 그래서 아주 잘 알고 있지요.』
　『그럼 그때 젊은이들 모임에 참석하신 적이 있으시지요? 제가 거기서 선생님을 뵈었답니다. 미미라는 한국 여자를 만나신 것 기억하고 계시나요?』
　미미 학생이라면 난 오래 생각할 필요가 없었다. 미미라는 그 어여쁜 여학생이 얼마나 내 마음을 우울하게 만들었던가?
　『기억하고 말고요. 물론이에요. 미미와 잘 아는 사이인가 보군요?』
　그녀는 내 대답을 듣고는 얼굴이 활짝 개이다가 이내 우울한 표정으로 변해버렸다.
　『제가 그 미미랍니다.』
　『뭐라구요? 미미? 당신이 그 예쁘고 멋있던 한국 여자? 그게 사실인가요?』
　나는 도대체 믿기지가 않았다. 「앞에 있는 이 웨이트레스가 바로 미미라면…, 사람이 이렇게 달라질 수도 있는 것일까? 화장을 너무 짙게 한 까닭일까? 눈에 괴상한 모양으로 검정라인을 그렸기 때문일까?」 그렇다 하더라도 사람이 이렇게 달라보일 수는 없는 것이었다. 얼굴은 그렇다치더라도 뒤룩뒤룩 살이 찐 몸매는 호리호리하고 민첩한 그때의 미미와는 도저히 비교도 할 수 없을 만큼 불어난 것이었다. 게다가 옷차림 역시 천박해 보였다. 예전의 미미는 세련된 옷을 입고 있었는데 내 앞의 미미는 싸구려 저질 옷감에 야한 무늬가 박힌 현란한 원피스를 입고 있었고 특히 그 옷의 허리부분은 삐져나온 군살로 터질 지경이었다. 나는 일시에 허기가 사라져버렸다. 안경을 벗고 눈을 비비며 그녀를 다시 확인했다. 「이 여자가 미미라니…!」
　『놀라셨지요. 선생님!』
　『그럼요, 놀라구말구요.』
　『너무나 달라졌지요?』

『그러게 말이에요.』
 그녀는 내가 말하고 싶던 것들을 그대로 질문했다.
 『그런데 그렇게 오래된 옛날 한번 보셨을 뿐인 미미를 어쩌면 그렇게 잘 기억하고 계시지요?』
 나는 빙그레 웃으면서 말했다.
 『그래요, 난 기억하는 일에는 내 자신도 스스로 놀랄 때가 많답니다. 아무리 오래된 일이었다 하더라도 전부 기억을 해내는 편이지요. 그런데 미미의 경우라면 그렇게 많은 이야기를 해가면서 기억을 더듬을 필요는 없어요. 미미는 그 많은 미국 젊은이들 가운데 단지 한 사람의 동양인이었다는 것부터 유달랐으며 매우 아름답고 세련되었을 뿐만 아니라 그 자신만만한 태도가 나를 놀라게 했거든요. 그러니 어떻게 잊겠어요?』
 나는 그녀를 본 첫인상에 대해 솔직히 말했다.
 『그런 시절도 있었는데….』
 그녀는 화려했던 그 시절을 회상하는듯 시선을 창문 밖 먼 곳으로 향하고 깊은 한숨을 쉬었다.
 『그런데 미미가 도대체 왜 이렇게 변해버린 겁니까, 말 좀 해봐요.』
 나는 혹시 우리의 말을 알아듣는 사람이 있을까 해서 사방을 둘러보았다. 마침 점심시간은 벌써 지났고 저녁시간으로는 아직 이른 때였으므로 식당 안에는 흑인 한 사람과 백인 몇사람이 커피를 마실 뿐이었으므로 우리에게 신경을 쓰는 사람은 없었다.
 『미미! 아참! 지금도 미미라는 이름 그대로인가요?』
 『이름도 달라졌어요.』
 『뭐라고?』
 『스텔라, 스텔라예요 선생님!』
 스텔라로 변해버린 미미를 다시 한번 주시했다. 그녀에게 무슨 일이 있었을까? 무엇이 그토록 아름답던 미미를 이토록 추하고 천박한 모습의 스텔라로 변하게 만들었을까?
 『스텔라? 그래 좋아요. 스텔라, 나를 만났던 그때 이후 무슨 일이 있었나요? 이야기해 보세요.』
 스텔라의 얼굴 표정이 괴상하게 일그러져 갔다.
 『말도 마세요. 너무 더럽고 망측스러워서 차마 입에 담기도 싫답니다.』

『그래요… 그렇다면 하고 싶지 않은 말을 억지로 하게 할 수는 없는 노릇이지요. 그러니까 너무 괴로운 일이 많았다는 뜻인가 보군요? 결혼은 했어요?』

『결혼이요? 물론이에요. 참으로 굉장했답니다.』

『그런데 남편과는?』

그녀는 하는 수 없었던지 말하지 않겠다던 그 옛이야기를 꺼내놓기 시작했다.

미미가 한국에서 대학에 갓 입학했을 당시 모두들 미미의 타고난 외모를 칭찬하며 보는 이마다 부러워들 했었다. 그녀가 대학교 이학년이 되던 해 우연히 친구네 집에 놀러 갔다가 그 친구의 친척이 되는 남자를 만나게 되었다. 미미를 보자 그 남자는 첫눈에 반해 버렸던 모양이었다. 일단 미미에게 마음이 팔린 그 남자는 미미가 가는 곳마다 쫓아다니며 못 살게 굴었다. 한편 그 당시 미미는 친구들이 미국으로 유학가는 것을 보며 은근히 시샘이 나서 자신도 미국으로 가서 대학을 다녀야 더욱 자랑스러울 것 같기도 하고 또 남들이 다 가는 미국 유학을 왜 자기는 못 가는가 하여 공연히 비굴한 기분이 들기도 했다. 미미는 아무 생각없이 그 친구에게 그런 불만을 쏟아놓았다. 그 친구는 또 무심결에 그 친척 남자에게 미미의 불만을 이야기했다고 한다. 미미의 열망을 알게 된 그 남자는 그 길로 돈을 써서 미미의 미국유학을 주선했다. 미미가 미국으로 유학을 떠나자 그 남자 역시 곧이어 미국으로 뒤따라 왔다.

그러나 불행한 것은 그토록 열렬했던 미미의 구애자가 총각이 아니었다는 사실이었다. 어여쁜 아내와 아들을 둘씩이나 둔 유부남이었던 것이다. 그렇지만 그 남자는 어찌나 미미에게 미쳐버렸던지 아내와 이혼하고 자식도 버린 채 미미와 함께 미국으로 떠나온 것이다. 사치스럽고 자신을 내세우기 좋아하던 미미는 미국의 대학 생활에 잘 적응하지 못하고 성실히 공부하지도 않았다. 공부는 제쳐두고 그 남자와 깊은 관계에 빠져든 미미는 결국 대학을 졸업하지도 못하고 그와 결혼해 버렸다. 미국으로 온 것 자체가 유학을 위해서였는지 사랑의 도피 행각에서였는지 불분명했던 것이다. 그 남자를 통해 술도 배우고 담배도 배웠다. 먹고 마시며 방탕한 생활을 하던 미미는 몸이 점점 불어나기 시작했다. 어떤 옷을 입어도 어울리지 않게 되었고 진하게 화장을 해도 예뻐지질 않았다. 하는 일 없이 먹고 마시며 담배만 피워대니 미미는 점점 뚱보가 되었고 몸이 무거워지자 더욱 게을러져서 늘상 움직이지도 않고 먹고 마시는 악순환만 계속되었다. 그들에겐 웬일인지 아기도 생기지 않았다. 그러던 어느날 미미의 방탕한 남편은 한국으로 가더니 다시는 돌아오지 않았다. 남편을 기다리던 미미에게 돌아온 것은 안부인사조차 한마디 없이 사진 한장만 달랑 들어있는 편지 한통뿐이었다. 그것은 남편의 가족 사진이었다. 그의 전 부인과 두 아들이 함께 찍었는데 너무나 행복해 보였다. 그 남자는 한국에 돌아가 아직도 자신을 기다리고 있던 본부인과 재결합해 버린 것이다.

미미는 너무나 분해서 울고불고 저주했지만 아무 소용이 없는 일이었다. 결국 미미는 미국에서 혼자가 된 것이었다. 그 도시에서는 일자리도 구할 수 없을뿐더러 상처뿐인 과거의 도시가 너무 싫어졌으므로 그녀는 한국인이 많이 살고 있는 LA로 왔다. 기술도 없고 용모도 단정치 못한 그녀를 써주겠다는 직장은 아무데도 없었다. 다행히 미국말이 유창하다는 이유로 간신히 식당의 웨이트레스 자리를 얻어 일할 수 있게 된 것이었다. 그녀에게 팁을 주는 사람도 없고 월급도 너무 박했지만 살기 위해서는 어쩔 수 없이 죽기보다 싫은 일을 해야했다. 그녀는 자신의 생활을 지옥이라고 표현했다.

지난 이야기를 대충 끝낸 미미는 내게 음식을 주문받고 그것을 주방으로 알리러 갔다. 나는 그 틈을 이용해 짧은 시간이나마 간단하게 그러나 매우 진지한 마음으로 주님의 지혜에 도움을 청했다.

그녀는 돌아오는 길에 음식을 갖고 왔다.

『야! 굉장히 빨리 가져왔군요.』

『특별한 분이신데 물론이죠.』

나는 우선 음식을 먹기 시작했다. 먹으면서 생각했다. 「식사 때도 아닌 조용하고 한가한 이 시간에 식당에서 미미를 만날 수 있다니 그것은 우리의 만남을 주님께서 미리 계획하셨기 때문이 아닐까? 미미는 절망과 자포자기의 생활 속에서 자꾸만 썩어가고 있다. 그야말로 밑바닥 생활까지 타락해버리는 것은 아닐까?」나는 그녀와 그냥 헤어져 돌아갈 수가 없었다. 나는 그녀를 불러 내 차로 가자고 간청했다. 아무래도 식당 안은 너무 산만하여 말하려는 나보다 들어야만 하는 미미에게 적당치 않다는 판단이 들어서였다. 만사가 귀찮다는 식의 미미였지만 결국 내 부탁을 따라 주었다. 우리는 함께 차로 가서 앞자리에 나란히 앉았다. 나는 둔하고 너절해 보이는 그녀의 옆 모습을 다시 한번 바라보면서「정말 이렇게 달라질 수 있을까?」「아무리 젊은 날의 미모가 덧없는 것이라고들 하지만….」하고 생각했을 뿐 어떻게 말을 꺼내야 할지 엄두가 나지 않았다.

미미가 그저 앞 유리창 너머를 바라보며 먼저 얘기를 꺼냈다.

『저는 벌써 괴물덩어리로 변해버렸는데 선생님은 정말 하나도 변하지 않으셨어요.』

그녀는 주머니에서 담배를 꺼집어내어 불을 붙였다. 한 모금 빨아들이더니 후우하고 길게 연기를 내뿜었다. 그녀의 눈은 연기 때문에 가늘게 좁혀졌다.

『미미를 처음 만났을 무렵에 나는 아마 지금보다 건강이 더 안 좋았을거예요. 그래요 나는 그때보다 지금이 오히려 힘도 더 세어지고 피로감도 줄어들었을 뿐만 아니라 목소리도 우렁차게 되었어요.』

미미는 고개를 돌려 내 모습을 바라보았다.

『맞아요. 정말 그렇네요. 선생님은 그대로이신게 아니라 더 싱그럽고 젊어지셨군요.』

그녀는 다시 차창 밖으로 눈길을 돌리며 이야기했다.

『전 이제 아무런 희망도 없습니다. 설령 희망이 있다 해도 제겐 힘도 의지도 남아있지 않은걸요. 그저 살아 있으니 먹기는 해야겠고 먹자니 죽도록 하기 싫은 식당 일을 하고 있을 뿐이에요. 개나 소 같은 짐승과 다를 바 없는 생활이지만 어쩌겠어요? 죽지 못해 사는거지요. 차라리 죽는게 낫지 이 꼴이 대체 뭔가 싶을 때도 많았습니다. 그런데 자살이라는 것도 쉽지 않더군요. 제 목숨을 스스로 끊는 사람들은 대단히 의지가 강한 사람들이라는 생각이 들어요. 제겐 자살할 만한 의지도 없는가봐요.』

그녀도 자살하려고 생각했던 모양이었다. 충분히 그럴 수 있는 상황이었으리라…. 그러나 그녀에게「자살할 만한 의지」조차도 없었던 것은 얼마나 다행한 일인가?

『사실 제겐 죽고 싶다는 생각뿐이었어요. 그런데 막상 죽는다고 생각을 하니까 몹시 두려워지더군요. 죽으면 모든 것이 끝이다. 괴로움도 비참함도 모두 사라지는 것이다. 그렇게 다짐하고 다짐했는데 참 우습지요? 이까짓 삶이 무엇인지 온몸이 와들와들 떨려서 정신이 나가버리는 것 같았어요. 제게는 정말 그럴 만한 용기도 없어요, 선생님!』

나는 고개를 끄덕이며 대답했다.

『그건 육감 때문에 그렇다는 사실을 아세요?』

『육감이라뇨?』

『그래요, 육감이라는 것은 우리의 죽음 뒤에 지옥이 기다리고 있다는 증거랍니다.』

미미는 나를 바라보더니 미간을 찡그리며 골똘히 생각하는 듯했다. 그러다가 내 말이 옳다는듯 고개를 크게 끄덕거리며 말했다.

『아! 정말 그런가봐요, 선생님. 자살하려던 그때, 어찌나 두려웠던지 마치 용광로…, 그래요 그런 이글거리는 불길 속으로 빠져들어가는 기분이었어요. 머릿속이 어찔어찔하는 것이…. 그땐 정말 무서웠어요. 결국 죽기를 포기하고 나서 산다는 것보다 죽는다는 것이 더 힘들고 괴로운 일이라는 걸 알게 되었지요. 그렇지만!』

그녀는 그렇게 말하곤 자신을 버리고 떠났다는 그 남자를 향해「그 놈!」「그 나쁜 새끼!」「미친 개 같은 놈!」등으로 시작하여 차마 입에 담을 수 없는 지독한 욕설로 그를 마구 저주해댔다. 바로 옆에 앉아 그 욕설을 듣고 있던 나로서는 차마 견디기 힘들어 진땀이 죽죽 날 지경이었으나 그녀를 말리지 않고 맘껏 폭발시키도록 내버려 두었다. 그녀의 발작적인 욕설은 억눌렸던 분노와 원망의 불꽃이 터져나오는듯 한참이나 계속되었다.

『내 청춘, 그 자랑스럽고 당당했던 내 청춘을! 그 새끼, 그 미친 개새끼가 다 갉아먹었어요. 날 지금 이 꼴로 만들어버렸단 말이에요.』

결국 미미는 울음을 터뜨리고 말았다. 나는 엉엉 울어대는 그녀를 지켜보며 울음이 다 그칠 때까지 기다리기로 했다. 사실 그 남자를 갖은 욕설로 저주할 때엔 견디기 힘들었지만 일단 울음이 터진 그녀를 지켜보는 일은 그보다 훨씬 쉬웠다. 미미는 한참 동안 울음을 그치지 않았다. 결국 울음도 다한듯 간신히 평정을 되찾은 그녀는 조용히 얼굴을 들었다.

『선생님, 정말 죄송합니다. 듣기 거북하셨죠? 전 하소연할 데도 없어요. 나 혼자만 끙끙 앓고 견디며 살아온거예요. 그러다가 선생님을 만나 이렇게 내 속을 쏟아놓으니까 울음이 터지고 말았습니다. 정말 울지도 못했어요. 너무나 고통스러운 세월이었음에도 나 혼자서 감당해야만 했지요.』

나는 미미의 어깨를 토닥이며 말했다.

『아녜요, 잘했어요 미미, 눈물은 고통의 불을 끄는 것이라고들 하지 않던가요? 더 울고싶으면 실컷 우세요!』

미미는 고개를 설레설레 흔들었다.

『그만 됐어요. 울면 무슨 소용이 있겠어요. 저만 손해지요 뭐!』

『미미, 그럼 이제 다 울었나요? 더 남아 있는 말도 없고?』

『할 말이야 태산 같지만…. 이제 어지간한 건 다 말씀드렸어요. 그만하겠어요.』

『미미, 그럼 내가 말할 차례군요. 먼저 미미에게 부탁하겠는데 그것은 내 말을 잘 들어달라는거예요. 그리고 내가 말하는 중간에는 다른 설명을 첨부하거나 자기 변호라든지 반박은 하지 말아 주세요. 그저 잘 듣고만 계셔야 내가 말하기도 쉽고 또 미미에게도 그 말뜻이 제대로 전달될테니까요. 잘 알겠어요?』

『네!』

미미는 순순히 따라주었다.

『미미는 자신의 청춘을 모조리 잃어버렸다고 했지만 나는 그렇게 생각하지 않아요. 미미는 아직 사십이 되진 않았지요?』

『물론 아직 서른 일곱이긴 하지요. 그러나 거의 사십이 다 됐지요.』

『자! 잘 들으세요. 내가 요즘 새로 발표된 어느 심리학자의 책을 읽고 있는데, 거기 참 재미있는 얘기가 써 있더군요. 미미, 내가 왜 성경 이야기를 안 하는지 알아요?』

『글쎄요….』

『그건 미미가 성경 말씀이라면 듣지 않을 것 같고 또 내 생각을 말해도 별로 신통찮게 생각할 것이기 때문이지요. 그렇지만 심리학자의 말이라면 미미도 들을 마음이 좀 생기지 않겠어요? 내 말이 맞죠?』

『저야 하나님을 믿지 않으니까 그런거지요 뭐!』

『그러니까 하는 말이에요. 어때요. 젊은 심리학자가 연구한 것이라면 좀 흥미가 생기지요?』

『말씀해보세요.』

『내가 이 말을 하는 것은 미미의 청춘이 결코 다 사라져버리지 않았다는 것을 증명하기 위해서예요. 잘 들어봐요.』
 나는 미미의 표정이 어떻게 변하는가에 각별히 주의를 기울이며 젊은 심리학자의 연구 내용을 말하기 시작했다.
 『미미, 그 심리학 박사가 뭐랬는지 아세요? 여자가 가장 아름다워지는 때는 사십이라고 하더군요. 여자 나이 사십이 되면 보고 듣고 경험한 지식이 쌓여 지혜가 생긴다는거예요. 그래서 모든 언사와 행동이 세련되어지고 자신감 넘치는 생활태도를 갖게 되며 스스로를 조절하는 능력도 생긴답니다.』
 미미의 눈빛에 호기심이 비치기 시작했다. 나는 말을 이었다.
 『예컨대 음식을 먹을 때에도 자신의 건강과 아름다움을 생각해서 적당히 조절하고 운동을 한다든지 해서 스스로를 잘 가꾸게 된대요. 한편 마음 속에는 무언가 믿음을 심게 된답니다. 그래서 여자가 사십이 되면 지혜롭고 마음이 흔들리지 않으며, 따라서 우아하고 매력적인 여성이 되어 많은 사람들로부터 사랑을 받는 가장 행복한 시기라는 거예요.』
 그녀는 계속해서 내 말에 귀를 기울이고 있었다. 나는 더욱 용기를 얻어 말하는 데에도 한층 힘이 솟았다.
 『거봐요, 그런데 미미는 40세가 되려면 아직 멀지 않았어요? 여자로서 가장 우아하고 매력적이라는 40세가 되려면 아직 3년이나 남아있다는 말입니다. 자, 생각해봐요. 미미가 계속해서 이런 꼴로 살아간다고 해봐요. 한국으로 돌아갔다는 그 남자가 뭐라고 하겠어요.「아, 그 못 생기고 더러운 것 진작 떼어버리길 정말 잘했다. 만일 계속 함께 살았더라면…. 징그럽다, 징그러워!」, 그 남자에게 그렇게 무시당해도 좋아요? 미미는 자신이 그렇게 되는 걸 원해요?』
 미미, 아니 이제는 스텔라라고 불리운다는 그녀는 눈을 들고 나를 바라보았다. 화가 난 것일까? 분한 것일까? 또 다시 증오심이 타오르는 것일까? 아무튼, 그녀가 내 이야기를 잘 듣고 있다는 증거였다.
 『그 심리학자의 논리대로, 미미의 쓰리고 아픈 과거가 미미를 더욱 아름답고 지혜롭게 만드는 경험으로 승화될 수 있다면,「그래 세상은 그런 것이다!」,「그럴 수도 있다」고 깨닫는다면, 그래도 미미에게 절망뿐일까요? 죽지 못해 사는거라구요? 다시 한번, 생각해봐요. 앞으로 음식도 조절하고 적당한 운동으로 건강하고 아름다워져 보세요. 마음 속을 그 남자에 대한 미움으로 가득 채우기보다는 다시 예뻐져야 한다는 각오를 새로이 하고 하나님의 도움을 받으면서 노력해 보세요. 언행을 조심하고 고상하게 살아 간다면 미미는 화려했던 지난날의 청춘보다 더욱 우아하고 매력적인 부인이 될 수 있지 않겠어요!』
 미미의 눈이 반짝였다.
 『그럼 그 남자가 뭐라겠어요? 「오, 미미, 천사같이 아름답구나」하며 감히 다시는 접근도 하지 못 할거예요. 다시 생각해 봐요. 미미는 그 남자 때문에 이미 너무 많은 세월을 허비해 버렸어요. 게다가 미미의 나머지 인생마저도 희생시켜 버린다면 너무 아깝지 않아요? 너무나 억울하지 않아요? 정말 안타깝군요. 미미의 표현대로 그 지나가는 미친 개 때문에 그 아름답고 소중한 일생을 망쳐야겠느냐 말입니다. 아니예요. 그럴 수는 없어요. 그 당당하고 자신감에 넘치던 미미의 모습은 어디로 갔나요? 반드시 되돌아가야 해요. 그때의 멋지고 당당하던 미미의 모습으로!』
 나의 말이 점점 열기를 띠어가자, 그녀의 표정도 따라서 더없이 진지해져갔다.
 『미미, 자살하려 했었다지요? 그때의 일 기억하고 있지요? 불안과 두려움! 미미, 정신 바짝 차려봐요. 그 아름다움을 되찾으란 말이에요. 그까짓 날아가버린 옛날 남자 따위는 집어치워요. 그렇게 더럽고 치사해서 못 견디겠다면 속 시원히 씻어버리란 말입니다.』
 나는 미미에게 좀더 가혹할지 모르지만 솔직하게 이야기해야겠다고 생각했다.
 『미미는 그 사람을 더럽고 추악하다는 식으로 표현했지만, 내가 보기엔 미미는 더욱 추악해요.』
 미미는 충격받은듯이 항의할 것 같은 눈빛으로 나를 바라보았지만 다시 입을 꾹 다물고 참는 것이었다. 나는 그녀가 왜 더 나쁜가에 대해서 설명하기 시작했다.
 『왜냐하면 미미는 그토록 황홀한 미인이었음에도 불구하고 하필 유부남과 연애를 시작했다는 것이 문제였어요. 순탄하게 대학을 마치고, 멋지게 연애를 해서 얼마든지 좋은 총각 신랑을 만날 수 있었잖아요. 그런데 때묻은 남의 남편, 더욱이 두 아들의 아버지인 그 사람을 자신의 것으로 만들겠다고 미미의 소중한 일생을 던져 주려했다니 그 일부터가 벌써 치사스럽고 더러운 시작이 아니었겠어요? 좀 지나치다고 생각할지 모르겠군요. 그렇지만 내가 왜 이렇게까지 말하고 있는지 좀 생각해 보세요.』

그녀는 아무 말도 하지 않고, 그저 내 이야기만 골똘히 듣고 있을 뿐이었다.

『미미는 아직도 자신이 한 일에 대해서는 소경같이 보지 못하면서 상대를 보는 데에는 현미경으로 들여다보듯이 실오라기만한 것까지 들추어내어 미워하고 있어요. 그것이 오히려 자신을 상하게 하고 있다는 사실을 미미 자신은 전혀 모르고 있는 것 같아서 내가 바른대로 이야기해주는 것이에요. 이제부터는 그 현미경을 자신에게 돌려놓고 무엇이 잘못되었는가 똑똑히 보란 말이에요.』

미미는 화가 난 것인지, 혹은 결심을 하고 있는 것인지 얼굴 표정이 굳어지고 입술을 잘근잘근 깨물었다. 그녀의 생각에 변화가 생긴 것이 틀림없었다.

『미미, 그 몸매. 그게 도대체 무슨 꼴입니까? 얼마나 더 불어나도록 방치하고만 있을 겁니까? 망칙해서 못 봐줄 정도군요. 그 꼴, 그것이 40세도 못된 여자의 몸매라고 할 수 있겠어요? 얼마나 더 뚱뚱해지도록 먹어치우기만 할꺼냐 말이에요.』

얼굴이 새빨갛게 달아오른 미미는 고개를 푹 수그리며 변명을 했다.

『마음이 괴로울 때마다 낮이건 밤이건 가리지 않고 닥치는대로 먹어대곤 한답니다. 어떤 때에는 밤새도록 먹을 때도 있어요. 먹는 동안만은 마음의 상처가 잊어지는 것 같으니까요.』

『그건 돼지나 하는 짓이에요. 돼지였다면 그렇게 먹고 살찔수록 주인이 좋아하지요. 그러나 사람인 당신이 그렇게 한다면 결국 천하고 추악해져서 모두에게 무시를 당하게 되는 것이지요. 돼지 같은 여자, 못생긴 여자, 그런 말을 들으며 거지에게나 대하듯 그런 대우밖에 받을 수 없어요. 그토록 예쁘고 우아하던 미미가, 보는 사람마다 칭찬하고 부러워하던 미미의 모습이 왜 그렇게 변해야 하지요? 자 이젠 결심해봐요. 되돌아가란 말입니다. 그때처럼 아름답고 쾌활한 미미로!』

『선생님, 제가 어떻게 그때로 돌아갈 수 있겠어요? 전 이제 틀렸어요.』
고개를 젓는 미미였지만 목소리에는 어쩐지 간절함이 담겨있는 듯 했다.
「난 되돌아가고 싶다. 그 옛날 아름답던 미미로 되돌아가고 싶다.」
그런 생각을 하고 있는 것이었다. 나는 미미에게 자신감을 북돋아 주기 위해서 말을 계속했다.
『절대로 그렇지 않아요. 인간은 동물과는 틀려요. 인간의 영혼은 무엇보다도 강하고 굳건하기 때문에 하려는 마음만 있다면 못할 것이 없습니다. 보세요. 저 높은 건물들, 그것이 바로 사람의 가느다란 열 손가락, 조그만 두 주먹이 만들어낸 것 아니예요? 그렇지만 저렇게 높고 웅장한 건물이 되었어요. 머리로 생각하고 뜻을 세워 결심하고 두 손에 도구를 쥐고 일을 해서 마침내 계획을 이루어낸 것이지요. 그러나 아무것도 하지 않으면, 아무것도 얻을 수 없겠지요. 좋은 것이 아무리 많이 있어도 꼭 나쁜 것만 먹으려 하는 사람처럼 말이에요. 오곡신선한 채소와 과일이 풍성해도 꼭 술을 마시거나 담배를 피워야 하는 사람 그래서 결국 암 같은 무서운 병에 걸려 최후를 맞이하게 되는 사람, 그런 사람은 결국 자신이 스스로 선택한 길을 간 것입니다. 내 말이 좀 지나쳐서 거북하게 생각할지도 모르겠군요. 그렇지만 지금 미미의 모습은 너무나도 비참해요. 그래서 미미를 위해 솔직히 충고하지 않을 수가 없었던거예요. 물론 내가 거짓말이나 듣기 좋은 말로 위로나 해주고 돌아가는게 미미에게는 차라리 더 나으리라고 생각할 지 모르겠으나, 난 그런 사람이 아니에요. 만약 내가 그런 식으로 비위나 맞추며 살아왔더라면 벌써 맥빠진 늙은이나 다 죽어가는 환자가 되고 말았을겁니다.』
나는 이제 따뜻한 어조로 돌아가 미미에게 힘이 될 말을 해주려고 노력했다.
『내가 이렇게 진솔한 표현으로 참된 말을 하고 있는 것은, 내가 미미를 사랑하고 있기 때문이에요. 물론 이 사랑은 내 사랑이라기보다는 하나님의 사랑입니다.』
『하나님이 정말 어딘가에 계셔서 내 꼴을 보신다면 너무나 역겨워서 벌써 죽어버리게 하셨을거예요.』

미미는 아직도 자포자기에서 벗어나지 못한 심경으로 그렇게 말했다.

『그건 미미보다 내가 더 잘 알고 있는 일입니다. 나는 누구보다도 하나님을 잘 알고 있는 사람 중의 하나이거든요.

그러니까 내 말을 잘들어봐요. 미미, 하나님은 미미를 정말 사랑하신단 말입니다.』

『전 믿지 않아요. 선생님!』

아직도 불신에 찬 목소리로 미미가 말했다.

『미미가 믿든지 안 믿든지 하나님은 상관하지 않으시지요. 그분은 미미를 늘 사랑해 오셨고, 지금은 더욱더 사랑하고 계시는 것이 사실입니다. 왜 그런지 알고 있습니까?』

『왜죠?』

『지금의 미미에게는 그분의 사랑이 더욱 필요하기 때문이지요. 하나님은 그래서 정말 좋으신 분이십니다.』

『그래서 선생님은 늘 하나님만 믿으시는거죠?』

『믿기만 하는 줄 알아요? 나는 그분의 사랑이 너무나 좋아서 목숨을 걸고 사랑하며 애쓰고 있답니다. 그래서 나는 몹시 행복하고 기운이 넘쳐요.』

『그래요. 선생님은 아주 자신만만해 보이시고 굉장히 안정된 것처럼 보여요.』

『잘 봤어요. 미미, 미미의 말 그대로예요. 미미와 나를 한번 비교해 보세요. 그때 그 명랑하고 당당하던 미미가 지금은 어떻게 변했나요? 나는 또 어떻게 변했고 미미가 지금 우리의 변화를 눈으로 보고 스스로 확인해 보세요.』

『저는 기가 죽어서 아무 말도 할 수가 없군요.』

『미미, 내가 지금 뭘 생각하고 있는지 알아 맞춰 보겠어요?』

『그걸 제가 어떻게 알겠어요. 선생님!』

나는 사랑에 찬 눈길로 미미를 바라보며 이야기했다.

『나는 지금 이런 모습을 상상하고 있답니다. 우아하고, 고상하고, 침착하고, 아주 세련된 숙녀로 변해 있는 미미. 그런 더 할 나위없이 아름다운 미미가 교회에서 봉사하면서 많은 사람들로부터 칭찬과 사랑을 한몸에 받는 모습. 그런 천사 같은 미미의 모습을 그려보고 있답니다.』
『설마!』
　당치도 않다는듯이 미미는 그렇게 말을 했지만, 싫지는 않은 표정이 역력했다.
『글쎄요. 내 말이 맞나 그른가는 두고 보면 알 수 있겠지요. 다만 미미가 이 넓고 넓은 세상을 살아나가면서 꼭 한 가지 마음 속에 새겨 두어야 할 것이 있어요. 그것은 바로 무슨 일이 있든지 하나님만은 내 편에 서 계시다는 사실이랍니다. 내가 아무리 잘못하고 실수하고 악해져도 하나님께서는 나를 변호해 주시고 내가 다시 행복해지기를 원하고 계신다는 사실만 잊지 않고 있으면 되는거라구요.』
『설마, 저 같은 걸…. 어림도 없어요. 선생님!』
『그렇지 않아요. 누구든지 사람이라면 다 그런 사랑을 받을 수 있어요. 다만 동물은 그렇지가 않지요. 사람은 만능종이니까요. 만능종이란 뜻 알겠어요?』
『그게 무슨 말이지요?』
　미미는 더욱 적극적으로 내 말에 빠져들고 있었다.
『내 말을 들어보세요. 씨앗을 종자라고 하지요? 만능종자는 곧 인간종자라는 뜻이랍니다. 인간 종자는 일년 종자나 혹은 십년 백년이라는 것과는 달리 무한한 영원 종자라는거지요. 그리고 무엇이든지 할 수 있다는 만능 종자라는 말입니다. 그래서 인간은 만능 성능의 만능종이 되는거지요. 그러니까 미미는 만능종자라는 말이에요. 하지 않으면 아무것도 되지 않아요. 그런데 하려고 하면 뭐든지 할 수 있어요.』
『제가 원하는 것이 무엇이건 간에요?』
『물론이에요. 장하고 아름답던 미미가 미친 개에게 한번 물렸다고 해서 남은 인생을 병든 거지같이 무시와 멸시 속에서 죽지 못해 사는 꼴이 돼서는 안 되지요. 그건 말도 안돼요. 이 세상에 죄없는 사람이 어디 있겠어요. 죄는 하나님이 모두 용서해 주시려고 늘 준비하고 기다리고 계신답니다. 하나님께 용서해 달라고만 하면 다 해결이 되고 맙니다.』
『불가능해요. 선생님! 전 믿을 수가 없어요.』
　미미는 안타깝게 말했다. 그러나 시간은 벌써 많이 흘러가버렸고,

나는 일해야만 하는 미미를 더 붙잡아둘 수가 없었다. 나는 미미의 손을 뜨거운 마음으로 꽉 붙잡았다.
『내가 기도를 할테니 미미도 같이 합시다.』
내가 미미에게 해줄 수 있는 최선의 방법이었다.
『아버지, 미미를 이 세상에 보내신 아버지 하나님! 미미는 지금 주님이 꼭 도와주셔야 할 지경에 처해 있습니다. 주님께서 붙잡아 일으켜 주시고, 더욱 사랑해주시고, 곁에서 늘 도와주소서! 예수님 이름으로…. 아멘.』
나는 기도를 마치고 내가 쓴 책 「죽으면 죽으리라」와 「죽으면 살리라」—그것은 내가 늘 가지고 다니는 것이었다—와 성경 한 권을 미미에게 쥐어 주었다.
『책을 읽은 지도 오래됐어요.』
미미는 반가워하지도 고맙다는 인사도 없이 그 책을 담담히 받아 들었다.
『미미, 이 책엔 사랑이 담뿍 담겨있어요. 그뿐인 줄 아세요? 미미가 불가능이라고 생각하는 것을 깨부수고 녹여버리고, 날려버리는 위대한 힘이 담겨 있는 책이란 말이에요. 읽기만 하면 미미가 굉장히 놀랄거예요. 더욱이 성경은 다섯 번 이상을 읽으면 어떻게 되는 줄 아세요? 나처럼 된답니다. 세상 모든 일이, 내 손바닥을 들여다보듯 한눈에 보이고, 천국이 내 맘속에 생겨나 대낮에 햇빛이 빛나듯 환해진답니다.』
나는 웃으면서 미미에게 용기를 주었다.
『설마!』
미미는 여전히 믿을 수 없다는 표정이 되어 나를 똑바로 쳐다보았다. 그래서 이번엔 간증을 해서 미미의 의심을 풀어주기로 했다.
『미미, 나는 본래 신경이 예민하고 허약한 소녀에 불과했었어요. 그렇지만 나는 우리 어머니에게서 믿음이라는 것을 보았지요. 나는 어머니를 통해서 이 믿음만 있으면 아무리 세상이 어지럽고 험난해도 평안한 마음과 행복한 삶을 살 수 있다는 것을 배웠지요. 그런데 내 어머니를 그렇게 만들어 낸 그 비결이 바로 성경이었다는 사실을 알게 되었고 대학을 마친 후엔 이 책을 수십 번 읽었답니다. 그러고나서 나는 달라졌습니다. 일본이 군국주의에 의해서 가장 강하게 되었을 때 잔인한 만행을 서슴지 않았던 적이 있었지요? 그때의 일이었습니다. 한국의 예수교를 모조리 없애버리고 자신들의 국신과 팔백만이라는 엄청난 수의 잡신들을 섬기도록 하기 위하여 우리 국민에게 신사참배를 강요하는 등 종교, 특히 예수교 탄압이 극에 달했었지요. 나는 분연히 일어나 앞장 서서 그들에 대항해 싸우기 시작했습니다. 처음에는 우리의 힘이 너무 미약해 보였지요. 신사참배를 거부하는 사람을 모두 죽여버리면 한국의 예수교가 사라져버릴 것이라고 그들은 생각했습니다. 그래서 나와 우리 동지들은 모두 그들에게 죽음을 당하게 될 위기에 처해 있던 때였습니다. 그런데 그들이 생각치도 못한 유황불이 하늘에서 소나기처럼 쏟아진 것입니다. 그것은 바로 미국 공군에 의해 원자탄과 소이탄이 뿌려졌다는 말입니다. 결국 일본의 본토는 불타버리고 한국에 들어왔던 일본 귀신들은 그 민족과 함께 모조리 쫓겨나가 버리고 말았습니다. 바로 내 사형 집행 전 날에 일어난 일이랍니다.』

나는 잠시 말을 끊고 미미를 바라보았다. 미미는 신기하다는듯 눈만 껌뻑거리고 있었다. 나 역시 그때의 감회가 다시 생각나 성경을 어루만졌다.

『나는 이 성경을 읽고 그대로 살아가는 동안, 단 한번도 불행을 느낀 적이 없었답니다. 그때의 참혹한 감옥살이에서부터 지금 이 시간까지 그 성경에서 말씀하시는 하나님께서 내 맘에 또 내 앞과 뒤와 곁에 늘 계시고 도우시고 지켜주시기 때문이랍니다. 그분 하나님은 어떤 때든지 내 편에 계신다는거예요.』

『그거야 선생님께서 죄가 없으시니까 그런 것 아닙니까?』

『죄가 왜 없는지 알아요? 예수님을 믿었기 때문에 모든 죄가 다 사라져 버린 것이에요. 예수님께 용서해달라고 빌면서 내가 얼마나 죄를 많이 짓고 못되게 살아왔는가를 말하고 회개했더니 죄가 다 없어지더군요. 죄가 없어지고 나면 참행복을 느낄 수 있게 되지요.』

『제겐 안될 겁니다. 불가능해요. 선생님!』

『자, 이젠 시간이 너무 지났으니 미미는 또 저녁일을 시작해야 하지 않겠어요? 어서 식당 안으로 들어가십시오.』

나는 거의 억지로 책들을 그의 가슴에 안겨주고 시동을 걸었다. 미미는 어거지로 받다시피한 책들을 들고 식당 안으로 들어갔다. 그녀의 모습을 지켜보면서 「저 여자가 그토록 황홀했던 미인이었던가? 스텔라! 왜 스텔라로 이름을 바꾸었을까? 혹시 어떤 소설 속의 비극의 여주인공 이름을 흉내낸 것이 아닐까?」 이런저런 생각을 하다가 문득 평양 감옥에서 만났던 기생 선화가 머릿속에 문득 떠올랐다. 그렇게 거만하고 망측스럽던 선화가 조금씩 변해가던 그때의 모습이 눈에 선했다. 내가 순교하기를 그토록 기다리며 기뻐하였고, 나는 기어이 순교하기를 원했었다. 그러나 결국 난 살았고, 선화는 순교했다. 나는 뜻을 이루지 못하여 아버지집 천국에 들어가지를 못했는데 선화는 그렇게도 찬란한 순교를 했으니 그 얼마나 만족스럽고 영광스러웠으며 기뻤을까? 나는 오늘 미미와 만난 일과 선화의 순교를 동시에 떠올리고 말할 수 없이 만족스럽고 대견해졌다.

그후, 나는 계획대로 남미로 떠났다. 두 달 동안 다섯 나라를 여행·전도하고 또 한국과 일본에 가서 두 달, 다시 미국에 와서 여러 교회의 초청을 받아 이리저리 돌아다니느라 미미를 찾아갈 시간적 정신적 여유가 없었다. 약 칠개월이 지나 집으로 돌아온 날 오후, 기도를 하는데 갑자기 미미가 떠올랐다. 나는 기도를 마치자마자 황급히 그 식당으로 차를 몰고 달려갔다. 식당에 들어선 시간은 지난 번 미미와 만났을 때와 비슷한 한가한 시간이었다. 식당 안을 휘이 둘러보며 미미를 찾아보았으나 그녀는 눈에 띄지 않았다. 나는 카운터를 바라보았다. 뚱뚱한 남자가 앉아 있었는데, 그는 아르메니아인 같기도 하고, 쿠바인 같기도 했다. 그는 내가 누군가 찾고 있는걸 의식한 듯 나를 유심히 보았다. 나는 그에게 다가가 물었다.

『스텔라를 만나러 왔습니다만.』

『스텔라?』

그는 벗겨진 머리를 긁적이면서 잠시 생각하더니 생각이 났다는 듯 대답했다.

『아! 스텔라! 그 일본 여자 말이군요.』

『아, 아닌데요….』

나는 문득 그녀가 일본인이라고 속이고 일을 해왔을지도 모른다는 생각이 들어 다시 말을 고쳤다.

『네, 아마 그럴거예요. 지금도 여기서 일하고 있습니까?』

『아! 그 여자는 그만둔지 오래됐지요.』

『그만 두었습니까? 언제요?』
『글쎄요. 몇달 된 것 같은데요.』
그렇게 말하고 있는데, 한 웨이트레스가 주문받은 음식을 가지고 손님에게 가고 있었다. 그녀가 카운터 앞을 스쳐지나자 뚱보 주인은 그녀에게 물었다.
『낸시! 스텔라가 언제 그만 두었지요?』
낸시는 잠시 머리 속에서 계산을 해보더니 말했다.
『내가 들어와서 한 달 후에 그만 두었으니까, 벌써 반 년이나 되었겠군요. 왜요? 그 여자 친군가요?』
『네, 그 여자 어디로 갔는지 모르시겠어요?』
나는 반가운 마음에 연락처를 물었다.
『난 모르지요. 그런데 나와 같이 한 달 동안 일을 했는데 좀 이상한 여자던데요.』
『왜, 뭐가 이상했나요? 말씀 좀 해주세요.』
『무슨 여자가 먹질 않아요. 전에는 술도 무척 마셔대고 담배 피우고 먹기만 했다던데 내가 와서부터는 술, 담배는 물론이고 아무리 맛있는 것이 있어도 일체 손도 대질 않아요. 하루 종일 스푸만 한 공기 먹을 뿐이니 힘이 쭉 빠져서 형편 없었어요. 그러니까 그 뚱뚱하던 몸이 자꾸 빠지는데도 글쎄 통 먹지를 않더라구요. 글쎄요. 소식 듣기로는 고향에 갔을거로 알고 있는데…. 잘 모르죠.』
주인이 한 마디 덧붙였다.
『그 여자는 이상한 책을 언제나 보고 있더니, 달라져버리던데요. 항상 그 책을 놓질 않고 있더라구요.』
옳지! 그녀는 결국 내 책을 읽었구나! 나의 마음은 한량없이 기쁘기만 했다. 나는 집으로 돌아오면서 감사와 감동이 북받쳐 올라 찬송을 불렀다.
미미는 지금 어디에 있을까? 일자리는 얻었을까? 돈이 없을텐데…. 누군가 도와줄 친구가 있을까? 어디에서 무엇을 하고 있는지 알 수 없는 나는 마음이 답답했다. 다행히 한국에 부모나 의지할 곳이 있어서 갔을지도 모른다. 나는 그녀가 변했다는 소식만으로 만족할 수 밖에 없었다. 온 천하의 크리스찬들을 위해 기도하는 그 시간에는 미미도 그 중에 있을 것이 아니겠는가!

그러나 나는 그녀가 정말 보고 싶다. 미인이었던 미미, 추녀가 되어 버린 스텔라, 지금 그녀는 어떤 모습을 하고 있을 것인가? 미미도 아니고 스텔라도 아닌 새로운 모습! 그녀는 세번째 인생을 살아가고 있을 것인가? 여지껏 살아온 인생보다 더욱 값지고 행복한 생활 속에서 ….

# 3
# 이 세상을 떠나는 즐거운 이유

　이 세상을 떠나게 되면 나는 좋아요. 해가 지고 캄캄한 밤이 오는 세상에 더 살지 않으니 좋아요.
　가을이 되고 겨울이 오는 세상을 떠나가니 좋아요.
　복잡한 서류나 물건을 찾느라 애써야 하는 세상을 떠나니 좋아요.
　자동차 열쇠를 잃어버리고 찾아야 하는 세상을 떠나니 얼마나 반가운지 모르겠어요.
　이 세상을 떠난다는 것은 그렇게도 사모하고 소망하며 줄달음쳐 온 영광의 나라에 들어간다는 뜻이지요.
　그 영광 나라에 입국하는 황홀한 감격 중에서도 이 세상을 떠나간다는 것이 무엇보다도 좋아요.

# 4
# 우울증

왜 우울한지 아십니까?
우울은 성령님이 보내시는 신호랍니다. 우리가 기도하지 않는다고 보내는 신호란 말입니다.
마음을 열고 소리높여 「하나님! 우리 하나님! 내 아버지! 나의 기도를 들어주세요」하고 외쳐보세요!
외롭고 슬픈 일, 괴롭고 힘든 일, 소망하는 일, 주위에 일어나는 일, 지난 일, 현재의 일, 또 내일 일까지 말씀하십시오.
그뿐만이 아닙니다.
좋은 이야기, 부끄러운 이야기, 자신에게 일어나는 일들을 모두 내어놓고 말씀하십시오.
사람에게 말하면 웃음거리나 비방거리 심지어는 원수가 되는 수도 있으나 우리 하나님 아버지는 우리의 사정을 모두 알고 계시기 때문에 이렇게 말씀하십니다.
『그래 그래 그렇구나.』
하나님은 다 받아주시고 이해하시며 아무리 말을 많이 하고 지치도록 이야기해도 한번도 그만해라 듣기싫다 하지 않으시고 귀기울여 들어주십니다.
또 기뻐하시며 웃으시기도 하십니다.
그러면 우울증은 어느새 사라져 버리고 마음 속에서는 깊은 우물 같은 평안과 기쁨과 소망의 물결이 솟아오르며 퍼져갑니다.
이제 우울은 자취도 그림자도 없습니다.
우울증은 신호입니다. 하나님이 보내시는 빨간 신호입니다. 기도하라고 말입니다.

# 5
# 내것

이 세상에 내 것이 어디 있소.
누구나 모든 것을 빌려 가지곤 그것을 다만 맡고 있을 뿐이라오.
어느 누가 일생 동안 모아 둔 것을
죽는 날에 하나 둘씩 담아 가던가요.
속속들이 남김없이 내어놓고 가버리지 않던가요.
이 세상 그 무엇을 쌓아 놓아도
엽전 한 닢 가져갈 수 없지 않나요.
그 옛날 아비가일의 남편이었던
고집장이 나발이란 이름을 아시나요.
수많은 양떼들이 오직 자기 것이고
주께는 마음 한번 가져본 적이 없는
배짱이인 양 모든 재물 제 것이라 했던
자기 것만 많은 그였기에
임금되실 그분이 신하를 보냈어도
내 것을 나눌 엄두가 나질 않소.
내 것일세, 다 내 것이야.
실컷 먹고 마시고 심술궂게 잠을 자던 나발이
전신에 좀이 슬어 죽고 말았으니
양털 한 장 몸안에 지닐 수 없는 죽음
이 세상에 내 것이 어디 있나요?
없어요, 없다구요.
그러나 고개 돌려 보았는가요.
이 세상 내 것이 한 가지 있어요.

주님이 선물로 주시는 구원.
이 선물은 누구도 빼앗을 수 없어요.
영원까지 이 구원은 내 것이며 그날에 꼭 가지고 갈 선물이지요.
구원의 선물이 기뻐 봉사하는 수고도
나를 따라 천국까지 묻어갈거예요.
봉사와 돌아봄과 희생의 상급은
자꾸만 커지고 쌓여도
하나도 남김없이 내 것이 되지요.
복없는 사람은 알 수 없는 일.
복이 없는 까닭에 알려고도 하지 않아
복이 없는 사람인 까닭에
들어도 깨닫지 못하고 무관심할 뿐
복이 없으니 도리가 없지요.
복있는 사람만 알 수 있는 일.
복있는 사람만 매어달려 순종하는 일.
얼마나 좋은가요.
세상 사는 동안에 정말 내 것으로 만들 수 있으니까요.
복있는 사람은 죽는 그 순간이
얼마나 장하고 기쁠는지요.
다가오는 그 순간은
세상을 사는 얼마나 큰 보람, 얼마나 큰 자랑일까요.
얼마나 재미있고 만족할까요.
세상에는 한 가지도 내 것이 없지만,
하늘에서 주시는 주님의 선물이
결국 내 것이니.
살아서 움직일 수 있는 동안
우리 마음은 영원한 상장을 무척 많이 받는
많이 심으며 많이 거두는 종이어야 해요.
영원한 나라에 가지고 들어갈
신용카드를 소지하세요.
세상에서 번 것은 내 것이 아니지요.
하늘나라 선물만이 내 것이지요.

# 6
# 낙심하지 마세요

낙심하지 마세요
낙심은 하나님께 비끄러맨 줄을
끊어 버리는 일
하나님에게서 떠나가는 일
그렇게 되면 어디에서 힘을 얻을까요?
다른 어떤 곳에서
당신이 살아갈 힘과 지혜를
얻고 또 채워서 살아갈 수 있나요?
낙심은 마귀가 살며시 보내는 유혹
더 이상 주님께 매어 달리지 말라고
더 이상 견딜 수 없으니 손을 달라고
더 이상 참음은 불행이라고
살며시 등을 치며 되뇌이는 거짓말
낙심은 악마가 보내는 전보라구요.
현실을 보지 마세요.
듣지도 말하지도 마세요.
낙심하지 말라 하신 그분 말씀만
가슴 속에 또렷이 울려 보세요.

# 7
# 아는 것 많아 못 믿겠소

　나는 많이 배웠어요. 일생 동안 배웠기 때문에 모르는 것이 없지요. 과학이니 의학이니 경제니 정치니 생물학이니 식물학이니 천문학 화학 수학 철학 지질학 전기학 공학 건축학 신문학 종교학 문학 인문학 역사학 지리학 가정학 심리학 신학을 다 배웠고 또 다 알아요. 나는 학사지요. 석사고 박사고 학자라구요. 모르는 것이 없고 외우지 않은 것이 없단 말이에요. 나는 잘생겼어요. 건강하고 힘이 강해요. 나는 재치가 있고 재간이 있고 모든 일에 능란하고 무척 빨라요. 나는 못하는 것이 없고 또 못할 것이 없어요. 나는 재물도 많고 명예도 있고 이름도 있는 사람이에요. 나는 유명하고 유능하고 유망하고 또 굉장하지요. 나는 모든 사람의 부러움의 대상이지요. 나를 따를 사람은 아무도 없어요. 나는 어디를 가나 머리고 무엇을 하나 최고지요. 나는 누구에게나 칭찬을 받으며 어디서나 자랑의 표징이고 대표이고 꼭대기예요.
　아! 그것 참 훌륭하고 멋있네요. 그런데 당신은 모든 것을 다 외우고 또 알고 있어서 모르는 것이 없다고 했지요? 그럼 내가 네 가지만 질문해 보도록 하겠어요. 첫째는 당신 몸속에 있는 것에 대해 묻겠어요. 당신의 피부 밑에는 핏줄이 있는데, 그 피속에 적혈구와 백혈구가 각각 몇개씩 들어 있는지 말해 보세요.
　그것을 내가 어떻게 알아요. 당신 미쳤어요? 눈으로 보지 못하는 것을 어떻게 알 수 있겠어요?
　모른다는 말씀인가요?
　그것은 그 누구도 모르는 것이에요. 어느 누구도 다!

그래요? 그러면 보이는 것으로 물어 보지요. 당신은 매일 아침 저녁으로 머리를 빗지요? 또 샤워를 해서 머리를 깨끗이 하고 가려울 때는 손으로 긁어주고 늘상 거울을 들여다 보면서 예쁜 모양을 내기 위해 기름을 바르고 만져주지요. 어릴 때부터 지금까지 한번도 그냥 방치해 둔 적 없이 보호하고 가꾸어 온 머리카락이 몇개나 되는지 아세요?

그것을 누가 알겠어요. 그것을 아는 사람은 이 세상에 하나도 없을 것이에요.

왜요? 세어 보면 알텐데요?

누가 그런 것을 세어 보겠어요?

아! 눈에 보이고 더군다나 세면 셀 수도 있는 것인데 그런데도 모른단 말인가요?

몰라요. 나뿐만이 아니라 이 세상에 사는 사람은 다 모를거예요.

그러면 또 한 가지 물어 보겠어요. 당신은 잘 배우고 잘 알아서 지금 학사고 박사고 학자고 대가이지요. 또 당신은 건강하지요. 하지만 언젠가는 죽겠지요. 당신이 세상에 태어난 날은 알겠지만 당신이 죽을 그날은 언제인지 알아요?

그것을 아는 사람이 어디 있겠어요? 그럼 모른다는 말씀이지요? 또 하나만 더 물어 보겠어요. 당신은 잘생기고 건강하고 또 힘이 무척 강한데 그것은 당신의 육체라는 것이 아니겠어요? 이 육체는 흙에서 왔으니 흙으로 돌아가지요. 그런데 당신 자신은 그 육체 속에 있는 영혼이에요. 당신의 영혼은 당신의 그 잘생기고 건강하고 힘이 있는 육체 속 곧 육체라는 장막 속에 들어있어요. 그 잘생기고 건강하고 힘이 강한 당신의 육체, 곧 그 장막이라는 집은 날이 가고 세월이 지나면서 쇠해지고 찌그러지고 흔들리고 망가지고 무너지지요. 늙고 쇠잔해지고 병들고 망가지고 죽는다는 말이에요. 그렇게 되면 그 장막 속에 살고 있던 영혼은 무너진 집에서 나오게 되지요. 무너진 집 죽은 시체에서 나온 당신의 영혼은 어떻게 되는 것일까요?

그런 것을 누가 알아요! 영혼도 모르고 그런 논리도 모르고 또 믿지도 않아요.

그렇지요? 그것도 모르지요. 그러면 마지막으로 하나만 더 물어 보겠어요. 천국에는 어떻게 해야 가고 지옥에는 왜 가나요?

그것을 내가 어떻게 알아요. 믿지도 않는 것을 어떻게 안단 말이에요?

그러면 당신은 모르는 것이 없다고 했는데, 이렇게 다 모르니 대체 아는 것은 무엇이지요?

나는 세상에 있는 모든 것을 다 안다는 것이에요.

당신 몸은 세상 것이 아닌가요? 당신의 피부, 당신의 혈관, 당신 머리와 머리카락은 세상 것이 아닌가요?

대체 당신은 내게 무엇을 말하고 싶어서 이러는 것이지요?

네, 말하지요. 당신이 많이 배워서 모든 것을 다 잘 아는 것은 참으로 훌륭하고 좋은 일이에요. 그러나 제가 보기에는 당신이 아직 모르고 있는 것이 있어요. 나는 비록 다른 모든 것에는 당신보다 무식하나 당신이 모르고 있는 것을 알고 있기 때문에 말하려고 하는 것이에요. 당신은 창조주 하나님이 가장 귀하게 만드신 만물의 영장, 생령이지요. 당신은 동물이 아니고 사람이에요. 창조하신 분이 당신을 만능종으로 지으셨기 때문에 당신은 모든 것을 다 배울 수 있었고 또 다 알 수 있고 다 할 수 있는 것이에요. 그 만드신 분은 당신을 일년생이나 십년생이나 장수생으로 짓지 않으시고 만생종 즉 영생종으로 만드셨어요. 그래서 비록 당신의 육신은 헐고 무너져 흙으로 돌아가지만 그 육신에 들어있던 영생종 영혼은 그 육신에서 빠져 나오지요. 육신은 늙고 쇠약해지고 병들고 죽지만 영혼은 늙지도 않고 쇠약해지지도 않아요. 그 영혼은 죽을 수도 없는 영원종이기 때문에 무덤 속에서 썩어서 흙이 되는 육체에 있을 수가 없는 것이에요. 많고 많은 사람들이 이 영혼의 갈 길 때문에 이런 진리를 모르는 왕과 고관과 헌병과 경관과 이웃과 친척과 심지어는 가족들에게까지 핍박을 받지요. 그들은 유리되고 헐벗고 산으로 굴로 광야로 헤매며 굶어 죽고 시들어 죽고 맞아 죽고 사자에게 던져지고 칼로 창으로 몽둥이로 대창으로 톱으로 죽임을 당하고 기름가마에 던져지고 나무에 매어 달리고 불에 타 죽고 무수한 멸시와 무시와 천대와 학대를 다 받으며 토굴 속에서 떨며 죽었지요. 그러나 온 세상에서 오물과 쓰레기 같은 존재로 취급 받으며 죽고 또 죽었지만 예수님을 믿는 자는 계속 그 수가 늘어가고 그 교세는 왕국과 민족을 능가했지요. 이 진리를 멈출 수 있는 자는 없지요. 또 이 신앙은 변경시킬 수 없지요. 왜냐하면 그것은 진실이고 사실이고 현재며 미래며 영원이기 때문이지요. 당신이 비록 이 세상의 모든 지식과 지혜를 다 알고 있다 하더라도 이 진리를 몰랐다면 당신은 정말로 알 것을 다 안 것이 아니지요. 당신은 몰라도 되는 것을 잔뜩 알았을 뿐이에요. 역사는 살아있고 또 증거하지요. 영생을 아는 사람은 당할 자가 없다고…. 영생에 속한 영생종인 인간은 나라도 이기고 권세와 칼과 고난과 핍박과 천대와 죽음도 이겨내지요. 그것을 아는 사람이 참된 것을 아는 사람이에요. 또한 그것을 배우는 것이 정말 배우는 것이지요. 내가 그 중의 한 증인이지요. 아시겠어요?

# 8
# 의논하세요

귀자는 일제시대 때 충청남도의 한 작은 마을에서 태어났다. 귀자는 어릴 때부터 바느질이나 부엌일은 잘했지만, 공부하는 것은 좋아하지 않았다. 동네 아이들이 거의 다 학교에 다니는데 혼자 안 다닐 수도 없었고 또 부모님께서 기어이 학교에 가라고 야단을 치시며 데려다주어 할 수 없이 입학했다. 그러나 공부하는 것이 싫고 재미없어서 일년도 채 다니지 못하고 중단하고 말았다. 귀자는 어렸을 때부터 집 안일을 잘했기 때문에 소문이 자자했으며 숙성해서는 동네의 큰 부잣집 맏며느리로 출가하게 되었다.

그런데 어떻게 된 셈인지 시집가서 나이가 드는데도 몸집은 자라지 않아서 어린 아이처럼 보였다.

귀자는 매우 독실한 불교 가정에서 자랐고, 시집도 마찬가지로 대대로 불교를 신봉하는 집이었다. 귀자는 불공드리는 일이 몸에 배어 있었고 불교에 대한 모든 절차를 훤히 알고 있었다. 그런데 귀자는 시어머니가 홀로 가족을 다스리시고 주장하는 엄한 분이어서 무척 놀랐다. 집안의 모든 결정은 시어머니에게 달려있었다. 시어머니는 여왕처럼 군림했다.

맏며느리가 된 귀자는 꼭두새벽부터 해질 때까지 쉴새없이 집안일을 해야만 했다. 더욱이 그 집안은 음식이 매우 까다로웠다. 가족을 위해 하루 세끼 준비하는 일이 너무 벅찼고 또 절차도 복잡하고 까다롭기만 했다.

그 집안 대대로 내려오면서 해먹는 음식들은 여간 조미를 잘하지 않으면 안 되었다. 어쩌다 간이 맞지 않거나, 모양이나 빛깔이 틀리면 시어머니는 엄한 호령을 내리셨고 밥상을 마당에 집어던지기도 했다. 그래서 놋그릇들이 찌그러지고 흉해지면 그것도 귀자더러 책임을 지고 바로잡아 놓으라고 호령을 하는 판이었다. 그런 시어머니 밑에서 귀자는 하루종일 전전긍긍하며 살 수밖에 없었다.

불공도 드려야 하고 제사 지내는 건 기본적인 일이었으며 절기마다 절을 찾아야 했다.

그러면서도 귀자는 아이들을 넷이나 낳아서 고생이 이만저만이 아니었다.

그러던 중 시어머니가 병환으로 자리에 누워 시름시름 앓더니 세상을 떠나셨다. 그렇게 심하던 시집살이도 한풀 꺾이고 가정 분위기는 변하여 많이 편해졌지만 워낙 가족이 많고 아이들은 쑥쑥 커가니 일은 밤낮 고되고 힘이 들었다.

해방이 되어 일본인들은 모두 자기 나라로 쫓겨가고 세상은 달라졌다.

아이들은 자라서 대학에 보내야 하고 또 저마다 서울로만 가려는 판이었다. 그때 남편이 간염으로 세상을 떠났으므로 아이들을 공부시키고 출세시키기 위해서 귀자는 식구들을 데리고 서울로 이사를 해왔다. 아이들이 저마다 처지대로 학교에 들어가자 귀자는 그 아이들 공부 뒷바라지에 정신이 없었다. 때는 6·25 전이어서 많은 사람들이 이북에서 월남해 오고 서울 장안은 무수한 인파로 북적북적했다. 이북에서 월남해 온 동포들 중에는 크리스찬이 많았고 대부분 열심히 믿는 신자들이었다. 그들이 모이는 곳마다 교회가 들어서고 주일이면 교회로 가는 사람들로 붐볐다.

귀자를 찾아오는 사람들이나 귀자가 알고 있는 사람들 중에 예수 믿는 사람이 많아지고 또 귀자에게 예수 믿으라고 강권하는 이웃이 여럿 있었다. 더욱이 불교를 믿던 친지들이 예수 믿고 변하는 것을 보면 속에 불이 붙도록 화가 치밀어 올라 참을 수가 없었다. 그래서 귀자는 강권하는 사람들이나 믿는 사람들에게 맞서서 화를 내고 욕을 퍼붓기도 했다.「절개없는 것들! 염치없는 것들! 잘되나 보자! 변절하고 딴짓을 하는 것들! 벌받는 꼴을 보고 말테다. 나는 안 그럴테다. 나만은 끝까지 부처님을 모시고 섬겨서 본을 보여줄 것이다. 보자! 누가 벌받고 누가 잘되나 보자!」하며 속으로 분을 품었다.

귀자는 이를 악물고 더 열심히 절에 다니고 더 열심히 불공을 드리고 더 열심히 충성할 것을 스스로 다짐했다. 또 예수 믿는 사람들을 업신여기고 보기도 싫어했으며 누가 예수 믿는 이야기를 하기만 해도 귀자는 열통 화통 다 터졌다. 세상에 그럴 수가 있나! 귀자는 불교 신자였다가 예수 신자 된 사람들과는 인사도 안 하고 무시하고 쳐다보지도 않았다. 한번은 그녀가 시내에 나갔다 버스를 타고 집에 돌아오는 길이었다. 버스 안에서 예수 믿는 사람들과 만날까봐 마음이 언짢아서 자리에 앉아 있는데 버스가 출발했다. 다행히 그런 사람들은 없었으나 그들이 너무 미워 속으로 욕을 퍼부어대고 있었다. 버스가 멈추고 차에서 내리려고 막 문을 나서는데 갑자기 크고 똑똑한 소리가 들려왔다. 「넌 언제까지 그럴거냐?」하는 소리였다. 그 소리는 사실 어디서 들려왔는지 전혀 알 수 없었다. 귀자의 마음 속에서 나는 것도 같고, 공중에서 들려오는 것인지, 버스 안에서 울려 퍼져나오는 것인지 분간할 수 없었지만 분명하고 똑똑하게는 들려왔다. 귀자는 순간 깜짝 놀라서 「뭐라구요?」하고는 가슴이 떨리고 다리에 힘이 다 빠져서 후들후들거리면서 간신히 집에 돌아왔다. 왜 그렇게 무섭고 떨리는지 알 수가 없었다. 온 천지가 다 자기를 죄인 취급하고 노려보는 것만 같았다.

그날은 마침 주일날이었다. 귀자는 크리스찬들이 어디서 모이는지 알고 있었다. 귀자는 집에 있을 수가 없어서 밖으로 나가 자기 발로 교회를 찾아 갔다. 아침예배 시간은 벌써 오래 전에 지나갔고 저녁예배 시간은 아직 일렀다. 교회 안에는 아무도 없었다. 슬며시 문을 열고 혼자 교회당 안에 들어가 엎드렸다. 웬일인지 무섭고 떨리던 마음은 점점 사라지고 편안해졌다. 그래서 그녀는 계속 엎드려 있었다. 저녁시간이 되어 많은 사람들이 모여 들었다. 찬송소리를 들으니 맘이 훤히 열리는 것 같았다. 귀자는 엎드린 채 눈도 뜨지 않고, 일어나 앉지도 않았다. 엎드린 채로 예배가 다 끝날 때까지 꼼짝도 않고 있었다. 귀자는 그렇게 해서 주님을 만나 믿는 신자가 되었다. 집에서 소중하게 모시던 불상과 거기 속한 모든 것을 전부 아궁이 속에 집어던져 태워 없애버렸다. 그후 귀자는 열심히 교회에 나갔다. 새벽기도 종소리가 나기 전에 일어나서 새벽기도와 주일예배, 수요기도회, 무슨 모임에나 빠지는 일 없이 교회에 나가고 또 열심히 전도도 하게 되었다. 교회에서는 열심으로 봉사하는 그녀에게 집사 직분에 이어 권사 직분을 맡겼다.

아들들은 다 대학을 마치고 취직했다. 결혼도 하고 손자들도 낳아주어 아주 다복하고 행복한 가정이 되었다. 그러나 귀자는 아들과 며느리들에게는 복음을 전하지 못하고 있었다. 왜냐하면 귀자 자신이 미치도록 불교에 충성했다는 사실을 아들 며느리들이 다 알고 있었고 더욱이 변절한 사람들에게 혹독하게 욕을 퍼부어 왔던 자기가 오히려 완전히 변절하고 예수 믿어 욕먹었던 사람들과 같이 되었으니 식구들이 자신을 어떻게 생각할까 하는 두려움 때문이었다.

세상은 또 변했다. 누구나 외국에 이민 가는 바람이 불어서 저마다 미국에 가서 잘 살아보겠다는 욕망들을 가지고 떠났다.

그 당시에 귀자 권사도 아들들을 따라서 이민왔다.

나는 어느날 쇼핑을 갔다가 집에 돌아와 차를 차고에 밀어넣고 방으로 들어가다 잔디밭으로 지나가는 백발이 성성한 노인을 보았다. 먼 발치서 봐도 영낙없는 한국 사람이었다. 나는 방으로 들어가려던 발을 돌이켜 재빠르게 잔디밭으로 내려가 말을 걸었다.

『한국 할머니가 지나가시기에 뛰어왔어요. 안녕하세요?』

『아이구 누구신데 이렇게 한국말로 이 늙은이에게 친절하게 대해주십니까?』

『저는 이 집에 사는 사람인데 좀 들어오셔서 노시다 가시지 않으시겠어요?』

『들어가도 됩니까? 아이구 반가워, 나는 이 동네에 혹시 한국사람이 살고 있지 않을까 해서 궁금했는데 이렇게 만나게 돼서 참 반가워요.』

우리는 그렇게 만났고 또 서로 가까이에 살고 있다는 것을 확인하고는 더욱 기뻤다. 알고 보니 그녀는 권사였고 신실한 크리스찬이었으므로 나는 더욱 더 반갑기만 했다. 우리는 금새 친한 사이가 되었다. 그녀는 맛있는 국도 끓여왔고, 때론 된장찌개나 나물 무친 것도 가져와서 같이 먹기도 했다. 또 차를 타고 어디든지 같이 가기도 하고 집에 있을 때에는 자주 찾아와 만나는 때가 많았다.

그녀에게는 한국에 남아있는 아들이 있었는데 공무원으로 큰 집에 살면서 아무 부족함이 없이 가족들과 단란한 생활을 하고 있었다. 그런데 어느 여름날 고기를 너무 많이 먹은 것이 급체가 되었던지 단 한 시간 만에 세상을 떠났다는 기별이 왔다.
　귀자 권사는 너무 뜻밖의 소식에 놀라 부랴부랴 한국으로 가 그 진상을 알아 보았으나 어쩔 도리가 없었다. 그렇게 건강하고 행복한 가정 생활을 누리던 아들이 갑자기 세상에서 사라져 버렸다고 생각하니 하늘이 무너지는 충격이 아닐 수 없었다. 장례식을 마치고 미국으로 돌아온 귀자 권사는 실성한 사람처럼 입을 떡 벌리고 초점 잃은 눈으로 허공만 바라보았다. 한마디로 귀자 권사는 살아갈 힘을 다 잃어버렸다. 신앙은 있었지만 연단받지 않은 신앙이라 그런 큰 시험이 다가왔을 때 대항해나갈 힘도 기력도 없었다. 그녀는 낮이면 먼산바라기가 되어 울고 밤이면 땅이 꺼져라고 한숨만 쉬며 날을 보냈다.
　귀자권사의 탄식과 슬픔은 날이 갈수록 더해만 가서 침식은 말이 아닐 정도였다. 미국에 사는 아들과 며느리들이 말리고 온 식구들이 아무리 위로해봐도 소용이 없었다. 그래서 나는 권사를 우리 집으로 모셔왔다. 본래 신경이 예민하고 유독 눈치가 빠른 귀자 권사는 내가 어려워서였는지 아니면 마음 속 깊이 박혀있는 신앙 때문인지 나와 함께 예배드리고 성경도 읽고 기도도 하기 시작했다.
　『권사님, 사람이라는 것은 언젠가는 죽는다는 것을 모르셨어요?』
　『왜 몰라요. 알지만 제 아들이 너무 젊은 나이에 죽지 않았습니까? 사모님.』
　『사람은 꼭 늙어야 죽는거라고 생각하시나요?』
　『하기야 어린 아이도 죽지만 내 아들은 이제 서른살도 안 되어서 죽었으니 말입니다. 그것도 그렇지만 내 맘이 이렇게 아픈 것은 그 아이가 천국에 가지 못한 것 때문이에요. 그애한테 예수 믿으라고 몇번 권면은 했지만 기어이 교회에 나가지 않은 것을 생각하니 구원받지 못하고 지옥에 떨어진 것만 같아서 너무 마음이 아픈 것입니다.』
　『언제 죽더라도 예수님을 믿고 천국에 가도록 준비하라고 말씀을 하셨나요?』
　『그럼은요. 그런데 한번은 내가 교회에 가면서 아들에게「너희들도 같이 교회에 가자」고 하니까 그애가「네」하고 따라 나서는데 며느리가 하는 말이「날마다 바쁘게 일만 하다가 모처럼 하루 쉬는 날인데 쉬어야지 무슨 교회냐」는 거예요. 그래서 결국「다음에, 다음에」하다가 한번도 가질 못했어요. 사모님.』
『그럼 아드님은 믿을 마음이 생겼다는 것 아니었겠어요. 권사님?』
『글쎄, 모르지요.』
『믿을 마음이 있으니까 따라나서려고 했던 것 아니었겠어요?』
『모르지요. 하지만 내게 늘 연보돈도 주고 내가 교회에 가는 일에는 한번도 시비가 없었습니다만, 왜 그때 그 아이를 억지로라도 끌고가지 못했을까 생각하니….』
 그녀는 말끝을 채 맺지도 못하고 설움이 복받쳤는지 울음을 터뜨리고 말았다. 너무 많이 울어 눈이 퉁퉁 부었는데도 나오는 눈물을 주체할 수가 없는 것 같았다.
『권사님, 사람이 죽고 사는 일은 하나님이 정해 주신거라고 믿으시지요?』
『네.』
『그럼 그 아드님이 죽었다는 것은 하나님이 정해 놓으신 것이고 아드님은 그 정하신 대로 세상을 떠난 것이 아닐까요?』
『글쎄요.』
『권사님은 하나님이 하시는 일에 대해서 사람이 잘했다, 못했다 불평할 수 있다고 생각하세요?』
『글쎄요.』
『하나님께「왜 그렇게 하셨는가 말이요?」하고 대드는 일 말이에요. 그런 일은 믿는 우리가 해서는 안 되지요?』
『네.』
『그럼 그 아드님이 세상에서 떠나간 것은 하나님이 정해주신 수명대로 살다가 기한이 되어 떠나간 것이 아닐까요?』
『글쎄요.』
『생각해보세요. 그 아드님은 권사님이 늘 그를 위해 기도하고 있었으니까 앓지도 않고 입원도 안하고, 수술도 약도 한번 쓰지 않고 갑자기 돌아가신 것 아니겠어요? 그것이 축복 아니겠어요? 만일 그분이 앓고 입원하고 수술하고 아파서「아이고, 아이고」신음을 하면서 고생하면 집안 사람들에겐 큰 고통이 되고 그동안 모아두었던 돈도 병원으로 다 들어가게 되고 몸은 바짝바짝 말라 형편없이 되어 돌아가셨다면 죽은 아드님도 물론 괴로웠겠지만 옆에서 지켜보고 있는 가족들한테는 또 얼마나 큰 곤욕이었겠어요. 그렇지 않아요?』

그녀는 고개를 끄덕거리면서 이해하는 눈치를 보여주었다. 귀자 권사는 흐르는 눈물을 닦고 내 손을 붙잡으면서 한탄스럽게 내뱉었다.

『그애가 지옥에 갔을거라고 생각하면 가슴이 아파서 도저히 견딜 수가 없어요. 사모님!』

『자, 그것도 우리는 모른다구요. 성경에 주님을 믿기만 하면 구원을 얻는다고 했지요?』

『네.』

『그 아드님이 예수님을 믿었는지 안 믿었는지 우리가 어떻게 판단할 수 있겠어요. 성경에 믿는 자는 다 구원을 얻는다고 했지 교회에 다녀야 한다는 말은 없잖아요? 우리가 교회에 가는 것은 교회에 가야 말씀을 배우고 하나님과 그 나라에 대해서 더 잘 알고 세상에서 사는 동안에 하나님이 기뻐하시도록 살기 위해서가 아닙니까? 우선 믿으면 구원을 받은 것이니까요. 그리고 믿는 것은 오래 믿으나 단번에 믿으나 상관이 없다고 예수님이 농장에 가서 일한 사람들을 비유로 분명히 말씀해 주셨어요. 한시간 일한 사람이나 종일 일한 사람의 임금을 똑같이 주신다고 말이에요. 그런데 그 아드님은 권사님의 권면을 받았으니까 숨이 넘어갈 즈음에 주님을 생각하지 않았을까요? 사람들이 살아있는 동안에는 하나님에도 천국에도 다 무관심하지만 일단 죽음이 다가올 때는 「죽으면 어떻게 될까? 나는 죽어서 어디로 갈 것인가?」하고 생각할거에요. 그러면 그 아드님도 「아차! 내가 죽는구나」 생각했을 때 권사님의 말을 기억하지 않았을까요? 「아! 예수님!」 그렇게 속으로 외쳤는지 누가 알아요. 세상의 모든 이야기는 기억나지 않아도 죽기 직전에 그 영혼이 하나님을 기억하고 찾았을지 누가 알아요? 보통 때도 그렇지만 특히 급할 때 사람들은 누구나 하나님을 찾는데 말입니다. 그러니까 아드님이 예수님을 믿고 하나님을 섬기라고 권한 어머님의 그 말씀을 기어이 기억했으리라고 믿는게 좋지 않을까요?』

『그러나 그애는 한번도 주님을 위해서 일한 적이 없지 않아요, 사모님!』

『주님을 위해서 하는 일은 다 상급이 되는 것이지만 일을 해서 구원을 얻는 것은 절대로 아니지 않습니까? 십자가 상의 강도를 생각해보세요. 그는 일생을 악한 짓만 한 천하에 살려둘 수 없는 흉악한 죄인이었지만 예수님께 애원했을 때 곧 구원을 약속받지 않았던가요! 그는 믿었으니까 구원은 받았지만 예수님을 위해 한 일이 없으니까 상급은 없을 것입니다. 구원은 믿음이지요. 믿기만 하면 천국에는 가는거라구요. 상급은 없어도….』

『그랬으면 얼마나 좋겠습니까. 그런 말씀을 들으니 마음이 놓이는 것 같습니다.』

『그렇구 말구요. 마음을 놓으세요. 주님은 믿는 자들이 지옥 가는 사람들처럼 원망하고 불평하고 슬퍼하고 낙심하는 것을 기뻐하지 않으시니까요. 그러는 것은 마귀가 기뻐하고 마귀에 속한 사람들이나 하는거에요. 우리 믿는 자들은 어떠한 일이 있어도 하나님의 뜻을 생각하며 괴롭고 힘들면 기도하는 자세가 될 때, 하늘에서 부어지는 평강이 내려와 흐르고 넘치는 것 아니겠어요? 울고 한숨짓고 원망하면 성령님이 근심하시고 마귀들은 춤을 추며 좋아하는 것이니까요.』

『알았어요. 잘 알아들었어요. 사모님.』

그러고는 귀자 권사는 눈물을 거두고 우는 대신 열심으로 기도하고 성경을 읽고 음식도 제대로 드셔서 힘을 얻어 자기 집으로 돌아갔다.

귀자 권사는 연로한고로 생활보조를 받기 때문에 나라에서 경영하는 새아파트로 이사해서 살게 되었다.

매달 초하룻날이면 정부 보조금이 나온다. 그러면 권사는 맨 먼저 십일조를 떼어 새돈으로 바꾸어 봉투에 넣고 나머지에서 얼마를 가지고 슈퍼마켓에 가서 제일 좋은 과일을 사가지고 내게 온다. 그러고도 맘이 평안치 않으면 꼭 음식을 해서 내게 가져오곤 한다. 나는 여러 차례 그러지 말라고 권했으나 권사의 굳고 결사적인 성격은 변하지 않았다. 그래서 나도 귀자 권사의 새살림에 불편이 없도록 필요한 것들을 이것저것 사러 다니며 즐거워했다. 귀자 권사는 달라졌다. 얼굴에 화색이 돌고 또 어떻게 분주히 다니는지 버스표를 사가지고 슈퍼마켓과 시장에 가는 일이 잦아졌다. 하루에 세번씩 기도하고 금식도 자주 했다. 물론, 교회의 새벽기도에는 빠지는 일이 없었고 교회의 모임에도 열심을 다했다. 예배시간이 되기 전 한시간이나 빨리 나와 기도로 준비하는 습관은 너무나 아름답기만 했다. 또, 누구나 만나면 전도하는 일을 잊어버리지 않았다. 평소에는 말수도 적고 말주변도 없었다.

그러나 매우 조용하고 인내력이 강하며 책임감이 뚜렷하고 눈치가 비상하게 빨라서 다른 노인네들이 따라갈 수 없었다. 그래서 귀자 권사는 교회에서 누구에게나 사랑받고 존경받았다. 특별히 귀자 권사는 나를 마치 어린애같이 돌아보고 먹이고 도와주었다. 그야말로 희생적이고 결사적이었다. 권사가 나를 위해서 하는 기도를 듣고 종종 나는 울었다. 귀자 권사는 내게 그렇게 헌신적이었다. 하루에 두번 이상 꼭 나를 찾아오는데 올 때마다 손에 무엇을 들고 오는 것이 습관이 되었다. 무엇이나 좋은 것은 다 내게 가져와야 마음이 놓인다고 했다. 그러나 나는 집회를 가는 날이 많아서 어떤 때에는 외국에 나가 몇달씩 걸릴 때도 있었다. 그럴 때는 교회에 나가 결사적으로 나를 위해 기도하고 내가 돌아오기를 고대하고 있다가 내가 돌아오면 그동안 못 했던 봉사를 막 쏟아놓았다. 비가 오나 바람이 부나 권사는 내가 좋아하는 음식을 만들어 양손에 받쳐들고 매일 가져다가 먹이고는 만족해했다.

『나는요, 사모님이 안 계실 땐 언제나 병이 나는데 오시고 나면 거짓말같이 다 나아버려요.』

귀자 권사는 언제나 그렇게 말했다. 귀자 권사뿐 아니라 다른 여러 노인들도 언제나 그렇게 말했다.

『박 권사님은 사모님만 안 계시면 아주 늙고 늘어진 할머니, 병든 노인인데 사모님만 오시면 거짓말같이 쌩쌩해지고 활기가 넘쳐서 마치 젊은 사람같이 활동을 하니 정말 기적이 아니고 뭐겠어요.』

귀자 권사는 내게 온갖 정성을 다 쏟았다. 사랑도 이만저만한 것이 아니어서 그 정성을 대할 때면 우리 어머니의 기도하시던 모습을 떠올리지 않을 수 없다. 내 어머니는 언제나 기도하신 후 그 내용을 내게 일러주셨다.

「주님, 이 아이는 절대로 부자가 되지 않게 해주소서. 먹고 쓸 만큼만 주시고 풍족하게 마옵소서. 이 애는 신경이 극히 예민하고 몸은 약하며 감정에 치우쳐 사람을 믿기 잘해서 이 세상 살아가는 데 너무 형편이 없는 아이가 아닙니까. 그 대신 이 애 옆에서 자기 몸같이 돌아보고 도와줄 사람을 꼭 보내주시면 훌륭한 믿음의 사람이 될 것입니다. 돕는 사람을 늘 옆에 보내주옵소서.」 그것이 내 어머니의 기도제목이었다. 그래서 주님은 내 일생을 통해 나를 자기 몸같이 도와주는 사람을 여러번 보내주셨다.

물론 어머니께서도 살아계시는 동안 주님도 감동하실 만큼 내게 헌신적이고 희생적이었으며, 일본 유학시절에는 외삼촌이 나를 정성껏 아버지같이 도와주시고 사랑해주셨다.

경찰서에서부터 감옥살이 6년 동안 나를 돕고 나를 위해 희생적인 헌신과 봉사로 내곁을 떠나지 않은 분들이 그 얼마나 많았던가! 그들은 모두 하나님이 내린 내 어머니의 기도 응답의 증거들이었다. 그 중에서도 특별히 그 무서운 지옥 같은 평양형무소를 나는 평생 잊을 수 없다. 남편을 살인해 들어온 열 여섯살 화춘이는 내 배고픔을 채워주기 위해서 16일이나 금식을 해서 거의 숨이 넘어갈 지경까지 갔고, 그래도 내 배고픔을 충족시키고 싶어서 남아있는 거라곤 육신밖에 없었음에도 내게 엉덩이 살을 베어주고자 그 얼마나 원했던가! 그리고 간수는 또 어땠는가? 배급받은 쌀로 깡통에 흰밥을 지어 손에 살이 익어 떨어지는 줄도 모르고 그 뜨거운 밥을 덥석 집어 사무실에서 감방까지 한밤중에 가져다 먹이던 그 희생!

히가시 도청 연료과장의 아내를 충동시켜서 간수가 되게 하시고 나를 위해 내가 먹고 싶어하던 온갖 것을 다 가져다가 먹게 하시고 나를 감옥에서 탈옥시키려고까지 했던 그 무서운 희생적 봉사를 어찌 우연이나 재간으로 된 일이라고 할 수 있을까? 그것은 너무도 분명하고 확실한 기도 응답이었고 그 일마다 모두가 하나님이 하신 것임을 나는 안다. 온 천하가 다 그 일을 모르고 불신하고 이유를 붙인다 해도 나만은 분명하고 확실하고 진지하고 정직하게 증거할 수 있으니 그것은 결코 임의로 된 것이나 우연히 된 것이 아니다.

출옥시에 윤 장로님 부처가 내게 그렇게도 진정한 사랑을 부으면서 한 말씀이 꼭 맞는 말이다.

『다 하나님이 명령하시는 것이기 때문에 아무도 모르고 그 누구도 끊을 수 없어요.』

그렇다. 그말이었다. 내 삶에 일어난 모든 일에 대해서 아버지의 뜻 아니라면 무슨 설명이 필요하랴!

나는 내 어머니가 나를 부자되게 해달라고 바라지도 기도하지도 않은 것을 얼마나 감사하고 고맙게 생각했는지 모른다. 그래서 나도 늘 나를 부자되게 마시라고 기도해 온 것이다. 부자가 되지 않으려면 있는 대로 다 쓰는 길밖에 없다. 쓰지 않고 쌓아두면 부자가 되기 마련이니까, 더욱이 주님을 위해서 쓰는 자가 되면 제아무리 돈이 많아도 부자는 될 수 없을 것이 분명하다.

귀자 권사에게는 한가지 큰 고충이 있었다. 노인이 되면 누구나 다 그렇겠지만 건망증이 심해서 간 데마다 열쇠를 놓고 왔다. 그래서 상점에 가나 교회에 가나 어디를 가든지 열쇠를 놓고 와서 매번 열쇠를 찾으러 다니는 일로 골치를 앓았다.

한번은 아무리 돌아다녀도 열쇠를 찾지 못해서 아파트에 들어갈 수 없게 되었다. 할 수 없이 우리 집에서 자는 수밖에 없었는데 문제가 생겼다. 권사님이 냄비에 곰국을 끓이느라고 자기 집 부엌 스토우브에 불을 켜놓고 나왔다는 것이었다. 그 당시엔 아파트 관리인이 병이 나서 그만두었기 때문에 문을 열 수 있는 방법이 전혀 없었다.

귀자 권사가 그날 하룻동안 다녔다는 곳을 샅샅이 뒤지며 찾아보고 알아보고 문의해 봤지만 열쇠는 없었다. 그래서 나는 말했다.

『권사님! 나는 무엇을 잃어버리고 찾지 못하면 주님께 천사를 보내어 찾아달라고 하는 습관이 있는데 우리 기도할까요?』

『사모님두, 뭘 그런 것을 가지고 주님을 번거롭게 할 수 있나요. 죄송스러워서 말예요.』

『옳지, 그럼 권사님은 주님께 기도해서 천사를 보내 찾아달라고 하면 된다는 것은 믿는단 말씀이죠?』

『믿기는 하지만 미안해서 못 하겠다는 것이지요! 그래도 되는겁니까? 사모님?』

『되고 말고요, 나는 뭐든지 내가 못 하는 것은 죄다 주님께 의논하고 구하는데, 그러면 꼭 들어주세요. 나는 지금까지 그러면서 살아왔고 또 그렇게 살거니까요.』

그래서 우리는 기도했다.

그랬더니 귀자권사는 정말 열쇠 잃어버린 곳을 생각해 내고는 뛰어가 거짓말같이 찾아왔다.

『주님께서 도와주셨는데 너무 죄송해서 어떻게 하면 좋을까요? 사모님.』

『염려마세요, 권사님! 사람들은 도와주면 신세를 지니까 부담이 되어서 갚아야 맘이 평안하지만 주님은 도우시는 아버지시기 때문에 도와주시기를 아주 좋아하신답니다. 자꾸 도와달라고 요청하면 자꾸 도와주시니까 더 가깝고 정다운 아버지가 되는 것 아니겠어요? 우리 아버지 주님은 우리가 못할 일을 도와달라고 하기만 하면 도리어 기뻐하시고 정녕 도와 주신다구요. 그러니까 권사님도 이런 일이 생겼을 때 즉 아무리 내 힘으로 하려고 애써도 못할 일이 있을 땐「주님, 내 힘으로는 도저히 안됩니다. 좀 도와주세요」하는 습관을 들이세요. 주님은 그것을 원하신다구요. 또 그런 습관이 되면 놀랄 일이나 어려운 일이 있을 수 없으니까요. 해보세요.』

그런 일이 있은 후 나는 집회를 인도하러 뉴욕에 가고 없었다. 권사님은 또다시 열쇠를 잃어버렸다. 찾고 찾아도 열쇠는 보이지 않았다. 집안에서 나가지도 않았는데 잃어버렸다. 그러니까 집안 어디에선가 잃어버린 셈이었다. 나가야 할 일이 있는데도 열쇠가 없으니 나갈 수도 없고 애가 타서 어떻게 해볼 도리가 없었다. 그러다 문득 옛날 나와 열쇠 때문에 기도하던 일을 생각해내고는 카페트 위에 꿇어 엎드려서 기도하기 시작했다.

『아버지, 열쇠를 또 잃어버렸어요. 한번만 더 찾아주세요. 한번만 더 수고해 주세요. 제가 아무리 애쓰고 찾아보았지만 찾아낼 수가 없어서 그럽니다.』

귀자 권사는 그렇게 기도하다가 깜박 졸았다.

『책상 빼닫이를 콱 열어라!』

귀자권사는 깜짝 놀라 벌떡 일어나서 방안에 누가 있나 두리번거렸다. 아무도 없었다.

『빼닫이를 콱 열어라?』

재빨리 일어나서 빼닫이 손잡이를 잡고 콱 잡아당겼다. 순간 여러 개나 되는 열쇠가「와르르」소리를 내며 앞으로 밀려나왔다. 열쇠를 서랍에 넣고 닫을 때 굴러서 그 안으로 들어갔던 것이 콱 잡아 당기는 바람에 앞으로 굴러나왔던 것이다. 권사는 기쁨에 넘쳤다. 열쇠를 찾은 기쁨도 기쁨이지만 주님이 자기의 기도를 들어주시고 더욱이 음성으로 일러주신 것을 생각하니 어찌나 감사한지 자기 몸이 둥실둥실 떠다니는 것 같았다.

그 이후로부터 우리귀자 권사는 누구든지 어려운 일이 있는 사람들을 만나면 꼭 기쁨의 권면을 잊지 않는다.

『하나님께 의논해보세요. 좋은 수가 생긴답니다. 기도로 주님께 물어보세요. 정말입니다.』
　권사는 기쁨을 참을 수 없다는듯이 자신있게 하늘을 쳐다본다.
『주여!』
　언제나 우리 귀자 권사의 입에서 흘러나오는 말이지만 그럴 때는 더욱 강하고 자신만만해 보인다.

# 9
## 고무줄

세상은 내게 달려있습니다.
내가 세상에 달려있는 것이 아닙니다.
세상은 고무줄과 같아서 당기면 늘어나고 놓으면 줄어듭니다.
내가 늘일 수도 줄일 수도 있다는 말입니다.
내가 친절하면 세상은 넓어지고 커지며 화창해집니다.
하지만 내가 인색하면 세상은 쥐구멍같이 좁고 답답하고 재미없고 억울하고 분해서 숨이 막히게 됩니다.
그러나 친절의 줄을 당기고 늘이면 온 세상은 나를 거역하지 못하고 내게 딸려오게 됩니다.
친절은 예수님을 알고 따르는 이들에게 꼭 있어야 하는 조건이기 때문입니다.
그러기에 세상은 내게 달려있는 것이랍니다.

## 10
## 나는 잘 울어요

나는 잘 웁니다.
우는 일이 없다면 이 세상의 삶은 너무나 무미건조합니다. 울음은 영혼을 윤택하게 합니다.
설움이 복받치고 눈물이 빗물처럼 흐를 때 목멘소리로 엉엉 소리내어 울어 버리면 가슴 속의 나쁜 독소가 쏙 빠져 나갑니다.
그러면 엉키고 조이던 신경은 활짝 펴지고 머리는 날아갈듯 가벼워지며 생각은 아름다운 꽃동산으로 변하고 흐릿하던 계획도 뚜렷해집니다.
우리 하나님 아버지는 울면서 당신 품에 안기는 자녀들의 눈물을 귀중히 여기십니다.
나는 그분 품에 안겨서 흘리는 눈물을 거절당해 본 기억이 없습니다.
그래서 나는 걱정과 근심이 생기면 하나님의 품으로 달려가서 또 운답니다.

# 11
# 설악산에서 벌어진 변론

　미국을 떠날 때부터 계획했던 대로 우리는 설악산에 갔다. 가을 바람 속에 활짝 피어있는 코스모스 길을 따라 버스는 달렸다. 코스모스는 긴 줄기를 하늘거리며 무용하고 있었다. 가냘픈 모습에 애처로운 마음이 우러났다.
　코스모스 행렬은 끝없이 계속되었다. 그렇게 가꾼 이름 모를 그분께 감사했다. 그분의 마음은 필경 아름답고 따스하리라.
　눈을 들어 겹겹이 둘러싸인 산들을 보며 연신 감탄했다. 푸른 나뭇잎 사이로 울긋불긋한 단풍잎 채색이 한결 멋들어졌다. 높은 하늘에는 맑고 흰 구름이 소담스런 국화처럼 펼쳐져 있었다.
　「아, 이렇게 아름다울 수가!」
　내 입에서는 연신 감탄사만 나왔다.
　버스 안에서는 흥겨운 음악이 울려 나왔고 사람들의 표정은 더없이 즐거운듯했다. 그러나 높고 험한 산줄기를 따라 들쭉날쭉 간신히 통과하면 또 앞에 전개되는 큰 산들이 우리를 힘겹게 했다. 운전기사는 울퉁불퉁한 길을 어렵지 않게 운전하는 것 같았다. 큰 산들을 넘고 넘어서 마침내 우리는 분지에 도달했다. 사람들은 모두 환성을 지르며 기뻐했다.
　우리는 먼저 점심을 먹었다. 산나물 비빔밥은 별미였다. 무엇보다 밥맛을 한층 돋군 것은 설악산의 깨끗하고 신선한 공기였다. 맑은 공기는 우리의 피곤을 씻어주고 새로운 힘을 주었다.
　우리는 최고봉인 바위산에 올라가기 위해 긴 시간에 걸쳐 산을 타야만 했다. 케이블카를 타고 각양각색의 나무들이 무성한 숲을 아래로 보며 정상으로 올라갔다. 그리고 다시 케이블카에서 내려 걸었다. 계속해서 걸어 올라가니 조금은 평탄한 길이 나왔다. 다리가 아팠지만 끝까지 힘들게 올라갔다. 그러나 중턱에서 포기하고 머물러 있는 사람들도 있었다. 가파르고 매끈매끈한 바위를 타려다 미끄러지고 다시 올라가려다 발을 잘못 디뎌서 다시 미끄러지기도 했다.

나는 기왕 시작한 것이어서 포기하지 않고 끝까지 올라갔다. 정상에 올라간 나는 저절로 찬송이 나왔다. 또한 나의 끈기가 자랑스럽고 기뻤다. 눈앞에 펼쳐있는 장엄한 경치는 경이로운 감탄사를 터뜨리게 하였다. 나는 남들을 의식하지 않은 채 목청을 높여서 주님을 찬양했다. 공기압 때문이었는지 크고 우렁찬 소리는 나오지 않았다.

우리는 기념사진을 찍은 후 하산했는데 내려가는 길은 올라왔던 길과는 달랐다. 산 밑에는 신혼부부들과 많은 관광객들로 붐볐고 여기저기 버스와 승용차들이 주차해 있어서 더욱 복잡하고 어지러웠다.

우리 일행은 안내원을 따라 여러 곳을 구경했다. 그런데 놀라운 것은 여러 군데에서 보았던 불교 사원이었다.

「이렇게 험한 산중에 어떻게 저런 큰 사원이 있을 수 있을까? 저 사원들을 지을 당시에는 길도 없었겠고 더 험한 산이었을텐데….」

나는 시대와 민족을 막론하고 모든 이들은 하나님을 그리워하고 찾는다는 사실을 알 수 있었다. 그러한 종교성으로 사람들은 하나님을 대신해서 부처라도 찾았으리라고 나는 생각했다. 사원을 세우고 먼 길을 마다하지 않고 찾아와 부처에게 절하는 사람들의 고행이 눈앞에 뵈는듯했다.

우리 일행은 또다른 장소를 향해 발걸음을 옮겼다. 우거진 나무 사이로 평탄한 길이 나왔다. 길은 꼬불꼬불했지만 우리가 가기는 편했다. 어느 정도 걸어 나오자 휴게소가 있었다. 거기에서는 간단하게 배를 채울 수 있는 과일, 전, 과자, 음료수 등을 팔았다. 그리고 그늘 아래 돗자리가 깔린 평상이 놓여 있었다. 사람들이 등산이나 하산할 때 들러 쉴 수 있도록 되어 있었다.

그 평상에는 이미 여자분들 서넛이 앉아 이야기를 하며 먹고 있었다. 그 평상 바로 곁에는 맑고 깨끗한 시내가 흐르고 있었다. 나는 그 시냇물을 보았다. 물고기들이 꼬리를 치면서 놀고 있었다. 돌멩이를 휘감아 지나가는 물소리는 그 무엇으로도 흉내낼 수 없는 자연 그대로의 소리였다.

　시원한 바람, 물소리, 물속에서 노니는 고기, 휴식할 수 있는 공간 이러한 것들이 나를 머물러 있게 하였다. 나는 물소리 나는 바위에 앉았다. 그러는 동안에 함께 온 일행은 나보다 앞서 다른 장소로 떠나고 없었다. 그러나 나는 그곳을 선뜻 떠나기가 싫었다. 물속에서 노니는 물고기들을 보았다. 한뼘만큼 큰 것들도 있고 손가락만한 작은 물고기, 피래미처럼 아주 작은 물고기들도 있었다. 나는 푸르라니 높은 하늘을 쳐다보았다. 맑은 공기, 맑은 물, 시원한 바람, 우거진 나무들과 새소리…. 그 모든 것들이 주 하나님을 찬양하고 있었다.

　나는 그곳에서 오후 기도를 드리고 싶었다. 내 마음 속 깊이 우러나오는 찬양이 있었다. 가사를 붙여 큰소리로 불렀다. 멋진 명곡을 듣는 것같이 아름다웠다.

　나의 기도 즉 하나님과의 대화는 찬양의 내용을 담은 것이 많다. 찬양을 통해 나는 주님을 드높이고 사랑을 고백한다.

　　　　나를 위해 이 모든 아름다운 것들을
　　　　지으시고 감추어 두셨는데
　　　　아버지여, 이제야 와서 찾았습니다.
　　　　이 산과 거기 있는 모든 것이
　　　　어찌 그리 아름다운지요.
　　　　물, 돌, 고기, 나무, 소리, 색깔
　　　　모두 다 아름답기만 해요.
　　　　주님! 이것들을 다 나를 위해 지어주셨지요.
　　　　그 사랑을 보니 얼마나 좋고 기쁘고 감사한지요.
　　　　이것들을 다 주시고도 무엇이 부족하기에
　　　　그 아들, 당신의 외아들까지
　　　　나를 위해 죽게 하셨나요.
　　　　감격으로 이 가슴이 터질 것 같아요.
　　　　물소리야, 물고기야, 돌과 모래들아,
　　　　나와 같이 우리를 지으신
　　　　그 하나님께 찬양하자! 찬양!
　　　　찬양을 높이자.
　　　　자, 내가 하듯이 만물아, 찬양해!

졸졸졸 흐르는 물소리는 나의 찬양을 반주하고 있는 것 같았다. 나는 그 물에 손을 씻고 그 물을 떠서 마셨다. 물은 시원하고 깔끔했다. 그 물이야말로 약수가 아닌가 싶었다.

평상에 앉아있던 여자들은 음식을 먹고 누워서 쉬고 있었다. 그들은 잠이 들었던지 한동안 조용했다. 그런데 그중 한 여자가 갑자기 벌떡 일어나더니 하품섞인 소리로 혼자말을 했다.

『절간, 절간? 이렇게 애써 왔더니 무슨 절간 구경만 하라는거야? 어휴, 쉬기를 잘했지. 난 그 불상들을 보면 현기증에 구토증까지 난다니까.』

기지개를 켜면서 말하는 그 여자의 말소리에 다른 두명의 여자도 평상에서 몸을 일으켰다. 그것을 보고 여자는 말을 이었다.

『아, 공기가 참 좋네. 그놈의 절간만 없다면 여기야말로 기막힌 지상천국이 될텐데. 웬 절간이 이리도 많은지. 어휴, 우리 기분을 망쳐 놓았지 뭐예요.』

그러자 막 일어난 두 여자 가운데 하나가 화난 소리로 말했다.

『어마, 절간이 어쨌다는거예요? 부처님이 두렵지도 않아요. 당신은?』

『부처님? 그 돌덩이 말예요? 아니, 그 번쩍거리게 꾸민 놋덩어리요? 그게 뭐가 무서워요?』

『당신은 그런 악한 말을 하고 평안할 것 같아요? 벌받는 것도 무섭지 않단 말이에요?』

『벌? 무슨 벌이요? 놋덩어리나 돌덩어리가 벌을 내린다구요? 호호호……』

그 여자는 깔깔거리며 웃었다. 그 웃음은 상대 여자의 말을 무시하는 태도로 보였다. 다른 한 여자는 두 사람의 말다툼이 더 커질 것을 두려워하는듯 말렸다.

『이러지들 마세요. 이렇게 좋은 곳에 와서 왜들 그러세요. 좋은 경치를 구경하고 잘 쉬고 좋은 이야기를 해도 모자랄텐데 말예요. 그만 하세요.』

셋 모두 40이 넘은 중년 부인들이었다. 또한 옷차림과 머리 스타일을 보아서 그리 무식한 사람들은 아닌듯했다. 그러나 산에 오면서 구두나 고무신을 신고 있는 것으로 보아 등산에 대한 아무런 상식없이 그저 나들이로 온 모양이었다. 등산화는 물론 등산복까지 차려 입은 나로서는 그들이 안타깝기까지 했다.

 제일 먼저 일어나 말을 한 여자는 명랑하고 시원스러운 성격을 가진 듯했고 몸집도 컸다. 또 한 여자는 얼굴이 동그랗고 야무진 음성에 다부져 보였다. 그리고 말리려는 여자는 거무스름한 얼굴에 몸집이 작고 음성도 가늘었다. 그 세 사람은 일행에서 떨어져 쉬고 있는 것 같았다. 상점에는 우리 일행에서 떨어져 나온 몇사람이 한 동아리가 되어 쉬고 있었다. 이 상점에는 많은 사람이 자주 바뀌면서 왔다갔다 했다.

 『하지만 요즘같이 현대화된 시대에서 멍텅구리같이 말도 못하고 걷지도 못하고 먹지도 못하는 돌덩이 부처에게 지성으로 절을 하면서 도움을 청하는 현대인들이 답답해서 나는 견딜 수가 없어요.』

 『아니에요. 당신은 부처를 모르니까 그 따위 말을 스스럼없이 하지만 우리 나라 대통령과 장관들 국회의원들 대학 총장까지 모두 부처를 섬기며 높이고 있어요. 당신은 도대체 뭔데 그렇게 재고 있나요?』

 『물론 대통령도 부처를 섬겼지요. 그래요 보세요. 박정희 대통령 부인이 부처를 그렇게 섬겼다지요. 그리고 박 대통령도 절을 세웠지요. 그러나 그 결과는 어떻게 되었어요? 모두 다 총에 맞아 숨을 거두고 말았지요? 자녀들은 부모 잃은 고아가 되었구요. 무엇이 좋은가요? 또 그분들이 불교를 조장한 결과 젊은 남녀들이 중이 되어 할 일 많은 이 사회를 등지고 산속으로 들어가버렸지요. 이것이 다 잘한거예요? 말해 보세요.』

 『대통령과 부인이 죽은 것은 나쁜 사람들 때문이에요. 그런 나쁜 사람들이 있으니까 부처님을 믿고 좋은 사람이 되어야 하지 않아요?』

 『좋은 사람이라구요? 머리 깎고 가사 장삼에 불경만 외고 있으면 좋은 사람이 된대요? 좋은 사람이 되려면 하나님께로 돌아와야 되는 거예요. 죄 문제를 해결해야 된다구요. 죄는 가득한데 삭발하고 잿빛 옷만 입고 있으면 저절로 좋은 사람이 되나요? 나무아미타불이나 외고 있어선 결코 좋은 사람이 될 수 없는거예요. 아시겠어요?』

 『듣기 싫어요. 당신은 예수쟁이군요?』

 『그래요. 나는 예수님을 믿어요. 하나님의 아들 예수님을 말이에요. 그래서 그런 거짓된 신을 미워하고 헛된 일을 하는 사람들을 보면 속이 상해서 견딜 수가 없단 말예요.』
　『난 예수쟁이치고 좋은 사람을 보지 못했어요. 모두가 싸움쟁이, 말쟁이뿐이더군요. 그리고 나는 목사라고 하는 사람들도 몇 알고 있는데 별로 특별한 사람들이 아니던데요?』
　나는 그들의 언쟁이 더 커지지는 않을까 마음 조이며 듣고 있었다. 그때까지 나를 감동시키던 주위의 그 아름다운 경치들은 어느새 내 감각에서 떠나 있었다. 갑자기 예수 신자라고 하는 여자가 나를 가리키며 말했다.
　『거기요, 거기 앉아 있는 아주머니, 이리 좀 오세요. 당신은 뭔가요? 불교쟁인가요? 아니면 예수님을 믿는 사람인가요?』
　할 수 없이 나는 자리를 털고 일어나 그들이 앉아 있는 평상으로 다가갔다. 그 세 사람은 일제히 나를 유심히 쳐다보았고 나도 그들을 낱낱이 쳐다보았다. 예수 신자가 말했다.
　『자, 당신은 우리보다 연세가 높으신 모양인데 선생님이신가요? 보통 부인들과는 달라 보이는데요?』
　『그래요. 나는 교사일도 했지요.』
　『아, 그러면 우리와 같이 이야기 좀 하면 좋겠네요. 우리는 지금 말다툼하고 있는데….』
　예수 신자는 내가 이미 들었던 말을 숨가쁘게 설명했다. 그리고 물어보았다.
　『아주머니, 아니 선생님, 이 부처에 대해서 어떻게 생각하세요? 이렇게 좋은 산인데 가는 데마다 돌덩이 부처, 놋덩이 부처를 만들어 오염시켜 놓았으니 우리같이 멀고 먼 미국에서 가까스로 찾아온 사람들이 실망할 수밖에요.』
　『어머, 미국에서 오셨어요?』
　『네, 미국 뉴욕에서 왔어요.』
　말라 보이는 여자가 대답했다. 예수 신자는 불평 섞인 투로 말했다.
　『그리운 고국, 유명한 설악산이라고 와 보니 불상들 때문에 이 좋은 경치를 망치고 있어서 너무 실망스러웠어요. 그렇지 않아요. 선생님?』
　세 여인은 모두 나의 반응을 주시했다. 나는 그 세 여인을 실망시킬 수 없었다.

『그 멀고 먼 뉴욕에서 오셨으니 좋은 것만 보시지요? 마음에 들지 않는 것은 외면하고 좋은 것만 보시면 되잖아요?』

예수 신자는 성급하게 물었다.

『당신도 불교 신자인가보죠?』

나는 머리를 좌우로 저었다.

『아니, 그러면 뭘 믿는가요?』

『나는 예수 믿는 사람이에요.』

『아, 그러세요? 그러시면 더욱 잘 됐네요. 예수 믿는 사람으로서 부처를 어떻게 생각하세요?』

『부처는 좋은 분이셨지요.』

『네?』

예수 신자는 부처를 깎아서 말하기를 기대했었는지 의외라는듯 토끼눈을 떴다.

『아니, 예수 믿는 사람이 부처가 좋다니요. 그게 무슨 말씀이세요?』

『나는 좋다고 말하지 않고 좋은 분이셨다고 말했어요. 그분은 정말 좋은 분이셨으니까요.』

내 말을 듣고 불교쟁이는 희색이 만면했다. 반면 예수 신자는 어처구니가 없다는듯 의아한 표정으로 되물었다.

『아니, 정말이세요? 당신 정말 예수 믿는 분이세요? 거듭났어요?』

『네, 거듭났지요.』

『그런데 부처를 그렇게 말해요?』

『그럼요. 좋은 분을 나쁘다고 말할 수는 없잖아요? 그분은 너무 좋은 분이셨기 때문에 성인이라고 불리잖아요? 그분은 참으로 지혜도 많고 생각도 깊으시고 훌륭한 분이셨지요. 그분은 세상만사를 통해 초자연적인 존재자가 있음을 깨닫게 되었어요. 이 세상은 바로 그분이 만드시고 다스리심을 그는 알게 된거죠. 그래서 그분을 찾기 위해 왕자의 자리를 버리고 떠났던 것이죠. 그 희생적인 헌신에 감동하신 하나님께서 그에게 하나님 자신을 보여 주시기 위해 천국을 보여 주시고 지옥도 보여 주시고 악한 자와 선한 자가 영원히 가는 곳이 어딘지를 일러 주셨어요. 그는 예수님이 세상에 오시기 전에 태어났기 때문에 하나님께서 사람들에게 가르쳐 주고 싶으신 것을 그를 통해서 가르치신 셈이지요.』

그들은 나의 계속되는 말을 신중하게 듣고 있었다. 예수 신자가 뭐라고 말하려는 기색을 보였지만 나는 손짓으로 참게 하고 나의 말을 계속했다.

『그런데 안타까운 일이 생겼어요. 그분이 훌륭해지니까 사람들이 그를 성인이라고 부르고 심지어 그분을 하나님이라고 하는거에요. 부처는 자신이 하나님이 아니라고 했고 단지 자신은 하나님을 찾아 헤맨 구도자일 뿐이었다고 말했어요. 그렇게 해도 그분의 주위에 있는 사람들, 그분을 보고 만나는 사람들, 심지어 그분의 소문을 들은 사람들조차 그분을 하나님이라고 하는거예요.』

그들은 나의 계속되는 말에도 싫증내지 않고 잘 듣고 있었다. 나는 그들의 열중하는 표정을 보고 말을 이었다.

『생각해 보세요. 그 선하고 훌륭한 부처가 자기는 하나님이 아니라고 말해도 사람들이 자기를 하나님으로 섬기니 그 선한 분이 얼마나 곤란하겠어요. 그분은 정직하게 자기가 하나님이 아니라고 밝혔기 때문에 그 정직으로 말미암아 성인이 될 수 있었던거죠. 만일 그분이 하나님이라고 자처했다면 불교라는 것은 세상에 없었을거에요. 공자나 맹자도 성인으로 불리는데 그들도 정직하게 하나님이라고 자처하지 않았어요. 천지와 만물을 지으시고 생사화복을 주장하는 분은 하나님이라고 가르쳤어요. 즉 자신들은 인간을 죄에서 구원해 줄 능력이 없다는 말이지요. 그들 중 어느 한 사람이라도 자신이 하나님이니 자신을 믿어야 한다고 주장하지 않았어요. 그리고 자신을 믿어야 천국에 간다고 말하지도 않았구요.』

그들은 잠잠히 그리고 흥미있게 내 말을 들었다. 나는 물 흐르듯 말이 줄줄 나왔다. 맑은 공기와 시원한 바람 그리고 물소리는 나의 말에 장단을 맞추는 것 같았다. 나는 그들의 모습을 주시하며 계속해서 말했다.

『그런데 예수님은 그렇지 않았어요. 예수님은 분명히 또한 누누이 제자들과 그를 따르는 사람들에게 그는 하늘에서 왔으며, 하나님의 아들인 것과 그를 믿어야 천국에 갈 수 있고 구원을 얻는다고 말씀하셨지요. 그는 하나님과 동일한 분임을 강조하셨고 그를 믿지 아니하면 영원히 죽을 것이라고 말씀하셨어요. 이러한 말씀을 되풀이하셨고 친히 하나님과 동일한 분이심을 보이셨어요. 그는 이 세상에서 하나님의 나라에 대해서 말씀하셨어요. 그리고 죽은 사람을 살리시고, 병든 자들을 고치시고, 여러 기사와 이적들을 행하셨어요. 무엇보다 더 중요한 것은 사랑을 실천하신거예요. 인간의 죄를 사하기 위해 하나님께서는 그의 독생자 예수를 이 땅에 보내셨지요. 그리고 예수님은 십자가에서 죽으시기까지 인간을 사랑하셨어요. 인간을 영원한 생명으로 구원하시기 위해서이지요. 이것이야말로 참다운 사랑이 아니겠어요? 그리고 그분이야말로 하나님이 아니겠어요?』

나는 그들의 얼굴을 자세히 살피면서 이야기했다. 믿는 부인의 얼굴은 환해졌고 다른 두 여인은 무표정하게 듣기만 했다.

『보세요. 부인, 부처도 다른 모든 성인들과 같이 자신이 하나님이라고 하지 않았지요? 왜냐하면 부처도 하나님을 찾았던 분이었으니까요. 따라서 예수님 외에는 구원이 절대로 없어요. 예수님은 곧 하나님이셨어요. 다른 성인들은 지금까지도 그들의 무덤을 가지고 있지만 예수님은 무덤이 없어요. 예수님은 죽으신 지 사흘 만에 다시 살아나셨고 제자들과 다른 많은 사람들 앞에 보이셨어요. 그리고 예수님은 걷기도 하셨고 잡수시기도 하셨고 가르치기도 하셨어요. 그렇게 40일 동안 계시다가 많은 사람들이 보는 앞에서 하늘로 올라가셨어요. 제자들은 그후 예수 전하는 사람들로 변화되었지요. 우리도 그들의 기록을 통해 믿고 있지요. 부처나 다른 성인의 가르침을 받는 사람들은 악인이 안 될지는 모르나 영원히 사는 구원은 얻을 수가 없고 인간의 가장 큰 문제인 죄의 문제를 해결할 수 없어요. 오로지 예수님에게만 죄사함이 있고 예수님에게만 구원이 있고 영생이 있지요. 그래서 나는 예수님을 믿고 죽음이라도 두려워하지 않고 죽으면 죽자 하는 신앙 자세로 살고 있답니다.』

나는 여기서 말을 중단했다. 그들의 반응이 궁금했기 때문이었다. 예수 신자라는 부인이 눈을 크게 뜨면서 나를 한참 보더니 물었다.

『당신, 아니 선생님「죽으면 죽으리라」는 책을 읽어 보셨나요?』

『그럼요.』

『아, 나는 그 책 때문에 믿게 되었어요. 나는 그 책을 읽기 전에는 교회 가는 것을 시간 낭비라고 생각했거든요. 그런데 이모님께서 그 책을 권해주시며 친히 한국에서 미국까지 부쳐주셨어요. 나는 밤을 새면서 읽었답니다. 읽으면서 많이 울었어요. 아마 선생님께서도 읽고 우셨을거에요. 그렇죠?』

『네, 그랬어요. 울면서 썼으니까요.』

『저자가 울면서 썼다고요? 어떻게 아세요?』

『왜 모르겠어요.』

『저자를 만나 보셨어요? 그분이 살아 계신가요?』

『물론이죠.』

『어디 계신가요? 서울에 가면 만나 볼 수 있는가요?』

『서울까지 갈 필요없어요.』

『그럼 미국에 계셔요?』

『아뇨. 여기에 있어요. 바로 여기에.』

『어머, 그럼 당신이 바로 안…!』

예수 신자라는 부인은 입을 벌리고 손으로 입을 막으며 놀란 표정을 지었다. 나는 웃으며 말했다.

『왜 그리 놀라세요. 나는 보잘 것없는 한 노인이고 또한 이름도 빛도 없는 초라한 전도자에 불과한데요.』

내 말이 그쯤 진행되었을 때 먼저 올라갔던 일행이 내려왔다. 그 일행은 세 부인과 함께 왔던 사람들이었다. 사람들은 여기저기 쉴 곳을 찾아 앉기도 하고 음료수를 마시기도 했다. 두 부인은 그 동행자들을 찾아서 가려고 일어섰다. 그러나 예수 신자는 여전히 내 곁에서 떠나려 하지 않았다. 먼저 나는 떠나려는 부인들의 손을 잡고 말했다.

『자매님, 내가 지금까지 한 말을 무시하고 저버리면 하나님께서 슬퍼하신답니다. 예수님만이 우리를 구원하시고 우리의 죄를 사하실 수 있어요. 꼭 기억하세요.』

『그런 말은 처음 들었어요.』

한 부인이 말했다. 그러자 부처를 옹호했던 부인도 말했다.

『사실 저는 불교쟁이도 아니고 아무 종교도 믿지 않아요. 우리 남편 친구가 집사님인데 저더러 자꾸 교회에 다니자고 설득한답니다. 언젠가는 우리도 믿게 될거예요.』

『좋아요. 그럼 우리 천국에서 만나겠네요. 거기서 이 설악산에서 만나 나누었던 이야기를 하며 잘 지내봅시다. 꼭 그렇게 하겠지요?』

『글쎄요. 그래야겠지요.』
『남편 친구한테 하나님 말씀을 잘 들어 보시고 좋은 천국 친구가 되어요. 그리고 제가 쓴 「죽으면 죽으리라」도 읽어보세요.』
『그렇게 해야겠네요. 「죽으면 죽으리라」요?』
『네, 그리고 「죽으면 살리라」는 책도 있어요.』
『누가 알아요? 다 읽게 될지 말이에요.』
내 곁에 있던 예수 신자라는 부인이 그 부인의 손을 잡고 사과했다.
『내가 말을 너무 과하게 해서 마음을 상하게 했지요. 죄송해요. 용서해 주세요.』
『아니에요. 난 불교쟁이가 아니라니까요. 걱정마세요.』
『그렇다면 우리 예수쟁이가 됩시다. 이 훌륭하신 선생님께서 직접 쓰신 책을 읽어보시고 말이에요. 어때요?』
우리는 웃으며 헤어졌다. 나는 그들의 뒷모습을 보면서 그들이 예수를 믿는 성도가 되기를 바랐다. 주위의 나무들이 시원한 바람소리를 냈다.
「그렇지, 죽으면 죽자! 그러면 모든 것이 아름답게 이루어지리라.」

## 12
# 말

말은 인격이에요.
말을 듣고 그 사람을 판단하니까요.

천한 사람은 귀한 말을 못하고
싸움쟁이는 복된 말을 못해요.
허영에 들떠 있는 사람은
착하고 신실한 말이 없고
거룩한 신자는 해되는 말을 못해요.
무지한 사람은 덕이 되는 말을 못하고
화목하는 사람은 상처주는 말을 못해요.
우매한 사람은 무지한 말을 하고
간교한 사람은 거짓말만 해요.
거짓된 사람은 친구가 없고
염치없는 사람의 말은 개짖는 소리 같아요.
참 목자의 심령을 가진 사람은
예수님과 천국을 말하고
사단과 지옥을 경고하는 말을 해요.
삯꾼들은 웃기고 울려서 돈만 긁어가요.

하나님은 말씀이라고 했어요.
그 말씀이 예수님이 되었어요.
그래서

예수님 말씀은 천국이고 구원이지요.
그 말씀은 사는 것이고 생명이에요.
말씀이 이렇게 크고 중하기에
우리는 말을 조심하는 것이에요.

## 13
## 잡초

　채소와 꽃을 좀 심어보려고 뒤뜰을 개간했더니 심지도 않은 잡초가 마구 돋아났다. 호미로 잡초를 모두 뽑아냈더니 마음이 후련해지고 또 흙도 평평하고 부드럽게 다져졌다.
　뽑아서 쌓아놓은 잡초 무더기를 바라보았다. 그러자 자라려고 파릇파릇 돋아났던 잡초가 나를 원망스럽게 흘겨보는 것 같았다.
　『너는 잡초야. 아무 유익도 없는 잡초란 말이야. 심지도 않았는데 왜 나오지?』
　『우리는 애써서 심고 가꾸는 채소와 달리 심고 가꾸지 않아도 채소보다 더 강하고 더 끈기있게 잘 자라는 잡초예요. 우리도 자랄 수 있게 그냥 놓아 두세요!』
　『아니야! 너희가 자라면 채소는 못 자라게 돼! 내게는 채소가 필요해. 나는 채소가 목적이야. 잡초 너는 비록 잘 자라고 강하지만, 나는 네가 필요하지 않아. 너는 뽑혀서 없어져야 해.』
　세상 사람들은 뜰의 잡초일까?
　하나님의 도움 없이 강하게 잘 살더라도 창조주께 불필요한 잡초이고, 그분의 식탁에 오를 수 없는 잡초라면, 언젠가는 호미로 캐내어지고 뽑혀져서 말라버릴 것이 아닌가?
　잡초는 잡초이니 마르면 그뿐이지만 사람들은 영혼이 있으니 그 영혼은 과연 어떻게 될 것인가?

# 14
# 꽃

예쁜 꽃이 피었어요.
아름답고 화려하고 또 신선한
정말 예쁜 꽃이에요.

사람이 가지고 있는 모든 기술을 동원해도
이런 색깔, 이런 조화, 이런 아름다움을 만들 수는 없어요.
꽃을 만드신 그분의 솜씨!
그 기기묘묘한 단장은 그분의 꼼꼼하시고 세밀하신 솜씨가 아니겠어요?

그래서 그럴까요?
나는 예쁘고 아름다운 것이 좋아요.
나는 꼼꼼하고 세밀한 것을 사랑해요!
비록 나도 그분이 만드신 대로 되었지만
나는 그분이 예쁘게 만든 꽃이 좋고
아름답게 꾸민 모든 색깔과 모양이 좋아요.
그 높고 크신 대주재는
예쁜 꽃을 만들고 자라고 피게 하셔서
나를 즐겁게 하셨어요.

어떻게 하면 나로 인하여
그분의 마음이
기쁘고 재미있고
시원하실 수 있을까요?

## 15
## 버려요

잘 먹는 일은 무척 중요하지요.
그러나 버리는 일은 그것보다 더 중요해요.
먹는 일에는 아무 지장이 없다고 해도
그 먹은 것을 뒤로 버리지 못하면
변비가 생기지요.

버리지 않는다는 것은 곧 버리지 못한다는 것이에요.
그것은 잘못 먹는 것보다 더 안된 일이에요.
먹었으면 먹은 만큼 버리게 되어 있어요.
그런데 버리지 못하면
온몸에 병균이 생기고
몸이 병들어 지장이 많아요.

이와 마찬가지로
예수님 믿고 말씀 듣고 기도하면서
못된 습관을 그대로 가지고 사는 사람은 말이죠.
그 사람은 영적인 변비 환자예요.
온 영혼이 병들어 냄새가 풍겨나와요.

추해요.
보기 싫어요. 악해요.
더러워요. 불편해요. 불화해요. 부정당해요.

무심하고 사납고 고약하고 징그러워요.
원수만 만들고 참 불행해요.
버리지 못해서 그래요.
결사적으로 버릴 줄 아셔야 해요.

## 16
## 기적

수단 좋고 재간이 비상한
그 여인은 언제나 자신만만했대요.
말도 잘하고 설명도 그럴듯하구요.
남을 설득시키는 데 기적을 일으킬 만큼 수재였대요.
그 여인은 빈털터리였지만
큰 공장을 세우고 기계로 채웠지요.
그리고 사람들을 모집하고 일을 시켰대요.
광고를 내고 소문을 퍼뜨렸대요.
그 여인은 일등 호텔에 다니고
최고급 승용차를 몰고요
사원보다 더 큰 집에서 산대요.
그 어느날 경관 둘이 왔대요.
그 회사 사장인 남편을 끌고갔대요.
쇠고랑 찬 남편을 따라나서는 그 여인에게
남편은 말했대요.
『여보, 당신은 매일매일 돼지꿈만 꾼다더니 이게 웬일이오?』
그 여인은 쓰러졌대요.
너무 잘 먹어 몸이 천 근이나 되었으니
다시 일어날 수 없는
전신마비가 되었대요.
너무 비대한 남편도 심장마비로 숨을 거두었대요.
감옥에서 시체가 되어 나왔대요.

그렇게 말을 잘하던 여인은
단 한마디 말도 못 한대요.
한 귀한 자매님이
그 여인을 찾아갔대요.
죽기 전에 예수 믿고 구원받으라 했대요.
그 후에도 매일매일 찾아갔대요.
그때마다 권면하고 기도했대요.
그 여인은 눈물을 흘리며 회개했대요.
그 여인에게 기적이 나타났대요.
일어나 말을 할 수 있게 됐대요.
돼지꿈이 남편을 죽이고
자신을 망쳐놓았다 말했대요.
그 여인은 변했대요.
말은 잘 못해도 진실한 신자가 되었대요.
그 여인의 아들과 딸들도 믿는대요.
온 가족이 모두 충실한 봉사자들이래요.
돼지꿈 믿고 망한 사람이
예수 믿고 흥했대요.

## 17
## 단골도둑

　LA는 도둑이 많기로 유명하다. 우리 아파트 지역도 예외는 아니어서 도둑 맞는 일이 흔하다. 도둑들은 주로 오전 10시경에 집을 턴다. 이때는 젊은 사람들이 거의 직장이나 학교에 가고 없는 시간이다.
　아파트 사람들은 현관이나 방문마다 자물쇠를 채워놓지만 소용이 없는 일이었다. 도둑들은 문을 어떻게 따는지 열고 들어와서는 그들이 원하는 현금이나 보석 등 돈이 될만한 물건이면 무엇이나 가져간다. 심지어 나이 많은 노인들이 집에 있는데도 불구하고 그들은 노인들을 의식하지 않고 마구잡이로 행동한다.
　우리 집도 단골도둑에게 털린 적이 있다. 내가 집에 없을 때였는데 그 도둑이 들어와서 온 방을 뒤죽박죽 흩어놓고 갔다. 옷을 꺼내놓고 책상서랍을 뒤지고 찬장의 그릇, 침대와 이불까지 샅샅이 다 뒤져놓았다. 심지어 그 도둑은 냉장고에서 음식을 꺼내서 먹고 싶은 대로 다 먹어 치웠다. 그리고 화장실까지 쓰고 갔다. 참으로 뻔뻔스러운 도둑이었다. 그는 이리저리 다 찾아보았으나 현금을 찾지 못했던지 얼마 들어있는 돼지저금통만 가지고 갔다. 아마도 그 도둑은 나에게 현금이 많이 없다는 사실을 알고 있는 것 같았다.
　그 도둑은 다른 아파트에서는 마치 자신의 집처럼 태연스럽게 행동한다. 그는 노인들이 집에 있어도 막무가내였고, 뒤지다가 돈이 될만한 보석이나 물건이 있으면 가져갔다.
　사람들은 경찰에 신고하지만 자신의 일을 하고 뒤늦게 오는 경관들에게 어떠한 도움도 받지 못한다. 따라서 출입구는 열쇠로 열지 못하는 자물쇠를 사용하고 그 문 뒤편에도 쇠대문을 만들어 특별 자물쇠로 잠근다. 그러나 이 단골 도둑에게는 이러한 수고들이 소용없게 된다. 어쩌면 그에게는 어떠한 자물쇠든지 열 수 있는 기술이 있을지도 몰랐다.

어느날 나는 오전 10시경에 뒷뜰로 나가다 마침 문을 열고 들어오는 단골도둑과 마주쳤다. 그 단단한 문을 어떻게 열었는지 놀랍기도 하고 당황이 되기도 했지만 나는 태연하게 대했다. 그날은 그 단골도둑을 위해 특별히 기도했기 때문에 마음의 준비가 되어 있었던 것이다.

『누구세요? 왜 들어왔어요?』

나는 그 전에 본 적이 있었지만 낯선 사람을 본 것처럼 물었다. 그는 활짝 웃으며 인사했다.

『헬로우, 김 부인!』

『어떻게 내 이름을 알죠?』

『우편함에서 이름을 보았지요. 나는 여기에 살고 있는 사람들을 다 알고 있어요.』

그는 6척이나 되는 큰 키에다 번쩍이는 십자가 모양의 금목걸이를 걸고 있는 흑인이었다. 양복은 보라색으로, 꽤 점잖게 보이려고 꾸민 것 같았다.

『그런데 무슨 일로 들어왔어요?』

『아! 네, 제 강아지가 이 집으로 쑥 들어가지 않겠어요? 그래서 강아지를 잡기 위해 따라 들어온거에요.』

『문을 어떻게 열었어요?』

『문요? 문은 활짝 열렸던데요?』

나는 그 말이 거짓인 줄 알았지만 더 이상 따질 수가 없었다.

『여기 강아지가 어디 있어요? 없잖아요?』

『강아지는 좀 돌아다니다 내게로 올겁니다. 두고보세요.』

나는 그 말도 거짓임을 알았지만 대꾸할 필요도 없었다.

『당신의 이름은 뭐예요?』

『아, 제 이름이요? 저는 류이스입니다. 류이스요.』

『류이스? 그 목에 번쩍거리는 금목걸이는 십자가인데 류이스는 그 십자가에서 돌아가신 예수님을 알고 있나요?』

『아, 그러믄입쇼. 저는 예수를 잘 믿는 독실한 크리스챤이에요. 교회에서 성가대도 하고 있는걸요.』

그는 말을 하면서 손가락으로 소리를 냈다. 그리고 장단을 맞추어 노래하기 시작했다. 그러다가 몸짓을 동원하여 이리저리 흔들기도 하고 목청까지 돋우며 노래하는데 무섭기도 하고 걱정도 되었다. 단골 도둑이 부르는 노래는 흑인 교회에서 부르는 성가였다. 부르는 솜씨가 대단하여 내심 놀랍기도 했다.

「이러한 경우에 나는 어떻게 할 것인가.」

나는 노래 소리를 들으며 생각에 잠겼다.

「이 기회에 이 도둑에게 복음을 전한다는 것은 무서운 일일 것이다. 그것은 그가 금십자가를 목에 걸고 크리스찬이라고 자랑하면서 성가를 부르고 있다는 사실 때문이다. 이는 그가 교회 생활을 얼마나 했는지 보여주는 증거가 되기도 하는 것이다. 아니다. 그에게는 진실된 면이 보이지 않는다. 그가 아무리 성가를 잘하고 몸짓도 그럴싸하더라도 그의 눈은 나를 똑바로 보지 못하고 있기 때문이다.」

나는 평양 감옥에 갇혀있던 절도범들이 문득 생각났다. 절도범이나 사기범들은 나와 이야기를 하면서도 나를 똑바로 쳐다보지 않았다. 그들은 나를 보더라도 내 귀가 있는 주변이나 이마나 코 주위 또는 뺨을 쳐다보았다. 그들은 결코 내 눈을 쳐다보지 않았던 것이다. 내가 그들의 눈을 똑바로 쳐다보면 그들은 갑자기 벌떡 일어나 변소통으로 가거나 아예 외면해버리거나 혹은 하던 말을 우물쭈물 해버렸다.

6년 동안에 수없이 많은 죄수들과 함께 있던 나는 눈을 마주보면서 대화했던 죄수는 그리 많지 않았음을 기억해냈다. 그중에서 절도범과 사기범들은 열이면 열 모두가 눈을 마주보면서 이야기하는 경우가 없었다. 거기까지 생각이 미친 나는 흑인 단골도둑은 어떤 반응을 보일까 싶어 말을 걸기 시작했다.

『헤이, 류이스』

그는 여전히 신이 난듯 손가락으로 소리를 내면서 장단을 맞추었다. 그는 아는 노래를 총동원하기로 마음먹은듯 계속 불러댔다.

『헤이, 류이스. 이제 그만 불러요. 그리고 나와 이야기 좀 해요』

그때서야 그는 노래를 중단하고 우뚝 서서 나를 쳐다보았다.

『류이스, 나를 좀 쳐다봐요.』

나는 그가 내 눈을 똑바로 보는지 유심히 보았다. 아니나 다를까 그는 나를 바라보기는 했지만 내 눈과는 마주치지 않았다. 나는 그의 험

상궁은 인상을 보고 왈칵 겁이 났다. 그러나 얼른 표정을 바꾸며 말했다.

『류이스, 노래 부르느라 목이 갈하죠? 뭐 마실 것이라도 사줄까요? 함께 나갈까요?』

어쨌거나 나는 그 도둑을 내 집에서 나가게 해야 했기 때문에 그렇게 말을 했다. 그러나 그는 이층을 힐끗 쳐다보았다.

『강아지가 저 이층으로 올라갔나봐요. 가서 찾아야겠는데요?』

그의 계획은 노인이 있는 이층에 가서 마음대로 훔치는 것이었다. 나는 하나님께 지혜를 주십사 기도했다. 그리고 이 도둑이 들어가면 놀랄 노인을 생각했다.

「이 못된 도둑은 노인을 위협할 것이고 집안을 온통 수라장으로 만들어놓고 마음대로 물건을 훔쳐갈 것이다.」

나는 마음이 급해지고 어떻게 수를 써야 할 것 같았다.

『류이스, 이제 당신의 노래를 들었으니까 이번에는 내가 그 사례로 좋은 것을 가르쳐줄까 하는데 어때요?』

『아뇨. 나쁜 짓을 하면 지옥에 간다고 하실거죠? 그래서 그런 짓을 하지 말라구요?』

『천만에요. 그것은 류이스가 이미 다 알고 있는 말일텐데요. 내가 왜 새삼스럽게 그런 말을 하겠어요?』

『그럼 뭔데요?』

『카라데라고 하는데 한국에서는 태권도 또는 유도라고 해요.』

『그런 것을 당신이 알아요?』

『그럼요. 나는 유도나 태권도의 카라데 사범이에요.』

『뭐라구요? 사범이라구요?』

『그렇다니까요. 미국에서는 남자들만 그런 것을 배우지만 동양에서는 여자들도 그런 운동을 배워요. 그래서 여자 사범도 많아요. 왜 그런지 알겠어요?』

그는 놀란듯 나를 쳐다보며 눈을 껌벅거렸다.

『왜 그래요?』

『여자는 약하니까 폭력배를 상대할 수 없지요. 그래서 생각있는 부모들은 어릴 때부터 딸에게도 그런 운동을 배우게 해요. 비상시에 사용할 수 있도록 말예요.』

『어? 그런 말은 처음 듣는데요?』
『그런 것은 모두 비밀로 하기 때문에 알려져 있지 않아요. 내가 태권도 사범이라는 사실도 남편 이외에는 모르지요.』
 그는 내 말을 듣자 눈빛이 변했다. 나는 사실 진땀이 났지만 내색하지 않았다. 나는 그에게 사실을 눈치챌 기회를 주지 않기 위해 말을 계속했다.
『이봐요 류이스, 내가 기초 동작부터 가르쳐줄께요. 따라서 해보세요.』
 나는 굵은 목소리로 기합과 동시에 양팔과 손을 앞으로 모으고 다리를 굽혀서 벌렸다.
『야앗!』
 그는 놀라서 물끄러미 나만 쳐다보고 있었다. 나는 다시 한번 기합을 냈다.
『야앗! 왜 따라하지 않아요?』
『노우, 노우, 노우』
 그는 머리를 설레설레 흔들면서 뒷걸음질을 치려고 했다.
『류이스, 내 말을 한번 들어봐요. 이 태권도를 하면 특별한 총이나 무기가 따로 필요없어요. 이것은 보신 운동이기도 하지만 사실 총과 검 대신 사용되는 것이죠. 이 운동은 나쁜 사람을 만나면 사용할 수 있어요. 상대방의 허리와 다리 팔 등을 꺾어놓을 수 있고 심지어 눈알까지도 튀어나오게 만들 수 있어요. 상대방을 칠 때의 동작은 총알이 나가듯 굉장히 빠르기 때문에 순간적으로 상대를 눕힐 수 있어요. 어때요? 자, 따라 해보세요.』
『노우, 노우, 노우』
 그는 겁에 질린 어린 아이처럼 계속 머리를 저었다. 나는 용기가 났다.
『알았어요. 내가 여자니까 깔보는거죠? 여자한테서 배우는 것이 자존심을 상하게 하는가보죠? 잘 됐어요. 그러면 우리 교회 교육 목사님께 배우면 되겠네요. 그분은 유도가 오단이에요. 굉장하거든요. 그분을 부를까요?』
 그는 더욱 겁에 질려서 대문을 향해 걸어 나갔다. 나는 더욱 큰소리로 말했다.

『류이스, 좀 기다리면 그분에게 유도를 배울 수 있을텐데 왜 그래요?』
그는 이 말을 들었는지 못 들었는지 대문 밖으로 사라져버렸다.
나는 당시 남들 같으면 진땀을 흘릴 정도로 긴장한 것은 사실이었다. 그러나 땀은 흐르지 않았다. 나는 좀체로 땀을 흘리는 법이 없기 때문이다. 그리고 도둑에게 했던 말도 거짓은 아니었다. 사실 나는 매일 운동을 한다. 몇해 전 우리와 함께 있던 태권도 선수로부터 기본 동작을 배웠던 것이다. 그 선수가 가르쳐준 태권도의 몇 동작을 나는 단골도둑에게 사용했던 것이다. 그리고 우리 교회 교육 담당이었던 김 목사님은 유도 선수였고 실력도 오단이나 되었다.
단골도둑이 사라진 후에 나는 당한 일들을 생각했다. 그 일을 당할 때는 겁이 나고 긴장되었지만 지나고 보니 그것도 세상을 사는 경험이라 생각한다. 또한 세상을 살기 위해 무엇이나 배우고 알아두면 어떤 면으로도 도움을 받을 수 있다고 생각한다.
그까짓 태권도 기본 동작 하나가 그러한 일에서 도움이 되었다면 모든 일에 도움을 받을 수 있는 것이 있을 것이다. 그래, 그것은 기도이다. 기도의 생활화인 것이다. 이 기도는 가장 예리한 무기요 기계요 사전이다.
또한 말씀도 그러한 무기이다. 내가 일본과 맞서서 싸운 것은 물론 기도의 무기가 있어서였지만 말씀의 무기도 있었다. 말씀으로 나라를 이겼고 기도로 잔혹한 고문을 이겼던 것이다. 말씀과 기도로 나는 승리했던 것이다.
나는 사명을 가지고 온 세계와 온 민족과 온 교회와 온 성직자와 온 신학생과 온 성도들을 위해 정한 시간에 기도하고 있다. 말씀을 묵상하고 암송하며 베껴 써보기도 하며 읽고 전한다. 이것은 나의 일상 생활에서 하루라도 빠뜨릴 수 없는 일이다.
그 이튿날 나는 남미에서 일하고 오신 김 목사님께 전날에 일어났던 일들을 이야기했다. 그때부터 오전 10시 전후로 김 목사님은 대문 밖에 서서 류이스를 기다렸다. 김 목사님에 의하면 그 키가 큰 흑인이 우리 집 쪽으로 오려다가 다른 샛길로 빠져 달아났다고 했다.
세상에는 별의 별 일들이 많다. 그러나 좋은 것이면 기회있는 대로 배우자. 배워두면 쓸 수 있는 기회가 오기 마련이다.

## 18
## 미온상태

몸에 미온이 계속 있으면
질병이 자라고 있다는 신호입니다.
몸에 미온상태가 계속되면
기운이 빠지고 두통이 나고 세상은 귀찮아지고
날마다 삶에 위험을 느끼지요.
그리고 죽음의 공포가 습격해오지요.
신앙도 마찬가지예요.
뜨겁지도 차지도 않고
뜨뜻미지근한 자세가 바로 그것이랍니다.
미온적인 신앙생활엔 활기가 없어지고 열성이 식어
말씀을 들어도 감동이 없고
기도를 하면 지루하고 고단하며
모이는 일은 귀찮고 성가시며
헌금하라면 화가 나고 분이 생기며
교회 자체가 짐이 되고 무거워서
늦게 오게 되고 핑계만 있으면 빠지고
간신히 이름만 걸고 왔다갔다 하지요.
영혼이 병들었다는 신호입니다.
위험하다는 신호라니까요.
신앙은 뜨거워야 해요.
그것이 살아있는 신앙이고 유익하지요.
천국지소가 내 속에 내 주위에

내 생활하는 범사에 번쩍이는 거니까요.
이것이 복있는 상태고 건강한 상태라구요.
이러한 축복이 전혀 없을라치면
차라리 차가우세요.
차돌맹이같이
꽁꽁 얼은 얼음덩이같이
누구도 접근할 수 없는 매섭게 차가운
그런 상태를 택하세요.
활활 타고 꺼지지 않는 지옥불이
그 매섭게 차가운 영혼을
강하게 빨아들여 녹여줄테니까요.
흥미진진한 도전일까요?
이건 정말 우화도 농담도 아니라구요.
진정한 경고요 충고라구요.

## 19
## 내려오라고!

악종들은 예수님의 죽으심에 공포의 충격으로
「내려와요. 내려오시오.
죽지 마시오, 죽으시면 안되요.
십자가에서 내려오면 믿을께요.」
악종들의 공포와 조롱 속에
예수님은 죽으셨습니다.
그리고 부활하신겁니다.
그래서 하늘과 땅의 대주재 자리에 오르셨습니다.
세상을 왕국으로 만든 사단은 파괴되었고
천하의 인류 모든 민족은
예수님의 발 아래 모여들었습니다.
아! 나도 그 중 한 사람이랍니다.
이렇게 된 특권은 내 자랑이랍니다.
자랑스럽고 장하고 놀랍고 신기하고
즐겁고 기쁘고 만족하고 또 만족합니다.
환희에 울고 감격에 찬양합니다.
진지하게 예수님을 모시고 의논하고 사는 일이 보람있습니다.
죽음이 있으니 소망에 차있고
어제나 오늘이나 내일이나 영원히
말씀 그 말씀 안에 사니
예수님 십자가에서
내려오실 수 없음을

나는 증거하고 전파하는 거예요.
그런데 글쎄, 그 당시 악종들이
어떻게 감히 십자가에서
내려오라고 아우성쳤을까요?
그게 말이나 되는 소리예요.
십자가 피의 권세를
나는 그때 밝히 보았어요.
어린 양 되어 죽으신 예수님이
흘리시고 뿌려주신 피의 권세를
나는 보고 알고 내 영에 새겼어요.
내 영은 맑아졌어요.
환하고 신통하고 예리해졌어요.
나는 울고 또 울기만 했어요.
하나님의 사랑, 그 사랑을 보았기 때문에
인간 언어표현의 제한 때문에
우는 길 밖에는 달리 표현할 수 없었으니까요.
그래서 나는 울어요.
지금도 그 사랑에 우는거예요.
천국에 가서는 울음을 천국어로 바꾸고
찬송으로 찬란하고 영화롭게 힘껏 부를거여요.

## 20
## 사랑은

사랑이란 나 좋으라고 하는 것인가요?
사랑받는 이의 입장은 생각도 않고,
내가 가진 견해와 필요에 따라서
상대방에게 사랑을 베풀었다면
그것은 벌써 사랑이 아니예요.
그것은 사랑의 가면이고
이기주의라는 것이에요.
자기에게 이익이 되기 때문에
상대방의 상황을 무시한 처사이니까요.
사랑은 언제나 내게는 손해라 해도
상대방에게는 이익이 있어야 해요.
그것이 사랑이라는 것이지요.
그런데 사랑으로 인해서 손해나고 잃어버리고 깎이고 바닥이 나도
갚아주시는 분이 꼭 보고 계셔요.
그분이, 우리 아버지가
잘했다 하시면
그의 사랑이 우리에게 쏟아지는 거예요.
쌓아둘 곳이 좁아서 걱정이 되도록 말이에요.
영의 축복 육신의 축복까지도,
하나님이 주시는거예요.
사랑은 주님이 보시는 현미경이지요.

# 21
# 사랑연습

사랑한다고 말하세요.
사랑이 없어 하지 않더라도
사랑한다고 말해 보세요.
아침에도 하고 한낮에도 하고
저녁에도 한밤에도
새벽부터 밤중까지
사랑은 말부터 연습하세요.
기적이 일어나지요.
사랑이 생겨나요.
사랑이 자라고 성숙해져요.
사랑이 역할을 해요.
일이 되는거예요.
미운 사람에게 이 비법은 효과가 있어요.
연습을 하고 있는데
안되는 것이 있는 줄 아세요.
연습을 하는 대로 모든 것이 되는거예요.
미움 연습을 해보세요.
악마 사촌이 되고 온 세상이 캄캄해져요.
사랑을 연습하세요.
세상일이 쉽고 재미있고 정들어요.
오늘도 종일토록 사랑을 연습하세요.
천국이 내 맘속에 환하게 이루어져요.

## 22
## 증오

어떤 교회에서 집회를 인도했을 때의 일이다. 나는 집회 기간 계속 융숭한 대접을 받았다. 각 가정에서 정성껏 준비한 음식이어서 고맙기도 했지만 마음에 부담될 때도 있었다.
어느날이었다. 그 교회의 담임 목사님께서 말씀하셨다.
『오늘 점심은 식당으로 모시겠습니다. 사모님을 모시는 분은 총각으로 아직 가정이 없습니다. 그래서 식당으로 모시게 되었습니다.』
『어떻게 해서 총각이 저를 대접하려고 하는거죠, 목사님?』
『제가 그 총각에게 사모님을 식당으로 모시라고 권했기 때문입니다.』
『식당에서 식사하는 것은 괜찮지만 왜 목사님께서 그렇게 시키셨는지 모르겠군요?』
『그 청년은 한국에서 저와 한동네에서 살았습니다. 그런데 어떻게 된 일인지 이 넓고 넓은 미국 땅에서도 같은 도시에서 살게 된 것입니다. 이는 예사로운 일이 아닌 것 같습니다. 더욱이 그는 적지 않은 문제를 가지고 있어서 믿음을 가지기에는 어려움이 많아요. 제가 아무리 그를 설득시키려고 해도 믿음이 없기 때문에 저 또한 어려움이 있습니다. 이번 기회에 사모님과 만나게 하여 좋은 결과를 얻었으면 하고 바라는 마음으로 그렇게 한 것입니다.』
『믿지도 않는 사람이 어떻게 나를 대접한다고 하지요?』
『그는 마음이 후하고 남들에게 베풀기를 좋아합니다. 성격이 시원스럽고 인상도 좋아요. 저도 자주 대접받고 있지요. 그가 이번 집회에 참석했던 차에 사모님을 대접할 수 있겠느냐는 저의 제안을 선뜻 받아

들였고 기뻐했어요.』
 그래서 우리는 점심 시간에 멋진 양식 식당으로 가게 되었다. 그 청년은 자가용으로 우리보다 먼저 와서 기다리고 있었다.
 그 청년의 생김새는 괜찮았고 예의바르고 조심성있게 보였다. 그러나 어딘가 투명해 보이지 않아서 적어도 내게는 그리 좋은 인상이 아니었다. 그러나 나는 웃으며 인사했다.
 『이렇게 좋은 사람에게 멋진 대접을 받게 되어 정말 고마워요.』
 그는 내 말에 도리어 미안했던지 얼굴을 붉혔다. 그리고 고개를 꾸벅하며 내게 인사했다. 목사님께서는 그의 이름과 함께 한 동네 사람이라는 것과 총각이어서 꿈이 많다는 등의 말로 그를 나에게 소개하셨다.
 식사가 끝난 뒤 우리는 내가 머물고 있는 호텔 로비에 왔다. 저녁 집회 시간까지는 여유가 있었고, 낮에는 로비를 사용하는 사람들이 적었기 때문에 조용했다. 로비는 우리가 이야기하기에 적합한 곳이었다. 먼저 목사님께서 말을 시작하셨다.
 『자, 도군, 여기 안 사모님은 누구나 돕기를 원하시고 누구나 사랑하시는 분이세요. 그러니 마음 문을 활짝 열고 마음 속에 있는 것을 털어놓으세요. 사모님께서는 오래 사신 분이니 경험도 많으시고 지식도 많으시고 믿음도 우리 젊은이들과는 같지 않으실테니까 말이에요.』
 목사님은 도군의 마음 문을 열기 위해 나를 추켜세운 것이겠지만 나는 못마땅하였다. 그러나 하는 수 없이 훌륭한 사람같이 가만히 듣고 있었다. 나는 내 태도가 부담스러웠지만 우습기도 했다. 왜냐하면 내 쪽에서 그렇지 않다고 말해버리면 나는 시원할지 모르지만 목사님의 입장이 곤란할 것이기 때문이었다. 또한 도군도 가볍게 여기고 하고 싶은 말을 못할 것 같았기 때문이었다.
 목사님은 도에게 이야기해보라고 권면하셨지만 그 청년은 끝내 침묵을 지켰다. 나도 할 말이 없었기 때문에 가만히 있었다. 결과적으로는 목사님만이 수다스럽게 이런저런 이야기로 시간을 보낸 것이었다.
 목사님은 저녁 집회 준비로 내가 쉬어야 할 것이라고 도군에게 말하고 자리에서 일어섰다. 우리는 인사를 하고 나는 승강기 쪽으로 향했고 그들은 출입구 쪽으로 향했다. 나는 갑자기 돌아서서 그들이 나가는 것을 쳐다보았다. 목사님은 앞서서 문 밖으로 나가셨고 도군은 문 밖으로 막 나가려 했다. 나는 급히 도군에게 달려가서 그의 손목을 꽉 잡고 말했다.
『도군! 참으로 고마워요. 잘 먹었어요. 대접한 것을 잊지 않을께요.』
그는 나의 갑작스런 행동에 놀랐는지 나를 의아한 표정으로 쳐다보았다. 그렇지만 그는 여전히 아무 말도 하지 않았다.
『도군! 내게 꼭 전화하세요. 내 방 번호는 420이에요. 알겠어요? 전화 기다리고 있을께요.』
그때서야 그는 당황하듯 우물쭈물하더니 낮은 음성으로 말했다.
『저는 아버지를 미워합니다.』
그의 음성은 낮았지만 똑똑했다. 그는 문을 열고 밖으로 나가버렸다. 나는 한동안 서서 그의 뒷모습을 바라보았다. 그는 뒤를 돌아보지도 않고 종종 걸음으로 걸어가 내 눈앞에서 사라졌다.
나는 방으로 돌아와 쉬려고 했지만 도군이 내뱉듯 던진 그 말 한마디 때문에 쉴 수가 없었다.
「아버지를 미워한다고? 그의 인상이 좋지 않게 보였던 원인이 거기에 있을지 모른다. 마음 속에 미움이 가득 차 있다면 그의 마음은 결코 평안할 리가 없을 것이다. 그리고 인상도 좋을 리 없을 것이다. 아버지를 미워하는 이유는 무엇일까?」
나는 도군이 애처로웠다. 미움 때문에 그의 영혼이 썩어가고 있는 것 같았다. 나는 저녁 집회보다 도군에 대한 생각이 더 많이 났다. 나는 도를 위해 엎드려 기도를 했다. 그를 도와주실 수 있는 분에게 부탁하는 길이 최선의 방법이기 때문이었다. 나는 전화를 기다렸지만 오지 않았다. 저녁이 되어 나는 목사님과 함께 교회로 갔다. 차 안에서 목사님은 말씀하셨다.
『그 도라는 청년은 저와 같은 동네에서 살았습니다. 그의 어머니는 천사같은 분이셨고 그의 아버지는 재건파 교회의 장로님이셨습니다. 그에게는 여동생이 하나 있었는데 미국으로 시집왔습니다. 그 여동생의 초청으로 그는 미국에 왔습니다. 저는 그에게 복음을 전하기 위해 애를 쓰고 있습니다.』
『그 동생도 교회에 오는가요?』

『크리스마스에나 한번 오는 정도지요. 그러나 도군은 간혹 우리의 초청으로 함께 식사도 하고 이야기를 나누어서 그런지 종종 나오는 편이지만 매번 교회 뒷자석에 앉았다가 예배 끝나기가 무섭게 나가버립니다.』

나는 교회 안으로 들어서면서 도가 왔는지 살펴보았지만 없었다. 집회가 시작될 즈음 나는 옆에 앉은 목사님께 그가 왔는지 물었다.

『안 보이는 것 같습니다. 혹시 늦게 올지도 모르겠습니다.』

그 말에 나는 희망을 가졌다. 늦게 들어오는 사람마다 유의해서 보았지만 그는 보이지 않았다.

집회가 끝난 후 친교실에서도 혹시나 하고 찾았지만 보이지 않았다. 친교 시간에 교인들과 교제를 하고 있는데 목사님이 내게 다가와서 말했다.

『사모님, 고단하실텐데 호텔로 가시지요.』

그 순간 어떤 교인이 목사님을 찾았다.

『사모님, 잠깐만 기다리세요. 누가 밖에서 저를 찾는다고 합니다.』

목사님은 얼마되지 않아 들어오셨다. 그의 얼굴은 밝았다.

『사모님, 도군이 왔습니다. 도군이 오늘 저녁에 사모님을 호텔에 모셔다 드린답니다.』

목사님은 기쁜 표정으로 말했다. 나 또한 놀랐고 기뻤다. 나는 밖으로 나갔다. 그는 교회 문 바로 옆에 차를 세워놓고 나를 기다리고 있었다.

『나는 도의 옆자리에 앉겠어요.』

나는 운전석 바로 옆자리에 앉았다. 호텔은 교회에서 15분만 가면 도착할 수 있는 거리여서 말을 할 수 있는 시간이 짧았다. 나는 아예 말을 시작하지 않기로 했다. 나는 호텔에 도착했을 때 도에게 말했다.

『도군, 시간이 좀 늦었지만 차를 주차시키고 나와 함께 로비로 가면 어떻겠어요?』

『네.』

그는 쾌히 승낙을 하고 차를 주차시킨 뒤 내가 기다리고 있는 로비로 왔다.

『도씨! 내가 너무 일방적이어서 기분이 상하지 않았어요?』

나는 그를 「도씨」「도군」「도 청년」 등 하며 친근하게 불렀다.

『괜찮습니다.』
『정말이에요?』
『네.』
『정말이라면 고마워요. 정말 고마워요. 자, 이리로 내게 가까이 앉으세요. 나는 오늘 밤에 도군의 어머니가 되어 줄 마음이 있어요. 어머니는 많을수록 좋지요? 청년은 훌륭하고 좋은 어머님이 계실테니까 나 같은 사람도 어머니라고 생각하면 세상을 재미있게 살아갈 수 있지 않겠어요.』
『제 어머님이 세상을 떠나신 지 벌써 일년이 다 되어 갑니다.』
『아! 그래요. 그 사실을 몰랐군요. 그래서 도군은 아직도 어머니를 잊지 못해 우울한가봐요. 참 미안해요. 그러나 우리 인간은 누구나 한 번은 죽기 마련이지요. 나도 그렇고 도군도 그럴 것이구요.』
『그렇지만….』
『그렇지만? 그 다음에 무슨 말을 하려고 그랬어요?』
도는 한참 동안 생각하더니 한숨을 내쉬었다. 나는 그에게 분명히 어떠한 일이 있음을 감지했다. 그러나 잠자코 있었다. 그러자 그는 심중을 털어 놓아야 할 순간이라고 느꼈는지 이야기를 시작했다.
『저의 어머님은 너무 억울하게 돌아가셨습니다.』
나는 그 말을 듣자 그가 처음으로 내게 했던「저는 제 아버지를 미워합니다」라는 말이 기억났다. 나는 어떤 말을 해야 할지 몰라서 그의 설명만을 기다렸다. 설령 그가 설명을 하지 않는다 해도 애써 추궁하여 말하도록 재촉하지는 말아야겠다고 생각했다. 왜냐하면 그 청년 부모의 불화와 어머니의 죽음 그리고 아버지에 대한 죽음 등이 서로 복잡하게 얽혀 있으리란 생각이 문득 들었기 때문이었다. 어쨌든 나는 도에게 도움이 될 수 있는 말을 찾고 있을 뿐이었다. 그러나 그는 한동안 말 없이 앉아 있기만 했다. 일어나 가려고 하지도 않았다. 시간이 지나자 그는 말을 하기 시작했다.
『여사님.』
『네.』
『제 어머님은 너무 가엾고 불쌍하게 사시다 억울하게 돌아가셨습니다.』
그는 했던 말을 반복했다.

『그랬는가요? 정말 안됐군요.』
『그래서 저는 예수 믿는 것을 싫어합니다.』
『그래요. 이야기해 보세요. 나는 어떠한 말을 들어도 받아들일 수 있어요. 말해 보세요.』
『그렇지 않아도 목사님께서 제게 말씀하셨어요. 여사님께서 오시면 꼭 만나서 이야기해 보도록 주선해 주신다고요. 그렇지만 아들이 아버지를 미워하여 고민하는 것을 어떻게 쉽게 말 할 수 있겠습니까? 그렇잖아요?』
『세상 일이라 그럴 수도 있겠지요. 기왕에 말이 시작되었으니 이야기해 보세요. 그러면 쌓였던 감정이 풀어질 수도 있으니까요. 안심하고 이야기하세요.』
그는 나에게 고민을 술술 털어놓기 시작했다.
도의 어머니는 부유한 가정에서 외동딸로 태어났다. 그녀의 부모님은 교회에 충성하는 독실한 기독교인들이었다. 그의 어머니는 착하고 예쁜 딸로서 동네 사람들로부터 사랑과 칭찬을 받으며 자랐다. 뿐만 아니라 학교에서는 공부도 잘했고 원만한 친구 관계로 선생님과 학생들에게 사랑을 받았다.
도의 아버지는 이북에서 월남해 온 가정의 장남이었다. 그의 가족도 독실한 기독교인들이었다. 그의 가족은 동생들과 조카들까지 포함된 대가족이었다. 도의 아버지는 장남으로서 가족 가운데 중요한 역할을 하고 있었다. 그리고 빼어난 인물 때문에 그의 부모님은 그를 큰 자랑거리로 삼기도 했다. 혼기가 되어 두 가정은 흡족한 가운데서 자식들의 혼사를 치렀다. 그때 그의 외조부・모는 환갑이 지난 노인들이었다. 그들이 결혼을 하고서도 아기가 없어서 염려하는 가운데 하나님께 기도한 결과 도의 어머니를 가지게 된 것이었다. 반면 그의 아버지 친할아버지와 할머니는 젊었다. 외동딸을 사랑했던 부모님은 멋진 사윗감을 찾기 위해 힘쓰던 중에 그의 아버지를 소개받은 것이었다. 그들은 더이상 바랄 것이 없었다.
그러던 중 나이 많은 도의 외할아버지는 부인과 외동딸을 남겨두고 세상을 떠났다. 많은 재산은 그때부터 도의 외할머니가 관리해야 했다. 그러나 남편을 잃은 슬픔과 의욕 상실 때문에 그 재산을 관리하는 것이 여간 힘든 게 아니었다. 따라서 도의 외할머니는 시집간 외동딸에게 그 모든 재산을 넘겨주었고 자연히 똑똑한 사위가 관리하게 되었던 것이다.

사위인 도의 아버지는 그 재산을 관리하면서부터 달라지기 시작했다. 그는 동네 사람들로부터 처 덕에 부자가 되었다는 말을 들을까봐 그 재산을 몽땅 팔아서 다른 동네로 이사해버렸다. 그는 이사한 동네에서 큰 집과 가게를 사서 세를 받으며 살았다.

모든 재산을 장모로부터 받았음에도 불구하고 그는 장모에게 여간 인색한 것이 아니었다. 도의 어머니는 남편이 자기 어머니를 대하는 불손한 태도에 마음 아파했다. 눈물로 하루를 보내는 날도 있었다.

도의 아버지는 자기의 친동생들과 부모에게는 호의를 베풀어 동생들은 대학공부까지 시켜 주었다. 심지어 조카들까지 대학 공부를 시켰다. 부모님에게는 생신 축하니 명절이니 하며 아들의 도리를 다했던 것이다.

그러나 도의 아버지는 유독히 장모와 아내를 업신여기고 악하게 대했다. 어떤 사람이 그에게 장모와 아내에게 잘해야 한다고 하면 그는 그 사람을 원수처럼 여겼다.

그는 어렸을 때부터 이러한 사실을 보면서 자랐다. 한때는 그의 외할머니가 견디다 못하여 사위에게 재산을 모두 돌려달라고 한 일이 있었다. 그 말을 듣고 그의 아버지는 화를 냈고 그때부터는 더 심하게 대했다. 장모에게 전혀 관심을 두지 않고 박대했으며 어려운 환경에 처하도록 내버려두었던 것이다.

외딸인 도의 어머니는 마음이 너무 상해서 울기만 했다. 억센 남편에게 말 한 마디도 못 하고 살아가야만 했다. 그녀는 남편 앞에서 마치 죄인처럼 죽어서 지내야만 했던 것이다. 그런데 그의 아버지는 사회에서 대우받는 것은 물론 교회에서도 장로님으로 굉장한 대우를 받았다. 그는 어디에서나 자기의 주장을 펼쳤고 특히 교회에서는 주장이 받아들여지지 않으면 자기 가족을 교회에 다니지 못하게 할 정도였다. 그가 그렇게 행세할 수 있었던 것은 건축헌금이나 교회 비품 구입비 중 많은 부분을 냈기 때문이었다. 그래서 돈을 많이 못내는 성도들은 그를 부자 장로라고 불렀고 감히 그에게 맞서지 못했던 것이다.

도는 철이 들면서 아버지는 위선자였고 외할머니와 어머니에게는 마귀였다는 사실을 깨닫게 되었다. 왜냐하면 외할머니를 돌보아드리고 섬겨야 할 그의 어머니가 성심 끝에 세상을 떠났기 때문이었다. 도의 어머니는 억울하고 비통한 삶을 사시다가 허약한 몸으로 돌아가신 것이었다. 그리고 혼자 남은 늙은 할머니를 돌볼 사람이 없게 된 것이었다.

도는 그 외할머니를 생각하면 한국에 돌아가고 싶지만 아버지가 미워서 도저히 갈 수 없다고 했다. 더욱이 그 악한 아버지가 그 천사 같은 어머니에게 악담을 퍼부었던 일을 생각하면 교회니 장로니 교인이니 하는 것이 모두 몸서리쳐지는 것이었다.

그의 고백은 다 끝났다. 우리는 말없이 있었다. 나는 그가 거듭난 신자가 아닌 만큼 그의 말을 다 믿을 수는 없다 해도 그의 행동으로 보아 아버지를 미워했을 이유가 충분히 있다고 생각했다. 나는 그와 허심탄회하게 이야기하는 중에 퍽 가까워진 느낌이 들었으며, 연민의 정도 적잖이 생겼다.

『도군! 말하기 어려웠을텐데 다 털어놓고 이야기해주어서 고마워요. 나는 이야기를 들으면서 우리가 친구 되었다는 느낌이 들었어요. 도군, 그렇지 않아요?』

『네, 감사합니다.』

『이런 이야기는 가까운 사이라도 잘 해지지 않죠?』

『사실 그래요. 그래서 목사님께도 말씀을 못드렸습니다.』

『그런데 나에게 이야기해주다니 고마워요. 이야기를 다 털어놓으니 기분이 어때요? 모든 것을 마음에 꼭 담고 있을 때와 다 털어놓은 후하고 말이에요?』

그는 눈을 껌뻑이며 생각하더니 말했다.

『모르겠습니다.』

『몰라요? 자신의 기분인데요?』

『시원한 것 같기도 하고 여사님께 부끄럽기도 하고….』

『천만에요. 나에게 부끄러울 것은 없어요. 이렇게 가까워졌잖아요? 나는 정말 기분이 좋아요. 왜 그런지 아세요?』

그는 말없이 나를 쳐다만 보았다.

『사실 나는 도군의 대접을 받으면서도 우리는 친하지 못했거든요? 그러나 지금은 가까워졌잖아요?』

『글쎄요. 그런 것 같기도 하구요.』

『지금까지는 도군이 이야기하고 나는 듣기만 했으니 이번에는 내가 이야기를 할 차례가 되었지요?』

『네. 죄송합니다.』

『내가 도군의 이야기를 귀담아 들어 주었으니 이번에는 도군 내 이야기를 정성스럽게 들어주세요. 그렇게 하겠어요?』

『네, 그럼요. 말씀하십시오. 여사님.』

『청년의 이야기를 듣고 문제점을 생각하니 다섯 가지로 요약할 수 있다고 느껴져요.』

『그게 뭔데요?』

『잘 들어 보세요.』

『네.』

『첫째는 유산 문제이고, 둘째는 아버지의 변심과 인색함, 셋째는 어머니의 돌아가심, 넷째는 아버지의 위선 그리고 다섯째는 도군의 마음 상태인 미움이에요. 그렇죠?』

『네.』

『자, 첫째, 어머니의 유산 즉 재산에 대한 이야기인데 그 재산은 어머니가 뱃속에서부터 나오실 때 가지고 나온 것이 아니지요? 즉 어머니가 만들어 낸 것이 아니었다는 말이지요 그렇죠?』

『글쎄요. 그렇다면 그럴 수도 있지만…』

『즉 어머님의 부모님도 그 재산을 태어나실 때부터 가지고 나온 것이 아니었어요. 즉 자신이 직접 땀을 흘리며 애써서 만든 것이 아니란 말이에요. 그리고 세상을 떠나셨을 때 하나라도 가지고 가시지 못했지요. 다만 딸과 사위에게 넘겨주셨을 뿐이지요. 그러니까 그것은 어머니의 것도 또한 부모님의 것도 아니라는 말이에요? 이해가 되나요?』

『그럴까요?』

『그렇잖아요? 태어날 때 가져온 것이 아니고, 그렇다고 갈 때 가져가지도 못하잖아요. 단지 살아있는 동안 잠시 누릴 뿐이지요. 이 세상의 재물은 쌓아 놓아도 자기 것이 되지 못하지요. 단지 맡은 기간 동안 관리할 뿐이라는 말이에요. 성경에는 우리를 청지기라고 말씀하고 있어요. 청지기가 맡은 것은 모두가 주인 것이지 자기 것이 아니지요 아시겠어요?』

『글쎄요.』

그는 확신있게 대답하지는 않았으나 나의 말을 이해하는 것 같았다.

『그러니까 그 재산이 많았든지 적었든지 상관이 없지요. 궁극적인 주인은 하늘과 땅의 주인이신 하나님이시지요. 인간은 청지기일 뿐 주인이 될 수 없지요. 결국 인간은 재물을 관리하다가 주인에게 넘겨주게 되지요.』

그는 계속해서 고개를 끄덕였다. 내 말에 주의를 기울이며 듣고 이해한다는 태도였다.

『둘째는, 아버지의 변심과 인색인데요, 재물이란 사람의 마음을 변질시킵니다. 겸손하던 사람도 돈푼깨나 생기면 건방지게 되고 양순하던 사람도 부자가 되면 포악하고 잔인하고 인색하여 오만불손하게 되지요. 그래서 예수님은 부자에게 딱지를 하나 붙여 두셨는데 그것이 무엇인지 알겠어요?』

『글쎄요. 뭔데요?』

『지옥에 간다는 딱지예요. 부자는 천국에 들어가기가 얼마나 어려운지 마치 약대가 바늘구멍으로 빠져나가는 것보다 더 어렵다고 예수님께서는 말씀하셨어요. 왜냐하면 부자는 마음이 하나님께서 싫어하시는 방향으로 흐르기 때문이에요. 따라서 사람들에게도 좋을 수가 없지요. 즉 부자는 사람들이 싫어하고 또 하나님께서도 미워하시고 싫어하시는 사람이 되기 쉽다는 말이에요.』

『그렇다면 부자는 모두 악인이고 지옥에 간다는 말입니까?』

『천만에요. 부자는 하나님으로부터 많은 재물을 맡은 사람이에요. 맡은 재물을 주인의 것인 줄 알고 남들을 위해 사용하며 가정은 물론 사회와 국가, 민족을 위해 사용하는 부자는 하늘나라에서 상급을 받아요. 그런데 청년의 부친은 재물 때문에 마음이 변질되었다고 볼 수 있어요. 그렇지만 그의 동생들과 조카들을 교육시켰다니 나름대로 선한 일을 했다고 볼 수도 있지요.』

『그러나 제 어머니와 외할머니에게는 너무나 인색하고 잔인했습니다. 여사님.』

그의 음성은 분노가 섞여 있었다. 게다가 그의 표정도 일그러졌다.

『그러게 말입니다. 도군의 부친만이 아니라 가난했던 사람이 돈을 많이 벌게 되면 아내와 아내의 가족, 친척들을 도외시해 버리지요. 그런 예를 많이 보고 있어요. 그것은 자신의 핏줄을 무시하는 처사라고 생각해요. 극도의 이기심을 나타내는 것이지요. 그래서 수많은 아내들이 눈물을 흘리지요. 참으로 안타까운 일이라 생각합니다. 이것을 신앙적인 차원에서 보면 거듭나지 못한 남자들에게 있는 불행이지요. 반면에 부인이 남편과 그의 가족이나 친척들을 돌보지 않는 경우도 있어요. 아마 이 경우가 더 많을 것이라 생각해요. 이러한 일들은 모두 하나님과 원수되는 일이지요.』

『여사님, 사실은 그런 여자를 만날까봐 두려워 결혼도 못하겠어요. 마음 속을 알 수가 있어야지요.』

『이야기 잘했어요. 그것은 사실이에요. 교회에 나가고 찬양대에서 찬양하고 주일학교 교사로 봉사한다고 해도 확실히 알 수 없지요. 단지 우리가 알 수 있는 것은 그의 생활을 통해서이지요. 그 사람의 말과 행동은 물론 학교에서나 가정에서, 사회에서, 교회에서의 태도를 보면 어느 정도 알 수 있겠지요.』

우리는 동시에 웃었다. 더욱 가까워진 느낌이었다.

『셋째로, 어머니의 소천에 관한 문제인데요, 어머니께서는 예수님을 믿으셨나요?』

『그럼요. 제 어머니는 기도하실 때마다 우셨어요. 어머니의 마음이 아프고 상하셔서 그럴 것이라고 생각해요. 그래서 제 동생도 어릴 때부터 우울해 하고 울기를 잘했어요. 한국에서 일하던 미군이 동생을 사랑하여 결혼했습니다. 그가 미국으로 돌아올 무렵이었죠. 당시 동생은 어렸습니다. 제 동생도 나이가 어렸을 때부터 아버지를 싫어했습니다. 아버지께서는 우리가 어렸을 때는 사랑해 주셨지만 재산을 물려받으신 후부터 달라졌습니다.』

『그래도 부친은 두 남매를 사랑하실거에요.』

『그런지도 모르지만 우리는 부친을 미워합니다.』

『도군은 어머니께서 지금 얼마나 기뻐하시는지 모를거에요. 어머니는 지금 고향집에 가신 셈이에요. 세상에 심부름와서 도군과 동생을 세상에 내어주고 잘 길러 주셨어요. 그런데 세상 때문에, 곧 남편 때문에 늘 상심하셨지요. 하나님은 상심한 자의 마음에 계신답니다. 어머니가 늘 기도하시며 우신 것은 마음이 아프고 억울해서라기보다 하나님께서 그 마음을 위로하셨기 때문이에요. 자, 생각해봐요. 어머니께서 기도하신 후 그 얼굴이 어땠어요?』

『어머니의 얼굴이 환해지셨던 것 같아요. 우리 어머니는 아름다우셔서 동네 사람들이 천사라고 했어요.』

『보세요. 그분은 물론 슬퍼서도 우셨지만 감사하고 감격해서 더 많이 우셨을거에요. 그리고 보세요. 그분은 정말 천국에 가셨으니 이 감옥살이 같은 세상에서 벗어나신거지요. 얼마나 자유롭고 기쁘시겠어요? 그러니까 어머니의 소천은 축하해야 마땅하겠지요? 그것 때문에 마음이 상한다면 어리석은 일이에요. 어머니께서는 가야할 길을 먼저 가신거라고 생각하세요. 어머니께서는 승리하신 분이에요.』

도는 어머니가 어떻게 주님을 사랑했으며, 교회에서 어떻게 봉사했는가를 이야기했다. 나는 그의 어머니에 대한 기억이 신앙과 연결되어 있다는 것을 알고 기뻤다.

『넷째 문제는 부친의 위선이지요. 벼슬에 굶주린 사람들은 교회 장로 직분을 무슨 벼슬인양 착각하는 경우가 많아요. 사람들이 『장로님』이라고 부르고 섬기니까 우쭐대고 싶기도 하겠지요. 더욱이 건축헌금이니 특별헌금이니 감사헌금이니 하면서 돈이 필요할 때마다 척척 내는 것이 굉장해 보이거든요. 이런 분들은 예수님을 믿는 것이 아니라 예수님을 빙자하여 자신의 위치를 올리는 사람들이에요. 이것이 목적인 만큼 그들은 예수님의 말씀대로 살지도 않고 말씀을 중요하게 생각하지도 않아요.』

그는 내 말을 들으며 동의한다는 태도로 고개를 끄덕여 주었다. 나는 계속해서 말을 이었다.

『그런 위선자들 때문에 참 신자들과 참 목자들은 손가락질 받아요. 그래서 그들은 괴로워하고 염려하지요. 그러나 세상 일은 잠시예요. 어느 누구에게나 죽음은 찾아오지요. 나이가 많아 죽는 것은 자연적인 일이지만 젊어서 죽는 경우도 많아요. 병으로, 사고로, 전쟁으로 생각치도 않았는데 죽음이 찾아오지요. 죽는 날을 자신있게 말하는 사람은 한 사람도 없어요. 죽음을 도외시하고 자기의 쾌락이나 명예나 물질에만 관심을 두는 사람은 불쌍한 사람이에요. 만일 이러한 사람이 죽음을 만나게 되면 어떻게 될까요? 예수님을 자기의 목적을 이루는 수단으로만 생각한다면 이것은 참으로 어리석고 위험한 생각이지요. 인간은 어떤 식으로든 한번은 죽게 되지요. 그 후에는 영원한 세계에서 살게 되지요. 그 세계가 천국이든 지옥이든 말이죠. 그렇기 때문에 위선자들은 불쌍해요. 그들은 지옥에서 살게 되니까요. 우리는 이 세상을 정직하고 지혜롭게 살아야 해요. 또 그렇게 살 수 있어요. 하나님께서는 인간을 창조하실 때 완전한 자유를 주셨어요. 쉽게 말하자면 인간에게 선택의 자유를 허락하셨다는 말이지요. 우리 인간은 동물이 아니에요. 이상과 꿈이 있고 계획이 있고 진취성과 성취감이 있지요. 인간은 하면 할 수 있고 안하면 안 되는 생령이에요. 위선자는 거짓으로 살지만 신자는 믿음으로 살아요. 위선자는 진리를 거스려 살지만 신자는 진리를 따라 살아요. 그리하여 위선자의 종국은 지옥이지만 신자의 종국은 하늘나라예요.』

도군은 참으로 진지하게 내 말에 귀기울이고 있었다. 나는 많은 사람들 앞에 서있는 웅변가처럼 단호하고 정확하며 열정적으로 말했다.

『자, 도 청년, 보세요. 미움이라는 것은 가장 무서운 독소를 가진 감정의 병이에요. 아세요?』

『감정의 병이라구요?』

『네. 심장병, 정신병, 골수병 등과 같이 미움이라는 것은 독이 강한 감정의 병이라는 말이에요.』

『그런 말은 처음 들었는데요?』

『그럴거예요. 그렇게 말하는 의사나 선생님은 없을테니까요. 제가 하는 말이거든요. 어떤 병이든지 걸리면 그 사람은 아프고 상하고 여러 모로 손해가 나지요. 그렇죠?』

『네, 그렇습니다.』

『미움을 질병이라고 한 이유는 그 미움의 대상은 전혀 피해보는 일 없이 그 감정을 품고 있는 당사자만 피해본다는 의미에서예요. 내가 누구를 미워하면 그 미움을 받는 상대에게는 아무 손해가 없지요. 앞에서 말했던 그런 병처럼 말이에요. 이 미움에는 암세포보다 더 독한 독이 있어서 모든 신경이 엉키고 상하고 망가져요. 그래서 미움병에 걸리면 우선 기쁨이 없어져요. 그리고 이해와 너그러움이 죽어버리지요. 무슨 일이나 용서하지 못하고 얼굴은 흉하고 보기싫게 되어요.』

나는 그의 좋지 못한 인상을 빗대어 하는 말 같아서 웬지 그에게 미안했다. 그러나 그는 더욱더 신중하게 듣는 태도였다. 나는 힘이 되어 계속 말을 이었다.
『인간은 감정의 동물이기 때문에 미워하는 일이 없을 수는 없지요. 그러나 미움은 일단 맘속에 심으면 자라나기 마련이고 그렇게 되면 불행해지요.』
『미움이 자란다구요?』
『그래요. 미움은 고치거나 없애버리지 않으면 자꾸 커진답니다. 처음에는 말씨가 미웠는데 다음에는 행동이 밉고 나아가 먹는 것이나 웃는 것까지 미워지게 된답니다. 심지어 이름만 들어도 미워진답니다.』
그는 고개를 끄덕였다. 이해하는 태도였다.
『그런데 그 미움을 사랑으로 바꾸면 굉장한 변화가 일어난답니다. 즉 깊은 사랑이 되어 자라서 커지고 깊어지고 마음은 창공을 나는 새처럼 가벼워진답니다. 평강이 그의 마음을 차지하고 세상에 사는 사람의 상태를 잘 이해하고 알게 된답니다.』
『미움을 어떻게 사랑으로 바꿀 수 있어요?』
『세상에는 원해도 안 되는 일이 참 많지요? 마음으로는 원해도 그렇게 되지 않지요. 이것은 어느 누구에게나 마찬가지예요. 그래서 우리는 성경을 배우지요. 전능하시고 전지하신 하나님을 아는 것이 행복의 근원이지요. 도는 성경을 알고 있지요?』
『잘 안다고는 할 수 없지만 주일학교에서 배웠고 또 제 어머니께 배웠어요. 그렇지만 상식적이고 습관적으로만 배웠을 뿐이지요.』
『그래요. 그렇다면 내가 말해볼까요. 예수님께서 십자가에서 죽임 당하시기 전 겟세마네 동산에서 기도하셨지요? 기억하겠어요?』
『그럼요.』
『무엇을 기억하죠?』
『예수님께서 피땀을 흘리시며 기도하신 것으로 아는데요.』
『맞아요. 그때 예수님은 누구와 같이 기도하셨는지 알겠어요?』
『저는 예수님 혼자 하신 걸로 알고 있는데요.』
『그렇지 않아요. 제자들이 모두 그 동산에 있었어요.』
『그렇던가요? 죄송합니다.』
『괜찮아요. 그 동산에는 예수님이 계신 자리에서 멀지 않은 곳에 베드로와 야고보, 요한이 자고 있었고 조금 더 떨어진 곳에서는 나머지 일곱 제자들이 자고 있었어요. 가룟 유다는 그곳에 없었지요. 그는 나중에 나타났지만 말이죠. 예수님께서는 겟세마네 동산에 오시기 전 이미 제자들에게 자신이 어떻게 고난을 받고 죽임을 당할 것인지 말씀하시고 부활하셔서 갈릴리에서 다시 만나리란 것도 일러주셨어요. 또 예수님이 잡히실 때 제자들이 다 도망칠 것이라고도 하셨어요. 그때 베드로는 주님과 같이 죽을지언정 그런 일은 하지 않겠다고 말했고 다른 제자들도 똑같이 주님께 약속했어요. 그러나 먼 거리를 걸어온 탓인지 피곤한 그들은 깨어 기도하라고 하신 그 말씀을 저버리고 잠만 잤던 것이죠. 그들은 예수님께 큰 소리로 약속한 것을 곧 잊어버린 셈이지요. 그 마음을 아신 예수님은「마음은 원이로되 육신이 약하구나」하시고 혼자 피땀을 흘리며 기도하셨지요. 이 말을 간단하게 말하자면「그럴 수도 있지!」라고 할 수 있어요. 그렇죠?』

『네, 그렇습니다.』

『이 세상에는 그럴 수도 있는 일이 많지요. 어쩌면 모든 일이 그런 것 같아요. 그렇죠?』

그는 생각하는듯 잠시 말이 없었다. 그러다가 고개를 끄덕이며 대답했다.

『그런 것 같습니다.』

『예수님을 믿는 사람들은 예수님께서 가르치신 말씀을 자세히 공부하고 그 말씀대로 살려고 하지요. 적극적으로 살아야 참신자가 되지요. 그러면 행복하고 그 마음에 화평이 가득하게 되지요. 마음에 원했지만 안 될 때 그럴 수도 있다는 생각으로 생활한다면 원수 될 사람이 아무도 없게 된답니다.』

『그렇지요. 그럼요.』

『또한 예수님께서는 베드로가 형제의 죄를 일곱번까지 용서해 주면 되겠느냐고 물었을 때 일흔번씩 일곱번이라도 용서하라고 하셨어요. 이것은 끝도 없이 용서하라는 뜻이에요. 이는 늘「그럴 수도 있지!」하는 자세를 가지라는 말이지요. 그렇게 하다 보면 무한히 용서할 수 있겠지요?』

『네, 정말 그렇겠습니다.』

『또 들어 보세요. 성경에 네 부모를 공경하라는 말씀이 여러 군데 있어요. 구약시대의 모세는 부모를 공경치 않는 자는 돌로 쳐죽이라고 했어요.』

나는 도의 얼굴이 화끈해지는 것을 보았다. 그는 나를 바로 쳐다보지 못했다. 도가 난처해하였지만 나는 다른 말로 돌릴 마음은 없었다.
『하나님 말씀은 언제 어디서나 하나님 말씀이에요. 변경시키지도 더하지도 빼지도 못하는 절대적인 말씀이지요. 부모님의 행동은 모든 것을 아시는 하나님께서 친히 처리하실 겁니다. 따라서 자녀는 부모를 판단하거나 시비하거나 미워해서는 안됩니다. 자녀는 자녀의 역할을 다해야 합니다. 도 청년! 어차피 우리는 죽지 않소? 더욱이 부친께서는 먼저 돌아가실 터인데 말예요. 하나님께서는 남자한테 모든 것을 다스릴 수 있는 권한을 주셨어요. 이런 큰 축복을 주셨는데 자기의 마음 하나도 다스리지 못한다면 비극 중의 비극이지요.』
『그렇지만 어떻게 마음을 다스릴 수 있어요. 그렇지 못할 때가 더 많은 것 같은데요?』
『인간은 동물이 아니지요. 동물은 본능으로 살지요. 고픈 배를 채우기 위해 다른 동물을 죽이지요. 동물들은 생각이나 사상이나 능력이 없어요. 그렇게 강하다는 사자도 몇만년이 지나도 신발 한켤레 만들어 신을 줄 모르고 뱀이 간교하고 지혜가 많다고 해도 흙 구덩이에서 더 나은 곳으로 거주지를 옮기지도 못하잖아요? 그러나 인간은 비록 육신을 가지고 있어서 먹고 입고 자고 자녀를 낳고 기르지만 육신 속에 있는 영혼으로 생각하고 꿈이 있고 계획을 하며 연구하고 나아가잖아요. 이 영혼은 하나님께서 불어넣어 주신 것이지요. 우리는 동물이 아닌 생령이지요. 우리는 인종이고 만능종이요 영생종이에요. 옛날에는 소나 나귀나 말을 타고 다녔지만 지금은 자동차, 기차, 비행기, 배 등을 이용하여 다니지요. 비행기를 한번 보세요. 그 큰 쇳덩이가 사람과 엄청나게 무거운 장비를 싣고 몇백 킬로미터를 가볍게 날지요? 또 요즘은 컴퓨터라고 하는 기계를 통해 얼마나 편리해졌어요? 동쪽과 서쪽이 연결되어 알 수 있게 되었죠. 이러한 놀라운 능력을 가진 인간이 조그마한 자신의 감정 하나 다스리지 못한다고 하면 참으로 창피한 일이지요.』
그는 고개를 끄덕였다. 도는 마음 하나 다스리지 못하는 사람 중에 속해 있는 것이 몹시 부끄러웠는지 고개는 끄덕였지만 계속 나를 쳐다보지는 못했다.
『우리를 인간으로 보내신 하나님은, 더욱이 도 청년을 남자로 보내신 하나님은 세상에서 청년이 큰 일을 이루는 것을 좋아하십니다. 그러나 무엇보다 그 마음에 화평과 감사와 기쁨이 있기를 원하십니다. 인간이 그렇게 되지 않으면 인간답지 못하지요. 또한 하나님은 얼마나 실망하시겠어요. 인간답지 못한 생활은 곧 후회와 절망과 불행의 연속이지요. 이것은 참으로 심각한 문제이지요. 그렇지 않겠어요?』
그는 어떤 면으로는 심하고 무리하기까지 한 내말을 잘 받아들이고 있었다. 그의 얼굴은 흥분되어 있었다. 나는 그를 위로하고 싶었다.
『도씨! 장가를 가야지요?』
그는 나를 쳐다보더니 웃으며 말했다.
『여자가 없습니다.』
『행복하려면 부인을 잘 만나야 해요.』
『좋은 여자 하나 소개해주세요. 여사님.』
도의 얼굴은 많이 밝아졌고 보기 좋았다.
『도씨, 장가가야 할 나이가 됐죠?』
『넘었습니다. 너무 늦은 셈이지요.』
『연애라도 하지요?』
『여사님이 소개해주시면 눈을 감고라도 장가가겠습니다.』
『왜요? 나를 그만큼 믿는다는 말이에요?』
『네, 절대적으로 여사님을 믿겠습니다.』
『우리 교회 성도들은 나를 믿지 않는데 도씨가 나를 언제부터 알았다고 믿어요?』
『네?』
『나는 믿을 만한 사람이 못 된다구요.』
『그럴 리가 있겠어요?』
『있고 말구요. 우리 교회 성도들은 내가 아무리 말해도 내 말을 결코 믿지 않는다구요.』
도는 내 말을 믿을 수 없었던지 고개를 갸우뚱했다. 나는 그를 사랑스럽게 바라보면서 설명했다.
『내 말이 이상하고 거짓말 같지요?』
『네, 정말 그렇습니다.』
『쉽게 말하자면 사람을 보는 기준이 다르다는 말이에요.』
『기준이요?』

도는 여전히 알아차리지 못한 것 같았다. 나는 웃음을 띠며 말했다.

『자, 그러면 설명하지요. 모든 사람들이 이쁘다든가 잘생겼다든가 하는 기준을 어디다 두는지 아세요?』

『글쎄요. 잘 모르겠는데요.』

『허리우드 영화 배우가 기준이라구요. 그 영화 배우들과 비슷하면 이쁘고 잘생긴 것이고 그들과 비교해서 못생기면 밉다고 하는거에요.』

『그럴까요. 여사님?』

『그렇지 않아요? 남자는 키가 후리후리하게 크고 얼굴은 멋진 조각상처럼 생기면 미남이라 하고 여자도 키가 늘씬하게 크고 눈, 코, 입이 뚜렷하게 생기면 이쁘다고 해요. 영화 배우와 비슷하면 이쁘고 잘생겼다 하지요.』

『그런데 여사님의 기준은 무엇입니까?』

『나는 모든 사람을 하나님이 아름답게 만드신 피조물이라 생각해요. 마치 꽃처럼 말이에요. 꽃은 각 종류별로 그 형태와 색깔과 키가 다르지요. 꽃송이가 큰 것이 있는가 하면 작은 것도 있지요. 어떤 사람은 송이가 작은 들국화나 제비꽃 등을 좋아하는가 하면 어떤 사람은 송이가 큰 국화나 목련 등을 좋아해요. 또한 다알리아나 장미를 좋아하는 사람이 있는가 하면 백합이나 안개꽃을 좋아하는 사람도 있어요. 빨간 꽃을 좋아하는 사람은 노란 꽃이나 흰 꽃을 좋아하지 않기도 해요. 그러나 꽃은 모두 아름답고 예뻐요. 이와 마찬가지로 사람도 모두 아름다워요. 하나님께서는 사람을 예쁘고 멋지게 만드셨어요. 따라서 사람이 크면 커서 좋고 작으면 작아서 좋고 뚱뚱하면 뚱뚱해서 좋고 빼빼하면 빼빼해서 좋아요. 이 모두는 하나님의 멋진 작품들이니까요. 나는 누구나 다 이쁘고 잘생겼다고 생각해요. 물론 사람들마다 그 기준이 다르지만요. 그래서 내가 이쁘다고 해도 어떤 사람은 밉다고 해요. 즉 나를 믿지 않는다는 말이에요.』

『아, 이제야 무슨 뜻인지 알았습니다. 그럼 여사님은 밉다거나 못생긴 사람은 하나도 보시지 못하셨다는 말씀입니까?』

『이쁘지 않은 사람도 보이지요.』

『어떤 사람인가요?』

『사단에게 사로잡혀 사단의 일을 도모하는 사람이에요.』

『아, 알겠습니다.』
어느덧 밤이 깊었다. 도는 집에 돌아갈 생각을 잊어버린 것 같았다. 우리는 아주 가까운 사이가 되었다.
『도씨, 밤이 너무 깊었어요. 이제 일어나야지요?』
『아이구, 벌써 시간이…, 죄송합니다.』
도는 자리에서 벌떡 일어났다.
『한번만 더 앉으세요.』
도는 의아한 눈빛으로 나를 쳐다보면서 다시 앉았다.
『내가 기도할테니까 따라 하시겠어요?』
그제서야 도는 내 의도를 알아 차렸다는듯이 눈을 감고 내 기도를 기다렸다.
『하나님 아버지, 이렇게 중요한 기회와 시간을 주셔서 감사합니다.』
도는 그대로 따라했다.
『저는 이때까지 어둠 속에서 죄악으로 마음이 굳게 닫혀 있었지만 이제 회개합니다.』
『저를 용서해 주시고 도와주소서. 다시는 사단의 꾀임에 넘어가지 않고 한발 한발 하나님을 향해 나아가게 하소서. 하나님 말씀만 생각하며 살아가겠습니다. 제가 넘어지고 실수할 때 일으켜 주시고 인도해 주소서. 그리고 제 아버지를 대할 때 그럴 수도 있지 하고 이해하며 사랑하게 해주소서. 효자가 되도록 노력하겠습니다.』
도는 나를 따라 한마디씩 기도하며 흐느껴 울었다.
『예수님의 이름으로 기도합니다.』
도는 더이상 따라 할 수 없었는지 울먹이기만 했다. 얼마 동안 있다가 도는 자리에서 일어났다. 그 얼굴은 밝았고 사랑이 가득했다. 도는 내게 연신 허리를 굽히며 절한 후 문을 향했다. 도의 뒷모습을 보면서 사람이 저렇게 변화될 수 있는가 싶었다. 나는 도의 변화를 눈앞에서 목격하고서도 내 눈을 의심할 정도였다. 나는 하나님께 영광을 돌리며 그 자리에서 일어나 내 방으로 향했다.

# 23
# 몰랐어요

몰랐어요?
정말?
당신은 미쳤군요?
하나님 계신 걸 몰랐다니.
그걸 말이라고 하는거예요?
당신이 살아서 기동하는 것이
당신의 힘과 지혜와 의지라고 생각해요?
당신이 살고 싶으면 살아지고
당신이 죽고 싶으면 죽어지는건가요?
당신 이빨로 씹어서 삼키는 음식이
당신의 지혜와 명령으로 각종 영양분을
전신에 배달해서 살게 하고 있는건가요?
당신이 그 음식물로 피가 되게 하고 피가 어디론가 가서
무엇을 만들고 살아있게 하라고 해서 살아있는건가요?
당신이 피 속에서 움직이는 혈구에게 어떻게 하라고 지시해요?
그 피 속에 있는 혈구의 수를 아나요?
당신 머리의 신경을 당신이 주장하나요?
당신 두뇌에게 어떻게 하라고 당신이 지배하고 시키는가요?

## 24
## 아침

당신은 매일 아침 머리를 빗을 때
그 머리카락이 몇 개인지 아시나요?
눈으로 보고, 빗으로 빗고, 매일 아침마다 모양을 내면서도 그 머리카락이 몇 개인지도 모르는 당신이 무엇을 안다는거예요.
모르는 사람은 배워야 아는거예요.
유식한 사람이 하는 말이라서 모르겠다고는 하지 말아요.
아는 사람은 다 배워서 아는 것이니까요.
하나님을 아는 사람에게 배워야 해요.
당신이 왜 살아서 움직이고
어떻게 살아 있으며
왜 죽어야만 하는 인간인가를
하나님께 배워야 한다구요.
하나님의 사람에게 배워야
하나님을 알게 되고
당신 자신도 알게 되는거예요.
그래야 당신의 현재 주소와
언제인가 가야 할 장래 주소도
알게 되는거예요.
당신을 이 세상에 보내셨다가 다시 부르시는 분은
하나님이시라구요.

# 25
# 나그네

당신은 나그네예요.
이 세상은 당신의 고향이 아니에요.
언젠가 그 때가 되기만 하면
젊든지 건강하든지 병들었든지
대학자든지 사장이든지 대장군이든지
훌쩍 이 땅에서 없어지는거예요.
당신을 세상에 가라 하고 보내신 분이
오라 하시면
애원해도 탄원을 해도 소용이 없답니다.
그저 가는 거예요.
그저 없어지는 거예요.
떠나간다는 말이에요.
죽는다는거예요.
그러니까 나그네란 말이지요.
나그네가 뭘 그렇게 모으는거요.
무얼 그렇게 숨기고 쌓아놓고 저축하는거요.
무얼 하려고 아끼고 빼앗고 감추는거요.
나그네!
떠나가는 당신인데
다 두고 당신 혼자서 떠나야 하는데
하나도 못 가지고 가는 것들인데
기억하세요.
당신은 나그네란 말이에요.

## 26
# 불쌍한 사람

박사라면서 교만한 사람을 봤어요?
부자라고 우쭐대는 사람을 보았어요?
높은 벼슬 한다고 능청떠는 이도 있던데요.
우습지요?
불쌍하지요?
그런 사람들은 자기가 관 속에 누웠을 때 조객들의 조문을 받으며
땅 속으로 흙으로 돌아갈 일을 생각해 본 적이 있을까요?
흙에서 온 육신은 흙으로 돌아가지만
자랑하며 교만하며 뻐기던
그 영혼은 어디로 갈까요.
진정 불쌍하다는 말은
이런 일에만 해당되는 말이 아닐까요.
그래서 전도자는
외치고 외치고 외쳐야만 하는거예요.
「준비하라」고요.

# 27
# 고집

고집이 무엇인지 아세요?
자기만 들여다 보는 고질병 환자란 말이에요.
자기이해, 자기의견, 자기습관, 자기성격
그 외에 다른 것은 보지도 않고 듣지도 않고 짐작도 않고
생각도 안 하는
그런 알맹이 무지몰각을 말하는거예요.
고집은 천해요. 치사해요.
염치도 눈치도 없어요.
해롭고 상하게 하고 망쳐요.
고집은 감정의 질병이에요.
더럽지요.
염병환자니까요.
고집을 의지로 오해하지 마세요.
고집은 죽이는 것이지만
의지는 살리는 것이니까요.
어떤 미련한 바보는
고집을 부리면서 의지가 강해서 그렇대요.
세상 참 우스운 일도 많지요?
왜 다들 그런 소리 하잖아요?
평생 소신대로, 의지대로 살아왔는데 알고보니
세상 속아 살았다고!

그렇지만
속는 바보나 속지.
웃기지 마세요.
누가 속는다고!
허이 참!

## 28
## 죠지죠

죠지는 뛰어난 요리사다. 그는 미국으로 부임해 오는 대사를 따라 워싱턴의 한국 대사관 요리사로 뽑혀왔다. 그는 겨우 스물 여섯밖에 안 되었는데도, 몇십 년 경험자보다 재치있고 능란한 요리솜씨를 가지고 있었다. 서양 음식을 주로 하였으나 한국 음식도 남이 못 따라갈 정도로 맛있고 보기좋게 만드는 재주를 가졌다.

그는 삼년 동안 워싱턴 대사관에서 요리사로 일하면서 대사를 섬겼다. 근무기간이 끝나자 대사 일가족은 귀국하게 되었다. 한국 대사관의 요리사로 충실히 일하던 그도 귀국할 수밖에 없었다.

그는 대사관 근무시절 우연히 로스엔젤레스에 가면 김동명 목사 부부가 있는데 유학생들에게 크게 도움을 주고 있다는 이야기를 듣게 되었다. 그래서 그는 귀국하는 길에 우리를 찾아오게 되었다.

그는 훌륭한 몸집에 참으로 보기 드물게 잘생긴 청년이었다. 한국말은 제대로 하지 못했으나 영어는 잘했다.

그는 국민학교에 가야 할 어린 나이에 동네 사람들이 남쪽으로 내려가는 것을 보고 그들을 따라 내려왔다. 월남해서 미국이 통치하는 곳에 가야 살 수 있지 공산주의자들 속에서는 살 길이 없다는 동네 어른들의 말을 듣고 남쪽으로 가려는 결심을 했던 것이다. 그러나 집안 식구들은 월남할 의사가 전혀 없는 것 같았다. 그래서 그는 새로운 기대감을 가지고 집과 부모를 버리고 동네 사람들 틈에 끼어 남한으로 내려온 것이었다.

서울에 도착하기는 했지만 잘 곳도 먹을 것도 없었다. 그래서 거리를 떠돌아 다니는 거지 신세가 되어버렸다.

그런데 하루는 미국 군인이 그의 잘 생긴 얼굴을 한참 보더니 미군 부대로 데리고 갔다. 그는 그들의 말도 배우고 또 그 미군들의 시중도 잘 들어주었다. 그는 미군들의 귀여움을 받았다. 그리고 부엌에 갈 기회가 자주 생겨 요리를 배우게 되었다. 미군들은 부엌에서 눈치 빠르게 일을 도와주는 어리고 귀염성있는 그에게 「죠지」라는 이름을 지어 주었다. 미군들에게는 그의 생김생김이 죠지 워싱턴 같아 보였던 모양이었다. 그래서 그는 그때부터 죠지 죠가 되었다. 그는 그냥 「죠」라고만 불렀는데, 사실 그의 성이 조씨인 까닭에 죠지 죠가 된 셈이다.

그는 학교에 가본 일이 없었다. 그러나 미군들이 영어를 가르쳐주어 읽을 줄도 알고 물론 말하고 알아 들을 수도 있었다. 또 산수도 배워서 숫자적 지식도 어지간히 익혔지만 국문은 한 자도 몰라서 읽고 쓰지를 못했다.

그는 학교에 다니지 못한 까닭에 자신은 무식하고 불행한 사람이라는 열등감이 심했다. 그 때문에 누구를 만나려고도 하지 않았다. 그는 본래 말을 많이 하지 않는 성격이었다. 필요한 말 이외에는 절대로 하지 않았으며, 누구와 대화하는 일도 전혀 없고 또 말하는 사람들 사이에 끼기를 아주 싫어했다.

그는 우리를 찾아온 날부터 부엌에 출입했다. 간단하게 자신을 소개한 후에 부엌 청소를 하고 요리를 만들기 시작했다. 냉장고에 있는 채소와 고기를 꺼내서 맛있는 요리를 만들고 밥을 했다. 우리는 그의 솜씨에 깜짝 놀랐다.

그 당시 나는 몸이 몹시 약했는데, 쉴새없이 찾아오는 손님들, 특히 식사 때문에 찾아오는 학생들 때문에 힘이 들어 죽을 지경이었다. 그러나 죠는 나처럼 애를 쓰지 않고도 아주 쉽게 음식을 만들어 놓았다. 나는 놀랍고 고마워 말로 다 표현할 수 없는 심정이었다.

새벽기도를 마치고 집에 오면 그가 벌써 아침 식사를 다 만들어 놓았고, 점심과 저녁에도 집에 있는 재료로 맛있는 음식들을 쉽고 재간스럽게 만들어서 먹게 해주었다. 「이런, 내가 대사라도 된 것 같은데!」하는 생각이 들었다. 나는 하나님께 감사해서 견딜 수가 없었다.

그는 부엌에서 요리만 하는 것이 아니었다. 방마다 깨끗이 쓸고 닦았으며 또 밖에 나가서 마당도 쓸었다. 꽃밭에 물을 주고, 죽은 풀이나 꽃은 잘라내어 예쁘게 단장해 놓는 것이었다. 그뿐 아니었다. 교회에서 주일마다 유학생들에게 식사를 대접했는데 그 일도 쉽게 척척 해놓았다. 그러니 그는 하늘에서 내게 내려보낸 천사가 아닌가 하는 생각이 들 정도였다.

식사가 끝난 후에도 그는 혼자서 그 많은 설거지를 다 했다. 나는 너무도 고마워서 말했다.

『죠! 이렇게 많은 일을 해줘서 정말 고맙지만 미안한 생각이 들어 마음이 편하지 않네요.』

『사모님! 그렇게 생각하지 마세요. 대사관에 있을 때는 매일 이것보다 더 많은 그릇들을 씻었어요. 이 정도는 아무것도 아니에요.』

그는 내가 고마워하는 것이 부담이 되었던지 일을 다 한 후에는 언제나 사라져버렸다. 어디로 피하는지 없어져서 나는 그에게 고맙다는 말도 하지 못했다. 그도 고맙다는 말을 들을 생각도 하지 않았다. 이런 일은 정말 하나님이 하시지 않으면 있을 수 없는 일이라고 생각되었다. 나는 하나님께 감사하지 않을 수 없었다.

그러는 동안 추수감사절이 되었다. 해마다 감사절에는 온 교인들을 위해서 칠면조를 열 마리나 열 한 마리 정도 구웠다. 나는 너무 힘이 들어 그 일을 못 하고 김 목사가 밤을 지새며 구웠다. 그런데 이번에는 죠가 칠면조를 보더니 우리는 집에 가라고 하고 자기 혼자 교회에 남아 모두 맛있고 보기좋게 구워 놓았다. 또 감사절에 그 고기와 함께 먹는 빵, 고구마 등 그 외 필요한 음식을 모두 해놓았다.

얼마나 고맙고 얼마나 좋았던지 나는 눈물이 날 지경이었다. 그렇게 음식 준비를 해놓고 그는 또 어딘가로 나가버려서 찾을 수가 없었다.

그는 우리와 함께 식사하는 일이 없었다. 나는 그것이 제일 마음에 걸리고 안타까웠다. 그는 자기 혼자서 아무것이나 먹는데 그것도 어떻게나 빨리 먹는지 죠가 뭘 좀 먹는가보다 하면 벌써 다 먹어치운 후였고, 그릇은 깨끗이 닦여 정리되어 있었다. 간식은 절대로 안 먹었고, 좋은 것도 먹지 않았다. 아무것이나 먹으면 된다는 식의 습관이 몸에 배어 있는 것 같았다.

나는 조용한 시간을 내서 죠와 이야기해야겠다고 생각했다. 그러던 차에 마침 기회가 생겼다.

『죠! 죠는 나를 위해서 이렇게 고생하는데, 나는 아무런 보답도 못하고 도와주지도 못하니 어떻게 하면 좋아요?』
　『사모님! 제가 사모님을 꼭 어머님으로 삼고 싶은데 괜찮으시겠어요?』
　『좋지요. 고마워요. 괜찮다뿐이겠어요. 너무 좋지요.』
　『제가 무식하기 때문에 사모님이 싫어하실까봐 속으로 걱정을 했어요.』
　『천만에요! 이 미국에서 미국말 잘하는 것이 어딘데요. 대학을 나왔어도 미국 말을 못하는 사람들이 얼마나 많은데…. 죠는 무식한 것이 아니에요. 또 죠는 요리의 대가가 아니에요? 그것은 대학을 나온 것이나 다름없이 훌륭한 재능이에요. 조금도 자신이 무식하다고 생각지 말아요.』
　『감사합니다. 저를 아들로 생각하시고 말씀을 낮추어 주세요. 어머니!』
　그래서 죠는 그때부터 사람이 없을 때는 나를 꼭 어머니라고 불렀다. 물론 사람들이 있을 때는 사모님이라는 호칭을 사용했다.
　『죠! 이렇게 나를 도와주니 참 고마워요. 죠는 우리가 왜 이렇게 고생하면서 찾아오는 사람마다 식사를 대접하고 차로 데려오고 데려다주는지, 또 원하는 곳까지 데려다주면서 바쁘게 사는지 알아요?』
　『왜 그렇게 살지요? 저는 정말 모르겠어요.』
　『왜냐하면 그것은 이 사람들을 모두 하나님의 아들과 딸이 되게 하기 위해서예요. 그래서 우선 그들의 배고픔부터 해결해요. 하나님의 사랑을 가르쳐주기 위해서 우리의 힘과 정성을 다 들이지요. 그들은 기숙사에 있기 때문에 양식만 먹게 되거든요. 그러니 얼마나 한국 음식이 먹고 싶겠어요. 한국 식당이 있다 해도 모두 찾아갈 수 있는 형편도 아니구요. 또 돈도 들고 시간도 빼앗기게 되니 학생의 신분으로는 너무 어려운 일이 아니겠어요. 그러나 우리가 그들을 차로 데리고 와서 음식을 먹인 후에 다시 데려다 주면 돈이 없어도 되고 시간도 절약되지 않겠어요? 또 우리와 가까워져서 친구가 되면 우리가 하는 말을 잘 알아들을 수 있을 것 아니겠어요? 그래서 하는 일이에요. 내가 몸이 건강해서 힘만 좀더 있다면 더 잘 해먹이고 더 자주 아니, 매일이라도 초청하고 싶어요. 하지만 몸이 약해서 못해요. 그런데 죠가 와서 도와주니 얼마나 좋고 고마운지 몰라요. 그렇지만 죠가 아무런 대가 없이 너무 고생하고 수고하니 미안해서 죽을 지경이란 말이야.』
　『어머니! 제가 한 고생에 비하면 이 정도는 일도 아니예요. 저는 고생을 너무 많이 했어요.』
　그렇게 말하는 죠를 보니 비록 그 얼굴은 잘 생기고 몸집은 훌륭했지만 인생을 어렵게 살아 온 사람의 티가 그늘처럼 배어 있음을 새삼 느꼈다. 얼마나 고생을 하며 살아왔으면 그렇게 일만 하는 사람이 되었겠나 하는 생각이 들어 측은하기만 했다.
　『죠는 하나님, 예수님이 누구신지 알지?』
　『미군부대에 있을 때 늘 들었어요.』
　『그래! 예수님은 죠와 무슨 관계가 있지?』
　『잘 모르겠어요.』
　『예수님은 누구신지 알아?』
　『예수님은 하나님이시라고 들었어요.』
　『죠는 그 하나님이신 예수님을 마음 속으로 믿나?』
　『잘 모르겠어요.』
　『이 사람아! 자신이 믿는지 안 믿는지 모르는 사람이 어디있어? 예수님이 하나님의 아들로 믿어지느냐 말이야!』
　『잘 모르겠어요.』
　『하나님은 믿어지지?』
　『네.』
　『됐어! 자! 들어봐. 소 새끼는 무엇이지?』
　『소 새끼는 소가 아닌가요?』
　『그래! 소의 새끼는 소야. 그럼 말 새끼는 무엇이지?』
　『말이지요.』
　『OK! 그럼 독수리 새끼는?』
　『독수리지요.』
　『맞았어. 사람의 아들은 무엇이지?』
　『사람이지요.』
　『하나님의 아들은?』
　『하나님이라는 말씀이세요?』
　『그래! 그래! 예수님은 하나님의 아들이시기 때문에 하나님이신 거야. 사람이 하나님을 믿으면 곧 예수님을 믿는 것이 된단 말이야.

하나님은 영이시지. 그분은 육신을 가진 우리를 살리고 도우시기 위해서 육신을 가진 사람으로 내려오셨단 말이야. 왁새(왜가리)하고 잠자리하고 대화가 되겠어? 안 되지! 왁새가 잠자리를 도와주려면 잠자리가 되어야겠지. 그러나 왁새는 잠자리가 될 수 없지. 그렇지만 하나님은 하늘과 땅과 그 가운데 있는 모든 것을 다 지으시고 다스리시고 운행하시는 분이시지. 사람을 만드신 하나님은 자신이 사람도 되실 수 있으시지. 그분은 우리와 똑같은 육신이 되기 위해서 갓난애기로 세상에 오셨단 말이야. 그래야 우리와 대화가 되거든. 육신이 되신 하나님은 우리를 가르치시고 일러주시고 도와주셨을 뿐 아니라 우리가 죽어야 할 자리에 대신 죽어주셨지. 그러나 하나님이시기 때문에 죽어있을 수 없어서 부활하셨고 하늘로 다시 돌아가셨지. 지금도 성령으로 우리 믿는 자들의 마음 속에 살아 계시는 하나님이란 말이야. 그 예수님을 마음으로 믿느냐 말이야?』

『네! 믿어요.』

『됐어. 믿으면 되는거야.』

『네.』

그렇게 말은 했지만 죠는 예배시간에 한구석에 앉아서 늘 안절부절하였다. 글을 읽을 줄 몰랐기 때문에 찬송도 부르지 못했다. 설교 시간에는 전혀 듣는 것 같지도 않았다. 나는 그 문제에 대해서 이야기했다.

『김 목사가 설교하는 내용을 얼마쯤 알아들을 수 있나. 죠?』

『모르겠어요.』

『조금만 알아듣지? 다는 모르지?』

『네.』

『오늘 무슨 설교를 했는지 기억하나?』

『모르겠어요.』

『영어로 하면 알아들을 수 있을 것 같아?』

『모르겠어요.』

『아! 이 사람아!』

우리는 더이상 할 말이 없었다. 나는 그에게 영어 성경을 주며, 붉게 줄친 부분만 읽으라고 했다. 그러나 그는 읽지 않는 것 같았다.

『내가 읽으라고 준 성경 좀 읽었어?』

『읽지 않았어요.』
『잘 모르겠던가?』
『네』
그럴 것이라는 생각이 들었다. 그는 영어를 글로 배운 것이 아니라, 말로 배웠고, 또 미군이 읽게 한 책도 아동 동화책이었으니 성경을 읽을 수 없는 것이 정상이었다.

우리집 앞마당에는 큰 소나무가 있었다. 오래된 나무여서 가지가 온 마당을 덮을 정도로 우거져 있었다. 그 소나무 때문에 마당에 그늘이 지고 거실도 어두웠다. 나는 거실도 환하게 하고, 또 솔잎으로 인해 자라지 못하는 마당의 잔디 때문에 나무를 없애고 싶었다. 그렇지만 큰 나무를 없애려면 시청의 허가를 받아야 했고 또 사람을 고용하여 치우는 데 800불 이상이나 든다고 해서 엄두도 못 내고 있었다. 그래서 그 소나무는 내 마음 한구석에 항상 문제거리로 남아있었다.

그것을 눈치챈 죠는 어느날 톱과 망치와 사다리를 사가지고 왔다. 그리고는 사다리에 올라가 가지부터 자르기 시작했다. 매일 진땀을 흘리면서 힘을 다 해 소나무를 잘라냈다. 특히, 굵직하고 깊게 자리잡은 그 뿌리를 캐고 자르는 일은 이미 잘려져 나간 가지 부분만큼이나 힘이 들었다. 나는 애쓰는 죠의 모습을 보기가 민망했다. 죠는 거의 삼주 동안 하루종일 일했다. 나무를 모두 처리했을 때 죠의 얼굴에는 환한 웃음이 떠올랐다. 집안은 환해지고 마당은 깨끗해졌다.

『죠! 일하는 죠만큼이나 옆에서 보는 나도 힘이 들었어. 죠가 너무 고생을 하니 마음이 안쓰러워서 말이야.』

『집에서 우리 손으로 하면 시청의 허가를 받지 않아도 된다는데 왜 안 하겠어요.』

그렇게 말하는 그의 얼굴은 만족해 하는 표정이었다. 자른 나무는 토막을 내어 쓰레기와 함께 버렸기 때문에 돈이 하나도 들지 않았다. 「만약 내가 아들을 낳아 길렀더라면 그 아들이 과연 이런 일까지도 해주었을까? 이런 일도 해주는 아들이었을까?」

하나님이 하시는 일은 사람의 지혜와 조건을 초월한다. 일하는 동안 팔이 몹시 아팠을텐데도 그는 한번도 아프다는 말을 하지 않았다. 비용도 비용이지만 그의 정성은 일생에 잊을 수 없는 뜨거운 감동이 되어 내 가슴에 새겨졌다.

『죠! 고맙다는 말만으로는 도저히 내 마음을 표현할 수가 없어. 내 마음이 아픈 것 같아.』

『어머님은 하나님의 딸이기 때문에 제가 어머님께 잘하면 하나님이 알아주세요.』

나는 그 말에 깜짝 놀랐다. 「죠가 이런 생각을 가지고 있었기에 저렇게 희생을 했구나!」그가 한 말을 되새겨보니 내가 열심히 수고하는 것을 주님이 아시고 더 열심으로 돕는 자를 보내주셨다고 여겨졌다. 「내가 죠의 하는 일을 낱낱이 보면서 느끼는 것같이, 내 약한 몸을 가지고 봉사하는 모양이 주님께도 그렇게 느껴진다는 것인가!」 나는 몸 둘 바를 몰랐다. 주여! 두 눈에서 눈물이 하염없이 쏟아졌다.

그후에 죠는 양식전문 식당에 취직했다. 그는 우리에게 식당에 와서 양식을 먹으라고 간절히 권했다. 김 목사는 바빠서 못 가고 나만 혼자 가보았다. 그는 바쁜 중에도 나를 위해서 특별한 스테이크를 요리할 뿐 아니라 유달리 신경을 써서 음식을 만들어 주었다. 그는 거기서 일을 열심히 잘 했기 때문에 주급도 많이 받을 수 있었다. 그래서 돈도 생각했던 것만큼 벌게 되었다.

그런데 그는 무슨 까닭인지 그 식당을 그만두고 나갔다. 나는 몹시 궁금해서 그가 오기를 기다렸다. 그로부터 일 년도 더 지나간 어느날 그는 우리 집에 다시 왔다. 그는 그 동안 어떤 사람의 꾀임에 넘어가서 노름에 빠졌다고 했다. 물론 그동안 번 돈은 말할것도 없고 워싱턴 대사관에서 번 돈까지 모두 잃었다고 했다. 이야기를 하는 죠의 눈에서는 눈물이 비오듯 쏟아졌다. 그는 어떤 여자의 꾀임에 빠졌는지 하소연하며 말했다.

『어머님! 미국에 사는 여자는 독사에요.』

그는 계속 울었다.

「아! 여자에게 속았구나.」나는 그렇게 느꼈지만 그 여자에 대해서는 전혀 묻지 않았다.

사실 그는 한국에서 떠날 때 어떤 시골 여자와 약식으로 결혼한 처지였다. 미국에 와서 돈을 번 후에 돌아가서 그 여자와 가정을 이루려고 했지만 별로 정이 든 사이가 아니어서 그만 잊고 말았다. 그는 마음이 변해 더 좋은 처지가 되면 더 좋은 결혼을 할 생각이었다.

『죠! 너와 결혼한 시골 색시는 어떻게 되었는지 모르니?』
『워싱턴에 있을 때 편지가 왔는데 읽어보지 않았어요.』
『그 편지 어디 있어?』
『제 가방 속에 있어요.』
『꺼내봐. 내가 읽어줄께.』
그는 가방 속에서 몇 해나 묵은 편지 한 통을 꺼내 내게 주었다. 그 속에는 사진도 있었다. 어린 아이와 그 애의 엄마인 것 같았다.
『죠! 이것봐. 색시뿐 아니고 아들까지… 죠는 아버지요 남편이야. 이것봐! 이 색시 정말 순진해 보이는데 좋은 아내가 되겠구나. 아이도 꼭 죠를 닮았구나!』
나는 그 편지를 죠가 듣도록 크게 읽어주었다.
『미국에 가시면서 삼년 후에는 꼭 돌아오신다고 하셨는데 대사님은 돌아오셨건만 왜 당신은 돌아오시지 않습니까? 아들을 낳았지만 이름을 무엇이라 지을지 몰라서 아직 이름이 없습니다. 살아갈 길이 막막하고 굶어도 굶어도 죽지는 않으니 우리는 어떻게 살아야 좋을지 앞이 캄캄합니다.』
죠는 그 편지의 내용을 듣고 얼굴이 변했다. 그리고 내게 말했다.
『어머니! 그 여자는 너무 촌색시이고 못생겨서 같이 사람 앞에 나서기가 부끄러워요. 또 아이도 제 아이가 아닐거예요.』
『그러면 이런 순진한 색시가 무슨 딴 짓을 했을거란 말인가?』
『가난하면 무슨 짓이든 못 하겠어요?』
『이 사람아! 이것 참! 일 년 사이에 사람이 아주 나빠졌군. 어떻게 그런 말을 할 수 있는거야? 자기 아내에게, 더욱이 몇 해 동안을 돌아보지도 않고 편지도 한 장 하지 않았으면서 말이야. 그 가난한 처지에 애기를 낳았으니 얼마나 고생을 했겠나? 또 제대로 먹지도 못하니 마음은 오죽 아팠겠어. 그런데 그걸 몰라주고 그런 말을 할 수 있는거야?』
김 목사가 들어왔다.
『뭐야? 아! 죠 오래간만이군. 참 잘 왔어. 우린 여간 궁금해하질 않았어. 왜 무슨 일이 생겼나?』
김 목사는 탁자에 놓여 있는 사진과 편지를 보더니 말했다.
『야! 이 어린애는 꼭 죠 같은데! 꼭 닮았어. 아! 참 정말 꼭 닮

앉어!』

　김 목사는 편지를 읽더니 죠의 맞은 편에 앉아서 말했다.
　『죠! 사람은 한번 결혼하면 또 다른 길은 없는거야. 이 세상에 아무리 여자가 많고 많아도 다 소용이 없어. 일단 결혼을 했으면 좋든 나쁘든 그 사람만이 자신의 짝이지 다른 짝은 없는 법이지. 만일 있을 것이라고 생각한다면 그 이후의 인생은 그대로 가시밭길이 되는거야. 험하고 사나와서 죽는 길밖에 안되는 법이란 말이야. 죠! 이 색시는 정말 순진하고 착해보여. 이런 색시가 아내로서 남편을 섬기면 일편단심이지. 그야말로 천하양처가 되고 아이도 잘 길러서 부모를 공경하는 자식이 되게 할거야. 속히 수속해서 데려오도록 해. 어서 가정을 이루어 죠도 안정해야지!』
　죠는 김 목사 말에 수긍하고 그 색시를 데려오기로 마음을 정했다. 죠는 그 색시에게 편지를 썼다. 물론 내가 대필을 해주었다. 그 편지에 내가 두 달 후에 한국에 가니 꼭 나를 만나러 오라는 말도 썼다. 그리고 내가 있게 될 주소도 알려 주었다. 그후에 죠는 다시 식당에 취직을 했다. 그러나 주급을 받는 즉시 노름집으로 달려가 다 날려버리고 빈털터리가 되어 집으로 돌아왔다. 그는 집에 와서 부엌일과 청소일을 정성껏 도왔다.
　두달 후 나는 한국에 가게 되었다. 거기서 호텔로 찾아 온 죠의 아내와 아들을 만났다. 젊은 여자는 고생에 시달려서 그런지 얼굴이 말이 아니었다. 아이도 걸어 다니기는 했지만 비칠비칠거리며 제대로 걷지를 못했으며, 몸과 얼굴은 바짝 말라 있었다. 나는 그 모양이 너무도 가엾어서 차마 볼 수가 없었다. 아이 엄마는 마치 죄수가 검사 앞에 끌려와 서 있는 모양이었다. 그녀는 고개를 푹 숙이고 있었다.
　『이것 보아요. 나는 죠의 어머니에요. 시어머니가 아니라 좋고 좋은 정말 좋은 어머니라니까. 어려워하지 말아요. 나는 당신을 도와주려고 만나는건데 뭐가 어려워서 그래요. 자! 내 말 잘 들어요.』
　『말씀 낮추세요.』
　『그래. 말을 낮추지. 내 말 잘 들어봐. 내가 돈을 줄테니 우선 맛있는 음식을 여러 날 계속 먹어 응? 그리고 옷도 사 입고 또 크림도 사서 바르고 미장원에 가서 얼굴도 맛사지 하고 머리도 파마하고 잘라서 예쁘게 해. 다른 여자들이 어떻게 입고 다니고 행동하는지 살펴보면 좋을텐데, 교회에 가서 보면 어떨까? 교회에 가 본 일 있어?』
『가고 싶었지만 옷이 없어서 못 갔어요.』
『그럼 하나님이 누구신지 아나?』
『네. 하나님은 알아요.』
『그럼 예수님을 믿는다는 말이지?』
『믿어야지요.』
『믿을 마음이 있나?』
『네.』
『예수님을 믿어야 사는거란다. 우린 언제 죽을지 몰라. 그렇기 때문에 이 세상에서 가장 똑똑한 사람은 자신이 가난하든지 부유하든지 상관없이 예수님을 믿고 언제 죽더라도 갈 곳을 준비하는 사람이란다. 하나님은 우리를 세상에 태어나게도 하시고 또 우리를 데려가시기도 한단다. 그런데 언제 하나님의 부르심을 받을지도 모르는 우리가 하나님을 모르고 산다면 어떻게 되겠느냐 말이다. 그래! 어떠한 어려운 처지에 있더라도 예수님을 믿고 하나님께 붙어 있으면 언제나 도와주시기 때문에 살 길이 열리는거야, 알겠어?』
『교회에 가서 배우면 잘 알게 되겠지요.』
 그녀는 국민학교를 졸업했다고 했다. 그래서인지 말도 조리있게 잘 하고 또 보기보다는 훨씬 똑똑했다. 단지 너무 가난에 쪼들려서 지치고 비굴해 보였던 것이다. 나는 그녀에게 주려고 준비했던 돈을 주었다. 그녀는 깜짝 놀라면서 주저하는 표정을 지었다.
『이렇게 많은 돈을! 애기 아빠가 보낸 것이에요?』
『애기 아빠는 지금 시험에 들어서 돈을 버는 대로 모두 노름으로 없애고 귀가 축 늘어져서 꼴이 말이 아니야. 내가 이렇게 정직하게 말하는 까닭은 죠는 지금 어떤 나쁜 사람의 꾀임을 받아서 제 정신을 잃어버린 상태이기 때문이야. 죠는 미남이고 또 성품도 좋아. 요리 만드는 기술도 최고인데 단지 가정이 없기 때문에 안정을 못하고 비틀거리며 인생길을 망쳐버리게 된거란 말이야.』
『그러면 어떻게 해야 할까요. 사모님?』
『애기 엄마가 속히 미국에 와서 그가 마음을 잡도록 좋은 가정을 이루는 길 밖에는 없어. 그런데 죠는 자기가 뛰어난 미남이라고 생각해. 그렇기 때문에 여자도 예쁜 여자만 눈에 띄는 모양이야. 그러니 애기 엄마가 강건한 믿음을 가지고 외모에 신경을 써서 모양도 내야지, 그렇지 않으면 죠가 딴 짓을 할지도 모르겠어. 예수님을 마음 속에 꽉 모시고 하나님께 도와달라고 기도해. 모든 일을 그분 하나님께 의논하고 또 애원하면서 미국에 갈 준비를 하고 기다리고 있어야 해.』
『이 많은 돈을 다 받아도 되나요?』
『많다고 한꺼번에 다 쓰지 말아야지. 죠는 지금 돈을 송금해 줄 형편이 못 되니까. 알겠지?』
『네, 아끼고 조심해서 쓰겠어요.』
그녀는 인사한 후에 아이를 데리고 방에서 나갔다.
나는 한 달 후 미국으로 돌아왔다. 죠에게 그의 아내를 만났던 이야기를 모두 해주었다.
『죠! 그 색시는 정말로 좋은 아내가 되겠더라. 보기와는 달리 아주 똑똑하고 말도 조리있게 잘 하더군. 미국에 데려오면 영어도 바로 배울 수 있겠어. 돈도 잘 벌게 생겼더라. 아이는 먹지를 못해서 제대로 걷지도 못하고 비척비척하더라만 죠를 닮아서 잘 생기고 아주 예쁘던데!』
죠는 별로 믿기지 않는다는 표정이었지만 내가 하는 이야기를 열심히 듣고 있었다.
그후에 그는 배 타는 직업을 갖게 되었다. 짐을 실어 나르는 큰 기선으로 종업원들이 수십 명이나 되었다. 그 배는 미국 배로 주로 알래스카를 운항하였다. 동양인으로서는 그런 일자리를 쉽게 얻을 수 없었다. 그러나 죠는 요리솜씨가 뛰어나고 영어도 능란했기 때문에 무난히 시험에 합격되었던 것이다. 그는 돈도 많이 받았다. 배에서 먹고 잤기 때문에 일해서 받은 돈은 쓰지 않고 다 모을 수가 있었다. 그렇게 푼푼이 모은 돈이 큰 돈이 되었다.
그는 마침내 알래스카에 정착하게 되었다. 그 동안 모은 돈으로 조그마한 식당을 사서 그것을 경영하게 되었기 때문이다. 그는 열심히 일했다. 손님이 손님을 데리고 와서 식당은 번창했다.
그는 거기서 영주권을 얻었다. 그리고 한국에 있는 아내와 아이를 데려왔다. 아내는 참으로 똑똑했다. 그녀는 내가 일러준 대로 외모에 신경을 써서 모양도 냈다. 죠가 그녀를 촌색시라고 업신여겼던 것이 부끄러워질 정도였다. 죠는 아내와 아들을 만나서인지 한결 의젓해지고 생활도 안정되었다. 아내는 식당 일을 열심히 도왔다. 그녀는 돈계산과 살림을 무척 잘했다.

한번은 옷장만한 큰 소포가 왔다. 장도리로 그것을 열어보니 그 안에는 어린애만큼이나 큰 연어가 있었다. 나무로 짠 상자는 삼 미터나 되어 보였고 생선은 드라이아이스로 냉동되어 있었다. 그것을 비행기로 부쳤으니 우송료만 해도 수백 불이 되었을 것이다. 죠가 보낸 것이었다. 알이 무척 많이 나왔다. 교회의 모든 사람이 나누어 먹을 수 있었다.

그후에는 또 소금에 절인 연어를 큰 술통에 넣어서 네 짝이나 비행기로 부쳐왔다. 나는 그것을 교회 식구들에게 다 나누어 주었다. 그후에도 또 보낸다고 해서 다시는 보내지 말라고 했더니 다시 오지 않았다. 우리를 향한 죠의 정성이 아직도 변하지 않았다는 증거였다. 우리를 잊지 않고 그런 대단한 선물을 보내오는 정성이 참 고맙고 기특하였다.

그들은 식당을 하면서 큰 돈을 번 것 같았다. 죠와 아내는 밤낮없이 죽어라 하고 일했다. 많은 돈을 모은 그들은 집과 땅을 샀다. 또 산도 사고 아담한 별장도 마련했다.

어느날 나는 죠가 보낸 두툼한 편지를 받았다. 그의 아내가 쓴 편지였는데 그동안 지내온 이야기와 함께 그곳으로 나를 초청하는 내용이었다.

얼마 후에 나는 알래스카로 전도여행을 떠나게 되었다. 찬양대원 십여 명과 유지 집사님 몇 분이 함께 갔다. 우리 일행은 알래스카의 큰 도시 세 군데서 집회를 인도하였다. 앵커리지 집회를 끝냈을 때 나는 죠에게 전화를 걸었다. 죠가 살고 있는 곳은 앵커리지에서 조금 떨어진 해안도시였다. 비행기로 가면 이십 분 정도 걸리고 차로는 두 시간 반이나 가야 했다. 그는 즉시 내가 있는 곳으로 왔다. 나를 만난 것이 너무 좋았던지 그는 말도 못하고 한참을 멀거니 쳐다만 보았다. 눈에 눈물이 잔뜩 고였다. 「아! 죠는 큰 부자가 되었다면서도 변하지 않았구나」 생각하니 나도 반갑기 짝이 없었다.

『우선 어머님을 별장으로 모시겠어요.』

『별장? 별장보다는 그 유명하다는 식당에를 먼저 가지. 애기 엄마는 어디 있지?』

『식당에 있어요.』
『그럼 식당으로 가, 별장보다는.』
　우리는 조그마한 비행기를 타고 죠가 사는 도시로 갔다. 비행기에서 내려 그의 차를 타고 조금 달리자 식당이 나타났다. 식당은 무척 컸는데 사람들로 꽉 차 있었다. 어떤 여자가 카운터에 앉아 있다가 우리를 보더니 뛰어왔다. 자세히 보니 죠의 아내였다. 모습이 너무 달라져 있어서 금방 알아 볼 수가 없었다.
『이게 누구야?』
『저예요. 사모님!』
『어머나! 이렇게 달라질 수가!』
『아주 딴 사람이야! 정말!』
　그녀는 카운터 일을 아주 잘 해냈다. 손님들과 대화도 제법 했으며 계산하는 태도도 능수능란했다. 검사 앞에 끌려와 있던 죄인같이 주저하던 태도는 사라지고 없었다. 활짝 웃으며 영어로 말하는 그녀는 얼굴은 물론 머리모양과 차림새가 미국 사람에 하나도 뒤지지 않았다. 내가 호텔에서 보았던 아이, 비척거리며 제대로 걷지도 못하던 그 아이는 어느새 대학에 다니고 있었으며 그 밑으로 중학교에 다니는 동생이 하나 더 있었다.
　식당을 둘러본 후 나는 죠가 운전하는 크고 깨끗한 차를 타고 별장으로 갔다. 바닷가에 있는 아름다운 별장에 도착했을 때 나는 깜짝 놀랐다. 지금까지 여러 군데의 별장을 가보았지만 그처럼 좋은 별장은 처음 보았기 때문이었다. 누가 지었는지는 모르지만 참으로 호화스러운 별장이었다. 실내에 있는 가구와 장식은 모두 전문가의 손을 빌려 한 것 같았고 두 겹으로 된 창문은 모두 바다를 향해 나있었다. 창문을 열고 그 자리에 앉아서 낚시를 할 수 있었는데 그것은 다른 데서 보지 못하던 특이한 구조였다. 죠는 싣고 온 요리감으로 음식을 만들었다. 나를 위한 특별요리였다.
『이 사람아! 큰 식당의 주인이 식당일은 돌보지 않고 왜 나 한 사람을 위해서 이렇게 시간을 보내는건가? 이렇게 할 필요가 어디 있어? 식당에서 그냥 먹으면 되지. 귀찮게 왜 재료들을 가지고 와서 시간 들여서 여기서 하는가 말이야!』
『식당은 무척 복잡해요. 또 음식은 만들어서 바로 잡수셔야 맛있기 때문에 그러는거에요. 어머니! 제가 오랜만에 해드리는 양식이니, 옛날같이 맛있게 잡수어주세요. 정말 해드리고 싶어요.』

『그래! 죠! 아내가 너무 많이 변해서 처음에는 몰라 보았어.』

『어머님이 그렇게 만들어 주었어요.』

『에이! 이 사람아. 내가 뭘 했다구. 나는 자네 아내를 정말 똑똑한 사람으로 보았어. 그대로 된 것뿐이야.』

『어머님을 만나지 않았더라면 그렇게 못 되었을거에요.』

『죠! 돈도 벌었지, 아내도 얻었지, 아들도 둘 씩이나 얻었지. 그러면 이제 하나님께 대한 자세는 어떠하지?』

사실 말은 안했지만 나는 그때까지도 계속 죠의 신앙상태가 어떤지 궁금했다. 그러나 강하게 추궁하며 묻고 싶지는 않았다. 죠는 대답했다.

『네.』

『「네」가 뭐야? 대체 하나님을 잘 믿는거야, 아니야?』

『잘 믿어야 하지 않겠어요?』

『그렇구말구. 하나님이 죠를 축복해주셨다는 것은 믿는건가?』

『어머님께 봉사했기 때문에 축복받았어요.』

『예끼! 이 사람아! 그런 대답이 어디 있어? 예수님께 감사해서 교회에도 가고 예배도 드려야지.』

『네. 그래야 한다고 생각하고 있어요.』

『생각만 하는거야, 교회에 가는거야?』

『어머님! 교회에 가려면 비행기로 가야 해요.』

『하나님이 돈을 많이 주셨는데 비행기 타고 예배드리러 가는 것이 당연하지 않아? 그러면 얼마나 좋아!』

『식당이 너무 바빠요. 또 다른 일도 벌여 놓아서 밤에 잠자는 시간도 충분하질 못해요.』

『죠! 이것 봐. 내 말 잘 들어. 하나님은 사람을 축복해주시기 좋아하셔. 또 그 축복을 받아 누리는 사람이 고마워하는 마음을 가지고 하나님 앞으로 나와 그큼께 경배드리고 감사함으로 증거하는 것을 기뻐하시고 또 기다리시는 분이셔. 하나님께 많이 받았는데도 「글쎄」하고 모르는척 하거나 자신의 일만 제일이라고 생각하고 일만 하고 있으면 하나님은 정말 섭섭해 하시고 마음이 좋지 않으시단 말이야. 「네가 원하는 모든 것을 다 네게 주었는데 한 주일에 한 번도 내 앞에 나오기가 싫으냐?」하고 생각하신단 말이야. 한번 바꿔 생각해 봐. 죠는 아들이 둘 있지? 그 애들이 달라는 것 다 주고 원하는 대로 다 해주었는데 그 애들이 엄마 아빠는 상관없이 자기 일만 하고 안부편지와 전화도 안하고 찾아오지도 않고 일절 소식을 끊고 산다고 생각해 봐. 모든 일이 제가 잘나서 잘 된 줄로만 안다면 죠의 마음이 평안하겠어?」

『이제부터는 교회에 다니겠어요.』

『비행기 타고?』

『네.』

『OK! 약속했으니 꼭 지키는 거지?』

『네.』

『이 사람아! 교회에 나가서 봉사하고 충성하는 일이 아무것도 아닌 것같이 생각되겠지만, 아니야 그것은 정말로 중요한 일이야. 왜냐하면 교회에 간다는 그 자체가 벌써 세상 일보다는 하나님이 중하시다는 것을 인정하는 일이기 때문이지. 교회에 가야 하기 때문에 다른 일은 뒷전이 되고 자신의 정성이 하나님께 가 있다는 증거도 되지. 또 교회에 가면 벌써 예배드리는 자세가 되지. 말씀을 들어야 하나님과 더욱 가까워지고 그분의 뜻을 알게 되지. 그래야 더 잘 섬기게 되고, 복도 받게 된단 말이야.』

『네. 꼭 다니겠어요.』

나는 꼭 가겠다고 다짐하는 죠의 얼굴을 뚫어지게 쳐다보았다. 그는 자신이 한 말과는 반대로 마음이 온통 돈 버는 데만 쏠려 있는 것 같았다.

『죠! 죠는 아직도 돈을 더 벌어야겠다는 생각이 마음에 가득 차 있는 것 아니야?』

『어머님! 저는 남미에 가서 땅을 많이 사고 싶어요. 그래서 말씀드리는 건데요. 목사님이 남미를 잘 아시니, 저를 좀 도와주실 수 없을까요?』

『그것 봐. 이제야 실토를 하는군. 돈만 벌려고 하는 마음이 내 눈에 보이는 것 같더니….』

『목사님께 말씀드려 주시겠어요?』

『죠는 목사가 뭐하는 사람인지 아직 모르고 있구만. 목사는 「세상만 따라가다가는 죽어서 지옥에 갑니다. 그렇게 살면 큰일납니다. 돈은 죽을 때 가지고 가지 못합니다. 그저 잠깐 맡아 가지고 있다가 죽을 때는 그대로 놓아두고 죽습니다. 그러니 먹을 것 입을 것 있으면 죽는 길을 위해 준비하십시오」라고 외치고 가르치고 인도하는 사람인 것을 몰랐어? 죠! 아직 배가 고파? 아직 옷이 부족해? 아직 침대 놓을 집이 없어? 왜 계속 모으고 쌓아야 하는가 말이야. 돈은 많으면 많을수록 좋을 거라고 생각하지? 하지만 쓰지 않으면 돈의 노예가 되어서 돈이 하자는 대로 하게 된단 말이야. 그리고 그 돈 때문에 밤낮 염려하고 불안해 하며 죽음을 겁내게 되지. 하루하루의 생활이 꼭 지옥에서 지내는 사람처럼 되는 법이야. 세상에는 위험한 일이 무척 많지만 그 중에서도 부자가 되어 하나님을 무시하는 사람과 같이 위험하고 불행한 사람은 다시 없을거야. 돈 때문에 지옥을 향해 가는 길에 발을 내딛을 건가? 돈에 매여서 지옥시민증을 받아 놓으면 언제 죽을지 모르는 죠가 어딜 가겠어?』

『네, 잘 알았어요. 교회에 잘 가겠어요.』

『죠! 나는 이 집에 오랜만에 와서 아들과 며느리와 손자들을 보니 참 반가웠어. 하지만 죠가 식구들을 모두 다 거느리고 지옥길을 따라가고 있는 것을 보니 슬프기만 해. 생각해봐 죠! 우리는 세상에서 서로 헤어지기를 아쉬워할 정도로 가깝고 친근했지 않나? 서로 사랑하고 존경하며 의지하고 살지 않았나? 그러나 우리는 언젠가는 다 세상에서 없어지게 되지. 죽는다는 말이야 죠! 그런데 나는 내 주님의 보좌가 있는 찬란한 천국에서 항상 기쁜 마음으로 평안하고 영화롭게 살텐데, 죠는 돈에 얽매여 있으니 나처럼 되지 못할거란 말이야. 죽을 때 한 푼도 못 가져 갈 돈을 버느라고 그것만 따라 다니며 얽매여 있다가는 악귀와 그 동무들이 우글거리고 꺼지지 않는 불이 있는 지옥에서 영원히 영원히 그야말로 끝이 없이 영원히 살게 된단 말이야. 이 사실이 믿어지지 않는가? 역사에 등장하는 왕들과 장군들 그리고 선배들과 수많은 성도들이 세상을 거품같이 여기고 살지 않았나? 그들은 핍박을 받아 동굴과 광야와 산속에서 굶주려 죽고, 톱에 잘리고, 살가죽이 벗겨지고, 나무 꼬챙이에 끼워져 죽었지. 또 어떤 성도들은 불에 타죽고, 기름 가마에 던져지고 굶주린 사자의 밥이 되기도 했소.

그들은 비록 죽음을 당하더라도 예수님을 부인하지 않고 갖은 고통을 다 당했단 말이야. 우리는 이 사실을 분명히 지금 학교에서 배우고 있어.』

『어머니! 이제부터는 정말 교회에 잘 다니겠어요.』

그는 정성껏 만들어 놓은 요리를 다시 데운다고 일어났다.

『죠! 나에게 먹는 일이 그렇게 중요한 줄 알아? 나는 먹고 굶는 것에 상관하지 않고 오직 우리 하나님을 기쁘시게 하는 것만을 좋아하고 기뻐하는 사람이라는 것 몰랐어? 음식을 가지고는 나를 기쁘게 해 주지 못해. 나는 죠가 이렇게 부자가 된 것이 한스럽기만 해. 차라리 식당을 하나만 경영하여 거기서 번 돈을 주님을 위해 쓰고 믿음이 자라서 이 집에 천국향기가 가득해졌으면 좋을뻔 했어. 그래서 주님이 죠의 집 때문에 웃고 만족하셨더라면 나는 또 얼마나 기쁘고 만족스럽겠어.』

죠는 내 말에 똑같은 대답만 계속 반복했다. 나를 대접해 주느라고 그저하는 대답이었다. 그의 마음 속에 깊이 자리잡고 있는 돈에 대한 갈망을 깨뜨릴 능력이 나에게는 없었다. 내 마음은 어둡고 슬프기만 했다. 그는 나에게 극진한 사랑과 친절을 베풀었지만 그 사랑과 친절은 그가 돈을 사랑하는 마음과는 비교도 되지 않았다. 그의 마음은 온통 돈을 향해 있었다.

죠!

나를 찾아 온 날부터 지금 이 시간까지 그렇게도 착실하고 변함없이 도와주어 내 마음을 감동시키고 안타깝게 하지 않았던가! 그런데 나는 그에게 무엇을 주었을까? 내가 그렇게도 귀중하게 여기는 복음, 구원의 진리를 그의 마음 속 깊이 심어줄 수 없었다는 사실이 무섭고 슬펐다. 나는 어떻게 무엇으로 이 죄에 대한 벌을 받아야 할 것인가! 언젠가 그는 깨달을까? 아니면 나의 사랑하는 죠는 물거품 같은 물질에 빠져서 영원한 후회의 세계로 흘러가버릴 것인가? 사람의 인정이란 참으로 이상한 것이다. 왜 이렇게 슬퍼질까? 별장의 화려한 장식과 가구가 다 싫어지고 끝이 없어 보이는 푸른 바다도 처량하기만 했다. 나는 감정을 추스를 수가 없었다.

나는 기도했다.

「아버지! 나는 무능하고 믿음이 약해요. 저렇게 좋은 사람이 지옥에 등록되어 있는데도 꺼내줄 힘도 지혜도 없으니 말입니다.」문득 나의 머리 속에는 예수님이 친히 하신 말씀이 떠올랐다.

부자가 천국에 들어가는 것이
약대가 바늘구멍을 빠져 나가는
것보다 어렵다.

「부자야! 너는 천국이 불가능하다」하는 무서운 말씀이 한없이 나를 괴롭혔다. 그렇지만 또 다른 말씀이 생각났다.

사람으로는 할 수 없어도
하나님의 능력으로 다 할 수 있다.

이 말씀이 없었더라면 나는 그 자리에서 통곡을 하며 울었을 것이다.
나는 언제나 무능하고 불가능하지만 지금 이 시간까지 살아서 기동하는 것이 다 하나님의 능력이고 그분이 계시기 때문이라는 것을 안다.

## 29
## 사장님

처음 만나서 인사를 나눈 그의 인상은 보통 미국에 처음 온 사람과는 사뭇 달랐다. 뭐든 다 아는 사람의 자세였고 또 누구나 자기를 도와야 할 의무라도 있는듯한 말과 행동이었다. 하지만 30세가 넘은 미혼녀로서 세상을 살아가다 보면 굳은 의지가 남다를 것이고, 태도 역시 자연스럽게 생겨난 것이려니 하면 이해하지 못할 일도 아니었다.

『어디 계실 곳이 있습니까?』

그는 오히려 의아하다는듯이 말했다.

『어디 다른 데 있을 곳이 있겠어요? 목사님도 아니고….』

교회로 찾아온 그녀는 큰 짐가방을 두 개나 가지고 우리집에 머물게 되었다.

『저는 본래 음식을 해보지 않아서 도와드리지 못해 죄송합니다.』

『그럼 어떻게 음식을 잡수셨어요?』

곁에 서 있던 여학생의 질문에 그녀가 설명을 했다.

『오빠가 서울에서 큰 사업을 하는 회사 사장입니다. 사장집인만큼 일하는 사람들이 있잖아요. 더욱이 부엌에서는 말이죠. 저는 지금까지 오빠와 함께 살았고, 오빠는 저를 무척 아끼고 사랑하셔서 궂은 일은 시키지도 않으셨어요.』

『자매님은 서울에서 무엇을 하셨는데요?』

『저요? 저는 전도사로 주님의 종이었으니까요. 정식 신학교를 졸업했죠. 또 음악에도 취미가 많아서 교회에서 바쁘게 봉사해왔죠. 그러니 언제 부엌일을 해볼 수가 있었겠어요?』

그리하여 그녀는 부엌일에는 참여하지 않고 식사에는 불평없이 늘

같이 즐겼다.
 그 당시 우리집에는 학생들이 언제나 끊어질 사이 없이 같이 있었다. 잠깐 머물고 나가는 학생도 있었지만, 또 몇달씩 머무는 학생들도 번갈아 있는 일이 예사였다. 바로 그때는 여학생이 있었다. 이 여학생은 한국에서는 부엌일을 많이 하지 않은 솜씨였지만 나를 도우려고 무척 애를 쓰면서, 청소도 같이 하고 음식 만드는 일도 꼭 같이 하곤 했다. 마치 숙박비나 식사비를 내지 못하는 대신에 집안 일이라도 도와야겠다는 태도였다. 그 학생은 눈치도 빠르고 말도 빨리했다. 옳지 않은 일이나 염치없는 언사에는 기탄없이 자기 생각을 말해 버리는 그런 성격인 것이다.
 때문에, 여전도사와 그 여학생의 대화란 한편 우습기도 하고, 저럴 수가 있나 싶어지기도 하는 것이다.
 『그럼 전도사님은 무턱대고 여길 찾아와서 계실려고 오신거란 말씀이세요?』
 『그럼 학생은 방세내고 밥값내고 일해 주고 있어요?』
 『방세도 밥값도 낼 형편이 아니니까 일 하려고 애쓰는거죠.』
 『난 다른 일은 할 수 있어요. 가사일만 아니면… 가사일에는 영 낙제라구요.』
 『그러면서 어떻게 미국에서 살려는 생각을 하셨어요?』
 『댁은 언제 왔어요?』
 『나는 몇달 전에 왔지요. 우리 오빠가 일본에 계셔서 거기에 찾아갔더니 일본에서는 살 수 없으니 미국에 가라고 해서 왔지요. 가정부로 이민수속을 해 왔는데, 초청을 한 그 가정에 갔더니 말이 통하지 않으니 나가라고해서 나왔지만 갈 데가 없었어요. 한국에서 소문난 이댁 목사님을 찾아와서 오빠가 도착할 때까지 기다리게 된 것이지요. 오빠만 오시면 학교에 들어가게 될거에요.』
 『사실 나도 가정부 자격으로 왔어요. 나는 나를 초청해 준 미국인 집에 연락도 하지 않았고 또 갈 마음도 없어요. 그냥 이댁에 먼저 찾아온거죠.』
 『그럼 이댁에 쭉 계실려구요?』
 『그럴수야 있나요. 여하튼 이 큰 나라, 부자나라, 자유의 나라에 왔으니까 사장이라도 한 자리 하고, 돈도 왕창 벌어야지요.』

『아니, 전도사님이시라면서 그런 야심을 갖고 계신거예요?』
『그럼 어떻게 해요? 나는 가정부도 할 수가 없으니.』
거실에서 나누고 있는 그들의 대화가 내 방에 들려왔다. 사장이라도 한 자리해야 한다는 전도사의 말이 우습기도 하였지만, 심상치 않은 생각을 가진 것에 놀라기도 했다. 전도사뿐만 아니라 그 여학생도 만만치 않은 생각을 가졌구나 싶었다.
대화가 계속되었다.
『이댁 사모님은 교회 강사로 미국전역을 누비며 다니시고, 돈을 왕창 벌어 쓰신다는 소문이던데 정말일까요?』
『왕창 벌어 쓰시는지는 몰라도 오고 가는 사람마다 재워주고 먹여주고, 주일마다 내 식당같이 잔치를 해서 교회에 오는 사람들을 다 먹이고, 또 유학생들을 데려오고 데려가고 약혼식, 결혼식까지 해주고 살림 차려주고, 학비도 대어주는데 그런 돈이 다 어디에서 나오겠어요? 목사님 월급 가지고 할 수 있겠어요?』
『들어온 소문이 공연한 소리는 아니었군!』
『이댁 사모님과 목사님은 전도하기 위해서 돈이며 집이며 시간이며 모두 다 바치시고 불이나게 일하시는데, 전도사님은 신학교를 나와 주님의 종이라면서 왜 그렇게 다르시죠?』
『사람마다 다른거지 뭐. 꼭 같으란 법이 세상에 어디 있어.』
『전도사님 오빠가 사장이시라면 돈도 많이 가지고 오셨겠네요? 그래서 전도사님이 미국에서 사업을 해서 사장님이 되겠다는 말씀이죠?』
『돈 없이 어떻게 미국에 오겠어요? 댁은 돈이 없나요?』
『조금 가지고 왔지만 지금까지 다 써버렸지요. 돈도 없지만, 한국 정부에서 100불도 못 가지고 가게 하는데, 전도사님은 어떻게 돈을 숨겨 오셨어요?』
『인형 몸속에 돈을 넣고, 인형을 가지고 왔지요.』
『조사관의 눈을 가리우는 방법이 또 있는 것을 모르는 모양이군요.』
『아! 아부를 잘 하셨나보군요.』
『한국에서야 안되는 일이 어디 있어요? 되는 일이 없고 안되는 일도 없는 곳이 한국이라는 나라 아닌가요?』
『아, 그럼 돈이 있을텐데 밥값이나 좀 내세요. 미안하지도 않은가요?』
『학생은 내고 있어요?』
『나야 돈이 없으니까 일을 돕는 것이구요. 전도사님은 밥도 굉장히 많이 드시던데 어떻게 공짜로 얻어 먹고 공짜로 자고 그러세요? 언제까지 그러실건데요?』
『학생, 꽤 당돌하군. 자기도 공짜로 먹고 자면서 남에게는 별소리를 다하는군.』
『돈이 아까우면 선물이라도 드리세요. 큰 가방에 뭐든 많을 것 아니예요?』
『내가 사모님께 인형을 드렸지. 그랬더니, 당신은 제일 좋아하지 않는 게 인형이라고. 그 이유는 신앙적 체험에서 온 것이기 때문에 인형을 집에 들여 놓지 않는다고 하셨거든. 그래서 드리지 않기로 했지.』
『왜 하필이면 제일 싫어하신다는 인형을 드리셨어요? 다른 좋은 것도 많은데.』
『다른 좋은 것이 어디 있어요? 고추장을 가져왔는데, 그것도 안 드신다고 하시고.』
그 당시에는 미국에서 고추장을 사 먹을 수가 없었다. 그래서 미국에 오는 분들이 고추장을 가져오는 것을 자주 보게 된다.
이 두 사람은 계속해서 우리 집에 살면서 주일이면 교회에 같이 가서 여러 사람도 만나고 예배도 드렸다. 그러는 동안 여학생은 일본에서 오빠가 왔고, 오빠와 함께 있기 위해 우리 집에서 나가게 되었다. 계속 남아있던 전도사는 내가 해주는 밥을 먹는 일이 그에게 편하지 않았던지 부엌에 나와서 일을 돕곤 하였다. 그러나 일단 부엌에 나오기 시작하고부터는 모든 일이 요리까지도 자기가 하는 방법이 제일이라고 주장했고, 내가 하는 반찬은 한국식이 아니라고 하였다. 그 전도사가 요리를 잘 하는 것을 보고 나는 또 한번 무척 놀랐다. 그는 요리를 하면서 나에게 상세히 가르치며 설명하기도 하였다. 그 다음엔 청소도 따라서 했다. 힘이 세고 성격이 급해서인지 순식간에 청소를 해 치우곤 했다.
그가 어느날 내게 말했다.
『사모님, 그 여학생, 아니 건숙이 말이에요. 그애는 굉장히 당돌하고 사나워요. 오늘 교회에서 만났을 때 뭐라고 했는지 아세요?』

『뭐라고 하던가요?』
『저보고 염치없이 언제까지 사모님이 해주시는 밥 먹고 공짜로 살 겠느냐고 하면서, 그집에 있으려면 밥하고 청소하고 손님 대접하는 데도 정성스럽게 도와드리라고 명령조로 그러지 않겠어요?』
『저런, 그래서 뭐라고 대답했어요?』
『다하고 있으니 걱정말라고 했지요. 하지만 저도 언제까지 이렇게 신세만 지고 있을 수 없으니 가정부일이라도 얻어서 일을 해야겠어요.』
그날부터 그는 신문을 보고 가정부를 구하는 집을 찾아 전화를 걸어서 알아보았다. 그러다가 제일 월급을 후하게 주는 집을 찾아서 일하기로 하였다.
내 차에 짐을 싣고 신문에 있는 주소로 찾아갔다. 가는 도중에 그동안 집에서 배운 쉬운 영어를 연습해 보는 그에게 간곡히 이야기했다.
『그 사람들은 돈을 내고 전도사님의 일을 요구하는거예요. 힘이 들어도 참고 견뎌야 오래 있을 수 있어요. 그렇지 않으면 영어도 배우지 못하고 일도 못하고 나오게 되는거예요. 이번 기회에 인내심을 길러 보세요. 또 미국가정이 어떻게 살고 있는지 배우기에도 좋은 기회이에요. 학교에 들어 갔다고 생각하고 아무리 힘이 들어도 참고 견뎌야 하는 일 잊지 마세요!』
『사모님, 두고 보세요. 제가 이제 그 집에 가면, 영어를 잘 익혀서 미국사람과 똑같이는 못해도 사모님을 놀라게 할 만큼 척척 해볼거예요. 두고 보시라구요. 영어를 한국사람에게 배우니까 서툴고 잘 안되는 거지요. 미국인 가정에 들어가 같이 살면서 영어를 배우면 얼마나 쉽고 빨리 배우겠어요?』
헐리웃 가까이 있는 미국인 저택은 제법 고급스런 가옥이었고, 정원도 전문가의 솜씨로 아름답게 꾸며져 있음을 알 수 있었다.
벨을 누르자 한 젊은 미국인이 나와서 쇠문을 열며 찾아온 이유를 물었다. 가정부로 왔다는 이야기를 하고 주인과 약속을 했노라고 했더니 곧 알아 듣고 인도해 주었다. 주인 남자는 없었고 여주인이 거실에서 맞아 주었다. 한 50세쯤 되어 보이는 그 부인은 인상이 좋지가 않았다. 얼굴에는 거만함이 가득했다. 전도사를 아래 위로 훑어 보면서 입을 열었다.

『일해 보시오. 일과는 집안 청소와 부엌일이니까.』
우리는 그 여주인이 안내해 주는 집안을 둘러보고 있었다.
『영어는 얼마나 할 수 있지요?』
『쉬운 말만 조금 알고 있어요. 처음에는 힘이 드실거예요. 의사가 잘 통하지 않으실테니까요.』
내가 얼른 설명을 하자, 그 여자는 전도사의 얼굴을 다시 훑어보았다.
『청소하는 일이니까 말을 많이 몰라도 괜찮겠지요.』
전도사와 나는 그녀가 거처할 방으로 안내되었다. 나는 더 있을 필요가 없어서 집으로 돌아오게 되었다.
우리 집에는 쉴새없이 젊은 학생들이 들어왔다가는 나가곤 했다. 하나님을 섬기는 우리 집이었기에, 믿는 집에서 오는 학생은 우리 집에 있기를 더욱 좋아했다. 그래서 직업까지 얻어주느라 늘 바빴다.
그런데 어느날 저녁 무렵이었다. 밤 아홉시쯤 되었을까. 거리가 조용해졌을 때였는데, 갑자기 큰 울음소리가 우리 집 근처에서 들려왔다. 그 울음소리는 마치 한국의 장사지내는 집에서 들려오는 곡소리와도 같았다. 때문에 우리 집 사람들은 모두 놀라 뛰어 나갔다.
집 밖으로 나가 본 나는 깜짝 놀랐다. 전도사가 그 무거운 가방을 양손으로 끌면서 대성통곡을 해가며 집으로 걸어오는게 아닌가.
『이게 무슨 일입니까, 전도사님. 왜 이러세요?』
그의 곁으로 다가서며 다급하게 물어보았지만 울음뿐이었다.
『라이어― 라이어―』
누군지 화가난 음성으로 전도사를 나무랐다.
『아, 이봐요. 울음을 그치십시오. 여기가 한국 땅인줄 아시오? 미국까지 와서 이게 무슨 추태요? 그쳐요 어서!』
또 누군가가 코웃음을 치며 한마디했다.
『아이구 꼴불견이네. 이게 무슨 망신이람. 한국 사람 얼굴에 먹칠을 해도 분수가 있지. 아유, 창피해.』
전도사는 큰소리로 자기를 비웃는 음성을 듣고서야 울음을 그치고 집으로 들어왔다.
집에 있던 젊은이들은 한결같이 수군거리며, 상식이 없느니, 염치가 없느니 하고 말이 많았다. 그게 무슨 전도사냐느니, 분수 없는 행

29. 사장님 **153**

패꾼이니 하는 수군거림도 있었다. 나 역시 너무 어이가 없고 기가 막혀서 할 말이 없었다. 그가 신학교까지 나온 전도사인만큼 그 행동이 더욱 무지하고 지나쳐보였다.

잠시후 그는 배가 무척 고팠는지 부엌으로 들어갔다. 나는 많이 남아있지않은 음식이었지만, 저녁식사하고 남은 것을 모두 내어서 데워주었다. 그는 오랫동안 굶은 사람처럼 말도 없이 있는 대로 모조리 다 먹었다.

그에게 자초지종을 물었다.

『무슨 일이 있었어요?』

『사모님, 그 땅개 같은 여자 보셨지요?』

『그 집주인 여자 이야기예요?』

『네, 그년같이 못된 인간을 저는 처음 봤어요.』

『전도사님이 그렇게 말을 마구 하시면 되나요. 좀 더 좋은 말로 하셔야죠.』

『죄송해요. 하지만 제 가슴이 이렇게 터지도록 아픈데 어떻게 좋은 소리가 나오겠어요?』

이때, 방 안에 모여 수군거리던 여학생들이 부엌으로 몰려나왔다.

『전도사님, 나이값을 하셔야죠. 어떻게 길거리에서 이 한밤 중에 울어대세요? 그렇게 분별이 없으세요?』

『전도사님이란 분이 그게 무슨 꼴이에요?』

저마다 한마디씩 하는 바람에 전도사는 반박할 기세를 잃었는지 가만히 앉아있었다. 그래서 내가 말을 이었다.

『전도사님, 대체 무슨 일이 있었어요?「라이어 라이어」하던 것은 또 뭔가요?』

『사모님, 거짓말쟁이를 영어로 라이어라고 하지 않나요?』

『그런데 왜 울면서 그 말을 했어요?』

『미국 사람들에게 제일 나쁜 욕이 라이어라면서요?』

우리는 그 말을 듣고 폭소를 터트렸다.

『그래, 그 주인 여자를 욕하는 말이었소?』

『그렇지요. 제일 나쁜 욕을 하려니까 그 말이 나온 것이지요.』

『그 말은 어디에서 배웠지요? 나는 가르쳐 주지 않은 말인데.』

『서울에서 배웠지요.』

우리는 또 한바탕 웃었다.
『그래도 그렇게 통곡을 하는 데가 어디 있어요? 너무 놀랐어요. 그런 버릇은 어디서 배운거예요?』
그는 그 말에 대해서도 설명을 했다. 그의 오빠는 훌륭하고 좋은 사람이라 자기 마음을 아프게 하지 않는데, 오빠 부인은 언제나 자기 마음을 아프게 해서 그 원수를 갚는 길은 대성통곡을 하는 방법이라는 이야기였다. 그래서 올케가 마음을 아프게 하면 다른 아무말도 없이 큰 소리로 엉엉 울어 버려서 오빠가 그것을 듣고 대신 부인을 나무라기 때문에 자신은 위로를 받았다는 것이다. 왜냐하면 그들 남매는 이북에 부모님을 두고서 남매만 월남을 해서 서로 의지하며 살아왔기 때문이라고 덧붙였다.
『그렇지만 이제 당신은 아주머니라도 될 만큼 나이가 들었고 더군다나 교회 성직자가 아니세요. 더욱이 목사님 댁 앞길에서 그런 추태를 보이면 미국 사람들이 한국 사람을 야만인이라고 하지 않겠어요?』
자기보다 훨씬 젊은 여학생이 그렇게 몰아 세워도 그는 말이 없이 내 얼굴만 쳐다보았다.
목사님은 설교 준비가 바쁘신지 여자들이 술렁거리는 동안에도 방에 들어가 문을 꼭 닫고 모른척 하셨다. 다행스럽게 생각되었다.
그는 그 집에 들어간 날부터 그 주인에게 심한 눈초리를 받아가며 일했던 고충을 털어놓으며 얼마나 울었는지 모른다고 했다.
『거기서도 그렇게 큰소리로 울었어요?』
『아니지요. 어떻게 그렇게 울어요?』
그 말에 모두는 한결같이 안도의 한숨을 내쉬는듯했다.

그후로 여학생들은 여러 사람 들어오고 나갔지만 그 전도사는 우리와 함께 살았다. 그래서 나는 기회가 있을 때마다 믿는 자의 자세, 다른 사람들 앞에서의 행동과 말에 대해 조심할 일 등을 일러주었다. 그럴 때면 그는 습관처럼 이야기하는 것이었다.
『사모님, 저도 신학교에서 다 배웠어요. 신학교에서 배우는 것이 무엇입니까? 그런건 너무 많이 들었어요. 염려 마세요. 잘 아는 상식인 걸요.』

그는 그렇게 잘 아는 상식이 생활화되어 있지 않다는 사실을 전혀 인식하지 못했다. 느낌이라는게 없는 사람인가 하는 생각도 들었다. 그래서 자꾸 말하면 잔소리가 될 것 같아 가르치는 말은 하지 않기로 했다.
그런데 우리 집에 드나드는 사람마다 하는 말이 있다.
『전도사님, 언제까지 여기에 계실거예요?』
전도사에게는 이 질문이 고통이 되었는지 하루는 내게 다른 직장을 구해 달라고 하였다. 그래서 이번에는 가정부가 아니고, 바느질 공장에 직장을 얻어, 바래다 주고 데려오고 하는 가운데 재봉사 일을 맡아 하게 되었다. 처음 하는 일이라 몹시 어렵다는 불평을 집에 돌아올 때마다 터트렸다.
그러나 날이 가고 달이 지남에 따라서 그는 점점 불평이 없어지고 공장에 오가는 것도 버스로, 자기 발로 해결하였다. 그리고 돈이 벌어지는지 헌금도 하고 또 시장에 들려 채소나 고기를 사가지고 와서 자기 점심을 싸가지고 가기도 하였다. 물론 바느질하는 일이 쉬운 일이 아닌 만큼 그는 몹시 고단하고 피곤해 보였고 측은했다.
교회에서나 집에서나 사람들이 묻는 말에 이젠 염증이 났는지 아파트까지 얻어 이사를 해 나갔다.
이사간 뒤로 한두 번쯤 주일예배를 드리러 나오더니만 그후로는 주일에도 보이지 않았다. 교회에서 멀지 않은 곳에 살면서도 그의 얼굴은 볼 수가 없었다. 알고보니 그는 일에 재미를 붙여 시간외의 일까지 더하여 늦게 귀가하기 때문에 너무 피곤해서 주일도 지킬 수 없다는 것이었다. 심방을 가도 그는 늘 없었다. 그것도 알고보니, 공장 가까운 곳으로 이사를 가 놓고 아무에게도 알리지 않은 것이었다.
세월은 너무도 빨리 지나갔다. 더욱이 나는 각 미국교회의 집회일로 집을 떠나있는 일이 잦았고, 또 일부러 숨어버린 사람들까지 낱낱이 찾아낼 만한 시간이나 정성도 부족해서 전도사의 일은 까맣게 잊고 말았다.
오랜 후에 나는 한국에서 온 부인 한 분을 재봉공장에 취직시켜주기 위해 재봉공장이 있는 곳을 여기저기 찾아다니다가 들어간 곳에서 그 전도사를 만났다. 그도 내가 반가운 눈치였다. 그리고 내가 데리고 간 부인이 재봉일을 구한다고 했더니 자기 공장에서 일을 하라고 했다.

그는 그 공장의 사장이었던 것이다.
 아주 큰 규모의 회사는 아니어도 그 전도사가 운영하는 곳은 틀림없었다.
 『사모님! 제가 사장이에요.』
 그의 태도와 언사에 자랑이 넘쳤다. 또 자기 사무실, 즉 사장실로 인도하는 그 모습은 자신만만해 보였다.
 그가 커피와 콜라를 권했지만 나는 사양했다.
 『아차! 잊어버렸어요. 사모님은 커피나 콜라를 절대로 안 드시지요? 서로 헤어진지가 너무 오래 되어서 그래요.』
 나는 더 오래 있는 것이 일에 방해가 될 것만 같고, 또 공기가 무척 탁해서 더 앉아있고 싶지가 않았다. 그래서 함께 간 부인만 남겨두고 집으로 가기 위해 공장을 나섰다. 그가 나를 따라 나왔다.
 『사모님이 저를 재봉소에 들여 보내주시고, 데려다 놓고 또 데려가시고 하던 일이 엊그제 같은데 벌써 세월이 지났어요. 그것도 많이, 저는 아주머니가 되었는데 이제 또 뭐가 될지 모르겠어요. 그렇지만, 저 자동차도 운전하거든요. 어디든 자유롭게 다니구요. 또 집에는 피아노도 사 놓았어요.』
 『피아노도 배웠나요?』
 『아니오. 한국에 있을 때 피아노 가진 집이 어찌나 부러웠는지 몰라요. 그 부럽던 일을 지금 채워보는거지요.』
 『주일은 잘 지키세요?』
 『앞으로는 그래야겠지만, 우선은 일이 너무 많아서요. 일꾼들은 주일에는 오지 않지만, 할 일이 너무 많아 쉬지를 못하거든요. 사장이라는 책임때문인지 주일이 되는 것도 까마득하게 잊어버리는 때가 있어요.』
 『전도사님! 사람의 몸도 기계랍니다. 기계를 쓰기만 하고, 청소도 하지 않고, 새기름을 바꾸어 주지도 않으면 고장이 생기는 법이에요. 우리를 지으신 분이 엿새 동안 힘써 일하고 이레되는 날은 쉬라고 하셨잖아요. 그건 기계인 우리 몸을 엿새 일하고 하루는 쉬도록 만드셨기 때문이 아니겠어요? 우리가 우리를 지은 것이 아니니까 그렇게 지으신 분의 명령을 따라 살아야지요.』
 『사모님! 이 사장 자리 하나를 차지하려고 밤잠도 못 자고 끼니도 거르면서 일했어요. 그렇게 하루씩이나 온전히 쉬다니요. 그럴 수야 없지요. 하긴 앞으로 더 크게 확장을 해서, 이 세상 깍쟁이 유대인들 못지 않은 큰 공장의 주인이 되면 그때는 다르게 아니겠어요? 사모님, 그러니까 기도해 주세요.』

『기도해야지요. 그렇지만 그 기도는 전도사님이 더 큰 공장의 사장이 되는 그것보다 더 겸손하고 영원한 나라로 사람들을 인도하고 가르치는 종의 직분을 잘 하십사 하는 것이겠지요.』

내 말을 듣고 전도사의 표정이 약간 굳어지는 것 같더니 금방 풀어지면서 크게 웃었다.

『사모님은 언제나 같은 말만 하시는군요.』

『내가 변질하는 것을 제일 무섭게 생각하는 습관이 있는 줄 모르셨어요? 변하면 썩고 썩으면 버려야 하는게 이치니까.』

『사모님, 저는 지금도 사모님보다는 젊고, 보세요! 굉장히 건강하거든요. 그리 급하게 덤비지 않아도 될거예요. 아직 앞길이 멀고 또 환하잖아요?』

우리는 대화를 마치고 각각 헤어졌다. 집으로 돌아오면서 나는 마음이 어둡게 됨을 느꼈다.

「젊고 튼튼하고 앞길이 멀고 환하다구?」

그의 말을 생각해 보면 하나 같이 위험스런 말들뿐이다.

「나를 찾았었던 그가 아닌가? 나와 같이 먹고, 같은 집에서 살고, 같은 교회에서 예배를 드리는 사이가 아니었나?」

그가 물론 신학교를 졸업했고, 전도사 직분까지 맡았던 경험을 가진만큼 나는 일일이 그를 훈계하고 가르쳐 주는 일을 피했었다. 더러 그런 일이 있을 때, 그는 강경하게 자기 방어와 변명을 하였으므로 내가 이야기를 끌 수도 없었다. 가르침도 거의 줄 수 없었던, 그와 나의 오랜 시간 가까웠던 기억은 왠지 나를 쓸쓸하게 했다.

이런 일도 시간이 지나면서 잊어 버리고 있었고, 그 몇해 후의 일이다.

교인 중의 한분이 그 전도사를 잘 알고 있는데, 그 재봉회사 사장인 전도사가 췌장암에 걸려 입원했다가, 상태가 너무 좋지 않아서 퇴원하여 죽음을 기다리며 있다고 하는 것이었다. 그렇게 말하는 자매도 그 전도사가 어디에 사는지 알지 못했는데, 알아봐 달라는 부탁을 하였다. 그분이 나중에 가져온 소식은, 그 전도사가 이미 세상에서 없어졌다는 말이었다. 죽어서 장사한 지 한 주일이 넘었다는 것이다. 그 이야기를 전하던 자매는 울먹였다.
『그분은 밤낮 일만 했어요. 사람들을 다 보내 놓고도 집에 가는걸 본 일이 없구요. 전기밥솥이며, 실내 냉장고를 사무실에 놓고 거기에서 살고 계신 것 같았어요.』
「재봉회사 사장이 되려고 일만 하다가 죽어버렸구나! 사장직이 그렇게도 귀했던가?」
그처럼 애태우며 이루어 놓은 공장은 누구 것이 되었는지 그것조차 알 길이 없었다. 미국에 처음 와서 우리 집에 머물 때에 한 말만이 잊혀지지 않고 있다.
「돈을 왕창 벌어서 사장이라도 해야지!」
돈을 왕창 벌었는지 조금 벌었는지는 모르나, 그의 소원대로 조그마한 회사의 사장이 된 것은 사실이다. 그렇지만 그의 암세포들은 그를 얼마나 아프게 하였을까 생각했다. 암이란 병중에서도 췌장암은 계속 쑤시면서 아프다고 들었다.
암에 시달리는 동안은 어떻게 견디어 냈을지, 수술이 불가능하기까지 심하게 앓느라 얼마나 참았을지 생각할수록 마음이 아팠다. 돌보아 줄 사람도 없었을테고, 그가 주일까지 거역하며 번 돈들도 그에게 아무런 도움이 되어 주지 못했을 것이다.
「아! 전도사님!」
나는 그의 이름을 확실히 안다. 그러나 주님이 그분을 기억하고 계신지 무섭고 괴로웠다.
「험한 이국 땅에서 장사를 하며 사장이 될 만큼 들인 노력을, 시간과 정성을, 그 꿈을 주님 사업에 투자했다면! 아마 그의 생애는 어떻게든 달라졌을 것이다. 만대에 환한 존재와 자취를 이루었으리라.」
사실 그 탁한 공기 속에 쉬지 않고 일만 한 그에게 암이 걸리지 않았다면 기적일 것이다. 그가 끝내 가진 것은 일과 병이었다. 그밖에, 그가 결국 미국회사들을 앞지르는 회사 사장이 되었다해도 그의 췌장암에 도움을 줄 수는 없었고, 그의 행복에 기여할 수도 없었을 것이다. 그는 가진 것이 없다.
「그는 돌아올 수 없는 길로 갔다. 내가 가서 붙잡아 올 수도 없다.

일이 이렇게 되기 전에 왜 나는 그를 붙잡아 물을 토하듯이 울면서라도 권하지 못하였나? 그가 결국 자신의 의지로 내 이야기를 듣지 않는다 해도, 내 양심이 이렇게 아프지는 않았을텐데….」

나는 그가 지옥에 갈 것이라고 믿고 싶지 않았다. 왜냐하면, 그는 주님과 구원에 대해서 오랜 기간 배웠고 또 가르치고 인도했었다. 그리고 그가 암과의 싸움 속에서 그 아픔과 고통 속에서 주님을 부르지 않았을 리가 없다고 생각하기 때문이다. 또 그가 주님의 명령을 거역하면서까지 얻은 사장이란 자리와 돈이 그 어려운 순간에 얼마나 헛된 것인지 깨달았을 것이라 믿는다. 분명 그녀는 하나님 앞에 겸손히 무릎을 꿇었을 것이다. 그러나 내 마음은 계속 아팠다. 앉아도 일어서도 무엇을 해도 잊혀질 수가 없는 일이었다. 그래서 전도는 결사적이어야 하는가 싶었다. 권면도 결사적이어야 하고 선에 대해서도 그런 것이다. 나는 내가 선에 대해서 결사적이 아니었음을 가장 크게 후회하였다.

「후회! 그 얼마나 고통스러운 것인가. 후회! 그런데 만일 죽어서 영원히 영원히 후회만 하는 세상에 떨어진다면!」

인간에게 이보다 더 무서운 일은 없다. 이보다 더 큰 후회도 없다. 믿는자의 책임은 무섭도록 무겁다.

## 30
## 남의 허물이 눈에 보이면

남의 허물이 눈에 보이면
너무 쉽게 말하지 마세요.
그 허물은 내 허물의 거울이니까요.

내 허물은 언제나 깊이깊이 숨겨두어 나올 줄 모르지요.
내 허물은 아무도 모르게 감싸두어 안 보이는 것 같지요.
그러나
어디에나 계신 우리 하나님이
우리의 태도에 어이없으셔서 웃으시지요.
남의 허물을 보면서
내 허물을 고치라고 하시지요.

세상에서 허물 없는 사람은 없어요.
허물 없는 사람은 육신이 없는 사람일거예요.
주님은 일흔번씩 일곱번이라도 용서하라고 하셨어요.
이는 남의 허물은 수없이 많다는 말이에요.
또한 나의 허물도 수없이 많다는 말이지요.

남의 허물이 눈에 보일 때
너무 쉽게 말하지 마세요.
그 허물은 내 허물의 거울이니까요.

## 31
## 의논할 이가 있으세요?

의논할 이가 없으면 어떻게 살까요?
도움되지 않는 의논은 소용이 없지요.
의논을 해서도 도움받지 못하면 안타까워요.

당신의 의논 상대는 누군가요?
병이 났을 때는 의사라구요?
네, 좋아요.
분한 일이 있을 때는 변호사라구요?
네, 좋아요.
배고프고 추울 때는 친구라구요?
네, 좋아요.
잃어버린 것이 있을 때는 부모요, 자녀라구요?
네, 그것도 좋아요.

그러나
죽음의 사자가 문을 두드릴 때는
누구한테 갈건가요?
병도 고칠 수 있고
분한 일도 처리할 수 있고
배고픔과 추위도 해결할 수 있지만 죽음의 기한은 피할 수 없지요.
죽음의 사자는 저벅저벅 소리내며 다가와 문을 두드릴텐데.
그때 의논할 이 없으면 어떻게 하려는거에요?

예수님은 우리의 모사시지요.
우리 곁에 계셔서 의논하시기 원하시지요.
전능하신 모사 예수님은
내 마음 어디에나 계시지요.

예수님과 의논하세요.
육신으로 오신 예수님은
우리 육신의 모사이시니까요.
부활하시고 영이신 예수님은
우리 영혼의 영원한 모사이시니까요.

왜 당신은 엉뚱한 데 가서 의논하는가요.
아까운 돈을 낭비하고
귀중한 시간을 바치고
또 바치고
인간 모사는 그 능력과 진실에 한계가 있어요.
못 하는 것은 원래 못 하니까 못 하고
한다고 해도 제한된 한도 내에서 하거나
돈 때문에 하거든요.
그런 사람은 당신을 위할 수 없어요.

의논은 예수님과 하세요.
 육신의 일, 영혼의 일, 세상의 일, 천국의 일
그리고 모든 일들을요.

## 32
## 시기

시기하는 사람을 만났나요?
맞서지 마세요.
그의 혀에는 쏘는 활이 담겨 있으니까요.

억울하세요?
판단해 주시는 그분을 올려다보세요.
그리고 기다리세요.
말씀드리지 않아도
그분은 잘 알고 계세요.
기다리세요.
그분이 「오냐」하시는 그땐
당신의 마음은 저절로 평강의 샘일테니까요.
거기서 당신은 마음껏 평강의 샘물을 마실거예요.
높으신 그분과 마신다면
그 이상 더 무엇을 바라겠어요?

시기는 내속에도 있지요.
찾아보세요.
그러니 다른 사람이 시기한다고 탓할 수도 없지요?
시기는 위험물이에요.
시기는 영적 암이에요.
시기는 뿌리째 뽑아버려야 해요.
전능하신 아버지께 구해요.
그분이 해결해 주실거예요.

## 33
# 불안병 환자

『거기 안 선생님 계신가요?』
요란스럽게 울린 전화벨 소리에 급히 수화기를 들었을 때 들려온 말이다.
『전데요. 누구신가요?』
『안녕하세요. 저는 이번에 선생님께서 오실 죠지아 주 아틀랜타에 있는 한 교회의 목사 사모인데요. 꼭 말씀드릴 일이 있어서 전화드렸습니다.』
『네, 좋습니다. 말씀하세요.』
『좀 이상하게 생각되실지도 모르겠는데…. 말씀드려도 될까요?』
『괜찮습니다. 무엇이든지 말씀하세요. 잘 듣고 있으니까요.』
『사실은 무척이나 망설이고 수화기를 몇번이나 들었다 놓았다 했어요. 그런데 아무리 생각해봐도 선생님이 오셔서 말씀을 전하실 때 이 사실을 아시면 말씀 준비하시는 데도 도움이 될 것 같구요. 또 우리에겐 더 큰 도움이 될 것 같아서 이렇게 실례를 하게 되었습니다.』
『그런 것은 너무 염려하지 마세요. 이렇게 미리 알려주시면, 제게는 많은 도움이 될거예요. 꼭 말씀해 주세요.』
『솔직히 말씀드리자면 우리 목사님이 젊은 여자들을 너무 좋아해요.』
나는 들려오는 말을 듣고 놀라지 않을 수 없었다. 그 음성과 말의 억양으로 보아 단정하고 지적인 부인 같은데 그런 말을 어쩌면 그렇게도 허물없이 할 수가 있을까?
그러나 다음 순간 나는 생각했다. 「아니야! 이 사모는 나를 신뢰하고 있고, 그렇기 때문에 자기의 괴로움을 솔직하고 거리낌없는 태도로 내게 털어놓는 것이야.』

『사모님, 염려마시고 말씀하세요. 제가 더 많이 기도하고 공부하고 준비해 가도록 할테니까요. 안심하시고 말씀하세요.』

내 말이 채 끝나기도 전에 그녀는 「와!」하고 울음을 터뜨렸다. 나는 기다릴 수밖에 없었다.

『안 선생님! 저는 너무나 외로워요.』

『네, 잘 이해할 수 있어요.』

『제 남편은 글쎄 젊은 여자들만 보면 온 정신이 다 빠져버려요. 이것은 제가 시기를 해서 하는 말이 절대로 아니예요. 그런데 모든 사람들은 저보고만 이상하다고들 하니 속 시원히 말할 데도 없고 해결할 방법도 없으니 답답할 뿐이에요. 자식만 없다면 차라리 죽어버리는 것이 편하겠어요.』

『누가 사모님보고 이상하다고 그러는거죠?』

『모두 다 그러는거에요. 본인인 남편은 물론이구요 교인들도 다 그러는 겁니다. 그러나 저는 지극히 정상적인 여자랍니다.』

그녀는 자기 자신에 대하여 계속 이야기했다. 그녀는 대학을 졸업한 후 바로 신학대학에 들어갔다. 그녀는 또한 피아노도 잘치고 음악적 소질도 남부럽지않게 탁월했을 뿐 아니라 많은 교수님들과 신학생들 사이에 굉장한 인기를 모은 매력적인 여학생이었다. 그리고 많은 신학생 중 제일 미남이고 성적도 우수할 뿐 아니라 제일 인기있는 지금의 남편과 결혼하게 되었다. 그후, 그들은 미국에 건너와서 아주 크고 아름다운 교회를 세우고 목회를 하기로 약속했다고 했다.

『그런데 이분이 왜 이렇게 되었는지 모르겠어요. 그저 젊은 여자들만 보면 넋을 잃고 말아요. 온 마음을 여자들에게 빼앗겨 해이해지니, 어떻게 교회가 성장할 수 있겠어요? 다행히 이번에 우리 지역에 있는 네 교회가 합쳐서 연합부흥회를 하게 되었는데 글쎄 그 모든 주선을 우리 목사님이 다 한거에요. 왜 그렇게 했는지 아세요?』

『글쎄요.』

『부흥 집회를 하면 젊은 여자들이 많이 모이기 때문이지요. 그러니 선생님께서 오셔서 이분 마음을 단단히 잡아주시고 정신을 좀 차리도록 해주시기를 부탁드립니다. 그래서 이렇게 전화를 드리게 되었어요.』

『큰일이군요. 난 그런 능력은 받지 못했어요. 그렇게 기대가 크시다면 나같이 무능한 전도자가 어떻게 해야할지 다시 잘 생각해 봐야겠는데요.』
 나는 그렇게 말하고 그녀가 계속해서 이야기하는 것을 들으면서 마음이 무거워졌다.
 수화기를 내려놓은 후 나는 곰곰히 생각해 보았다.「나같이 힘없는 사람이 어떻게 감히 그 목사님의 마음을 흔들고 부서뜨리며 변화시킬 수 있단 말인가?」말도 안 되는 것 같았다.
 만약 그 집회의 날짜가 좀더 남았더라면 어떻게라도 간청을 해서 가지 않기로 하고 다른 능력있는 강사를 초청하도록 하고 싶었다. 그러나 집회는 벌써 3개월 전에 약속되었고 삼일 후면 곧 시작해야만 하니 그제서야 그 중한 연합집회에 갈 수 없노라고 할 수는 없는 것이었다.
 「아! 차라리 독감에라도 걸렸으면…, 좀 힘들고 괴롭더라도 허리병이 나든지 발목을 삐기라도 한다면 핑계를 대고 못 간다고 할 수 있을텐데….」
 그러나 사실 그렇게 된다 하더라도 이미 약속된 집회에 가지 않을 수는 없다는 것을 나는 잘 알고 있었다. 심지어는 이런 일조차도 있었다. 한번은 알래스카에서 집회를 하고 있었다. 그 집회를 마친 후에는 캐나다의 에드먼턴에서 집회를 계속해서 하기로 약속이 되어있었다. 알래스카에서 집회를 하고 있는 동안에 나는 머물고 있던 집 이층에서 떨어져 병원에 실려간 일이 있었다. 그런데 그때에도 많은 사람들이 휠체어에 앉아서라도 집회를 계속 해달라고 간절히 요청하는 바람에 나를 부축해 줄 청년들이 대거동원되었다. 그 집회를 마치고 에드먼턴에 전화를 해서 내가 휠체어에 앉아있다는 어려운 사정을 설명했지만 그들도 역시 휠체어에 앉아서라도 말씀을 전해달라고 해서 할 수 없이 비행기에 실리어 가서 그 집회를 기어이 마친 일도 생생하게 기억하고 있다.
 또 오레곤에 있는 일본 교회에도 집회를 약속했는데 허리를 다쳐서 전혀 걸을 수 없었는데도 기어이 와야 한다고 해서 부축을 받으며 집회를 한 일도 아직 잊지 못하고 있다.
 죽을 병에 걸린다면 몰라도 발목을 삔다거나 허리병이 난다거나 심지어는 독감에 걸릴지라도 그 집회는 나를 놓아주지 않으리라는 사실을 나는 잘 알고 있었다. 그러니까 할 수 없이 집회에 가는 길밖에 다른 도리가 없는 것 같았다.

그러나 내 마음은 무겁고 자신이 없었다. 그런 만큼 기도로 힘을 얻으려고 안간힘을 다했다. 「주님! 마음이 내키지 않고 불쾌합니다. 목사가 그런 꼴이라니 말이에요. 그런 문제에 제가 가서 무슨 도움이 되겠습니까? 주님은 저를 잘 아시지 않습니까? 정말 큰일이에요. 주님! 기분이 상해서 가고 싶지 않아요. 가지 않도록 기적을 베풀어주세요. 정말로 가기 싫습니다.」 그런 기도는 난생 처음으로 한 것 같았다.

사실 집회를 가게 되면 가장 가깝고 친밀히 지내게 되는 분이 바로 목사님들인데 집회를 계획하고 주선한 목사가 그 모양이라니 심히 착잡하고 또 나의 무능한 모습을 드러내게 되는 것이 아닌가 싶어서 마음이 무겁고 복잡해졌다.

한때 한국에서 많은 부흥사들이 미국에 들어와 집회를 할 당시에는 방언 만능이라고 했다. 방언을 못 하는 것은 마치 엔진 없는 자동차와 같다고 무시했고 환자에게 손을 얹고 기도하면 정말 척척 고쳐지는 것 같았다. 또 한가지 괴상한 일은 기도를 하거나 말씀을 전할 때 걸걸하게 쉰 목소리를 내야만 권능이 있어 보일 때가 있었다. 가령 「믿습니다」하는 말도 「미―있씁니다」로 더욱 강하게 들리도록 경음을 사용하며 열정적으로 말해야만 거룩하게 보이고 신기하게 들리던 때였다.

저마다 한마디는 한다는 방언을 나는 한마디도 해본 적이 없다. 또 어떤 때는 방언하는 사람들 속에 섞여 기도하면 방언이 터진다고 해서 그런 모임에 가보기도 했으나 나는 그들의 흉내도 낼 수 없었다. 병을 고친다는 것도 내겐 어림없는 일이었다.

그런 내가 여색에 빠졌다는 목사님의 지저분한 취미를 없애고 새롭게 변화시킨다는 것은 감히 생각할 수도 없는 일이었다.

그러나 내 괴로운 마음과 상관없이 떠나야만 하는 그날은 다가오고 있었다. 내 마음은 한겨울의 한강과 같이 얼어붙은 것 같았다.

그러나 일단 비행기에 몸을 싣고 늘 그랬던 것처럼 그 높고 푸른 창공으로 치솟아 구름 사이를 훨훨 날아갈 때에 내 마음은 어느덧 나도 모르게 밝아지고 입에서는 찬송이 흘러나왔다.

그 찬송은 내가 미국 교회에서 여러번 독창으로 찬양한 「왜 나는 실망하나」라는 노래였는데, 그 노래의 후렴이 터져 나온 것이었다.

나는 행복해서 노래하네!
나는 자유해서 노래하네!
한마리 참새도 기억하시는 그분이
나를 지켜보시기 때문이네!

목적지에 도착하기까지는 거의 다섯 시간이 소요되었다. 마중나온 목사님들과 교인들은 나를 너무도 반갑게 맞아주셨다.
나는 어느 분이 그런 너저분하고 못된 습관을 가진 목사인가 속으로 은근히 궁금했지만 물어볼 수도 또 눈치로 알아낼 수도 없었기에 아예 생각도 하지 않기로 마음먹었다.
서부 끝에 있는 LA와 동부 끝에 있는 이 도시 사이에는 세시간의 시차가 있기 때문에 사방은 벌써 어둠이 짙게 드리워져 있었다.
공항에 나왔던 분들이 모두 인사하고 돌아간 후 나를 호텔로 데려다 주실 목사님 부부만이 나를 차에 태우고 호텔로 향했다.
호텔로 가는 차속에서 이야기하던 중에 나는 깜짝 놀랐다. 바로 내 옆에 앉은 분의 목소리가 그 전화를 통해 들었던 음성과 꼭 같았기 때문이었다. 나는 놀라서 말했다.
『사모님! 아— 사모님이시군요.』
그때 그 사모는 나를 「꾹!」하고 찌르면서 가만히 있으라고 눈짓했다.
나는 앞자리에서 운전하고 있는 목사의 얼굴을 보려고 시도했지만 그는 앞만 직시하며 운전을 하고 있어서 볼 수가 없었다. 뭐라 말할 수 없는 착잡함이 마음을 짓눌렀다.
호텔에 도착해서 수속을 마치고 그들이 내 짐을 들고 방에 들어왔을 때 비로소 정면으로 그를 볼 수 있었다.
「이 지저분한 목사! 어디 좀 보자!」
나의 선입견이 그러했음에도 불구하고 내 눈에 보이는 그는 경건하고 친절하고 세련되어 보였다. 나는 시선을 부인에게 돌렸다. 그리고 자세히 보았다. 아름답고 상냥하고 참으로 착해 보였다. 나는 그들이 뭐라고 묻는 말도 알아듣지 못하고 두 사람을 번갈아 쳐다보고 있었다.

그들이 돌아간 후에 나는 더욱 심각해졌다. 밤새도록 생각은 꼬리에 꼬리를 물고 이어져서 무척이나 피곤했는데도 잠이 오질 않았다.
　이튿날 점심시간에 또 그 두 분이 내게 점심을 대접한다며 호텔에 왔다. 점심 후에 목사는 집회 일정을 상세히 설명하고 또 그런 연합집회가 처음인만큼 모든 교회가 기도에 많은 시간을 드렸으니 많은 은혜를 받게 될 것이라고 말했다.
　나는 그의 설명과 그의 계획을 들으면서 그의 지적인 자세와 목사다운 온유한 언사를 유심히 보면서도 내속에 잠재해 있는 선입견으로 인해 마음이 혼란스러워졌다.
　「웬일일까. 참 좋은 목사님인 것 같은데!」하는 생각이 드는 한편 「그런데 젊은 여자를 보면! 지저분해?」,「모르지!…」하는 생각이 들기도 했다.
　그런 가운데 시간은 흘러갔다.
　「죽으면 죽으리라」는 내 수기를 읽은 사람들로 집회 첫날부터 자리는 꽉 채워졌다.
　나는 내게 전화했던 사모가 원하는 그런 능력의 말씀을 전할 생각이 없었을 뿐더러 사실 그렇게 할 수도 없었기에 준비했던 말씀만 전하고 나중에 간증으로 마쳤다.
　집회가 끝난 후 지하실 넓은 방에서 친교다과회가 이어졌다. 모두 웅성거리며 서로 반가워서 이야기하며 웃고 마시고 언제나 그렇듯이 참 유쾌한 시간을 보내고 있었다.
　그때 그 목사 부인(전화했던 사모)이 내곁으로 다가왔다.
　『사모님, 저분 좀 주의해 보세요. 자, 보세요. 지금 저분이 무얼 찾고 있는지 아세요? 젊은 여자들을 찾고 있는거에요.』
　그런 말을 하고 있을 때 정말로 그 목사는 어떤 젊은 여자와 이야기하고 있었다. 그런데 자세히 보니 그 모습은 너무 자연스러웠고, 목사들이 으레 하는 태도와 행동일 뿐 별다른 의도가 없는 듯 했다. 나는 그 모습을 보고 나서 사모의 얼굴을 보았다. 그 아름다운 얼굴에 노기가 서리며 표정이 굳어있었다.
　나는 그녀의 손을 잡아당기면서 말했다.
　『사모님, 왜 이러세요?』
　『선생님, 그렇게 크게 말씀하시지 마세요. 다른 분들이 다 들으니까요!』

『들으면 어때요. 왜 들으면 안 되나요?』

『그렇지 않아도 나보고 모두 다 이상하다고들 하는데 사모님까지 그러시면 제가 더욱 곤란해집니다.』

그녀는 울상을 하고 내곁에서 떠나갔다. 얼마 후 그녀는 다시 내게 와서 나를 붙잡고 사람이 없는 곳으로 데리고 갔다. 그리고 분이 가득한 표정으로 말했다.

『선생님! 보셨죠? 그 사람 눈이 벌개가지고 젊은 여자를 찾아가서는 형편없이… 보시지 않으셨어요?』

나는 하도 어처구니가 없고 할 말이 없어서 그녀를 불쌍한 눈으로 바라보았다. 그리고는 속으로 「이거 큰일났구나!」 생각했다.

『선생님! 저는 절대로 시기해서 이러는게 아니에요. 선생님은 물론 저보다 더 교육을 많이 받으셨지만, 저도 배울 만큼 배웠고 또 그렇게 미련한 여자는 아니에요. 제가 이러는 것은 제 남편은 목사이고 그러니까 주의 일만을 열심히 해야 한다고 생각하기 때문이에요. 그런데 저렇게 여자를 좋아하니, 주님의 사업에 너무 큰 지장이 되는 것은 말할 것도 없구요 또 자기 자신을 망치게 되지 않겠어요? 자기뿐이 아니에요. 저러다가는 온 교회, 가정, 자식들까지 말아먹어요. 저는 시기 같은 것은 할 줄 몰라요. 선생님! 시기하게 되면 사람이 미워지지 않겠어요? 그러나 저는 목사님도 미워하지 않고 젊은 여자들도 절대로 미워하지 않아요. 그저 염려하는 것뿐이지요.』

그녀는 누누이 자기가 시기하지 않는다는 말을 했다. 나는 할 말이 없어서 그녀의 이야기를 가만히 듣고 있을 수밖에 없었다.

호텔에 돌아와 혼자 앉아서 이 사모의 말과 행동과 그 열띤 얼굴 등을 다시 생각해보니, 웬일인지 울고 싶은 마음에 가슴이 미어졌다.

이튿날 낮에는 미국인 대위와 결혼해서 살고있는 한국인 아내이자, 독실한 신자로 인정받고 있는 어떤 부인의 집에 초대를 받아 가기로 했다. 어느 때 어느 곳에서나 그런 음식 초대가 있을 때는 목사와 사모가 꼭 함께 오는 것이 보통인데 그 자리에는 목사도 사모도 오지 않았다. 내가 궁금해 하는 모양을 알아차렸는지 한 부인이 설명해 주었다.

『사모님, 오늘은 여자들만 모이는 연회이기 때문에 남자는 한 분도 안 오셨어요. 왜냐하면 이번 집회가 연합집회이기 때문에 목사님들과 그 가족들이 너무 많아서 다 초대하지 않았거든요. 선생님이 이상하게 생각하실까봐 말씀드리는거에요.』

그런데 그 자리에 모인 여자들은 모두 미국인 아내들이 아닌가 생각되었다. 내가 짜고 매운 음식을 못 먹는다는 소문이 나서 그런지 음식이 모두 양식으로 준비되었다. 참 맛이 좋아서 너무 잘 먹었고 기분도 좋았다. 그런데 그 자리에서 우연한 일로 나 목사 부인의 이야기가 나왔다.

『그분 참 이상해, 정말!』
한 여자가 말하자 모두 다 한 목소리로 동의를 표했다.
『글쎄 말이야! 왜 그럴까?』
나는 유심히 듣고만 있었다.
『시기지 뭐야!』
또 다른 여자가 말했다.
『목사님은 어떻게 해서든지 교회를 부흥시키려고 안간힘을 다 쓰시는데 그 사모님 때문에 사람들이 남아나야지? 그 사모님 하는 꼴을 보고는 모두 다른 교회로 가버리니 말이야.』
『그렇게 훌륭한 목사님을 어디가서 만난담! 사모님만 아니면 그 목사님은 큰 교회에서 목회하실 수도 있을텐데… 참 안됐어!』
『그러게 말이야, 사모님은 누구나 감시 감독을 하거든. 목사님이 여자와 인사만 해도 얼굴이 홍당무가 돼 가지고 울고불고 사람들이 보거나 말거나 형편없이 행동하니 말이야.』
『그런데 또 목사님은 그렇게 훌륭하신 분이 그까짓 아내 하나 못 다루시는지 모르겠어. 좀 두들겨 패서라도 버릇을 고쳐놓을 것이지!』
그 소리에 모두들 「하하하…」 웃음을 터뜨렸다. 그래서 나는 B 사모가 혹시 병적인 것이 아닌가 의심하게 되었다.

한참 이야기하고 있을 때 초인종이 울렸다. 나 사모가 나를 데리러 온 것이었다. 그녀는 다급한 표정으로 급히 좀 나가자고 했다. 여자들은 모두 눈이 휘둥그래져서 나를 쳐다보았다.

나는 할 수 없이 고맙다는 인사말을 남기고 그 사모를 따라나설 수밖에 없었다. 그녀는 운전을 하면서 말했다.
『제가 이번엔 꼭 결판을 내야겠어요. 선생님! 선생님 밖에는 도와주실 분이 전혀 없거든요. 그래서 사실 그대로의 진상을 보여드리고 확증을 세워야겠기에 지금 현장으로 가고 있는거예요.』
『현장? 현장이라구요?』
『네, 따라만 오세요. 현장으로 모시는 중이니까요.』
『무슨 현장인데요?』
『지금 남편이 그 여자와 어떤 추태를 벌이고 있는지 그 실상을 보시러 가는 겁니다. 내가 쭉 지켜보고 있었거든요, 그랬더니 아니나 달라요! 그 여자가 남편에게 눈짓을 하는거예요. 그러니까 그이가 머리를 끄덕이더니 그 여자 차가 먼저 가고 남편 차가 곧 뒤따라 가잖아요. 제가 다 보았다구요, 글쎄! 그리고 거기가 어디인지도 제가 알고 있거든요. 이제 보세요. 선생님 눈으로 분명히 보시라는거예요.』

그녀는 어디엔가로 운전을 하며 빠른 속도로 달려가고 있었다. 나는 갑자기 불안해졌다.「도대체 나는 어디로 끌려가고 있는 것일까?」다급한 마음으로 주님을 불렀다.

「주님! 저를 따라오세요. 천사들도 보내주세요. 저를 지켜주세요. 이 사모가 무엇을 하고 있는지 불안하기만 해요. 권능도 능력도 제겐 없지 않습니까. 아버지 제가 이 여자에게 끌려가고 있는데 어찌할 바를 모르겠습니다. 평안을 주세요! 예수님, 약속하신 그 평안을 제게 주세요!」

한참을 달리더니 그녀의 차는 어느 골목길로 들어섰다. 골목 맞은 편에 있는 큰 집을 가리키면서 그녀는 말했다.

『선생님! 바로 저 집이에요. 저기에서 지금 죄악이 저질러지고 있어요. 가서 문을 열고 진상을 보셔야 합니다.』

그녀는 차를 길 옆에 세우고 나를 재촉해서 그집 문 앞에 서게 했다. 그녀는 문을 두드렸다. 대답이 없었다. 또 한번 다시 힘있게, 그러나 역시 아무런 응답이 없었다. 한참 서서 기다리다가 또 다시 세차게 두들겼다. 그러나 집안은 조용하기만 했다.

얼마 동안인가 서 있었더니 차 한대가 우리 쪽으로 오고 있었다. 집 앞에 멈추더니 여자 두 사람이 차에서 내렸다. 나는 사모의 얼굴을 보았다. 그녀의 표정은 마치 도둑질하다 들킨 사람의 얼굴같이 되어버렸다.

『어머나, 사모님들! 이게 웬일이세요. 저의 집을 다 심방해 주시다

*33. 불안병 환자* 173

니!』
　두 여자는 나를 보고 굉장히 놀라는 것 같았다. 나는 그들의 손을 잡고 말했다.
　『지나가다 좀 들러본거예요.』
　『이일을 어쩌면 좋아요? 우리는 연합성가대에서 오늘 부를 성가를 연습하고 이제서야 돌아오는 길이에요.』
　『목사님은 어디 계시죠?』
　내가 물었다.
　『목사님은 예배 시간에만 뵙고, 그후엔 이사회가 있다고 해서 이야기하고 계실 겁니다.』
　『이사회는 어디서 하는데요?』
　『목사님 사무실에서요. 무슨 급하게 만나셔야 할 일이라도 있으신가요?』
　『아니, 그저…』
　우리는 차를 타고 돌아왔다. 오는 길에 나는 아무 말도 하지 않았고 그녀 역시 말이 없었다.
　우리는 목사님 사택으로 왔다. 사모는 나를 대접한다고 부엌에서 과일을 깎고 있었다. 방에는 그녀의 딸이 나를 신기하다는듯이 바라보고 있었다.
　『너는 목사님 딸이구나. 이름이 뭐니?』
　『나 이나예요.』
　『나 이나! 참 예쁜 이름이구나. 네가 예쁘니까 엄마가 그렇게 예쁜 이름을 지어주신 모양이지?』
　『아뇨, 아빠가 지어주셨어요. 난 엄마가 지어주는 것이 안 좋아요.』
　『그래? 왜?』
　『난 엄마가 안 좋아! 아빠만 좋아!』
　나는 더이상 무어라 말할 수가 없어서 사모가 과일을 깎고 있는 부엌으로 들어갔다. 그리고 나는 과일을 잔뜩 먹고 왔으니 더 먹을 수 없다고 말하곤 그녀를 데리고 나왔다.
　나는 이나에게 밖에 나가 놀라고 내보내고는 사모를 의자에 마주 앉게 하고 손을 꼭 잡았다.
　『사모님, 내가 이번에 참 잘 온 것 같아요. 이제 하나님이 보내신 뜻을 알았어요. 그래서 참 감사하고 있답니다.』

　말을 하면서 그녀의 얼굴을 자세히 바라보니 참으로 하얗고 맑고 고운 피부에다 생김생김이 나무랄 데가 하나도 없이 아름답게 조화된 미인이었다. 몸집은 크지도 작지도 않아 날씬하고 머리 모양도 세련되게 빗겨져 있었고 옷차림도 단정하고 깔끔했다. 또한 집안도 편안하고 보기 좋게 꾸며져 있었다. 벽에 걸린 그림들도 이상한 것은 하나도 없는 것을 보니 사모가 정신병자는 아닌 것이 분명했다.

　그녀는 내가 자기 손을 꽉 쥐고 눈을 똑바로 바라보고 있는 것이 불안했는지 고개를 떨구며 말했다.

　『선생님, 저는 정신이상자가 아니에요. 또 질투병 환자도 아니구요. 저는… 말하자면, 불안병 환자라고나 할까요? 뭐든지 염려가 너무 지나쳐서 불안병이 생긴 것인지도 몰라요.』

　『잘 말씀하셨어요. 사모님! 자신이 그렇게 말씀하시니 참 안심이 되는군요.』

　『사람들마다 저보고 이상하다고들 해요.』

　『목사님은 사모님한테 뭐라고 하시나요?』

　『저더러 불안병이라고 하면서 정도가 지나치면 정신병이 된다고 걱정하세요.』

　『맞아요! 그 말씀도 옳아요. 무엇이나 지나치면 병이 되니까요.』

　『선생님께 확증을 보이러 갔다가 실패해서 저를 이상하게 생각하실지 모르지만 저는 정신이 말짱해요. 의식도 명료하고 병적 증세는 있을 수 없어요. 모두 정상이랍니다. 정말이에요. 선생님!』

　『그럼 하나 물어봅시다. 사모님은 지금 그런 사고 방식을 가지고 살면서 목사님의 사역에 도움이 된다고 생각하시나요? 그러니까 목사님을 돕고 있다고 생각하시냐구요?』

　『물론이지요. 내가 늘 경계하고 지키고 있어도 저 꼴이니 만일 제가 없다고 해봐요. 어떻게 되겠어요?』

　『그럼 목사님이 계속 목회하시기를 원하시나요?』

　『아닙니다. 그래서 제가 항상 남편에게 목회를 하니까 여자만 눈에 보이니 목회를 그만 두라고 자꾸 권하고 있어요.』

　『목회를 그만 두신다면 무엇을 하시면 좋겠어요?』

　『그렇지 않아도 그 문제를 여러가지로 연구하고 알아보기도 하고 또 깊이 생각해 보았거든요. 그 결과 남편에게는 보험회사에 다니는 것이 제일 좋을 거라고 생각이 됐어요.』
『보험회사 사원이 된다는 거지요?』
『그렇지요. 처음에는 사원으로 시작해서 성공하면 보험회사 사장이 될 수도 있지 않겠어요? 그는 언변이 매우 좋거든요. 그의 설교를 들어본 적이 없으시지요? 그이는 말하는 기술이 무척 탁월하답니다. 선생님!』
『좋아요, 그럼 그분이 보험 외판원이 된다고 가정해 봅시다. 보험에 들게 하려면 말이죠 사모님! 남자들만 상대하는 줄 아시나요? 오히려 남자들보다 여자들과 만나는 경우가 훨씬 많다구요. 만약, 그렇게 되면 목사님처럼 멋있고 친절하신 분이 보험외판을 해야 하니까 갖은 수단과 방법을 다 써서 보험에 들도록 해야겠죠. 그렇게 되면 여자들이 어떻게 행동할지 알 수 없지요. 더군다나 세상 여자들은 하나님도, 영원한 나라도 모를텐데, 그런 여자들이 그분같이 멋있는 사람을 가만 놔둘 것 같아요? 어떻게 해서라도 목사님을 유혹하고 시험에 들게 할지 알게 뭡니까? 또 목사님은 이제까지 복음의 사자로서 두려움과 떨림으로 조심하면서 사람들을 대해 왔지만, 만약에 보험세일을 하게 되면 세상 사람들과 같이 술집에 가면 술 마시고, 색시집에 가면 또 남이 하는 짓 다 할지 누가 알겠어요? 복음을 전하기 위해서 애쓰고 노력하듯이 보험세일을 하기 위해 무슨 짓인들 못 하겠느냔 말이에요. 게다가 많은 불신자들을 상대하게 될텐데! 사모님은 그렇게 되기를 원하세요? 보험쟁이요?』
그녀는 나의 말에 고개를 숙이고 한참 동안 묵묵히 앉아 있었다. 나도 그녀가 생각할 동안 잠잠히 기다렸다.
『저도 그런 생각을 하지 않은 것은 아니지만 선생님이 그렇게 말씀하시니 겁이 나네요.』
『사모님 당신은 신학공부까지 하셨다는 분이 하나님의 부르심을 받아 복음의 사자가 된 훌륭한 남편을 잘 도와서 더 놀랍고 귀한 주의 종이 되도록 내조해야 할 터인데, 도리어 그분을 의심하고 괴롭게 하고 깎아내려서 보험쟁이나 만들려고 하니 도대체 무슨 심사인가요? 나는 사실 사모님의 전화를 받고 두려워서 오고싶지 않았어요. 그러나 약속을 하면 반드시 지켜야 한다고 늘 생각해 왔고, 또 그렇게 살아왔기 때문에 마지못해 온 겁니다. 그런데 막상 목사님을 보고 나니 너무 마음이 아파서 울음이 터질 것 같았어요. 왜냐하면 그분이 지고 가는 짐이 너무 무거워서 쓰러지기라도 하면 어쩌나 싶어서예요. 목사님에게는 도움이 될 아내가 있는데 사모님의 상태를 보니 도움은커녕 오히려 말할 수 없이 무거운 짐만 되겠구나 하는 생각이 들었어요. 그래서 그렇다면 교회 성도들이 모두 힘을 합해 목사님을 돕고 위로하는 길밖에 다른 도리가 없겠구나 생각했지요. 그러나 사실 어느 교인이 목사님을 그렇게 돕고 위로하고 세워주겠어요? 모두 목사님의 도움과 위로를 받아야 할 교인들인데요. 그렇지 않아요? 그래서 나는 울음이 터져나올 것 같았던 거에요. 사모님! 목사님을 보험쟁이가 되도록 꾀하는 것이 누구인지 아세요?』

『마귀라는 말씀인가요?』

『그래요! 어쨌든 마귀는 예수님의 원수, 복음의 원수, 지옥의 주인인 것을 아셔야 해요.』

『그럼 저는 어떻게 해야 좋을까요 선생님!』

『문제는 사모님이「나는 불안병이 있다」고 생각하는 바로 그것이에요.「염려를 너무 해서 그렇다」고 생각하는 것이 벌써 잘못된 거라구요. 예수님은 친히「염려하지 말라」고 명령하셨어요. 사람들은 도적질이나 살인을 하면 큰 죄인으로 취급하지요. 그러나 늘 생활 속에서 염려를 습관처럼 하면서도 양심에 화인 맞은 사람들같이 죄책감마저 느끼지 못해요. 이것이 바로 문제가 되는 거에요. 하나님께서는「도적질하지 말라」「살인하지 말라」하신 것처럼「염려하지 말라」고 동일하게 금지의 명령을 내리신 거에요. 그렇기 때문에 염려하는 것은 도적질이나 살인을 하는 것과 똑같은 죄가 되는 거지요. 하나님께서「뭐뭐 하지 말라」하신 말씀에 불순종한 것이 되니까요. 사모님! 사모님은 예수님께서 하지 말라 하신 염려를 아무런 죄책감도 없이 계속 되풀이 하고 있어요. 그것은 죄성이 습관화되어 죄에 대해서 무감각해졌기 때문이지요. 그렇기 때문에 사단은 얼마든지 사모님 마음 속에 들어가 역사할 수 있어요. 사모님의 마음과 생각을 조정하여 사모님을 통해 목사님을 깎아내리려고 하는 겁니다. 더 쉽게 말하자면 사모님은 예수님이「말라」하신 염려는 도적질이나 살인을 하는 것과 똑같은 죄임에도 불구하고 매사에 염려함으로 죄를 범했어요. 그래서 염려하는 것이 습관이 되어버렸고 결국은 성격에까지 영향이 미친겁니다. 성경에는 계명 하나를 범하면 모든 계명을 다 범한 것이라고 했어요. 그러니까「말라」하신 염려를 계속 한다는 것은 살인, 도적질, 간음, 시기를 다 하는 것과 같은 뜻이 되는거지요. 사모님! 그렇게 죄악이 습관이 되어버렸으니 어떻게 누구를 도울 수 있겠어요? 이 귀하고 거룩한 하나님의 일, 복음사업을 어떻게 도울 수 있느냐 이 말입니다.』

『그럼 어떻게 하라는 말씀인가요?』

『회개해야지요. 신학공부를 하면 죄가 저절로 없어지는 줄 아세요? 천만에요. 마귀는 얼마나 염치가 없는지 예수님까지도 시험을 했어요. 왜 하나님이신 예수님이 금식을 하셔야 했고, 밤을 새워가며 기도를 하셨어야 했는지 잘 아시잖아요? 하물며 우리같이 죄 많은 인간들이야 말할 것도 없지요. 비록 하나님의 은혜로 구원받아 거듭났지만 아직 이 땅 위에 살아야 하는 고로 계속 실수하고 넘어지게 되는 거에요. 그런데, 신학공부를 했다고 회개도 안하고 결사적인 기도도 없이 어떻게 신앙을 소유하며 악의 세력과 싸워 이길 수 있겠어요. 실례의 말 같지만 나 이외에는 사모님에게 말해 줄 사람이 없는 것 같아서 주님은 나를 사모님에게 데려오신 것 같습니다. 사단은 지금도 우는 사자와 같이 삼킬 자를 찾아다니고 있고, 심지어 믿는 자들까지도 될 수만 있으면 쓰러뜨리려고 안간힘을 쓰고 있는데 이렇게 죄만 짓고 있을 수 있겠어요? 먼저 하나님께 회개하세요. 염려말라 하신 말씀을 계속 거역했고 무릎꿇는 기도의 삶을 살지 못한 것을 뉘우치고 회개하셔야 해요. 미안하지만, 사모님은 사단의 손에 쥐어져 꼼짝도 못하고 있고, 악령이 사모님을 마음대로 종 부리듯 부려먹고 있다는 것을 아셔야 해요!』

이렇게 심한 말을 했는데도 그녀는 잘 듣고 앉아 있었다. 그리고 내 말을 모두 인정하는 표정이었다. 나는 그녀가 반발하고 화를 낼 것이라고 상상하고 말을 했는데도 그녀의 태도는 너무나도 침착했다. 그녀의 외모가 아름다운 것같이 마음도 아름다워서 그런가 하는 생각이 들었고 한편 그녀가 측은하고 애처롭기 그지없었다.

『사모님! 우리 이제부터라도 잘 해봅시다. 목사의 길은 외로운 길이에요. 조금만 실수를 해도 눈과 입이 얼마나 많이 시비하고 판단하고 괴롭히는지 몰라요. 잘 하면 친구가 많고 못 하면 원수가 많아요.

하나님은 남자가 외로운 것을 보시고 남자를 도우라고 여자를 지어주셨어요. 그러니 우리 여자들은 남자를 도와야 행복해져요. 그렇지 않으면 저주밖에 없어요. 그렇기에 아내는 남편을 도와야 힘이 나고 돕지 않으면 아내도 상하고 남편도 망치게 되는거에요. 주님은 있는 자에겐 더 주시고 없는 자에게서는 있는 것까지 빼앗아 더 많은 자에게 주신다고 하셨어요. 우리가 도우면 더 힘주시고, 안 도우면 있는 힘까지 빼앗아서 잘 돕는 자에게 주신다니까요. 이제부터는 사모님이 배우신 그 지식을 가지고 돕는 일만 생각하세요. 거룩한 하나님의 사업을 돕는다는 것은 「기도」하는 것이에요. 무시로 기도하는 습관과 때때로 먹지도 마시지도 자지도 않고 필사적으로 기도하면 못 할 일이 없고 다 해결이 될 것입니다. 이러한 기도가 없으면 무능한 목회자가 될 수밖에 없어요. 참으로 기도없이 능력있는 목회자가 될 수는 절대로 없지요.』

그녀는 진지하게 잘 듣고 있었다. 물론 그녀는 그런 상식을 다 가지고 있었을 것이지만 고맙게도 순순히 너무나 아름다운 자세로 듣고 내 말을 다 받아들이는 것 같았다.

『사모님, 혹시 목사님과 여자 교인들이 또 친하게 지낸다 해도「그럴 수도 있지!」「암, 그럴 수도 있어」하고 이해하는 마음을 길러보셔요.』

그 말에도 그녀는 고개를 끄덕였다.

「그럴 수도 있지!」

이 얼마나 너그러운 말씀인가!

모든 의심과 염려가 사라질 수밖에 없지 않은가?

겟세마네 죽음의 동산에서 탄생한 그 말씀!「마음에는 원이로되 육신이 약하도다!」

## 34
# 사랑 만드는 일

이 세상에서 최고 재미있는 일은
사랑을 만드는 일이에요.

인형 만드는 기공수는
키 큰 인형, 춤추는 인형, 우는 인형, 전쟁하는 인형을 만들어요.

먹이는 사랑을 만드세요.
입히는 사랑을 만드세요.
시간 주는 사랑을 만드세요.
허물 덮는 사랑을 만드세요.

사랑을 만들면 세상은 재미있고 즐거워요.
예수님과 함께 이 사랑을 만들어요.
오손도손 의논하며 사랑을 만드세요.
그러면
만나는 사람마다 다가오는 일마다
마냥 좋고 자신이 있을거여요.

우리의 두 팔과 열 손가락, 입과 혀, 그리고 두 눈, 두 다리
생각을 담은 머리와 마음은
사랑의 도구로 쓰라고 주님이 주신 선물이에요.

나는
이 세상에 사는 동안
사랑 제조 사업에 힘쓸거에요.

## 35
# 억천 억만의 사랑

류이왕은 갓난아기 때에 부모와 함께 중국 광동에서 미국으로 이민 온 화교였다. 넉넉치 못한 경제 사정 때문에 그는 겨우 중학교를 졸업했을 뿐 그 이상의 교육을 받을 만한 여유가 없었다. 사실 학교에 다니면서도 언제나 집안일을 도와야 할 형편이었으므로 그는 아주 어려서부터 부모를 도와 하루 세끼 먹고 살아가는 일이 얼마나 힘이 드는 가를 체득할 수 있었다.

그는 어린시절부터 몸을 힘들게 움직여야 먹을 수 있고 살 수 있다는 것을 철저하게 배웠다. 비록 몸은 고달프고 힘들더라도 정직하고 친절하면 어려운 일도 쉬워지고 세상 일이 재미있다는 것도 여실히 체험하게 되었다.

그는 부모가 세탁일을 했기 때문에 어려서 배운 세탁 기술로 성공한 세탁업자였다. 그는 사업이 번창하는 대로 사방에 세탁소를 세우고 세탁 공장도 크게 세워서 세탁업계의 왕으로 유명해졌다. 그의 성공의 비결은 우선 부지런하고 정직하고 친절하고 약속을 어김없이 지키는 것이라고 한다. 이것들이 세탁업자만의 성공 비결은 아닐 것이다. 세상을 사는 우리네의 어떠한 사업이나 생활에도 해당되는 비결이 아닐 수 없다.

그런데 그는 사업도 번창했지만 자녀도 꽤 많았다. 그들 부부 사이에 아들 다섯, 딸 넷 등 모두 아홉을 낳아 길렀다. 류이는 장성한 아들들에게 큰 세탁소들을 관리하게 하고 그 수입은 마음대로 쓰게 했다. 그는 굉장한 집에 살았고, 아들들도 화려한 고급 저택에 살면서 비싼 차도 몇 대씩 굴리고 다녔다. 돈 많고, 자식 많고, 이름있는 세탁 왕에다 도대체 부러운 것이 없었다. 더 놀라운 사실은 류이가 독실한 크리스찬이라는 것이다. 주일 낮이면 아무리 큰 공장이라도 모두 쉬게 하고 일은 일체 하지 못하게 했다. 겸손하게 교회에 나가서 하나님께 감사하고 경배하고 오후에는 좋은 음식을 먹고 쉬는 것이 그의 생활방식이었다.

그러나 그렇게 행복할 무렵 그의 부인이 그만 병으로 세상을 떠나고 말았다. 온 집안은 깊은 슬픔에 잠겼다. 그러나 류이는 곧 죽은 아내를 위해 화려하고 굉장한 장례식을 치렀다. 장례식이 끝난 뒤부터 류이 영감은 허탈해지기 시작했다. 그가 다니는 교회에 장로인 친구가 한 분 있었는데 류이 영감과 무척 가까운 사이였다.

그 장로는 류이 영감이 아내와 사별한 뒤, 사는 재미와 의욕을 잃어버리는 것을 안타깝게 생각해서 새 부인을 얻게 해 주어야겠다고 마음먹었다. 믿음이 깊고 신실한 여자를 구하려고 사방에 알아보다가 텍사스 주에 있는 세계에서 가장 큰 신학교에 중공에서 탈출해 나온 노처녀 신학생들이 여럿 있다는 것을 알게 되었다.

그 신학교는 바로 우리가 다니고 있던 학교였다. 그 당시 삼천 명이 넘는 신학생 중에 외국인 학생으로는 중공에서 탈출해 나온 학생들이 제일 많았는데 여자가 네 명, 남자가 두 명 모두 여섯 명이었다. 그 가운데서 한국인은 우리 부부와 김이라는 학생뿐이었다.

중국인 학생 중에 메이임이라는 노처녀가 있었다. 그녀는 상해에 있는 여자 고등학교에서 십년간 교장으로 있으면서 이름을 날리던 교육가였다. 마흔살이 훨씬 넘은 메이는 얼굴이 사자형이었고 골격이 컸으며 피부도 거칠어 남자 같은 인상을 주었지만 마음은 넓고 착했으며 늘 성실했다.

메이는 우리 부부를 몹시 좋아했다. 우리도 그녀를 사랑했고 아주 절친한 친구가 되었다. 그녀는 상해에서 빠져 나올 때 아무것도 가지고 나오지 않았으므로 신학교에서 힘들게 일을 해야 했다. 또 그녀의 오른쪽 눈은 겉보기에는 멀쩡했으나 사실은 시력을 잃은 상태였으므로 아무것도 볼 수 없어 한 눈으로만 일을 해야 했다. 그녀는 매일 강의가 끝나면 도서실 지하에서 주로 낡은 책을 골라내어 깨끗이 수리하는 일을 했는데, 한쪽 눈에만 의지한 채 해야 했다.

그녀에게는 우리 집에 오는 것이 가장 즐겁고 기쁜 일이었다. 그런데 우리는 공부 때문에 주중에는 전혀 시간이 없었고 금요일 오후부터 월요일까지는 집회 때문에 여행중이어서 늘 집을 비웠다. 그런 우리를 메이는 기다리고 있다가 집에 돌아오면 맛있는 중국 요리를 정성껏 만들어서 배부르게 해주어 너무나도 기뻤다. 때로는 계란을 삶아 문 밖에 놓고 가기도 했고 그 없는 돈으로 뭔가를 사가지고 와서 우리를 기쁘게 해주려고 애를 썼다. 우리만 보면 마음이 기쁘고 우리가 집에 없을 때는 언제 돌아오나 하고 기다리는 것이 그의 일이라고 했다. 우리도 메이를 사랑했고 아꼈으며 서로 안보면 못 견디는 사이가 되었다.

그런데 어느날, 그녀는 심각한 얼굴로 우리를 찾아왔다.

『나 아무래도 결혼할 것 같아요.』

『뭐라구?』

너무 갑작스런 말이라 믿어지지 않았지만 그녀의 표정을 보니 농담은 아닌 것 같아 속으로 저으기 놀랐다.

『정말?』

『정말이래두요.』

『누구하고? 어떤 분이야? 중국사람?』

『예, 중국 영감이라는데. 글쎄…』

『영감이면 어때, 의지하고 친구같이 오손도손 살면 좋지 뭘!』

『중국인 재벌인 모양인데 신망도 있다니까 기도도 해보고 생각도 좀 해봐야겠어요.』

이런 말을 한 지 얼마되지 않아 그녀는 결혼을 하기로 하고 로스앤젤레스로 떠나갔다.

그후, 우리는 학교를 졸업하고 미국 국내 선교사로 임명되어 로스앤젤레스로 오게 됐다. 그곳에 오자마자 메이임과 급히 연락을 취해서 만나게 됐다. 그녀의 집은 부자들만 사는 동네에서도 손꼽힐 정도로 크고 웅장해서 우리는 집에 들어서면서도 꿈을 꾸고 있는 것이 아닌가 했다. 너무 화려해서 말문이 막힐 지경이었다. 메이는 우리를 만나자 어쩔 줄 몰라 했고 남편인 류이 영감도 친절하게 우리를 맞아 주었다.

류이의 인상도 좋아보였다. 우리는 그들이 준비한 중국 최고의 음식을 먹으며 지난 날의 이야기와 류이 영감 집안의 일들을 들으면서 매우 즐겁고 유쾌한 시간을 보냈다. 아직 거처가 마련되어 있지 않았던 우리 부부는 한동안 그집에 머물면서 있을 곳을 찾아 다녔고, 마침내 교회를 시작할 수 있는 장소를 구해 이사를 했다. 그곳이 처음이라 아는 사람이 없어서 우선 우리 둘이서 예배를 드릴 수밖에 없었다. 메이는 그릇이나 쌀, 고기 그 외에 필요한 것들을 많이 사다 주었다. 또 집안에 행사가 있을 때면 꼭 우리를 초청해 귀빈같이 대해 주고 푸짐한 선물도 안겨 주었다. 우리는 시간이 나는 대로 자주 만나 많은 이야기를 나눴고 류이 영감에 대해서도 자세히 듣고 알게 되었다. 메이는 류이의 가족을 자랑스러워 했다.

한번은 집으로 놀러 갔더니 그녀의 표정이 좋지 않았다.

『메이, 걱정이 있어 보이는데 무슨 일이 있어요?』

『지난 주에 큰 아들이 라스베가스의 투전판에서 현금으로 50,000불을 다 잃고 왔다는군요. 며칠 동안 번 돈을 은행에 넣지 않고 가지고 있다가 라스베가스에 가서 다 잃고 왔다는거예요.』

『저런!』

『이런 일이 내가 시집와서 벌써 세번째예요.』

큰 아들은 겉으로 보기에는 신사 같았고 이치에도 밝아보였는데 아마 노름을 좋아했던 모양이다.

『또 둘째는 사업은 되든지 말든지 돌아보지도 않고 새 자동차만 사들이는거예요.』

그녀의 불평은 계속됐다.

『아들들이나 사위들, 딸들, 며느리들 모두 마음씨가 곱고 착하지만 돈 귀한 줄 모르고 사치와 낭비만 하고 있으니 기가 막힐 수밖에요!』

류이 영감이 옆에서 듣고 있다가 난처한 상황을 피하려는듯 메이는 이런 부자 집으로 시집을 와서도 계속 일을 하고 있다고 감탄인지 농담인지 웃으면서 큰소리로 말했다.

『메이는 지금도 매일 종업원들보다 더 일을 많이 한답니다.』

『그래요 메이?』

우리의 화제는 자연스럽게 바뀌었다.

『일할 힘이 있는데 왜 놀고 있겠어요. 아무것도 하지 않고 논다는 것은 오히려 고되고 힘들어요. 난 일을 안하곤 못 살겠어요. 하나님께서도 일하기 싫으면 먹지도 말라 하지 않으셨어요?』

『그럼! 메이 말이 맞아요. 그래서 나도 메이처럼 열심히 일을 한답니다.』

류이 영감은 은근히 자랑조로 말했다. 그는 내 남편을 붙들어 놓고 자신이 어떻게 재벌이 됐고, 바쁜중에도 시간을 내서 낚시를 간다, 교회 일들도 또한 열심히 한다, 등등 하며 자랑 겸 설명으로 입에 침이 말랐다.

『저분은 저렇게 이야기하는 걸 좋아해요. 더욱이 김 목사님을 끔찍이 좋아해서 한번 붙잡으면 시간가는 줄도 모르죠.』

흐뭇한 표정으로 그들의 모습을 지켜본 메이는 내 손을 붙잡고 자기의 침실로 데리고 갔다.

침실은 무척 넓었고 사방으로 고급 가구들이 장식되어 있어 마치 여왕의 침실에 들어온 듯한 착각을 불러일으켰다. 침대도 최고급이었고 장식도 아주 대단했다. 또 그녀는 자랑스러운듯이 보석함을 열어 보였는데 그 속에는 각종 보석들이 눈부시게 번쩍이고 있었다. 그중 금강석 반지를 열 손가락에 다 끼고는 손을 들어 보이면서

『에스더(내 영어 이름)! 나는 옛날에 금강석 반지를 낀 사람은 뭔가 딴 세상 사람같다고 생각한 적이 있어요. 특별한 사람만 끼는 것으로 알았죠. 재벌이나 유명한 사람들…, 그런데 그런 금강석 반지가 내게 열 개나 있어 열 손가락에 다 낄 수 있으니…. 그뿐 아니라 이 비취 반지, 사파이어 반지, 이게 모두 웬일이에요!』

그녀의 얼굴은 황홀감에 젖어 있었다.

『나는 지금도 열심히 공장에 나가서 일을 하는데 그 번 돈으로 모두 반지만 사요. 반지 사는 것이 여간 재미있지 않아요. 그래서 이제는 취미가 돼버렸답니다.』

나는 그녀의 얼굴을 가만히 쳐다 보면서 지난날 신학교 지하실에서 낡은 책을 수리하느라 보이지 않는 눈을 껌뻑이며 힘들게 일하던 모습을 연상하지 않을 수 없었다. 그런 메이가 이렇게 재벌의 부인이 되어 금강석 반지를 마음대로 사고, 고대 왕실 같은 집에서 살지 누가 짐작이나 했을까?

사실 그리고 보니 내 처지도 생각해 보지 않을 수 없었다. 그 감옥, 평양 형무소의 좁은 감방에서 변소를 옆에 놓고 여러 죄수들과 머리를 맞대며 지냈던 일, 자도 배고팠고 깨어 있어도 배고팠으며 일본 여자

간수들의 그 아니꼬운 눈초리와 감시는 또 어찌나 살벌했는가? 감방 안이 너무도 추워 그저 따뜻한 물 한잔을 그렇게도 그리워했던 내가 이제는 이 넓고 복된 미국 땅에 와서 자동차를 몰고다니며 훌륭하고 잘생긴 남편과 미국 여러 교회의 초청을 받아 다니면서 사랑과 찬사를 한몸에 받고 있으니…. 또 먹고 싶은 것 다 먹고, 입고 싶은 옷 다 입고, 가고 싶은 곳 다 가고, 하고 싶은 일 다 하고, 주고 싶은 사랑 다 주고, 무엇보다도 내 사랑의 극치인 예수님을 자랑하고 섬기고 전하는 선교사가 되었다는 것이 메이의 보석에 비할 수 없는 엄청난 축복이라는 사실에 갑자기 내 마음이 뭉클해졌다.

『죠이스와 데이빗만 빨리 결혼해서 나가면 내겐 이 세상이 천국이라구요.』

이 집 막내딸과 막내아들은 아직 대학에 다니는 학생이었다. 그러나 집이 워낙 크고 방이 많아서 그들과 부딪친 적도 없고 어느 방에 있는지도 모를 정도였다.

『왜, 죠이스나 데이빗이 새엄마를 안 좋아 하나보지?』

『그런 것은 아니지만 아무래도 내가 난 자식들이 아닌데다가 다 자란 대학생들이어서 어디 내가 어머니 같겠어요? 피차 거리감만 느낄 뿐이죠.』

『죠이스나 데이빗은 자기 아버지를 닮아 성품이 좋아보이던데.』

『그럼요. 좋은 성품을 갖고 말고요. 좋은 아이들이지요. 그런데다 자란 후에 내가 들어와서 그런지 사실 나도 그렇고 애들도 내가 엄마라는 생각이 안드는 모양이에요.』

『그럴 수도 있겠지!』

『류이가 나보고 뭐라는지 아세요?』

『뭐라는데?』

『아이를 낳아 길러봐야 사랑이라는 걸 할 줄 안대요. 그런 경험이 없으면 사랑을 할 줄 모른다는 거에요. 그러니까 사랑을 알기는 해도 할 줄은 모른다는 거죠.』

『그거 일리가 있는 말 같은데.』

메이는 또다른 둘만의 고충을 내게 털어놓았다.

『어떤 때는 난 류이 말을 알아 듣지 못하고, 류이도 내 말을 알아 듣지 못해 딱할 때가 많아요.』

이 두 사람은 같은 중국인인데도 말이 통하지 않아 영어를 쓰다보니 더 통하지 않을 때가 있다는 것이다. 류이는 관동 지방의 말을 하고 메이는 상해의 표준어를 말하기 때문이었고, 더욱이 류이는 부모님들에게서 쉬운 중국어만 배운데다가 그것도 사업상 필요할 때만 사용해 메이의 말과 많이 달라 영어로 대화를 할 수밖에 없었던 것이다.
메이의 말은 계속됐다.
『류이는 자식들이 크게 잘못했어도 따지거나 야단치는 일이 없어요. 내가 좀 불평을 하면 류이는 뭐라는지 아세요?』
『뭐라는데?』
『우리는 예수님을 믿으니까 하나님을 닮아야 한대요.』
『하나님을 닮으라고?』
『하나님은 우리가 잘못했어도 꼬치꼬치 따지거나 야단치지 않으시고 가만히 두고 보시지 않느냐는거예요 글쎄!』
그 말에 나도 동감이 갔다.
『잘하려고 했는데도 경우와 처지에 따라 일을 해놓고 보니 틀리고 잘못될 수도 많지 않느냐는거에요. 그러니까 잘못해도 내버려두면 언젠가는 제대로 한다는거지요.』
『그럴 수도 있겠지.』
『류이는 아들들이 하룻밤에 집 한채씩 날려보내도 나무라기는커녕 한마디도 입 밖에 내지 않는거에요. 그러면서 밤에는 잠도 못 이루고 괴로워하며 혼자 고민하고 있어요.』
『저런!』
『그래서 내가 뭐라고 하면 으레, 우린 예수를 믿으니 하나님을 닮아야 한대요. 하나님은 우리가 잘못할 때 일일이 책임을 묻거나 나무라지 않으시고 보시기만 하는 것같이 우리도 자식들이 잘못할 때 맘이 아프고 안타까워 잠을 이루지 못할망정, 꼬치꼬치 따지거나 나무라는 것이 아니래요.』
그날, 우리는 류이 영감이 가장 좋아하는 중국 요리집에 함께 가서 그가 제일 즐겨 먹는다는 특별한 음식으로 푸짐하게 대접을 받았다. 식탁에 나오는 요리는 생전 처음 보는 해산물 요리였는데 정말 별미였다.
나는 음식을 먹으면서 류이를 유심히 살펴보았다.

「예수를 믿으니 하나님을 닮아라. 하나님은 잘못을 일일이 캐고 야단치지 않으시지 않으냐?」
「아이를 낳아서 길러봐야 사랑을 할 줄 안다.」
 나는 집으로 돌아오는 길에 깊은 생각에 잠겼다. 운전하는 남편이 뭐라고 했는데도 내 귀에는 들려오지 않을 만큼 난 메이가 말했던 류이의 말이 머릿속에 가득했다. 눈을 들어 하늘을 보니 별들이 보였다. 온 시가지가 휘황찬란해서 작은 별들은 보이지 않았지만 그래도 하늘에는 무수한 별들이 떠있었다.
 하늘의 별같이, 바닷가의 모래같이 수많은 자녀를 세상에 보내신 하나님은 얼마나 사랑이 많으실까!
 그 보내신 인간들이 아무리 큰 잘못을 해도 일일이 따지거나 때리시거나 야단치지 않으시고 그냥 보시기만 하고 기다리시는 하나님, 죄만 짓는 우리들을 여전히 지키시고 보호해 주시는 하나님의 그 사랑이 내 가슴에 부딪쳐 왔다.
 이 수없이 많은 인간들이 류이 영감의 아들들처럼 저 좋은 대로 자기 비위에 맞는 대로 행동하여 상하고 터져서 아버지를 잠 못 이루게 하는 것같이, 우리 인간들도 얼마나 고약하게 아버지 하나님의 뜻을 거스르며 살고 있는가? 심지어는 머리가 마비 상태에 빠져서는 아들을 보내신 하나님을 저버리고 그분을 무시한 채 알려고도 하지 않고, 알아도 무관심하게 행동하며 계속 살고 있지 않은가?
 아이를 낳아 길러봐야 참 사랑을 알고 할 줄도 안다고? 한 아이를 낳아 기르면 한 아이 사랑만큼일까? 류이 영감은 아홉 아이를 길렀으니 사랑이 아홉 배나 많다는 걸거다.
 예전에 오클라호마 레이혼의 시골집에 초대받아 갔을 때의 일이 생각났다. 우리를 초대해 준 확스씨 댁에는 아이들이 스물 넷이나 있었다. 그래서 난 혹시 이 집에서 유아원을 하고 있는 것은 아닌가 했는데, 알고 보니 모두 그 부인이 낳은 아이라고 했다. 연년생으로 쌍둥이를 몇 번씩이나 낳았기 때문에 그렇게 많아진 것이라고 하였다.
 나는 놀라서 물어보았다.
『이렇게 많은 아이들, 더욱이 모두 비슷비슷한 아이들 속에서 누가 누군지, 무엇을 했는지 어떻게 알지요?』
 그때 그 부인이 했던 말이 아직도 내 귀에 생생하게 들려온다.

『아이들은 다 다르지요. 생김새도 다르고 마음씨도 행동도 음성도 취미도 감정도 모두 다르답니다. 그러나 다른 사람은 몰라도 전 그애들을 낳아서 길렀기 때문에 하나하나에 대해서 잘 알뿐더러 판단도 틀린 적이 없지요.』

그럴 것이다.

하나님은 우리 하나하나를 각자의 부모를 통해 낳으셨으니 개개인에 대해 모르시는 것이 없을 것이다.

확스 부인은 아이를 스물 넷이나 낳아 길러서인지 사랑이 철철 넘치는듯했다. 류이 영감도 아이를 아홉이나 낳아 길렀으니 사랑이 많으리라.

하나님은 이 많은 사람들을 낳아 기르시니 그 사랑이 얼마나 크실까?

온 우주에 사는 몇십억의 사람들, 그전에 있던 사람들, 또 태어나는 사람들…

그래서 그분은 사랑의 본체이시고 사랑의 본질이시구나. 아! 그분의 사랑은 그래서 크고 크신 것이구나.

그 증거가 그의 아들 독생자를 보내신 것이다. 하나님은 참고 참으시다가 인간 모두가 마귀에게 잡혀 멸망하는 것을 더 보실 수가 없어서 그 아들을 이 땅에 보내 죄값을 치르게 하셨던 것이다.

전 인류의 죄값을 치르기 위해 자기 자신을 단번의 죽음으로 희생시켜 우리를 대속하시고 부활하신 것이었구나!

거친 십자가의 형틀에서 손과 발을 녹슨 대못에 박힌 채 매어 달리신 하나님 그분을 내 눈은 이제도 확실히 보고 있으니 아! 이 아픈 가슴이여!

내 죄가 그렇게도 무서운 것이었구나. 사람들이 의식없이, 함부로, 제멋대로 살아온 죄상이 얼마나 무시무시하고 잔인한 것인가.

내가 함부로 던지는 말
내 맘대로 하는 행동
내 멋대로 나 하고 싶은 대로 산 삶이
그렇게도 참혹하고 잔인하며 무서운 일들이었던가!

소름이 끼치고 피가 마르고 뼈가 뒤틀리는 그 아픔 앞에 난 내 죄를
더 이상 감추고 핑계댈 수도 미룰 수도 없었다.

죽음을 이기시고 다시 살아나신
예수님을 뵈오니
온 세상은 환해지고 밝았습니다.
억천 억만의 숫자로 헤아려질 주님의 사랑은 억천 억만 년 영원무궁
하실 것입니다.

갑자기 가슴이 부풀어 오르고 눈물이 눈에서 쏟아졌다.

성령이 계시네
할렐루야 함께 하시네
좁은 길을 걸으며
밤낮 기뻐하는 것
성령님이 내게 함께 함이라

우렁차고 높은 소프라노가 터져나왔다. 성령님이 내 속에 계시지
않고서야 어떻게 이런 폭포수 같은 감격과 깨달음 또 이 우렁찬 찬송
이 쏟아져 나올 수 있겠는가?
옆에서 운전을 하고 있는 남편은 내가 속으로 생각하고 있는 것을
아는지 모르는지 자연스럽게 내 찬송에 맞춰 베이스로 합세해 준다.
우리의 찬송이 너무 아름다워 이 지상에서 우리가 가장 훌륭한 음악가
들이 아닌가 하는 생각이 들었다.
억천 억만의 사랑의 본체에 달려 있는 우리는 적어도 그의 사랑을
억만 분의 일이라도 물려 받았을 것이다. 왜냐하면 그 이름, 죽으시고
부활하신 그 권능의 이름 예수 그리스도의 사역자니 말이다. 할렐루
야!

## 36
## 마음

마음은 참 이상해요.
마음은 보이지 않지만 알 수 있어요.
어떤 사람은 마음이 얕아요.
깊이가 없어서 언제나 드러나 있어요.
어떤 사람은 마음이 깊어요.
애써서 보려고 해도 볼 수 없어요.
마음이 얕은 사람은 말이 빨리 나와요.
마음이 깊은 사람은 말을 조심스럽게 해요.
그 사람의 말을 들어보면
마음이 환해져요.
말이 나오는 대로 하는 사람을 보았나요?
옛날 어른들이 말했지요.
입에 말이 붙어있는 사람은
활 나간다 총 나간다 지껄인다구요.
이런 사람은 마음이 얕은 것이 아니라
마음이 없는 것이에요.
마음이 얕으면 그속에 아무것도 없지만
마음이 깊으면 그속에 마르지 않는 샘물이 있어요.
그 샘물은 언제나 흐르고 넘치지요.

# 37
# 기쁜 일

세상에 태어나 살아가는 동안 누리는
가장 큰 기쁨은 무엇일까요?
보는 일이에요.
무엇을 보는 일인가요?
죄인이 변화되는 것을 보는거지요.
죄인이 어떻게 변화되나요?
의인으로 변화되지요.
어떻게 의인이 되나요?
죄속에 살면서 죄와 더불어 먹고 마시고
죄가 은사요, 꿈이요, 습관이요, 왕이 된 사람이
죄의 탈을 벗고 어느새 변하고
점점 달라져 완전히 탈바꿈하는거예요.
죄가 싫어지고 미워지고 원수가 되지요.
겸손하고 지혜로우며 온유하게 되고
모습도 아름답고 깨끗하지요.
행동이 고상하고 의젓해요.

이 세상에 볼 것이 아무리 많다 해도
이보다 더 보고 싶은 것이 있을까요?

## 38
## 보험

목마르다, 목말라 하며 갈증을 느낄 때
소금물을 들이키면 목이 타지요.
배고프다, 배고파 허덕일 때
아무리 많은 잿물을 삼킨다 해도
배고픈 고통을 해결할 수 없어요.
목마르면 생수를 마셔야 하고
배고프면 밥을 먹어야지요.
예수님 아닌 물은 모두 다 소금물이요
예수님 아닌 떡은 모두 다 잿물이지요.
역사는 가고 오고 되풀이하면서
이 진리를 참이라 증거하지요.
내가 세상에 태어나서 오래 살았다 하지만
얻은 것은 오직 이 진리뿐
이 진리만이 참이라고 증거하는 증인이 되었지요.
충실하고 진지한 참 증인 말이오.

# 39
# 편지사건

『사모님, 제가 전화상으로 긴 이야기를 해도 괜찮을까요?』
『장거리 전화인데 이야기를 얼마나 길게 할 수 있겠습니까?』
『사모님, 시간이 허락치 않으세요?』
『아니, 나는 전화가 길어도 상관없지만 전화비가 너무 많이 들지 않을까요?』
『사모님이 계신 곳으로 찾아가는 것보다는 전화드리는 것이 훨씬 적게 들어요. 그점은 염려마시고 제 이야기가 좀 길어도 들어주시기만 한다면 저는 참 감사하겠습니다.』
어떤 사연이 있는지 모르지만 나는 호기심을 가지고 귀를 기울였다.
『저희 집안은 삼대째 내려온 보수적인 기독교 가정이에요. 저는 조상 때부터 핍박을 받으면서 믿음을 지켜온 집안의 딸이기도 하구요. 그런데 제게 문제가 생겨서 생각 끝에 목사님에게 말씀드렸어요. 목사님이 잘 가르쳐 주셔서 거의 문제가 해결된 것으로 알았는데, 다시 그 문제가 커지게 되었어요. 또 목사님께 말씀드리기가 민망스럽고 부끄럽기도 해서 사모님을 찾은거예요. 사모님은 저를 잘 모르시겠지만 저는 사모님 집회에 몇번 참석해서 사모님을 잘 알기 때문에 이렇게 전화드리는거예요. 사모님! 귀찮으시더라도 제 사정 이야기를 들어주시고 저를 도와주시면 정말 감사하겠어요.』
『그러한 문제를 도와주시는 분은 오직 하나님뿐이십니다. 저는 부족하지만 여하튼 어떠한 일인지 말씀해보세요.』
『저는 미국에 있는 학생인데요, 칠년 전에 이곳에 유학왔어요. 물론 교회에 빠짐없이 나가서 예배드리고 아무리 시험 때여서 바빠도 주일은 빠지지 않고 꼭 지키는 습관을 지니면서 지금까지 지내왔어요. 그런 저를 목사님과 사모님은 사랑해 주셨고 교인들까지도 지나칠 정도로 사랑해 주었어요.』

『그래야지요. 신앙을 지켜온 사람으로 마땅히 그래야지요.』

『그런데, 대학에서 한국 유학생을 알게 되었어요. 그를 주님께로 인도하려고 애쓰다 보니 어느새 가까워져서 연애를 하게 되었어요. 물론 같이 교회에도 나갔고 또 모든 교인들은 우리 둘이 얼마나 가까운 사이인가를 눈치채고 있었어요. 그리고 나는 집에도 편지를 써서 유학생을 만나게 되어, 그를 전도하고 또 가까운 사이가 되었다는 사연을 알려드릴 만큼이나 되었어요. 그런데 한번은 그 사람이 비오는 밤 꽤 늦은 시간에 날 찾아왔어요. 외롭고 보고 싶은 마음을 견딜 수 없어서 왔다면서 문을 열어달라고 애원하는거예요. 저는 가정교육을 엄히 받아왔기 때문에 결혼도 약혼도 안 한 것을 생각하고 비록 그를 좋아하고 사랑했지만 오늘은 돌아가고 내일 만나자고 하면서 문을 열어주지 않았어요. 그런데 그는 돌아가려고 하질 않고 한번 얼굴만 보면 그뿐이니 문을 열어달라는 것이었어요. 비는 내리고 밤은 깊은데 동네 사람들에게 방해될까 두려워서 하는 수 없이 열어주었어요. 그런데 그는 들어오자마자 저를 끌어안고 놓아주질 않는거예요. 그의 갑작스런 행동에 저는 너무 놀라서「이것봐요. 놔요. 이런 일은 결혼식을 올린 후에나 있을 일이잖아요. 지금 왜 이러는거예요」하고 힘껏 밀쳐버렸어요. 그랬더니 그는 오히려 눈이 벌개가지고 짐승같이 덤벼드는 것이었어요. 저는 마구 소리를 질렀어요. 「난 그런 사람은 싫어요! 싫어요!」그랬더니 그는 화를 내면서 밖으로 나가버렸어요. 그 후에 그는 저에게 전화도 하지 않고 물론 교회에도 나오지 않고 학교에서도 저를 만나러 오지 않았어요. 사실 저는 그날 밤 그의 행동이 너무 무서워서 그에게 완강한 언사와 태도를 취했지만 시간이 갈수록 그 사람이 그리워지고 제 마음은 답답해져만 갔어요. 제가 잘못한 것은 아니지만 그를 화나게 한 것만은 분명하고 또 교회에 나오지 않는 것이 마음에 걸려, 하는 수 없이 그에게 전화를 걸었어요. 그러나 그의 음성은 얼음장같이 차가웠고 또 저를 마구 비꼬면서「예수믿는 사람인데 물론 천사 같아야지, 그래, 사람의 행동이 다 동물 같다고?」

하면서 제게 기분 나쁜 소리를 늘어놓았어요. 그리고는 전화를 끊어 버렸어요. 그 후에 그는 보란듯이 미국 여학생과 친해져서 희희낙락 하는 모습을 일부러 제게 보여주는 것이었어요. 저는 그 꼴이 보기 싫어서 언제나 모르는 척했지만 정말 기분이 상해서 견딜 수 없었어요. 우리 목사님과 사모님은 이 모든 일을 아시고 저를 위로해 주시고 또 여간 힘이 되어주신 것이 아니었어요. 「그런 나쁜 학생이 너를 버린 것은 참으로 다행한 일이지 불행한 일은 아니니까 하나님께 감사하라」면서 여러 말로 일러주셨어요. 「시간이 약이야. 시간이 지나가면 다 알게 되고 또 다 잊어버리게 되니까 이럴 때일수록 더욱 주님께 가까워지고 더 열심히 공부해라」고 하시기에 어려웠지만 그래도 노력했어요. 그러다가 교회에서 본래부터 잘 알고 지내던 청년과 가까워졌어요. 알고 보니 그는 신앙이 좋은 사람이었고 앞으로도 전적으로 헌신해서 주님의 종이 되고 싶어하는 분이기도 했어요. 그후 제가 대학을 졸업하게 되어 그분과 약혼하고 앞으로 결혼을 계획하고 있었답니다.

그런데 먼저 사귀었던 그 나쁜 사람이 저를 찾아왔어요. 그리고 그는 제가 약혼한 것을 알아내고는 자기가 제게 무슨 권리나 있는 것같이 행뽕하는거예요. 제가 급히 일어나 뒷문으로 도망해 나와 버리니까 하는 수 없이 집에 돌아갔지만 그 후에 또 나를 찾아왔어요. 그래서 나는 목사님댁에서 숨어 사는데 어느날 제 이름 앞으로 편지가 왔어요. 그 사람의 편지였어요. 뜯어보니 어처구니없게도 「너는 내 것이다. 그 증거가 있다. 피검사를 해보자」고 하면서 예수교를 욕하고 목사님을 위선자라느니 무식하다느니 하면서 마구 욕하는 글이었어요. 저는 너무 떨려서 어떻게 해야 할지 몰랐어요. 그렇다고 이 편지를 목사님께 보여드릴 수도 없었어요. 목사님 욕을 그렇게 했으니 말이에요. 그런데 요사이 서울에 사는 제 친구가 보내준 사모님의 책을 읽던 중이어서 갑자기 사모님 생각을 하게 되었고 전화하고 싶은 마음이 들었어요.」

『그 편지, 가지고 있어요.』

『네, 그 편지 찢어 버리고 불태워 버려야겠지요. 사모님?』

『아니, 그럴 필요 없어요.』

『왜요?』

*39*. 편지사건 **197**

『그 편지를 성전 예배드리는 곳 말입니다, 거기 가지고 가서 쫘악 펼쳐놓고 하나님께 기도하세요. 그 편지를 주님보고 읽어보시라고 하면서 도와달라고 간절히 기도하세요. 세상에는 악마들이 주님의 자녀를 그렇게 능욕하고 모해하고 넘어뜨리고 망쳐놓으려고 갖은 악언과 허언을 하는 것이 예사니까요. 성경에도 히스기야 왕이 산헤립이라는 앗수르 왕에게 당한 일이 기록되어 있지요. 그 왕으로부터 협박과 능욕당하는 편지를 받게 된 히스기야 왕은 그 편지를 성전에 가지고 가서 주님 앞에 펼쳐놓고 도와달라고 하지 않았습니까?』

『네, 그랬어요. 잘 알아요.』

『그랬을 때 주님이 히스기야를 도와주셔서 히스기야 왕이 도저히 이길 수 없는 앗수르 군대가 갑자기 자멸하게 되었고 당황한 그 왕이 집으로 도망갔지만 아들에게 살해당했지요?』

『네, 그랬어요.』

『그리고 히스기야 왕은 주님으로부터 도움받은 것을 크게 감사하고 찬송했지요.』

『네, 그랬어요.』

『나 역시 그런 체험을 했다구요.』

『그래요 사모님? 언제요?』

『내가 감옥에 있을 때였어요. 나보고 신사참배하면 도와주겠다고 해도 말을 듣지 않으니까 다음에는 신사참배하겠다고 약속하면 감옥에서 놓아준대요.「나는 하지 않을 일을 약속할 수 없다」고 했더니 그 다음엔 무슨 일이 일어났는지 아세요?』

『저는「죽으면 죽으리라」는 책을 두번이나 읽었는데도 금방 기억이 나질 않아요.』

『일본황제가 전국에 있는 도지사를 불러가지고 소위 회의라는 걸 했는데 그 회의에서 다가오는 신사참배 날에 전국에 싸이렌을 울려 모든 사람, 특히 식민지사람을 신상 앞에서 절하도록 시킨다는거예요. 학교나 공공기관은 물론이고 일반사람으로부터 병원과 감옥에 있는 사람들까지라도 모두 다 강제로 절하게 하려는거죠. 만일 그날 거부하는 사람은 어떠한 고문을 해서라도 반드시 절하게 할 것이며 일본은 그 신사 귀신들의 힘으로 전쟁을 이기겠다는 회의였어요. 그러한 내용이 일본 유명신문에 난 것을 보고 나를 도와주던 일본 간수인 히가시 상이 알려주었어요. 그래서 나는 히스기야 왕이 한 것과 똑같이 주님이 읽어보시라고 그 신문을 펼쳐놓고 도와달라고 기도했어요.』

『네. 이제 기억나요. 사모님 기억이 나요.』

『그래. 어떻게 되었지요.』

『돌아오던 도지사들이 빨리 오려고 비행기 타고 바다를 건너다가 미국 전투기의 습격을 받아 비행기와 함께 한꺼번에 바다에 떨어져 다 죽었어요.』

『당신, 공부 참 잘했겠어요. 그렇게 내 책의 내용을 잘 기억하고 있으니 말이에요.』

『사모님, 저는 그 부분을 읽을 때 얼마나 마음 조리고 숨이 찼는데요. 그리고 그 이야기를 하고 또 하고 몇 번이나 했는데요.』

『아, 그랬군요! 고마워요. 주님의 자녀를 해하는 일은 참 위험한 일인데 세상권세나 힘은 그것을 인정하지 않는 것 같아요. 또 우리 믿는 사람들은 자기 지혜나 힘만으로는 이 세상 힘에 대항할 수 없지 않겠어요? 그러니까 성경을 열심히 읽어서 구석구석까지 훤하게 알아야지만 무슨 일이 있든지 대비할 수 있어요. 성경에 기록된 일을 경험삼아 큰 시험이 올 때 견디어냈고 마귀의 궤교에 빠지지 않는다는 것을 나는 절실하게 체험하면서 살아왔어요. 자매님도 이번 기회를 통해 그렇게 살도록 한번 결단을 내려보세요. 굉장한 축복이랍니다.』

『네, 잘 알았어요. 생각해보니 제가 사모님께 전화한 것이 주님이 주신 지혜로운 행동이었던 것 같네요.』

## 40
## 달라요

「이럴 수가 있나」하는 사람에게는
분한 일만 계속되고
「그럴 수도 있지요」하는 사람은
마음이 평안해서 건강하구요,
「왜, 왜?」하는 사람은
친구가 없고
「옳지요」, 「그럼요」하는 사람은
많은 친구들과 오래오래 사귀지요.
「두고 보자」하는 사람한테는
한번도 좋은 일이 없고
「아침은 온다」 바라는 사람한테는
평안과 존경과 기쁨이 와요.

똑같은 정을 가진 사람들이라도
생각과 말과 삶은 영 달라요.
어떤 이는 불안과 불평과 불행 속에 살고
어떤 이는 평안과 감사와 행복으로 살아요.
어떤 이는 저주와 어둠과 지옥으로 달리고
어떤 이는 천국 보험에 들어 자신있게 걸어가요.
예수님을 모신 이와 모시지 않은 이는 달라요.

## 41
## 떠날 때

사랑하며 떠나리라
화목하며 떠나리라
기뻐하고 감사하며 떠나리라
감격하며 즐겁게 떠나리라
이 땅에 와서 사는 동안
이 땅은 나를 먹여주고
좋은 것으로 입혀주고
즐겁고 기쁜 것으로 좋게 해주었으니
떠날 때 두고 갈 것이 무엇일꼬?
오!
이 땅은 내게 그렇게도 후했어라
그렇게도 풍성하며
내게 주지 않은 것 없으니
무엇이든 누렸어라
이 땅은 후하고 너그럽고 귀하고 찬란하게
내게 먹여주고 입혀주고 안겨주고
누리게 하고 쓰게 하고
내 길고 긴 인생을 가득하게 채워 주었으니
나는 이 땅을 위해 무엇을 주고 갈꼬.
오염시킬 죄를 주지 않았으니 다행이라오.
이 몸이 땅속에 묻힐지라도
놀라지 마오.
나팔 소리에 다시 일어나리니.

## 42
# 마리나

　마리나는 열두살 먹었을 때부터 청소부로 멕시코와 미국을 오가면서 돈을 벌었다. 어렸을 때부터 배운 기술이라 청소하는 데는 비상한 재주가 있었다. 그녀는 얼굴도 예쁜데다가 말하는 소리는 꼭 꾀꼬리 같았다.
　일단 마리나에게 청소시켜 본 사람이면 꼭 그녀를 다시 불렀기 때문에 고객이 많아졌고 또 아는 사람도 적잖이 되었다.
　마리나가 열여덟되던 해 어떤 미국 청년이 그녀를 몹시 좋아해서 결혼했지만 남편이 별다른 기술이 없었기 때문에 가난한 살림을 하면서 살 수밖에 없었다. 그 사람들은 우리가 사는 이웃 아파트에 살고 있어서 만날 때마다 인사를 나누는 사이가 되었는데, 나는 그녀의 음성에 매력을 느껴서 이야기를 한참씩 하곤 했다.
　어느날부터인지 그녀는 매일 한가롭게 뒷마당에 나와 앉아 있었다. 그래서 나는 그녀의 목소리를 듣는 것이 좋아서 말을 건넸다.
　『마리나, 웬일이지? 요즘엔 일을 안 가는 모양인데.』
　『네, 어떻게 된 셈인지 일자리가 한꺼번에 다 없어졌어요. 김 부인.』
　『없어지다니?』
　『한 집은 십오년간이나 다니면서 일해 주었는데 집 주인이 돌아가셔서 더이상 내가 필요치 않고요, 또 한 집은 몽땅 동쪽으로 이사를 가버렸어요, 김 부인!』
　그러더니 이야기를 더 하고 싶은듯 내게 가까이 다가왔다.
　나는 그녀가 비상한 청소 솜씨를 가졌다는 이야기를 그녀의 남편에게서 몇번인가 들었다. 그랬기 때문에 나는 마리나에게 나를 도와달라고 할 맘이 생겼다.
 『마리나, 나를 좀 도와줄 수 있겠소?』
 그녀는 몹시 기쁜 얼굴을 하면서 그 아름다운 음성으로 말했다.
 『그러믄요, 청소일 말씀이지요?』
 『그래요.』
 그때부터 그녀는 나를 도와 한 주일에 두번씩 우리 집 청소를 하게 되었다. 과연 그녀는 청소 전문가였다. 보통 청소부들을 부를 경우 다섯 시간 이상 걸리는 일을 마리나는 두 시간이면 충분했고 청소가 끝난 후에는 구석구석 어디나 얼마나 깨끗하고 신선해지는지, 정말 청소도 기술이 절대적으로 필요한 것 같았다. 집에 찾아오는 사람들마다 「아이, 사모님은 굉장히 깨끗하시네요」하고 말했다. 부엌은 말할 것도 없고 찬장이나 냉장고나 어디든지 반짝반짝 빛나고 다른 방들도 모두 말끔해졌다. 현관이나 마당은 물론 변소까지도 반들반들하게 만들어 놓았다.
 마리나는 청소에 사용하는 약품을 잘 알기 때문에 힘들게 일하지 않았다. 그녀는 그래서 그 약품들을 잘 이용하기 때문에 겉보기에는 열심히 하는 것 같지 않지만 일이 끝난 후 보면 거의 완벽하게 청소해 놓곤 했다.
 노인 아파트에 사시는 우리 교회 집사님이나 권사님들이 오시면 마리나는 애교를 떨며 말이 전혀 통하지 않는데도 얼마나 잘 사귀는지 모두들 마리나를 좋아하며 금방 친해져버렸다.
 그녀는 요리도 재치있고 빠르게 잘했다. 맛도 일품이었으며 먹고 난 후에는 치우기도 잘해서 그녀가 요리한 날이면 부엌이 온통 환해지는 기분이었다. 그녀는 머리도 재간있게 잘 만졌다. 마리나는 태어나면서부터 곱슬머리이기 때문에 파마를 할 필요가 없었고 자연 곱슬머리는 그녀의 희고 맑은 얼굴을 한층 아름답게 해주는 것 같았다.
 그녀는 파마하는 기술도 있어서 내가 미장원에 가려고 하면 자기가 해주겠다며 어느 미용사들 못지 않게 잘 만져주었고 스타일도 내 맘에 쏙들게 잘해주었다.
 그런 모든 일들을 선수같이 잘하는 마리나가 바느질만은 전혀 할 줄 몰랐다. 그녀에게는 어린 남매가 있었는데 단추가 떨어지면 어린 딸이 직접 달고 꿰맨다고 했다. 그 정도로 마리나는 바느질만큼은 재주가 없는 모양이었다.

나는 멕시코에서 선교 100주년 기념대회를 했을 때 대회의 설교 강사로 예약초청을 받은 일이 있었다. 2년 전에 미리 연락이 와서 그동안 열심히 스페인어를 공부한 적이 있다. 그때에는 지독히도 열심히 공부했으므로 유창하게는 못해도 의사소통은 넉넉하게 했었다. 더욱이 스페인어는 영어와 같은 글자를 쓰고 또 단어도 비슷한 것이 많아서 별 어려움이 없었는데 집회 이후로는 통 쓰질 않아서 그만 거의 다 잊어버릴 지경이 되었다.

그런데 마리나와 이야기를 하면 스페인어를 사용할 수 있기 때문에 마리나와 가까워진 것이 좋기만 했다. 그렇지만 내 생활이 워낙 바쁘고 그날그날 일이 많아서 마리나와 스페인어로는 대화하지 못하고 빠른 영어를 써야만 하는 것이 매번 아쉬웠다. 마리나는 차츰 나에게는 없어서는 안될 존재가 되었다. 하나에서 열까지 그녀의 도움은 내 생활을 쉽게 해주었고 나를 편하고 기쁘게 해주었다. 뿐만 아니라 마리나는 우리 집에 자주 출입하는 집사님, 권사님들에게도 친근하고 상냥해서 늘 기쁨을 주는 존재가 되었다.

또 편리한 것은 그녀의 체구가 나와 비슷해서 내 옷과 구두도 같이 쓸 수가 있었다. 내가 주는 옷이나 구두를 받아들고는 늘 기뻐하였다.

그녀의 남편은 마리나가 정말로 나를 좋아한다고 말하며 집에 큰 일이 있을 때는 늘 쓰레기를 치워주었다.

교회에서 특별행사가 있을 때는 어린애들을 맡아보는 사람을 쓰는데 그럴 때면 마리나는 물론 남편과 딸까지 다 나와서 아이들을 돌봐주었고 더군다나 마리나는 무엇이나 재치있게 잘 하였으므로 교회에서도 다른 사람들보다 더 많은 사례를 지불했고 여러 아이 어머니들과도 친근해져서 사랑을 받았다.

우리 아파트에는 여러 차례 도적이 들어왔기 때문에 큰 문제가 되었는데 마리나의 남편은 총을 갖고 도적이 올 만한 시간에 꼭 밖에 나가 지키고 서있기도 했다. 그래서 나는 그들에게 지불하는 돈의 액수가 얼마였든지 비록 나는 가난하게 살지라도 그들을 돕는 일에는 너그러울 수밖에 없었다. 그 남편은 우체국에서 일했지만 항상 하는 것이 아니고 일이 있을 때 부르면 가서 돕는 정도였다. 그래서 그들의 생활은 한번도 넉넉해 보지 못한 것 같았다. 그들은 늘 정부에서 주는 보조식품표를 사용하고 있었다. 그렇지만 자동차는 남편의 차와 아내 마리나의 차가 따로 있었다. 마리나는 운전도 잘해서 내 차를 타고 운전을 해서 슈퍼마켓에서 사오라는 것을 곧잘 사오기도 했다. 그녀는 우리 집안에 무엇이 어디 있는지 나보다 더 잘 알 만큼 집안일은 모르는 것이 없었다.

이따금 현금이 어디에 있는지 마리나가 다 알고 있어도 나는 염려하는 일이 없었다. 그만큼 나는 마리나를 신용하고 있었던 것이다. 마리나는 매번 습관처럼 나에게 말했다.

『김 부인! 나는 김 부인이 너무 좋아요. 물론 목사님도 좋으신 분이라 좋아하지만 목사님이라서 어려워요. 그렇지만 김 부인에 대해서는 좀 달라요. 남편과 저는 말하곤 해요. 늘 김 부인을 도우며 죽기까지 떠나지 말자구요.』

나는 그녀의 말을 들을 때마다 고맙고 또 대견했다. 그리고 그들은 그럴 것이라고도 생각이 되었고 나도 그들이 그러기를 바라고 원했다. 그래서 우리 집에 오시는 집사님들과 권사님들은 이렇게 말하곤 했다.

『마리나네는 하나님이 보내신 사람들이에요. 어떻게 외국인인데도 저렇게 다정하고 충직스러울 수가 있겠어요.』

『그럼은요. 사모님이 주님 위해 고생하셨다고 주님께서 이런 사람들을 보내주신거지요.』

그런 말을 들으면서 나도 으레 그런 것이 아니었겠나 했다. 여하튼 우리와 그들은 그렇게까지 가까운 사이가 된 것이다.

이렇게 살아온 지가 11년이 넘었다. 나는 마리나네 집 열쇠를 가지지 않았지만 마리나는 우리 집 열쇠를 가지고 내가 집회하러 출타했을 때에라도 맘대로 내 집에 들어와서 청소하고 정리했다. 사실 우리 집에는 귀금속이나 돈이나 뭐 탐낼 만한 것은 없으니 마리나가 우리 집 열쇠를 가지고 있다는 것이 그다지 위험한 일은 아니었다. 그러나 내게는 결혼반지와 약혼반지와 제법 좋은 다이아가 박힌 백금반지 한쌍이 있었다. 그리고 선물 받은 금목걸이 세 개와 보석반지 등 몇가지 귀금속을 한데 모아 반지함에 보관하고 있었다.

나는 집회에 갈 때 번쩍거리는 금목걸이를 하는 것이 맘이 편치 않아서 그것을 함속에 넣어 두었고 또 다이아반지는 무거운 백금에 박혀 있어서 그것을 끼면 오래 견디지 못했다. 팔이 당기는 것 같은 불편한 감이 있어서 자주 끼지 못하고 함속에 처박아 두곤 했다. 그것은 블루 다이아라 빛이 굉장히 찬란했다.
　한번은 멀지 않은 데 집회로 출타했다가 돌아오면서 반갑게 맞아줄 마리나를 기대했다. 그러나 나를 반겨주어야 할 마리나는 없었다. 나는 남편에게 물었다.
『마리나가 안 보이네요.』
『요즘에 통 안 보이던 데, 어딜 갔는게지.』
　나는 곧 전화를 걸었다. 마리나가 받았다. 나는 반가워서 말했다.
『마리나! 내가 돌아왔어. 내가 이때 돌아온다는 것을 잊어버렸어? 왜 나를 맞아주지 않았어. 응?』
　나는 그녀의 대답이 시원치 않고 우물쭈물하는 데 이상한 느낌이 들었다.
『마리나! 왜 그러는거야! 그 명랑하고 아름다운 음성이 왜? 왜, 어디 아파? 여기 못 오겠어?』
『가지요. 조금 후에 갈께요.』
　나는 수화기를 놓고 짐을 풀면서 맘이 이상하고 어두워지는 것을 느꼈지만「아마 부부싸움을 했는가보다. 그렇지 않으면 아들 아이가 계란 노른자만 먹는 이상한 식사 습관이 있어서 콜레스테롤이 높아서 걱정을 했는데 아마 그런 일로 그러는지 알 수 없지」하고 잊어버리려고 했다. 마리나는 결국 그날 우리 집에 오지 않았다. 이튿날도 그녀는 남편과 어디 가야 한다며 전화를 하고는 내 앞에 나타나지 않았다.
　청소하는 날이 되던 날 마리나는 우리 집에 왔는데 그 명랑하고 재치있는 말과 태도는 변해있었다. 뭔가 나를 슬슬 피하려는 눈치였다. 나는 말을 하는 대신 생각을 해보았다.
「무엇 때문일까? 저런 태도는 11년간 본 일이 없었는데!」그녀의 태도는 아이 때문에 걱정하는 것도 아닌 것 같았고 남편과 부부싸움을 한 것도 아닌 것 같았다. 뭔가 내게 대한 일이 있는 것같이 느껴져서 그녀가 청소하는 동안 나는 뒷마당으로 나가서 화초를 만지작거리면서 생각을 하고 또 했다.「뭘까?」
　그녀는 청소를 대충하고 말았는지 생각보다 속히 마치고 자기 집으로 가려고 나왔다. 역시 그녀의 눈은 나를 피하고 있었다. 나도 말없이 그녀를 집으로 보냈다. 그런데 우리 아파트 위층에 살고있는 친척 자매가 나를 보더니 말했다.

『언니! 마리나 나빠요. 그녀가 도둑질하는 것을 모르세요?』

나는 그말을 듣고 단번에 기분이 상했다.

『애린은 무슨 그런 말을 하는거야. 마리나는 나와 11년 이상을 살았는데 그 사람은 내게서 손수건 한 장 가져간 일이 없어요. 애린, 말을 조심해서 해야지 나오는 대로 마구 하는 것 아니예요, 정말!』

『아이, 언니는 사람을 너무 신용해요. 너무 쉽게 믿어요. 마리나가 우리 집에 와서 다 구경하고 쓸 만한 것을 몽땅 가져갔는데 그래요?』

『쓸만한 것이 무엇이었는데?』

『도자기병과 화분이 없어졌고 또 예쁜 컵이 두 개 없어졌어요. 언니!』

『그런 소리 하는 것 아니라니까. 마리나한테 그런 것이 뭐 그리 중요하겠어? 마리나는 그런 사람이 아니라니까요.』

『언니 집도 잘 찾아보세요. 없어진게 있어도 놀라지 말아요. 언니!』

『우리 집에는 없어질 것도 없고 또 없어졌을 것이라곤 생각하기도 싫다니까!』

그렇게 말을 하고도 나는 방에 들어와 반지함을 찾아보았다. 없었다. 아주 함째로 없어져버린 것이다. 그 함은 언제나 문갑 위 구석진 곳에 있었던 것인데 그 자리는 텅 비어있고 어느 곳에도 보이지 않았다. 나는 깜짝 놀랐다. 마음이 아득해졌다. 사실 나는 반지와 금목걸이를 잃어버려서 아깝다는 생각보다 마리나를 잃어버렸다는 충격이 더 컸다. 나는 내 감정을 주님께 다 털어놓고 의논한 후에 일어나 앉아서 곰곰히 생각을 해보았다.

그 반지함을 마리나가 가져간 것은 의심할 나위가 없었다. 그렇지만 마리나는 심성이 착하고 아름다웠으며 나를 잘 따르고 좋아하지 않았던가! 일생 동안 나를 돕겠다는 결심은 그 생활이나 언사에 분명하게 나타나지 않았던가! 그런데 왜 그런 일이 생겼을까? 나는 마음이 답답하고 숨을 쉴 수가 없어 뒤뜰로 나왔다. 눈을 들어서 하늘을 쳐다보니 조각구름 몇이 둥실둥실 떠가고 있었다. 「넓은 아량과 이해하는 마음을 가져야겠는데!」 하늘같이 높고 구름같이 자유로운 마음이 그리워졌다. 벤치에 앉아서 하늘만 쳐다보고 있는데 웬일인지 마리나가 다가왔다. 나는 그녀를 쳐다보지 않으려고 하늘만 바라보고 있었다. 그녀는 멀찌감치 떨어진 곳에 한참 서 있다가 자기 집으로 돌아가 버렸다. 내 마음에는 풍랑이 이는 것 같았다. 그날 이후 사흘이 지나갔다. 마리나는 그동안 한번도 보이지 않았다. 다시 청소하는 날이 되어 마리나가 왔다. 그녀의 명랑하고 밝은 얼굴은 찾아볼 수 없었고 말없이 청소만 끝내고는 가버렸다. 나도 역시 아무 말을 하지 않았다. 한 시간도 채 안되어서 마리나는 다시 내 집으로 왔다. 그리고 내게 말했다.

『김 부인! 왜 그렇게 갑자기 달라지셨나요?』

『내가?』

『그럼 누구예요? 저를 무시하시는거예요? 인사도 말도 아무것도 없으시잖아요.』

나는 그녀가 말을 하면서 음성이 떨리는 것을 듣고 어떻게 해야할지 당황했다. 나는 그녀를 사랑하고 있기 때문이었다.

『김 부인, 저는 슬퍼요. 김 부인은 제 어머니보다 더 가깝고 다정했지 않아요? 그런데 이제는 절 미워하세요? 저는 다 안다구요. 저를 무시하시고 미워하는 것 아니예요.』

『마리나, 나는 고민이 있어서 그러는거야.』

『고민이라구요?』

『그래, 무슨 고민인지 알고 싶지?』

『네.』

『우리가 결혼했을 때 김 목사님이 내게 결혼 기념품으로 다이아 반지를 해 주었어요. 나는 수십년 동안 그 반지를 보면서 그때의 사랑을 늘 생각하곤 했는데 그것을 잃어버린거야. 그러니까 남편에게 죄인이 된 기분이 아니겠어? 또 그건 다른 반지와 다르지 않아? 결혼반지는 죽는 순간까지 간직해야 하는 것인데 버젓이 살아 있으면서 결혼반지가 없다는 것은 말이 되지 않는 것 아닐까? 그래서 나는 고민되고 마음이 답답해서 하늘만 쳐다보고 있는거야!』

마리나는 내 말을 듣고는 급하게 떠나가 버렸다. 나는 그 말을 그녀에게 하고 나서는 맘이 가벼워지고 감사한 맘까지 생겨났다.

그 백금반지는 물론 비싼 다이아가 박혀 있지만 너무 무거워서 마리나가 끼어 팔이 아프지 않다면 그것도 그렇게 나쁘지 않다는 생각이 들었기 때문이다. 「그런 것은 내가 죽으면 누가 가져가든지 없어질 것인데 미리 사랑하는 마리나에게 주었다고 생각하자!」하고 맘을 정했더니 다시 내 마음엔 평화가 찾아왔다.

 어느날 마리나는 내 집에 찾아와서는 눈물을 쏟으면서 흐느껴 울었다. 그녀는 하염없이 눈물만 쏟고 있었다. 나는 처음에는 놀랐으나 바라보고만 있어야 했다. 나는 절대로 우는 사람을 보고 울지 말라고 하는 성격이 아니다. 우는 사람은 울어야 할 일이 있기 때문에 우는 것인데 그만 울라고 하는 것은 우는 사람의 심정을 무시하는 것 같고 듣기 싫다고 말하는 것 같았기 때문이다. 실컷 울고나면 마음이 시원해지는데 왜 울지 말라고 말리는 것일까! 나는 주님 앞에서 우는 것을 내게 주어진 가장 큰 축복 중의 하나로 안다. 주님 앞에서 감격의 눈물이 나서 울어대면 나는 한없이 기쁘고 만족스러워진다. 내 신앙생활에서 눈물이 없었더라면 그 얼마나 메마르고 살벌했을까!

 그래서 나는 어떠한 경우에라도 우는 사람을 달래려 하지 않을 뿐더러, 달래는 사람들을 보면 오히려 무정해 보인다. 말리는 것보다는 같이 울어주기를 바라는 심정이다. 왜냐하면 슬프거나 아프지도 않은데 우는 사람을 보면 괜히 눈물이 나서 나까지 슬퍼지기 때문이다. 나는 울보인가? 왜 그렇게 잘 울고 남의 일에도 잘 우는걸까? 병신인가? 감옥에서도 다른 성도들은 눈이 얼지 않았는데 나만 눈이 언 것도 늘 울었기 때문에 눈물이 얼어서 그리 되었던 것 아닌가! 그리고 마침내는 눈이 상하고 어둡게 되지 않았던가! 그래도 나는 배고프거나 춥거나 감옥살이가 싫어서 운 일은 정말 한번도 없었다. 생각하면 할수록 예수님이 나를 다스리시고 내가 예수님을 믿어 순종하는 자리에 있다는 사실이 너무 영광스러워서 감사와 감격의 눈물을 흘렸고, 또 청춘을 주님께 드려서 그 이름 때문에 죽는다는 영광스러운 생각이 나를 극도로 감격하게 해서 감사하고 또 감사해도 부족을 느꼈기 때문에 울기만 한 것이었다.

 한번 얼어버린 내 눈은 봄이 되면 고름이 줄곧 흘러서 뿌옇게 되기를 해마다 거듭하니 그 당시에는 결국 눈이 멀어버렸던 것이다. 지금도 그렇게 감사해서 눈물을 흘리는 것이 내겐 기쁘고 만족스럽기만 하다.

나는 일찍이 마리나가 우는 것을 본 일이 없었으므로 내 가슴 깊이 그녀에 대한 사랑이 더해져서 같이 울기만 했다. 그일이 있은 후 나는 또 먼 데로 집회를 하기 위해 떠났다.

돌아와서 마리나를 보려고 했으나 보이지 않았다. 보고 싶은 마음에 전화했으나 불통이었다.

남편에게 물어보았으나, 그는 교회 일에만 몰두해 있는 까닭에 마리나가 어디에 있는지, 어디에 갔는지 관심을 두지 않았다.

그러는 중에 박 권사님께서 오셨다. 그분은 무슨 큰일이나 있는 것처럼 상기된 표정이었다. 한참 숨을 고르신 박 권사님이 드디어 입을 여셨다.

『사모님, 마리나가 가버렸어요.』

말을 채 끝내기도 전에 권사님의 눈에서는 눈물이 흘렀다.

『뭐라구요? 마리나가 가버리다니요? 어디로 갔다는 말씀이세요?』

『마리나가 내게 찾아와서 한참을 울면서 뭐라고 말을 하는데, 도무지 무슨 이야기인지 알아들을 수가 있어야죠. 그래서 영어를 좀 하는 양딸을 데려다 알아보니 멀리 이사를 간다지 뭡니까?』

『멀리라니요? 어디라고는 말하지 않던가요?』

『뭐라고는 했지만, 미국땅 이름을 알아야 말이죠. 저 동남쪽 어디라던데, 땅끝인가봐요. 그렇게 멀리 가버렸으니….』

『주소나 전화번호는 말해주지 않던가요?』

『어디에 있을지는 가봐야 안다고 하던데요. 작정도 없이 마구잡이로 떠난 모양이에요. 그러나저러나 사모님, 사모님께서는 어떻게 지내시겠어요. 마리나의 도움없이는 힘드실텐데….』

나는 할 말을 잃고 멍하니 박 권사님을 쳐다볼 뿐이었다.

「그랬구나, 그래서 마리나가 그렇게 울었구나!」

그날 마리나가 울던 것에 생각이 미치자 내 눈에서도 눈물이 자꾸만 흘러내려 한참을 그칠 줄 몰랐다.

후에 나는 우연한 일로 방에 들어갔다가 서랍을 열었는데, 그 속에 반지함이 있었다. 나는 무척 놀라지 않을 수 없었다. 반지함 속에는 원래 있던 것들이 그대로 들어있었다.

그러나 반지함 속의 반지와 목걸이를 본 순간 느낀 반가움도 잠시,

깊은 자괴감과 자책감이 등 뒤로부터 스멀거리며 올라왔다.
「이것들 때문에 마리나를 잃어버렸구나! 마리나의 도움없이 앞으로 얼마나 힘들고 쓸쓸하게 지낼까. 이런 것은 있어도 살고 없어도 그만인 것을…!」
비단 청소일, 집안일들 때문만은 아니었다. 마리나가 있을 때와 없을 때의 내 생활을 비교해 보니 너무도 막막하고 답답한 노릇이었다.
나는 원망스레 반지함을 바라보았다.
「왜 진작 그 속에 있는 목걸이나 다른 보석반지를 젊은 마리나에게 집어줄 생각을 못했을까? 그랬다면 얼마나 좋았을까? 마리나는 얼마나 자랑스러워하고 기뻐하며 그 명랑한 웃음과 아름다운 음성으로 즐거워했을 것인가?」
생각이 꼬리를 물고 일어나며 나를 어지럽혔고, 마리나의 얼굴은 보석 빛깔과 뒤섞여 돌아갔다.
「나는 인정없는 사람이다. 지리한 인색함과 욕심이 내속 깊은 곳에 뿌리를 내리고 있다는 증거가 아닐까?」
내 마음은 점점 괴롭기만 했다.
「결혼반지까지야 줄 수 없다고 해도 다른 반지나 목걸이는 얼마든지 줄 수 있지 않았을까? 젊은 여인의 마음을 조금만 헤아렸더라면, 이렇게까지 무관심하지 않았더라면….」
어둡게 가라앉은 가슴을 안은 채 생각했다. 「이제라도 마리나를 따라가서 보석을 나누어주고 위로하며 사과할까? 마리나의 기쁨에 찬 얼굴을 다시 보면 얼마나 좋을까?」 그렇게 할 수 있다면 마리나가 돌아올 것만 같았다.
마리나는 내게 습관처럼 이야기하곤 하였다.
「나는 김 부인 옆에 꼭 붙어서 살거예요. 나는 김 부인이 참 좋아요. 김 부인이 저보고 가라고 하셔도 저는 절대로 떠나지 못할거예요. 두고 보세요. 정말이니까요.」
나는 그녀가 습관처럼 되뇌이던 약속의 말을 다시 들을 수 있을까 생각해봤다.
그 일로 인하여 내 머릿속에는 주님의 말씀 한 구절이 떠올랐다. 내 마음을 쪼개고 찌르기에 충분하며 저리고 쓰리도록 깊이 다가온 말씀은 이미 잘 알고 있던 말씀이었다.

「주는 것이 받는 것보다 복되다.」

주는 것은 받는 것보다 복되며 가지고 있는 것보다도 복되다. 남에게 받지 않고 자족하며 사는 것만이 능사는 아니다. 가지고 있으면 주어야 한다. 소유에만 연연해하며 필요한 사람을 생각하지 못하는 사람은 언젠가 재산을 잃거나 손해볼 경우 두배 세배 이상으로 마음의 고통을 당한다.

반지함을 들고 내가 알게된 진리의 말씀을 떠올리며, 마리나가 곁에 있다면 반지를 끼워주고, 목걸이를 걸어주며 서로 주는 기쁨과 받는 기쁨을 맛보며 사랑을 나누었으리라 생각하니 진작 그렇게 하지 못한 내 자신이 자꾸만 싫어졌다.

더군다나 그 보석들이 대부분 선물받은 것이라는 생각이 들자, 거저 받은 것들을 마리나에게 선물로도 나누어 주지 못하였던 마음 씀씀이가 안타까워졌던 것이다.

나는 반지함을 마리나가 가져갔었다는 말을 아무에게도 하지 않았다.

왜냐하면, 마리나를 믿고 사랑해 온 사람들이 듣고 실망할지 모른다고 생각했기 때문이었다.

또 그 말을 듣는 다른 사람들이 마리나를 미워하거나 업신여길 것을 두려워한 이유도 있었다.

그래서 마리나가 반지함을 도로 가져다 놓았다는 말도 하지 않기로 하였다. 그래야만 마리나를 사랑하여 그녀가 떠난 것을 슬퍼하는 권사님과 또 다른 분들에게 계속 마리나에 대한 사랑을 잃지 않도록 해 드릴 수 있기 때문이었다.

또 나는 결혼반지를 끼고 다니기로 작정했다. 무겁고 팔이 저려서 두고 다녔지만, 습관이 된다면 괜찮으리라는 생각이 든 것이다.

그 일이 있은 지 얼마 후 우리 부부는 근방에서 큰 식당을 하는 한 교인의 초청을 받아 저녁식사를 하게 되었다. 우리뿐만 아니라 교회에서 일하시는 집사님들도 초청이 되어 식사를 하고 이야기를 나누며 시간을 보내게 되었다.

식사를 마치고 모두 헤어질 즈음에 식당 주인이 장식으로 놓았던 꽃을 내게 주었다.

『이 꽃들은 사모님을 위해서 특별히 주문해 온 것들이니 사모님이 가져가셔야 되겠습니다.』

그분은 꽃을 광주리에 담아 우리 차 뒷좌석에 실어주었다.

차 뒷좌석에서 나는 향기로운 꽃내음을 맡으며 집으로 돌아오는 길이었다.

밤 열시쯤 되었던 것 같다. 큰 길인 올림픽가를 운전하는데 빨간 신호등이 켜졌다. 남편이 곧 차를 멈추었다.

그때, 갑자기 흑인 한사람이 달려오더니 차 뒷문을 덜컥 열고 꽃이 실려있는 뒷좌석에 들어와 앉았다. 그러더니 그는 안 주머니에서 시퍼런 칼을 꺼내 위협하며 말했다.

『계속 차를 몰앗!』

푸른 신호등이 켜지자 차는 움직였다.

『지갑, 반지, 시계 모두 다 내놔. 양복도 벗어라. 어서!』

강도가 칼을 휘두르며 하는 말에, 우리는 시계며 반지 심지어는 남편의 양복 웃도리까지도 벗어 주었다.

강도는 우리 물건들을 허둥지둥 챙긴 다음 우리를 차 밖으로 팽개치곤 차까지 강탈해 달아났다.

주위를 돌아보니 자동차들은 쏜살같이 달리며 가로등과 상점의 불빛들은 거리를 대낮처럼 밝히고 있었다.

복잡하고 훤한 도로 한복판에서 강도를 만났다는 사실이 어이가 없어서, 그 자리에서 도무지 어찌할 바를 몰랐다.

어찌되었든 결국 나는 마리나가 가져갔던 결혼반지를 강도에게 빼앗기고 만 것이다.

그런데 어찌된 영문인지 강도에게 준 셈이 되어버린 그 반지에 대해 나는 별다른 애착이 생기지 않았다. 그것은 나 자신에게도 놀라운 일이었다.

마리나가 반지를 가져갔을 때와 느낌이 영 달랐다.

그러나 문득 떠오른 생각이 내 가슴을 쳤다.

「아! 마리나에게 줄 반지인데!」

그리고 얼마 지났을까? 마리나에 대한 일과 그녀에 대한 아쉬움과 미안함이 채 가셔지지 않았을 때였다.

나는 집회를 인도하기 위해 지방에 갔다. 그곳 교회에는 나를 무척 사랑하고 아껴주는 내 친구 부부가 있었다. 남편은 대학에서 학생들을 가르치고 부인은 대학 도서관에서 일하는 사람이었다.
 두 사람 모두 미국에서 공부를 많이 하신 분들이었다. 또 신앙이 생활화되어 있었으며, 틈틈이 교회에서 봉사하는 일에도 희생적이신, 자랑하고 싶은 훌륭한 분들이었다.
 그분들과 만나면 함께 나누는 이야기에 시간 가는 줄도 몰랐고 식사도 항상 같이 했다.
 그날도 함께 식사를 하는 중이었다.
 『사모님, 사모님께서는 왜 결혼반지를 끼지 않으셨어요? 반지가 무겁다고 하시더니, 팔이 아프셔서 끼지 않으셨나요?』
 『반지요? 그 반지는 강도에게 빼앗겼답니다.』
 『강도에게 빼앗기셨다구요? 언제요?』
 『얼마 전의 일이에요. 제가 인색한 탓이었어요.』
 나는 그분들이 마리나에 대해서는 잘 알지 못하였기 때문에 처음으로 마리나와 반지 이야기를 꺼낼 수 있었다.
 『사모님이 인색하신 탓이라니요? 무슨 말씀이신지 모르겠는데요. 사모님께서야 하나님의 것을 도둑질하지 않으면—십일조를 드린다는 뜻—도적을 맞지 않는다고 믿으시는 분이잖아요? 그런데, 강도라니요?』
 한참 어리둥절해 있는 부부에게 나는 「반지사건」의 전모를 모두 이야기했다. 마리나에 대한 이야기까지 숨김없이 말하고 나서 나는 두 사람이 어떻게 반응할지 궁금해졌다.
 남편이 먼저 말문을 열었다.
 『아니, 사모님은 그런 일에까지 죄책감이 드십니까? 누가 자기 보석을 함부로 척척 내어주겠습니까? 게다가 그것들은 사모님을 극진히 사랑하시는 분들의 정성스런 선물이 아닙니까?』
 그는 첫마디에서는 약간 흥분하더니 차츰 진정하면서 혼자말처럼 또 말을 이었다.
 『하긴, 사모님이시라면, 결혼반지를 하녀에게 내어주실 수 있는 일이겠지요.』
 그의 말이 끝나자 부인이 말을 꺼냈다.
 『사모님, 하나님께서 사모님을 무척 사랑하시나봐요. 그러니까 팔이 저리고 힘이 드는 반지를 없애버리지 않았겠어요? 주님이 사모님을 끔찍이 사랑하셔서 가볍고 더 좋은 반지를 해주시려고 하신 일일거에요.』

나는 언제나 그들의 말을 신뢰하고 한마디 한마디를 귀하게 여기오긴 했지만 그날 그들이 해준 위로의 말에는 정말 깊이 감사할 수밖에 없었다.

그러나 집에 돌아왔을 때 이미 보이지 않는 마리나와 반지로 인해 다시금 서글퍼졌다.

새벽기도에 참석하여 마음껏 기도하고 돌아오는 길이었다. 마침 떠오르는 아침 햇살이 아름다웠다. 이제 막 세상을 밝히며 떠오르는 태양과 그 빛을 주린듯 빨아들이는 하늘을 바라보았다.

「아버지, 제 마음이 아직도 이렇게 슬픈 까닭이 뭘까요? 마음 속 깊이 아픈 상처가 남아있는가봐요. 아버지, 이 연약한 마음을 보시고 어루만져주세요. 저 하늘처럼 맑고 환하게 해주세요.」

나는 교회에 엎드려서 오랫동안 기도했던 모든 기도보다 더욱 간절한 마음으로 주님께 아뢰었다. 기도와 함께 쳐다본 하늘은 점점 빛을 더해갔고 주님의 얼굴이 보이는듯 내 가슴은 힘차게 솟아오르는 태양처럼 밝고 환해졌다.

교회에서는 당시 창립 25주년 기념행사로 큰 잔치를 준비중이었다.

25년 동안 쉬지않고 애쓰고 일해서 교회를 신축하고 성도들도 많아졌으며, 남미선교 및 국내, 한국, 벽촌전도 등 하나님의 역사에 동참한 것이 크다는 기쁨으로 축제가 벌어진 것이다.

멀리 떠나 있던 교인과 교역자까지 포함한 전교인이 풍성한 잔치에 참여했다. 그리고 며칠간의 대부흥회도 거행되었다.

이때 김 목사와 내게도 후한 선물이 있었다. 내게는 잃어버린 결혼반지를 대신해주는 새 반지가 주어졌는데, 매우 가볍고 아름다운 반지였다. 잃어버린 반지보다 더 좋고 귀한 것으로 주님께서 내게 채워주신 것이다.

그뿐 아니다. 해마다 자동차 보험회사에 보험료를 지불하고도 한번도 혜택을 받지 못했는데, 차를 강도당한 그 사건으로 인해 보험회사에서 보상금이 나왔다.

자동차는 후에 찾게 되었다. 하지만 우리는 더 크고 좋은 최신형 자동차를 사서 감사해하며 몰고 다닐 수 있었다.

그후 5년이 지나갔다. 마리나에 대한 기억은 희미해졌다. 그러나 마리나를 대신하여 나를 돕고, 나를 위해 시간과 정성을 아끼지 않는 수많은 딸과 아들을 주셔서 힘들거나 쓸쓸한 마음은 가지고 있지 않다.

믿는 자들에게 불행이란 더 큰 행복과 기쁜 일의 신호이자 기회 아닐까?

그래서 솔로몬은 아가서에서 이렇게 노래했나보다.

   북풍아 일어나라
   남풍아 불어오라
   나의 동산에 불어서
   향기를 날리라
   나의 사랑하는 자가
   그 동산에 들어가서
   그 아름다운 실과 먹기를 원하노라

       (아가서 4장 16절)

# 43
# 석양

온종일 세상을 환하게 비춰주고
따뜻하게 도와주는
태양의 고마움은 한이 없어요.
그래서 그런가요.
해가 저물 때를 보아요.
얼마나 아름답고 장엄한가요.
서쪽에 있는 모든 것들을 진홍으로 물들이며,
찬란한 빛으로 따뜻한 저녁을 만들며
주님의 솜씨를 신비롭게 노래해요.
그러나 나는 석양을 싫어해요.
곧 밤이 오니까요.

일생을 주님의 이름 위해
그리고 남을 위해 갖은 수고를 한 사람은
세상을 떠나는 순간
석양처럼 아름답고 찬란할거예요.
하늘나라에는 석양이 없어요.
거기에는 해와 달이 없으니까요.
오직 하나님의 영광스런 빛이 있어요.
밤이 없고 어두움도 없어요.
그래서 나는 하늘 내 집이 좋아요.
석양이 없고 밤이 없는 하늘집이 좋아요.

## 44
## 요행

칭찬 좋아하는 형제님들
상급 좋아하는 자매님들
선물 안 준다고 섭섭해하는 이들
요행이 없다고 실망하는 이들
그런 모든 것은 잠깐이에요.
내 마음 속 깊이 있는 영혼을 만족케 못해요.
영원히 누리고 가질 수 있는
그날이 올거예요.
그날을 바라보며 사세요.
영원한 칭찬을 위해서 희생하세요.
없어지지 않는 상급을 위해서 봉사하세요.
풍성히 안겨주는 영원한 선물을 위해서
주님의 말씀 따라 살아가세요.
요행이라니요.
이런 요행이 어디 있겠어요.
천국문이 활짝 열려서
천사와 성도들이 기뻐 마중나와
환영하고 인도해요.
아, 그 어린 양 예수 앞에
담대하게 마주서서 그분을 볼 수 있으리니.
요행은 하늘나라에만 있어요.
그래요. 하늘나라만이 요행이에요.

# 45
# 의문

똑같이 심었는데
하나는 자라고 하나는 시들어요.
똑같이 나왔는데
하나는 먹고 하나는 먹지 않아요.
똑같이 교회에 오는데
하나는 기쁘고 하나는 슬퍼요.
똑같이 사랑했는데
하나는 친구되고 하나는 외인이 되요.
똑같이 질병에 걸렸는데
하나는 낫고 하나는 죽어버려요.
똑같이 떠났는데
하나는 계속 가고 하나는 머물러 있어요.
똑같이 주었는데
하나는 고마워하고 하나는 무관심해요.
똑같이 보고 있는데
하나는 보아서 알고 하나는 봐도 몰라요.
똑같이 살아가는데
하나는 가고 하나는 남아 있어요.
똑같이 믿었는데
하나는 풍성해지고 하나는 빈털터리에요.
똑같은 사랑인데
왜 각기 다른가 의문이 나요?

# 46
# 음식

사람은 음식을 먹는 대로 되는거예요.
바른 음식을 바르게 먹으면 건강하고
병에 걸리는 음식을 먹으면 병자가 되는거예요.
마치 그릇에
물을 담으면 물그릇이 되고
술을 담으면 술그릇이 되고
찌꺼기를 담으면 찌꺼기 그릇이 되는 것처럼….

깨끗하고 영양 많은 음식을 먹으면
깨끗하고 건강한 몸이 되어요.
먹지 말아야 할 음식을 맛있다고 습관처럼 먹으면
핏속에 살속에 뼈속에까지
병균이 살아요.
생수를 많이 마시세요.
산소를 공급해 주고 나쁜 물질을 씻어주어요.
맛들인 음식, 약품을 첨가시킨 음료수를 마구 마시면
피가 오염되고, 힘이 없어져요.
눈이 침침해지고, 귀가 어두워져요.
머리카락이 빠지고, 이가 썩어요.
얼굴에는 주름이 가득하고
부패물이 몸속을 차지해요.
허리도 아프고 머리도 아프고

다리가 떨리고 맥박이 느려져요.
힘이 없어져요.
세상이 귀찮아지고 기쁜 일이 없어져요.

우리를 만드신 주님이
먹지 말라고 하셨는데 마구 먹으면 슬퍼하셔요.
주님은 우리가 건강하게 살아가기 원하세요.
각종 곡식과 채소와
과일과 깨끗한 생수를
매일매일 먹고 살라고 하신거에요.
고기는 기름없는 살을 먹고
소나 양이나 염소의 깨끗한 부분을 먹으라고 하셨지요.
생선도 깨끗한 것을 먹구요.
피를 먹는 자는 죽는다고 하셨어요.
돼지고기는 부정하다 하셨어요.
왜 부정한지 아세요.
돼지고기는 여러 가지 병을 유발시키기 때문이에요.
돼지고기를 먹으면 점차 죽게 되요.
부정하다는 것은 더럽다는 말이에요.
주신 음식은 적당히 먹어야 해요.
과음 과식은 몸을 망쳐요.
생수를 늘 마시세요.

먹기만 하고 운동이 없으면
병이 나요.
먹은 만큼 운동하여 몸을 도와야 해요.
부지런히 몸을 움직이면
주위가 깨끗해지고 몸도 건강해져요.
늙지도 않아요.
이렇게 함으로 기도에 힘쓸 수 있고
말씀도 묵상할 수 있어요.
주일도 잘 지키고 전도도 열심히 할 수 있어요.

불행은 게으른 사람, 포식하는 사람
속이고 요행만 바라는 사람, 핑계대는 사람,
이기주의적인 사람에게 찾아오지요.
불행한 사람은 이 세상에서 넘어져요.

# 47
# 나의 어머니

어머니, 나의 어머니는 나를 낳으셨지요. 「아들을 낳아야 한다」는 시댁 식구들의 엄한 명령과 남편의 간절한 소원을 뒤로 한 채 계집애를 낳으셨지요. 그때는 번개가 치고 천둥 소리 우렁차게 들리며 소나기가 화살처럼 쏟아지는 새벽이었지요. 그 계집 아이의 울음소리가 들리지 않았던 충격적인 새벽이었지요. 어머니께서는 그 새벽이 지옥 같으셨겠죠. 놀라움과 탄식과 절망을 느꼈을게요. 어머니는 높이높이 계신 하나님을 불렀어요.

『망칙스럽고 아무도 원하지 않는 계집 아이를 낳았습니다. 이 약한 아기가 살면 당신의 것입니다.』

어머니의 기도는 하늘에서 들으신 바 되었지요. 멸시와 미움과 저주가 쏟아질 줄 알았는데 저마다 아기가 살아나기를 원했지요.

아기는 무사히 자랐어요. 아버지는 그 품속에 어린 것을 안고 동네 사람들에게 보여주시면서 약하지만 예쁘다고 자랑하셨지요. 비단옷을 입히시고 양털옷을 입히시고, 가죽신을 신겼지요. 그리고 세상에서 제일 좋은 공부는 다 하라고 격려해 주셨어요.

그 계집 아이가 이렇게까지 살지 그 누가 알았겠어요? 하늘의 하나님께서 자신의 것이라 하시며 내 어머니에게 맡기셨지요. 어머니의 가족들은 불신자였지요. 그러나 내 어머니만이 믿음을 가지시고 나를 주님의 딸로 길러주셨지요.

어머니는 말과 행동으로 예수님이 구주이심을 가르쳐주셨지요. 당신의 기도를 통해 주님의 권능을 보여주셨지요. 당신의 지식으로 주의 종이 되게 하셨지요.

다 배우고 다 알아가며 다 보고 자란 나는 왜 그렇게 잘 넘어지고 자빠지는지 몰라요. 왜그렇게세상이 무섭고 슬프고 싫은지 몰라요. 그런데도 어머니는 깊은 산중에서 약한 딸을 위해 백일 동안 주님께 기도하셨지요.

나는 폐가 상하고 피를 토하면서도 일본의 망국 행동을 꾸짖었지요. 감옥살이 6년에 나는 되살아나고 주님이 살아계심을 보고 또 보았지요.

나는 미국 대륙에 초청을 받아 날아왔고 어머니는 소원대로 6·25 첫날 순교하셨지요. 그 얼마나 좋으셨을까! 나의 어머니, 맡은 사명 다 마치고 소원성취하셨네. 동족의 총알이었지만 예수 믿는다고 받은 것이었지요. 그 영혼은 몸을 떠나 보석처럼 빛났을거예요.

그 영혼은 천사의 인도에 따라 예비된 하늘집에 가셨으리니, 함께 순교한 언니, 고모와 만나 기쁨을 나누고 계시리라. 나 또한 소명 다 하면, 주여, 나도 거기에 함께 있게 하소서.

## 48
## 현미경

월이라는 미국 부인이 그녀의 딸을 데리고 우리 교회에 찾아왔다. 그녀는 우리 교회를 무척 사랑하고 좋아해서 교회까지 오려면 다른 교회들을 30군데 이상 지나와야 하는 먼 거리인 데도 열심히 출석했다. 키가 크고 장대한 체격을 가진 그녀는 자기보다 키가 더 큰 외동딸과 함께 비가 오나 바람이 부나 한번도 빠지는 일이 없었다. 그녀는 국민학교에서 25년간 선생님으로 일했던 만큼 가르치는 데 탁월한 경력과 기술을 가지고 있었다. 그녀의 딸은 미국의 유명 대학인 UCLA에 다니는데 어린이들을 잘 가르치는 재주가 있어서 김 목사와 나는 그들을 정말 우리 교회의 보배덩어리같이 생각했다.

그녀는 유독 눈이 크고 머리도 검었다. 조상 때부터 미국 토종 인디안의 피가 섞여서 몸집도 거대하고 눈과 머리도 검은 것이라고 그녀는 말했다. 그러나 딸은 노랑머리에 눈은 하늘색이고 키는 여섯 자나 되지만 몸이 가늘어서 보기에 아름다웠다.

월 부인은 교안과 주일학교 교재를 잘 준비해서 주일 학생들을 철저히 가르쳤다. 그는 김 목사의 설교에 대해서도 일일이 평가하고 김 목사의 영어 설교 실력에 대해서도 높은 평가와 칭찬을 아끼지 않았다. 그래서 우리도 그를 소중하게 여겼지만 그녀도 김 목사와 떨어질 수 없는 친한 사이가 되었다.

딸 샌디는 여자치고는 키가 너무 큰데다 더욱이 동양인들, 특별히 일본인 이세나 삼세들이 몸집이 너무 적어서 친구로 교제하기가 거북한지 도무지 말을 안했다. 꼭 필요한 말만 하고 동양인들과는 좀체로 어울리지 못했지만 태도는 친절하고 공손해서 사랑을 받았다.

우리 교회는 국내 선교부와 국외 선교부에 크게 소문이 날 정도로 빠른 속도로 성장하고 있었고 먼 곳에서 찾아오는 손님들도 끊임이 없었다. 더욱이 선교부에서 우리 교회를 모범 교회로 인정하고 무엇이나 요구하는 대로 도와주고 밀어주었다.

우리 교회가 그렇게 성장한 데에는 일본인 이·삼세들의 노력이 컸다. 그들은 시간과 약속을 엄수하며 교회 일이라면 만사를 제쳐놓고 봉사했다. 교인 중에는 한국에서 유학 온 고관대작들의 자제들이 있었지만 언어가 능숙하지 못한 까닭에 교인들과 잘 어울리지 못했다. 우리는 그들에게 제일 큰 관심을 가지고 도우려고 애를 썼다. 또 외국 학생들도 각 대학에서 공부하러 와 우리 교회에 나오니 같이 예배 드리고 전도하고 먹여주고 도와주었다.

이런 환경에서 교회는 날로 자라 250석 교회당 좌석이 모자라 더 앉을 자리가 없을 정도가 되어 큰 교회를 지어야겠다는 이야기까지 나오게 되었다. 그런데 교회가 자리를 잡고 한참 성장하는데 월 부인이 조금씩 불평하기 시작했다.

그녀의 불평을 들으면 다 옳은 소리요 틀린 것은 없는 것 같았다. 그렇지만 월 부인은 강한 성격이라 한번 말해서 그것이 자기 마음대로 되지 않으면 어떻게든지 뜯어고칠 때까지 끈질기게 불평을 늘어놓고 잔소리를 퍼부어댔다. 처음에는 월 부인이 무어라고 잘못한 것을 꼬집어 내고 고치려고 달겨들면 그 말대로 하는 이가 있었지만 자꾸 잘못된 것만 찾아서 들고 나서자 사람들이 귀찮아하고 슬슬 피하게 되었다.

어떤 사람이 성경공부에 늦게 오기라도 하면 월 부인은 막 야단을 쳤다. 늦어지는 습관이 있는 사람은 버릇이 되어서 아무리 잔소리를 하고 가르쳐도 좀체로 그 버릇은 고치기 힘든 법이다. 그러나 월 부인은 자기 말을 듣지 않으니 가르칠 수 없다며 김 목사에게 달려들었다. 그러면서부터 월 부인은 이것도 틀렸고 저것도 안 된다며 단점 잡는 데 신경을 곤두세웠다. 도대체 자기 눈에는 모든 것이 못마땅하다는 투였다. 떠들면 떠든다고 야단치고 급해서 인사를 못 하면 버릇이 없다고 야단이고 성경 공부도 꼭 그 규칙에 따라 해야 한다니, 사람이 자꾸 줄어만 갔다. 점점 더 심해지더니 나중에는 교회에 입고 오는 옷에 대해서도 비판을 하고 교제하는 태도에 대해서도 문제를 삼고 심지

어느 사람들의 생김생김이나 다른 가정의 부인에 대해서까지 트집을 잡는 것이었다.

사실 세상을 오래 살다 보니 월 부인만 그런 것이 아님을 여러번 체험했다. 어떤 신경이 예민한 사람은 눈에 현미경을 달고 다니는지 남의 단점을 기가 막히게 잘 집어낸다. 참 신기할 정도이다. 일단 단점을 찾아내서 입으로 말한 후에는 그것을 침소봉대하여 악선전을 일삼는 사람도 교회 안에서 여러번 보았다. 그런 종류의 사람들은 그들이 끼고 있는 현미경으로 남의 좋은 것은 절대로 찾아내지 못한다. 또 일단 찾아낸 남의 잘못이 확대되면 계속 또 다른 잘못을 찾아내는 데 성공한다. 그리고 현미경은 한 곳에 집중되어 있는 것이 아니고 누구에게나 향해 있는 것 같다. 처음에는 집안에서, 다음에는 일터에서, 학교에서, 슈퍼마켓에서, 심지어는 교회에서까지 어디나 사람이 모여서 무얼 하는 곳이면 그들의 현미경은 최고의 능력을 발휘하며 작동한다.

현미경을 생각해보자. 현미경은 인간을 위한 과학적, 생물학적 대발견이나 의술에 없어서는 안 되는 것이다. 인류의 미래와 안녕, 건강과 행복에 기여하는 것이 현미경이다. 우리 눈에 달린 현미경으로 나쁜 것만 찾지 말고 인간을 위한 사랑의 마음을 찾으려 노력한다면 얼마나 좋을까?

아무튼 현미경을 달고 남의 단점만 찾는 전문가들은 교회에 와서 설교를 듣고 자기 나름대로 기도도 하고 때로는 착한 일을 하면서도 자신에 대해서는 제대로 깨닫지 못하는 것 같다. 사실 월 부인은 절대로 악한 사람도 그렇다고 상식이 없는 사람도 아니었다. 그녀는 교육자며 배운 사람이요, 남에게 꿀리지 않는 사람이었다. 신앙 있는 사람이며 성경을 잘 알고 남을 열심히 가르치는 사람이었다. 누구나 잘 되기를 원하는 사람이요, 자기의 봉사를 통해서 다른 사람들에게 유익이 있기를 바라며 고생을 무릅쓰는 사람이었다. 월부인은 정말 그랬다. 다만 부인이 끼고 있는 현미경이 남에게만 향했기 때문에 남의 단점만 보이고 더군다나 그것이 입으로 나왔을 땐 상대편에 상처가 되고 문제가 되는 것을 깨닫지 못할 뿐이었다.

나는 그녀의 불평을 들으면서 한나를 생각했다. 그 얼마나 대조적인가! 월 부인과 한나는 모두 경건한 크리스챤이었다. 한나는 자신을 볼 때는 현미경을 끼고 남을 볼 때는 예수님의 말씀을 끼는 것일까? 월 부인은 남을 볼 때는 현미경을 끼고 자신을 볼 때는 소경이 되는 것일까? 한나는 많은 사람을 교회로 오게 하는 사람이고 월 부인은 가장 가까운 남편에게 예수를 믿으면 불평꾼이 된다는 인식을 심어주고 있는 것이 아닌가? 사실 불평이 있으면 기쁘지 않다. 기쁨이 없다는 것은 불행하다는 뜻이다. 예수를 믿으면 불행하다는 인식을 심어준다는 것은 예사롭게 듣고 넘어갈 일이 아니다.

예수를 믿고 기쁘니 천국이 분명한 것이지 믿어도 기쁘지 않으면 구태여 예수를 믿을 필요가 있겠는가?

문제는 현미경이다.

믿는 자는 현미경을 끼고 보는 것이 아니다. 혹시 현미경을 꼈으면 그것은 자신을 보는 것이어야 한다. 내 잘못, 내 죄, 내 성격, 내 게으름, 내 실수, 내 무지와 무식, 그것들을 보기 위해서는 필요하지만 상대편이나 남을 보기 위한 것이라면 당장 깨버려야 할 것이다. 세상만사는 그럴 수도 있기 때문이다.

언젠가 김 목사가 월 부인에게 이렇게 질문했던 것을 나는 잊지 못한다.

『월 부인, 남편은 다른 교회에 나가십니까? 한번도 뵌 일이 없어서요. 심방을 몇번 갔는 데도 뵐 수가 없더군요.』

『아이구, 그 사람이요! 그 사람은 교회나 예수라는 말만 나와도 펄펄 뛰는 사람인데요.』

『왜요?』

『말도 마세요. 그 사람은 폴란드인이라구요. 본래는 구교 신자였는데 저와 결혼할 때까지는 저를 따라서 교회도 나갔지요. 그런데!』

『그런데요?』

『그런데 얼마쯤 다니다가 집어치워 버리고는 무신론자가 되었는지 말도 못 하게 한답니다.』

『그래서 월 부인께서는 그냥 보시기만 하고 권면도 안하시는 겁니까?』

『안해요, 절대로!』

『왜 그러시죠?』

『말하면 난리가 나니까요.』

『무슨 난리가 난다는겁니까, 부인?』
『뭐라는지 아세요, 목사님?』
『뭐라고 하는데요.』
「교회에 가면 설교 듣고 예수 믿게 될 거 아니냐? 예수 믿으면 당신같이 될거구? 아이구 제발!」이러니 말이에요.』

김 목사도 나도 입을 다물고 아무 말도 하지 못했다. 월 부인은 엉겁결에 이 말을 해놓고는 몹시 후회하는 표정이었다.「쓸데없는 말을 왜 했을까!」그녀는 기분이 나빴는지 그 후로는 한 마디 말도 없이 불유쾌한 표정으로 시무룩해 있었다. 나는 예수님께서 책망하신 말씀을 떠올렸다.

「천국 열쇠를 가지고 자기 자신도 들어가지 않고 들어가고자 하는 사람도 못 들어가게 한다」고 하신 말씀이 너무나 큰 두려움으로 머리에 떠올랐다. 왜냐하면 나는 잘 아는 또 한 사람이 생각났기 때문이었다. 그분은 월 부인같이 불평으로 남을 해친다기보다 누구든지 자신의 말을 반대하거나 듣지 않으면 이단자로 몰아붙였다. 물론 그분도 성경 선생님이요, 신학교를 졸업했으며 신앙도 훌륭했다. 그러나 그분의 가족 중에는 한 사람도 믿는 이가 없고 오히려 예수를 모욕하고 싫어했다. 그의 친척 한분이 습관적으로 이렇게 말하는 것을 들었다.

『나는 채 선생 때문에 예수를 미워해요. 예수를 믿으면서 채 선생같이 불행해서야 되겠어요?』

『왜, 채 선생이 그렇게 불행합니까?』

『그를 대하는 사람마다 꿈자리가 사납다고 하니 말이지요. 그분을 가까이 하려는 사람은 가족이나 친척이나 친구 가운데 한 사람도 없는 걸요. 다 싫어하고 다 무서워하고 미워하니 세상에서 그렇게 되면 인간으로서 가장 불행한 것 아니겠어요? 예수 믿고 그렇게 미움을 받으려면 무엇 때문에 고생하며 믿겠어요?』

이 글을 쓰면서 나는 진정으로 고백한다. 사실 나도 그 채 선생을 사랑하고 싶은 마음이 조금도 없었다. 무섭고 지겹고 한 마디로 싫어서 늘 피해 다니는 것이 내 습관이었다.

예수님을 믿고 이렇게까지는 안 된다고 하더라도 여하튼 다른 사람에게 짐이 되거나 거리낌이 되는 것은 남을 넘어지게 하는 것이다. 그런데 대개 이러한 결점이 있는 사람들은 거의 다 눈에 현미경을 끼고 있는 것 같다. 그 현미경을 끼고 한나같이 자기를 보면 축복이 오는 것인데 꼭 상대방을 보기 때문에 문제가 생긴다.
현미경!
좋아요,
그러나 남을 보는 현미경이 아니라
내 자신, 내 언사,
내 행동, 내 신앙,
내 자세를 보는
말씀의 현미경이어야 하지 않을까요?

# 49
# 전도

전도하면 믿음이 생겨요.
설명하고 권면하는 말이 믿음이니까요.
전도하면 절제하고 조심하는 사람이 되어요.
아무렇게나 말하고 못되게 굴면서
전도할 수 없으니까요.
술을 연신 퍼마시면서 전도할 수 있어요?
싸우고 욕하면서 전도할 수 있어요?
게으르고 더럽게 생활하면서 누구를 인도하겠어요?
화목하고 희생하면 존경받지요.
그런 사람의 말은 설득력이 있어요.
그 사람이 전도하면 복이 되는거에요.
전도해서 거듭나면 가장 친한 친구가 되어요.
세상도 재미있고 살아갈만 하지요.
주님이 대견해 하실테니까요.
전도하는 사람은 복된거예요.
그러니까 전도하지 않는 신자는
불행하고 불쌍하고 자격이 없는거지요.

## 50
## 아름다운 세상

세상은 아름다워요. 창조된 모든 것을 하나씩 자세히 살펴보면 신기하고 놀랍고 예쁘고 아름다워요. 모두 정성스러운 솜씨를 보여 주어요. 왜냐하면 이 모든 것이 말씀으로 만든 것이기 때문이지요. 말씀은 곧 생각이지요. 지으신 것들 하나하나는 지으신 분의 생각을 말해 주어요. 어찌 그리 꼼꼼하시고 정확하신가요. 어찌 그리 자상하시고 신비로우신가요. 어찌 그리 지혜로우시고 슬기로우신가요. 어찌 그리 선하시고 신실하시고 정직하신가요. 어찌 그리 놀라우시고 기묘하신가요. 어찌 그리 크시고 깊으시고 넓으신가요. 보면 볼수록, 알면 알수록, 누리면 누릴수록 표현할 말이 없어져요. 목청을 드높여 할렐루야 찬송과 경배를 올립니다.

누리라 누리라 다 누리며 살라.
이 모든 창조물 너를 위해 지었고
네가 누리며 살라고 지은 것이니.
다 네 것이라
다 누리라.

살아서 움직이는 동안 우리는 지으신 분의 것을 맡은 대로 누리다가 오라고 하시면 고스란히 두고 가리니, 흙에서 온 육신은 흙으로 돌려보내고 그분에게서 왔던 영혼은 육체를 벗어나서 가야 할 곳으로 쏜살같이 날아가리라.

날고 날면서 나는 노래하리라. 그분이 만드시고 누리게 하신 이 세상의 것을 나는 한번도 내 것이라고 안했다. 주님의 것을 숨기고 속이고 도적질하지 않았어요. 그러니 그 감사의 힘이 나를 더욱 빨리 날게 하리라. 그 얼마나 좋을꼬. 그 얼마나 가벼울꼬. 나를 제한하고 억제하고 제멋대로 주장하려던 흙의 육신을 벗었으니, 아니 그 육체로부터 빠져 나왔으니! 그 얼마나 홀가분하고 시원하랴. 날아가리, 달려가리. 소망의 표대였던 저 천성을 향해. 주님 모시며 살고 계신 어머니가 기다리시는 곳. 아! 얼마나 좋고 얼마나 기쁘랴. 그날 그때를 기다리는 이 기쁨으로 나는 행복에 겨웁다.

## 51
## 가난

가난은 학교인가봐요.
배우는게 많거든요.
가난하면 배고프고 추워요.
가난하면 낮아지고 낮아져요.
배고프고 추울 때는 애원하지요.
가난하면 명예나 입장이나 환경을 생각못해요.
그래서 가난하면 겸손해지는가봐요.
그러나 어떤 경우에 가난은 잔인하고 포학해요.
그래서 가난은 위험하기도 해요.

가난은 배울 것이 많아요.
가난을 거치면 높아지기도 하고
질서도 잡힌대요.
그러나 때로 가난은 사회를 파괴시키고
부도덕하게 만들기도 해요.

가난은 학교인가봐요.
가난을 정복하면
위대한 사람이 되거든요.
주님의 귀한 종들을 보세요.
다윗도 그랬고, 바울도 그랬지요.
가난을 거쳐서 큰 일꾼이 되세요.

## 52
# 기다리라

기다리는 일은 쉬운 일이 아닌 것 같아요.
기다리노라면 지루해요.
기다리노라면 만가지 의심이 생겨요.
기다리는 동안은 참으로 심심해요.
그러나 기다리는 일은 좋은 일이에요.
보세요. 이스라엘 백성을 인도한 모세를….
앞은 시퍼런 바다요
뒤는 서슬퍼런 애굽 군대였어요.
그 절박한 순간이었는데도
모세는 가만히 기다렸어요.
그러자 지평선에 닿아있던 홍해는
갈라지고, 물은 벽이 되었어요.
바람이 강하게 불어서
바다밑 젖은 것을 모두 말려 놓았지요.
죽는다고 아우성치던 그들은
처벅처벅 육지처럼 건너갔어요.
그들은 무엇을 배웠을까요?
이 풍진 세상을 살아가는 동안
홍해 같은 어려움에 앞이 막히고
바로의 군대 같은 원수가 뒤에서 달려와도
주님은 우리에게 기도하고 기다리라고 하세요.
해결의 소식이 날아올 것이라고 말이에요.

애통이 기쁨으로 변한다는 것이에요.
그것이 신앙의 길이지요.
신앙인은 말씀을 지키지요.
역사가 그 일을 증명해 오고 있어요.
세상일은 모두 기다려야 해요.
겨울이 되면 봄을 기다리고
어린아이는 자라기를 기다리고
심을 때에는 추수 때를 기다리고
늙으면 천국을 기다리고
성도들은 주님이 다시 오시기를 기다리지요.
이 세상에서는 기다리며 사는 것이 일인 것 같아요.
그저 기다리기만 하면 힘들고 지겹고 짜증나요.
그러나 기도하면서 기다리면
흥미있고 기뻐요.
지나간 일들은 말씀을 통해
지금도 여전히 일어나고 있어요.
기다리는 사람은 소망이 있어요.
기도하고 기다리는 사람은 더욱 행복해요.

## 53
# 감독하는 목사님

국내 선교사로 임명받은 나는 그 일을 위해 캘리포니아주 LA로 왔다.
한달 동안 LA교회 형편을 알아보았다. LA에 한국인이 가장 많다고 해서 와보니 약 800명의 교포가 이세들과 함께 살고 있었고 교회는 이미 셋이나 서있었다. 그리고 교포들은 거의 그 세 교회에 나가거나 등록이 되어 있어서 우리는 유학 온 학생을 상대로 선교하기로 작정하고 우선 우리 아파트에서 김 목사와 나 둘이서 예배를 드리기 시작했다.
우리가 유학생을 상대로 전도하겠다고 보고하자 국내 선교부는 무엇이든지 필요한 것들을 말하라며 대단한 관심을 가지고 기뻐했다.
일을 시작하고 보니 LA는 국제 도시라서 그런지 세계 각국 사람들이 모여 살고 있었고 그 각 나라, 민족들마다 교회를 가지고 있었다. 또 교회가 아직 설립되지 않은 민족에게는 지도자를 구하기만 하면 곧 교회를 세우고 선교하려는 국내 선교부의 열성은 대단했다. 그래서인지 교회 설립과 선교를 더 잘하기 위해서 감독하시는 미국인 목사님이 따로 있었다.
전국 총회에 속한 국내 선교부는 각 주총회의 산하에 지부를 두고 그 주총회서 파견한 감독자를 세웠다. LA 시에는 남침례회 LA 시 감독이 있었다. 우리가 소속되어 있는 LA 지역 감독 목사는 생김생김도 뚜렷하고 음성도 크고 괄괄했는데 그는 LA에 한인 교회를 세울 만큼 한국인의 수가 많지 않다며 우리의 교회 설립을 정면으로 반대하고 나섰다. 그렇지만 국내 선교부 측에서 여하튼 일을 시작했으니 계속하라며 무엇이든 도와주겠다고 하였다. 그런데 캘리포니아 주총회에 속한 감독 목사님도 LA에 한인 교회를 세울 만큼 한국인의 수가 많지는 않다고 주장하면서 일본인의 수가 수만명이 넘는데 교회가 없으니 먼저 일본인 교회를 세워야 한다고 야단이었다. 그분은 미국인 C목사인데 키가 6척이 넘고 몸집도 크고 눈도 크고 모두 크게 생긴 열성있는 분이었다.

그 당시 미국은 48개 주였다. 알래스카와 하와이는 아직 미국의 영토가 아닌 식민지였다. 전국 총선교부에서는 총회를 비롯해서 48개의 주총회를 지도하고 관할하는 까닭에 모임과 집회가 여간 많은 것이 아니었다.

그리고 한국은 6·25전쟁이 막 끝난 뒤였다. 이 전쟁에서 미국의 많은 아들들이 죽었기 때문에 미국인들은 처음으로 한국에 대하여 관심을 가지게 되었다. 한국은 가난한 나라, 먹을 것 없고 입을 것도 없는 나라, 집 없고 고아가 우글거리는 나라, 비참한 눈물의 나라로 알려졌다. 그러나 일본은 한국 전쟁으로 인해서 전쟁용품을 팔아 졸부가 되었으므로 미국으로부터 헌옷과 밀가루를 받아야 할 처지는 아니었다. 따라서 패전민의 신세로 미국에 거주하던 일본인들이 기지개를 펴기 시작한 때이기도 했다.

전국 총회라든지 주총회라든지 하는 구역 모임에는 언제나 특별강사가 필요했다. 그래서 김 목사와 내가 번갈아 불려가서는 말씀을 전하고 보고했는데 그때에는 C목사님도 같이 초청되는 일이 많았다. C목사는 LA와 샌프란시스코를 비롯한 기타 지역에 일본인이 많이 살고 있는데도 불구하고 교회가 없으니 교회를 세워야 하며 그 일본인들을 통해서 미국내의 일본인뿐 아니라 일본 본토에까지 선교해서 그들을 통해 온 아시아를 복음화해야 한다고 열변을 토했다. 일본인에 대한 그의 기대와 신뢰는 반석같이 굳었으며 그가 강조하는 말을 뒷받침하듯 확신에 차 보였다. 그는 과격한 성격이라 자신의 소신을 기탄없이 역설하고 사람들이 듣든지 안 듣든지 상관없이 강조했다. 캘리포니아 주총회의 사무실은 후레즈노에 있었는데 그는 자주 LA에 나타났다.

언젠가 한번은 일본인 교회가 창립된다고 오라는 초청을 받아서 우리 부부는 즐거이 참석했다. C목사는 너무 좋아서 흥분한 상태로 일본인 젊은 목사를 칭찬해 높여주고, 있는 정성을 다해 그의 일을 격려해 주느라 여념이 없었다. 다른 소수 민족들을 대할 때와는 너무 달랐다. 중국인 목사는 C목사가 일본인한테 지나친 기대를 걸고 있다고 불만스럽게 이야기했다. 더욱이 우리는 교회당 건물이 없어서 벙어리 신자들이 가지고 있는 교회당을 빌려 오후에나 간신히 모여 예배드리는 실정이었다.

그러나 일본인 교회는 우리보다 나중에 시작했는데도 벌써 모일 장소가 다 준비되어 있어서 교회당에 대한 불편은 하나도 없을 정도로 총회에서 도와주는 형편이었다.

우리가 빌려 쓰고 있는 벙어리 교회에도 목사가 있었는데 그분은 꼭 여자 같았다. 키도 조그맣고 음성도 낮고 행동도 조용하고 말도 별로 없고 나이는 50세 정도된 분인데 C목사를 보면 언제나 어디로 숨거나 없어지곤 했으며 그렇게라도 못할 경우에는 그저 쭈뼛거리며 서있기만 했다. 처음에는 그저 그런가보다 하고 지나쳐 버렸으나 매번 C목사만 보면 얼굴빛이 변하고 마음 속으로 벌벌 떨고 있다는 것을 느끼게 되었다. 나는 하도 이상해서 우리 김 목사에게 그런 말을 했더니 그는 별로 대수롭게 여기지 않았다.

『아, 그 목사님은 너무 소심해서 그러는 모양이오. 봐요, C목사는 키도 그분보다 두 배나 크고 또 그 눈알 돌아가는 것만 봐도 조용하고 조그만 몸집인 그분이 위협을 느낄 것 아니겠소?』

『그러나 우리는 다 믿는 사람들인데 몸집이 크고 작은 게 무슨 상관이 있을라구요. 서로 사랑하고 믿고 받들면서 복음을 전해야 하지 않아요?』

『타고난 성격을 어떻게 하겠소. 소심한 사람은 강하고 억센 것을 피하고 강력한 사람은 밀고 끌어당기며 겁이 없는걸?』

참 그말이 옳은 것 같았다. 밀고 끌어당기고 하는 C목사는 정말 겁이 하나도 없어 보였다. 무서운 것도, 꺼리는 것도, 방해도 없는 것같이 언제나 강하고 억세고 자신이 넘치며 여유있어 보였다.

「그런데 벙어리 교회 목사님은 왜 그렇게 소심하며 힘 없이 밀려 떨어지는 자세일까? 적어도 남자요, 자랑스런 흰 피부를 가진 미국인이 아닌가! 더군다나 예수를 믿고 구원을 얻은 것만도 기쁘고 장한데 말이야? 또 목사라는 그 명예로운 직분을 가지지 않았는가? 그 높으시고 전능하신 주 하나님이 내 주인이신데 뭐가 무섭고 겁이 나는 것일까?」 나는 그렇게 생각하며 그 목사가 불쌍하고 가여워서 못 견딜 지경이었다. 그는 우리와 대화할 때는 전혀 그러한 태도를 취하지 않는데 꼭 C목사 앞에서만은 영 딴사람이 되는 것이었다.

나는 어느날 욥기를 읽으면서
『거기서는 감독자의 소리를 듣지 아니하며』
하는 구절을 발견하고는 문득 생각해보았다. 「벙어리 교회 목사님은 C목사를 감독관으로 생각하는지도 모르지! 그러나 믿는 자 사이에, 더군다나 동료 목사님들 사이에 감독자와 피감독자가 있어서야 되겠는가!」 나의 마음은 편치 않았다. 그러던 중 C목사한테 기별이 왔는데, 벙어리 신자들은 다른 데로 다 옮겨가고 그 교회를 우리에게 넘겨준다는 것이었다. 우리는 놀라지 않을 수 없었다.

「그건 안 되지! 그분들이 주인인데 어떻게 그들을 옮겨가게 하고 우리가 그 교회를 차지한다는 말인가? 그건 믿는 자의 도리가 아니야!」

김 목사와 나는 그 일을 부당하게 생각하고 어떻게 하든지 다른 장소를 구하기 위해 갖은 애를 썼지만 구할 수가 없었다.

마지막으로 예배를 드리고 떠나는 날 벙어리 신자들은 울먹거렸다. 또 그들의 목사도 그날은 얼굴에 비장한 표정이 드러나 보였다. 그 목사가 지나가면서 슬쩍 한 말을 나는 놓치지 않았다.

『두고보자! C목사…』

그 한마디로 나는 그때까지 그 목사가 왜 숨거나 하면서 어색하게 행동했는지 단박에 깨닫게 되었다.

『아! 암투, 냉전이었구나!』

목사와 목사 사이의 냉전! 그것은 있을 수 없는 일이 아닐까, 또 있어서는 절대로 안 되는 일이다. 그것은 세상 사회에서나 있을 수 있는 일이지 어떻게 복음의 사자들인 목사와 목사가 그런 악한 감정을 마음에 품고 살아갈 수가 있단 말인가?

「절대 안돼! 절대로, 절대로! 그건 복음의 길이 아니기 때문이야! 그것은 변질된 믿음이요 모든 것을 죽이는 것인데!」

벙어리 형제 자매들은 목사를 따라서 교회당을 영원히 떠나 버렸다. 그렇다고 해서 그들이 모일 곳이 없는 것은 아니지만 그들의 눈에 눈물이 글썽거리는 것으로 보아서는 기뻐서 나간 것이 아님은 분명해 보였다. 그들은 더 큰 벙어리 교회에 통합되고 목사님은 한 부분을 책임 맡아 지도하게 되었다고 한다. 그리고 모두들 좋아한다고 전해졌지만 나는 그들의 눈에 글썽거린 눈물을 잊을 수가 없었고 목사님의 「C목사, 어디 두고보자!」하던 말을 내 기억 속에서 지워버리질 못했다.

  우리는 말을 할 때 상대방만을 의식하고 말할 때가 많다. 그러나 어느 곳에나 계시고 또 모든 것을 보시고 들으시는 하나님이 아셔도 아무런 거리낌이 없어야 하지 않을까? 사실 우리가 의식하지 못하고 보지도 듣지도 못하는 하나님의 존재는 우주 어느 곳에나 어떠한 일에나 가득 차있고 더 선명하고 더 예민하고 더 확실하고 더 세밀하게 장치되어 있는 것이 아닐까? 나는 그렇게 믿는다. 사람에게는 비밀, 어두운 그늘, 희미해서 못 보는 일, 가로막히고 끊어지고 잘라지고 약하게도 되고 고장이 생기는 일이 있어도, 우주와 만물을 만드시고 붙드시고 운행하시고 역사하시고 주관하시는 힘과 능력, 그분의 눈과 귀는 없는 곳이 없다고 나는 믿으며 분명히 의식한다. 그래서 참 평안과 안정이 있는 것이다.

  그런데 C목사가 그렇게 큰 기대와 자랑과 자신을 가지고 남침례교 선교단에 추천해온 일본인 교회는 생기자마자 얼마 되지도 않아서 문을 닫았다. 교회비품과 가구는 일본인 목사님이 트럭에 싣고 LA를 떠나 어디로 갔는지 없어지고 말았다. 우리의 마음에도 실망과 낙심이 컸으니 C목사님의 마음은 얼마나 아팠을까? 그러나 참 감사한 일은 C목사가 그 충격을 겪은 후 추진력만 가지고 서둘러 일하는 목사에서 차분하고 친절한 목사로 바뀌었다는 점이었다. 그는 너무 바쁜데다가 미국 땅이 너무 넓어서 늘 자가용 비행기로 여행했는데 나이가 들어서 그런지 비행기를 치워버리고 자동차를 타고 일을 보러다녔다. 그러던 어느날 큰 교통사고를 당해서 몸이 세 동강이로 부러지고, 부인은 사경을 헤매는 무서운 불행에 부딪혔다. 오랜 병원 생활과 가정에서의 투병 생활 속에서 그는 하나님을 바로 만났을 것이다.

  상한 뼈도 아물고 상태가 좋아짐에 따라 더욱 깊게 깨달은 그가 병석을 떨치고 일어나 주님의 일에 나섰을 때 그는 이미 옛날의 C목사가 아니었다. 그 늘씬한 키에 온몸, 특히 얼굴에는 인자한 미소가 샘물같이 솟아나고 언사는 친절하고 자애하고, 보는 사람, 만나는 사람을 끌어당기는 사랑의 매력이 철철 흐르고 있었다. 그의 주위에는 병아리 목사, 수탉 목사, 늙은 목사, 유명 목사 들과 그 사모들이 모여 환담하고 환성을 지르며 뭔가 믿는 자들이 풍기는 분위기를 훈훈하게 조성하고 있었다.

그런데 그분이 어느날 다시 신체에 통증을 느껴 의사에게 진찰을 받아 보았더니 전신에 암이 퍼져서 이미 손을 댈 수 없는 지경에 이르러 있었다. 그것은 바로 문 밖에 그의 생애의 마지막 시간이 기다리고 있다는 뜻이었다.

우리는 그를 참으로 사랑했고 가깝게 생각했다. 그래서 우리가 교역을 시작하고 교회를 창립한 지 30주년 되는 생일잔치에 그를 비행기로 모셔왔다. 또 선물도 그가 놀랄 만큼 많이 해주고 잔치할 때도 제일 높은 자리에 모셨다. 그는 감개무량해 하는 것같이 보였다. 김 목사는 답사를 통해서 유달리 그에게 고마움을 표하고, 애틋했던 지난 날을 교인들과 더불어 회고했다. 이것이 우리와 그의 마지막 만남이었다. 그 옛날 그의 젊은 모습이 눈에 훤한데, 그 괄괄했던 모습이 눈에 선한데 다시 눈을 비벼대고 그 아름답게 변화된 모습을 보니 가슴이 벅차고 눈물이 쏟아져 아무것도 보이지 않았다.

「아! 하나님은 그 젊은 사울과 같던 저분을 저토록 아름답게 변화시키셨을까요! 어쩌면 저렇게, 아! 저렇게 저렇게 말이에요. 어쩌면 저와 같이 저렇게 만드셨단 말입니까?」하고 나는 울기만 했다.

얼마후 그는 온몸에 암을 안고 결국 조용히 이 세상을 떠났다는 소식이 왔다. 김 목사는 부랴부랴 장례식에 갔고 나는 집회 약속이 있어서 참석하지 못했다.

그는 영원히 떠나가고야 말았다. 그 나라에 가고 세상에는 없다. 그와 친했던 가족, 친구들, 친척들, 목사들, 교인들은 물론이려니와 그가 밟고 다니던 길들, 만지며 가꾸던 나무들, 살던 집들 하여 세상 온갖 것들이 그와 옷소매를 적시며 영이별하니 얼마나 서러울까? 우리 믿는 사람은 더 좋은 그곳에 가서 그를 만날 수가 있으니 기쁘고 또 그곳에 이미 가 있어 괴로움이 없어진 그를 생각하며 「잘 갔노라, 험한 나그네 세상 잘 떠났노라」독백하며 안위하고 싶지만 그래도 인정인지라 슬픔의 느낌이 가슴 속에 스며드는 것을 어찌할 수가 없다. 그는 다시 우리를 보러오지 못하지만 그가 가지고 간 특권, 입장권, 천국 시민권을 우리도 다 가졌으니 우리는 기어코 그에게 갈 수 있지 아니한가!
 C목사! 그가 간 곳이어서 그런가?
 그전보다 천국이 조금 더 가까워졌다는 생각이 드는 것은 무슨 연고일까?

「그런데, 그런데, 아!
 이 소망, 이런 기쁨의 특권이 없이 세상에서 와글와글 고생과 고통
 에 시달리다가 서로 떠나면 영원히 영원히 이별하는 사람들은
 어떻게 살꼬!
 생각만 해도 마음이 캄캄해지고
 정신이 아찔해진다.
 아버지 하나님 내 아버지여!
 나를 써 주소서.
 어두운 길을 밝히는 등불이 되게 나를 써 주소서.」

## 54
## 아버지!

아버지!
부르기만 해도 너무 좋아
아버지, 우리 아버지, 내 아버지!
이 얼마나 좋고 또 좋은 이름인가!

아버지!
급할 때 부르는 이름
아버지!
좋을 때 큰 소리로 부르는 이름
아버지!
분할 때 터져나오는 외침
아버지!
조용할 때 부르는 노래

아버지!
컬컬하고 답답할 때 애원이 되는…
아버지, 그 아버지, 그 이름 아버지!
나는 좋아! 나는 기뻐, 나는 좋고 또 좋아.

아버지!
아침에도, 낮에도, 저녁에도
바쁠 때도, 일하면서도 부르는

아버지, 그 아버지, 우리 아버지!
정말 좋아, 정말 좋아, 좋고 또 좋아.

그 이름을 부르기만 하면 모든 것이 다 되지
그런 아버지는 왜 나 같은 것을
유의하시고, 주목하시고, 지키시고
따라 다니시고, 내 마음 속과 어디에서나
함께 하시는 것일까?

아! 예수님
나는 이 고마움을 대체 어떻게 해야 하나요?

## 55
## 염주나무

화분 하나에 염주를 심었어요.
하나보다는 둘이 보기 좋을 것 같아
쌍둥이같이 둘을 나란히 심었어요.

나무는
햇볕을 받으며 신선한 공기 속에서
물 잘 먹고 싱싱하고 푸르게 자랐어요.
키가 커서 잎이 무성해지고
선명하게 빛나는
아름답고 보기좋은 염주가 되었어요.

방에 들어오고 나가면서 보는
그 아름다운 염주는 내게 기쁨이었어요.
손님들도 그 염주에 시선을 주었고
어떤 분은 예쁘다는 말도 했어요.
염주는 언제나 푸르름을 지닌 채
사이좋게 나란히 서 있었고
이제는 놓여있는 그 자리에
없어서는 안되는 것이 되었어요.

그런데 하루는 그 푸른 잎이
기운 없이 늘어지고

누렇게 변했어요.
왜 이러지?
놀라서 급히 물을 주고
영양제를 물에 타 쏟아부었어요.
왜 이래?
기운을 차리지 않고?
내가 얼마나 정성들여 너를 길렀는데!
너를 볼 때마다 얼마나 좋아했는데!
무엇 때문에 병이 든 것이야?
죽지 말어!
죽으면 안돼, 나무야!

그러나 염주나무는 점점 풀기운이 사라지더니
잎이 뚝뚝 떨어졌어요.
웬일인지 옆에 있던 작은 나무도
큰 나무처럼 시들시들해지더니
역시 잎이 떨어지기 시작했어요.

나는 화분을 번쩍 들고
밖으로 나갔어요.
나무 밑을 파서 들추어 보니
뿌리가 썩었어요.
화단에 심더라도
살아날 가망이 없어서
아깝고 분했지만
쓰레기통에 던졌어요.

쓰레기통에 들어있는
보기 싫어진 나무를 바라보는 나의 마음은
아프고 슬펐어요.

아!

한때는 교회에서
눈에 띄게 봉사를 하였으나
이제는 보기 싫고
아니꼬운 존재가 된 그분이
버려진 나무를 보자 생각이 났어요.

그의 뿌리가 썩은 것일까요?
믿음의 뿌리도 썩는다는 말일까요?
머리가 핑 돌고
가슴이 떨렸어요.

아니요!
아니요!
그럴 수 없어요.
꽃이나 나무는 죽으면 그만이지만
인간은 죽어도
죽을 수 없는 존재가 아니예요?

변하고 병들고 시들어서
영이 썩어지면
그 영은 영원히 영원히 참혹해요.
그것만이 문제는 아니예요.
세상에서 밀리고 미움받아요.
비록 세상의 높은 자리에 있다 해도
그는 개망신하고 버림받아요.
그가 그렇게 되지 않도록 도와주세요.
주님!
그 썩어가는 영혼을요.

나는 그를 알아요.
알고 말고요.
그는 내가 있는 거기에 있었으니까요.

영혼의 병!
너무 무서워요.

주님!
그를 찾아 보아주세요.
썩은 뿌리를 잘라 버려주세요.
나는 그를 아는데
어떻게 그의 참혹을
지켜볼 수 있겠어요.
주님은 살리시는 분이시니
그의 썩은 뿌리를
자르고 살려주세요.

## 56
## 눈치

눈치없는 사람이 있어요.
남이야 무엇이라고 하든지
일이야 어떻게 되든지
내 속 심사만 채우는 행동은
인격에 큰 허물을 새겨놓고
누구에게나 얼룩진 인상을 심어주지요.
말하자면 귀한 자가 되지 못한다는 것이에요.
존재에 그늘이 진다는 말이에요.
인정받지 못한다는 것이지요.

그래서 성경은
하나님의 사람은 눈치가 빨라야 한다고 했어요.
눈치없는 사람은 사람을 인도하고 가르치는
하나님의 일꾼이 되지 말라는 것이에요.

눈치없는 남편은 아내의 부끄러움이고
눈치없는 아내는 남편의 부끄러움이에요.
눈치없는 자녀는 부모의 부끄러움이고
눈치없는 신자는 하나님의 부끄러움이에요.

## 57
# 말 많은 사람

말이 많은 사람은 설명이 많아요.
자신의 일도 설명하고 남의 일도 설명하고
들은 일도 설명하고 보는 것마다 설명하고
지나간 일도 설명하고 옛날 일도 낱낱이 설명하고
심지어는 보이지도 들리지도 않는
마음 속에 있는 것까지 설명을 하지요.

그의 머리 조직은
설명하는 기계로 가득차 있는 것일까요?

듣는 이가 좋아하든 싫어하든
듣기 싫은 표정을 짓고 짜증을 내도
말이 많은 사람은 그저 설명에만 결사적이에요.
왜 그런 설명이 필요한지
그 자신도 전혀 모르는 것 같아요.

말이 많은 사람은
간질병 환자와 똑같아요.
증세가 나타나면 아무것도 모르듯이
말이 많은 사람은 사람만 보면
말하고 설명하고 싶어하지요.
눈치 코치도 없이 그저 설명만 하려 하기에
아무것도 모르고 또 일도 못하지요.

그 말 많은 사람의 얼굴을 보신 적이 있으세요?
그 눈 그 입
그 손 그 표정 그 음성
그는 간질병 환자의 사촌일거예요.

예수님은 우리에게
맞으면 「네」하고 아니면 「아니요」라고만 하라지 않으셨어요?

# 58
# 그날의 간증

씨애틀은 미국 서북 해안 끝에 있는 아주 아름다운 도시다. 또한 워싱톤 주의 수도이기에 거대했고 각국에서 이민온 사람들이 많이 모인 곳이다. 이민온 사람들 가운데는 일본인들도 꽤 많이 있었다. 그래서인지 일본인들의 교회도 씨애틀을 중심으로 5개나 있었다.

이 주의 경계선을 넘으면 바로 캐나다이다. 캐나다에도 역시 아름다운 도시가 많은데 특별히 뱅쿠버를 꼽을 수 있다. 뱅쿠버에도 많은 일본인들이 살고 있으며 시내를 중심으로 교회가 4개나 되었다. 그러나 미국이나 캐나다의 일본인 교회들은 교세가 확장되지 못해 전반적으로 약한 편이었다. 교역자들 또한 뛰어난 분들이 거의 없는 형편이었다.

그런데 뱅쿠버의 한 교회에 요꼬야마라고 하는 매우 훌륭한 목사님이 계셨다. 그분은 과거 일제시대 때 평양에 주둔해 한국 사람을 괴롭힌 일본군 총사령관의 외아들이었다. 그의 부친은 평양에서 총독 부럽지 않은 권력을 누렸다. 그러한 환경에서 외아들로 어떠한 대접을 받고 자랐는지 충분히 상상을 할 수 있을 것이다.

그러나 그토록 승승장구하던 일본이 갑작스럽게 패전하자 총사령관의 가족들도 하루 아침에 거지 신세가 되어 쫓기듯 일본으로 돌아오게 되었다. 마치 공중에 높이 떠올라 온 땅을 내려다보며 도도하게 날아다니던 독수리가 총탄에 날개를 맞아 힘이 빠지면서 땅에 떨어지는 것과 같은 상황이었다.

나라가 망했으니 그들에게는 살 길이 막연한 것도 문제려니와 정신적으로도 상당한 충격을 받았고 사는 것은 지옥 그 자체였다. 일본인들은 국조여신이 나라를 번성케 하고, 일본 황제는 살아있는 신이기에, 그들에게는 절대 패전이 없으리라고 굳게 믿고 살면서 온갖 권세를 누렸던 것이다.

그렇게도 자랑스럽던 국가가 산산이 부서지고 망가져 비참하게 되었고 그렇게도 당당하던 천황은 졸지에 전범이 되었으니, 총사령관의 신세는 오죽했겠는가? 죽은 것이나 마찬가지였다.

그 무렵 미국인 선교사들이 홍수처럼 일본으로 밀려 들어갔다. 선교사들은 어른 아이 할 것 없이 붙잡는 대로 전도를 했다. 그때 총사령관의 아들 요꼬야마도 선교사의 전도를 받아 그리스도인들의 모임에 참석하게 되었다.

    세상의 모든 신은 신이 아니고 우상입니다.
    우상을 믿으면 속는 것입니다.
    하나님만이 참 신이시고
    예수님만이 구원하시는 신이십니다.
    속지 마세요.
    한번 속아 보았으니 다시는 속지 마세요.
    예수님을 믿고 그분만을 섬기세요.
    그분만이 참 신이시고 구원하시는 분이십니다.

어린 요꼬야마의 가슴에 강렬하게 부딪힌 이 소식은 그의 어둡던 가슴을 비추어 주었다. 예수님을 영접하고 집에 돌아오니 그 어둡고 캄캄해 지옥 같던 집에 한 줄기의 찬란한 빛이 자기 속에서 흘러나와 온 집안을 비추는듯했다.

그는 변했다. 집안 식구들은 좌절과 실의에 빠진 나날을 보냈지만 그 외아들만은 부지런히 성경공부하러 다니면서 소망 중에 성장하고 있었다. 그는 꾸준히 배우고 자라서 대학을 나와 또다시 신학교에 들어갔고 졸업 후에는 뱅쿠버로 자비량 선교사가 되어 왔다. 사실 그는 지금까지도 그곳에서 복음을 전하고 있다.

그는 나를 참 좋아했고 몇 번이나 그 교회에 초청을 했을 뿐 아니라 내가 쓴 책 『만일 그렇지 않을지라도』(『죽으면 죽으리라』의 일본어판)을 날마다 성경을 읽은 후에 되풀이하여 계속 읽고 있다고 했다.

이 요꼬야마 목사의 주선으로 씨애틀과 뱅쿠버 지역에 있는 일본인 교회들이 연합해서 씨애틀에서 부흥집회를 하게 되었는데, 나를 강사로 택하게 되었다. 씨애틀의 큰 강당을 빌려서 모이기로 한 것이다.

일본인 신자들은 내가 쓴 책을 일본에서 가져다가 모두 읽었기 때문에 내가 강사로 간다니까 흥분을 하고 야단이었다.

『우리 교회들이 집회를 여러 번 해보았지만 이토록 열광적인 것은 처음입니다.』

많은 신자들과 함께 공항으로 나를 맞으러 나온 대표 목사가 그렇게 인사를 했다.

일본인들의 기질은 그들이 정말 존경하고 좋아하면 금방이라도 우상처럼 떠받드는 습관이 있는 것을 아는 나는 그들의 그 깍듯한 태도에 웬지 마음이 섬뜩해졌다.

집회가 시작되자 예상보다 훨씬 많은 사람들이 씨애틀과 뱅쿠버 전역에서 집회 장소로 모여들었다. 일본인 신자들뿐 아니라 일본말을 알아 듣는 나이 지긋한 한국인 신자들도 신문광고를 통해서 알고 찾아왔다.

나는 사실 솔직하게 말하자면 여학교에서 일본어를 가르쳤고 또 일본어로만 공부를 한 탓에 일본어로 글쓰기가 더 쉽고 편했으며 말하는 것도 일본말로 하면 더듬지 않고 표현도 자유롭게 하는 처지이다. 그래서 일본어로 대집회를 하는 것이 내겐 기쁜 일이 아닐 수 없었다.

그러나 집회는 말을 잘하는 것이 목적이 아니고 어떻게 하면 복음, 즉 주님의 말씀을 잘 전할 수 있는가가 중심이요 목표인 만큼 나는 조심스럽고 깊은 기도 가운데 강단에 설 수밖에 없었다. 더욱이 이들은 일본인들로 과거에 우리 나라의 원수 민족이 아니었던가? 그러나 하나님은 국가를 초월하시며 민족의 구별이 없으시니 진리되신 말씀만 전하면 아무런 문제도 생기지 않는다는 걸 나는 알고 있었다.

예전에 어떤 일본인 교회에서 집회를 했을 때의 일이다. 한 사람이 내게 와서 물었다.

『당신은 일본인을 미워하지요?』

그래서 난,

『난 일본인이 숭배하는 귀신들을 미워하지 일본인은 미워하지 않습니다. 절대로.』

했더니 그 일본인은 또 내게 물었다.

『그러나 사랑은 하지 않으시죠?』

『하나님은 모든 인간을 다 사랑하시는데 내가 일본인이라고 해서 사랑을 하지 않는다면 하나님을 거스르는 일이 되겠죠. 그러고서야 내가 하나님의 사랑을 전하는 사람이라고 할 수 있겠어요? 하나님이 모든 인류를 사랑하셔서 자기 아들을 아끼지 않으시고 희생하셨는데 나는 그 사랑을 전하는 종으로서 일본인을 극진히 사랑하고 돕기를 원한답니다.』

그랬더니 그 일본인은 묵묵부답이었다.

한편 씨애틀에서 열린 일본인 교회의 부흥회는 첫날부터 대성황이었다. 멀리서 오는 사람들이 많았는데 시간을 정확히 지켜 문화인의 모습을 보였다. 늦게 들어오는 사람도 없었고 자리도 질서 정연하게 앞좌석부터 채워갔다. 일본어를 아는 한국 신자들도 일본인들이 모이는 곳에 올 때면 시간을 잘 지키는 습관이 들어 있었다. 그것을 보며 난 습관이 얼마나 중요한 것인가를 다시 생각하게 됐다.

일본어를 아는 한국인도 적잖이 온데다가 일본인 신자들에게는 불신자 한 사람씩 꼭 인도해 오라고 각 교회마다 누누이 광고를 했고, 그들은 또 그런 약속과 책임감에는 철저하다고 자부하는 터인지라 그 책임을 잘 수행하였기 때문에 교회의 지도자들은 좋아서 모두 흥분 상태에 있었다. 게다가 부흥회 강사가 과거 전쟁시에 위험을 무릅쓰고 일본 정부와 고급 관리들에게 가서「일본은 하늘에서 쏟아지는 유황불에 불타 잿더미가 돼버린다」고 불같이 경고하자 말 그대로 미공군이 원자폭탄을 떨어뜨려 유황불같이 모두를 불태워 하루 아침에 패전하게 되어 일본의 수치를 온 세계 만방에 드러나게 한 장본인이라고 해서 관심은 이만저만한 것이 아니었다.

늘 느끼게 되는 일인데 한국인 신자들이 그만큼 모였다면 찬송소리는 우렁차고 굉장했을 것이다. 그러나 일본인들의 찬송을 부르는 모습은 찬송을 하는 사람보다 듣기만 하거나 보고만 있는 사람이 더 많았다.

감격에 차서 기도하는 목사님은 마치 역사를 강의하는 것같이 길게 기도했고, 기도 후에 나를 소개하신 목사님은 온갖 칭찬을 다 늘어놓았다. 마치 무슨 웅변이라도 하는듯한 말투로 수다스럽게 말을 늘어놓으며 시간을 끌었다. 갑자기 내 마음 속에서 분노와 같은 것이 치밀어 오르기 시작하였다.

이 강단은 주님을 증거하고 말씀을 선포하며 하나님만을 자랑하고 높이는 자리가 아닌가?

이 귀중한 일분 일초를 왜 쓸데없이 사람을 높이고 칭찬하면서 허비하는가?

「이런 괘씸한 사람들이 어디 있담…!」

「하나님을 자랑하고 예수님을 높이고 성령이 오셔서 감동시키시는 이 강단에서 웬 쓸데없는 군소리야!」

「그런 웅변으로 나를 칭찬하면 내가 높아질 줄 아나?」

「내가 칭찬받으려고 온거야?」

그가 길고 수다스럽게 내 소개를 하고 있는 동안 나는 시계바늘만 들여다 보고 있었다. 속에서 부글부글 끓어오르는 감정을 참느라 애썼다. 주님께 미안하고 죄스럽고 한편으로 불안하기까지 했다. 주님이 높임을 받으셔야 하고 찬송과 경배받으셔야 할 장소인데 성령님이 얼마나 어처구니 없어 하실까 생각하니 몸둘 곳이 없었고 불안해졌다.

내가 단에 나가 서자 우뢰와 같은 박수가 터졌다. 나는 깜짝 놀랐다. 마치 무슨 강연회에 온 줄로 생각한 모양이었다. 나는 손을 저으며 박수를 그치게 했다. 그리고 일본어로 자신있게 말을 시작했다.

『여러분! 여러분은 오늘밤 여기 서있는 안이숙이를 보러 오신 것이 아니고 지금도 살아계셔서 온 세계와 인류 역사를 주관하시며 다스리시는 그분이 지금도 어떻게 그 살아계심과 주관하고 계심을 나타내고 있는가를 이 안이숙이를 통해서 보고 들으러 오신 것입니다.』

그말이 떨어지자 장내는 잔잔한 바닷물결같이 조용하고 엄숙해졌다. 나는 내 입에서 나오는 말과 음성에서 성령님이 돕고 계심을 느끼게 되자 마음이 환해지고 온몸이 뜨거워지는 쾌감에 잠겼다. 감사에 젖었다.

첫날밤의 제목은「사랑의 제일 조건, 사랑을 지읍시다」였다.

나는 준비한 말씀을 천천히 전하기 시작했다.

『모든 피조물은 사랑을 좋아합니다. 사랑을 원하고 사랑에 굶주려 있지만 세상에는 사랑이라는 것이 없습니다. 그것은 마치 사람들이 다 밥이나 빵을 먹고 사는데 밥과 빵은 만들지 않으면 먹을 수 없는 것과 같습니다. 밥이나 빵을 만드는 재료는 얼마든지 있지만, 만들어야 밥이 되고 빵이 됩니다. 재료가 아무리 많아도 만들지 않으면 세상에는 밥도 빵도 없습니다. 밥이나 빵은 실제로 먹어야 살 수 있습니다. 그러나 먹고 싶다고 저절로 생겨서 먹을 수 있는 것은 아닙니다. 마찬가지로 만물이 모두 사랑을 원하고 사랑을 좋아하고 갈급해 찾고 찾아도 사랑을 만들지 아니하면 사랑은 없는 법입니다. 세상에는 소위 모성애, 혈육애, 연애 등이 있어서 어디서나 사랑과 비슷한 것들을 찾을 수 있다고 생각하지만 그것은 사랑이 아니라 본능이고 육욕이며 또한 사람뿐만 아니라 동물이나 곤충들에게도 있는 것으로 특별히 만들거나 애쓰지 않아도 나면서부터 가지고 온 것입니다. 그것만으로는 사랑의 완전한 만족을 누릴 수 없습니다. 또 밥이나 빵을 남의 집에 가서 대접을 받거나 식당에 가서 사먹으면 그때뿐이지만 내가 만들 수 있으면 원할 때나 필요할 때 언제나 먹을 수 있지 않습니까? 이와 마찬가지로 사랑도 잠깐은 남에게 받을 수 있고 누릴 수 있지만 내가 사랑을 만들고 직접 제조한다면 나는 언제나 사랑을 먹고 누리고 그속에서 끝날까지 아니 영원히 살 수 있는 것이 아니냐는 것입니다. 밥이나 빵을 만드는 재료와 기계만 있으면 언제든지, 얼마든지, 만들어 먹을 수 있는 것같이 사랑을 만드는 재료는 온 세상에 가득하고 내 주위에도 얼마든지 있습니다. 그런데 그 사랑을 만드는 기계는 바로 내 자신입니다. 내 눈과 말과 손과 특히 뇌와 그 뇌의 놀라운 활동력은 모두 사랑을 만들고 지어내는 데 오묘하고 신기한 기계랍니다. 우리를 창조하신 분이 그렇게 만들어 주신 것입니다. 여러분! 우리 머릿속에 들어있는 뇌는 무게가 몇 kg이 될까말까 하지만 그 속에 들어있는 신경의 수는 몇개나 되는지 아십니까? 4,000억에서 8,000억이라는 눈에도 보이지 않는 신경이 들어있다고 합니다. 그것은 우리 인간 한사람 한사람이 얼마나 훌륭한 기계인가를 입증하는 사실이 아닐 수 없습니다. 그 기계는 생각할 수도 있고 발명할 수도 있고 실천할 수도 있으며 삶에서 인간이 누릴 수 있는 모든 지식과 지혜를 공급하는 신기한 것입니다. 이 수천억의 신경이 사랑을 짓고 만들기 위해서 연구하고 발명하는 대로 우리 손과 발과 눈 그리고 말과 음성이 행동하게 되어 있습니다.』

청중들은 물을 끼얹은듯 조용했다.

『그럼 이런 훌륭한 기계를 사용해서 어떻게 사랑을 만들 수 있겠습니까? 우선 당신을 인간으로 기기묘묘하게 지으시고 살게 해주시는 하나님을 찾아서 만나 그를 향해 사랑을 지어야 합니다. 그렇다면 어떻게 하나님을 찾을 수 있겠습니까? 먼저 이 일에 전문가이신 목사님들의 말씀을 귀담아 듣고 하나님의 아들인 예수님을 마음 속에 영접해야겠습니다. 그분을 내 맘에 모셔 들이고 그분의 말씀을 겸손하게 듣고 배워서 예수님이 하라시는 대로 살도록 힘을 다하고 목숨을 다해야 합니다. 그분의 말씀은 곧 성경입니다. 그 성경 말씀이 하나님의 말씀인데 이 성경을 읽음으로써 우리는 하나님을 사랑하게 되어있습니다. 여러분! 이 말이 우습게 들리십니까? 저는 제 생명을 걸고 그야말로 결사적으로 이 일을 시도하고 경험한 사람입니다. 저는 제 육체가 어떻게 신비하고 놀랍게 지어졌는가를 알았을 때 이것이 바로 하나님의 사랑이라는 것을 절실히 깨닫게 되었답니다. 그래서 저는 제 몸 전체와 제 일생을 드려서 그 하나님을 사랑하기로 작정을 했지요. 전 예수님을 내 맘에 모시고 성경을 읽고 또 읽고, 암송하고 쓰고 베끼고 하면서 하나님의 마음을 알게 되었습니다. 그런데 그 말씀이 저로 하여금 일본의 망국행위를 경고하라고 명령하셨습니다. 저는 그토록 자랑 많고 우상이 많은 일본제국, 더욱이 전쟁 때라 더욱 잔인무도하고 거만한 일본제국의 정부와 고위 관료들에게 가서 「일본은 하늘에서 쏟아지는 유황불로 멸망을 당할테니 회개하고 하나님을 두려워하라」고 당당하게 외쳤습니다. 나는 그 자리에서 당장 칼에 맞아 죽어도 좋다는 각오로 갔는데 그렇게 되지는 않았고 감옥으로 던져졌습니다. 그러나 많은 사람들이 나를 존경하고 동정과 감사의 표현을 보여주기도 했습니다. 그 증거로 히비끼 대장은 나더러 자기의 양녀가 되어달라고 간청을 하기까지 했습니다. 왜 그랬는지 아세요? 나는 일본이 비록 내 조국의 원수 나라요 우리 동포들을 비참하게 만들고 우리 위에 군림하여 왕노릇한 용서할 수 없는 나라였지만 하나님을 진심으로 사랑했기 때문에 민족의 구분이 없으신 그분의 뜻을 따라서 일본이 회개하고 그 민족들이 우상숭배에서 헤어나 하나님을 만나기 바랐습니다. 하나님을 만나서 나와 같이 행복하고 평안하게 될 것을 믿었습니다. 여러분은 내가 쓴 책「만일 그렇지 않을지라도」를 많이 읽으셨을 줄로 압니다. 거기에 더 자세한 설명이 있으니 시간도 없고 해서 반복하지 않겠습니다. 나는 6년간의 옥고를 치르고 사형을 기다렸는데 아직 이렇게 살아 있습니다. 6년간의 춥고 배고프고 억울하고 아니꼬웠던 길고 긴 세월은 내게 하나님은 살아계시고 나를 세상에 보내셔서 행복하도록 도와주고 계시다는 온전한 확인의 사건이었을 뿐이었지요. 여러분도 책에서 읽으신 것과 같이 그 고통 속에서도 너무 웃어서 죽을 지경이 된 적도 있었고, 너무 행복해서 울고불고 눈이 부어 소경이 된듯한 적도 여러번 있었습니다. 살아계신 증거를 그렇게도 확실히 또 너무 자상하고 놀랍게 체험하여도 무어라 표현할 말이 없어서 입을 벌리고 멍해졌던 경험도 얼마나 많이 겪었는지 모릅니다. 그래서 난 죄수생활 6년을 내 일생 중에서 가장 귀중했던 시간으로 생각하고 고마워하며 만족해하고 있습니다. 나는 국민학교에서 대학 연구과정까지 모두 일본인 선생님들에게서 배웠고 내가 선생이 되어 여학교에서 가르칠 때도 일본어를 가르쳤으며 나를 감옥에 넣어 연단을 받아 신앙을 견고하고 빛나게 해준 것도 일본이었습니다. 나를 죽이려고 사형을 선고했다가 유황불인 원자탄에 항복하게 된 것도 일본입니다. 나는 우리 남편과 몇번이나 농담같이 말하곤 합니다.』

일본이 망했다는 부분에 가서 몇사람이 얼굴을 찡그리며 움츠렸다. 사실 일본은 나를 가르쳐주고 나를 세워 놓고 싸웠지만 결국 내게 굴복하고 엎어지지 않았는가!『여러분! 왜 하나님이 일본을 땅에 떨어뜨리셨는지 아세요? 모르시지요. 제가 알려드릴께요. 8억의 우상을 버리고 죽음에서 일어나라는 것입니다. 그리고 복음을 받아들여서 빛 가운데 살고 영원히 살라고 그러신 것입니다. 일본은 전쟁시대에 선교사들을 모두 쫓아냈고 신자들을 박해하며 살육했습니다. 이제는 선교사들이 복음을 들고 홍수같이 일본으로 밀려들어 가고 있지 않습니까? 여러분! 이 모든 사실들은 진리가 여기 있다고 증명하러 온 제가 참 증인이라는 것을 보이기 위한 것입니다. 하나님을 향해 사랑을 제조해 보세요. 만들어 보세요. 천국! 천국에 대한 지식은 여러분 상상에 맡기겠어요. 어느 정도는 추측이나 상상이 갈테니까요. 6년의 내 감옥생활 동안 그 천국은 문 하나 사이에 있었습니다. 저는 얼마나 기뻤는지 모릅니다. 나는 그 문이 열리기를 기다리며 천국 대합실에서 살고 있는 기분이었습니다.』

내게 주어진 시간은 45분에서 50분이었는데 그새 시간이 다 지나갔다. 나는 감옥 속에서 일어났던 짤막한 사건을 간증하고 마쳤다.

다음 날에는 사람과 사람 사이에서 어떻게 사랑을 지어야 할 것인가를 말하기로 하고 사회자의 간단한 광고가 있은 후 집회는 모두 끝났다.

흩어지는 무리 중에는 달려와서 정중하게 인사하며 고마워하는 신자도 있었고 눈을 흘기며 못마땅해 하는 얼굴들도 있었다.

「듣든 말든 나는 진리만 전달하면 된다.」

나는 그들에게 그렇게 외치고 싶었으나 그것은 주님의 사랑이 아니었기 때문에 순간적으로 그 감정을 지워버렸다.

목사님들과 지도자들은 물론 많은 신자들이 가까이 다가와서 인사를 하며 감사해 했다.

호텔로 돌아오는 길에 차 안에서 나를 안내해주고 돌봐주는 젊은 목사가 말을 꺼냈다.

『선생님! 질문 하나 해도 되겠습니까?』

『되고 말고요. 뭐든지 하세요.』

『선생님의 책을 읽을 때도 그랬지만 오늘밤 말씀을 들으면서도 강렬하게 느껴지는 것이 있는데요. 선생님은 날 때부터 즉 선천적으로 마음이 담대하고 강직하셨나요?』

나는 웃음이 나왔다.

『제 책을 자세히 읽지 못하셨군요. 그 책을 읽으면 처음부터 끝까지 내가 얼마나 약했는가, 그것도 마음뿐만 아니라 몸도 그랬다는 걸 알 수 있지요. 그렇지 않던가요?』

다른 목사가 덧붙였다.

『그렇지요. 그랬어요. 몸이나 마음이나 신경이 매우 약했다는 걸 금방 알 수 있었지요.』

그제서야 젊은 목사는 생각난듯이

『그래요! 그랬어요. 정말 그랬네요. 그런데 심문을 받으실 때는 언제나 자세가 꼿꼿했고 단호했지요. 오늘밤 말씀도 「거리낌없이 나오는 대로 던지니 받아라」하는 자세였습니다. 우리들은 교인들 비위를 상하게 할까봐 여간 조심스럽게 말씀을 전하는 것이 아닙니다. 이제는 습관이 되다시피 했는데 선생님은 우리와 너무 다르셨어요.』

『왜! 제가 교만하고 거만해 보이던가요?』

내 질문에 젊은 목사는 펄쩍 놀라며 말했다.

『아니, 아니올시다. 천만에요. 그런 것이 아니라 무척 당당하고 자신 있는 내용이었다 그런 말이죠.』

『말씀 전하는 내 자세가 만일 고자세였다면 듣는 이들이 모두 불쾌해 하지 않았을까요?』

나도 은근히 걱정이 됐다.

『천만에요. 혹시 그런 분이 있었는지 모르겠지만 선생님은 우리가 못할 일을 하셨으니 성령님의 도우심이라고 믿습니다.』

목사 부인이 한마디 했다.

『말씀하시는 일본어가 너무 부드럽고 또 음성도 아주 아름다워 어떤 말씀을 하셨든지 모두 잘 듣고 감동을 받았을 것으로 알아요. 내일 밤에 보면 알지요. 성도들의 기분이 좋았는지 나빴는지를요.』

나는 그런 이야기를 들으면서 일본인 목사님들이 교인들을 지나치게 의식한다고 생각했다. 그때 또 질문이 나왔다.

『한가지만 더 말씀해 주시겠어요? 안 선생님!』

『물론이죠. 하세요.』

『만일 일본인 간수가 선생님을 사형장으로 끌고가서 진짜로 사형시켰다면 그 당시 즉 사형을 받으실 때 무슨 말씀을 하셨을까요?』

이 질문이 떨어지자 차 안은 찬물을 끼얹은 것같이 조용해졌다. 나는 그때를 잠시 돌이켜 생각해보곤 이렇게 대답했다.

『우상의 나라 일본 민족아! 하나님이 너희들도 사랑하시니 우매한 우상에서 떠나 예수님께로 돌아가라!』

차 안은 더욱 조용해졌다. 나는 말을 계속했다.

『그런 기회를 갖지 못했던 것이 지금 생각하면 얼마나 분한지 모르겠어요.』

『아니, 그럼 사형을 당하는 것이 더 좋았다는겁니까, 선생님?』

『네, 그렇게 죽었어야 했는데…, 그랬더라면 그 말이 어떻게든지 밖으로 흘러나와 일본 역사에 기록되었겠죠. 그래서 하나님이 일본 국민을 얼마나 사랑하셔서 경고하시고 회개하라고 자기의 종을 보내셨는가를 길이길이 남겼을 것이 아니겠어요?』

그러자 한 사람이 얼른 말을 했다.

『안 선생님이 저술한 책에 낱낱이 기록되었으니까 온 일본 국민이 다 읽고 진상을 알게 된 것 아닙니까?』

『그렇고 말고요. 아사히 신문 제일면에 실린 그 굉장한 서평 때문에 선생님 책은 초베스트셀러가 되었죠. 일본 역사상 기독교 서적으로 그토록 무섭게 빨리 팔린 책은 또 없었다고 하니까요.』

『그래요. 자기만 볼 뿐 아니라 한번 내용을 읽어본 사람은 몇권씩 더 사서 친구나 이웃 심지어 외국에도 보내고 있으니까요. 그래서 우리들도 그 책을 읽게 되었고 또 계속 주문해서 여러 곳에 선물하고 있잖아요. 오늘밤 불신자들이 이토록 많이 온 것도 그들 중 대부분이 그 책을 읽은 탓이었을겁니다. 저자가 오신다니까 기뻐서 온 사람들이겠죠.』

『더욱이 그 책은 일본의 국가지정도서가 되었으니 일본의 전 국립도서관에는 어디나 있을 것이고 또 영원히 남아 있어서 누구나 가서 읽을 수 있게 됐지 않습니까. 그것이 역사에 오른 것이 아니고 무엇이겠어요?』

저마다 한마디씩 하는 것을 들으면서 나는 하나님이 하시는 일에 감탄을 하지 않을 수 없는 심정이 되어 마음 속으로 주님을 찬양했다.

일행은 나를 호텔방까지 정중히 데려다 주고 돌아갔다. 그들이 문을 나서자마자 나는 카페트 위에 꿇어 앉아서 감사와 경배의 기도를 드렸다.

언제나 그러했듯이 오늘밤에도 전한 말씀과 간증 내용에 대해 나는 처음부터 천천히 되새겨 보았다. 오늘밤의 간증집회를 생각하니 마음이 무겁고 답답해졌다.

그 사랑! 그 하나님의 사랑!

내가 체험하고 얻은 그 사랑이 오늘은 너무 희미한 것만 같아서였다.

나는 성경에 그려진 그분과 그분의 사랑에 대해 어떻게 알고 또 얼마나 누려왔던가?

그 사랑이 내게 어떻게 역사했는데 왜 그것이 제대로 전달되지 않았는가?

왜 뚜렷하고 진지하고 분명해지지 않았는가!

오! 주여, 내 아버지여!

나는 압니다. 나는 누렸습니다.

그 사랑이 내 전체에 숨어들어 있지 않습니까? 내 행동에, 내 삶에 쏟아지고 넘쳐서 내 영혼이 살아 펄떡펄떡 뛰며 증거하지 않습니까.
그 사랑이 내 육체 속에 숨어들어 흐르고 뿜고 넘쳐 솟아오르지 않습니까?
만일 내 영혼이 이 육신을 떠나간다면 이 남겨진 육신, 뼈와 살과 피와 가죽 그리고 각 세포 등 온갖 육체에 붙어있는 것 모두가 주님의 사랑을 증거하고 외칠 것입니다.
아! 계획하시고 이루시는 사랑, 잔잔하고도 억세고 섬세한 사랑, 뜨겁고도 시원하고 맛있는 사랑, 포근하고도 긴장케하는 그 사랑, 스며들고 퍼내리는듯한 벅찬 사랑, 오묘하고도 달고 또 진지한 사랑, 급하게 쏟아 붓고 철철 흐르게 하는 아버지의 극렬하고 미묘한 사랑!
놀랐을 때 아플 때 답답할 때 몰라서 안타까울 때 잃어버렸을 때 분할 때 슬플 때 괴롭고 앞이 캄캄할 때 배고플 때 추울 때 한가하고 지루할 때 울고 불평할 때 서럽고 외로울 때 좋고 기쁠 때 풍성하고 자랑스러울 때 인정받고 대접받을 때 재미있을 때 재미없을 때 볼 때 들을 때 깨달을 때 알아볼 때 읽을 때 먹을 때 마시며 즐길 때 잘 때 깰 때 갈 때 올 때 만날 때 헤어질 때 그 높으시고 전능한 하나님이 왜 그렇게도 나를 감싸시고 붙잡으시고 호위하시고 채워주시는가? 나를 변호하시고 지키시고 업으시고 안으시고….
아! 왜 그분은 나의 전체에 그렇게도 진지하고 세밀한 능력을 동원해 나를 살게 하시는가. 이 사실은 신비 중에 신비요 비밀 중에 비밀이요 은혜 중에 은혜라. 그런데도 나는 완전해지지 않으니 인간은 인간일 수밖에 없나보다.
그러나 언젠가 이 육신이 흙으로 돌아가고 사랑 속에 살아온 영혼이 그 하나님 아버지를 만날 때는 달라질 것이다.
회개의 아픔이 필요없을 그날이 이르면 그때 나는 외칠 것이다.
『이제야 비로소 주님이 완전하심같이 나도 완전해졌나이다』라고!
세상에서 수없이 넘어지고 실수하고 범죄하고 그러다가는 또 울며 불며 회개해도, 또다시 피곤한 육신을 끌고 세상과 한없이 싸우다가 지쳐 떨어지는데 아! 그냥 그렇게 한없이 모자라는 내 삶이 아버지의 사랑 아니라면 그분의 은총 아니라면 어찌 내가 그분 앞에서 완전히 설 수 있겠는가! 하나님의 그 크신 사랑을 내가 보오니 세상은 맑아라, 아름다워라!

## 59
## 무식쟁이

글을 몰라서 무식일까요.
세상의 상식과 풍조의 변화를 몰라서 무식해요?
아니예요. 아니란 말이에요.
무식하다는 뜻은 죽음을 의식하지 못하고 산다는 말입니다.
마치 사형받아 내일 모래면 죽을 죄수가 장가갈 준비를 하고 새 집 지을 계획을 하고 앞뜰과 뒤뜰에 심을 꽃씨를 생각하며 아들 낳고 딸 낳아서 부를 이름을 짓고 있는 것과 꼭 같다는거예요.
인간이 태어났을 때
받아 가지고 온 수명은
이르든지 늦든지 언젠가는 오는 것인데,
병이 나서, 자동차 사고로, 비행기 사고로, 홍수나 실족, 살해.
어떤 연유로든 우리는 죽는데
그것을 의식하지 않고 산다면 그런 무식한 사람이 어디 있겠어요.
그것을 바로 무식쟁이라고 하는거예요.

## 60
## 배우는 일



배우는 일은 참 좋은 것이지요.
무엇이나 배우면 살기도 쉽고 참 좋아요.
세상학문, 지식, 상식, 생활의 지혜에 관해서
무엇이든지 배우면 편리하고 재미있지요.
많이 배우면 많이 알지요.
많이 알면 훌륭해지지요.
훌륭하면 인정받고 존경받지요.
그것은 세상 사람들이 원하는 것이지요.
그런데 그것들은 죽을 때에는 아무런 도움이 안돼요.
인간의 최대사는 죽는거예요.
죽는 데 도움이 되는 것을 배워야 해요.
이 배우는 일만큼은 결사적으로 해야 해요.
먹든지 굶든지 시간이 있든지 없든지
입장이 어떠 하든지 환경이 어떠하든지
죽음과 죽음 이후의 일에 대해서는
죽으면 죽으리라는 각오로 배워야 한단 말이오.
왜?
우린 다 죽을 것이고
또 죽은 후에는 영원히 안 죽을 테니까요.
배우는 일은 중요해요.
배우지 않으면 큰일나요.
배워야 해요. 결사적으로요.
죽음과 죽음 후에 일들을!

## 61
## 때는 있다. 그리고 꼭 온다

민자는 가난한 농가에서 태어나 몹시 어려운 생활을 하면서 자랐다. 호박이 익는 가을에는 호박에 강냉이를 넣고 쑨 죽을 배가 부르도록 먹었지만 겨울과 봄에는 언제나 굶주렸다. 부지런히 나물도 캐오고 쉴새없이 집안일도 도왔으나, 땅 한평 없이 홀아버지와 함께 사는 민자에게 좋은 일이 있을래야 있을 수가 없었다.

그러던 어느날 젊은 전도사 한분이 그 마을에 와서 복음을 전하게 되었다. 그 일을 계기로 그 두꺼비집 같은 곳에 살고 있던 민자와 아버지에게도 하나님의 사랑의 복음이 찾아오게 되었다. 아버지는 전도사가 전하는 복음의 말씀을 열심히 들었다.

『하나님이 우리를 사랑하신다니! 하나님이 우리 같은 것을 왜 사랑하실까? 세상살이가 너무 어려우니 하나님만 믿고 살자.』

동네에는 그 전도사를 비난하는 사람들이 많이 있었지만 아버지는 오히려 그 사람들을 나무라면서 전도사를 두둔하였다. 전도사가 가르쳐준「사랑」이라는 말이 민자네 아버지의 마음에 미친 영향은 무척 강렬한 것이었다.

민자는 거의 열 살이 되었어도 학교에 다니지 못했다. 거리가 멀기도 했지만 집이 너무 가난하여 옷도, 신도, 먹을 것도 없는 형편에 교육에는 생각이 미칠 수가 없었다. 10리나 떨어져 있는 학교에 다니는 동네 아이들도 있었지만 민자는 오두막집에서 배를 곯으며 아버지만을 기다려야 했다.

하루는 전도사가 글을 가르치겠다고 마을 사람들에게 개울 건너편 타작마당으로 모이라고 했다. 아낙네들과 학교에 다니지 못한 아이들이 모여서 전도사가 가르쳐주는 글을 열심히 배웠다. 민자도 그곳에서 함께 공부했다. 책은커녕 종이나 연필조차 없어 맨땅에 막대기로 쓰면서 배웠는데도 후에 민자는 전도사가 빌려준 책들을 다 읽을 수 있을 정도가 되었다.

그때까지도 그 아이는 이름이 없었는데 전도사가 민첩하다고 해서 「민자」라고 붙여주어 그때에서야 이름을 가지게 되었으니 지금 생각해도 참 우스꽝스러운 일이 아닐 수 없었다. 이름이 없다니….

그녀는 책을 통하여 배우는 것을 참 좋아했다. 그녀는 책을 읽으면 읽을수록 재미가 있고 모르던 것을 알게 되기 때문에 이제는 굶주림보다는 오히려 책읽기에 주리고 목말라 하게 되었다.

그런데 겨우 일년이 넘던 어느날 전도사는 서울로 올라가게 되었다. 그는 결혼을 할 예정이었는데, 결혼 후에는 다시 돌아올 처지가 안 되었으므로 그것이 영원한 이별이 되는 셈이었다. 민자는 너무 마음이 아프고 견딜 수가 없어서 하염없이 울었다. 그것을 보던 전도사가 말씀하셨다.

『민자야! 너 나를 따라 서울로 갈래?』

그녀는 너무 좋아서 그 말을 믿을 수 없을 정도였다. 그러나 아버지를 설득해야 했다. 전도사와 아버지 사이에 말이 오갔고 결국 전도사가 민자의 여비를 마련한 후에 다시 와서 데려가기로 결말이 났다.

떠날 때 전도사는 민자에게 자신의 성경을 주면서 말했다.

『이 책은 어렵기도 하지만 기도하면서 붉은 줄을 친 부분만 읽으면 하나님의 사랑을 알 수 있으니 내가 돌아올 때까지 읽고 외우도록 해라.』

민자는 그 성경을 날마다 읽고 또 읽으며 외웠다.

일년이 안 되어 민자는 전도사가 보낸 사람을 따라 서울로 갔다. 거기서 그녀는 장 장로님 댁에 살며 아이 돌보는 일을 하게 되었다. 그녀는 갑자기 주위 환경이 달라져서 겁이 났다. 그러나 다음날 전도사님이 오셔서 장로님 댁이고 사랑이 많은 식구들이기 때문에 염려할 것 없이 애기만 잘보면 된다며 안심시켰다.

그 댁의 가족은 장로님과 큰아들 내외, 대학에 다니는 막내아들, 세 살, 여섯 살 먹은 아이 둘이 있었다. 장로님 부인은 위암으로 세상을 떠나셨으며, 작은아들과 딸은 결혼하여 살고 있었다.

독실한 기독교 신자인 식구들은 혼자 성경을 읽는 민자를 퍽 사랑해 주었다. 애기를 돌보며 집에 있는 책을 즐겨 읽던 민자는 특히 성경 동화책을 좋아했으며 깊은 감명을 받기도 했다.

어느 해 여름에 호남 지방이 태풍으로 큰 피해를 보게 되었다. 신문과 라디오에서는 연일 보도가 나왔으며 식구들도 모두 염려되어 방송에 귀를 기울였다. 민자가 살던 마을도 침수되어 주민이 모두 죽는 피해를 보게 되었다.

민자는 마음이 아파서 여러 날 울었다. 식구들이 위로하고 달랬지만 울음을 그치지 않았다. 그러자 장로님이 민자에게 말씀하셨다.

『민자야! 너무 슬퍼하지 말아라. 네가 왜 서울로 왔는지 아니? 이런 일이 생길 것을 아신 하나님이 너를 그 동네에서 미리 불러내셨단다. 또 네 아버지도 홍수가 나기 바로 전에 돌아가셨고 말이다! 최 전도사님이 가난하고 우상이 우글우글한 곳에 가서서 일년 동안이나 예수 믿으라고 애타게 전도했을 때 모든 마을 사람들이 하나님의 사랑을 거부했지만 너와 네 아버지만은 받아들이지 않았니? 그렇게도 완강하게 하나님을 거역하는 동네도 별로 없었단다. 하나님이 예수님을 믿은 너에게는 글도 배우게 하고 또 서울로 오게 하여 홍수도 피할 수 있도록 하셨단다. 그 하나님을 얼마만큼 신뢰해야 하는지 알겠니? 너는 하나님이 알고 계신 아이란다. 그러니까 아무 염려말고 그 하나님만을 신뢰해라. 귀신 섬기고 거역하던 네 고향 사람들의 행동은 본받지 말아야 한다. 사람은 언젠가 다 죽게 된단다. 아무리 애써도 우리는 다 죽는단다. 정신 바짝 차리고 살아야 한다. 하나님을 대적하거나 거역하는 것은 위험한 일이란다.』

그 말을 들은 민자는 하나님이 아버지를 먼저 부르셨으며 자기를 구원해주셨다는 것을 분명히 알게 되었다. 민자의 어린 가슴에는 하나님께 대한 감사가 넘쳐 흘렀고 하나님을 믿는 것이 좋고 자랑스럽기만 했다.

그래서 그녀는 열심히 가사일도 돕고 아이들도 더 잘 보살폈다. 그녀는 식구들의 사랑과 신뢰를 차지하게 되었으며 교회에서도 칭찬이 자자했다.

그러던 어느날 교회를 돕고 사랑해주시던 노인 선교사가 갑자기 심장병으로 인해 귀국하게 되었다. 목사님은 장 장로님과 의논하여 민자를 같이 보내기로 하셨다.
　그래서 민자는 열아홉의 나이로 선교사를 따라 미국에 오게 되었다. 도착한 후에도 선교사님은 민자의 도움이 계속 필요하였다. 선교사의 조그마한 집에서 그를 도와주며 간호원 과정을 공부하였기 때문에 이민 문제도 처리가 잘 되었다.
　그후 선교사는 돌아가셨지만 민자는 그와 오래 살았기에 배운 점도 많았다. 영어에 익숙해졌고, 요리와 집안 정리도 잘하게 되었다.
　그러나 그녀는 선교사를 도우면서 가사와 공부에 신경을 써야 했기 때문에 자신의 외모를 치장하는 일에는 소홀해졌다.
　그래서 선교사가 죽은 후에는 얼굴에 주름살이 가득했다. 손을 댄다 해도 먼저 무엇을 해야 할지도 몰랐고 이미 주름이 깊어져서 고칠 수도 없었다.
　그때까지는 외모에 신경쓰는 사람들을 무심히 보아왔지만 거울 앞에서 거칠어진 자기의 얼굴을 볼 때면 참담한 기분이 들었다.
　또한 사람들이 자기를 그리 탐탁하게 여기지 않는 것도 의식하게 되었다. 민자를 가장 가까이 하는 신 집사까지도 핀잔조로 말했다.
　『처녀가 왜 그 모양이야? 시집갈 생각은 꿈에도 안하는 모양이지? 어느 남자가 이런 촌스러운 꼴을 보고 좋아하겠어. 민자! 모양도 내야 여자지, 그게 무슨 꼴이야. 머리도 머리지만 얼굴이 소가죽같이 되는데도…』
　「소가죽 같은 얼굴? 내가?」
　민자는 거울을 보기가 두려웠다. 아닌게아니라 멀리서 거울을 통해 얼굴을 잠깐 볼 때는 몰랐는데 언젠가 해가 들어 환한 방에서 거울을 보고는 무척 놀랐다. 주름과 주근깨 투성이었고 피부는 까칠해져 있었다. 신 집사는 또 말했다.
　『민자는 이제부터 노처녀 시대로 들어섰어, 몰라? 스물여섯이면 후딱 서른이 돼! 서른만 넘어봐, 주름이 깊어져서 아무리 다림질을 해도 펼 수가 없어! 그대로 늙어버린다구! 또 얼굴이 무슨 빨랫감이야? 왜 그 강한 양잿물로 빨아대느냐 말이야. 크림을 발라서 촉촉하게 가꾸어 주질 않고.』
　그녀는 신 집사한테 그런 말을 여러 번 들었지만 공부와 일에 밀려서 대수롭지 않게 듣고 넘겼는데 드디어는 그것이 후회되었다. 크림이나 화장품 등을 사 쓰면 좋긴 하겠으나 웬지 사치 같고 외모에만 집착하는 것 같아 망설여왔다.
「마음만 착하고 정직하면 되겠지.」
「나를 이해하는 남자가 있을거야.」
민자는 그런 식으로 자위하며 살았다.
그러나 공부도 끝나고 일도 숙달되어 점차 여유가 생겼다. 또 남자에 대한 관심도 많아졌다. 여자들과 대화하는 것보다 남자들과 말을 나누어보고 싶어졌다. 그러나 남자들은 예쁘고 모양을 낸 여자들에게만 관심을 기울이고 자기는 쳐다보지도 않았다. 예쁜 여자들과는 농담도 하고 웃고 잘 사귀면서 자기에게는 업무만 설명하고, 웃는 일도 농담도 없이 사라졌고 이야기하자는 사람도 별로 없었다.
그러나 그녀는 꾸준히 성경도 읽고 기도도 잊지 않는 생활로 믿음은 흔들림이 없었다. 설교도 잘 듣고 말씀대로 살려고 노력하는 습관도 변하지 않았지만 고민하기 시작했다.
「나는 무엇이 문제일까? 신 집사님의 말씀처럼 내 외모가 문제인 것일까? 문제일거야! 그러나 성경에 분명히 하나님은 사람을 외모 보거나 판단하지 않는다 했잖아? 나는 가족도 친척도 없지 않나? 힘들게 고생해서 간호원이 되고 예수 믿는 하나님의 자녀가 되었는데, 왜 여자 중에서 소외를 당하는 신세가 되었을까? 친구라고는 신 집사님뿐인데, 신 집사님은 내 정직함과 믿음은 인정하면서 왜 나를 슬프게 할까?」
민자는 제일 가깝고 친한 신 집사까지도 원망스러워졌다. 우울하고 신경질적이 된 민자는 공휴일이 되어도 외출하지 않고 틀어박혀서 공상으로 지루한 시간을 보냈다.
그러던 어느날 신 집사는 민자에게 책을 한 권 주면서 읽으라고 했다.
『민자! 이 책을 읽으면 사람이 달라져요. 난 달라졌어. 달라졌다니까! 자 읽어봐요. 내 말이 틀리는가.』
민자는 어떤 책이라도 즐겨 읽는 습관이어서 받자마자 읽기 시작했다. 밤을 지새우며 울고 웃으면서 읽었다. 신 집사가 가져온 다른 책도 읽었다.
그 당시 나는 미국에 있는 한 교회에서 3일 동안 간증설교를 하고 있었다. 그들은 내가 집회하는 교회에서 3시간이나 차를 타고 가야 하는 곳에 살고 있었다. 그들은 신문을 보고 주일날 교회로 나를 찾아왔다. 나는 그들이 먼길을 왔다는 말을 듣고 늘 그랬듯이 병자인가 하여 급히 만나 보았다. 그러나 병자는 아닌 것 같아 우선 안심이 되었다.

『용서하세요. 나는 두 분이 혹 어디가 편찮으셔서 기도를 부탁하려고 오셨는가 해서 겁이 났는데 편찮으신 분들은 아니지요?』

『아파요. 선생님!』

『뭐라구요? 아프시다구요? 나는 아무리 기도해도 병이 낫지 않아요. 또 낫지 않는 것이 분명한데 안수기도를 해야 할 이유가 없지요. 그래서 저는 안수기도를 절대로 안해요. 아니 못 하는거죠.』

『염려마세요. 선생님! 이 친구, 마음이 아프다는 것이니까요.』

신 집사라는 분이 말했다. 그 말을 들은 나는 갑자기 마음이 아파왔다. 왜냐하면 민자의 얼굴에는 거친 세상을 시달리며 살아온 풍상이 역력히 나타나 보였기 때문이다.

『선생님 앞인데 다 털어놓지 뭐해!』

신 집사는 민자와 나를 번갈아 보며 말하기 시작했다.

『선생님! 민자는 크림을 사는 게 낭비이며 사치래요. 제가 사줘도 안 바른대요. 끈적거려서 싫다는군요. 믿는 사람은 외모에 신경쓸 필요가 없대요. 하나님은 마음을 감찰하시는 분이시니까, 마음만 깨끗하면 된다고 하는데 정말 그래야 되나요?』

신 집사는 내게 말하기보다는 민자가 들으라고 비꼬는 투로 말했다. 나는 어떻게 대답해야 할지 몰라서 민자를 향해 웃기만 했다.

신 집사는 한참 동안 책 이야기를 하더니 친척이 그 근방에 산다고 하면서 전화를 걸러 나갔다.

민자는 나하고 이야기할 기회가 생겨 좋아하는 표정이었다.

『민자 씨! 보시다시피 나는 노인이 아니오? 이야기할 시간이 지금 잠깐밖에 없으니 말씀해 보세요?』

『선생님! 선생님이 쓰신 책을 보니 하나님은 선생님이 안타깝고 급한 일이 있을 때마다 기도를 하시면 꼭 들으시고 기적을 나타내셨던데요.』

『그럼요. 그랬어요.』

『저도 기도하면 주님이 응답해 주실 것 아니겠어요? 제가 어떤 죄도 짓지 않았으면요?』
『물론이지요. 그런데 민자 씨! 하나 분명히 알아야 할 것은 비록 우리가 죄를 지었어도 그 죄를 인식하고 회개하는 마음만 있으면, 아니 그 죄에서 떠나면 언제든지 담대하게 주님의 도움을 구할 수 있다는 사실이에요. 주님은 용서하시는 분이시니까요. 또 우리는 죄를 짓지 않을 수 없잖아요. 인간이기 때문에! 그렇지요?』
『네, 그런데 저는 아무리 기도해도 응답해 주시지 않아요. 선생님!』
『기도하면 꼭 응답하시는데 우리가 깨닫지 못하고 또 인정 못할 때가 많지요.』
『어떻게요?』
『가령「나는 칠수가 좋으니 그 사람하고 가깝게 해주소서」한다 합시다. 그런데 칠수는 다른 사람을 좋아하고 나한테는 무관심해요. 그리고 생각지도 않던 만수가 나타났다고 합시다. 그러면 하나님이 내 기도를 들어주시지 않은 것으로 생각할 것 아니겠어요? 그런데 사실, 하나님은 현재의 일은 물론 장래의 모든 일까지도 아시는 분이시기 때문에「너는 칠수라야 행복하겠다고 생각하여 그를 원하지만, 아니야! 만수라야 행복해」하시며 만수를 주셨단 말입니다. 그 당시에는 칠수가 만수보다 훨씬 낫고 내 마음에 들어서 구했지만, 세월이 지난 후에 보면 만수가 칠수에게 비교될 수 없을 만큼 좋다는 것을 알게 되지요. 이런 일이 참으로 여러 번 있었던 것을 기억해요. 우리는 우리 눈에 들어온 것이 최고요 최상인 것으로 판단하고 구하지만, 모든 일을 보시고 아시는 우리 아버지 하나님은 장래를 생각하여 매사를 신중하게 처리해주시니까요.』
민자는 찔림을 당한 것 같은 표정을 짓더니 말하기 시작했다.
『선생님! 저는 원래 시골 출신이에요. 또 어렵게 살아 와서 보시는 것처럼 모양낼 줄을 몰라요. 그래도 저는 하나님이 언제나 저를 도와주신 사실을 잊지 않고 있어요. 성경 말씀대로 마음을 보시는 하나님이 제 기도를 들어주시리라고 꽉 믿고 있어요.』
『물론이지요. 옳은 말이에요.』
『선생님! 아직 신 집사님은 모르는 일인데. 그분이 알면 일이 더 복잡해질까봐 아무 말씀도 드리지 않았는데요, 선생님! 외국인과 결혼하는 것을 어떻게 생각하세요?』
『우리에게 외국인이라면 불신자입니다. 인종이 다르고 국적이 달라서 외국인이 아닙니다. 천국백성이면 다 형제요 자매라고 나는 믿어요. 물론 결혼하여 살자면 생활 습관 때문에 여러 모로 어려움이 많겠지만요.』
민자는 자신을 얻은듯한 얼굴이었다.
『선생님! 저희 병원 환자 중에 중국남자 한사람이 있어요. 당뇨병으로 눈이 나빠져서 큰 물체만 겨우 볼 정도인데 그분이 저를 무척 좋아하는 것 같아요. 물론 노총각이고요. 중국에서 건너온 후 돈을 버느라 장가도 못 갔대요. 저는 배우자를 위해 기도했어요. 물론 한국 남자를 원했죠. 하지만 한국 남자들은 예쁜 여자만 따라다니지 나 같은 건 쳐다보지도 않았어요. 그러나 이 중국인은 저를 무척 좋아하고 기다려요. 눈이 몹시 나쁘기 때문이겠지요.』
『그것봐요. 내가 한 말이 마치 민자 씨의 일을 다 알고 한 말같이 되었네요.』
『그럼 선생님은 그 중국인이 하나님의 응답이라는 말씀이세요?』
『그것은 민자 씨가 판단할 문제지 내가 어떻게 알겠소?』
『그분은 집도 있고 또 일생 먹고 살 수 있는 돈도 은행에 예금되어 있대요. 그리고 또 친절하고 이해심이 많아요.』
『그런 말을 듣고 보니 기도가 응답된 것 같네요. 대개 노총각은 우직하고 고집스러우며 괴벽이 있다고 모두 싫어하는데, 그분은 특제품인 것 같네요.』
우리는 기분이 좋아져서 같이 소리내어 웃었다.
『그러면 그렇지. 하나님이 지금까지 도와주시고 인도해주셨는데, 결혼 기도를 응답하지 않으시겠어요? 하나님께서 그 중국남자로 응답하셨음을 내가 몰랐을 뿐이지요. 당뇨병은 물론 나쁜 병이지만 기도하면서 식이요법에 신경을 쓰면 주님이 고쳐주실거에요.』
『좋지요. 믿음은 기도할 제목이 있어야 자라고 강해지는 법이니까요. 사람들은 기도할 제목이 없어서 기도를 안해요. 그러니 당연히 믿음을 경험할 수 없지요. 사실 기도제목을 가지고도 기도하지 않고 걱정만 하는 미련한 사람들은 참으로 불쌍해요.』
민자는 간절한 목소리로 말했다.

『선생님! 저를 기도로 도와주세요. 정말로요!』
『그래야지요. 나는 매일 네번씩 예수님의 교회를 위해 기도하지요. 모든 교역자와 선교사들, 그리고 신자들이 주님 말씀을 바로 알고, 바로 전하며, 바로 살아서 성령충만함을 받아 악마가 건드리지 못하도록 말이에요. 민자도 그 중에 들어있으니 주님이 보살펴 주시리라 믿어요.』
『감사합니다. 제가 선생님을 만나 뵌 것도 주님의 인도하심이었어요.』
『민자 씨! 내 말 잘 들어요. 행복하고 싶지요?』
『네.』
『행복은 멀리서 오지 않아요. 또 은행에서 이자처럼 저절로 생기는 것도 아니구요.』
그 말에 민자는 눈을 크게 뜨고 내 말을 재촉하는 표정이 되었다.
『행복은 만들어야 한답니다.』
『어떻게 말씀인가요?』
『저절로 행복하게 되지는 않아요. 그것은 만들어야만 하는 것인데, 그 만드는 양도 본인의 노력 여하에 달렸어요.』
『말씀해주세요. 참 듣고 싶어요. 선생님!』
『예수님은 행복의 본체시고, 그 행복의 원동력이신 것은 아시죠?』
『네.』
『매일의 삶에서 온전히 그분만을 의지하면 돼요. 말씀대로 살며 실천하고 어떤 처지에서나 말씀에서 떠나면 안돼요. 예수님의 말씀이 우리 안에 있어서 어떠한 경우에 부딪혀도 말씀대로 행동하면 돼요.』
민자는 나를 뚫어지게 쳐다보며 말했다.
『구체적으로 말씀해주세요 선생님!』
『쉽게 말하자면 우리는 사는 동안 「화목둥이」가 되어야 한다는 것이에요. 어떤 일에든지 「화목둥이」가 되어야 하기 때문에 말을 하기 전에 먼저 그 결과를 생각해야 해요. 내 말이 화목에 도움이 될 것 같으면 말하고 행동하나, 불화를 일으킬 것 같으면 절대로 하지 말라는 뜻이에요. 남편과 가족이 있는 가정에서 이런 연습 먼저 해보고 이웃 가운데, 친척 가운데, 일터에서, 교회에서 실행하세요. 예수님을 부인하기 때문에 행복 그 자체를 모를뿐더러 행복이라는 것은 꿈도 꿀 수 없어요. 이 진리를 알지도 못하고 믿지도 못하니 그저「돈이 행복인가」「명예가 행복인가」「학술과 지식이 행복인가」하여 그것들만 쫓아 다니죠. 진정한 행복의 진리를 맛보지 못하고 실망해 버려요. 결국에는 그 무서운 멸망의 비탈길로 미끄러져서 영원히, 아주 영원히 후회해요. 물론 돈이 나쁜 것은 아니지요. 지식이나 학술이나 명예도 그래요. 그러나 그것은 잠깐 동안만 마음을 기쁘게 하지요. 천하가 무너져도 반석같이 요동없는 참 행복은 밖에서 오는 것이 아니고, 내 마음속에서 생겨나는 것이지요. 그렇기 때문에 누군가 와서 허물어뜨릴 수도 없고 어떠한 경우에도 없어지거나 줄어드는 일도 없어요. 우리는 늘 그것을 가지고 누리며 살 수 있는 것이란 말이에요. 나는 예수님 말씀이 행복의 본체시고 원동력이라는 것을 감옥살이 6년 동안에 절실히 깨달았어요. 누누이 보고 배우고 체험했기 때문에 그것을 자랑스럽고 담대하게 증거할 수 있어요. 예수님의 말씀은 잔잔하고, 솟아오르고, 흐르고 넘치는 샘물과 같아요. 그 생수는 필요에 따라서 홍해를 가르는 모세의 지팡이로도 나타나고 메마른 광야에서 만나와 물기둥이 되기도 하지요. 또 여리고 성을 무너지게 하는 나팔소리도 되고 요단강을 육지로 걸어가는 환희도 되지요. 비록 변소간같이 지저분하고 숨막히는 감방에서 흉악하고 용서받지 못할 죄수들과 생활했어도 나는 기뻤어요. 배가 고파 창자에서 꼬르륵꼬르륵 소리가 나도 넘치는 기쁨이 있었지요. 악독한 간수들의 매서운 눈초리 때문에 무릎이 쑤시는데도 일어나지 못하고 꿇어앉아 일했어요. 들리는 소문은 포학과 잔인과 무지와 억지뿐인데도 행복은 사라지지 않고 도리어 더 빛을 발하고 더 찬란하고 은근한 감격을 일으켰어요. 그래서 나는「아! 이 행복을 누구에게 어떻게 나눠줄까.」생각하고 울기만 했어요. 이러한 경험은 내 몸속 어디에나, 살과 뼈마디마다 온 마음과 영혼 속에 깊이 깊이 새겨져 있어요.』

『저는 선생님이 쓰신 책에서 그 사실을 읽었어요. 밤을 새우며 울면서 읽었어요.』

『그런가요. 사실 나는 그 책을 쓰고 나서 예수님이 행복의 본체시고 행복 그 자체시라는 것을 제대로 표현하지 못했다고 생각했어요. 그래서 마음이 상하고 아파서 견딜 수가 없었어요. 예수님이 내게 주신 증거가 너무나 미약하고 모자라게 나타나서 주님 앞에 무척 죄송하고 황송했죠. 죄책감에 막 죽을 지경이었어요. 그렇지만 회개의 기도를 했더니 주님은 내게 다시 증거할 수 있는 기회를 주셨어요. 주님은 그래서 이렇게 나로 하여금 돌아다니며 간증하게 하시죠.』
『저희는 선생님을 뵙기 위해 세 시간이나 운전하고 왔어요. 그러나 피곤한 줄을 몰랐어요. 너무도 좋아서 참으로 감격 속에 왔어요.』
『민자 씨! 기억하세요. 우선 주님을 바로 알아야 한다는 것, 그리고 그 말씀이 내 생각 속에, 생활 속에 언사와 행동 속에 기동력이 되어 살아있어야 한다는 사실을요.』
『네.』
『행복을 만드시라는 말이에요. 결사적으로요. 할 수 있으면 하고 못하겠으면 안하는 그런 미지근한 행동이 아니고 죽으면 죽자는 자세로 말이에요.』
『네.』
『그 중국인 환자가 남편이 되면 사랑하고 돕고 위로하며 예수님이 어떠하신 분인가를 증거하는 생활을 하세요. 말로도 알려주고 민자 씨의 행동으로도 보여주세요. 그러면 가정의 모든 일에 주님의 기적이 나타날 것이에요.』
『저도 그렇게 믿어요. 선생님!』
『그런데 민자 씨! 설령 일이 속히 이루어지지 않더라도 실망하지 마세요.』
『그래야겠지요.』
『예수님께서 하신 말씀 기억하세요?』
『무슨 말씀이요?』
『베드로가 한번은 예수님께 이런 질문을 했지요. 「선생님! 만일 우리 형제가 우리에게 죄를 범하면 몇번이나 용서해 줄까요? 일곱번까지 할까요?」 예수님은 무엇이라고 대답하셨지요?「아니다. 490번 곧 일흔번씩 일곱이라도 용서하여라」 하신 것 기억하시죠?』
『네.』
『그 말씀은 형제의 잘못을 보지도 생각지도 말라는 말씀 아니겠어요. 490번이란 수는 세고 세다가 그만 잊어버릴 수 있는 숫자가 아니겠어요? 그러니까 남의 잘못은 아주 안중에도 없어야 한다는 말씀이 아니겠어요? 그렇게 되려면 무척 힘이 들겠지요?』

『네, 참 그렇겠네요.』
『그러나 연습을 하면 할 수 있어요. 자꾸자꾸 연습을 하는 동안에 그만 습관이 되어 남의 잘못이 눈에 보이지도 않고 문제가 되지도 않는다는 진리이지요.』
『네, 그렇군요!』
『또 예수님은 더 중요한 말씀을 한마디 우리에게 남겨 놓으셨는데 …….』
『뭐예요? 선생님 꼭 말씀해주세요.』
민자는 나의 말을 재촉했다.
『잘 들으세요. 예수님께서는 제자들에게 기회 있을 때마다 말씀하셨어요. 자기는 예루살렘에 가서 종교 지도자들과 나라 지도자들의 손에 잡혀 혹독한 매질과 아픔과 고난, 곤욕과 수치와 학대, 멸시, 무시를 당하시고, 로마인에게 넘겨져 십자가에 못박혀서 죽으시고 장사되었다가 사흘 만에 다시 살아 부활하셔서 갈릴리에서 다시 만나신댔어요. 또 그 고난 기간에 제자들이 모두 예수님을 저버릴 것이라고 말씀하셨지요?』
『네, 그랬어요.』
『그때 베드로와 다른 제자들은 거의 다, 주님과 같이 죽을지언정 주님을 떠나지 않겠다고 결심을 했지요?』
『네.』
『그런데 예수님은 잡혀서 죽으셔야 할 시간 바로 전에 제자들을 데리고 겟세마네 동산에 가셨어요. 제자들 중에서도 특별히 열성파인 베드로와 야고보와 요한에게 깨어서 기도하라고 신신당부하셨지요. 그 말씀을 하신 후 예수님은 눈앞에 다가오는 큰 환난을 맞아야 할 처지였기에 피땀을 흘려가며 기도드렸지요. 예수님은 아버지께 하실 수만 있으면 그 잔혹하고 무서운 고난을 면할 수 있도록 잔을 치워달라고 탄원하셨어요. 기도드린 후 제자들에게 돌아오셨을 때 예수님은 죽음까지도 결심했던 베드로가 다른 제자들과 함께 잠자고 있는 것을 보셨지요?』
『네, 그랬어요.』
『마음을 다 보시는 예수님은 그들이 깨어 기도하고 싶었지만 그 동안 쌓였던 피곤이 엄습해 와서 그만 잠에 녹아떨어진 것을 다 아셨어요. 제자들의 자는 모습을 보신 예수님은 무엇이라고 말씀하셨던가요? 기억하세요?』

『마음에는 원이로되 육신이 약하도다.』

『그래요. 마음은 원하고 바라지만 이 육신이 말을 듣지 않아요. 아무리 결심하고 결단을 내렸어도 이 흙덩이에서 온 육신은 내 결단과 결심에 무관하더란 말이에요. 그래서 예수님이 하신 말씀이 지금 민자 씨가 말한 그 말씀이었는데 그 말씀은 다시 말하면「그럴 수도 있지!」란 말이에요.』

『그럴 수도 있지? 아! 좋아요. 선생님! 그럴 수도 있지! 그럴 수도 있지! 그래요! 참 그럴 수도 있지!』

민자는 통쾌하고 신통한듯이 그 말을 외고 또 외면서 기뻐했다. 신기한 표정을 지으며 그녀는 말했다.

『사실 세상 모든 일이 다 그럴 수도 있는 일이 아닐까요, 선생님?』

『그럼요. 세상에서 결혼하기 전에는 그렇게도 열렬히 사랑하고 서로 못견디던 애인들이 결혼한 후에는 왜 서로 불평이 생기고 불만이 쌓여 불행해지는지 아세요?』

『왜 그렇죠?』

『「그럴 수도 있지!」가 없어서 그래요. 저마다 왜? 왜 그랬어요, 왜 안했어요, 왜, 왜, 왜만이 있지, 그럴 수도 있지가 없기 때문이 아니겠어요?』

『아! 그렇지요. 참 그래요. 선생님!』

『그러니까 민자 씨! 민자 씨는 일이 생길 때마다 꼭 예수님의 말씀을 기억하고 실천하세요. 그것이 곧 행복을 만드는 길이에요. 그러나 결코 쉽지는 않아요. 어렵기에 내 힘으로는 불가능하죠. 그래서 항상 주님께 기도하고, 그분의 도움을 받아서 그 말씀에 기대어 의지하고「죽으면 죽으리라」는 자세가 되어야 해요. 그러면 뾰족한 수가 나요. 하나님은 우리 인간이 어디서나 어떠한 경우에도 이 사랑, 곧 행복을 만들 수 있게 우리 머리에 역사하고 살아 활동하는 신경을 몇천억 개나 넣어주셨어요. 또 우리의 두 손은 무엇이나 할 수 있고 우리의 두 발은 어디나 갈 수 있어요. 우리의 입과 혀는 얼마든지 좋은 말을 하고 주님의 말씀을 전할 수 있어요. 우리에게는 굳센 의지와 무한정한 계획과 성취하는 능력이 있어요. 이런 놀라운 기능을 받은 우리가 왜 자신의 행복을 만들지 못하겠어요? 단지 방법이 틀리고 자료를 잘못 사용했기 때문이 아니겠어요? 말씀을 머릿속에 채우고 머리를 써야 해요. 내 행복은 내가 만드는 것이니까 결사적이어야 한다구요. 하면 하고 말면 만다는 식의 게으르고 망령된 습관은 버려야 해요.』

『그래요, 선생님! 그래서 예수님은 뜨뜻미지근한 것을 싫어하지요?』

『일단 사람으로 세상에 태어났으면 사람답게 우수하고 장하고 자랑스럽고 귀하고 행복해야지요. 그것이 우리 자신들이 정말로 원하는 것이 아니겠어요? 그뿐인가요. 우리를 세상에 보내시고 항상 지켜보시는 하나님은 우리 자신이 원하는 것 이상으로 우리가 행복하기를 원하시는 분이시지요. 마치 부모가 자기 자식들이 잘되고 행복하기를 바라는 것과 꼭 같아요. 그래서 예수님은 그 높은 영광의 자리에서 우리 같은 사람의 몸을 입으시고 내려오셔서 친히 보여주시고 가르쳐주시고 일러주신 것이었어요.』

『너무 고맙고 또 기뻐요. 선생님! 죽으면 죽으리라는 각오로 예수님이 일러주신 말씀을 무기 삼아 기어코 행복을 만들어 보겠어요. 그리고 선생님께 보여드리겠어요.』

『내게 보여줄 것 없어요. 예수님이 보시면 되는 것이고 예수님께만 모든 영광을 다 돌리시면 되요.』

『꼭 해보겠어요.「그럴 수도 있지!」아! 좋아요.』

민자는 만족하고 기뻐했다. 그녀는 정말 자기 행복을 만들 수 있으리라 믿어져서 내 마음은 즐겁기만 했다.

그리고 세월은 흘러 어느덧 6년 반이 지났다. 어느 초여름날 교회 비서한테 전화가 왔다. 한 가족인듯 싶은 사람들이 찾아와서 나를 만나게 해달란다는 것이었다. 나는 그때 마침 집에 있었기 때문에 곧 차를 몰고 교회로 갔다. 남자 둘과 여자 둘 그리고 사내 아이 둘 해서 여섯이 나를 기다리고 있었다. 나는 그들에게 다가갔다. 그들을 자세히 보았으나 낯익은 사람은 하나도 없었다. 그중 한 여자가 나에게 달려들며 말했다.

『선생님! 저를 모르시겠어요?』

그녀는 반가움에 못견뎌하는 것 같았지만, 나는 그녀가 누구인지 전혀 생각나지 않았다. 그렇다고 모른다고는 할 수가 없어서 그녀의 얼굴을 바라보며 말했다.
『갑자기 생각나지는 않지만 우리 이야기하면서 알아내도록 해요.』
나는 이렇게 말하며 반갑게 인사를 했다.
『선생님! 저여요. 저 민자여요. 민자를 기억 못하시겠어요? 선생님께서 아틀랜타 미국 교회에서 집회를 열었을 때 저와 신 집사님이 참석하러 가서 집회 후에 저와 오랫동안 이야기하지 않았어요? 선생님! 제가 그 민자라구요!』
『그 민자라구? 그 민자라면 내가 알고 말고요. 그런데 그때의 민자와는 너무나 다른데! 영! 달라서 정말 몰라보겠어요. 어떻게 그럴 수가?』
『이야기가 너무 길고 많아요. 선생님!』
말을 마친 후 그녀는 같이 온 사람들을 소개하기 시작했다. 그 일행 중에 키가 조그마하고 짙은 안경을 쓴 남자가 자기 남편이고 그 다음에 조금 뚱뚱한 남자는 남편의 친구이고, 또 그 옆의 뚱뚱한 여자는 그의 부인이라 했다. 두 아이는 물론 자기 아들들이라고 했다.
그녀는 한사람 한사람 나에게 인사시켰다. 알고 보니 어른 넷 중에 민자만이 한국인이고 다른 세 명은 모두 중국인들이었다. 물론 민자 남편 테드 역시 중국인이었다. 그들은 우리가 한국말로 크게 말을 해도 전혀 알아 듣지 못하고 우리 둘을 구경만 하고 있었다. 결국 그들은 우리 둘만 남기고 아이들까지 전부 커피를 마시러 갔다.
그들이 가고 둘만 남게 되자 민자와 나는 교회 사무실 옆방으로 들어가 앉았다. 제일 궁금한 것은 민자의 모습이었다. 나는 그녀의 모습과 얼굴을 선명하게 기억하고 있었다. 그런데 내 앞에 나타난 민자의 얼굴과 모습은 그때와는 아주 달랐다. 그렇기 때문에 내 앞에 있는 여자가 민자라는 사실을 믿을 수가 없었다.
민자는 그동안의 사정을 이야기하기 시작했다. 그녀는 그때 말했던 눈이 잘 보이지 않는 중국인과 결혼했다. 그리고 곧 애기가 생겨서 연년생으로 아들을 낳았는데, 마치 쌍둥이 같아보이는 아들들이 지금 잘 자라고 있다 했다. 그녀의 남편 테드는 부모가 미국인 선교사의 집에서 일생을 일해주며 살았기 때문에 비록 그 부모는 세상을 떠났지만 미국에 올 수 있었다. 그는 어릴 때에는 교회에 갔지만 미국에 와서 힘들게 일하는 동안 믿음을 까맣게 잊어버렸다.

테드가 그 아프고 외롭던 병원 시절에 민자에게 끌린 것은 찬송가 때문이었다. 민자는 때때로 자기도 모르게 찬송가를 부르며 일했는데 테드는 꿈에서 깨어난 것같이 그 소리에 매혹되었다 한다. 찬송가를 부르며 일하는 간호원이 친절해서 좋았을 뿐만 아니라, 그것으로 인해서 그 훌륭했던 미국 선교사가 생각나고, 어릴 때의 일들을 하나하나 추억하는 계기가 되었다.

또한 민자가 옆에 오면 왜 그런지 마음이 놓이고 좋으나 그녀가 없으면 마음이 어둡고 시간이 길게 느껴지고 온몸은 더 아프기만 했다. 그는 민자를 기다리며 시간을 보내다가 민자가 오면 다시 안정을 찾곤했다. 불행인지 다행인지 그는 사물을 희미하게밖에는 볼 수 없었으므로 민자의 얼굴이 그저 예쁘게만 보였는지도 몰랐다.

민자는 나를 만난 후 테드의 청혼을 받아들여 결혼하고 그의 집으로 들어갔다. 그리고 그날부터 행복을 만들기 위해 노력했다. 테드는 오랫동안 혼자서 돈을 버는 데만 기를 쓰고 살아왔기에 약간 괴팍한 데가 있었다. 그러나 민자는 실패하면 지는 것이라 결심하고 결사적으로「그럴 수도 있지!」하는 자세를 마음에 간직하고 날마다 순간 순간을 연습하는 자세로 살았다고 했다.

테드는 좋은 크리스챤 부모에게서 태어나서 그런지 민자가 기도하는 시간을 존중해주었다. 언제나 민자를 존경하고 아끼는 마음이 있어서 기도하는 일이 쉬웠다. 또 기도하면서 하나님의 도움을 받는 기적의 경험이 셀 수 없이 많았고 똑똑하고 분명하게 느낄 수 있었다. 그래서 일에 부딪칠 때마다 어떻게 해야 하는지 자연히 알게 되어 늘 감사하였고, 세상 삶의 싸움에서도 승리의 기쁨이 항상 따랐다고 했다.

이야기를 들은 나는 민자에게 질문했다.

『그런데 실례지만 민자 씨! 얼굴은 어떻게 해서 내가 알아보지 못할 정도로 달라졌어요?』

나는 미안한 마음이 들기는 했지만, 흥미롭게 그녀의 대답을 기다렸다.

『선생님이 하라고 하신 대로 했는데요.』

『내가? 내가 언제, 무엇을 하라고 했죠?』

『직접은 아니었어요.』

『그게 무슨 말이죠?』
『선생님! 캐나다 토론토에서 집회를 가지신 적이 있지요?』
『물론! 네번인가, 아니 다섯번 갔어요. 그런데 그게 무슨 관계가 있어요?』
『그럼요. 선생님이 한 교회에서 집회를 전부 끝낸 후에 건강식에 대해서 하룻저녁 강의하신 일이 있으시죠?』
『그랬어요.』
『「하나님이 주시고 먹으라 하신 음식」이라는 제목이었지요?』
『뭐 그런 것 같아요. 그래서?』
『그 교회에 저와 같이 공부한 간호원이 한명 있어요. 그곳 집사님과 결혼해서 그 교회에 다니거든요.』
『그래서?』
『그런데 그 강의하신 것을 그 친구가 녹음해서 제게 보내주었어요. 물론 집회 중의 설교를 모두 녹음하여 테이프 여섯개를 보내주었는데 그 마지막 테이프에 건강식 설교가 있었어요. 그것을 듣고 얼마나 놀랐는지 몰라요. 저는 주님이 먹으라고 하신 음식은 하나도 먹지 않고 나를 상하게 하고 피부를 망치는 방법으로만 먹었음을 알아냈기 때문이었어요.』

나는 그말을 듣고 한편 놀라기도 하고 한편 흥미롭기도 했다.
『그래서? 이야기 더 하세요. 민자 씨!』
『저는 어렸을 때부터 생채소나 과일은 먹어 버릇하지 않았어요. 그래서 채소는 짜고 맵게 절여 무친 것이거나 끓인 것을 먹었고, 과일은 습관이 되지 않아서 먹지 않았어요. 소금에 절인 짠 생선을 어려서부터 먹었기에 그 습관이 몸에 배어 있었어요. 그리고 고기는 또 얼마나 귀했어요. 그래서 먹을 기회만 있으면 기름낀 것들을 마구 먹었어요. 또 그래야만 영양 보충이 되는 것으로 알았어요. 더욱이 물은 마시지도 않았어요. 또 제일 나쁜 것은 꼭 잠자리에서 배가 부르도록 먹었는데 특히 맵고 짠 것들을 먹었어요. 또 미국에 오니 한국에서는 못 마시던 커피를 마음대로 마실 수 있었기 때문에 물하면 커피였지 생수는 전혀 마시지를 않았어요. 그랬는데 그 녹음테이프를 듣고 나서야, 내 얼굴이 그 꼴이 된 것은 내가 먹은 음식물 때문임을 알아냈어요. 변비가 너무 심해서 관장을 해야만 변을 제대로 볼 정도였으니까요. 저는 그 녹음테이프를 들은 후 금식하면서 주님께 기도했어요. 30여년간 몸에 밴 식성을 고쳐야 하겠으나 제 힘으로는 절대로 불가능하니 도와달라고 간절히 기도했지요. 그리고 아침에 잠자리에서 일어나자마자 생수를 큰 컵으로 하나씩 마셨어요. 처음에는 도무지 넘어가지 않았어요. 그래서 또「하나님 아버지 저는 주님의 딸이 아닙니까? 저를 도와주세요.」하고는 눈을 감고 마구 마셨어요. 한달 동안 씨름하듯이 했더니 그후에는 아침에 일어나서 기도한 후에는 속에서 갈증이 나고 물을 마시면 물맛이 좋았어요. 그리고 꼭 현미밥과 현미빵을 먹고 갖가지 콩을 많이 먹었어요. 커피를 먹고 싶으면 또 물을 한 컵씩 들이마셨어요. 그렇게 하자 커피도 두 달이 되지 않아서 끊어지더군요. 밤에 잘 시간이 되면 뭔가가 먹고 싶어질 것 같아 자기 두 시간 전쯤 해서 음식을 먹고 물을 잔뜩 마셨어요. 그러자 그것도 견딜만 했어요. 그러나 가장 힘든 것은 맵고 짠 음식이었어요. 먹고 싶어 환장하겠더라구요! 그래서 저는 자꾸 기도했어요.「아버지! 이런 음식은 하나님이 먹으라고 하시지 않은 것인데 어렸을 때부터 습관이 되어서 먹고 싶어 죽을 지경이니 좀 도와주세요.」하고 주님께 기도했어요. 어떤 때는 마구 울면서 졸라댔지요. 선생님! 기도는 참으로 놀라운 기적을 가져오던데요. 거짓말 같은 일이 생기더란 말이에요.」

『어떻게?』

『글쎄 한번은 너무나 맵고 짠 것이 먹고 싶어서 음식을 해가지고 거기다 고춧가루와 고추장을 잔뜩 넣어서 실컷 먹었지 않았겠어요.』

『그래서?』

『그랬는데 얼마나 음식을 많이 먹었던지 그만 체해버렸어요. 그 체한 것이 식중독이 되어 온몸이 부어올랐지 뭡니까? 바로 병원에 갔어요. 주사를 맞고 설사약을 먹었어요. 식중독이 얼마나 강했던지 열이 나고 전신이 말도 못하게 쑤시고 아픈거에요. 저는 꼭 죽는 줄로만 알았어요. 그러고 나자 몸에서 힘이 다 빠져나가고 맥은 하나도 없었어요. 폐병 환자같이 저녁에는 꼭 열이 오르는거에요. 그러기를 여러 날 계속하는 동안 죽만 먹고 물만 마셨어요. 그런데 놀라운 일이 생겼어요. 그 까만 얼굴이 하얗게 되고 주근깨도 다 없어졌어요. 눈은 저절로 쌍꺼풀이 생겼어요. 눈이 커지고 눈언저리가 말라서 그랬는지 조금 있던 쌍꺼풀이 깊어지니 눈이 더 커진 셈이지요. 그러고 나서부터는 건강식만 먹게 되고 해로운 음식은 입에 대지도 않았어요. 그리고 바로 화장품을 사용하기 시작했어요.』
『정말 그것은 참으로 기적이군요!』
『그런데 선생님! 더 큰 기적은요….』
『뭔가요? 또 있어요?』
『제 남편에게 건강식인 두부와 호박, 가지 등 날채소만 먹이고 운동을 꼭 하게 했어요. 그랬더니 글쎄 당뇨병이 많이 나았어요. 눈도 그 때보다 잘 보인다고 하고 쇳덩이같이 무겁고 아프던 다리는 통증이 아주 싹 없어졌구요. 그렇게 갈증이 나서 못견뎌했는데 그것도 거의 다 나아가요. 더욱이 그분이 주님을 사랑하니 우리 집은 낙원이 되었어요.』
『그리고 아들들도 예쁘고 잘생겼던데!』
『그러게 말이에요. 그 애들도 예수님이 좋아 죽을 지경이래요. 둘이 다 목사나 선교사가 된다고 해요.』
『주님은 또 얼마나 만족하시겠어요?』
『선생님! 행복은 만들어야 된다는 것을 가르쳐주신 선생님께 보여드리고 싶어서 벼르고 별러서 이번에 온 가족이 다 왔답니다. 또 마침 제 남편 친구가 이곳으로 전근와 있는데 겸해서 그 친구도 만나니 얼마나 좋은지 모르겠어요. 그분들도 예수님을 잘 믿는 분들이에요. 그래서 저희와 참으로 친하고 가깝게 지내지요.』

우리는 오랫동안 이야기했다. 커피를 마시러 갔던 민자의 남편과 친구 부부, 아이들이 돌아와서 우리의 대화는 중단되었다. 나는 그들 모두에게 한국 음식을 대접하려고 했다. 그러나 그들은 나를 억지로 자기네가 제일 가고 싶어 하는 맹가식당인가 뭔가 하는 중국집으로 데리고 갔다.

나는 거기서 먹기는커녕 구경도 못했던 개구리와 닭발바닥 요리, 오리 요리, 왕푸추와 여러 가지 버섯요리 등 색다른 요리로 대접받았다. 나는 그들이 경험한 기적의 간증을 들으면서 그들과 친해졌다. 나를 집에 데려다준 민자 일행은 지금까지도 내게 잊을 수 없는 사람들이다.

민자! 그 결심을 행동으로 옮길 수 있는 힘이 어디서 생겼을까? 놀라운 여성이다. 많은 사람들은 좋다는 것을 알면서도 질질 끌다가 단념하거나 잊어버리는 것이 예사인데 민자에게는 좋은 것이라면 행동으로 옮기는 능력이 있다. 민자는 어디서 그런 힘이 생겼을까? 고생스런 어린 시절에 하나님만을 꽉 붙들고 살아온 데서 얻은 것일까? 그럴 수도 있겠다. 그러나 나는 민자의 순종하는 성품을 더 사주고 싶다. 민자는 놀라울 정도로 순종했다.

 순종! 주님이 제사보다도 귀하게 여기시는 순종! 주님은 순종하는 자에게 아까운 것이 없을 것이다. 민자는 참으로 만나기 쉽지 않은, 그래서 더욱 쉽게 살지 않는 여성이다. 민자의 두 아들은 기어이 주님의 훌륭한 종이 될 것이라 믿는다.

 주여 그리 하옵소서! 당신의 영광을 위해서.

# 62
# 자랑

자랑하는 사람을 보면
모자라는 사람 같지요.
자랑이 많은 여자들이
말하는 것을 보면
아이!
못 배운 사람이구나 하지요.
기탄없이
거리낌없이
자랑하는 사람 보았어요.
그런 사람에게는
참 친구도 없는 법이지요.

자랑은 얼굴의 때와 같고
음식물에 붙은 파리 같아요.
그래서 자랑하는 사람은
재고 한껏 뽐내지만
사실은 불쌍하고
가엾고 우스워요.

그런데 나는
자랑하고 싶어 죽겠어요.
나는 항상 누군가에게

마음이 시원해지도록
자랑하는 공상을 해요.
자랑이 너무 많거든요.

그 자랑을 하나하나 다 하면
친구도 다 없어지고
미워하는 사람
시기하는 사람
화내는 사람이
생길 것 같아 겁이 나서
자랑을 다 하지는 못해요.

그런데 !
그런데 나는 정말
자랑하고 싶어요.

그래서 나는
나를 자랑해도
미워하지도
시기하지도
또 내게서 떠나지도 않는
꽃에게 말하고
나무에게 말하고
새에게 말하고
구름에게 말해요.
스치는 바람도 내 자랑을 들었는지
내 맘에 동의를 표하네요.

꽃도
초목도 구름도
해 달 별도
모두 나를 부러워해요.

우리는 친해지고
다정해졌어요.
나는 꽃을 반겨하고
풀과 채소와
나무와도 마음이 통했어요.

나는
날마다 시간마다
자랑하고 싶어요.
자랑이 속에서 솟아오를 때엔
높고 크고 고운 목소리로
노래불러요.
내 노래는 자랑에서 터져나와요.

다른 사람들도 나처럼
자랑이 많아 죽을 지경일까요?
그렇다마다요.
다만 자랑을
안 하고 못 하는 것이지요.
이렇게 하고 싶은 자랑을
못할 뿐이어요.

무엇이냐고 묻지 마세요.
만일 내가 내 자랑의
말문을 터트리면
자랑이 마구 쏟아지고
뿜어져 나와서
당신은 나를
미워하고
시기하고
멀리하겠죠.

그렇지만 딱 하나만
그 하나만은
말을 해야 살겠어요.
무엇이냐구요?
놀라지 마세요.
너무 흥분하지 마세요.
기절하지 마시란 말이에요.

내 자랑은
그분
그 높고 지존하신
절대자 여호와 하나님이
내 아버지시라는 것이에요.

## 63
# 어려운 시집살이와 은혜

　경희는 17살로 고등학교 학생이었다.
　그녀는 학과목 중에서 영어를 가장 좋아했다. 그래서 그녀는 반에서 영어를 제일 잘했으며 노래도 또한 잘 불렀다. 몸집은 작으나 얼굴이 희고 예뻤고 성격도 명랑하여 친구도 많았으며 주위 사람들에게 사랑도 받았다.
　그녀는 공무원이었던 아버지가 간암으로 돌아가셔서 위장병으로 고생을 하시는 어머니와 단 둘이 살고있었다. 아버지가 돌아가신 후 그들은 살던 집을 팔아 전세집을 얻고 나머지 돈으로 생활했다.
　그러던 어느날 학교에서 돌아오던 경희는 주인집에서 나오던 낯선 남자와 마주쳤다. 지금까지 전혀 보지 못했던 남자였다. 경희는 그 사람이 자기 아버지뻘은 되는 것 같아 공손히 인사했다.
　고모한테 들으니 그 사람은 아내를 구하러 미국에서 왔으며 중매쟁이를 통해 선을 보는데 특히 교회에 다니는 여자들을 많이 본다 했다. 그러나 자기의 관심사가 아니어서 무관심하게 흘려넘겼다.
　하루는 고모가 집에 와서 어처구니 없는 말을 했다. 미국에서 온 남자가 경희를 마음에 두고 결혼상대자로 생각하므로 다른 여자에게는 관심이 없다는 것이다. 경희는 펄쩍 뛰면서 말했다.
　『아이고 망측해라. 아버지 뻘이 되어 보이기에 인사를 했더니…. 그 사람 미친 사람 아니야?』
　그러나 그 말을 듣고부터는 마음이 착잡해지고 공부도 잘 되지 않았다. 왜냐하면 어머니는 병환으로 언제 돌아가실지 모르고 또 생활비도 거의 바닥이 났으며 고모네 사업도 부진하여 도움을 받을 수 있을지 불안한 상태였기 때문이다. 또한 미국에 가서 영어를 사용하며 생활하는 일은 굉장히 즐거우리라 생각되었다.
 어머니가 심각한 얼굴로 경희의 손을 붙잡으며 이렇게 말했다.
 『경희야! 내 말을 섭섭하게 듣지 말고 그저 듣기만 해라.』
 어머니가 어렵게 꺼낸 말씀은 미국에 시집을 가면 어떻겠느냐는 것이었다.
 『고등학교도 못 마치고 결혼을 하라는 말씀이세요?』
 경희는 어머니에게 화를 냈다. 그리고 완강히 거절했기 때문에 다시는 그것에 대해서 말을 꺼내지 않기로 했다.
 며칠 후 고모가 찾아와서 경희를 붙들고 말했다.
 『경희야! 어머니는 언제 돌아가실지 몰라. 또 우리는 사업이 잘 안 되어서 우리 식구 살아갈 것도 걱정인 형편이란 말이야. 너는 영어를 잘하니 영어만 하는 나라에 가면 얼마나 좋겠니? 또 그 사람은 나이는 많지만 아버지같이 믿고 사랑받으면서 살면 먼 외국에 가서도 외롭지 않고 좋지 않겠니? 더욱이 너를 한번 본 후에는 네 말만 한다지 뭐겠니.』
 경희는 고모의 말에 속이 상해서 울어버리고 말았다.
 그런데 어찌된 셈인지 어머니의 병세는 더 악화되어만 갔다. 미음이나 죽도 소화를 못 시키셨다. 경희는 어머니 대신 살림을 해야만 했다.
 미국에서 온 남자는 결국 마땅한 여자를 정하지 못하고 미국으로 돌아가버렸다. 주인집 아주머니는 그 남자가 경희를 마음에 두고 떠났다고 말했다.
 그후에도 어머니와 고모는 경희더러 그 남자에게 시집을 가면 좋을 것이라는 말을 누누이 했다. 아버지같이 의지하고 살 수 있지 않느냐, 사랑도 받지 않겠느냐, 혹은 영어를 좋아하니까 영어를 사용하면서 살 수 있지 않겠느냐, 너두나두 외국에 가려고 환장을 하는데 그 좋은 미국에 시집을 간다는 것이 얼마나 굉장한 일이냐 하면서 온갖 장광설을 늘어놓았다.
 그러는 동안에 어머니가 갑자기 돌아가셨다. 경희는 눈앞이 캄캄하고 막막해서 울음만 나왔다. 고모는 시집을 가서 남편을 의지하고 살며 좋고 넓은 나라에서 대학을 졸업하면 얼마나 장하겠느냐는 말로 위로했다.
 어머니의 죽음으로 끝도 없이 슬픈 경희에게 이제는 고모의 말이 귀에 들어오기 시작했다. 그녀는 미국에서 온 남자에게 시집가기로 마음을 정하고 학교도 그만두었다.
 경희가 결혼하고 미국에 도착했을 때 그녀의 나이는 겨우 열 여덟이었다.
 남편은 모든 일에 자상한 편이었고 시어머니는 나이가 많은 데도 불구하고 집안 살림을 주관하였다. 남편의 나이를 서른 둘이라 알고 있었는데 알고 보니 서른 아홉이었다. 경희는 속은 것이 분하고 미운 생각까지 들었다.
 경희는 어리고 명랑한 성격에 미국에 오면 굉장히 좋을 것이라고 생각했었다. 그렇지만 도착하고 보니 실상은 너무도 상상외였다. 남편은 새벽부터 허드레차를 끌고 일을 나갔고 시어머니는 억센 노인으로 살림을 깐깐하게 했는데 처음부터 경희를 「철부지, 철부지」하면서 철이 들지 않았다고 모든 일에 잔소리고 자기 마음대로 하려 했다. 전기료를 조금 내기 위해 집안 조명은 항상 어둡게 했다. 그리고 가스를 절약하려고 목욕물도 조금씩 쓰게 했고 시장에서 과일이나 과자도 마음대로 사오지 못하게 했다. 반찬도 시어머니가 시키는 대로 했다.
 경희는 골치가 아파 죽을 지경이었다. 그녀는 시어머니가 보기 싫어서 집을 나와 할 일 없이 돌아다니게 되었다.
 시어머니와 남편은 기독교 신자여서 주일에는 교회에 예배드리러 갔다. 그러나 경희는 교회에 가본 적이 없어서 교회에 가는 것을 불안해 했다. 그 눈치를 안 시어머니는 아들을 나무랐다.
 『아니! 어디서 저렇게 생뗑이 어린 것을 데려와서 집안을 이 꼴로 만드느냐? 밥만 먹으면 어디를 나가 돌아다니는지 알 수 없고 전등은 하루종일 켜놓지 않나, 먹은 것을 치울 줄 아나, 그래 그것이 가정부인이란 말이냐?』
 『뭐! 나가 돌아다닌다구요? 어디를 나가 돌아다닌다는 말씀이에요? 어머니!』
 『내가 어떻게 아냐! 네 색시에게 물어봐야 알 것 아니냐?』
 남편은 방으로 들어와서 경희에게 물었다.
 『경희! 어디를 나가 다니는거야? 응?』

『집에 있으면 답답해서 여기저기 다녀 보았어요.』
『저런! 그런 법이 어디 있어. 집안에서 어머님을 도와 집안 살림을 해야지.』
경희는 시어머니와 남편이 싫어졌다.
「서른 아홉이나 된 영감이 나를 낚아와가지고 살림을 하라고? 내가 저런 호랑이 할멈 꼴이나 보고 영감 같은 저런 것을 남편이라고 좋아해서 미국에 온 줄 아나?」
경희는 반발심이 생겨 참을 수가 없었다.
그녀는 남편이 일찍 일 나간 후에 자기도 집을 나왔다. 넓은 거리까지 걸어가니 상점들이 많이 있었다.
「옳지! 영어를 배우기만 했는데 한번 써보자!」
이렇게 생각을 하고 상점들을 두루 다니면서 일할 자리가 있는가 알아 보았다. 마침 사람들이 많이 있는 큰 상점이 눈에 띄었다. 들어가 보니 없는 것이 없었다. 사고 싶고 가지고 싶은 것이 너무 많았다. 경희는 집에 와서 남편이 돌아오기를 기다렸다. 남편이 돌아오자, 살림에 필요한 것들이 많으니 그것들을 사달라고 했다. 남편은 대뜸 화를 내면서 말했다.
『그런 것들은 없어도 살어! 그건 다 사치품이야! 냄비 있고 그릇 있고 숟가락 있으면 되는거지! 그런 것들 살 돈은 없어!』
남편의 큰 목소리를 시어머니가 들었는지 방으로 들어왔다.
『이게 무슨 소리냐? 우리 집에 뭐가 부족하다고 그런 것들을 사자는 것이야. 회개해야 돼!』
시어머니는 남편을 역성들며 경희를 나무랐다.
경희는 약이 올라 견딜 수가 없어서 그만 울어버리고 말았다. 시어머니는 어처구니가 없다는 듯이 코웃음을 치고 남편은 그치라고 소리를 질렀다. 그러나 경희는 「엉엉」소리를 내며 더 크게 울었다. 경희는 이런 집에 시집이라고 온 것을 생각하니 기가 막힐 지경이었다. 시집 오기 전 고모가 한 말들이 떠올라 원망스럽기만 했다. 또 자기를 두고 돌아가신 아버지 어머니가 너무도 그립고 한스러워서 울음을 그칠 수가 없었다. 남편은 경희의 울음에 조금도 동정하는 기미를 보이지 않았다.
그 일이 있은 얼마 후 경희는 남편더러 학교에 보내달라고 했다. 남편은 한참 생각한 후에, 학교보다는 일을 하는 것이 어떻겠느냐, 일을 하면 영어도 늘고 돈도 벌고 집안에 박혀 있지 않아도 되는 것 아니냐고 말했다.

그래서 경희는 직장에 다니기로 하였다. 일자리를 얻은 곳은 라디오 조립공장이었다. 기계를 조립하는 일이어서 정신을 집중해서 해야 했다. 그래서 친구를 사귄다거나 영어를 배운다는 것은 거의 불가능했다. 그러나 말을 할 필요가 있을 경우에는 반드시 영어를 사용해야 했다. 그것은 경희에게 더없는 즐거움을 주었다. 동양 사람은 별로 없고 스페인어를 하는 남미계 사람이 많아 외국에 온 기분이 들어 신선감을 느끼기도 했다.

처음에는 시어머니가 싸주는 도시락을 하는 수 없이 먹었지만 며칠 뒤부터는 한국을 떠날 때 가지고 온 돈으로 점심을 사먹었다. 이러한 일은 경희에게 새로운 기쁨을 주었다.

일이 손에 익숙해지자 하는 일에 재미가 붙어 시간이 가는 줄도 모르고 작업을 하게 되었다. 또한 그녀는 나이가 어린 만큼 손이 빨라서 다른 직공보다 일을 잘했다.

주급날 돈을 받게 되자 기분이 좋았다. 그녀는 받은 돈을 집안 식구에게 주지 않았다. 상점에 가서 과일과 과자와 그릇 등을 사서 그 돈을 써버렸다. 다음 주급을 받았을 때도 냄비와 사고 싶은 것을 사가지고 집으로 왔다.

남편은 경희에게 돈을 내놓으라고 했다. 경희는 이것 저것 사서 돈을 다 써버렸다고 했다. 남편과 시어머니는 화가 나서 경희를 꾸짖었다. 남편은 경희에게 사치스러운 짓은 버리고 돈을 자기에게 주어야 한다고 했다. 경희는 그 말이 터무니없다는 생각이 들었다.

『내가 일해서 번 돈을 내가 쓰는데 왜 안 된다는 것이죠?』
『이것이! 길을 들여야겠군!』
시어머니는 남편의 편을 들어 말을 했다.
『길을 들여도 단단히 들여야겠다.』
경희는 그 두 사람이 싫고 무섭기만 했다. 그래서 공장에 가는 시간만이 기다려졌다. 밉고 싫은 남편과 사는 고통으로 암울한 기분이 되었다. 그러나 일단 공장에 가면 마음이 다시 밝아졌다. 경희한테는 남편과 시어머니 없는 공장이 낙원 같았다.

사실 공장에서 감독 직책을 맡고 있는 한 남미계 청년이 경희에게 무척 친절했다. 그는 스페인어와 영어를 하는 미국인이었다.
　쉬는 시간에 그는 경희에게 커피를 같이 마시자고 했다. 경희는 기꺼이 대답을 하고 테이블에 앉아 커피를 마셨다. 그녀는 커피를 마시면서 청년을 상대로 영어를 연습하였다.
　그는 명랑하고 예쁜 경희를 더욱더 친근하게 대해 주었다. 경희는 그가 젊고 더구나 영어를 연습하며 배울 수 있어서 좋았다. 그녀는 다른 아무 염려나 생각도 하지 않았다. 그 청년을 사귀는 동안 영어가 눈에 띄게 늘었다. 특히 영어 발음이 정확해졌다.
　경희는 자신이 살고 있다는 사실을 실감하며 행복을 느꼈다. 경희는 집에서도 즐겁고 재미있게 생활할 수 있게 되었다. 억센 시어머니나 보기 싫은 남편이 문제가 되지 않았다. 경희가 활기를 되찾자 이상하다는듯 남편이 물었다.
　『경희! 요사이 뭐가 그렇게 좋은거야?』
　남편의 물음에 경희는 무심코 영어를 배우니까 기쁘다고 말해 버렸다.
　『누구한테 영어를 배워? 일은 안하고 영어를? 언제?』
　『쉬는 시간이 있지 않아요. 그 쉬는 시간에 커피를 마시면서 갈시아에게 배우거든요.』
　『갈시아? 갈시아가 누구야? 여자야?』
　『청년이에요. 스페인계 청년인데 미국인이어서 영어도 잘하거든요.』
　『뭐라구? 미국 청년에게 영어를 배워? 말도 안돼! 그만둬!』
　『왜요? 학교에도 가지 못하는 처지에 공장에서 거저 배울 수 있는데 뭐가 나빠서 안 된다는 거죠?』
　『안돼! 그것은 죄야. 결혼한 여자가 다른 남자에게서 무언가를 배운다는 건 말도 안돼. 다시는 그 청년과 마주 앉으면 안 된단 말이야 알았어?』
　남편은 그 다음날부터 공장에 못 가게 했다. 그의 태도는 너무도 단호했다. 그래서 경희는 하는 수 없이 안 간다고 약속했다. 하지만 분하고 후회스러웠다. 그런 말을 하지 않았어야 했는데 무심코 말한 것이 잘못인 것 같았다.

이튿날 아침이 되자 경희는 공장에 가고 싶은 생각이 간절해졌다. 그래서 경희는 슬그머니 집을 나와 공장으로 가버렸다. 퇴근 후의 일이 걱정되어 마음이 무겁고 일도 손에 잘 잡히지를 않았다. 그러나 집안에서 하루 종일 시어머니와 함께 있어야 한다는 것은 더 못 할 일 같았다. 그날은 일찍 퇴근하여 집에 왔다. 경희가 공장에 가지 않은 것처럼 행동하자 남편은 그리 알았던지 아무 말도 하지 않았다. 시어머니도 공장에 가지 않고 돌아다니다 온 것으로 알았던지 별로 심하게 말하지 않고「왜 집안에 붙어 있지를 못해」라고 할 뿐이었다.

경희는 계속해서 공장에 다녔다. 감독관인 갈시아가 편의를 봐줘서 늦게 출근하고 일찍 퇴근할 수 있었다.

그날도 다른 날과 마찬가지로 갈시아에게 영어를 배우고 있었다. 경희가 그동안의 편의제공에 감사를 표하자 그는 경희의 영어를 수정해 주며 영어 실력을 칭찬해 주었다. 그의 칭찬에 웃고 있을 때였다. 경희는 문득 남편이 자기 쪽으로 걸어오는 것을 보았다. 그녀는 기절할 뻔했다. 갈시아는 경희의 안색이 변하자 고개를 돌려 가까이 다가오고 있는 경희의 남편을 바라보았다. 그는 벌떡 일어나서 경희의 남편에게로 다가갔다.

『누구신가요? 경희 아버지이신가요?』

『이 개자식아!』

경희의 남편은 화가 잔뜩 나서 한국어로 욕을 퍼부었다. 그는 무서운 눈초리를 하고는 경희를 끌고 갔다. 경희는 죽을 상이 되어서 남편에게 끌려 집으로 와야만 했다. 무섭기도 하였지만, 한편으로는 그런 남편에게 강한 반발심이 생기는 것을 억제할 수 없었다. 그렇지만 당장은 그의 주먹이 무섭고 떨려서 참을 수밖에 없었다.

『너 공장에 가는 것이 그래서 좋았던거지?』

그는 마치 경희가 갈시아를 만나기 위해 공장에 간다는 말투였다. 사실 경희는 갈시아에게 영어를 배우는 것이 목적이었지 다른 것은 없었다. 그러나 남편보다 갈시아를 만나는 것이 즐겁고 재미있는 일임에는 틀림이 없었다. 그녀는 변명할 힘이 없었다.

경희는 그날 이후 하루종일 시어머니의 감시를 받으면서 마음대로 밖에도 나갈 수 없는 처지가 되었다.

요란한 전화벨 소리에 받았더니 갈시아였다.

『경희! 왜 안 나와요? 왜요?』
경희는 할 말이 없었다. 대답을 못하고 있는 것을 갈시아가 어떻게 생각했는지 계속 말했다.
『당신 아버지가 그날 데려가고는 공장에 못 나오게 하는건 아니요? 학교엘 가라고 그러는건가요? 왜 안 나와요?』
경희는 눈물이 나고 목이 메어 말을 할 수가 없었다. 갈시아는 간절한 목소리로 다시 나오라고 애원을 하다시피 했다.
경희는 마음이 극도로 상했다. 남편이 뭐라고 해도 순종하지 않고 더욱이 시어머니의 말은 「옆집 개가 짖는가」하고 대꾸도 하지 않았다. 방에 남편이 들어오면 나오고 붙잡으려고 하면 밖으로 뛰쳐나왔다. 마치 미친 개에게서 피하는 것같이 「악」소리를 지르며 도망쳤다.
그렇게 지내는 동안 경희는 한국으로 도망갈 생각을 하게 되었다. 그러나 한국을 가려면 비행기표를 마련해야 하는 데 표를 살 돈이 없었다. 아무리 생각하고 연구해 보아도 길은 없었다. 경희는 친분이 있는 한국 사람이 없다는 사실이 슬펐다.
더구나 이무렵 경희는 임신 6개월이었다. 몸은 무거워지고 마음은 상해 살아갈 앞길이 캄캄한 밤과 같아 보였다. 경희가 아무리 괴로워해도 세월은 흘러갔다.
경희는 딸을 낳았다. 시어머니와 남편은 아기를 귀중하게 여겼지만 경희한테는 계속 차갑고 무심했다. 경희는 자기 뱃속에서 나온 아기를 보고 실망했다. 아기가 시어머니와 남편의 말처럼 그들을 닮았기 때문이었다. 더구나 그들이 아기를 좋아하니까 아기가 귀중하게 여겨지지 않았다. 오로지 그 집에서 벗어나고만 싶었다.
어느날 경희는 남편에게 말했다.
『이제는 아기도 낳았으니 나를 한국에 돌려보내 주세요! 난 여기서는 못살겠으니까요. 정말 나는 살기 싫어요. 이렇게까지 나를 집에 가두어 두면 자살이라도 할거에요.』
『아니! 아기를 낳았으니 키우며 정을 붙이고 살아야지, 한국에는 누가 있다고 가겠다는 거야! 안돼! 못 가!』
『그럼 나는 죽어버릴래요!』
남편과 입씨름을 한 지 며칠 후, 미국 여자 두 명이 경희를 찾아왔다. 남편은 일을 나가서 없었고 시어머니는 아기와 함께 자기 방에 있었다. 그 두 여자들은 눈초리가 보통 여자들과는 달리 매서워 보이고 행동도 특이했다. 경희가 나가서 자기가 경희라고 말하자 그들은 잠깐 같이 가자고 했다. 경희는 무슨 까닭인지도 모른 채 따라갔다. 그들은 경희를 자동차에 태웠다. 경희는 영문을 몰라 하며 물었다.
『어디를 가는건가요?』
『염려할 것 없어요. 좋은 곳으로 가는 것이니까요.』
『좋은 곳이라구요? 거기가 어딘데요?』
『편히 쉬고 노는 데니까 걱정말아요.』
『편히 쉬고 노는 데?』
경희는 의심이 나고 의아했지만 차에서 내릴 수도 없고 또 다른 방도도 없어서 답답한 마음으로 앉아 있을 수밖에 없었다.
차는 번화한 거리를 벗어나서 고속도로를 달리고 있었다. 한참을 달리던 차는 어떤 큰 건물의 철문을 통과했다.
『여기가 어디예요?』
『여기가 바로 쉬고 노는 곳이에요.』
경희는 그들의 말에 갑자기 병원이 아닐까 하는 생각이 들었다. 그녀는 다시 그들에게 물었다.
『병원이란 말인가요?』
『글쎄! 그렇게 말할 수도 있겠지요.』
『내가 병원에를 왜 와요?』
경희는 너무도 놀라서 소리를 지를 뻔했다. 그러나 문득「그 못된 시어머니와 남편 꼴만 안 본다면 병원이라도 상관이 없지 않겠는가」하는 생각이 머리를 스쳤다. 그래서 전혀 반항을 하지 않고 그들이 하는 대로 따랐다.
그곳은 경희 생각대로 정신병원이었다. 가슴이 벌벌하니 머리가 핑도는 것 같았다. 그들의 안내로 사무실에 가서 서류정리를 끝내고 깨끗한 흰 옷으로 갈아입었다. 그녀의 방은 경치가 좋고 조용하였으며 깨끗하고 침대와 침구도 집의 것보다 훨씬 나아보였다.
환자들이 동양인인 자신을 구경삼아 보고 있자 기분이 상하고 울화가 치밀었지만 정신병원에서 잘못 걸리면 정말 정신병자 취급을 받을 것 같아 참고 참았다. 떠들고 발광하는 환자가 하나도 없어 주위는 조용했다.

경희는 그들도 자기와 같이 잡혀 온 사람일 것이라고 생각했다.
얼마 후 경희는 자살과 어린애 상해위험이 있다고 해서 남편의 고소로 잡혀온 사실을 알게 되었다. 그 사실을 안 순간 경희는 남편이 밉고 치가 떨려 원수를 갚아야겠다는 생각이 불일듯했다.
그날 밤은 한잠도 못 자고 분에 떨었다. 새벽녘이 되어서야 겨우 잠이 들었다. 날이 밝아 기상소리가 울리는 것도 모르고 깊은 잠에 빠졌다. 공기도 맑고 주위도 조용해서 밤에 자지 못한 잠을 넉넉히 채우도록 자버린 것이다.
경희는 식사 종소리에 식당으로 가려고 일어났다. 잠긴 철문을 열어주는 여직원이 그녀를 보더니 놀란듯이 말했다.
『아! 아가씨 참 예쁘군요, 중국인이죠?』
『아니요, 나는 한국인이에요.』
『한국인? 영어를 잘하는데요?』
경희는 그녀의 칭찬에 기분이 좋아졌다. 그리고 예쁘다고 말하는 그녀에게 친근감을 느꼈다.
몇명의 다른 여자 환자들과 함께 식당으로 가는데 그 여자들이 보통 사람과 다른 것만 같아서 무서워지기도 했다. 식당은 깨끗했다. 여자 환자는 몇십 명 되어 보이고 감독하는 여자들도 여기저기 보였다. 아침식사도 집에서 먹던 음식과 달리 양식이어서 새로웠지만, 잘 넘어가지는 않았다.
환자들은 대개 우울병자들인지 얼굴에 웃음기가 없고 모두 침통한 표정들이었다. 정신병 환자들이 한다는 광증을 별로 부리지 않는데도 경희는 그들이 무섭기만 하고 징그럽게만 생각되었다.
경희는 칼칼한 기분으로 방에 돌아왔다. 낮에는 방을 잠그지 않았다. 그래서 마음대로 오락실에도 가고 도서실에도 갔다. 잔디밭에 나가 걷기도 했다. 「정말 쉬고 노는 데로구나」라는 생각이 들었다.
경희는 날이 갈수록 안정을 되찾았다. 경희는 공부를 해야겠다는 결심을 하게 되었다. 그래서 도서실에 가서 가장 쉬운 책을 골라 읽었다. 모르는 것은 직원에게 물어가면서 책을 읽어 내려갔다. 공부를 하면서도 문득문득 남편의 그 악행이 생각났다. 분해서 머리가 뜨거워지고 손이 떨리는 것 같았다. 그렇지만 「기왕에 잡혀왔으니 공부나 잘해서 훌륭해지면 되지」하면서 스스로 위로하기도 했다. 어린 딸은 그들이 잘 기를 것 같아 염려가 되지 않았다. 경희는 어려서 그런지 별로 아기가 보고싶지 않았다.

이틀에 한번씩 병원을 찾아 오는 사람이 있었다. 그녀는 환자들을 감독하는 직원이 아니라 영적으로 돕고 위로하며 신앙을 갖도록 도와주는 일을 하는 부인이었다. 그녀의 남편은 목사로 이 병원 일에 많은 관심을 가지고 있었다. 그는 특별한 때뿐만이 아니라 기회있는 대로 병원을 돕고 방문하였다. 그들이 바로 하드 목사와 그 부인이었다.

하드 부인은 경희가 동양인이라 그런지 유달리 관심을 가졌다. 경희를 달래고 위로하려고 애를 쓰는 까닭에 두 사람은 급속히 가까워졌다.

『경희 양! 요즘 기분은 어때요?』

하드 부인의 물음에 경희는 영어 공부 삼아 대답했다.

『기분이 좋아요.』

『나는 경희 양과 이야기하고 싶은데 내가 하는 말을 알아 들을 수 있을까요?』

『저는 영어로 말하는 것을 대단히 좋아해요. 보통 쓰는 말은 알아듣고 또 하기도 하지만, 어려운 말은 잘 몰라요.』

『알겠어요. 그럼 내가 한국말을 하는 사람을 찾아보겠어요. 그 사람을 통해 이야기하도록 하죠. 경희 양은 영어발음이 참 좋은데요. 당신은 아직 젊으니 앞으로 영어를 더 잘하게 될거에요.』

일주일 후 하드 부인은 노인 한 분을 모시고 다시 경희를 찾아왔다. 그 노인은 원래 중국에 선교사로 있었으나 중국이 공산화되자 본국으로 쫓겨났었다. 다시 한국에 선교사로 갔다가 나이 많아 은퇴하고 돌아온 지 얼마 되지 않은 분이었다.

『아! 당신이 경희 양이에요? 참으로 반가워요.』

그 노인의 한국말은 유창했다.

『나는 미국 사람이고 중국 사람이고 또 한국 사람이고 천국 사람이에요.』

그는 활짝 웃으면서 말했다. 선교사의 머리는 반백이고 얼굴은 주름살로 가득차 있었지만 목소리가 젊은 사람같이 쾌활하고 힘이 있는데 경희는 놀랐다.

하드 부인은 건물을 관리하고 감독하는 직원에게 경희와 이야기하고 싶다고 말했다. 직원이 허락하자 그들은 응접실 옆 대합실로 들어갔다. 모두 의자에 앉았다.
　경희는 언제나 영어로 이야기할 기회를 찾고 있었던 까닭에 하드 부인과 선교사가 자신을 찾아온 것이 반가웠다. 그러나 선교사가 한국말을 너무 잘해서 영어로 대화할 수 없는게 아닌가 하여 불안해졌다.
　『경희 양은 집에 가고 싶어서 울었어요?』
　하드 부인이 영어로 경희에게 물었다. 경희는 고개를 좌우로 흔들면서 아니라고 대답했다.
　『이런 곳에서 사는 기분은 어떠세요?』
　『괜찮아요.』
　『괜찮다구요?』
　『네! 괜찮아요. 저는 여기서 영어를 공부하고 있으니까요.』
　『영어를 공부해요? 아! 그건 좋은 일이군요. 하기야 여기같이 조용하고 시간이 많은 곳은 세상에 많지 않으니까… 공부를 하면 잘될거에요. 더욱이 여기 사는 사람들은 모두 영어만 사용하니까 더 좋지요.』
　『도서실에서「로빈슨 크로우스」라는 책을 빌려왔는데, 어린이를 위한 책이어서 읽기가 쉽더군요. 참 재미있게 읽고 있어요.』
　『아! 그 책은 참으로 유명하죠. 그 책을 읽을 수 있다면 참 좋을거에요. 우리도 어렸을 때 읽었지요. 그 책을 읽으면 다 알아요, 경희 양?』
　『다는 몰라도 그림과 사진이 있어서 알기가 쉽더군요. 또 모르는 것은 도서실 직원에게 물어보면서 보고 또 보고 읽고 또 읽고 하면 알아지더군요. 재미있어요.』
　『아! 경희 양은 참 총명해요. 이렇게 어리고 젊은 사람이 울지도 않고 공부를 한다니…앞으로 훌륭하게 될거에요.』
　『집에 가고 싶어 울고 야단을 하지 않는 것이 도리어 이해가 안되는데 말이에요.』
　경희는 솔직하게 시어머니와 남편이 없는 이곳이 더 좋다고 말했다. 두 사람은 알았다는듯이 고개를 끄덕이면서, 동정하는 눈빛으로 경희를 쳐다보았다.
　하드 부인은 경희에게 이런 질문을 했다.

『경희 양은 성경책에 대해서 들어 본 적이 있어요?』
『아니요.』
『그럼 성경에 있는 이야기도 들어보지 못했어요?』
『네. 듣지 못했어요.』
하드 부인은 가지고 온 성경책을 들어 보이면서 말했다.
『이 책이 바로 성경책인데요….』
『네! 그 책은 저희 집에도 있어요. 시어머니 방에도 있고 우리 방에도 있어요. 교회에 갈 때 가지고 가는 책이지요?』
『아! 교회에 갔었어요?』
『네. 몇번 갔었어요.』
『교회에 가서 좋았어요?』
『모르겠어요.』
『미국인 교회에 갔어요?』
『아니요. 한국인 교회에 갔어요.』
『물론 한국말로 찬송부르고 설교하겠지요?』
『네.』
하드 부인은 호기심에 가득차서 경희의 눈을 쳐다보며 물었다.
『누구와 같이 갔어요?』
『시어머니와 남편과 같이 갔어요.』
『그분들은 교회에 잘 가시는 분들이에요?』
『네.』
『그분들이 경희 양에게 성경에 있는 이야기를 해주지 않던가요?』
『아니요.』
『그럼 내가 말해 줄까요?』
『네.』
『이 성경책은 세상에 있는 어떤 책보다도 귀하고 중요한 책이에요. 짧게 말하자면 이 책은 하나님이 사람을 사랑하신다는 사실을 기록한 것이에요.』
경희는 그 말에 하드 부인의 손에 있는 성경책을 유심히 보면서 의아한 표정을 지었다. 「사랑을? 하나님이?」그녀는 그것이 무슨 말인지 이해할 수가 없었다. 왜냐하면 언젠가 집에 있을 때 너무 답답하고 지루해서 성경책을 한번 펼쳐본 적이 있었다. 이리저리 몇 장이나 들추어 보았지만 도무지 모를 말뿐이고, 뭐가 뭔지 한 줄도 알 수 없었던 일이 생각났기 때문이다. 또 두껍고 큰 책인데다가 알 수 없고 어려운 말들만 가득차 있어 아무리 심심하고 시간이 많아서 읽으려 해도 재미가 없었다.

그런데 그 책이 사랑의 책이라니! 또 하나님이 어떻게 사람을 사랑하실 수 있을까! 하나님이라니! 경희의 머리는 복잡해지고 있었다.

더욱이 남편과 시어머니는 그 사랑의 책을 소중하게 간직하고 교회에 갈 때 가져가면서 정작 사랑해주어야 할 자신은 정신병자로 몰아 입원시키다니 그 모자의 모질고 악한 행동이 생각나서 분통이 터지고 치가 떨렸다. 선교사와 하드 부인은 경희의 변한 얼굴을 보고 서로 쳐다보았다.

선교사는 하드 부인이 말하는 동안 경희가 모를 말만 한국어로 설명해 줄 뿐이고 하드 부인이 하는 말을 보조하는 식으로 고개를 끄덕이고만 있었다.

『경희 양! 무엇을 생각하죠?』

『저희 집 사람들이 생각이 나서요. 그 사람들은 사랑의 책을 방마다 가지고 있으면서도 제가 마음이 상해서 죽고 싶다고 했다고 저를 정신병자로 몰아 여기 가두어 놓았어요. 그 사람들은 그 책을 가지고 교회에 가는 사람들인데도요!』

경희의 말을 선교사가 영어로 통역했다. 하드 부인은 눈치를 채고 말했다.

『아! 경희 양! 경희 양의 어려운 사정은 비록 말하지는 않았어도 짐작하고 있었어요. 왜냐하면 대개 자살하려는 사람들은 우울한 사람들이 많은데 경희 양은 아주 명랑하고 젊고 또 예쁘거든요. 그런 사람들은 모든 일에 자신감이 넘쳐서 자살이라는 것과는 거리가 멀지요.』

말이 경희에게 어려울 것 같아 선교사가 통역을 해주었다. 하드 부인은 계속했다.

『경희 양! 보세요. 세상은 이상해요. 나쁜 일이 좋은 일이 되는 경우가 참으로 많단 말이에요. 그러나 좋은 일이 나쁜 일이 되는 경우는 더 많아요.』

선교사가 한국어로 통역을 했다.

『보아요. 경희 양! 간혹가다 큰 횡재를 하는 사람들이 있지요. 그런데 그 횡재 때문에 사람버리고 세상을 망치게 되는 일이 이 미국사회에서는 많지요. 횡재로 얻은 돈 때문에 마음이 들떠서 이혼하고 자녀들을 망치게 되지요. 더구나 마약을 복용하는 사람도 많이 있어요. 그러나 한편 어떤 사람들은 사업에 실패하거나 불행을 만났을 때 하나님께로 돌아오죠. 그 사람들은 진실되어지고, 충직해져서 가정이 화목하고 자녀들이 훌륭해지죠. 그래서 매일매일의 생활이 행복으로 가득차는 경우도 우리 주변에서 얼마든지 볼 수 있죠.』

그녀는 선교사를 통해 계속 말했다.

『경희 양! 자신을 생각해 보아요. 만일 경희 양에게 아무 일도 없었더라면 그 마음에 들지 않는 집에서 죽도록 집안 살림만 하지 공부할 기회는 쉽지 않았겠죠? 또 보세요. 그분들은 사랑의 책을 가지고 있으면서도 사랑이 없었기에 경희 양을 이해하지 못한 것 아니겠어요? 물론 경희 양이 여기 온 것은 큰 불행이지만 영어도 공부하고 쉴 수도 있게 되었잖아요. 또 우리 같은 좋은 친구를 만나서 영원에 대한 공부도 하고 하나님의 사랑이 어떠한 것인지 배워 참행복을 찾고 누릴 수 있게 되었구요. 사실 여기 있는 직원들이 당신을 무척 사랑하고 좋아하는 것으로 나는 알고 있어요. 경희 양같이 젊고 명랑한 사람이 여기에 있는 동안 공부하여 모든 것을 배운 후에 나가면 세상살이에 얼마나 도움이 되고 힘이 되겠어요. 바로 불행의 불덩어리가 행복의 불길이 될 수 있는 것이에요.』

경희는 선교사를 통해 통역된 하드 부인의 말이 귀에 쏙쏙 들어오는 것 같았다. 「여태까지 나에게 이렇게 진지하게 일러주고 가르쳐주고 애써준 사람이 있었는가」하는 생각이 들었다. 경희는 하드 부인에게 마음이 끌렸으며 신뢰하게 되었다.

『경희 양은 예수님에 대한 이야기를 들어본 적이 있어요?』
『아니요.』
『예수님이 누구신가 하면 곧 하나님이세요.』
『예수님은 사람이 아닌가요?』
『그래요! 사람이 되신 적이 있으신 분이시죠. 예수님은 하나님이시나 사람이 되어 이 땅에 태어나신 분이시지요.』

경희는 하드 부인의 눈을 뚫어지게 쳐다보며 그녀의 말에 귀를 기울였다. 다소 의심의 구름이 낀 상태였지만 하드 부인의 열성있는 태도와 선교사의 진실한 자세에 경희는 마음을 모으고 들었다.
『경희 양! 개미 알지요?』
『네.』
『그 개미를 도우려면 개미가 되어야 도울 수 있지, 개미가 되지 않으면 도울 수가 없을 것 아니겠어요? 만약 한 마리의 독수리가 있는데 개미들이 너무 수고하는 것 같아 도와줄 마음이 생겼다고 해요. 그 독수리가 개미를 도우려고 개미에게 아무리 말을 해도 개미들은 독수리의 말을 이해하지 못하기 때문에 독수리의 마음이 어떠한지 전혀 알 수가 없겠지요. 둘 사이에 말이 통하지 않으니까요. 그래서 독수리는 개미를 돕는 방법을 찾아냈어요. 그 방법은 독수리가 개미가 되어서 개미와 같이 살고 같이 일하는 것이에요. 그러나 독수리는 아무리 애를 써도 개미가 될 수는 없어요.』
경희는 이야기에 흥미를 느끼기 시작했다.
『자! 경희 양! 보아요. 하나님은 사람들이 행복해지도록 돕고 싶어 하셨어요. 하나님은 몇천년 간 사람들에게 자신의 마음을 전달하려고 애를 쓰셨지요. 그러나 아무리 노력을 해도 사람들은 하나님의 마음을 이해하지 못했어요. 하나님은 깊이 생각한 끝에 사람을 도우려면 사람이 되어서 사람들과 같이 먹고 입고 자고 고생을 하면서 도와야 한다는 것을 알게 되셨지요. 그래서 결국 하나님은 사람으로 태어나신거에요. 바로 그분이 예수님이지요. 독수리는 개미가 되고 싶어도 될 수 없지만 하나님은 온 세상 만물과 우주와 그 가운데 있는 것을 다 만드신 분이시기 때문에 원하셨던 대로 사람으로 태어나실 수가 있었던 것이에요.』
하드 부인과 선교사의 말과 태도에는 진지함이 배어 있어서 경희는 숙연한 마음이 되었다. 그녀는 다음 말이 기다려졌다.
『그 하나님, 곧 사람이 되신 예수님은 33년 동안 사람들과 함께 사시면서 하나님의 진심을 사람들에게 일러주시고 보여주시고 알고 깨닫게 하셨어요. 그는 우선 갓난아기로 태어나시고 우리 사람들과 같이 먹고 자고 생활하면서 유년기와 소년기, 청년기를 거쳐 장년이 되었어요. 예수님은 사람들이 겪어야 하는 모든 것을 다 친히 겪으셨어요. 사람들의 감정 행동 생활 의지 죄성을 친히 보시고 겪으셨죠. 피곤 굶주림 목마름 실망 아픔 질병 고난 괴로움 슬픔 사망 등 모든 것을 보시고 겪으시고 도우시고 가르치시고 알려주시고 일러주시고 결국은 거듭나 새사람이 되어 행복을 누리는 길을 열어 주시고 사람들의 죽음을 체험하셨어요. 그러나 그는 하나님이시었기에 무덤에서 썩어질 수 없으셨어요. 그래서 부활하셔서 다시 하나님이 되셨어요.』

『그럼 그분은 지금 하늘에 계신가요?』

『그분은 사람으로 죽으시고 다시 살아나셔서 하나님으로 하늘에 올라가셨지만, 그는 육신이 아닌 까닭에 온 천하 어디에나 계시지요. 이 세상 어디나 공기가 있는 것같이 예수님은 온 천하 어디에나 계실 수 있는 영이시고 어디나 계시고 보시고 아시고 무엇이나 하시는 분이시지요.』

선교사는 신이 나서 정성을 다해 통역했다. 하드 부인은 경희에게 물었다.

『경희 양! 공기가 눈에 보여요?』

『아니요.』

『그러나 공기가 없는 데는 없지요? 심지어 우리 몸속에도 공기는 가득차 있어요. 이와 같이 예수님은 하늘과 땅 어디에나 가득차 계시고 또 우리 마음 속에도 계시는 영이신 하나님이시지요. 그런데 이 세상에는 악마의 영도 있어요. 그 악마는 하나님의 보좌를 섬기던 천사장이었는데 하나님을 거역하고 하늘에서 쫓겨났어요. 그는 땅에 내려와 어디나 다니며, 하나님 거역하는 일을 수없이 많은 부하를 거느리고 일하고 있어요. 악마는 사람들을 유혹해서 하나님 거역하게 하는 일을 하고 있는 것이지요. 그도 영이기 때문에 우리는 눈으로 볼 수 없지만 그의 하는 일은 눈으로 볼 수 있어요. 마찬가지로 우리는 예수님의 영을 볼 수 없지만 예수님이 마음에 있는 사람은 그 행동과 생활과 언사를 보고 판단할 수 있다는거에요.』

『예수님이 하나님이시라면 왜 꼭 죽으셔야 했나요?』

『좋은 질문이에요. 경희 양! 하나님은 세상을 천국의 모형대로 아름답게 만드신 후에 사람에게 맡기셨어요. 무엇이나 생기면 법이 있어야 하겠지요, 경희 양?』

『네.』

『하나님이 이 세상을 사람에게 맡기시고 법을 만들어 지키게 하셨어요. 그런데 천국에서 거역의 죄를 범하고 쫓겨난 천사가 악마로 변해서 하나님이 지어놓으신 에덴에 내려와 보니 너무 좋고 천국과 비슷했어요. 그래서 이 거역죄의 괴수 악마가 사람 특히 약한 여자를 유혹해서 하나님의 법을 어기게 했어요. 그래서 사람들은 하나님의 동산에서 쫓겨나 악마와 한편이 되었지요. 그 자손들도 거역하는 인간이 되어 버린거에요. 그러나 자손들 중에는 하나님을 찾고 그 지으신 분을 사랑하며 섬기는 이도 많았어요. 지금도 하나님을 찾고 순종하고 하나님이 원하시는 대로 살려고 애쓰는 경건한 사람이 많이 있어요. 하지만 사탄의 꼬임에서 벗어나지 못하고 악마가 원하는 대로 거역하고 불순종하고 미워하고 싸우면서 불행을 만들며 사는 사람은 더 많아졌어요.』

선교사는 경희가 잘 알아듣도록 분명하고 자세하게 통역해 주었다. 경희는 미처 깨닫지 못하는 말도 있었지만 하드 부인의 말에 재미를 느꼈다. 하드 부인은 경희의 열심히 듣는 태도에 힘을 얻어서 한 마디 한 마디에 더욱더 주의를 기울여가며 말했다.

『그래서 하나님이 지으신 세상 사람들이 모두 길을 잃고 악마가 시키는 대로만 하여 불행에 빠지자 하나님은 사람들을 그 불행에서 건져주셔야 했어요. 하나님은 사람들에게 기적을 보이시고 깨닫게 해 주시려고 했어요. 그러나 사람들은 그때 잠깐만 하나님께 돌아올 뿐 결국은 마귀의 손에서 벗어나지를 못하는거에요. 악마가 시키는 대로 하나님을 거역하고 악할 대로 악해진 사람들은 악마의 사슬에서 벗어날 수가 없게 되었단 말이에요. 사람들은 못 살겠다고 부르짖고 아우성을 치지만 스스로 악마의 손에서 빠져나올 재간은 없었어요. 왜냐하면 사람들은 이미 사단의 것이 되었기 때문에 누군가가 사단을 사람에게서 끊어 놓아주어야지 사람 자신의 힘으로는 도저히 악마의 사슬에서 벗어날 수가 없게 되어 있기 때문이에요.』

경희는 선교사의 말을 듣는 순간 소름이 끼쳤다. 악마가 사람을 유혹해서 자기 부하를 만들어, 하나님을 거역하게 하고 서로 미워하고 상처를 입히게 하여 결국은 불행해진다는 말이 자기에게 해당되는 말인 것같이 느껴졌기 때문이었다.

하드 부인은 무척이나 자상하고 조리있게 설명해 주었다. 선교사도 자기의 힘과 지혜를 다 동원해서 통역을 했다. 경희는 그들의 정성이 가슴에 벅차도록 고맙기만 했다.

『경희 양! 독수리와 개미 이야기 기억하지요? 독수리가 개미를 도우려면 개미가 되어서 개미의 말을 하고, 개미 사회에 들어가 살아야 되지 않겠어요?』

『그럼요! 그래요.』

경희는 분명하게 대답했다.

『맞아요! 그런거예요. 그래서 하나님은 「사람을 도우려면 사람이 되어야 하는구나」하시고 갓난아기로 세상에 태어나신거란 말이에요. 사람의 아이가 되신 하나님은 예수라는 이름을 갖게 되었어요. 그 이름은 구원하시는 분이시다라는 뜻이에요. 예수님은 사람으로 자라신 것이지요. 음식도 잡수시고 주무시기도 하고 피곤함도 느끼시고 아프기도 하시고 상심도 하셨어요. 아이로서 장년이 되기까지 모든 인간 경험을 다 하신거지요. 그러면서 예수님은 사람들에게 자신이 하나님이라는 것을 분명히 말씀하시고 증거하셨어요. 사람들을 악마에게서 해방시켜주셨을 뿐 아니라 병을 고쳐주시고 기적을 일으켜 몇천 명씩 먹여주시고 가르쳐주시고 살려주시고 보여주셨어요. 온 세상 사람들에게 다 악마의 손에서 풀어주실 것을 약속하시고 믿도록 증인을 세워 놓으신거지요. 악마를 물리치는 길은 인간들이 그동안 지은 죄 즉 거역해 온 죄값을 치루어야 하는 것이에요. 그렇게 하지 않으면 악마는 자신의 노예인 사람에게서 손을 떼지 않아요. 그래서 예수님은 온 인간들의 노예된 죄값을 치루어야 하겠기에 악마들에게 잡혀서 그 악독한 멸시와 학대와 무시와 모욕과 천대와 아픔을 다 겪으시고, 십자가에 못박혀 죽어주신거에요. 주님은 죽음으로 온 천하 사람들의 죄값을 치르셨어요. 그래서 악마의 사슬은 온 인류에게서 풀렸어요. 그렇지만 이 사실을 무시하고 믿지 않고 거부하면 악마는 그 사람에게서 떠나지 않아요. 그 사람은 그대로 악마와 친구가 되어 거역하고 미워하는 모든 악한 일에 동참하게 되며 결국 불행해지게 되죠. 마치 세차게 내리는 소나기 속에서도 뚜껑이 덮여있는 그릇에는 빗물이 한 방울도 들어가지 않는 것과 같지요. 예수님이 사람들이 겪어야 할 그 모든 수치스러운 멸시와 천대와 학대와 잔인을 다 겪으시고 십자가에 달려 못박혀 죽으심으로 우리의 모든 죄값을 치러주셨다는 것을 믿어야 해요. 그런데 마음 문을 꼭 닫아 걸고 이 사실을 믿지 않고 부인하면 그 큰 은혜가 온 세상에 가득해도 나와 아무런 관계도 없을 것이니 그 얼마나 참혹하고 안타까운 일이 아니겠어요? 경희 양! 그렇지 않을까요?』

경희는 감복했다. 그들의 말이 전신에 스며 들어와서 온몸을 적시고 채우는 것 같았다.

『예수님을 마음 속에 받아들여서 모시면 하나님이신 예수님은 우리를 언제나 도와주시고 의지하는 힘이 되어주시죠. 세상에는 믿고 의지할 것이 하나도 없어요. 사람은 변하거나 죽어요. 또 돈이나 명예도 믿고 의지할 수 없는 것 아니겠어요? 우리가 정말로 믿고 의지할 분은 오직 예수님뿐이에요. 그 분만이 우리를 도와주실 수 있고 힘이 되어주실 수 있기 때문이지요. 경희 양! 이 분을 믿지 않으시겠어요?』

『믿겠어요! 믿고 의지하겠어요. 어떻게 믿어야 하나요? 선교사님!』

하드 부인과 선교사는 경희의 두 손을 붙잡았다.

『경희 양은 예수님을 자신의 구세주로 영접하시겠어요?』

하드 부인은 경희를 보면서 말했다. 경희의 두 눈에 눈물이 가득 고였다. 그녀는 울먹이며 대답했다.

『네! 예수님을 구세주로 영접하겠어요.』

하드 부인은 기쁨이 충만했다.

『경희 양! 내가 하는 기도를 따라하세요.』

하드 부인은 쉬운 영어로 기도를 시작했다.

『감사합니다. 주님!』

경희는 그대로 따라했다.

『오늘 이 시간 저는 하나님의 딸이 되었습니다.』

『제가 지은 죄를 다 용서해 주십시오.』

『앞으로는 예수님만 따라서 살겠습니다.』

『저를 끝까지 도와주십시오.』

『예수님이 이름으로 기도드렸습니다. 아멘!』

세 사람의 얼굴은 환해지고 기쁨이 넘쳐흘렀다. 하드 부인은 굉장히 만족한 얼굴이었고 선교사도 더할 수 없이 기뻐하고 있었다. 경희도 뭔가 마음이 시원하고 가슴에 복받치는 기쁨을 느꼈다.

헤어질 시간이 되자 경희는 아쉬웠다. 그러나 하드 부인이 그 병원에 자신이 인도하는 성경공부 모임이 있다고 말하자 아쉬움은 사라졌다. 그후 일 주일에 두번씩 오후에 만나서 성경공부를 했다. 경희는 거기서 많은 것을 배웠다. 영어도 많이 늘고 믿음도 강건해졌다.

그로부터 여섯 달 후에 남편이 경희를 데리러 왔다. 남편을 따라 집으로 가는 경희는 많이 변해 있었다. 그녀는 이미 옛날의 그녀가 아니었다. 너무도 진실하고 아름다워졌다. 시어머니는 경희를 보고 놀라는 표정이었다. 사실 경희도 남편과 시어머니를 못된 인간으로만 알았는데 그렇지 않은 것을 알고 놀랐다. 남편은 의젓하고 시어머니는 좋은 분이라는 것을 새삼 느끼게 되었다. 경희는 깨달았다.

「나는 거역하는 악마의 친구였구나!」

「내가 거역하는 말과 행동으로 살았을 때 남편은 고집불통에 인색하고 더러운 사람이었고 시어머니는 억세고 냉정하더니 내가 변하고 보니…아! 그들은 좋은 분들이었구나.」

경희는 딸이 너무도 사랑스럽고 예뻤다. 즐거운 마음으로 저녁을 먹은 후 남편이 말했다.

『경희! 나의 행동을 용서하오. 나는 경희가 자살한다고 해서 겁을 먹고 보고한 것인데…, 그것은 내가 사랑이 부족해서 한 일이니 용서해주시오.』

그 말을 듣고 경희는 울어버렸다. 경희는 어린애를 안고 눈물을 닦으면서 말했다.

『천만에요. 제가 거역하는 악행을 한 것인데요. 나를 정신병원에 보내주어서 참 고마워요. 나는 거기서 생명을 얻어 가지고 나왔어요. 나는 이 생명을 잃지 않도록 열심히 말씀 공부를 하고 봉사와 전도도 해야겠다고 결심했어요. 그리고 당신과 어머님께도 최선을 다할거구요.』

그 후 그들은 동남 쪽에 있는 도시로 이사를 했다. 경희의 남편이 더 좋은 직장으로 옮겼기 때문이었다.

그들은 이사간 지 얼마 되지 않아 교회를 시작했다. 목사가 없어서 경희는 성경과 찬송을 가르치고 남편은 설교를 했다. 3년 동안 땀흘린 결과 장년이 약 30명 정도로 늘어났다.

어느해 나는 그 근처에 있는 교회에서 집회를 가졌다. 그 집회에 경희와 그녀의 남편도 참석했다. 그들의 간청도 있거니와 나도 마침 가고 싶은 마음에 그들의 교회에 가서 집회를 주관하였다.

나는 경희의 강한 믿음과 성숙한 사랑을 보고 놀라서 할 말을 잊었다.
우리는 마주 앉아서 밤을 지새우며 이야기했다.
할렐루야!

    거역의 죄, 마귀
    순종의 은혜, 예수님

우리는 같이 찬송을 불렀다.

# 64
## 저녁과 가을

밤에는
피곤한 몸 쉬게 할 수 있고
평안도 누릴 수 있지만
나는 어두워서 밤이 싫어요.
저녁이 오면
곧 밤이 되지요.
그래서 나는 저녁도 싫어요.

가을은
서늘하고 시원하고
오곡백과가 나고
즐거운 추수의 노래가 울리지만
그 가을이 오면
꼭 겨울이 따라오기 때문에
나는 가을도 싫어요.

그런데
내가 가는 그 곳에는
저녁도 없고 가을도 없어요.
저녁이 될까봐 마음 졸일 필요도 없고
가을이 올까봐 걱정할 이유도 없어요.
그곳은 염려가 없어요.

염려와 걱정이 없고
마음을 졸일 필요도 없는
그 곳에 당신도 가고
물론 나도 가지요.

세상에서 나그네로 한 몸 사는 동안
일이 많든지
인생의 길이 길든지 짧든지
그곳을 준비하고 향해가니 기쁜거지요.
세상에 태어나서 비록 잠시 거하지만
소망과 장래가 있으니 보람찬거지요.
언젠가는 끝이 될거예요.
끝이 없는 것이 어디 있어요.
그때는 단지 나 혼자서 저녁도 가을도 없는 그 곳에 입성할거예요.

# 65
# 오고가는 사람들

　미국에 이민 오는 것이 무척 까다롭고 어려웠으나 존 F. 케네디가 대통령이 된 후 이민법을 고쳐 절차가 간편해졌다. 그러자 많은 사람들이 세계 곳곳에서 물밀듯이 미국으로 몰려들기 시작했다. 예전에는 이민문제를 담당하는 관리들이 마치 비밀형사나 모진 헌병 경찰과 같았는데, 이민법이 수정된 후에는 신기하게도 그들은 표정과 말투에서부터 달라졌다.
　이 무렵에 「가정부」라는 직업이민의 형식으로 미국에 온 한 여자가 우리를 찾아왔다. 그녀는 미국에 오기 위해 가정부 자격으로 왔지만 그것은 자신의 목적이 아니었기 때문에 그 일을 할 수는 없다고 했다. 그녀는 그렇게 불평하며 부엌으로 들어가서 앞치마를 두르더니 부엌일을 시작했다. 그녀는 우리의 저녁을 만들었는데 반찬과 밥이 무척 맛깔스러웠다. 우리는 같이 식사를 하면서 단번에 친해졌다.
　그녀는 자기 짐에서 한국 인형을 꺼내 우리에게 주었다. 나는 젊었을 때 인형을 무척 좋아했으나 그것으로 인해 이상하고 독특한 경험과 교훈을 받은 일이 있기 때문에 인형을 아주 싫어하게 되었다. 그래서 나는 주저하지 않고 거절했다.
　『사모님이 싫어하시는 것이라면 결코 좋은 것은 아닐거예요. 이건 버리지요!』
　그녀는 이렇게 말하면서 그 인형을 쓰레기통에 버렸다. 나는 그녀의 행동을 보고 그녀를 다시 한번 자세히 쳐다보았다. 통이 큰 그녀의 성격과 결단성에 깊은 감명을 받았다. 귀한 선물로 쓰려고 한국에서 돈을 주고 사서 자신의 짐에 소중히 넣어 가지고 온 인형이었을 것이다. 그런데 그 인형을 내 말 한 마디에 쓰레기같이 버리는 일은 여자로서 결코 쉽게 할 수 있는 행동이 아니었다. 또 그녀가 한 말도 예사롭게 들리지 않았다.「사모님이 싫어하시는 것은 좋지 않다」는 말에는 내 의사를 깊이 존중한다는 뜻이 들어있었다.

그녀가 우리와 같이 있게 된 후로는 집안에 즐거움이 더 많아졌고 웃음소리도 커지고 일도 많아졌다. 그녀는 무엇이나 잘했다. 시간을 내어 옷도 만들고 뜨개질도 했다. 물론 요리는 더 잘했다. 우리에게는 점점 더 일이 많아졌으나 그녀는 그에 따라서 척척 잘 해냈다. 그녀는 여사장이 되는게 꿈이었다.

『무슨 사장이 좋을까요? 사모님!』

『나는 그런 생각을 해본 적이 없어서 그런 일에 대해서는 아주 몰라요.』

『옷 공장 주인이 제 소원이에요. 그렇지만 핸드백 상점이나 공장의 사장도 괜찮다고 생각해요. 이 큰 미국에 와서 사장 한 자리 못 하고서야 이민 온 대망을 이루었다고 할 수 있겠어요? 그런 기회가 생기지 않는다면 저는 만두 공장을 하든지 김치 깍두기 공장을 하든지 해서라도 한번 사장이 되고야 말겠어요.』

그러면서 그녀는 크게 소리내어 웃었다. 그 웃음 속에는 자신감이 넘쳤다.

그녀의 수단과 재간은 보통이 아니었다. 그것도 배운 것이 아니라 한국에 있을 때 귀동냥으로 익힌 것이었다. 얼마 지나자 내게 영어를 한 마디씩 물어 그것을 되풀이하여 외우고 익혔다. 또 손짓 발짓 다 동원하여 말하는 모습에 우리는 배꼽을 쥐곤 했다. 그녀는 국민학교를 졸업했다고 했지만 내가 보기에는 3학년이나 4학년으로 끝마친 것 같았다. 그녀가 어떻게 미국에 올 수 있었는지 무척 궁금했다. 또 우리 집 주소를 알아 우리를 찾아온 것도 희한한 일이 아닐 수 없었다.

그녀는 모든 일에서 나를 도왔다. 교회 일도 열심히 도왔고 궂은 설거지도 잘 해냈다. 우리는 그녀에게 고마움을 느꼈다. 그녀를 사랑했고 어떠한 일이라도 도와줄 마음이 있었다. 한번은 그녀가 내게 심각하게 이야기했다.

『사모님! 제가 미국에서 성공하려면 우선 영주권이 있어야 하는데요. 사실 저는 영주권을 받지 못했어요. 그러니 사모님 댁의 가정부로 영주권을 신청해 주실 수 없을까요?』
『그거야 그리 힘든 일은 아니지. 영이는 재간도 많고, 수단도 뛰어나고, 부지런하고, 건강해서 못 할 일이 없으니까. 하지만 제일 중요한 일을 제일 중요하게 생각하지 않는 것 같은데!』
『그것이 뭔데요. 사모님?』
『제일 지혜있는 사람이 하는 일이야!』
『무엇이지요? 제일 중요한 일이 있다면 그것을 먼저 해야지요!』
『그렇지?』
『그럼요.』
『제일 지혜있는 사람들이 가장 먼저 하는 일이 있어. 그것은「나는 지금 죽어도 된다!」는 말을 할 수 있게 죽음을 준비해 놓는 일이야. 이것을 준비한 후에 다른 일을 해야 해. 아무리 굉장한 일을 해놓더라도 죽은 후에 어떻게 되는지 모른다면 무슨 소용이 있겠어?』
『사모님! 그것을 제가 모르겠어요? 예수님을 믿으라고 말씀하시는 것이지요? 제가 믿지 않는 것 같은가요? 사모님?』
『예수님을 믿는다는 것은 내 모든 죄를 회개하고 예수님을 내 마음 속에 모시는거야. 예수님을 내 마음 속에 영접해 모신다는 것은, 그분이 내 매일의 생활에 왕이 되신다는 말이지. 예수님이 인도하고 도우시는 대로 살려고 노력하는 사람을 예수 믿는 사람이라고 하는거라구.』
『제가 그런데요? 꼭 그래요. 사모님!』
그녀는 이렇게 말했지만 말뿐인 것 같았다. 그녀의 눈과 표정은 내게 그녀의 말을 믿게 해주지 못했다. 그렇다고 해서 더 따질 마음은 없었다. 나는 그녀를 우리 집의 가정부로 영주권을 신청해 주기로 약속했다.
그녀는 몇 마디밖에 모르는 영어를 어디서나 사용하였다. 미국인이나 외국인과도 무난하게 대화를 했다.
그러던 때 교회에 임 아무개라는 부부가 출석하게 되었다. 그들도 교회에 도움이 되려고 열심히 봉사하고 모든 일을 잘 도왔다. 그런데 그 부인이 한번은 나를 따라와 조용히 말했다.
『사모님! 저 영이라는 여자를 잘 아세요?』
『네. 우리 집에 여러 날 같이 있었어요. 왜요? 잘 아시는 분이신가요?』

『아니요, 너구리 냄새가 나서요.』
『너구리? 그게 무슨 냄새인데요?』
『아이구! 사모님도, 여우, 너구리 그런 것 모르세요?』
『여우? 너구리? 잘 모르겠는데요.』
『너구리 냄새, 그 고약한 냄새를 모르세요?』
『나는 너구리가 뭔지도 모르는데 냄새를 어떻게 알겠어요.』
『아이참, 정말, 사모님! 절도범이나 사기꾼 같다는 말입니다!』
『절도범? 사기꾼? 누가요?』
『쉬! 그만해두죠. 사모님도…!』
 그녀는 그렇게 말하고 내 앞에서 사라졌다. 그러나 나는 그녀의 말에 놀라움을 금치 못했다.
「영이가 절도자란 말인가? 또 사기꾼! 그럴 수가 있나! 그래서야 되나!」
 나는 마음이 캄캄하고 이상해졌다. 설레이는 가슴을 안고 영이를 찾았다. 영이는 변함없이 무엇인가를 하고 있었다. 내 안색이 변한 것을 보더니 그녀도 놀라며 일손을 놓았다.
『사모님! 왜 그러세요? 무슨 일이 있으셨어요? 왜 그러시죠?』
『아니, 아니야! 괜찮아.』
 그녀의 얼굴을 바라보는 내 눈에 갑자기 색안경이 씌었는지 영이가 절도자나 사기꾼인지도 모른다는 생각이 들고 의심이 갔다. 그래서 나는 이 문제를 남편에게 이야기할 수밖에 없었다. 종일 바쁘게 뛰던 남편은 내 말을 듣고 이렇게 말했다.
『그래? 뭐 그럴라구, 오해겠지. 당신이 잘 알아서 해요. 당신은 감옥에서 6년간이나 절도자와 사기꾼들 속에서 살았으니 잘 알 것 아니오?』
 그는 모든 일을 나에게 일임하고 자기 일에만 몰두했다. 그러나 그 문제는 쉽게 해결이 되었다. 즉 영이가 계속해서 공손하게 나를 대했고 또 재치있게 일을 잘 처리했기 때문에 마음에 받았던 충격이 점차 사라졌던 것이다.
 우리 교회에는 장년 집사님이 한분 계셨다. 그분은 남미에서 오신 분으로 교회에 열심히 봉사하고 충성하였다. 그는 남미로 이민을 갔으나 남미는 정치가들이 정치를 잘 못해서 이민간 사람들이 안심하고 살 곳이 못 된다고 생각했다. 게다가 많은 자녀들에게 좋은 교육을 시킬 수 없다고 판단하여 미국으로 다시 이민오기를 원했다.

그런데 이 집사님은 현금으로 몇천 불을 가지고 있었다. 그것을 안 임씨 부부가 그분을 자기 집으로 모시고 가서 음식을 대접하고 친절을 베푼 후에 그 돈을 꾸어 달라고 했다. 그분은 하는 수 없이 그 돈을 꾸어 주었다. 돈을 받은 임씨 부부는 어느날 종적도 없이 사라졌다. 다른 곳으로 이사를 가버린 것이었다.

그런 일이 생기자 나는 그 집사님이 너무도 가엾어서 어떻게 할 바를 몰랐다. 그러나 임씨 부부에 관해서는 생각하면 할수록 분하기 짝이 없었다.

「자기가 절도자요 사기꾼이면서 공연히 가만히 있는 영이를 의심해서 도적이고 사기꾼이라고? 너구리 냄새가 난다고? 아! 고약하기도 해라!」

세월은 흘러갔다. 영이는 자신의 영주권이 나오면 교회를 위해서 무엇도 하고 무엇도 하겠다며 별 약속을 다 했다. 그러나 나는 날이 갈수록 그녀의 말에 진실성이 없다는 것을 느낄 수 있었다. 그런 그녀의 태도는 나의 마음을 서늘하게 했다. 말은 쉽고 그럴듯하게 잘했으나, 자기가 한 말에 아무 책임도 지지 않았다. 또한 그녀가 하는 약속이라는 것은 자기의 편의를 위해서 하는 것이지 거기에 어떤 뜻도 책임도 없었다. 또한 그녀는 자기의 앞날의 목적을 이루기 위해 교회에 나오는 사람들과 사귀었다. 그들에 대해 잘 알아보고 또 도움도 받으면서 일을 착착 이루어가고 있었다.

이즈음에 한국 정부에서 관리로 계시던 분이 은퇴하고 우리 교회에 출석하고 있었다. 영이는 이분이 돈이 있는 것을 알고 온갖 재주와 수단을 써서 그분과 친해졌다. 그녀는 그분의 돈으로 사업을 벌였다.

그후 그녀는 영주권이 나오자 하던 사업을 그만두고 상점을 열어 사장이 되었다. 자금을 대주었던 분은 곧 다른 사업을 시작하였으나 결국은 영이로 인해 큰 손해를 보았다. 하지만 잊어버려야 했다.

영이는 사장이 되어 여러 사람을 고용했지만 그들의 임금을 주지 않았다. 임금을 받지 못한 사람들이 내게 찾아와서 호소를 하고 애원을 했다.

『사모님! 가장 친한 친구분이시라니 사모님이 말씀 좀 해주셔서 일한 돈을 좀 받게 해주세요. 우리는 죽을 지경이에요.』
 알지도 못하고 보지도 못했던 사람들이 내게 전화를 걸고 또 찾아와서 간절히 호소하였다. 그들이 너무 애원을 하는 바람에 나는 하는 수 없이 영이에게 말을 했다. 그러자 영이는 정색을 하며 대답했다.
『그런 일 없어요. 사모님! 저는 그런 사람 아닌거 잘 아시잖아요? 사람을 쓸 때는 줄 돈은 다 주고 써요. 그런 일은 절대로 안해요.』
 그녀는 임금을 받지 못해 애원하는 사람들과는 다른 소리를 했다.
 사장이 된 영이는 이미 그 옛날 처음 우리를 찾아왔을 때의 영이가 아닌 것을 나는 왜 몰랐을까? 기분이 상했지만 내게 애원하며 달려드는 사람들은 얼마나 억울하고 분통이 터질까?
 세상을 사노라면 참 별 일을 다 보고 듣고 겪어야 하는 것 같다. 내 마음 속에는 어두운 그림자가 덮였다.
「왜 나는 내게 오는 사람들을 올바르게 인도하지 못할까?」하는 아픔과 아쉬움이었다.
 사실 감옥에서 사기꾼, 절도범들과 6년이라는 긴 세월을 같이 살았지만 나는 그들 가운데 한 사람도 믿는 자로 만들지 못했다. 이것이 언제나 내 가슴 한 구석을 어둡게 하는 나의 서글픔이며 아픔이었다. 그런데 세상에 나와서 보니 힘이 부족한 나를 찾아와 나를 도와준 사람조차도 바른 길로 인도하지 못했다는 후회와 아픔을 가지게 되었다. 이런 감정은 아무리 시간이 지나고 세월이 흘러도 없어지지 않고 또 잊혀지지도 않는 흠자국이 아닐 수 없다. 그것은 내 자신이 아직 설익은 과일같이 모양은 그럴듯하지만 익지 못했다는 증거임에 틀림이 없었다.
 언제부터일까? 나이는 먹고 세월은 화살같이 날아가는데 내 인생은 후회와 아픔만이 가득 차 보기 흉해 있지 않은가?
 그렇지만 주님은 이런 나를 위로하신다.
「때가 오면은! 때가 되면!」
「또 나는 복음을 전해야 하는 사명을 받았으니 그것에는 결코 무심하지 말자! 그래. 그래! 결단코 실격해서는 안돼! 벌써 늦은 감은 있지만… 그래도 결단은 심각하고 착실해야 하는거야!」

# 66
# 천국

나는 천국엘 한번도 못 가봤어요.
꿈으로나 환상으로도 못 보았어요.
그런데 나는 확실하게 알아요.
나는 천국을 알아요.
분명히 또 세세하게 알아요.
어느날 혹시 천사라도 와서 내게 천국을 말해 주거나 또 나를 데리고 가서 천국을 미리 보여줄까봐 나는 겁나요.
왜냐하면 언젠가 내 차례가 되어 천국에서 종을 뗑그렁 뗑그렁 치면서
「이숙아! 올라오너라!」
하시면 그때 급히 이 감옥 같은 육신을 내던져 버리고 빛살 같은 속도로 날아가렵니다.
그 천국의 성곽과 문들을 지나
또 그 안으로 쑥 들어가서 주님 앞에 엎드릴 때의 감격을
나는 내 비밀 속에 간직해 두고 싶어서요.
이 비밀이 내게는 너무 귀중하고 장해요 그런데 천사가 내게 오면 천국 상황은 너무도 쉽게 알 수 있단 말이에요.
그래서 나는 이 비밀을 귀하게 간직하고 싶다는거예요.

## 67
## 불행

믿는다 믿는다고 하면서 세상만이 머리 속에 가슴 속에 또 매일의 생활 속에 가득차 왕왕대고 영원의 그 나라는 까마득하다면 그건 얼마나 비참한 인생일까요.
천국이 아물아물 멀리 보이다가도 칠흑같이 캄캄해서 보이지 않고 생각조차 못 하고 있다면,
나 같으면 대성통곡을 하고 땅을 치고 머리칼을 쥐어뜯었을거예요.
이 세상 온 사람은 누구나 가야 하는데, 가는 것은 확실한데 가는 곳이 분명치 않다면 꿈을 꾸는 듯이 슬쩍 죽어버리는 순간 어떻게 되는 걸까요?
그런데도 멀쩡하게 먹기만 하고 돈과 명예에만 정신팔려 전전긍긍 하겠다는 걸까요?

# 68
# 아편중독자

『말씀하세요. 듣고 있으니까요.』
『사모님, 제가 이름도 숨기고 또 어디서 전화를 하는지 말씀드리지도 않고 불쑥 제 말을 꺼내도 실례가 안 될까요?』
『천만에요. 그런 것을 내가 알아본들 무슨 필요가 있겠어요. 안심하고 말씀하세요.』
『저는 서울의 한 뿌리깊은 기독교 가문에서 태어나 자랐어요. 일류 대학은 나오지 못했지만 어학은 열심히 공부했어요. 졸업한 뒤 교편을 잡고 삼년 이상 어학을 가르쳤어요. 교회 생활은 충실하게 못 했지만 원래 기독교를 믿는 집안에서 자란지라 그 분위기 속에서 생활했지요. 때문에 기독교만이 참 종교라고 생각해 왔어요. 그런데 가족들은 제 혼기를 놓칠세라 결혼할 대상자를 구하고 있었어요. 남자는 많았지만 제게 적합한 사람이 없었어요. 물론 제가 미인이었거나 특별한 매력을 가졌더라면 문제가 달랐겠죠. 그러던 중 재미교포 청년이 아내감을 찾기 위해 한국에 왔는데 만나보지 않겠느냐는 권유를 받았어요. 그 사람은 몸이 약해 보였고 남자다운 맛이라고는 조금도 없었어요.』
나는 그 여자의 말에 계속 고개를 끄덕였다. 여자는 진지하게 속사정을 털어 놓았다.
『그런데 소개하는 분이 말했어요. 그 사람이 약해 보이는 것은 밤일을 하기 때문이라구요. 재미교포 중 많은 사람들이 밤일 때문에 햇빛을 못 본대요. 그래서 약해진다구요. 그렇지만 결혼해서 아내가 잘해 주면 건강을 회복할 수 있대요. 그 청년은 서른이라는데 제가 보기엔 서른 다섯도 넘어 보였어요. 그렇지만 꼬치꼬치 캐묻지 않았어요. 거북하기도 하고 미안하기도 해서요. 저는 소개하는 분의 말처럼 그가 약해 보이는 것이 햇빛을 못 보아서 그런 것이라 생각했어요. 제가 묻고 싶은 것은 그의 종교였어요. 자기 말로는 예수님을 믿는다고 했어요. 가족들도 교회에 다닌다고 했구요.』

나는 이 여자가 당시 결혼 상대자를 너무 쉽게 결정한 것이 아니었나 내심 걱정스러웠다. 그러나 나는 계속 고개를 끄덕이며 듣기만 했다.

『참으로 여러가지 의문을 마음 속에 묻어둔 채 부모님의 성급한 결정에 따랐어요. 부모님은 미국에 가면 더 나은 살림을 꾸릴 것이라 생각했지요. 모험적인 생각이었죠. 저 또한 큰 야심을 가지고 부랴부랴 결혼식을 올렸어요.』

참으로 긴장되는 일이었다. 나는 안타까움과 동정이 우러났다. 그 다음 얘기가 궁금했다. 나는 그 여자의 얘기를 듣기 위해 더 많은 시간을 써야 했다.

『남편은 결혼식을 올리고 미국으로 다시 들어 갔어요. 저는 일년을 더 기다려야 했어요. 그런데 그이와는 결혼 첫날밤부터 석연치 않았어요. 더군다나 그이가 직장 때문이라며 급히 떠나간 후에는 더욱더 이상하다는 생각만 들었어요. 결혼해서 기쁘다기보다는 웬지 불행해질 것만 같다는 예감이 들었어요. 그러나 저는 되도록이면 부정적인 생각을 버리고 그를 잘 도와서 행복하게 살아야겠다고 생각했어요. 미국에 가서 열심히 돈을 벌어 부모님을 모셔가고 동생들을 미국에서 공부시키리라 마음 먹었지요. 그래서 일년 동안 편지로써 그와 대화를 많이 했어요. 일년이 지난 후 저는 미국에 올 수 있었어요. 그런데 미국에 와서는 저의 꿈과 기대가 무너지기 시작했어요. 시집이 굉장히 크고 멋진 집일 것이라는 기대는 말 그대로 기대로 끝났어요. 집은 침실 하나만 달랑 있는 싸구려 아파트였고, 그이는 막내아들이었는데도 연로하신 어머니를 모셨어요. 친척들은 따로 떨어져 살고 있었고 왕래도 별로 많지 않았어요. 사방에 가난이 덕지덕지 붙어 있었어요. 시어머니께서는 늘 기도하시지만 그 얼굴에는 근심이 가시질 않았어요. 그러나 그럭저럭 참아가며 살았어요. 그런데 남편이 이상했어요. 남편은 괜찮다가도 때때로 중환자같이 어깨가 늘어지고 눈이 충혈되고 눈물을 흘리곤 했어요. 지금까지도 여전히 그래요. 게다가 밤에는 일을 한다고 나가버리고 낮에는 늘어져 잠만 자요. 사모님, 어떻게 이 많고 많은 얘기를 다 할 수 있겠어요.』

그녀는 긴 인생을 힘들게 살아온 할머니처럼 한숨을 쉬었다.

『네, 말씀하세요.』

『그는 아편 중독자였어요.』

그 말과 함께 여자는 한동안 울었다. 나도 충격을 받아 어안이 벙벙했다. 나는 주님께 도움을 구했다. 잠시 후 여자의 울음섞인 목소리가 들려왔다.

『사모님!』

『네, 듣고 있어요.』

『저는 사모님께서 잘 아시는 분의 집에서 일하고 있어요. 그 덕분으로 사모님을 알게 되었어요. 두 분께서 함께 나가 일을 하시기 때문에 제가 아이 셋을 돌보는 일과 집안 청소는 물론 식사 준비, 빨래까지 하고 있어요. 저는 본래 가사에 취미가 있었어요. 그러나 이런 일은 힘이 들어요. 사모님.』

『언어를 공부했다고 들었는데 영어를 했어요?』

『불어를 했어요. 영어보다 매력이 있어 보여서 말입니다.』

『알겠어요. 그 심정 이해하겠어요. 아직 젊으니까 얼마 동안만 집중하면 영어를 배울 수 있을거예요. 그러면 직장도 더 편한 데로 옮길 수 있지 않겠어요?』

『아니에요. 사모님. 사실 저는 이 집에서 숨어살고 있어요. 늙으신 시어머님은 불쌍하지만 아편 중독자인 남편의 꼴을 보기가 싫어서요. 사모님, 저는 어떻게 해야 할까요?』

『이것을 계기로 하나님께 바로 돌아오셔야겠어요. 하나님께서 도우시면 해결받을 수 있어요. 사람의 도움은 한계가 있지만 하나님의 도움은 완전해요. 예수님을 믿으세요.』

『사모님, 저는 예수님을 믿지 않는 사람인가요?』

『나보다 자매님 자신이 더 잘 알겠지요. 우리가 믿고 의지하는 하나님은 추궁하시거나 따지는 분이 아니세요. 지금이라도 늦지 않았어요. 하나님 외에 도울 분이 세상에는 없어요. 하나님께 도움을 청하세요. 그리고 기도하고 하나님 말씀을 읽고 공부하며 순종하는 생활을

68 아편중독자 325

시작하세요.』

『사모님, 저는 한국으로 돌아갈까 하는데요.』

『돌아가세요. 미국에 속아서 왔으니까 원래 있던 곳으로 미련없이 떠나세요. 남편을 버리고 떠난다고 죄책감 갖지 마세요. 하나도 부당하지 않아요, 속인 사람들이 나빠요. 지금까지의 일은 인간이 자기의 지혜대로만 살면 어떤 결과를 당할 것이라는 깨달음과 교훈이었다고 생각하세요. 그리고 이제부터 기독교인이라는 허울좋은 간판은 버리고 참 신자가 되세요.』

『주인 아주머니께서 사모님 책을 사주셔서 읽고 있어요. 그리고 전화하라고 사모님의 전화 번호까지 알려 주셨어요. 사모님의 처음 책은 소문으로만 들었기 때문에 읽지 못했어요. 그렇지만 이 댁에는 사모님의 책이 다 있어요. 새로 나온 책을 읽은 뒤 다른 책들도 읽겠습니다. 한국에 돌아갈 여비와 선물비를 마련하기 위해 이 댁에 좀 더 있어야겠어요. 언제 다시 전화를 드려도 괜찮을까요? 사모님, 저는 마음이 너무 아파요. 하소연할 데도 없어요. 마치 귀신에게 사로잡힌 것 같기도 하고 무인도에서 혼자 살고 있는 느낌이에요.』

그 말을 하고 그녀는 또 울었다. 그녀의 음성은 떨리고 말도 끊어졌다.

『실컷 우세요. 그리고 울면서 주님께 그 외로운 사연을 말씀드리세요.』

내게 상담하러 오거나 전화하는 사람들의 사연들을 들어보면 참으로 기막힌 경우가 많다. 이 여자도 참으로 눈물겨운 사연을 간직한 사람이다. 미국 좋다는 말만 듣고 아편쟁이한테 속아 결혼했으니 그 청춘을 되무를 수도 없고 머나먼 타국 만리에서 고향을 그리며 수많은 밤을 눈물로 지샐 수밖에 없으니 참 불쌍했다. 그러나 이 여자는 돌아가야 한다. 조국에 다시 가서 그리스도인으로 다시 살아야 한다. 그 외롭고 슬픈 사연을 무엇으로든가 보상받아야 한다. 그러나 그 여자가 깊은 신앙으로 그 외롭고 허망했던 삶을 보상받았으면 얼마나 좋을까 하는 마음으로 나는 간절히 기도한다.

# 69
# 실수

실수는 누구나 하는거예요.
실수하지 않는 인간은 세상에 없어요.
세상을 산다는 것은 실수라는 언덕을 오르는거예요.
실수를 꼬집어내면 죄가 되고
실수를 재미있게 받아들이면 총명이 되요.
실수는 산 배움을 주고
실수하고 깨달으면 지혜자가 되요.
실수는 음식의 양념 같은 것이라 말할까요?
적으면 싱겁고, 지나치면 거절당하듯이
우리 삶에도 실수라는 양념이 필요하지요.
실수는 나도 너도 누구나가 하는 것이니
실수에 실망하지 마세요.
실수는 발판으로 딛고 올라가
뛰어넘는 배움의 도약대라고 말할까요?
그렇지만 실수를 습관화하고
배움이 없고 회개가 없으면
가룟 유다같이 되는 것이고
실수를 통회하고 그것을 딛고 올라서면
시몬 베드로같이 되는거예요.

# 70
# 상심

맘이 아프세요?
원통하고 분하고 섧고 눈물이 나도록 아프면 당신은 행복한거여요.
성령님은 상하고 아픈 마음에 밀물같이 들어오신다고 약속하셨고 그대로 하시기 때문이에요.
성령님은 상하고 아픈 심령을 무시하는 일이 없으세요.
그분이 찾아오시면 모두 해결이 된거예요.
당신은 새 천지를 발견한거예요.
쓰리고 아픈 상처 주는 세상이 아니라 소망이 흐르는 새 세계를 발견할테니까요. 그래서 새 사람이 될거니까요.
쓰리고 쑤시는 상한 맘을 주님께 가져다 모두 쏟아 보여드리세요.
신기하고 놀라운 간증이 당신의 입에서 나올 것이 분명하니까요.

# 71
# 기다림

우리는 기다리는 사람들이에요.
언젠가?
이젠가?
우리는 문득문득「차렷!」하고 신경을 곤두세우고 눈알을 돌리면서 「이젠?」하는 심정으로 살고 있어요.
약속하신 분이 오실 것과 오실 징조는 낱낱이 일러주셨지만 때와 시간은 약속하신 일이 없어요. 세상의 징조를 보고 들어보니 때는 되어가는데 언제일까요?
우리는 신경이 예민해지지 않을 수가 없어요.
한가지 설레임에서 벗어날 수 없는 일은 나팔소리!
나팔소리에 주의하는 신경이라구요.
천하를 울리는 은근하고 신기한 그 천사가 부는 나팔소리
그 소리가 이제 울릴 때가 된 것 같아서 자나깨나 무엇을 하든지 그 한 날 진동할 나팔소리를 우리는 조심스럽게 그러나 애절하게 기다립니다.
어서 오소서 주여!

## 72
## 부자

부자!
세상에서 부자는 많은 것을 가지고 있어요.
돈이 많으니 땅도 집도 가구도 온갖 것이 많고 또 많아 쓸 수 없도록 많아요.
사람들은 그것을 가장 원하고 소원하고 그것을 위해서 애를 써요.
그런데 내 말 좀 들어보세요.
정말 정신 바짝 차리고 들으란 말이에요.
부자가 되면 딱지가 붙어요.
그 딱지는 예수님이 찍는 딱지예요.
천국비자 거절!
이런 딱지 알겠어요?
그 딱지는 떼버릴 길이 없어요.
왕이나 대장이나 비록 천사라도 못한대요.
그런데 꼭 하실 수 있는 분이 있어요.
하나님만이 하신대요.
무섭지 않나요?
나는 무서워요.
나는 세상에서 제일 무서운 일로 알아요.
그래서 나는 어릴 때부터 부자가 안 되리라고 결심했어요.
그리고 어릴 때부터 그렇게 말하고 그렇게 기도했어요.
「하나님 아버지!
나는 부자가 되지 않게 해주세요.」

많은 가족들은 내 기도를 듣고 웃었어요.
나는 무섭게 떨며 기도하는데 모든 가족이 웃는 것이어요.
『살까 말까할 정도로 천상 병신같이 약골인 아이가 무슨 부자가 되지 않겠다고, 하하 ….』
모두 웃고 놀렸어요.
나는 오래 살았지만 부자는 되지 않아서 고마워요.
그러나 쓸 것이 모자라지도 않아요.
돈이 없어서 못하는 일은 없어요.
돈 때문에 분한 일이나 서글픈 일도 없구요.
돈 때문에 가책이나 고통 되는 일도 없어요.
왜?
돈은 내 종이 되고 나는 돈의 주인이기 때문에 돈이 나를 주장하지 못하고 나는 돈을 부려먹어요.
하나님은 내가 철없이 두려움으로 한 기도가 무슨 뜻이었는지를 너무도 잘 아셨어요.
철없는 내 기도가 그런 뜻인 것을 나는 이제야 알았어요.
아버지 하나님은 진정 내 아버지시니까요.

# 73
# 평강

평강은 샘이에요.
퐁퐁퐁 솟아나고
철철철 흐르고 넘쳐오르며 쉴새없이 언제나 어느 때나 그치지 않고 용솟는 샘이지요.
이 샘은 돈으로 살 수 없어요.
수단이나 재간으로도 못 해요.
그런데 이 샘은 누구나 가질 수 있어요.
선물이기 때문이지요.
거저 가지는거예요.
거저 내 것이 되는 것이란 말이에요.
이 샘의 이름은 평강이래요.
이 샘은 소망이요 승리요 찬양이기도 해요.
이 샘물은 맛있고 시원해요.
갈증을 없애줘요.
탐심과 죄악과 거리낌이 되는 모든 세상 오염을 맑게 씻어요.
이 샘은 십자가의 희생 제물이 되신 예수님의 부활에서 생겨났어요.
그 제물의 피로 씻음을 받고 그의 부활을 인정하고 예수님을 맘속에 모셔들이는 순간 이 샘은 내 맘속에 깊이 심어지는거예요.
말씀을 배우고 그 말씀대로 생활하는 신앙이 자라는 대로
이 샘의 샘물은 불어나는거예요.
말씀에 결사적이며 일상 생활이 말씀 안에서 열심인 사람들에게는

이 샘의 샘물이 강수같이 흘러넘치고 출렁출렁 밖으로 흘러 쏟아지기도 해요.
나는 이런 사람들을 여러 민족에게서 보았어요.
카나다 인종에게서 보았고
인디안에게서 보았고
유럽인들 중에서도 보았고
중국인에게서, 필리핀, 중미, 남미, 또 일본 민족에게서도 보았어요.
한국의 연로하신 분 가운데서도 흔히 보아왔어요.
이 샘은 만국인의 샘이고 만민 중에 주어진 공짜로 받는 샘이랍니다.
아! 그러니까 하나님은 우리 모든 인류의 아버지고 내 아버지며 당신의 아버지라구요.
이 엄청난 진짜 진리를 주신 분이 그것을 위해서 다만 그 일 때문에 어린아기로 변신해 오셔서 온갖 고난과 핍박과 모욕, 수치, 타박, 아픔, 억울함을 당하시고 나무에 매어달려 손과 발에 쇠못이 박혀 죽어주신거여요.
그리고 죽음을 깨고 일어나셨어요.
그의 부활이 우리를 살리시고 살게 하신 것이에요.
그래서 예수님을 믿고 따르며 그의 원하시는 대로 곧 그의 분부와 말씀에 따라서 조심스럽게 결사적으로 사는 사람에게는 이 선물이 주어지는거예요.
이 샘의 샘물을 나는 늘 마셨어요.
감옥에서는 이 샘물이 기적을 여러 차례 가져왔어요.
그때마다 넘치고 솟아올라와 말을 못 하고 울기만 했다구요.
평강의 샘이 폭포같이 치솟을 때 뭐라고 인간의 말로 표현할 수 있겠어요.
우는 일도 못 했더라면 기절이라도 했을거예요.
평강의 샘이 너무 힘차게 솟아서 말이에요.

# 74
# 소망

소망이 없으면 무엇과 같을까!
또 소망이 땅에만 있으면 그것은 마치 무엇과 같을까!
먹고 마시는 일에 소망이 있다면 동물과 곤충이나 다름이 없겠지.
소망이 만일 학식이나 사람의 지혜에 있다면 어쩔까!
내 피부 속에 있는 조직체가 어떻게 움직이며 몇이나 되는지 간섭하고 주장할 수도 없는 인간이 도대체 알면 얼마나 알 것이며 알아봤자 무엇을 할 수 있겠는가?
세상에서 최고의 명인명사 학자학사란 거창한 이름들이 주어진다 하더라도 세월은 가고 날아가며 달아나는데,
이 땅에서 사라지는 날도 급속히 오는데.
그 소망의 결과는 무엇이 될 것인가!
세상이 그의 동상을 세워 매일 쳐다본다 해도 그 자신은 무엇을 얻을 것인가?
그의 육체는 흙덩이가 되고
그의 영은 어디 있는지 알 수도 없는데!
아!
그래서 소망은 있어야 해요.
그 소망은 하늘에 두어야지요.
영원하고 높고 광활한 하늘에 소망을 걸어 놓으세요.
그 곳에 맘을 쏟아보세요.
다른 인생길이 열립니다.
보람있는 기쁨의 날들이 오고가요.

보는 이마다 친구예요.
만나는 이마다 다정해요.
혼자 있으나 어디에 있으나 하늘의 소망은 나를 위로해줘요.
어떠한 일이 생기고 일어난다 해도 하늘에 있는 소망 때문에 불행이나 천재지변이 나를 요동케 못 해요.
세상 만사가 구경거리가 된다는거예요.
나는 이 소망을 굳게 잡고 결사적으로 달려봤어요.
소망이, 이 하늘의 소망이 내게 승리의 면류관을 가지게 했어요.
온 천하 사람들은 이 사실을 몰라도 나는 알고 보고 지내고 진짜 경험했으니 맘속에 깊이 간직하고 새겨놓았어요.
내가 언젠가 세상을 벗어날 때 이 소망이 앞잡이가 되어 손에 손을 잡고 훨훨 날아가서 천국성에 도달할거예요.

## 75
## 바람

바람은 불어요.
바람이 불면 모든 것이 흔들려요.
강하게 불면 집이 무너지고 길이 터지고 달리는 차는 사고를 내고 전기도 끊어지고 지진을 일으키기도 해요.
그래서 사람은 바람을 싫어하지요.
그렇지만 바람은 좋은 것이래요.
바람이 불어야 곡식도 되고 채소도 되고 과일도 열매를 맺어 크게 자란대요.
바람이 불어야 나무들도 제대로 자라고 튼튼해진대요.
그와 같이 인생길에는 풍파가 있기 마련이래요.
이 풍랑에 가족도 잃어버리고 재산도 없어지고 사업도 깨어지고 우정도 변하고 맥이 빠지고 실망이 오고 좌절도 하지만 풍랑을 정면으로 받아서 새기고 잘 소화시키면 그로 인해 미련한 자는 지혜가 생기고 게으른 자는 부지런해지고 악취미에 빠졌던 사람은 제 정신으로 돌아오고 하나님을 거역하던 이들은 주님을 찾아 만나는 계기가 되어요.
그래서 풍랑, 인생의 풍랑은 그렇게 모진 것만은 아닌 것 같아요.
풍랑을 겪지 못한 사람은 그늘의 과일 나무 같아서 나약하고 미련하고 불순하고 열매가 없어 가치가 없어요.
풍랑은 바다의 물결과 같아서 오고 또 오고 닥쳐오고 밀려왔다 가는 거예요.
풍랑을 대하는 자세는 중요해요.

풍랑은 거세게 다가와도 그것은 어느새 지나가는 것이라구요.
풍랑이 거세게 다가오는 동안 그리고 지나가는 그 시간까지 배울 것은 톡톡히 배우는 자세를 가지세요.
처음부터 다 지나갈 때까지 무엇인가 중요한 뜻이 담겨있어요.
눈을 똑바로 뜨고 지켜보면서 알뜰하게 또 진지하게 배울 것을 배우세요.
그 풍랑이 다 지나간 후엔 당신은 달라져 있을거예요.
세상적으로는 낮아졌을지 모르나 당신의 인격과 사랑과 영적인 힘은 단단하고 강하게 단련되었을거예요.
다음에 풍랑이 또 닥쳐올 때 당신은 용사 같고 모세 같을 것이에요.
「가만히 있어 보기만 하라!
주님이 너를 위해 싸워주시리라」하는 소리를 맘속에서 들을 것이에요.
그리고 풍랑이 올 때 기도가 커지고 강한 믿음의 용사가 되고 세상에서는 귀인이 되는 것이라구요.
바람아!
풍랑아!
하늘의 교훈을 싣고 온 인류 위에 거세게 불어라!
그리하여야만 만민구원사업이 성취될 것이 아니겠느냐?
불어라 바람아!
일어나라 풍랑아!
대한민국과 그 동산에도 잊지말고 불고 또 일어나라.

## 76
## 양반귀신

 나는 오이를 사러 슈퍼마켙에 갔다. 오이를 하나씩 골라 비닐 봉지에 넣고 있는데, 어떤 부인이 내 앞으로 와서 오이를 고르기 시작했다. 그녀는 오이를 고르다 말고 나를 쳐다보았다. 다음 순간 그녀는 입을 크게 벌리며 놀라는 표정을 지었다. 그녀는 손에 들었던 비닐봉지를 던지며 소리를 질렀다.
 『어머나! 사모님 아니세요? 안 사모님!』
 『네』
 『어머나! 이게 웬일이지요? 이렇게 사모님을 만나 뵙게 되다니, 오이 사러 왔어요. 사모님같이. 아! 참 반가워요. 사모님! 바로 지난 주일에 밸리에 있는 교회에 오셨지요?』
 『네, 그 교회 자매이신가요?』
 『아니에요. 신문에서 사모님이 오신다는 기사를 보고 그 교회에 가서 말씀을 들었어요. 저는 다른 교회에 나가는 사람이에요. 그날밤 사모님께 인사도 드렸는데 많은 사람들을 만나셔서 기억을 못하시는군요.』
 『미안해요. 노인이라서 그런지 한번 악수하거나 인사한 분들을 낱낱이 기억하지 못해요.』
 『그러믄요. 아무리 젊은 사람이라도 만나는 사람을 다 기억할 수 없지요. 그런데 이렇게 여기서 다시 만나뵈니 너무 기쁘고 또 놀라워요.』
 『자매님은 여기 오렌지카운티에 사시면서 밸리에서 있었던 제 집회에 오셨다는 말씀인가요?』

『아니요. 저는 LA에 살아요. 여기는 부모님과 동생들이 살고 있구요. 저는 LA에 살면서 밸리 근처의 어느 교회에 나가고 있어요.』
『네에! 그럼 부모님을 찾아뵈러 오셨군요.』
『네, 제 어머님 생신이라서 왔어요. 그래서 지금 잔치에 쓸 음식을 준비하기 위해 나온거에요. 이런 곳에서 사모님을 만나뵈니 얼마나 좋은지 모르겠어요.』

그녀는 자기와 함께 쇼핑카트(장바구니)를 끌고 다니며 물건을 사고 있는 동생들을 나에게 소개시켜 주었다. 그녀는 나에 대해서 큰소리로 이야기했고, 내가 쓴 책에 대해서도 수선스럽게 떠들었다.

그들은 쇼핑카트에 한가득 물건을 싣고도 더 사려는 눈치였다. 또한 고기도 큰 덩어리로 샀다.

나는 오이만을 사가지고 계산대로 왔다. 그 자매는 자기 동생들에게 더 살 것을 말해주고 나를 따라왔다.

『사모님! 저를 위해서 잠깐 시간을 내주실 수 없을까요?』
『잠깐이요? 그러지요.』

그녀와 나는 나란히 슈퍼마켙을 나와 차를 세워 둔 곳으로 갔다. 우리는 내 차에 들어가 앉았다.

『미안해요. 사모님!』
『괜찮아요. 뭐 말씀하실게 있으세요? 있으시면 말씀하세요.』
『말씀드리기 거북하지만 중대한 결정을 해야 할 것이 있어서 고민을 하던 중이었는데, 사모님을 만나니 여간 힘이 생기는게 아니네요. 저를 잘 인도해 주세요.』

말을 마친 그녀는 설움이 복받치는지 울기 시작했다. 나는 그녀가 마음이 얼마나 상해 있었으면 지금 그 이야기를 하려고 하자 울음이 터져 나왔을까 싶었다. 그래서 나는 그녀가 울음을 멈출 때까지 기다리고 있을 수밖에 없었다. 그녀는 코를 풀고 눈물을 닦으면서 내게 말했다.

『사모님! 실례했어요. 마음이 너무 아프고 설움이 쌓였다가 막상 이야기를 하려고 하니 울음이 먼저 나오네요. 양해해주세요.』
『실컷 우셨으니 이제는 마음 놓고 말씀해 보세요.』
『우리 집은 본래 서울 본토박이 양반이었어요. 그런데 증조 할아버지께서 충청도 감사가 되신 후부터는 그곳에 자리잡고 오랫동안 살아왔어요. 그러니까 본래는 서울 본토박이 양반이지만 충청도 양반으로 가계를 이어온 것이지요.』
『그래서요?』
『그런데 사모님도 아시겠지만, 본토박이 양반들은 가정에서 모든 것을 가르치지 학교에는 잘 보내지 않아요. 그래서 저도 양반이었기에 겨우 국민학교만 집에서 보내주고 더 이상 학교에 보내주지를 않았어요.』
『그런 일도 있는가요? 나는 양반이 아니라서 그런지 그런 말은 처음 들었어요.』
『그럼요. 제 말은 참말이에요. 국민학교 이상의 학교를 간 사람은 진짜 양반이 아니에요. 진짜 양반은 국민학교에도 보내지 않아요.』
『남자라도 그래요?』
『네. 그러믄요.』
『그러면 양반들은 자녀들을 무식쟁이로 만든다는 것인가요?』
『왜요. 가정에서 배우는 것은 더 엄하고 더 깊이가 있기 때문에 세상에서 대학을 졸업하는 것보다 오히려 낫지요. 사모님!』
『그럴 수가 있어요? 이 세상은 날마다 변하고 진보하는데 양반, 특히 진짜 양반은 시대에 뒤떨어진 채 머물러 서서 양반놀음만 한다는 것인가요?』
그녀는 나의 말에 기분이 상했는지 흥분된 목소리로 말했다.
『사모님! 양반이라는 것이 얼마나 굉장한지를 모르시는군요. 진짜 양반은 정말 달라요.』
『뭐가 다르죠?』
『양반은 무슨 일이 있어도 양반이에요.』
『누가 그렇게 가르치던가요?』
『우리 집은 대대로 진짜 양반이에요. 사모님!』
『그럼 저기 같이 온 동생들도 다 그런가요? 당신같이 양반 교육을 받은 진짜 양반들인가요?』
『사모님! 그래서 문제라는거에요. 저 애들은 얼굴과 모양은 멀쩡해 보이지만 속은 모두 썩었어요. 뭐가 뭔지 구별을 못하는거에요. 저 애들은 미국 애들과 같아요.』
『부모님은 아직 진짜 양반이신가요?』

『애들이 저 꼴이니 부모님도 어쩔 수 없지 않아요? 더군다나 돈을 벌어오는 오빠와 남동생이 모두 이 나라 물을 먹고 미국 사람이 다 되었으니, 부모님의 마음이 얼마나 아프시겠어요. 사모님! 제 마음을 모르시겠어요?』

그녀의 얼굴은 심각해져 있었다. 그녀는 결사적이었지만 나는 그녀를 유심히 쏘아보았다. 그녀는 마음이 다시 이상해졌는지 울기 시작했다.

『자매님! 우선 하시고 싶은 이야기를 하세요. 그런 다음에 마음 놓고 우세요.』

『미안해요. 사모님!』

『그런데 제일 큰 문제가 뭔가요?』

『양반이라도 이만저만한 양반이 아닌 우리 가정이 그 귀한 것을 무시하면서 살고 있다는 것이에요.』

『그럼 어떻게 하면 좋을 것 같은가요?』

『양반 집안이면 그 가세를 보존하고 지켜야 되지 않겠어요?』

『어떻게? 가령 어떻게요?』

『존경을 받아야지요. 양반은 존경을 받고 살아야하니까요.』

『누가 존경을 받는 것이지요?』

『누가라니요? 다 그래야지요.』

『다가 누군데요?』

『다지요. 가족은 물론 친척들도 다 그래야지요.』

나는 그녀를 뚫어지게 쳐다보며 말했다.

『자매님! 나이가 몇이지요?』

『마흔 다섯이에요.』

『결혼은 물론 하셨겠지요?』

『그게 바로 문제예요.』

『왜요?』

『제 남편이 아주 불상놈이거든요!』

『그래서?』

『상놈하고 살다가 견디다 못해서 집을 나왔어요.』

『양반이 집을 나와도 되나요?』

『15년을 견뎠어요. 또 남편뿐이 아니에요. 시부모라는 작자들도 모두 상놈이어서 견딜 수가 없었어요.』
『당신같은 양반이 그런 상놈들과 살기 싫고 보기 싫어서 나왔으면 속이 시원할텐데, 뭐가 문제지요?』
『아이들이 문제예요.』
『아이들이 어떻다는거지요?』
『아이들이 모두 셋 있는데 다 상놈이 돼버렸어요. 그렇게 타이르고 가르쳤는데도 내 말은 개가 짖는 것만도 못한지 모두 상놈 행세를 한다구요, 글쎄!』
『어떻게?』
『뭐, 말하고 행동하는게 모두 다 상놈이지요.』
『어떻게 말하는데요?』
『가령, 엄마! 그 케케묵은 양반 껍데기를 좀 벗어버려요. 제발 그 양반소리 좀 말아줘요. 아이고! 이제는 양반이라는 말만 들어도 진저리가 나! 하는 식이에요.』
『그러면 자매님은 뭐라고 하시지요?』
『저는 막 울고 야단을 치면서 애들에게 화를 내요.』
그녀는 흥분이 되었는지 목소리가 커졌다.
『양반은 그렇게 아이들을 마구 꾸짖고 마구 화를 내나요?』
『그럼 어떻게 해요? 너무 답답하고 마음이 상해서 죽을 지경인데 어떻게 참아요?』
『남편은 뭐라고 하시는가요?』
『남편은 저와 동갑인데 철이 너무 없어요.』
『어떻게요?』
『교회에 가서 살다시피 해요. 돈은 버는 대로 다 교회에 갖다 바치고 교회일만 해요.』
『정말이에요?』
『그럼요. 정말이지요.』
『돈을 다 교회에 바치면 어떻게 살지요?』
『그러니 말이에요.』
『남편이 돈을 얼마나 버는데요?』
『한주에 500불 정도인가 봐요.』
『그럼 500불을 다 교회에 바친다는 말이에요?』

이 말에 그녀는 머뭇거리더니 나를 슬쩍 쳐다보며 말했다.
『다야 아니겠지요.』
『그럼 490불을 바치나요?』
『아니에요.』
『그럼 400불인가요?』
『그 정도까지도….』
『그럼 얼마나 바치나요? 당신은 알지요?』
『50불이에요.』
『50불이면 10분의 1인데요. 자매님! 양반은 그렇게 말을 늘려서 해야 되는 것인가요?』
『아니, 그건 제가 실수로 한 말이에요. 사모님! 홧김에 나온 말이었어요.』
『홧김에 하는 말은 늘리고 보태도 되는건가요? 양반은 그렇게 해야 하나요? 그래야 양반이에요?』
『사모님! 저는 사모님을 하늘같이 믿고 있었어요. 저를 좀 이해해 주세요. 저는 정말 말할 수 있는 친구도 하나 없어요. 친척도 동생도 아무도 제 이 답답한 심정을 몰라요. 게다가 남편과 시집 식구들과는 원수이고요.』
나는 그녀의 말에 가슴이 덜컥했다. 갑자기 그녀가 불쌍해 보였다.
「주위에 아무도 없어서 고독해 하고 못 견뎌하는 사람이구나!」
『자매님! 내가 너무 바른 말만 해서 미안해요. 마음이 상했으면 용서해 주세요.』
우리는 한참 동안 말없이 차창만 바라보았다. 나는 차창을 바라보며 속으로 그녀를 위해 기도했다.
『자매님! 자매님은 예수님을 믿으시나요?』
『그럼요. 교회에 나간지 10년이 가까운데요.』
『아! 교회에 나간 지 10년! 그런데 저는 기간을 물은 게 아니고 예수님을 믿으시는가 물었어요.』
『네, 믿어요. 믿으니까 나가지요.』
『예수님을 믿으신다! 좋아요. 그럼 예수님은 어떤 분이시지요?』
『하나님의 아들이시죠.』
『하나님은 어디에 계신가요?』

『하늘에 계시지요.』
『하늘이 좋은 곳일까요? 나쁜 곳일까요?』
『물론 좋은 곳이겠지요.』
『그런데 예수님은 왜 그 좋은 곳을 떠나서 세상으로 오셨지요?』
『우리들을 믿음으로 인도하기 위해서 오셨지요.』
『잘 아시는군요. 그럼 이 세상은 하늘보다 좋은 곳인가요? 나쁜 곳인가요?』
『당연히 하늘과 같을 수는 없지요. 나쁘지요.』
『그래요. 그런데 예수님은 세상에 오셔서 사랑받고 대접받고 하나님의 아들로 좋은 궁궐 같은 곳에서 군대를 호령하고, 많은 신하들에게 높임을 받으며 사셨나요?』
『아뇨. 고생하시고 죽음까지 당하셨잖아요?』
『그랬어요. 천대와 학대, 온갖 수치와 모욕을 다 받으셨죠. 그런 후에는 어떻게 되셨지요?』
『그 사람들이 십자가에 못박아 돌아가시게 했잖아요?』
『정말 잘 아시고 또 대답도 잘 하시네요.』

그녀는 내 말에 만족해 했다. 그리고 자기가 잘 알고 있고 또 대답도 잘 한다는 데 자신이 생겼는지 나를 정면으로 바라보며 말했다. 그녀의 이런 태도 변화를 보고서 나는 말했다.

『자매님!』
『사모님! 저 홍 집사에요.』
『아! 집사님이세요? 그것도 모르고 저는…, 자! 그럼 집사님이시라니 집사님 대접을 해드려야겠죠. 홍 집사님!』

그녀는 내가 집사님이라고 부르자 만족해 하며 자신에 찬 표정이 되었다.

『집사님! 예수님 자신이 하나님의 아들이신 것을 기적과 사랑을 통해 분명히 나타내셨어요. 그래서 그분은 죽기까지 하신 것이에요. 그는 죽으셨지만, 그 죽음이 그분을 붙들어 놓지 못했어요. 그래서 결국 부활을 하신 것이에요. 예수님을 믿는 사람이란 예수님이 하신 일을 본으로 삼아 따르고 행하는 사람을 말해요. 일단 예수님을 믿으면 나를 죽이는 생활이 시작되어야 하는 것이에요. 예수님을 믿으면서도 나를 죽이는 행동이 없으면 그것은 헛 믿는 것이지요. 내 재간도 욕심도 칭찬도 양반도 다 죽여버리는 기적이 일어난 사람만이 예수님을 믿는다고 할 수 있어요. 예수를 믿는다고 하면서 제 성격, 제 고집, 제 생각을 그대로 가지고 있다면, 그는 자기 스스로에게 속으며 살고 있는 것이에요.』

그녀는 나의 말을 듣기는 듣는 것 같았으나 아무 반응도 보이지 않았다. 그러나 나는 이왕에 시작한 일이니 좀더 말할 수밖에 없었다.

『집사님! 하나님이 여자를 무엇 때문에 만드셨는지 아세요?』

『대답을 잘 못하겠어요.』

『여자를 만드신 이유는 남자를 도와주라는 것이에요. 남자는 여자가 도와줘야 완전해진다는 말이에요. 남자는 흠이 많고 저 혼자는 완전해질 수가 없기 때문에 여자를 만들어서 도와주라고 하신거 아니겠어요? 결국 남자가 모자라고 나쁘면, 그것은 여자가 돕지 않았기 때문에 그렇다고 할 수 있어요. 많은 남자들이 여자의 도움을 받지 못해서 잘 못되고 불행해지고 망하고 결국 지옥에까지 내려가지요. 도와주라고 만들어 놓은 여자가 남자를 잘 도와서 하늘나라 백성이 되도록 자신의 의무를 다 해야 하는데 그것을 못하는 여자가 너무 많아요. 여자는 신경이 예민하기 때문에 하나님 말씀을 잘 공부하고 잘 알아서 남편을 도우면, 남편은 훌륭해지고 세상에서 귀중한 존재가 되어 하늘나라에도 큰 보탬이 되지요. 집사님의 남편이 집사님의 도움도 못 받았는데, 주님께 십일조도 바치고 교회에서 살다시피하며 봉사한다는 것은 기적이 아닐 수 없네요. 참 귀한 일이라구요.』

『그 사람은 자기 부모 말만 듣지 내 말은 죽어도 안 들어요.』

『아! 그러면 그 부모님들은 훌륭하신 분들이겠군요?』

『뭘요! 나한테는 잔소리만 하는 분들이신데요.』

『뭐라구요? 잔소리?』

『밤낮 교회에 늦는다느니, 기도도 안하고 성경도 읽지 않는다느니, 연보를 아끼고 속이고 감춘다느니, 말이 많아요.』

『집사님은 교회에 일찍 가시나요?』

『일찍 갈 때도 있지만 집안 일이 오죽이나 많아요? 그래서 매번 늦어지는거지요.』

『늘 성경보시고 기도는 하세요.』

『교회에 가면 으레 성경을 읽지 않아요? 그런데 왜 집에서까지 성경 보고 기도하고 그래요. 그렇게 한가한 시간이 어디 있어요?』
그녀는 정색을 하며 이렇게 말하는 것이었다.
『집사님은 내가 쓴 책을 세 권 다 읽으셨다고 했던가요?』
『네, 다 읽었어요.』
『다 읽은 후에 머리에 어떤 것이 남던가요?』
『이분을 꼭 만나서 내 사정을 이야기해야겠다는 것이었어요.』
『무엇 때문에?』
『만나서 이야기하면 다 잘 될 것 같았어요.』
『책의 어떤 내용이 그런 생각을 하게 하던가요?』
『몰라요. 그저 그런 생각이 들더군요.』
『책 세 권을 다 보셨는데, 가슴에 와닿고, 머리에 남는 내용이 전혀 없어요?』
『별로 모르겠어요. 그저 읽었을 뿐이에요.』
『집사님은 밸리교회의 내 집회에 오셨다고 하셨는데, 내가 무슨 말을 했는지 기억하세요?』
『그것을 어떻게 다 기억해요 사모님?』
『한 마디도 기억나지 않아요? 단 한 마디도?』
『그저 사모님을 만나야 한다는 생각뿐이었어요. 또 너무 말씀이 많아서 잘 모르겠어요.』
『집사님은 교회에 가서 목사님의 설교를 들으시나요?』
『그럼요.』
『몇 번 들으셨나요?』
『거의 10년 정도 들었으니 굉장히 많이 들었을 것 아니에요?』
『목사님은 대강 무엇에 관하여 말씀하시던가요?』
『밤낮 그 말이 그 말이지 딴 것 있어요 어디?』
『아!』 나는 탄식이 나왔다.
「귀가 있어도 들리지 않고 눈이 있어도 보이지 않고 그 마음이 완악해서 헛길로 가서 진리를 알지도 못하고 알려고도 못한다.」
이런 사람이 그 당시에 있었으니까 이 말씀이 기록되었을 것이다. 그런데 지금도 이런 사람이 있다는 사실에 마음이 슬퍼지고 어두워졌다.

『집사님! 나를 만나주고 반겨줘서 참으로 고마워요. 그런데 한 마디 꼭 말씀드려야 할 것이 있어요. 잘 들으세요. 집사님의 마음 속에는 양반귀신이 군대같이 자리잡고 있어요. 군대 양반귀신! 알겠어요? 자나깨나 어디 있으나 잊지 마세요. 당신은 양반귀신에게 꽉 매여서 살아가고 있어요. 다시는 나를 찾아오지 마세요! 또 나를 만나더라도 인사도 하지 마세요! 그리고 당신 남편이나 또 누구에게든지 나를 만났더니 내가 이렇게 말하더라고 말씀하세요. 아셨지요?』

그녀는 어처구니가 없는지 나를 빤히 쳐다보기만 했다. 한참 동안 그러고 있던 그녀는 말을 할까말까 하더니 자동차 문을 열고 나가버렸다.

나는 집에 오는 동안 계속 마음이 무겁고 어두웠다. 나는 그녀가 마귀에게 꽉 잡혀있는 것을 보면서도 그 마귀들에게서 그녀를 풀어줄 아무런 권능이 내게 없다는 사실에 마음이 아프고 분하고 괴로워 견딜 수가 없었다. 그렇지만 비록 내가 다 알고 있다 하더라도 내가 받지 못한 은사를 있는 것같이 하여 그녀를 붙들고 기도하며 그 악령들을 그녀에게서 쫓아내어 해방시켜 줄 수는 없지 않는가! 사람들끼리는 서로 없는 것도 있는 척 할 수 있을지 모르나, 하나님 앞에서 받지 못한 것을 받은 척 할 수는 없었다. 내가 받지 못한 은사가 분명한데 그녀 앞에서 받은 척 할 수는 없었다. 더욱이 그 시집은 모두 훌륭한 신자들이니 주님이 잘 인도해 주실 것 같은 생각이 들었다. 그것밖에는 다른 도리가 없다는 생각이 들어 나는 그녀가 자동차에서 내리는 것을 바라보기만 했다.

내가 받은 은사, 내게 주신 은사에 대해서 더욱 더 진지하고 충실하고 충성해야 한다는 생각이 들었다. 그러나 이런 생각을 하면서도 나의 마음은 환해지지가 않았다.

# 77
# 마음

마음은 왜 이렇게 바쁠까?
왜 쉬는 일도 없고
자는 일도 없이
어디 있으나
무엇을 하나
어떠한 때든지
부지런히 움직이고 있을까!

마음은 왜 이다지도 분주할까?
세상 일이란 계획이 있고
과정이 있고
완성이 있고
결과가 있는데
왜 그 모든 것을 넘어서서 이토록 늠름하기만 할까?

마음은 믿음인가?
어떻게 그렇게 담대하고
강할 수 있을까!

마음은 위대하고 장하구나.
마음은 깨끗하고 정하구나.
그러나 진실하고 약하기도 하지.
성령이 주재해 계신 집이라서….

아! 그렇지
그래서 마음은 성령의 주재소지!

## 78
## 대추나무

나무!
대추나무, 예쁜 나무야!
지난 해 먼 곳까지 가서
잎이 무성하고
꽃이 핀 너를 산 나는
기쁜 마음으로
너를 싣고 집으로 왔지.

햇볕이 잘 들고
가장 기름진 땅을 골라서
흙을 깊이 파고
조심스럽게 너를 심었을 때
나는 왜 그렇게도 마음이 상쾌하던지!
너는 그 이유를 잘 모르겠지만….
나무야!
잘 자라서 알찬 열매만 맺어주렴.

어리고 꿈 많던 시절
나는 네 열매를
따 먹은 적이 있어.
시지도 않고
쓰지도 않고

달콤하고
아삭아삭한 그 맛이
사과보다 낫고
배보다 나아서
나는 과일 중에서 너를 제일 좋아했어.

그러던 어느날 네가
죽어버렸지.
왜 죽었는지는 몰라
봄이 되어도 잎이 나지 않았어.

내 어린 마음에는
슬픔이 억세게 밀려왔지만
어른들이 웃을 것 같아
울지를 못했어.
어른들에게 다시 너를
심어 달라 말하고 싶었지만
너같이 또 죽어버릴까봐
심어달라는 말을 끝내 못 했어.

그러나 나는 너를 좋아했기 때문에
내 집 뜰에 네가 서 있기를
늘 바라고 원했어.
그래서 내가 이 땅 위에서
사라지기 전에
너를 한번 내 집 뜰에 심어 보는거야.

나는 어릴 때 그 애틋하던 정을
기어코 풀어 보고 난 후에 가고 싶어.
그런데 지난 겨울에
너는 또 죽었어.
봄이 오면 되살아나리라 믿고

회색빛으로 변해
숨조차 쉬지 않는
너를 지켜보면서 기다렸어.
그러던 어느날
너는 밤비를 맞고
이튿날 햇볕을 받더니
초록의 싹을 틔웠어.

아!
좋아, 나는 참 좋고 기뻐!
너를 지으신 이가
깨어나 활짝 피라고 하셨지?
그래서 나는 네가 좋아
너를 사랑하는거야.

나무!
대추나무, 내가 심은 예쁜 대추나무!
네 잎이 점점 커지고
키가 자라고 또 자라면
네 소박하고 조그마한 몸집에
꽃이 피겠지?
비록 네 꽃이
화려하고
크지는 않더라도
나는 네가 살아서
꽃을 피우는 것만으로도 좋아.
네가 나쁜 흙에 뿌리 박혀 있어서
열매를 맺지 못한다 해도
나는 좋아.
네가 죽지 않고
살아있다는 사실 하나만으로도
나는 만족해.

그러나 어느날
너를 지으신 이가
「대추야 열려라!」
말씀만 하신다면
너는 열매를 주렁주렁 맺을 수 있을거야.

그렇게 된다면 나는 이렇게 할거야.
너를 지으신 이에게
먼저 너를 드리고 난 후에
기쁜 마음으로 너를 먹을거야.

그러면 내속에는
대추맛 같은 신앙이 더해지고
내 음성은
대추 먹는 소리같이 아삭아삭 할거야.
나는 너 지으신 분을
아름답게 부르며
힘을 다해
찬송하고 또 할거야.

나무!
대추나무, 예쁜 나무야!
죽지는 말아, 정말
내가 죽기 전에는….
그 옛날 죽은 대추나무같이
죽지 말고 살아.
죽지만 말아!

## 79
## 뭐가 다른가요

『여보세요. 거기 안 사모님 계신가요?』
 요란한 전화벨 소리에 수화기를 들자 굵고 강한 남자의 목소리가 들려왔다.
『내가 안 사모인데요. 누구시지요?』
『저는 사모님이 지난 번에 오셔서 말씀을 증거하신 교회의 신자예요. 죄송하지만 제 이름은 밝히지 않겠어요. 부끄러워서 말이에요.』
『네, 좋아요.』
『그때 꼭 만나서 말씀을 드리고 싶었지만 사모님 주위에 사람들이 너무 많아서 기회를 얻을 수가 없더군요. 그래서 이렇게 전화를 드린 것이에요. 전화로 궁금한 것을 여쭤보고 싶은데 혹시 실례가 되지는 않을까요?』
『무슨 실례가 되겠어요. 하시는 말씀을 기쁜 마음으로 듣겠어요.』
『남자로서 이런 것을 여쭙는다는 것이 제 자신에게는 여간 꺼려지는 일이 아니에요. 그렇지만 중대하다면 중대한 일이기에 많이 주저하고 생각한 끝에 전화를 드리는겁니다.』
『네, 말씀하세요.』
『저희 집안 일인데요, 요즘 저와 제 아내 사이에는 적지 않은 논쟁이 있어요. 이 논쟁은 벌써 여러 해 동안 계속되어 왔지요. 그런데 잘 해결되지 않는 것이에요. 누구에게 의논을 할 수도 없고 더욱이 목사님께 말씀을 드릴 수 있는 성질의 문제도 아니어서 여간 답답한 것이 아니에요. 그래서 점점 더 미묘한 문제로 커지고 있는 형편이에요. 무엇이냐 하면 바로 십일조에 관한 문제예요. 무식한 말 같지만 다 털어

놓아도 되겠어요?』

『되고 말고요. 저는 전화하시는 분의 성함도 모르고 얼굴도 모르잖아요. 더구나 보이지도 않으니 안심하실 수 있지 않겠어요? 마음 속에 있는 것을 다 털어 놓으시면 시원하실거예요.』

『그럴까요? 그러기를 바래요. 사모님! 아니 여사님! 이렇게 부르고 싶은데요. 괜찮을까요?』

『저는 아무래도 상관없어요. 「여사님!」하고 부르는 분이 많아서 하나도 생소하지 않으니까요.』

『고마와요. 저는 직업도 밝히지 않겠어요. 여사님!』

『좋아요.』

『우리 부부는 마음이 참 잘 맞았어요. 다른 사람들은 저희가 성공적인 결혼생활을 한다고 말을 하지요. 물론 저희들 스스로도 아주 이상적이고 행복한 결혼생활을 한다고 생각했어요. 더욱이 우리 부부는 미국에 온 후 믿음이 있는 자들과 사귀게 되었어요. 예수님에 대한 믿음과 신도들과의 교제는 우리 가정을 더욱 안정되고 보람되게 만들어 주었어요. 그랬기 때문에 저는 늘 감사하는 마음이었고, 또 될 수 있는 대로 봉사도 하는 편이었어요.』

『아! 좋네요.』

『우리는 주일마다 즐거운 마음으로 십일조를 바치고 기쁨도 가지게 되었어요. 그런데 여사님! 참 말씀드리기 거북한데요. 우리의 수입이 점점 늘어나자 십일조 액수가 아주 커지는 것이에요. 액수가 적을 때는 정말 기쁘고 정말 감사한 마음으로 자랑스럽게 꼭꼭 드리면서 살아왔어요. 물론 하나님이 축복을 해주셨기 때문에 이렇게 수입이 늘어난 것이겠지요.』

『물론이지요.』

『그런데 말이에요. 토요일에 샤워를 한 후에 일주일 동안의 수입을 계산해 보았어요. 그 중에서 십 분의 일을 계산해보니 너무도 엄청난 액수가 되는거예요.』

『예….』

『웬일인지 갑자기 아까운 생각이 들더군요. 「좀 더 생각해 봐야지!」「다음에 쓰면 되겠지」하는 생각이 드는 것이에요. 그래서 수표에 십일조 액수를 기재하려다 그만두었어요.』

『네….』
『그렇게 한 주가 지나 다시 토요일이 되었어요. 또 다시 수입에서 십일조를 회계하였지요. 그런데 전 주보다 액수가 더 많아진거예요. 전 주의 금액과 이번 주의 것을 합치자 엄청난 액수가 나오더군요. 그래서 좀 더 기도하고 생각해 보기로 하고 그저 현금만 어느 정도 봉투에 넣어 헌금했어요. 제 집사람은 교회 봉사와 아이들 돌보기 또 집안일로 바쁘고 또 제가 어련히 잘 했을까 싶었던지 십일조에 대해서는 묻지를 않더니, 이번 주에는 얼마나 했느냐고 묻는 것이에요. 그래서 저는 너무 바빴기 때문에 십일조를 회계해서 드리지 못하고 현금으로 백 불을 헌금했다고 말했지요. 그러자 아내는 아무리 바빴어도 그것은 잘못한 일이라고 하면서 다음 주에는 이자까지 보태서 꼭 드리라는 것이에요. 그런데 시일이 지나면 지날수록 수입은 커지고 십일조 액수는 늘어만 가는 것이에요. 참 거북한 말씀이지만 아까워서 도무지 수표에 액수를 쓸 수가 없더군요. 그래서 매주일 깨끗한 백 불짜리 지폐를 골라서 헌금을 했어요. 이것으로 인해 집사람은 제게 도둑질을 한다느니 도둑놈이라느니 하며 아주 형편없는 말까지 하는거예요. 그러나 저는 남자이기 때문에 비록 제가 잘못했더라도 아내에게 그런 말을 듣자 참을 수가 없었어요. 저는 화가 나서 아내의 따귀를 때렸어요. 그러자 아내는 갓난아기를 업고 집을 나가 버렸어요. 목사님과 또 이웃 형제의 도움으로 집으로 돌아오기는 했지만 우리 사이에는 냉전이 시작되었어요. 내가 집에 들어오면 아내는 어디로 없어지는지 보이지 않고 말도 안하고 대답도 안하고 음식도 만들지 않고 청소도 안하고 하여튼 집은 엉망진창이 되었지요. 더욱이 교회에도 나가지 않는 것이에요. 대체 이 일을 어떻게 하면 좋을까요? 여사님!』
『답답하시겠네요. 부인은 그렇게 사이좋고 또 믿었던 남편에게 처음으로 따귀를 맞았으니 놀라고 분하고 슬펐을 것이에요.』
『저도 마찬가지지요. 결혼 전부터 아내는 참 순수하고 상냥하고 거역하거나 억지를 부리는 성격이 전혀 아니었어요. 그런데 웬일인지 그 순한 입에서 저를 마구 협박하고 모욕하고 무시하는듯한 말이 나오는 것이에요. 도둑질을 한다느니 도둑놈이라느니 하며 저를 몰아세우니 어디 제가 참을 수가 있었겠어요. 그래서 따귀를 때린거예요. 여태까지 한번도 아내에게 손찌검을 한 적이 없었는데 말이예요.』

『그럴 수도 있지요. 그러나 부인이 한 말은 자신의 말이 아니고 성경에 쓰여 있는 말을 그대로 한 것이 아닐까요?』

『성경에요?』

『네, 말라기에 분명히「너희는 나의 것을 도적질하고도 말하기를 우리가 어떻게 주의 것을 도적질하였나이까 하도다. 이는 곧 십일조와 헌물이라」하는 말씀이 있지 않습니까? 그 말씀을 그대로 옮긴 것이 아닐까요?』

그는 나의 말에 묵묵부답이었다. 나는 그가 무엇을 생각하고 있는지 모르지만 그가 말씀에 부딪혀 깨닫는 심령이 되기를 원하고 구했다. 한참 후에 그의 목소리가 들려왔다.

『여사님! 듣고 계세요?』

『네, 그럼요. 듣고 있어요.』

『그런데 여사님! 십일조 액수가 적었을 때는 주님께 바치는 것이 하나도 부담스럽지 않았어요. 도리어 즐겁고 기뻤어요. 그런데 액수가 커지자 왜 이렇게 아까운 마음이 드는지 모르겠어요. 제가 죄가 많아서 그런 것일까요?』

『천만에요. 아까운 마음이 드는 것이 정상일 거예요.』

『정상이라구요?』

『네, 그렇지 않을까요? 생각해 보세요. 우리가 무엇을 살 때, 그것이 필요하기 때문에 사면서도 금액이 많으면 자연히 아까운 생각이 들지 않아요? 돈이 아까우니까 싸고 좋은 것을 고르는 것이 아니겠어요? 여자들은 화장품이 꼭 필요해서 사면서도 돈이 아깝다는 생각을 하지요. 또 가까운 예를 하나 들어 보지요. 친구 사이에서도 신세를 진 친구에게 도움을 줄 경우라도 액수가 크면 부담이 되지요. 아무리 신세를 졌던 사람이라도 또 으레 해야 하는 사이인데도 액수가 크면 뭔가 아깝다는 생각이 든다는 말이에요. 심지어 식당에 가서 비싼 음식을 먹은 후 돈을 치를 때도 아까운 생각이 들지 않아요? 돈이라는 것은 들어올 때는 기쁘지만 나갈 때는 으레 아까운 마음이 드는 법이지요. 하물며 눈에 보이지 않는 하나님께 매주일 큰 돈을 바치는 일은 더 말해 무엇하겠어요. 아까워하는 감정도 있을 수 있다고 저는 생각해요. 그렇지만 그렇게 아까운 큰 돈을 매주일 드리니 그것이 곧 희생이고 제물이 되는 것 아니겠어요? 아깝다는 것은 사랑한다는 의미가 아닐까요? 내게 귀중하고 꼭 있어야 한다는 뜻이라고 저는 생각해요. 나에게는 아깝고 소중하고 귀하고 필요하지만 주님이 하라고 하시기에 한다면 그 뜻이 얼마나 소중해요. 헌금의 액수가 아무리 많아도 만약 그것이 있으나 없으나 무관하다면 결코 소중하고 중요한 것이 아니지요. 아깝고 애착이 가고 소중한 것을 보이지도 않는 하나님께 바치는 일은 아무나 쉽게 할 수 있는 행동이 아니지요. 그러니 그 얼마나 기특하고 장한 일이 아니겠어요. 하나님은 우리의 마음을 다 보시고 아시는 분이시지요. 하나님이 하라고 하신 것을 하면 축복을 받게 되지요. 그런 순종을 계속하게 되면 그것이 거룩한 습관이 되어서 그렇게 힘들고 아깝던 일이 쉬워지고 기뻐지고 안정이 되어 문제는 있을래야 있을 수가 없지요. 우리는 아깝다는 생각이 든다해서 필요한 가구나 옷을 사지 않고 또 예식을 치르지 않는 경우가 있나요? 물론 아까워서 이것도 저것도 다 안하고 돈주머니만 끼고 살다 죽는 수전노 같은 사람도 얼마든지 있지만 말이에요. 보통 상식을 가지고 있는 사람들은 돈이 아무리 아까워도 집도 사고 가구도 사고 옷도 사고 화장품도 사고 팁도 주고 잔치도 하고 부주도 하고 세금도 내지요. 그들은 해야 할 일은 다 하지요. 그것이 정상적인 인간생활 아니겠어요? 아까워서 이것도 저것도 다 안하는 사람은 친구도 없고 뒤떨어지고 고독하고 가련해지지요. 언제 죽을지 모르는 채 살고있는 이 세상에서 내가 애쓰고 땀 흘려 번 돈을 믿음이라는 하나의 이유만을 가지고 보이지 않는 나라를 위해 바치는 것은 참으로 놀라운 일이지요. 이렇게 하나님의 말씀에 순종하며 사는 것은 장하고 보람된 일이에요. 노름꾼을 친구로 사귀면 노름꾼이 되어 일생을 망치게 되지요. 그러나 예수님을 친구로 모시고 믿으면 그분의 말씀만 듣고 순종해서 성민이 되고 모범이 되는 인생을 살게 되는 것이지요.』

『그렇지요. 저도 그렇게 믿어요. 잘 알아 들었어요. 여사님! 저는 십일조를 하면 축복이 있다는 것을 분명히 체험해서 잘 알고 있어요. 그러나 여사님께서 십일조를 하는 것과 안 하는 것이 뭐가 다른지 구체적으로 간단명료하게 말씀해주실 수 있으시겠어요? 몰상식한 말 같지만 여사님의 말씀을 듣고 싶어요.』

『무엇이 다르든가 다르지요. 십일조는 마치 전기시설을 한 전깃줄과 같다고 할 수 있지요. 우리가 그 전깃줄을 이용하여 불을 쏠 수도 있고 열을 쓸 수도 있는 것과 같다는 말이에요. 전깃줄은 곧 빛과 열을 가져오는 연결선이지요. 십일조는 하나님의 사랑과 축복을 연결시키는 전깃줄과 같아요. 우리가 전깃줄을 통해 빛과 열을 공급받듯이 십일조라는 희생의 줄이 하나님과 연결되어서 그 십일조라는 줄을 통해 하나님의 사랑과 뜻과 은혜를 누리게 된다는 말이에요. 전기가 전혀 없는 곳에 사는 사람은 전깃줄의 비밀과 성능과 효과를 알 수 없지만, 문명국에 살고 있는 사람들은 당연히 전기 자체의 성능과 효과를 알고 있지요. 하나님이 우리에게 주신 사랑의 법에 명해진 이 전선과도 같은 십일조는 하나님이 우리에게 주시고 싶어서 못견뎌 하시는 모든 축복을 쉽게 전달해 주는 루트라고 생각해요. 하나님은 약속을 하시면 지키시는 분이시지요. 하나님은 자신이 명한 것을 우리가 이행하면 복을 주겠다고 분명히 약속하셨어요. 그러니까 기도의 스위치를 올리고 그분의 도움을 받아야지요. 양심에 거리낌이 없으면 기도가 쉽게 나오고, 또 그것은 그분에게 순종하는 증거가 되지요. 이런 의식을 통해 주님과 아주 가까워지게 되는 것이에요.』

그는 계속되는 내 말을 진지하게 듣고 있는듯 낮은 숨소리만이 들려왔다.

『십일조는 또한 선물이지요. 연로하신 부모님이 자녀들에게서 선물을 받으시면 대견해 하시지요. 꼭 그것이 필요해서가 아니라 그 자녀의 마음 씀씀이에 기쁘고 자랑스럽고 대견해 하시는 것이에요. 선물이라는 것은 친구를 더 가깝게 이어주고 원수를 친구로 만들어 주는 미묘한 비밀을 가지고 있는 전선인 것 같아요. 우리는 하나님 덕에 살고 있는 것 아니에요? 하나님은 우리 인간이 사는 데 꼭 필요한 공기나 비, 태양, 인력 곧 우리가 넘어지지 않도록 끌어잡아 당기는 자력과 대자연 등을 모두 공급해주시지요. 우리는 그것을 모두 돈도 안내고 세금도 없이 마음대로 쓰고 누리며 살지요. 이렇게 우리를 살게 하여 주신 하나님께 우리가 애쓰고 땀 흘려서 번 돈 중에서 십분의 일을 선물로 드리는 것은 인간만이 할 수 있는 행동이 아닐까요? 아무리 강하고 능한 어떠한 피조물이라도 조물주께 그렇게 기막히고 장한 선물을 드릴 수는 없을 것이에요. 우리의 돈이 하나님께 필요하기 때문에 드리는 것이 아니고 우리에게 모든 것을 누리고 살 수 있게 해주시는 조물주 아버지께 드리는 사랑의 선물이라고 생각하면 그 얼마나 장하고 또 받으시는 분은 얼마나 대견해 하시겠어요. 물론 그것이 그분에게는 있으나마나 한 것이겠지만요. 주님이 왜 축복을 내리시는지 그 마음을 알 수 있겠지요? 축복을 안 할래야 안 하실 수 없지 않겠어요. 애써서 번 아까운 돈을 기쁜 마음으로 척척 내놓으니 얼마나 축복을 하시고 싶으시겠어요. 그 얼마나 사람을 지으신 보람을 느끼시겠으며 기특하고 사랑스러운 마음에 모든 것을 주고 싶지 않겠느냐는 말이에요. 더욱이 십일조를 하게 되면 돈만 바치는 것이 아니라 나의 정성된 마음과 몸과 시간과 내가 가장 중요하게 여기는 모든 것을 그분에게 드리는 것이 되지요. 그러면 전능하시고 우리를 도와주고 사랑을 부어주기 원하셔서 그 독생자까지 주신 분이 우리의 기도를 들어주지 않으시겠어요? 우리 인간은 모두 하나님을 닮아서 하나님의 심령을 짐작할 수 있는 만능종, 영생종이지요. 물론 하나님과 원수가 된 인간은 마귀의 마음과 행동과 꼭 같기 때문에 하나님의 마음을 알 수도 없고 또 알려고도 하지 않지만 말이에요.』

나는 지금까지 한 말을 정리하면서 그의 반응을 직접 보고 싶다는 생각을 했다. 잠시 후 계속해서 이해하기 쉽게 예를 들어 설명을 했다.

『우리는 언젠가 모두 다 여기서 없어지는 존재들이에요. 소문을 내든지 안내든지간에 언젠가는 가버리는 인생들이지요. 세상에서 밤낮 애쓰며 사는 이유가 무엇이겠어요? 결국 먹고 입는 데 필요한 돈을 벌기 위한 것이 아닐까요. 이렇게 우리에게 필요하고 귀중한 것을 우리는 어디에 쌓아두어야 할까요? 은행도 괜찮겠지요. 그 돈으로 땅도 사고 집도 살 수 있겠지요. 그렇지만 더 많이 사고 더 많이 저축을 한다 해도 결코 하나도 내 소유가 되지 않는 것이 인생이고 나그네 세상이에요. 그래서 예수님이「네 보물을 하늘에 투자해 두라」고 말씀하신 것이었어요. 우리의 귀중한 보물을 땅에 쌓아 놓았다가 언젠가 다 놓고 죽게되어 후회하는 일을 하지 말라는 조물주의 가르치심인 것이에요. 살아서 움직이는 동안 열심히 벌어서 부지런히 하늘나라에 쌓아 두고 죽어보세요.「아! 얼마나 잘한 일인가!」하실 거예요. 저는 이 세상에 살면서 하나님께 선물을 드릴 수 있는 기회가 없었다면 그것은 가치가 없고 세상 사는 재미가 없는 인생이었을 것이라고 늘 생각해 왔어요. 나는 세상을 산다는 것이 재미있고 즐겁고 기뻐요. 왜냐하면 하나님께 예물을 드릴 수 있기 때문이지요. 나는 이것을 자랑할 수 있다는 것이 즐겁고 장하게 생각되어요. 하지만 이 진리를 나만 누리는 것이 아닌가 싶어 겁이 날 때도 많아요. 내 것이 모두 하나님의 것이고, 그분의 것이 온통 내 것이 되었기 때문이지요. 내가 기도하고 경영하는 모든 것이 나의 힘이나 지혜나 노력으로 되는 것보다 훨씬 뛰어난 속도와 능력으로 내 눈앞에 나타나지요. 이렇게 내 생활 속에서 매번 보여지면 나는「또 주님이 하셨군요」「또 주님이 도와주셨네요」「또 기도를 들으셨군요」하며 연신 감탄하고 계속적으로 주님과 대화를 하게 되지요. 저는 당신이 십분의 일뿐 아니라 그 십일조가 축복이 되어 십분의 이를 드리고, 또 다시 축복이 커져서 주님께 다 드릴 수 있게 되면 좋겠어요. 당신이 주님의 축복을 계속 받아서 세상에서 가장 행복하고 또 듣는 사람들을 놀라게 할 이 일의 증인이 되어 주기를 바래요.』

## 80
## 먹어요

교회에 나가서
하나님께 경배하고
감사하고
말씀 열심히 배우고
교우들과 친교해서
손에 손을 잡고
그 고된 세상 길을 서로 도우면서
붙들어 주면서
권면하면서
위로하면서
즐겁게 다 같이 천국 향해 가요.

그러나 게으른 사람은
멀고 시간이 많이 걸린다고
싫다고 하네요.
그는 곧 다가올
후회와 절망으로 가득찬 곳을
아랑곳하지 않고 무시하며 살아가지요.

만일 그 시간에 그가 돈을 벌었다면
그 돈으로 그날의 후회를 면할 방법을 찾을 수 있을까요?

만일 그 시간에 그가 취미생활로 즐겁고 평안했다면
그것이 그닐의 고통을 제거해주는 보상이 될 수 있을까요?

그래보세요.
원하는 대로 또 되는 대로요.

교회가 멀다고 가지 말아 보세요.
친구와 있는 시간이 즐겁다면 그렇게 살아보세요.
당신이 하신 일이니
결과는 당신이 누릴 것이니까요.
독은 아무리 기쁘고 즐겁게 마셔도 독이에요.
마셔보세요!
습관이 되게 자꾸 마셔보세요.
결과는 당신 자신이 당할 것이니까요.

## *81*
# 철석같이 믿었더니

『우리는 한국에서 결혼하고 애까지 낳아서 미국으로 이민왔어요. 남편은 공무원으로 성실한 사람이에요. 우리는 이민올 때 현금 몇천불하고 오랫동안 입을 옷까지 여유있게 가지고 왔어요. 남편은 공무원 생활에 익숙했기 때문에 미국에서는 계리사 공부를 해서 그 방면의 일을 하게 되었어요. 가정에서는 이해심 많은 남편이었고 아이에게는 좋은 아버지였어요. 사모님, 제가 좀 긴 이야기를 해도 괜찮을까요?』
『네, 괜찮아요. 말씀해 보세요.』
『저는 어릴 때부터 주일학교에서 예수님에 대한 이야기와 성경 이야기를 많이 배웠어요. 주일도 잘 지키고 헌금도 인색하지 않게 드리고 교회일도 열심히 했어요. 그런데 남편은 바쁘다는 핑계로 한번도 교회에 나간 일이 없어요. 그러나 그는 저를 핍박하거나 비판하지는 않았어요. 단지 시부모님과 시집 식구들이 유교와 불교를 믿었기 때문에 우리의 결혼을 반대했고 따라서 저와 시댁과의 관계는 원만하지 못했어요. 저는 미국으로 오는 것이 기뻤어요. 아마 시댁 식구들도 시원했을거예요. 미국에 와서 저는 쌍동이를 낳았어요. 아이가 셋이나 된 셈이죠. 그러다 보니 일이 많아졌어요. 저는 직장을 가질 수 없게 되었어요. 그러나 남편의 수입을 절약하여 사용했어요. 그렇게 하여 한국에서 가져온 돈은 은행에 저축하여 이자가 불었어요. 우리는 외식하는 일도 없이 알뜰하게 살았어요. 왜냐하면 아이가 셋이나 되고 보니 큰 방과 넓은 집이 필요했거든요.』
　자매의 말은 차츰 힘이 없어졌다. 가끔 한숨섞인 말도 했다. 나는 자매의 말을 진지하게 들었다.

『그런데 언제부터인가 그이는 그렇게 열심히 하던 계리사 공부를 하지 않았어요. 차츰 집에 오는 시간도 늦어졌어요. 처음에는 사무실에 일이 많아 그렇겠거니 했지요. 그런데 늦게 오는 것이 습관처럼 되었어요. 하루는 제가 늦게 집에 오는 이유를 묻자 그럴 일이 있다고 얼버무리는거에요. 사무실에 찾아온 손님 한분과 친해져서 놀다가 온대요. 또 한번은 사무실에다 전화를 걸었는데 비서가 받았어요. 그 비서는 조심스럽게 전화를 받으며 제 남편이 노름에 빠져 사무실을 그만두었다고 했어요. 저는 그 자리에 풀썩 주저앉고 말았어요. 그날 밤 늦게까지 그이를 기다렸지만 들어오지 않았어요. 새벽이 되어서야 그는 문을 열고 들어왔는데 그의 모습은 그야말로 거지였어요. 그는 변해 있었던거에요. 저는 그날 그이가 변했다는 것을 확실히 깨닫게 되었어요. 일터에서 돌아오면 으레 샤워를 했고 잠자던 아이들의 뺨에다 뽀뽀도 해주었는데 그러한 모습이 차츰 없어져 버린거에요. 저는 그이를 너무나 믿었던거에요.』

나는 자매의 말을 들으며 매우 안타까웠다. 자매의 마음 고생이 훤히 보였기 때문이었다. 자매는 다시 한번 한숨을 쉬며 말을 이었다.

『사모님, 놀라운 것은 은행에서 이자가 불어나리라 생각했던 그 돈이 한푼도 없다는거에요. 그 다음에는 그이의 차도 없어졌고 또 제 헌차까지 날아가 버린거에요. 더욱 기가 막힌 일은 그이가 노름판에서 전화를 한 것이에요. 그는 현금 500불을 가져오지 않으면 감옥에 가게 되니 교회 목사님한테 꾸어서 가져오라는 것이었어요. 그는 교회를 비난하며 오히려 배짱조로 나왔어요. 당연히 돈을 되돌려 받을 권리가 있다는듯이 말이에요. 제가 교회에다 늘 헌금하고 있으니 그것을 계산하면 500불은 족히 될 것이라고 말이에요.』

자매는 눈물이 마른듯했다. 지친 표정이었다. 나는 그 말을 들으며 고개를 끄덕였다.

『사모님, 그렇게 똑똑하고 성실했던 사람이 변해 버린거에요. 저는 이 아파트에 사는 어떤 맞벌이 부부의 아이 셋을 돌보고 있어요. 제가 번 돈만 가지고도 생활하는 데는 넉넉했기 때문에 그이의 수입에서는 집세를 제외하고 모두 은행에다 저축할 수 있어요. 저는 그렇게만 생각하고 그를 믿고 있었던거에요. 그런데 그는 그 돈을 노름판에 가져갔고 심지어는 서랍에 넣어둔 동전까지도 가져갔어요. 사모님, 저는 어떻게 해야 할까요. 아이들이 노름쟁이의 자식이 되었으니 말이에요.』
『자매님은 지금까지 믿음으로 살아오셨잖아요. 너무 실망하지 마세요. 그래서 성경은 세상 것을 믿지 말라고 경고하고 있잖아요? 세상 것, 돈이나 사람이나 권세나 지식 등은 믿을 수 없는 것이지요. 아무리 성실한 사람일지라도 그속에 하나님이 없다면 세상을 따라 변하니까 위험하지요. 왜냐하면 그들은 인생의 목표가 뚜렷하지 못하기 때문에 유혹이 오면 흔들리고 변할 수 있지요. 그러나 자매님은 어릴 때부터 믿음 생활을 하며 살아왔으니 이번 일을 연단이라고 생각하세요. 주님의 손을 꼭 붙드시고 기도하세요. 그리고 한걸음씩 하나님이 인도하시는 대로 걸어가세요.』
『그런데 제 남편은 어떻게 할까요?』
『어떻게 하다니요?』
『우선 그는 하나님을 믿지 않아요. 그리고 그에게는 아이들도 아내도 장래의 계획이나 꿈도 생각도 없어요. 제가 서둘러 그를 하나님 앞으로 인도했더라면 이런 일이 없었을텐데 말입니다. 저는 그이가 언젠가는 믿을 것이라 생각만 했어요. 사모님, 제가 지금 그이와 이혼하면 하나님께서 어떻게 생각하실까요? 아니면 그를 설득해서라도 같이 살아야 하는가요? 그는 이제 노름쟁이가 되어버렸어요. 제가 아이 셋을 길러야 하는데 그런 사람을 어떻게 남편으로 생각하고 함께 살 수 있겠어요? 사모님의 책「죽으면 죽으리라」에 보면 아버지가 팔 아넘겨 창기로 생활한 여러 여자 이야기가 있지요. 그 이야기가 제 마음에 충격적으로 와닿아요. 제 남편이 혹시 그렇게 되지나 않을까 겁나요.』
『그러니까 자매님은 감사하셔야 해요. 천지가 뒤집히는 일이 생겼는데 자매님이 주님을 몰랐다면 어떻게 되겠어요. 지금이야말로 주님의 역사를 기대하며 기도할 때라고 생각해요. 우리 주님은 한번 도우시면 그야말로 완전하게 도우시니까요.』
『네, 사모님. 저는 사모님께서 그렇게 말씀하실 줄 알았어요. 그래요. 말씀대로 살아야지요. 그래도 제 남편을 내보내야 하겠지요?』
『자매님이 나가라고 말하면 나가겠어요?』
『아뇨. 이혼한다는 뜻이에요.』

『이혼할 마음이 있다면 한번 그분과 마주앉아 대화해 보세요.』
『어떤 대화를요?』
『내가 믿는 예수님을 믿고 노름을 끊으면 이혼하지 않겠다구요. 아이들을 잘 키워야 되지 않겠느냐고 말이에요.』
『한번 그렇게 얘기했지요. 그는 앞으로 교회에 잘 나가고 노름 같은 건 절대 하지 않겠으니 한번만 참아 달라고 했어요. 그랬지만 그 다음 날 노름판에서 500불을 가져오라고 전화를 한 것이에요.』
『저런! 그러면 두번만 더 해보세요. 어때요? 물론 자매님의 결사적인 기도가 있어야 하겠지요?』
『저는 그때 금식기도를 한 후 그렇게 했어요.』
『한번 했지요?』
『네. 사모님은 저더러 세번까지 그렇게 해보라는 말씀이시죠?』
『그렇게 큰 문제를 한번으로 결정해 버리고 나중에 후회하면 어떻게 할거예요? 두번 하고 안 되면 세번하세요. 그렇게 해도 안 되면 그때는 별 도리가 없겠죠? 아이들 때문에 말예요.』
『그렇습니다. 아이들을 거지로 만드는 것보다 남편과 이혼하는 것이 더 낫지 않겠어요?』
『글쎄요. 결단을 내리기 전에 주님께 아뢰세요. 주님과 의논해 보세요. 주님께서 자매를 어떠한 방법으로든 도우실거니까요. 나는 그렇게 주님의 도움을 많이 받았어요.』
『네, 알겠어요. 우선 죽으면 죽으리라는 각오로 주님께 기도하겠어요. 그리고 주님과 의논하겠어요. 왜 제가 진작 그를 주님께 인도하지 않았는지 후회돼요.』
『나도 기도로 돕겠어요. 용기를 잃지 마세요.』
『꼭 기도로 도와주세요, 사모님.』

## 82
# 새 한마리

우리는 그날 산책했어요.
십분만 운전하면 멋진 곳에 이르지요.
거기엔 넓고 깨끗한 초원이 있고 그 가운데는 맑은 물이 흐르는 숲
그 가운데는 맑은 물이 흐르는 숲이 있어요.
어디서 날아왔는지 온갖 새들이
물을 먹고 쉬며 사랑을 나누어요.
이 아름다운 숲과 넓은 들, 맑은 하늘,
노니는 새와 맑디맑은 물,
온갖 새들의 노래,
모두가 한폭의 그림이지요.
피곤했던 몸과 마음이 쉼을 얻어요.
그런데 갑자기 심술궂은 새 한마리가 퍼덕거리며
옆에서 노래하는
새를 부리로 쪼며 찌르는 거예요.
상처입은 새는 간신히 도망쳤어요.
잇달아 다른 새들도 저마다 피했어요.
아!
사단은 새까지 파괴시키려고 해요.
사단이 일하면 새의 세상에도 평화가 사라져요.

## 83
# 작은 풀 한 포기에도 사랑을

풀밭을 걸었어요.
이 풀밭은 재배해서 가꾼 것이에요.
비단같이 보드라운 풀밭이에요.
나는 돈을 내지 않고도 맛있는 공기를 마음껏 마셨어요.
저 푸른 하늘에 두둥실 떠있는 구름을 보았어요.
내 마음도 푸른 하늘이 되고파요.
문득 풀밭으로 눈을 돌렸어요.
거기엔 조그마한 꽃송이가 소담스럽게 피어 있었어요.
꽃송이가 너무 작아 잘 보이지 않는 꽃인가봐요.
내가 미처 보지 못했더라면 그 작은 꽃은 발에 밟혀 죽었을거에요.
그 꽃에 가까이 갔어요.
그 작은 꽃에도 색깔이 있고 줄기와 잎이 있고 심지어는 씨앗까지 있었어요.
사랑하는 주님의 창조 솜씨를 생각하며
나는 마음 깊은 곳으로부터 솟아오르는 사랑으로 꽃과 뜨겁게 입맞추었어요.

## 84
## 구름

문을 나서면 나는 으레 구름을 보아요.
구름을 보면 그 역사가 떠오르거든요.
주님이 타고 올라가신 그때의 광경을 볼 수 있어요.

길을 가면 나는 으레 구름을 보아요.
내 마음도 저 구름같이 뭉게뭉게 피어올라요.
주님이 저 구름을 타고 오시는 광경이 보여요.

운전할 때면 나는 으레 구름을 보아요.
찬송이 저절로 나오고 내 마음은 구름 속으로 떠올라가요.
이 육체 벗어버리는 그 어느날
나는 저 구름을 타고
주님 곁으로 갈 것이 아닌가요.

구름은 주님의 수레요.
천사의 수레요.
날 위해 베푸신 나의 수레이기도 해요.

광야 사십년간
저 구름은
낮에는 구름 기둥, 밤에는 불 기둥으로
길 기둥이 되고 양산도 되었지요.

저 하늘에서 늘 나를 지켜보는
저 구름
언젠가 나를 싣고 주님 곁으로 달릴거예요.
빛살같이 빠르게 말이에요.

## 85
# 인색한 집사님

LA에서 처음 교회를 시작하여 눈코 뜰 새 없이 바쁘게 일할 때였다.
그 무렵 LA 재판소에서 일본어와 한국어를 통역할 수 있는 사람을 구하고 있었다. 일본인이며 변호사로 활동하고 있던 친구가 그 소식을 전해주며 김 목사에게 시간을 내어 도와달라고 부탁하였다. 우리는 그의 부탁을 수락하고 그 일을 하게 되었다. 재판소에서 부를 때 김 목사의 시간과 맞으면 그가 나가서 통역을 하였으나, 그가 출타하여 연락을 취할 수 없을 경우나 시간을 낼 수 없을 때에는 내가 대신 나갈 수밖에 없었다.
그러던 어느날 재판소에서 급히 와달라는 전화가 왔다. 마침 김 목사는 심방을 가고 없었다. 그래서 김 목사 대신 내가 갔다. 법정으로 들어가니 일본인이 아닌 한국 여인이 나를 기다리고 있었다.
그녀는 40세 정도 되어보였고, 화장을 진하게 하고 있었는데, 교육은 별로 많이 받지 못한 여자 같았다. 나는 그녀가 왜 재판을 받아야 하는지 알아보기 위해 그녀에 대한 기록을 찾아보았다. 그녀의 이름은 미자였다. 미자는「사우나걸」즉 손님이 원하는 대로 처신하면서 돈을 버는 여자였다. 그런데 미자가 재판을 받아야 하는 이유는 손님으로 온 미국 남자가 그녀를 고소했기 때문이다. 그 남자는 사우나를 하러 가서 미자의 유혹을 받았는데 어쩌다 성병에 걸리게 되었다는 것이다. 그래서 그 남자는 결국 고소했고 미자는 재판을 받아 배상금을 내든지 아니면 징역을 살든지 해야 할 처지였다.
사건은 무척 간단했지만 나는 그 일로 인하여 재판소에 다섯번이나 가야 했다. 재판을 할 시간을 알려주어 그 시간에 재판소에 가도 그들은 정해진 시간과는 상관없이 오래 기다리게 하는 일이 많았다. 또 상대편 남자가 나오지 않아서 기다리다 못해 그냥 돌아온 일도 있었다. 그런 일이 생길 때마다 나는 미자와 이야기를 나누었다. 재판시간을 기다리는 동안 미자의 말을 듣기도 하고 또 나도 하고 싶었던 말을 숨김없이 했다.

그 사건 때문에 두번째로 재판소에 갔다.

미자는 법정에 나왔으나 미국 남자는 제시간에 나타나지 않아 그를 기다릴 수밖에 없었다. 나는 그동안 미자의 사정 이야기를 들을 수 있었다. 미자는 말하는 것을 대단히 좋아했다.

미자는 자신이 착하고 좋은 가정 부인이었으며 딸은 둘이나 있고 남편은 미국 교회의 집사직을 맡고 있다고 했다. 물론 미자도 교회에 여러 번 출석했지만 영어를 모르기 때문에 어려운 점이 많았다고 했다. 다 같이 찬송을 부를 적에도 가만히 입을 다물고 있어야 했고 또 설교도 영어로 하겠거니 짐작만 했지, 정작 영어로 하는지 불란서어로 하는지 몰랐을 뿐 아니라, 관심도 없었으며 구경하는 것도 지겨워서 죽을 지경이었다고 했다. 아이는 연년생으로 낳았기 때문에 쌍둥이 같아 보였는데 그 두 아이를 돌보는 일이 너무도 고생스러웠다고 했다. 그래서 매일 울다시피 하며 지냈는데 그때의 일을 생각하기만 하면 온 몸에 소름이 끼친다고 말했다.

나는 그녀의 얼굴을 바라보며 말했다.

『왜 그렇게 고생하며 어렵게 살았어요?』

『남편이 돈을 벌어오지 못했기 때문이에요. 남편은 중국 요리집에서 접시닦이로 일하고 있었는데 자기만 밖에서 잔뜩 얻어 먹고 식구는 배가 고파 죽든 살든 상관하지 않았어요. 그 사람 얼마나 인색한지 가족을 위해서는 하루 한끼 사먹을 돈조차 주지 않았어요.』

미자는 미간을 찡그리며 나를 쳐다보았다. 그리고는 그때의 그 어렵고 힘들었던 생활과 배고파 울다 지친 아이들 생각이 났던지 흥분이 되어 이야기했다.

『우유 살 돈은 없죠, 또 내가 먹지 못하니 젖도 안 나오죠, 그렇다고 남편에게 사정을 이야기하면 거짓말을 한다고 몰아붙이기나 하죠, 그러니 어디 살겠어요? 실컷 먹고도 자기 돈을 빼앗기 위해 제가 거짓말을 한다는거예요. 저는 배가 너무 고프고 살길이 막막해 일자리를 찾기 시작했어요. 재봉일 하는 공장에 취직을 하게 된 저는 어린 것들을 집에 놔둔 채 일하러 나가게 되었지요.』

그녀는 여기까지 말하고 깊은 한숨을 토해내더니 인상을 더 쓰면서 이야기를 계속했다.

미자가 아이들을 집에 두고 일하러 가면 가끔씩 남편이 먹을 것을 가져다가 아이들에게 주기도 하였다. 미자는 공장에 취직해 재봉일을 했지만 일이 서툴고 또 기계가 너무 급하게 돌아갔기 때문에 계속 일을 망치기만 했다. 일주일 이주일이 지나도 재봉질에 익숙해지지 않아 계속 실수만 하게 되었고, 돈은 한푼도 벌지 못했다. 더욱이 먹지를 못하고 일을 하니 자주 현기증이 나서 재봉질을 제대로 할 수 없었다.

미자가 점심도 못 먹고 다른 사람들이 먹는 것을 침을 삼키며 바라보고 있자 어떤 멕시코인이 자기가 먹던 빵조각을 주었다. 미자는 그 빵조각을 받아 먹고 배가 꽉 차도록 물을 마셨다.

하루 일을 마치고 기진맥진한 상태로 간신히 집으로 돌아오면, 기다리고 있던 남편은 일을 했으니 돈을 내놓으라며 눈을 부라렸다. 미자가 사정을 이야기하면 남편은 거짓말하지 말라고 큰 소리 지르며 믿으려 하지 않았다. 남편은 언제나 미자를 냉대했다.

미자는 그런 남편이 밉고 또 너무 화가 치밀어 올라 눈물도 나오지 않을 지경이었다. 너무 분하면 울지도 못한다더니 꼭 그짝이었다. 정말 죽고만 싶었다. 그래서 정말 죽을 결심을 하고 기회만 엿보면서 공장에 다녔다.

공장에서 미자는 자기에게 빵을 주었던 멕시코 남자가 또다시 먹을 것을 잔뜩 가져다 주어 배불리 먹을 수 있었다. 그것을 기회로 그녀와 그 멕시코 남자는 가까워졌는데, 그 남자는 그 다음 날에도 미자에게 먹을 것을 갖다주었다.

미자는 그가 너무 좋아져서 그를 따라갔다. 물론 집에는 돌아가지 않았다. 그 멕시코 남자는 미자를 사우나 하는 곳에 소개해주었다. 그녀는 그 곳에서 돈을 벌기 위해 손님들의 노리개 신세로 전락했다.

그렇게 생활하는 가운데 미자는 성병에 걸렸는데 병은 시간이 갈수록 심해져 약을 밥먹듯 먹어야 했다. 그러나 그 일이 습관이 되었을 뿐

더러 돈을 벌기 위해서라도 일은 그만둘 수 없었다. 미자의 관심사는 오직 돈뿐이었다. 그녀의 눈에는 돈밖에 보이지 않았고 생각하는 것도 돈에 대한 것이었으며 자나깨나 오로지 돈밖에는 모르게 된 것이었다. 담배도 배우고 술도 잘 마시게 되었고 또 거짓말도 수다스럽게 잘하게 되었다. 예전에 남편이 자기에게 거짓말을 한다고 한 그대로 이제는 정말로 거짓말이 술술 나오게 되었다.

미자는 말을 하다 말고 정색을 하며 나를 쳐다보더니 말했다.

『제가 아무리 거짓말을 잘한다 하더라도 선생님에게는 그럴 수 없지요. 선생님은 굉장히 점잖으시고 더욱이 내 속을 다 들여다보시는 것만 같으니 말이에요. 그러니 제가 어떻게 선생님께 거짓말을 할 수 있겠어요?』

그렇게 말했지만, 나는 미자의 말에 어느 정도 신빙성이 있는지 알 수 없다는 생각이 들었다. 그래서 나는 물어보았다.

『본 남편은 지금 어떻게 되었는지 아세요?』

『모르지요. 그렇지만 오래 전에 교회에서 보았어요. 그때 저는 아주 멋진 옷을 입고 손에는 다이아몬드 반지를 끼고 그분이 다니는 교회에 몰래 갔었지요.』

『만나 보았어요?』

『아니요. 가슴이 두근거려서 멀리서 보기만 했지 만나지는 않았어요. 아이들도 당연히 그 교회에 있으리라 생각하고 아이들이 있는 방으로 내려갔어요. 방에는 동양 아이들이 나란히 앉아 있더군요.』

『그래서 만나 보았어요?』

『그 아이들은 마치 쌍동이처럼 같이 앉아 있었는데 얼마나 예쁜지 몰랐어요. 한참 들여다보고 있으니까 어떤 분이 자꾸 들어오라고 하는 것이었어요. 그래서 저는 방으로 들어가 그 아이들이 앉아있는 의자 옆으로 갔어요. 그런데 그 아이들은 저를 보고도 전혀 아무런 표정 없이 본척만척하는 것이 아니겠어요? 저는 아이들을 붙들고 울고 싶었지만 곧 끝나는 종소리가 나서 하는 수 없이 그 자리에서 밀려 나왔어요. 한참 동안 숨어서 아이들을 지켜보았더니, 아이 아빠가 와서 두 아이의 손을 잡고 위층으로 올라가버리는 것이었어요. 나는 모든 사람들이 즐겁고 행복한 모습으로 집에 돌아가는 것을 바라보며 갑자기 내 자신이 초라하다는 생각이 들었어요. 아! 저들도 사람이고 나도 사람인데 왜 저 사람들은 천사같이 깨끗하고 화려하고 행복해 보이는가? 그리고 나는 왜 이렇게 천하고 더럽고 비참하게 살아야 하나! 내가 어쩌다 이렇게 되었을까! 생각하니 내 신세가 서글퍼졌어요. 그래서 나는 차로 돌아와서 대성통곡했지요.』

『그러니까 남편은 다시 장가가지 않으신 모양이군요.』

『그런 것 같았어요. 그 사람은 아내가 먹고 입는 것이 아까워서 장가를 가지 않았을 것이에요. 그 사람은 너무 인색해서 살림살이가 뭔지도 모르지요. 또 밥을 먹어도 저울에 달아서 죽지 않을 만큼만 먹지, 배부르게 먹는 법이 없어요. 또 반찬도 꼭 짠 김치여야 하지요. 참으로 무서운 사람이에요.』

『어쩌다 그런 분을 만났어요?』

『중매쟁이의 소개로 만났어요. 미국에 이민가는 사람인데 아내를 구한다고 해서 굉장히 부자인줄 알고 따라왔어요. 배가 고파 하늘이 노랗던 일, 기가 막힐 정도로 돈을 아끼는 그 꼴은 지금 생각해도 진저리가 날 지경이에요.』

『그러면 앞으로는 어떻게 할 것인가요?』

『앞으로요? 저는 중환자예요. 선생님! 저는 감옥에 갈거예요. 감옥에 들어가서 음식이나 실컷 먹으면서 죽어버릴거예요. 제 병은 과도기가 훨씬 넘어서 약으로도 낫지를 않아요. 약을 쓰면 조금 나았다가도 곧 다시 발병하니 아무래도 이 병으로 몸이 썩고 썩어서 죽게 될 것이에요.』

『그래, 죽으면 어디로 갈거지요?』

『죽으면요? 당연히 지옥에 가겠지요. 남편이 제게 늘 말했듯이 말이에요. 지옥? 그런데 그 지옥에는 나만 갈까요? 나를 이렇게 만든 그 사람은 안 가구요? 그 사람도 내가 가는 지옥으로 떨어져 들어올거예요. 가족은 돌아보지도 않고 오직 아끼고 감추고 숨겼던 그 돈만 한아름 안고 올거예요. 그가 무서워하는 지옥으로 말이에요. 아!』

미자는 주먹을 불끈 쥐었다. 나는 그녀가 하고 싶은 말을 다 하도록 듣기만 했다. 미자는 또다시 지난 날의 고통스러웠던 경험들을 계속 이야기해주었다. 주인의 폭행, 동업자들의 시기와 참소, 거짓, 악담, 싸움 등등 해서 미자의 이야기는 끝이 없었다.

나는 미자의 이야기를 들으며 예전에 내가 감옥에 갇혀 있을 때 창기들의 그 천한 이야기를 듣기 싫어서 손가락으로 귀를 막고 머리를 마구 흔들어대던 일을 생각했다. 그녀의 말이 끝나자 곧이어 내가 말을 시작했다.

『미자! 미자는 내가 어떤 사람으로 보이지요? 통역관이니 딱딱하고 무정하고 사정없고⋯.』

『아니에요! 절대로 안 그래요. 선생님은 정말 선생님 같으세요. 좋은 분이시고 굉장히 많이 배우신 것 같아 보여요. 또 사랑도 많고, 또 정직하시고, 또⋯.』

『알았어요. 내가 미자보다 더 낫다는 말을 하는 모양인데, 그럼 내가 그 말을 믿겠어요.』

『아! 나보다 나으시다니 말도 안돼요. 너무너무 낫기 때문에 비교도 할 수 없지요.』

『옳지! 잘 되었어요. 내가 미자보다 낫다고 미자 입으로 말했으니 말한 대로 증명하도록 해요. 무슨 말이냐 하면, 내가 하는 말을 잘 들으라는 말이에요. 더욱이 나는 미자보다 나이를 더 먹었고 경험도 더 많으니까요. 물론 미자가 겪은 그 경험은 아니지만 세상을 더 많이 살았으니 여러 모로 경험을 더 많이 해서 미자보다 아는 것이 많다는 것이지요. 이것을 인정하지요?』

『그러믄요. 인정하고 말고요.』

『그래, 그러면 내 말을 잘 들어요. 미자!』

『말씀하세요. 듣고 싶으니까요.』

『좋아요. 듣고 싶다니 더 잘 되었어요. 미자! 지옥에 가면 그렇게 좋을 것 같아요?』

『글쎄요. 아무리 나쁘다 해도 창기 세상 같기야 하겠어요. 선생님! 또 인색한 남편과 함께 사는 고통만 하겠어요?』

『그런 것들은 지옥에 비하면 아무 것도 아니예요. 하나님이신 예수님은 성경에서 친히 우리에게 지옥에 대해서 일러주셨어요. 그곳은 불이 훨훨 탄다고 말씀하셨지요. 얼마나 뜨겁고 견디기가 힘든지 가슴을 치고 이를 박박 간다고 하셨어요. 또 너무 뜨겁고 목이 타서 혓바닥에 물 한방울 적시기를 소원하고 부르짖는 곳이라고 하셨어요. 그리고 죽어서 지옥에 가면 그것은 육신이 가는 것이 아니라 영이기에 불에 타도 죽을 수가 없고 조금 있다가 없어지는 일도 아니지요. 언제까지나 그 타오르는 불속에서 영원히 살아야 하는 곳이란 말이에요. 이 세상 일은 아무리 고통스럽고 어려워도 변하지 않습니까? 또 늙거나 사고로 죽을 수도 있지 않아요? 그러나 일단 죽으면 육신은 흙으로 돌아가고 영혼은 하나님을 무시하며 산 죄 때문에 그 타오르는 불꽃 속에서 죽지도 못하고 영원히 살게 되지요.』

『그렇지만 나만 가는 것은 아니잖아요. 많은 사람들이 다 갈텐데 그 가운데 끼어서 사는데 뭐 견딜만하지 않을까요?』

『미자! 그 지옥 이야기도 중요하지만 더 중요한 이야기가 있어요.』

『천국 말씀이에요?』

『암! 천국 이야기도 물론 중요하지만 미자가 꼭 듣고 알아야 할 굉장히 중요한 말이 있어요.』

『그게 뭐지요?』

『하나님이 미자를 사랑하신다는 말이에요.』

『뭐라구요? 하나님이 저같이 똥파리만도 못한 것을 사랑하신다구요? 아이참! 선생님도…, 그런 이야기가 어디 있어요.』

『정말이에요. 미자! 미자가 아까 뭐라고 했지요? 나는 훌륭하고 정직하고 많이 배우고 마음까지도 들여다 보는 사람 같다고 했지 않았어요?』

『그거야 그랬지만…!』

『그런데도 내가 하는 말을 대수롭지 않게 들어요? 미자! 내가 뭐라고 했지요? 나를 그렇게 생각하면 그런 것을 증명하라고 내가 말했지요? 내 말을 대수롭지 않게 듣는다는 것은 나를 미자와 같은 사람, 아니 미자보다 더 낮고 미련한 사람으로 본다는 뜻이라는 것을 알아요?』

『그러믄요. 알다마다요.』

『OK, 그럼 잘 들어봐요. 미자가 살아온 이야기를 듣거나 또 어떻게 살아왔는지를 아는 사람은 모두 미자를 사랑하지도 좋아하지도 않고 친구도 되어주지 않고, 서로 수근거리며 슬슬 피할거예요. 누구나 다 그럴 것이란 말이에요. 그러나 미자의 사정을 아시고 딱해하시는 분이 계세요. 그분은 미자가 배고파 울며 직업을 얻기 위해 헤매고 다니며 넘어지고 쓰러진 것과 인색한 남편의 폭행이 어느 정도였는지, 돈 때문에 몸이 썩어 들어가는 고통을 견뎌야 했던 것과 내 몸속에서 나온 쌍동이 같이 예쁜 딸들을 품에서 기르지 못하는 슬픔으로 인하여 대성통곡을 해야 했고, 중병이 들어 몸이 썩는 아픔 속에서도 감옥에 가야 하는 것을 다 아시지요. 위로해 줄 부모도 동생도 친척도 친구도 하나 없이 홀로 밤을 지새며 울고 부르짖는 것을 하나하나 지켜보시며 「아! 나밖에는 저 미자를 도와줄 자가 없으니 내게로 데려오자」하시는 분이 있는데 그분이 바로 하나님이시지요.』

미자는 눈을 동그랗게 뜨며 내게 따지듯이 말했다.

『정말! 그게 정말이에요? 선생님!』

『내가 거짓말쟁이인가요? 미자!』

『아니! 아니 거짓말만 같아요.』

『미자! 하나님이 무엇이라고 하시는지 알아요? 「미자는 고통이 너무 많았다. 미자를 도와주고 사랑해주는 사람이 아무도 없다. 나는 미자를 세상에 보냈으나 세상이 미자를 너무 괴롭히고 못견디게 했다. 그래서 미자는 병들고 가슴에 응어리가 지고, 슬픔이 떠나지 않았다. 내가 미자를 세상에 보내었으니 나는 미자의 아버지이다. 미자는 내 딸이다. 마귀들아! 더이상 미자를 다치게 하지 말라. 미자는 내 곁에 와서 평안을 누려야 한다」라고 하시지요.』

『설마! 그럴 리가 있겠어요?』

『그럴 수 있지요. 그런 일이 있으려면 하나님께 나와야 하는거예요. 하나님께 나오는 길은 하나님이 보내신 구주 예수님을 마음에 받아 영접하고 또한 그분에게 주님을 무시하고 살아온 지난 날의 모든 죄를 고하고 회개하는 것이에요. 그러면 지난 날 지었던 죄는 거짓말같이 모두 깨끗이 없어지고 하나님의 딸이 되지요. 그렇게 된 후에는 악한 사람이나 마귀가 와서 온갖 나쁜 짓을 하려 해도 할 수가 없게 되지요. 하나님이 「다치게 하지 마라. 미자는 내 사랑하는 딸이다」하시며 아무도 건드리지 못하게 하시기 때문이에요. 하나님이 변호해주시면 그 어느 천사라도 꼼짝 못한다는 말이에요.』

『나 같은 것을…, 어떻게…, 선생님! 저는 하나님의 딸이 되기에는 너무 더럽고 창피하고 또 두려워요.』

『그건 다 사람끼리 하는 말이에요. 사람들은 큰 죄, 작은 죄, 몹쓸 죄, 괜찮지 않은 죄 등 온갖 죄목을 다 붙여서 천대하고 학대하지만, 하나님은 자기를 무시하고 부인하면서 사는 것을 죄로 정하셨어요.

이 죄는 용서되지 않지만, 사람들이 짓는 죄는 회개만 하면 다 하나같이 없어지지요. 그것들은 하나님의 용서를 쉽게 받을 수 있는 죄목들이니까 하나님을 거역하고 무시하고 부인하는 죄와는 아주 다른 것이에요. 지옥에 가는 것은 살인이나 악행을 해서 가는 것이 아니고, 하나님을 무시하고 부인하고 거역한 죄 때문에 가는 것이란 말이에요. 하나님께 돌아와서 예수님이 나의 구주이신 것을 분명히 믿고 회개만 하면 인간들의 죄는 결코 나를 지옥으로 끌어갈 수 없게 된다는 말이에요. 미자! 한가지 방법이 있어요. 예수님만 믿으면 되요. 감옥에 가든지 이 사회에서 더 살든지 상관없이 죽은 후에는 하나님이 아버지이시니 그분이 계신 곳으로 훨훨 날아 올라가게 될 것이에요.』

『아! 그렇게 된다면야 얼마나 좋겠어요. 선생님!』

『그러니까 할 수 있다고 하지 않았어요! 이제 미자는 하나님께 돌아올 마음이 있어요? 없어요?』

『간절해요. 너무 염치가 없지만….』

『지금 염치를 말할 때가 아니에요. 미자는 너무 불행해요. 하나님이 아니면 누가 미자를 돕겠어요?「예수님! 나를 구원해주세요!」하고 말씀드리세요.』

『어떻게요?』

『「예수님! 저는 염치없는 죄인입니다. 용서하시고 저를 받아주소서. 저를 구원하여 주소서. 주님 믿고 회개합니다」라고 하세요.』

미자는 내가 하라는 대로 따라 했다. 나는 미자가 말을 마치자 그녀를 위해 주님께 간절히 기도했다. 기도를 마치고 눈을 떠 그녀를 바라보니, 그녀는 아직 불안한 표정을 짓고 있었으나 뭔지 모르게 눈빛에는 소망이 있어 보였다.

『미자! 예수님을 마음에 영접하고 믿었다고 해서 당장에 이상한 변화가 오는 것은 아니에요. 어린 아기가 엄마 뱃속에서 나왔을 때 울기만 하지 자기가 뱃속에서 나왔는지 뱃속에 있는지 전혀 모르는 것과 같아요. 그러나 아기가 나온 것을 본 다른 사람들이 아기가 나왔다고 하고, 또 아기는 자기가 자라는 것을 전혀 모르지만 아기를 보는 사람과 기르는 사람들이「아! 웃는다, 뒤집는다, 걷는다, 말한다」하지 않아요. 그러나 아기 자신은 자기가 어떻게 웃는지, 사람을 알아보는지 뒤집는지, 기는지 전혀 모르지요. 이와 마찬가지로 미자는 오늘 예수님을 믿고 새롭게 태어났으나 자기 자신에게는 별 변화가 없는 것 같이 느껴지지요. 그러나 이제 자랄 때 보아요. 다른 사람들이「아! 미자가 달라졌다. 이상하다」할거예요. 왜냐하면 예수님을 믿는 순간에 마귀는 쫓겨나고 성령님이 들어오셔서 변화시키기 때문이에요. 이제까지 좋아했던 나쁜 일 더러운 짓은 싫어지고「언제 나는 거룩해질까!」하는 생각이 커지기 때문에 습관이 조금씩 조금씩 달라지고, 먹고 마시는 것도 달라지고 출입하는 장소도 달라지고 알고 사귀는 사람도 달라지고 이전에 하고 싶던 일이 싫어지고 지겨워지고, 모든 것이 점점 달라져서 다른 사람들에게「아! 미자는 예수 믿는 사람이구나!」하는 말을 듣게 되는거에요. 내 말을 알아 듣겠어요?』

『사실 저는 겨우 국민학교만 나오고 더이상 배우지 못해서 무식해요. 그런데 선생님의 말씀은 내 마음에 차곡차곡 들어와 아주 알아듣기가 쉬워요.』

『됐어요. 꼭 기억해야 할 것은「이제부터 나는 예수님의 제자이고 하나님의 딸이다」라는 마음과「하나님만은 내 편이시다」라는 것을 잊지 마세요. 실수하고 또 죄를 짓는 일이 있더라도 예수님은 용서하시는 분이시니까 회개하고 일어나 굳게 믿어요. 마귀나 악한 사람이 간혹「저런 게 다 예수를 믿어?」라고 말하더라도「나는 죄를 회개했다. 또 회개한다. 하나님은 언제나 내 편이시다. 나는 예수님의 제자다」하는 생각을 잊지 마세요.』

미자를 고발한 미국 남자는 결국 오지 않았기 때문에 우리는 복도 한구석에 앉아 긴 시간 동안 이야기할 수 있었다.

그후에 미자는 교회로 나를 찾아왔다. 나는 너무 놀라고 한편으로는 반가웠다. 미자는 너무도 달라져 있었다. 겸손하고 조심성이 있어 보였다. 나는 미자를 끌어안았다.

『선생님! 하나님께 헌금하려고 가져왔어요.』

미자는 봉투를 내놓으며 말했다.

『미자! 미자 헌금은 내가 벌써 드렸어요. 재판소에서 통역비가 왔기에 그것을 미자 이름으로 드렸어요. 그러니 이 헌금은 가지고 가서 가난한 거지들에게 주어요. 거리에 불쌍한 사람들이 많잖아요? 그런 사람들에게 주면 하나님이 더 좋아하실거예요.』

『사실 제 돈이 더러워서 여러번 망설였어요. 하지만 너무 드리고 싶었어요.」
『알았어요. 미자! 내가 이미 드렸으니까, 이 돈은 배고픈 사람, 또 미자같이 돈 때문에 고생하는 사람들에게 주어요. 응?』
『알았어요. 그렇게 할께요.』
그후에 미자는 또 한번 교회에 왔는데 그때는 헌금을 드린다고 하지 않았다.
미자가 감옥에 간 후에도 나는 종종 그녀를 생각했다.
「미국에 오는 남자와 결혼하면 괜찮을 것 같다는 생각에 서둘러 결혼하고 미국으로 왔지만, 그 남자의 인색함으로 인해 창기가 되어 성병으로 몸이 썩어 가는 여인! 자기 몸으로 낳은 딸들도 마음대로 볼 수 없고 또 그 망측한 길밖에 모르는 사창가에 몸을 던진 미자가 예수님을 영접한 후 어떻게 믿음을 지키며 살아갈 수 있을까!」
내 마음은 아프고 괴롭기만 했다.
「아! 예수님은 얼마나 초조하실까?」
70인의 제자들을 둘씩둘씩 짝지어 각 마을로 전도 여행을 보내시며 예수님은「양들을 이리떼 중에 보내는 것 같다」고 말씀하셨다. 그 말씀이 가슴에 스며 들어오는듯했다.
삼개월 징역형을 선고받은 미자는 무표정이었다. 미자는 무엇을 생각했을까?
이 미국이라는 땅은 참 생각하면 야속하기도 하다. 온갖 자유와 부가 넘치는 나라라고 생각하고 와서 미자같이 되는 사람들이 앞으로도 얼마든지 있을 것 아닌가!
문제는 인색한 남편의 무관심이었다. 더욱이 집사 직분을 맡을 정도로 믿음이 있는 사람이 그렇게도 야속할 수 있을까?
성경은 신구약을 막론하고「네 아내를 사랑하라」했다. 신약에는 「네 아내를 사랑하라. 그것이 곧 너 자신을 사랑하는 것이라」말씀하셨지 않았나!
나는 물론 미자의 말이 다 옳다고는 생각치 않는다. 그러나 미자와 오랜 시간 이야기하면서, 그녀가 비록 사창가에 있는 여자로 믿을 만한 사람은 못 되어도 인정이 있는 사람이라는 것은 분명히 느꼈다. 또 대화하는 가운데 이해력이 있고 알아 듣는 감각도 좋다는 인상을 받았다.

완전무결한 인간이 어디 있겠는가!

미자가 비록 불신자라도 이해력이 있는 좋은 남편을 만났더라면 그렇게야 되겠는가!

글을 쓰는 이 순간에도 나는「하 답답해」소리치고 싶다.

「여보! 집사님! 당신은 믿음이 있어요? 집사라는 그 딱지 좀 떼어버려요. 아이를 둘씩이나 낳아준 아내, 같이 애써서 잘살아 보자고 따라 온 아내, 그 착한 아내가 배고파 쓰러져도 돈만 벌어오라고 독촉한 당신이 집사가 되다니! 믿는 자들에게 수치요, 하늘나라의 문에 쇠를 채우는 짓입니다. 지상에 있는 수천만의 그리스도인들과 하늘에서 봉사하는 천군 천사와 그 영광된 보좌를 둘러싸고 하나님을 찬양하고 경배하는 먼저 간 모든 성도들까지도 당신 같은 집사님이 존재하지 않기를 얼마나 갈망하는지 알아나 주세요. 숨겨둔 돈이 늘어나는 것에만 관심이 있는 집사님! 그 두 아이만은 굶겨죽이지 마세요. 지옥에 가게 말란 말이에요.」

그렇지만 인색한 자는 죽어도 회개 안할지 모른다!

다윗의 아내인 아비가엘의 남편 나발같이!

## 86
## 딱해요

여보세요.
믿으세요. 당신을 만드신 분을!
안 믿어져요?
그럼 믿지 마세요.
그런 말이 어디 있어요.
그럼 어떻게 말해야 하나요?
믿으라고 권면을 해야지요.
믿어지지 않는다고 말하는 사람에게
어떻게 믿으라고 하라는 것이죠?
그래도 믿도록 설명을 해야 하지 않을까요?
무엇이라고 설명을 하면 믿을건가요?
믿도록 알아 듣게 권면을 해야 될 것 아니예요.
당신은 죽어보아야 알 사람인데
죽지 않은 당신에게 무슨 설명을 하겠어요?

죽어보아야 알다니요?
지옥에 들어가셔야 비로소 「이것이구나」할 것 아니예요.
그럼 내가 지옥에 간다는 말인가요?
지옥에 간다는 말에 왜 그렇게 화를 내세요?
하필이면 왜 내가 지옥에 간다고 말하는 것이요?
그런 말을 하기 전에는
당신을 어디 데려가거나
무슨 말을 하나
무엇을 보여주나
믿지 못하기 때문이지요.
그럼 나는 지옥에 가서 믿으면 되는거란 말이에요?
가보세요.
그것은 가본 사람만이 알거니까요.
난 거기는 안 갈래요.
안 갈거예요.

당신 딱해요.
진정 딱한 사람이예요.

## 87
# 반가워하세요

교회에 들어서면 반가워하세요.
그곳은 반가운 이들만 있는 곳.
비록 생소한 얼굴이라 해도,
정말 마음으로 반가이 인사하세요.
왜냐구요?
예수님이 우리를 그렇게 반겨주시니까요.
예수님은 우리가 당신을 잘 알지 못해도 반겨주세요.
죄를 지어 부끄러운 마음으로 와도 예수님은 우리를 반겨주세요.
철없이 맴도는 우리를 주님은 반가이 맞아주세요.
주름진 얼굴 보기 싫어도 주님은 기쁨으로 반겨주세요.
우리가 형제이고 자매인 까닭에 주님은 그저 반겨주세요.
반가워하세요.
반가워만 하면 맺어지는 사랑의 씨앗.
반가워만 하면 가슴 속에 심기는 사랑의 씨앗.
싹을 틔운 사랑이 나무가 되고 꽃이 되고 열매가 될 때,
가슴엔 평화, 소망, 기쁨의 과일까지 한껏 매어 달리니까요.

## 88
## 기적

　믿는 자에게는 기적이 있어요. 그 기적은 내 안에서 시작되지요. 기적이 없는 신자는 돈이 없는 사람과 같아요. 믿는다는 것은 기적이라는 뜻도 되기 때문이지요. 기적은 보기만 해서는 아무 유익이 없어요.
　유대인은 너무나 많은 기적을 보았어요.
　그들이 애굽의 노예로 있을 때 하나님은 그들을 구원해 주시려고 하셨어요. 그래서 하나님은 유대인을 가혹하게 부려먹고 학대하는 애굽을 쑥대밭으로 만들었어요. 그들은 이 일을 눈으로 보았어요. 유대인들은 기적으로 애굽의 보물과 좋은 옷들을 자신들의 힘에 넘치도록 받아가지고 애굽을 떠났어요.
　그들은 홍해바다가 육지가 되는 기적을 보았어요. 그 갈라진 길을 건너 애굽의 군사를 피할 수 있었어요. 그들을 뒤따라오던 애굽의 군대도 홍해바다를 건너려고 하였어요. 그러나 그 갈라진 바닷물이 다시 합쳐져서 바다가 되자 왕과 군사들이 모두 물속에서 죽었어요. 유대인들은 이 광경도 보았어요.
　그들은 그 뜨겁고 불타는 광야에 왔어요. 그러나 대낮에는 구름이 양산같이 햇볕을 가려주어 뜨거움을 느낄 수 없었어요. 저녁이 되고 밤이 오면 기적이 또 일어났어요. 광야의 독사와 맹수가 유대인들에게 달려들 것을 걱정한 하나님은 구름들을 불기둥이 되게 하셨던 것이에요. 그래서 어둡지도 않았고 어려운 일이 생기지도 않았어요.
　이슬은 날마다 만나가 되어 유대인들을 배부르게 했고 냉장고에서 바로 꺼내온듯 시원한 물이 바위에서 솟아나와 그들의 목을 축이게 해 주었어요.

길고 긴 세월이 흘러도 그들이 애굽에서 입고 나온 옷들은 하나도 낡지 않았고 신고 나온 신들도 닳지 않았어요.
기적은 기적으로 연결되었어요.
유대인들이 원수들과 싸우면 한 사람이 백 명을 넘어뜨리고 열 사람은 천 명을 죽였어요. 그러나 유대 군병은 하나도 상하거나 죽지 않았어요.
도시로 쳐들어갈 때는 나팔만 불고 소리만 지르면 완강하고 높던 성벽이 일시에 무너져 내렸어요.
요단강의 넘치는 강물은 제사장이 들어가 서기만 하면 단번에 갈라져서 마른 길바닥이 되었어요.
힘들여 짓지도 않았는데 좋은 집이 생겼어요. 그들이 심지도 않았던 과일과 곡식을 마음대로 배부르게 먹었어요. 그들은 부자가 되었지요.
그러나 그들은 이 놀라운 기적을 다 잊어버렸어요. 종 되었던 애굽에서 기적을 베풀어 구원해주신 하나님을 아주 쉽고 가볍게 잊어버렸던 것이에요.
더구나 그들은 자신들의 행복을 위하여 말도 못하고 걷지도 못하고 앉지도 못하는 다른 민족들의 우상을 사랑했어요. 그들의 원수인 다른 민족들의 우상을 말이에요. 그들은 그 우상을 기쁘게 하기 위해 자신들의 귀한 자녀를 불살라 희생물로 드리며 제사를 지냈어요. 또 음란하고 방탕한 우상을 좋아해서 참된 인간성을 모두 잊어버렸어요.
놀라운 기적을 보고 체험하며 살아온 민족이 그들 민족의 구원자인 하나님을 실망시켰어요. 그러면서도 그들과 그들의 자손들은 기적을 좋아해요.
유대인들은 하나님이 그들의 생활을 경고하기 위해 보내신 선지자들을 모함하고 힐난하고 미워해서 모두 죽여버렸어요. 그들은 이러한 죄를 계속 반복하였지요.
세월이 흘러도 변함없이 그들의 자손은 계속적으로 기적을 좋아했어요.
그들은 하나님의 법은 왜곡시켜 놓고 자신들은 착취와 위선과 살상을 거듭했어요.
마침내 하나님은 그들을 그 죄악에서 구원하기 위해 독생자를 세상으로 보내셨어요. 그러나 유대인들은 하나님의 외아들이신 구원의 예수님도 미워했어요.

예수님은 자신을 쫓아온 사천 명 오천 명씩의 무리들이 배가 고플까봐 기적으로 떡과 생선을 배불리 먹이고 부스러기가 남도록 하셨으며 병든 자를 고쳐주시고, 귀신을 쫓아내 주시고 천국을 가르쳐 주시고, 일러주시고 우리를 구원해 주시러 오셨다고 누누이 말씀하셨지요.

그러나 유대인들은 하나님이 보내신 독생자 예수님을 잡아매 끌고 다니면서 갖은 모욕과 천대와 악행을 저지르고 끝내는 십자가에 달아 손과 발에 못을 땅땅 박았어요. 그러면서 그들은 그 죄값을 자기들과 자기 자손에게 내리라고 당당하게 소리지르며 결국 예수님을 죽여버렸지요.

하루가 천 년 같고 천 년이 하루 같은 하늘나라!

인간의 연수로 예수님을 죽이고 이천 년이 지난 후 그 자손들은 육백만 유대인 학살사건의 피해자가 되어 세계만민의 이목을 집중시켰어요. 학살을 당했던 그들의 그 무섭고 참혹한 고통의 사연을 우리는 전후에 들었어요. 누가 죽었든지 또는 그 사연이야 어떠하든지 그것은 내게 성경을 상고하게 하였어요.

나는 성경에서 유대인들이 메시야인 구원의 주 생명의 왕을 죽이기 위해 안간힘을 다하면서 그 죄를 자기와 자기의 자손에게 돌리라고 소리쳐 말한 부분을 읽으며, 가슴이 써늘하고 마치 얼음덩어리를 삼키는 기분이었어요.

성경에 기록된 말씀과 세계를 보니 기적을 보는 것은 중요한 일이 아닌 것 같아요. 기적은 내 속에서 일어나야 하는 것이지요. 내 속에서 기적이 시작된다는 것이에요. 그것이 가장 필요하고 또 있어야 해요.

부활하신 예수님을 듣고 알아서 그분을 나의 하나님으로 영접한다는 일은 내 속에 기적이 생겼다는 것을 의미하지요.

이 기적이 나에게 생기면 수가 나요. 나는 달라지는 법이니까요. 기적이 일어나면 우선 악을 싫어하게 되고 선을 사모하게 되지요. 또 죄를 미워하게 되고 사랑을 만들어 내지요. 그릇된 것은 말도 행실도 사건도 싫어지고 옳은 일에는 발벗고 나서고 싶어져요. 더러운 것 추한 것은 그 이름도 모양도 싫고, 깨끗하고 좋은 것은 자신이 어떤 희생을 치르더라도 따라가게 돼요. 정직하고 양순하고 안정되고 평화로워져요.
 그런 사람은 어디서나 언제나 누구에게나 향기가 되고 화목둥이가 되지요. 시비하거나 시비에 물들지 않고 내 속에 임재해 계신 성령님의 음성만을 듣지요. 쉴새없이 주님과 대화하고 의논하고 순종하고 말씀 읽고 공부하고 하나님의 말씀을 실천하는 데 결사적이 되어요. 이런 사람은 자기 자신도 즐겁고 행복하지만 만나는 사람마다 부러워하게 되지요.
 그것 때문에 예수님은 오셨고 죽으셨고 또 죽은 자 가운데서 다시 살아나셔서 우리의 구주가 되신 것이에요.
 이것이 기적이지요. 또한 이것은 나의 기적일 뿐만 아니라 하나님이 최후로 최고의 기적을 만드신 것이지요.

## 89
# 테레비 (T. V.)

　뉴스 시간이 되어 테레비를 켰다. 변동하는 세상 소식이 나와야 할 텐데 화면에는 한쌍의 새가 큰 빌딩 창 밖에서 움직이고 있었다. 아나운서의 설명이 들려왔다.
　『지금 보시는 화면은 한쌍의 새의 사랑 이야기입니다. 지난날 이 암컷이 이 빌딩 창 밖에 날아왔습니다. 그리고 수컷이 날아왔습니다. 이들은 서로 사랑했습니다. 얼마후 이 창 밖에서 암컷이 알을 두개 낳았습니다. 어미새는 그 알 위에 웅크리고 앉아 움직이지 않았습니다. 그러자 수컷은 먹을 것을 물어다 주었습니다. 시청자들은 이 한쌍의 새에 집중하고 있었습니다. 따라서 이 프로그램이 최고의 시청률을 차지했습니다. 이 때문에 이 프로그램을 주요 뉴스로 옮겼습니다. 여러분, 여러분이 있는 곳마다 이 뉴스가 방송되고 있습니다.』
　그 말을 듣고 나는 테레비에 집중하였다. 높은 건물 창턱에 앉아있는 새 한쌍이 보였고 그 모습을 찍기 위해 모여있는 사진기자들도 보였다. 새의 동태는 가까이에서 자세히 촬영되기도 하고 원거리에서 배경과 함께 잡히기도 했다. 아나운서의 설명이 계속되었다.
　『자, 보세요. 지금 수컷이 먹이를 가지고 어미새가 있는 데로 날아왔습니다. 보세요. 수컷은 알을 품고 있는 어미새에게 맛있는 먹이를 먹여줍니다.』
　그 설명을 들으면서 나 또한 따뜻한 마음으로 새를 쳐다보았다. 수컷은 암컷을 위로하는지 아니면 사랑의 말을 나누는지 알을 품어 웅크린 암컷의 곁을 떠나지 않았다.
　『자, 알에서 새끼가 나옵니다. 아나운서의 말과 함께 카메라는 알을 깨고 나오는 새끼 새들을 비추었다. 창문 안에서 촬영했기 때문에 장 밖에 있는 새들은 그 사실을 알지 못했다. 귀여운 새끼 두마리가 알을 깨고 나왔다. 한쌍의 새는 네 식구가 된 것이다.

온 세상이 어지럽고 무너지는 마당에 많은 사람들의 관심이 사랑을 나누는 한쌍의 새에 집중되고 있다는 사실이 더욱 큰 뉴스가 아닐까 생각했다.

우리 믿는 사람은 주님의 양이다. 믿는 자가 전도하는 일은 양이 새끼를 낳는 것과 같다. 한사람을 붙들고 말씀을 전하며 그 사람이 거듭 나도록 해산의 수고를 아끼지 않는 주님의 양들이 있다. 하나님과 천군 천사들 그리고 하늘에 있는 성도들이 바로 이러한 주님의 양들을 지켜보고 있을 것이다. 이것은 하늘에서 가장 큰 뉴스거리일 것이다.

우리는 하늘에서 무엇을 어떻게 하는지 볼 수도 알 수도 없지만 분명히 미국인들이 한쌍의 새가 새끼까는 것을 큰 뉴스로 삼은 것보다 더 큰 뉴스가 될 것이다.

믿는 자는 사랑하고 서로 돕고 양을 많이 낳고 길러야 한다. 그렇게 함으로 우리 주님을 기쁘시게 해야 한다. 이것이 하나님께서 우리를 보내서 살게 하신 이유이며 또한 우리의 의무일 것이다.

주님은 우리를 큰 관심으로 지켜보실 것이다. 우리는 때를 얻든지 못 얻든지 복음 전하는 데 힘써야 하겠다.

## 90
## 남편이 그렇게 미워요

『여보세요. 거기 LA인가요?』
『네. LA에서 가까워요. 오렌지 카운티에 있는 구 빌리지인데요.』
『거기 안이숙이라는 분이 계신가요?』
『네.』
『좀 바꿔주시겠어요?』
『내가 그 사람인데요.』
『안이숙 선생님이세요?』
『네, 그래요.』
그녀는 내 대답에 안심이 되었는지 편안한 목소리로 말했다.
『전화로 인사드려요. 선생님! 저는 펜실베니아 핏츠버그 근교에 살아요. 새로 생긴 도시죠. 이름은 그냥 김이라고 할께요. 사실은 말씀드릴 것이 있어서 그러는데, 괜찮을까요?』
『네; 말씀하세요.』
『서울에 있는 제 친정 집에서 얼마 전에 책을 한 권 보내주었어요. 보내주면서 아무리 바빠도 꼭 읽어보라고 해서 밤을 새우며 읽었어요. 그래서 오늘 새벽에 다 읽었어요. 그런데 책을 다 읽고 나자, 선생님과 통화를 하고 싶더군요. 선생님 댁 전화번호를 알아내는데 세 시간이나 걸렸어요. 전화를 거는데도 제대로 연결이 되지 않아 여섯 군데나 걸고 또 걸고 해서 이제 겨우 통화가 되는거예요.』
『큰 수고를 하셨군요.』
『그래도 이렇게 선생님의 음성을 들으니 너무 기뻐 꿈만 같아요.』
『무슨…. 무엇 때문에 나를 찾으려고 그렇게 애쓰셨나요?』

『할 말이 너무도 많아요. 선생님! 선생님, 혹시 바쁘시거나 고단하신데 제가 방해하는 것은 아닐까요?』
『장거리 전화니까 우선 하시고 싶은 말씀을 하세요.』
『선생님만 무관하시다면, 장거리 전화 비용은 염려하지 마시고 편안한 마음으로 통화해 주세요.』
『그러지요.』
『저희는 부부가 모두 소아과 의사예요. 선생님!』
『네.』
『그런데 문제가 참 많아요. 너무 괴로워서…. 이 괴로운 심정을 말할 곳도 없고, 또 말을 해도 도움받을 수 있는 데도 없는 것 같았는데, 선생님이 쓰신 책을 읽으면서, 무슨 일이 있더라도 선생님과 이야기를 해야겠다는 생각이 들었어요. 그래서 급하게 선생님을 찾아 이렇게 전화를 드리는거예요.』
『말씀하세요.』
『단도직입적으로 말씀드리자면 제 남편이 저를 시기한다는거예요. 남자가 자기 아내를 시기할 수 있어요? 더구나 전문직업에 대해서 시기할 수 있는 것일까요?』
『할 수 있지요.』
『아내를 시기할 수 있다고요. 선생님?』
『그럼요. 하지요.』
『이해를 못 하겠어요. 어떻게 그럴 수가 있어요? 자기는 강한 남자고 남편이면서 어떻게 같은 직장에서 같은 일을 하는 약한 여자이고 또 자기 아내인 저를 괴롭힐 수가 있느냐 말이에요? 너무 야비하고 망측스러워서 어디에 말하기도 부끄럽고 견디지도 못하겠어요. 이런 이야기를 들어보셨나요. 선생님?』
『그럼요. 그런 경우를 상담한 일이 몇 번이나 있었어요.』
『의사였나요?』
『네, 의사도 있었어요.』
『네, 아! 참 그래요. 책에서 보았어요. 그래요. 맞아요.』
『닥터 누구라고 하셨던가요?』
『닥터 우예요. 남편이 김씨라서 저도 닥터 김이라고 해야 하는데 복잡해서 저는 그대로 닥터 우로 통하고 있어요. 제 심정을 말할 데가 없어서 친정에 장거리 전화를 자주 하지만, 친정 부모님은 그저 참고 견디며 남편을 사랑하라고만 하세요. 저는 다른 말을 더 할 수가 없기 때문에 여간 답답한 것이 아니예요. 그렇게 야비하고 치사스러운 남자를 어떻게 사랑할 수가 있겠어요. 보기도 싫고 음성만 들어도 속이 메스꺼워지는데…!』

이렇게 말한 후 그녀는 한참 동안 말이 없었다. 그렇다고 내가 전화를 끊을 수도 없었다. 나는 그대로 전화기를 들고 기다렸다.

『헬로우, 여보세요?』
『네』
『듣고 계시는가요?』
『네』
『남편이 전화를 도청하는 것 같아 그 방에 가보고 왔어요. 그가 있는 방에 가 보았는데 없었어요. 그래서 다시 와서 말씀드리는 것이에요. 죄송해요.』
『괜찮아요.』
『아! 무엇부터 말씀을 드려야 할지 모르겠어요. 기가 막히는 일이 하루에도 몇번씩 생기거든요.』
『그래요?』
『가령 미국 아이가 오면 대개 저를 찾아요. 제게 진찰을 받겠다고 청하는 사람들이 있다는 말이에요. 그러면 남편은 눈을 부라리며 안색을 바꿔요. 창피하기 짝이 없어요. 또 어린아이가 진찰을 받을 때도 자기는 일이 없으니까 쉬면 될텐데 진찰실에 들어와서 눈을 흘겨대요. 진찰이 끝난 후에 제가 약을 처방해 주면 또 그 처방전이 틀렸다고 환자의 부모 앞에서 설명을 하는거예요. 어떻게 그럴 수가 있을까요? 환자의 부모들이 저를 어떻게 생각하겠어요. 그래서 그런지 진찰실의 환자가 적어지니까 남편은 내가 거짓말을 너무 많이 해서 진찰실이 망해간다는 것이에요. 아무리 남자가 못나고 병신이기로 그렇게 졸렬할 수가 있을까요? 더욱이 의학을 공부한 사람이 말이에요. 의학이라는 것이 그리 손쉬운 공부도 아니지 않아요? 인텔리인데다 소위 교회 집사며 남편이라는 작자가 어떻게 그렇게 낮고 천하고 마음이 좁을 수가 있어요? 어쩌면 그렇게 비굴하고 망측할 수가 있는가 말이에요? 선생님! 그런 행동을 하는 그 사람 혹시 정신병자가 아닐까요?』
『뭘, 그럴려구요.』
『그렇지 않다는 말씀인가요?』
『글쎄요….』
『사람들 앞에 같이 나갈 수가 없어요,선생님! 사람들과 만난 자리에서 누군가가 나를 칭찬하기만 하면, 남편은 얼굴을 실룩거리면서 아무 거리낌없이 내가 하도 거짓말을 잘해서 사람들이 내 말에 잘 속는다는거예요.글쎄! 이런 괘씸한 말버릇이 세상에 어디 있어요. 그리고 더 분통이 터지는 일은, 자기가 내 감언이설에 속아서 결혼을 했다는 것이에요. 그 사람은 그런 식으로 얘기하면 나는 낮아지고 자기는 높아지는 것으로 알고 있어요. 어쩌면 그렇게 분별력이 없을 수 있어요. 분별력이 세 살난 아이만도 못하기에 그런 말이 나오는 것 아닐까요? 만일 그 사람의 분별력이 세 살난 아이 정도라면 그는 정신질환자가 아닐까요?』
『글쎄요.』
『선생님! 저희는 미국에서 만나 결혼했어요. 결혼한 지 삼년이 되었는데 아기도 없고 제 마음은 상처를 너무 받아 이제는 세상 사는 것이 다 귀찮아졌어요. 제가 혼자 살면 돈 씀씀이도 지금보다 더 풍족해질 것 같아요. 왜냐하면 남편보다 제 환자가 더 많아서 수입이 그 사람보다 배는 많기 때문이에요. 그리고 남편은 의사인 저보다는 차라리 다른 여자와 재혼하면 이런 시기심도 없어져서 행복하게 살 수 있을 것이고, 또 저는 저대로 안정되고 넉넉한 생활을 할 수 있을 것 같아요. 그렇지만 저희 친정에서는 여자가 이혼을 하는 것은 집안의 수치이고, 이혼녀는 일생 동안 손가락질 받으며 살아야 한다고 한사코 이혼을 못하게 하는거예요. 또 남편도 제가 이혼 말만 하면 어떻게나 사나워지는지 무서워서 말도 못할 정도예요. 어떻게 해야 좋을지 몰라 앞이 캄캄하기만 해요. 선생님! 과연 제가 어떻게 하는 것이 옳을까요?』
『닥터 우는 남편이 싫고 미운가요?』
『글쎄요. 그런 때가 많아요. 그러나 기분이 좋을 때는 무척 상냥해요.또 나를 기쁘게 해주려고 애를 쓰는 때도 있어요. 그럴 때는 남편이 밉다는 생각이 다 없어지고 남편에게 잘해야겠다는 마음이 생겨요.』
『아! 닥터 우가 그에게 잘하시면 그가 친절해지고 좋아진다는 것은 결국 닥터 우가 그에게 잘못하면 그가 상식이하의 태도를 취한다는 말씀이 아닐까요?』
그녀는 말이 없었다. 무엇인가를 생각하는 것 같았다. 그렇게 한참 동안 있더니 그녀는 말을 했다.
『선생님이 그렇게 말씀하시니 그런 것 같기도 하네요. 그럴 때도 있을거예요.』
『당신은 닥터에다 인텔리이니 남편을 좀더 가까이 연구해 보시면 어떨까요?』
『어떻게요?』
『「내가 무슨 말을 했을 때 저분이 화를 내나!」「내가 어떻게 행동하면 저 분이 몰상식해지나!」「내가 어떻게 할 때 남편이 상냥해지고 친절해지는가!」이것을 조리있게 병리를 연구하는 자세와 결심을 가지고 한번 찾아 보세요. 철저하게 그분을 연구해 보시라는 말이에요. 한국 속담에도 손바닥 하나로는 소리를 못 낸다는 말이 있잖아요? 이것은 둘이 다 똑같다는 뜻이 아니겠어요? 한 사람이 나쁘다고 해서 싸움은 되지 않는다. 둘이 똑같다. 그런 말이 아니겠어요? 그분보다 당신이 더 마음 상하신 것 같은데, 그 공부 많이 한 머리로 신경을 써서 두분 사이의 일을 심각하게 연구해 보시는 것이 어떻겠어요?』
『사실 지금 생각하니까 제가 너무 바빠서 신경이 예민해지고 또 마음이 극도로 상해서 잠을 제대로 잘 수 없기 때문에 제 정신이 아닌 때도 있었으리라 생각되네요.』
『그렇지요? 무조건 한 쪽만 나쁠 수는 없는 것이에요. 더욱이 두 분은 많이 배우신 분들이 아니에요? 그런데 두 분은 교회에 잘 나가시나요?』
『기분이 좋을 때는 잘 나가지요. 그러나 충실한 편은 아니에요.』
『그럼 개인적으로 예수님을 믿으시기는 하나요?』
『예수님을 믿으니까, 교회에 나가고 헌금도 하고 기도도 하는 것이 아니겠어요?』
『기도를 하세요?』
『물론이지요.』

『집이나 직장에서 개인적으로 기도를 하신다구요?』
『제가 개인적으로는 못하고 교회에서 예배드릴 때 모두 함께 하는 기도는 정성스럽게 해요.』
『아! 목사님이나 다른 분이 기도할 때 머리를 숙이고 그 기도에 합심하신다는 말씀이세요?』
『네, 저 혼자는 기도도 나오지 않고 또 할 시간도 없기 때문에 교회에 가서 다른 분이 기도할 때 정성을 들여서 잘해요.』
『닥터 우! 당신은 시간이 없고 바빠서 마음이 상하지 않는 경우가 있어요? 아무리 바빠도 마음은 그것에 상관없이 아프지요?』
『그렇지요. 아무리 바빠도 기분이 상하고 아픈 일은 없을 수가 없는 것같아요. 그래서 점심도 안 먹게 되고 말도 하기 싫어지고 또 모든 것이 손에 잡히질 않게 되지요.』
『그것 보세요. 마음이 아픈 일은 시간을 여간 많이 잡아먹는 것이 아니지 않아요? 마음이 상할 때에 허비되는 시간을 한번 생각해 보세요. 아무리 바쁘고 시간이 없어도 마음은 상하잖아요? 마음 상할 시간이 없을 정도로 바쁜 사람이 있을까요? 그렇지 않을까요? 닥터 우?』
『그렇지요.』
『그렇다면 마음이 상할 때는 곧 빈방이나 또 사람이 없는 곳에 가서 눈을 감고 하나님께 마음 문을 열어 놓고 그분께 모든 이야기를 해 보세요. 자동차 안도 좋은 장소가 되겠지요. 우선 마음이 아프게 된 사정을 말씀드리고 왜 그런 일이 생겼는지를 이야기하고 또 남편의 말과 태도와 아프게 한 모든 일의 시종을 낱낱이 말씀드리세요. 물론 당신이 어떻게 말하고 행동했으며 느꼈는지도 말씀드려야 해요. 그러는 동안에 마음은 진정되고 또 왜 그런 일이 발생되었는지를 생각하게 되지요. 아울러 내가 잘못한 점도 뚜렷이 보여질 것이에요. 비록 내게는 잘못이 없더라도 하나님의 자녀로서 어떻게 겸손해야 하며, 어떻게 이해하고 너그러워야 할지 깨달아질 것이 아니겠어요? 또 그렇지 않더라도 꼭 이것 하나만은 기억하세요. 「하나님 아버지, 나를 도와주세요!」하는 그 말과 마음을 하나님께 말씀드리면 어떤 방법으로든지 그 기도는 응답이 되는 법이에요. 그런 습관을 기르세요. 아무리 바쁘고 급해도 그 습관만 있으면 머지않아 달라질 것이에요. 사실 마음이 아픈 채로 시간을 보내면 계속 아픔이 쌓이고 쌓여서 더 이상 쌓일 수 없게 되지요. 그래서 이혼을 하게 되지만, 그래도 그 아픔은 늘 자신의 마음에 쌓여 있을 것이 아니겠어요? 이혼을 한다 해도 그 아픔은 미움으로 변하거나, 후회로 변해서 일생을 괴롭히게 될 것이에요. 까짓거 이혼해 버리면 시원하고 좋고 행복한 날이 오리라고 믿는 이들이 있는데, 그것은 너무 허황되고, 무식하고 상식없는 사람들의 생각이에요. 이혼하면 절대로 그렇게 되지 않아요. 나는 이혼한 분들의 말을 참 많이 들었는데 이혼한 후에 재혼을 하여 더 잘된 것 같아 보이는 분들이라도, 양심 밑바닥 속에 있는 수치스러운 감정과 후회와 아픔은 없어지지를 않는다더군요.「그 당시에 왜 좀더 잘하지 못했을까!」하는 마음과 돌이킬 수 없는 후회가 생기고 또 없어지지 않는 비굴감이 생활하는 가운데 하나하나 나타난다는 경험담을 여러 번 들었어요. 그래서 어떤 면에서는 자포자기에 가까운 성격이 되는가 하면 또 다른 면에서는 노예근성이 생긴다고 해요. 왜냐하면「저러니까 이혼을 했지」하는 말과 따가운 눈초리가 어디서나 자신을 주시하고 있기 때문이라고 하더군요. 길은 단 하나밖에 없어요. 전능하시며 우리를 도와주시기를 고대하고 또 도와달라고 부탁만 하면 기꺼이 도와주시는 하나님께 모든 사연을 이야기하고 의논하고 숨김없이 털어놓고서 도와달라고 매달리는 수밖에 없어요. 이 길만이 사는 길이고 도움을 얻는 길이고 승리하고 행복하게 되는 길이에요. 하나님은 전지하신 분이세요. 그렇기 때문에 마음 속은 악한데 겉으로 아름답고 듣기 좋은 말을 하려고 하면 우리의 마음을 다 들여다 보시고 아시는 주님은 웃으실 것이에요. 그러니까 속에 있는 그대로 말씀드리세요. 내 모습 그대로 그분 앞에 겸손해지면 되는 것이란 말이에요. 이렇게 쉽고 놀라운 일이 세상에 어디 있겠어요? 그런데 사람들은 자신들의 지혜와 수단과 습관으로 인하여 이 길을 무시하고 살죠. 그렇기 때문에 불행해지고 마음이 상하고 일이 잘 되지 않고 실망하게 되는 것이에요. 닥터 우! 한번 시험해 보세요. 이혼하시기 전에 단 하나밖에 없는 이 방법을 실험해 보시라는 말이에요. 배운 사람들은 거의 다 생각이 과학적이 되어서 사실을 시험해 보고 경험해 본 후에 그것이 맞고 옳으면 그때서야 그것이 진실되다고 믿지 않아요?」

『잘 알겠어요. 선생님! 한 번도 해본 일은 없지만 빈방도 있고 또 억지로 시간을 내서라도 선생님이 말씀하신 대로 해보겠어요.』
　『억지로라기보다는 결사적으로 하세요. 한번 결사적이 되어 보세요. 이 진리가 진짜인가 허황된 것인가를 알아 보세요.「죽으면 죽자」하는 자세가 되시라는 말이에요.』
　『사실 그래야 되겠지요. 이혼이라는 무섭고 엄청난 문제를 안고 있는 만큼 그래야 될 것 같아요. 정말 잘 납득이 됐어요.』
　『제 전화번호를 알아내기 위하여 그렇게 결사적으로 찾으셨다니 닥터 우는 결사적으로 이 일을 처리할 수 있으리라 믿어져요.』
　『해야지요. 지금까지는 몰라서 못 했어요. 하겠어요. 선생님! 다음에 꼭 소식을 드리겠어요.』
　『좋은 소식을 기다리겠어요. 그리고 또 나도 두분을 위해 기도하겠어요.』
　『꼭 그렇게 해주세요.』
　주님!
　도와주는 것을 기뻐하시고 또 도와달라고 부탁하고 기도하고 애원하는 사람들을 기뻐하시며 도와주시는 하나님 아버지! 이 두 사람과 또 이러한 문제를 안고 있는 모든 사람들을 하나하나 도와주시옵소서!
　내 기도는 그칠 수 없다.

# 91
# 환자

하나님이 없다고 그는 말했어요.
나는 그의 눈을 깊이 들여다보았죠.
나는 그의 눈속에 무지라는 떠껭이가 덮여 있음을 또렷이 보았어요.
병자다, 환자로구나!
뇌신경에 안개가 끼고
시신경에 곰팡이가 끼고
감각신경이 제대로 자라지 못하고
분별신경이 활동력을 상실했으니 그걸 환자라고 안 할 수 있어요?

세상엔 병든 사람이 너무 많아요.
「병원마다 득시글 득시글 모두 환자로다!」
병원 밖에서 우글거리는 환자는 더 많아요?
오고가는 사람들 중 병없는 이가 있을까요?
그러나 그 모든 환자 중에
하나님을 모르는 무지의 안개에 둘러싸여 사는 인생처럼 가엾고 불쌍한 환자가 있을까요?
그런 환자에게는 의술이 소용없어요, 약이 소용없어요.

## 92
# 알고보니

하나님은 정말
우리를 신기하고 묘하게 지으셨네요.
당신이 지어 만드신 우주 만물이
하나도 신기하고 묘하지 않은 것이 없는데
그 중에서도 어쩌면
나와 우리를 이렇게도 기기묘묘하고
신묘막측하게 지으셨습니까?
눈으로 보아서 아름다운 천지를 즐기고
귀로 들어서 소리들과 그 뜻을 이해하니 즐겁고 좋고
손과 발을 움직여서 오고가고 먹고 쉬고 일하니
그 오묘막측하신 아버지의 마음이 보입니다.
내 머리 뇌속에 꽉 채워주신 수천억의 신경과
내 피속에 쉬지 않고 뛰어 돌아다니면서 내가 살아있도록 역할하는
수만억의 적 백혈구 군대를
우주 만물을 붙드시고 운행하시듯 당신의 컴퓨터력(力)으로 다스리
심이 아니고는 아무것도 존재할 수 없음을 나는 알았습니다.

내 속에 있는 기계 하나하나를 알고 보니 이렇게 만드신 분 당신은
최고의 기계공이시며
자세하고 섬세하고 자상하심의
본질이시요 본체이심을 알았습니다.
내 몸속에 살고 있는

수천 수억의 신경들과 세포들과
수만 수십억의 혈구군(郡)들이
나와 함께 하나님을 찬송할 수 있다면
그 찬송 소리는 궁창을 채우고 우주를 진동시킬 것이 아닐까 합니다.
이렇게 생각을 하고 보니
내 육체도 내 영혼과 같이 귀중하고 소중해서 그 값어치를 새삼스럽게 인정하니 즐겁기만 합니다.

찬송하라! 내 영혼아!
찬양하라! 내 육체여!

이렇게 기기묘묘하고 장하게 지어주신 그분, 여호와께!

## 93
## 공원에서

　우리가 살고 있는 집에서 차를 타고 십분 정도만 가면 아주 큰 공원이 있다. 사방이 오리 정도 되는 공원으로 골프장과 호수가 있었는데, 호수에는 새들이 많이 날아와 헤엄치며 놀고는 했다. 그뿐이 아니라 곳곳에 간이 탁자와 긴 나무 의자가 놓여 있고, 조깅을 할 수 있는 길도 있었다. 공원 근처에 사는 사람들에게는 그곳이 큰 자랑거리가 아닐 수 없었다.
　나는 그곳으로 이사온 후 남편과 함께 공원을 자주 찾았다. 우리는 타고 온 자동차를 길가에 세워 놓고 호수까지 걸어갔다. 호수에 앉아서 새들이 물 위에서 노는 모습을 바라보며 이런저런 이야기를 하곤 했다.
　어느날 나는 공원을 지나다가 문득 그때 남편과 호숫가에서 이야기하던 생각이 떠올라 차에서 내려 공원으로 들어갔다. 나는 예전에 둘이서 함께 갔던 호숫가로 가서 그때 앉았던 의자에 앉아 하늘을 우러러 보았다. 새들이 그때와 변함없이 물에서 놀고 있었다. 내 옆에 남편이 앉아 있는 것만 같았다. 남편 생각이 나자 갑자기 가슴이 두근거렸다. 나는 혼잣말로 중얼거렸다.
　『뭐야? 왜 가슴이 두근거리지?』
　『몰라!』
　『몰라?』
　『알아!』
　나는 고개를 들어 하늘을 보며 주님께 말하듯 말했다.
　『남편이 주님의 말씀을 잘 알기 때문에 그 말씀을 전하라고 보내신 것이지요? 감사합니다.』
　나는 의자에서 일어나 풀밭을 걷기 시작했다. 마음 속으로부터 찬송이 터져나왔다. 풀밭을 거닐면서 부르는 찬송은 나의 마음을 말끔히 씻어주는 것만 같았다.

　　　나는 주의 종 택함받은 종이니
　　　주의 뜻 이루려 이 땅에 남았노라
　　　부르시는 그날 그 시간까지
　　　내게 부탁하신 그일 다 이루어야 하리.
　　　언제 오라 하시든지 일은 마치어야 해
　　　맡은 일 이루게 나를 도와주소서.

　나는 찬송을 부르며 걷다가 갑자기 주님을 경배하고 싶어졌다. 그래서 풀밭에 엎드려 주님께 경배를 드렸다. 풀밭에 엎드리고 나니 바로 일어나기가 싫었다. 나는 엎드린 채로 한참을 있었다.
　나의 이런 모습이 이상했던지 어떤 사람이 내게 다가왔다.
『여보세요. 여보세요.』
　그는 내 옆에 서서 나를 불렀다. 나는 고개를 들어 그를 바라보면서 말했다.
『네? 왜 그러시죠?』
　그는 걱정스런 표정을 지으며 급하게 말했다.
『어디 아프신가요?』
『아니요! 천만에요. 정말이에요. 아프지 않아요.』
『그런데 왜 쓰러지셨어요?』
『쓰러진 것이 아니고 엎드려서 절했어요.』
『절을 해요?』
　그는 나의 말에 깜짝 놀란 것 같았다.
『네!』
『누구에게 절을 했죠?』
『내가 경배드리는 하나님께요.』
『하나님께 엎드려서 절을 하신다구요?』
『네. 그래요. 왜요? 뭐가 잘못되었어요?』

『아니. 그런 것이 아니구요….』
 그는 멋적은듯 자신의 한쪽 머리를 매만지며 나를 자세히 쳐다보았다. 「이 여자가 정신이 돌았구나!」하는 표정이었다. 그래서 나는 풀밭에서 일어나 그를 똑바로 쳐다보며 말했다.
 『그렇게 이상한 눈으로 보지 마세요. 나는 정상이니까요. 그보다 우리 저 의자에 가 앉지 않겠어요? 앉아서 잠깐만 제 이야기를 들어주세요.』
 『이야기? 무슨 이야기인데요.』
 『우스운 말 같지만 굉장히 중요한 이야기인데요.』
 『중요한 이야기라구요?』
 『물론, 자! 보세요. 나는 일본인도 아니고 중국인도 아니고 월남인도 아니에요. 나는 한국 사람이에요. 당신은 백인인 것 같은데 영국종이에요?』
 『아니예요. 저는 노르웨이종이지만, 영국피도 섞이고 불란서피도 섞이고 스페인피도 섞였으니 잡종인 셈이지요.』
 『나는 순수한 한국종이에요.』
 나는 이렇게 말한 후에 크게 소리내어 웃었다. 그 백인 청년도 같이 웃어주었다. 다 웃은 후에 그는 나를 쳐다보며 말했다.
 『그런데 뭐가 중요한 이야기이지요?』
 『당신 바쁘신가요?』
 『아니요. 괜찮아요. 나는 길을 걷다가 당신이 쓰러진 것을 보고 놀라서 달려왔어요. 다행히 쓰러진 것이 아니라니 안심이 되었어요.』
 『당신은 참 고마운 분이네요. 요즈음 미국인들은 남의 일에 간섭하면 일이 시끄럽고 곤란해진다고 해서, 아무리 어려운 일을 당하는 사람을 보더라도 못 본 체하는 것이 습관이 되었는데 당신은 그렇지 않군요. 내가 동양인인 것을 알아 보았을텐데 어떻게 이렇게 달려와주셨지요?』
 『글쎄요? 나도 모르게 그저 달려왔나봐요.』
 『혹시 당신은 크리스챤이 아닌가요?』
 『물론이에요. 크리스챤이고 말고요. 저는 예수 믿고 거듭난 사람이에요.』
 나는 그의 말에 너무도 기뻤다.

『어머나! 아이구 고마워라! 참 고맙고 반가워요.』
『당신도 그럼 크리스챤이세요?』
『그렇게 보이지 않아요?』
그는 반갑게 웃으면서 내 손을 잡아 악수했다.
『그럼 당신이 중요한 말이 있다고 한 이유는 바로 내게 전도하고 싶어서였군요.』
『그랬어요. 요즘 미국의 젊은 사람들 중에는 불신자가 많지 않아요? 그래서 전도하려고 했어요.』
『아니! 그런데 크리스챤인 당신은 왜 풀밭에 엎드려서 절을 했죠? 한국 신자들은 주님께 경배를 드릴 때 그렇게 하는가요?』
『아니에요. 우리 저 의자에 앉아서 이야기할까요?』
『네. 그러죠.』
우리는 가까이에 있는 나무의자에 앉았다. 그때서야 그는 자기 소개를 했다.
『제 이름은 해리 웰칵수입니다. 안녕하세요?』
『저는 김 부인입니다. 에스더 안이라고도 하지요.』
『에스더 안?』
그는 고개를 갸우뚱거렸다.
『에스더 안이라는 이름이 한국인에게 흔한 이름이에요?』
『글쎄요. 그렇지 않을겁니다. 잘은 모르지만요. 왜 그러시죠? 이런 이름을 가지신 분을 알고 계세요?』
나는 이 청년이 혹시 어느 미국 교회에서 내 간증을 듣지 않았을까 하는 생각이 들었다. 그러나 그것은 묻지 않고 그의 말만을 기다렸다.
『제가 저번에 책을 한 권 읽었는데 굉장한 책이었어요. 그 책을 쓰신 분이 에스더 안이었던 기억이 어렴풋이 나서 그랬어요.』
『아! 그래요. 그 책이 그렇게도 좋던가요?』
『암! 놀랬어요. 이 시대에 이런 분이 살아있구나 싶었어요.』
『살아있는 줄은 어떻게 아세요? 죽었는지도 모르잖아요.』
『아니요! 살아있어요. 그분은 미국의 여러 교회에 다니며 간증하시는데, 얼마 전에 제 친구 교회에도 오셔서 간증집회를 가지셨다고 들었어요.』
『당신은 그 사람을 직접 보지는 못하셨군요.』

『네. 우리 교회에서도 초청을 했는데 그분이 외국에 여행중이셨는지 교섭이 안되었다고 하더군요.』
나는 내 신분을 감추고 있는 것이 재미있었다.
『만약 당신이 그 여자를 만나면 어떤 기분이 들까요?』
『놀라겠죠. 그리고 너무 기쁘고 반갑고 좋아서 견딜 수 없을 겁니다.』
『정말?』
『그럼요.』
그러면서 그는 이상하다는듯 나를 유심히 바라보았다. 나는 그 눈빛에 아랑곳하지 않고 그를 똑바로 쳐다보며 시치미떼고 앉아있다가 이렇게 말했다.
『내가 풀밭에 엎드려서 절하는 행동을 누구한테 배웠는지 말해드릴까요?』
『네. 말해주세요. 그런데 당신은 말을 무척 재미있게 하는군요.』
『그래요? 재미있다니 그럼 재미있게 말하지요. 그 절하는 것은요, 내 남편한테 배웠어요.』
『남편 되시는 분이 하나님께 절을 하세요?』
『그럼요.』
그는 내 말에 어리둥절한 표정이 되어 물었다.
『왜요? 그분은 뭐 하시는 분이신데요?』
『그분은 목사여요.』
『목사님이시라구요? 그럼 당신은 목사 사모?』
『그렇지요. 남편은 침례교 목사이고, 저는 사모입니다.』
『아! 저도 침례교인인데요.』
『어머나! 그래요. 그것 참 반갑네요.』
그는 내게 친근감을 느끼는 것 같았다.
『정말 반가워요. 그런데 침례교 목사님이 주님께 경배를 드리는데 절하라고 가르치신다는 말씀인가요?』
『천만에요! 그런 것이 아니구요. 그분은 하나님께 너무 감사해서 못 견딜때는 양복을 차려입고 땅에 엎드려서 하나님께 절을 하지요. 그 모습을 본 저는 왜 그렇게 하느냐고 물었어요. 그랬더니 주님의 은혜가 너무도 고맙고 감사해서 울음이 나왔는데 우는 것만으로는 충분한 것 같지 않아서 양복을 입고 넥타이를 맨 후에 정중한 자세로 하나님께 절을 한다더군요.』

『아! 그분은 참으로 좋으신 목사님이시군요.』

『절을 한다고 해서요?』

『주님의 은혜가 너무도 고맙고 감사하여 울음이 나오고 또 절까지 하신다니 그분의 인품이 어떤지 상상이 가네요.』

그는 숙연한 기분이 되었다. 우리는 한동안 말없이 호수에 떠다니는 새들을 바라보았다. 나는 호수에 가있던 시선을 거두어 그를 쳐다보며 조용하게 말했다.

『그분은 지금 스탠포드 대학생들을 위해 세운 교회에 가 있어요. 그곳에서 학생들에게 설교하고 제자훈련을 하고 있어요. 또 대학생들과 그 대학에 유학와 있는 각국의 학생과 교수들에게 전도도 하고 있지요. 그래서 지금은 함께 있을 수 없어요. 물론 거기에 저도 같이 가기도 하지만요.』

『그거 참으로 좋은 일을 하시는군요.』

『LA에서 32년 동안 목회를 했는데, 약 3년간 남미에 오가면서 교회를 세웠어요. 물론 그 교회들이 잘 자랄 수 있도록 우리 교회에서 교회당도 지어주고 일꾼도 파송했지요. 지금은 그 교회들이 선교도 잘 하고 자립하여 일도 많이 해서 교회도 여러 개로 늘어났어요. 그런데 남편은 작년에 갑자기 쓰러져서 교회에서 은퇴했죠. 얼마 전에 조그만 교회의 초청을 받아 기쁜 마음으로 간거에요.』

『병은 좀 어떠신가요? 쓰러지셨다니….』

『해리! 당신은 남 흉보는 것을 어떻게 생각하세요?』

『흉을 본다구요? 누구 흉인데요?』

『우리 남편 흉을 말이에요.』

그는 「하하」소리내며 크게 웃었다. 내가 보기에 그는 무척 즐겁고 유쾌했다.

『믿는 사람이 남의 흉을 보아서는 안되겠지요? 더군다나 목사 부인이 목사 흉을 보는 것은 더 나쁘지요?』

『네! 그런데 무슨 흉이지요? 듣고 싶은데요.』

나는 진지한 얼굴을 하고 그를 쳐다보며 말했다.

『놀라지 마세요. 아주 못된 흉이니까요.』

『그래요? 무엇이지요?』
『그분은요, 돼지고기를 좋아했다구요.』
『뭐라구요? 돼지고기를? 그게 뭐가 나쁜가요?』
 이렇게 말한 그는 또 한번 소리내어 크게 웃었다. 그는 몹시 즐거워 보였다. 나는 정색을 하며 말했다.
『해리! 봐요. 그것은 웃을 일이 아니예요.』
 그는 나의 말에 웃음을 그치고 나를 뚫어지게 쳐다보았다.
『당신은 구약을 믿으세요?』
『물론이지요. 구약이 모든 일의 시초이며 원칙인데요. 시초와 원칙이 없는 현재나 미래가 있을 수 있겠어요?』
『그래요. 맞았어요. 그런데 구약에서 하나님이 이방인을 욕하면서 뭐라고 하셨는지 알아요?』
『뭐라고 하셨지요? 모르겠어요.』
『「저 돼지고기 먹는 인종」이라고 하셨어요.』
『그런가요? 그런 말씀이 있는 줄은 알지 못했는데요.』
『또 돼지고기는 부정하니 먹지 말라고 하신 것은 기억하세요?』
『그것도 잘 모르겠는데요.』
『부정하다는 뜻이 뭐지요? 더럽다는 것이 아니겠어요? 해리!』
『부정하다, 더럽다. 그렇지요. 그래요.』
『그러니까 말을 쉽게 해보자면「이 더러운 돼지고기를 먹는 더러운 사람들아!」그런 뜻이 아니겠어요?』
『그렇죠.』
『우리는 사람들이 우리보고 더럽다고 하면 용서하지 못할 만큼 분하고 억울하지요? 그런데 그 완전하시고 높으신 하나님인 나의 왕께서「야! 이 더러운 돼지고기 먹는 사람아! 더럽다」고 하신다면 좋은 일이겠어요? 해리!』
『아! 참 그렇군요. 그렇지요. 참으로 그래요.』
『자! 그럼 해리! 또 보세요. 예수님이 돼지에 대해서 어떤 행동을 취하셨는지 아세요?』
『예수님과 돼지고기 이야기가 성경의 어느 부분에 있나요?』
『해리! 예수님이 이천 마리나 되는 많은 돼지를 죽여버리신 이야기를 몰라요?』

『예수님이 돼지를 죽였다구요?』

그는 영문을 몰라 어리둥절한 표정을 지으며 생각해내려는 눈치였다.

『당신은 침례교인이면서 도대체 성경을 어떻게 배웠어요?』

『그게 뭘까?』

그는 한참 생각하더니 말했다.

『아! 알았어요. 거라사 사람에게 들렸던 귀신 군대를 돼지한테 들어가게 해서 돼지들이 모두 바다에 빠져 죽도록 하신 그 일 말씀이군요?』

『그래요. 예수님같이 인자하시고 예민하시며 좋은 일만 하시는 분이 왜 그렇게 했을까요? 돼지 이천 마리라면 무척 큰 재산이지요. 더욱이 조그만 시골에 사는 사람들에게는 전재산이었을 것이에요. 그러니 그들은 모든 소망을 돼지한테 걸고 투자했겠죠. 또 얼마나 애를 쓰며 길렀겠어요. 그런데 그 귀신을 돼지들 속으로 몰아넣어 모두 죽게 했다는 것은 아무리 상식적으로 생각해봐도 있을 수 없는 일이지요. 특히 그 주인은 돼지고기를 먹지 못하게 하는 율법 때문에 돼지를 불법적으로 기르고 있는 처지였으니 그런 일을 당해도 호소할 수도 없는 가련한 형편이 되었는데도 말입니다. 그들의 소망이 삽시간에 다 없어진 것을 본 돼지 주인은 무섭고 떨린 마음에 예수님더러 그 지방에서 떠나달라고 간구했지요. 인자하신 주님이 그런 일을 하신 것을 보면서 무엇을 느끼세요? 돼지고기가 사람을 해칠까 염려하는 주님의 마음을 느낄 수 있지 않아요?』

『아! 참 그렇네요. 이천 마리나 되는 돼지를 사람이 먹는다면 수천 명 아니 수만 명 정도는 먹을 양이니까요. 그렇군요.』

해리는 고개를 끄덕였다. 그는 뭔가 깨닫는 표정을 지으며 말했다.

『저는 햄과 베이컨을 좋아해서 잘 먹는데…. 이것 참 큰일났네요. 다 끊어야 되겠는데요.』

『해리! 우리 남편 흉 하나 더 볼까요?』

그는 소리내어 웃으면서 나를 쳐다보았다.

『또 있어요? 이번에는 뭔가요?』

『그분은 돼지고기를 무척 좋아하셨어요. 그래서 뇌일혈로 쓰러지셨어요. 오랫동안 쉬고 나자 의사는 그분에게 돼지고기를 먹지 말라고 했어요. 그러자 그때부터 돼지고기를 끊었어요. 그런데 그 다음에는 무엇을 잡수셨는지 아세요?』
『뭔가요? 설탕?』
『아니요, 갈비예요.』
『갈비? 갈비는 또 왜 흉거리가 되지요?』
『하나님은 사람을 지으신 후에 곧 사람이 먹어도 되는 것을 가르쳐 주셨지요?』
『그런가요?』
『창세기 1장에서 분명히 가르쳐 주셨어요. 우리가 먹을 수 있는 음식은 씨 맺는 모든 곡식과 채소, 그리고 씨 가진 모든 과일이라고 말씀하시지 않았어요? 그때 사람들은 800년, 900년 이상을 살았지만, 병이 나서 죽었다는 사람은 없지요? 고기를 먹기 시작한 것이 언제인지 아세요? 사람들의 죄가 세상에 만연해서 노아시대에 대홍수가 났었어요. 그 큰 홍수로 인해 땅 위에 있던 것은 모두 사람과 함께 죽게 되었지요. 이 심판으로 먹을 것이 다 없어지게 되었지요?』
『그랬지요. 곡식이나 과일이나 채소가 있을 수 없었지요.』
『그렇게 되자 노아 방주에 간직해 놓았던 깨끗한 동물, 곧 소나 양이나 염소를 먹게 하신 것 아니겠어요?』
『그렇지요.』
『그런데 그 후에 주님은 고기도 함부로 먹는 것이 아니라는 것을 분명히 가르쳐 주셨어요. 소나 양이나 염소고기를 먹을 때는 꼭 기름을 모두 뜯어내어 불살라 하나님께 드리고 살만 먹으라고 했어요. 동물의 기름을 고기와 함께 먹으면 민족 가운데서 끊어진다고 하셨어요. 하나님이 기름을 먹지 못하게 하신 이유는 기름을 먹으면 병이 나기 때문이었어요. 하나님은 사람들에게 기름을 먹지 말라고 누누이 말씀하셨어요. 그런데 사람들은 고기에 기름이 섞여있어야 고기맛이 난다고 하지 않아요?』
『그래요. 다 그렇게 말하지요.』
나는 그를 쳐다보았다. 그는 내 말을 신중한 태도로 듣고 있었다.
『사이사이에 기름이 껴있는 고기가 곧 갈비 아니겠어요?』
『그렇지요.』
『그 갈비 사이사이 끼어 있는 기름은 굽거나 삶으면 고기 속에 다

들어가고 또 뜯어내기도 어렵게 고기 사이에 꽉 차 있지 않아요?』
『그렇지요.』
『그것을 사람들이 구워 먹고 삶아 먹고 끓여 먹잖아요. 그러니 동물 기름을 고기하고 섞어서 마구 먹는 게 아니겠어요?』
『그러믄요. 잘 알아요. 콜레스테롤 말씀이지요?』
『지금은 상식이 되어 콜레스테롤이라고 조심하는 사람이 많지요. 그렇지만 우리 남편은 그 갈비를 너무 좋아해서 흉이에요.』
『아! 그게 흉이라구요?』
『그것보다 더 나쁜 흉이 또 어디 있겠어요. 해리! 하나님이 먹지 말라고 한 것을 맛이 있다고 먹는 것이 어찌 흉이 아니겠어요?』
『하하, 그러고 보니 그런 것 같은데요. 그렇지요?』
『자! 그래서 그분이 어떻게 되었는지 아세요?』
『또 흉이 있다는 것인가요?』
『물론! 그는 또 쓰러졌어요. 그는 운동에는 선수이에요. 운동이라면 씨름만 제외하고는 모두 선수이에요. 그런데 그의 철학이 뭔지 아세요?』
『뭔가요?』
그는 나의 말을 재촉하듯이 물었다.
『잘 먹고 잘 소화시키면 된다. 모든 것을 감사함으로 먹으면 된다면서 사도 바울이 그렇게 말했으니 진리래요.』
『그렇던가요?』
『사도 바울은 이방인들의 제물로 쓰인 고기를 말하는 것인데 갈비를 좋아하는 그분은 갈비도 감사하게 먹으면 괜찮대요. 그래서 결국 쓰러졌어요.』
『정말 그런가요?』
『해리! 당신은 지금 젊고 운동을 많이 하니까 괜찮을 것이라고 생각하겠지만 갈비를 좋아해서 많이 먹으면 쓰러져요.』
『그럴지 모르지요. 조심해야지요. 여하튼 갈비에는 콜레스테롤이 너무 많이 들어있는 것만은 사실이니까요. 조심해야지요.』
『자! 그럼 정말 재미있는 이야기를 해보도록 하죠.』
『좋아요. 정말 재미있는 이야기? 좋아요. 하지만 흉본 이야기도 재미있었는데요.』

『그건 우리 남편의 흉이고요. 이번엔….』
『이번엔 김 부인의 흉이에요?』
그는 급하게 나의 말을 받아서 말했다. 그는 내 얼굴을 똑바로 쳐다 보고 있었다.
『내 흉은 너무 많아서 다 하자면 이 의자에 앉아서 오늘 밤을 새워야 할테니 그만두고 당신이 좋아할 이야기를 하죠.』
『네, 좋아요. 해주세요.』
『당신 내가 누군지 아시지요?』
『네? 제가 당신을 안다구요?』
『몰라요?』
『글쎄요.』
『정말 몰라요? 좀 아는 눈치였는데!』
『제가 당신을 아는 눈치였다구요?』
『그럼요. 정확하게는 몰라도 알듯말듯한 표정을 내가 보았는데요.』
『뭐! 그럼 당신은?』
『그래요. 그래요.』
『당신이 에스더 안이란 말이에요?』
『그렇다니까요. 아니면 내가 누구겠어요?』
『아! 정말?』
그는 의자에서 벌떡 일어나더니 내 손을 꽉 잡았다. 그리고 미국인이 습관적으로 하는 반가운 표현으로 나를 끌어안았다. 내 이마와 뺨에 키스를 하고는 황홀하다는듯이 나를 쳐다보았다.
『왜 그렇게 흥분하죠? 나 같은 노인네 하나 만난 것 가지고, 별 것도 아닌데!』
『감사합니다. 예수님! 감사합니다. 주님!』
그는 자기 손을 모아 잡고 흔들면서 흥분된 어조로 주님께 감사를 표했다. 나도 흥분이 되고 주님께 고맙고 감사하기만 했다.
해리는 신용카드 회사에 다닌다 했다. 본사는 동부에 있는데 본사로 발령나서 이사가야 한다고 했다. 그는 이사를 가면 나를 만날 기회가 없을 것이라며 매우 아쉬워하는 어조로 말했다.
『김 부인! 당신 말솜씨가 너무 재미있고 좋았어요. 잊지 못할겁니다. 해가 지고 밤이 다 가도록 이야기하면 얼마나 좋을까요? 당신은 한국말은 더 잘하시겠지요?』

『내가 어머니 젖을 먹으면서부터 일상 사용하는 말이 한국말인데, 여학교와 대학에서 배운 영어 같겠어요? 그런데 솔직히 말해서 나는 말재간이 없어요. 그래서 내 마음 속에 있는 것도 표현이 잘 안돼요. 그러니 한국말도 그리 잘하는 편은 아니지요. 하지만 나는 일본어에는 자신이 있어요.』

『일본말도 하신다구요?』

『하다뿐인가요? 일본어로 큰 책을 두 권이나 썼는데요.』

『아! 그래요? 굉장하시군요.』

『일본어로만 대학과 연구과정까지 공부했고 일본어 선생도 했는걸요. 이것은 자랑이 아니고 이야기이니까 오해하지 말아요.』

『왜 자랑이 아니겠어요. 저는 이렇게 키도 크고 몸집도 김 부인보다 크죠. 게다가 젊고 야심이 많은데도 영어밖에는 못 해요. 다른 언어는 한 마디도 모르는데요.』

『그것은 아무 문제도 되지 않아요. 제일 중요한 것은 내가 하나님과 어떠한 거리를 유지하며 살고 있는가 하는 것이에요. 이것이 제일 큰 문제가 아니겠어요?』

『그렇구 말구요. 인간에게는 그 이상 중대한 일이 있을 수 없지요.』

우리는 함께 의자에 앉아 말없이 하늘을 보았다. 해는 웃으며 기울고 붉게 물든 구름은 서녘 하늘을 수놓았다.

우리는 다시 한 번 굳은 악수와 포옹을 한 후에 헤어졌다. 나는 내 차로 걸어왔다.

지금까지 흉을 본 남편이 그리워졌다. 나는 차를 타고 밤새도록 운전하여 그가 있는 곳으로 가고 싶었지만 방향을 돌려 텅 빈 집으로 왔다. 그러나 주님의 임재는 나를 한번도 외롭게 하시지 않으신다.

## 94
# 마음의 게시판

마음 속에 미운 이가 있는가요.
마음은 솔직한 게시판이라구요.
미운 이를 사랑하는 이로 만들라고 보여주는 게시판이에요.
미움이 사랑이 될 수 있다는거지요.
깊이 생각해 보세요.
되지 않아도 결사적으로 해보세요.
그러면 된답니다.
아! 그 미움이 사랑으로 변했을 때 어떠한 일들이 벌어지는지 아세요?
우선, 이 세상이 기쁜 세상이 되지요.
그리고 평안이 강수같이 온몸에서 흘러넘치지요.
모든 일이 잘 되지요.
명랑해져요.
지혜로워져요.
고상하고 아름다워져요.
주위에 있는 사람들이 나를 좋아하게 되지요.
세상이 이렇게 좋았던가 하고 놀라게 되지요.
하나님이 축복의 창고문을 열어 놓으시구요.
천사도 와서 나를 수종들어요.

## 95
# 왜 모르세요

마음 속에 미움을 움켜쥐고 숨겨두나요.
그것은 위험한 일이에요.
왜냐하면 미움은 마음 속에서
자꾸자꾸 커지고 번지기 때문이지요.
미움은 소리도 없이 뭉클뭉클 자란다구요.
그 미움은 자라고 또 자라서
강해지고 단단해져요.
마침내는 겉으로 드러나고 속으로는 퍼진답니다.
신경 속에도, 핏줄 속에도, 뼈와 살속에도 쉴새없이 찾아들지요.
미움은 육체의 모든 부분에 지장을 일으키고
아프고 쓰리고 고칠 수 없는 질병을 만들어요.
피부는 더러워지고
인상은 고약해지고
세상은 캄캄해지고
죽을 수도 살 수도 없는 신세가 되어요.
마귀는 손뼉을 치며 부추기어요.
「아, 내 작품 최고야.」
「더 미워하라, 더, 더, 더하라.」
마귀는 깔깔대고 비웃으며
「됐다, 됐어」 말하지요.
당신은
정말 이 사실을 모르세요?

## 96
## 제일 좋은 것

내가 제일 좋아하는 것이 있어요.
언제나 어떠한 때나 좋아하는 것이지요.
어렸을 때나 장성했을 때나
또한 늙고 쇠잔해진 이날까지
변하지 않고 내게 좋은 것
내가 좋아하는 것이지요.
그것은 여전히 내 속에서 빛나고 있어요.
시간이 가고 날이 가고
세대가 바뀌어감에 따라
온 세상은 변했지요.
그러나 내가 좋아하는 그것은
더 강하고 뚜렷해지고
변함이 없어요.
내가 좋아하는 그것은
내게 흘러넘치는 강물 같은 의욕과 힘을 주어요.
그것 때문에 나는 활동해요.
그것 때문에 나는 기쁘고 소망에 차 있어요.
그것 때문에 나는 무섭게 투쟁했어요.
그것 때문에 나는 「죽으면 죽으리라」했어요.
그것 때문에 아! 주님은 빨갱이를 내리신거예요.
주님은 「알았다, 알았어. 보았단다」 하셨어요.
아! 그래서 나는 지금도 또 영원히 그 좋아하는 것을 몸에 가지고 다닐거예요.
생각에도 그 좋아하는 것을 차곡차곡 채울거예요.
그것만으로 목표를 삼아 잘 보이도록 올려 세울거예요.
그리고 소중하고도 조심스럽게 하루하루를 보낼거예요.
한 사건 한 사건에
정성과 열정과 지식을 다 동원해서 못 견딜 정도로 좋아하는 그 일에 착념할거예요.
순종, 순종, 아! 그 순종.
순종!
너무 좋아 죽을 지경이예요.

## 97
# 기복신앙

『저를 어떻게 아시고 연락하셨어요?』
『선생님! 선생님이 쓰신 「죽으면 죽으리라」와 「죽으면 살리라」를 읽고 미국에 가면 꼭 만나 뵈어야겠다고 결심을 하고 있었습니다. 그러던 차에 미국에 오게 되어 오자마자 수소문해서 이렇게 찾아뵙게 된 것입니다. 시간을 내주신다고 하셔서 너무 좋아 달려온겁니다.』
그녀는 정말 반가워하는 표정이었다. 그녀는 자기를 데려다 준 사람이 있는 차에 가서 그를 돌려보내고 다시 들어와서 앉았다.
『여기까지 저를 데려다 준 애는 제 조칸데요. 그 애도 바쁘고 또 저도 선생님을 조용히 뵐려고 집으로 돌려보냈습니다. 시간이 길어져도 선생님께 방해가 되지 않겠는지요?』
『모처럼 어렵게 찾아오셨는데 그런 염려는 마세요. 댁에 가실 때에는 제가 모셔다 드릴테니까요.』
『별 말씀을요. 선생님께서 어떻게 그렇게까지 수고하실 수 있겠습니까. 그저 시간을 내주시는 것만도 너무나 황송합니다. 나중에 조카가 다시 오면 됩니다.』
그녀의 말에 의하면 자신은 명문대학에서 불어를 전공한 후에 큰 회사 사장 아들과 결혼을 했고, 지금은 남편이 아버지 뒤를 이어 사장이 되었으며 사업도 무역회사로서 든든한 기반을 닦아놓았다고 했다. 그녀는 감리교인으로 교회에서도 나름대로 봉사하고 노력한다고 했다. 나는 그녀가 자세히 자기를 소개하는 동안 그녀가 단지 나를 보고 싶어서 온 것이 아니라 더 깊은 목적이 있음을 짐작할 수 있었다. 나는 그녀의 마음이 편안해지고 자신의 속사정을 쉽게 털어놓기를 바라면서 주의깊게 그녀의 말에 귀를 기울였다. 아닌게 아니라 그녀는 자신의 문제를 어렵지 않게 쏟아놓았다.

『선생님! 저의 집은 하나님의 축복으로 사업도 번성하고 아이들도 모두 공부를 마치고 결혼해서 해외에 나가 살고, 다 잘되었는데 한가지 우리 집에는 암환자 같은 어두운 존재가 살고 있어요.』

그녀는 그 말을 하면서 안색이 어두워지고 이마에는 주름살이 잡히면서 잠시 말을 멈추었다. 나도 별 도리가 없어서 그저 바라보고만 있었다.

『선생님, 목사님 자녀들은 왜 그렇게 허영심이 많을까요?』

잠시 후 그녀는 용기를 내어 이렇게 말하고서 미안하다는듯이 나를 쳐다보았다. 나는 그녀의 말과 태도를 지켜보면서 자녀가 없는 나로서는 충격보다는 오히려 감사한 마음이 앞섰다.

『그렇습니까?』

겨우 그렇게 말하고 그녀를 평화롭게 바라보았다.

『사실은 이 일이 제 마음 깊숙히 짐이 되어 번민하던 중 선생님의 책을 읽게 되었어요. 그때부터 꼭 선생님을 뵙고 좋은 해결책을 찾아보리라고 결심했던 것입니다. 말하자면 제가 미국에 온 것도 결국은 선생님을 뵙기위해 온 것이나 다름이 없다는 것입니다. 그렇지만 결코 부담감은 갖지 마세요. 선생님! 제가 선생님을 직접 뵙게 되니까 너무 기쁘고 맘이 활짝 열려서 속에 있는 말도 스스럼없이 다 하게 되는군요. 용서해 주세요.』

『믿는 우리는 주 안에서 모두 형제 자매인데 거리낄 것이 뭐가 있겠어요. 염려하지 마세요.』

이렇게 시작된 그녀의 사연은 간단하면서도 복잡했다. 그녀는 막내아들이 열렬히 사랑하던 목사의 딸을 큰 기대와 환영 속에 며느리로 맞아 화려하고 굉장한 예식을 치렀다. 막내 며느리의 이름은 영애였고 영애 역시 친정집에서 막내였다. 부모는 6·25 이후 이북에서 내려와 교회를 개척하여 몹시 힘든 목회를 하면서 온갖 수고와 고난, 가난과 어려움도 극복하여 지금은 제법 큰 교회로 성장하였고 목사님도 존경받고 이름난 분이 되었다. 큰 아이들은 힘들고 어려울 때 성장했으므로 교회가 커지고 부유한 신자들이 나오면서 목사님의 예쁜 막내딸이라고 얼마나 돌보아 주었는지 영애는 좋은 것만 먹고 입고 누리는 아이가 되었다. 결혼 때도 어찌나 화려하게 모든 절차를 신랑에게 요구했던지 여하간 놀랄만한 결혼식과 패물을 요구했다.
　막내 아들인 만큼 시댁 부모도 귀엽게 생각하고 모든 요구를 들어주었다. 게다가 영애는 한국에서 사는 것은 뒤떨어지고 체면 떨어지는 일이라며 미국에서 살아야 한다고 고집했다. 이 집에선 아들이 막내인 만큼 곁에 두고 자주 보기를 원했기에 그 일을 쾌히 승락하지 않고 좀 기다리라고만 했다. 그러나 그때부터 영애는 시어머니를 미워하기 시작하고 인사는커녕 얼굴도 마주치려하지 않았다. 집으로 찾아가면 뒷문으로 빠져나가 버리고 오라 해도 오지 않을 뿐 아니라 남편까지도 못 가게 했다. 결국 영애는 시댁 식구들과 멀어지고 남편과도 싸움이 잦아졌다.
　결국 시부모는 하는 수 없이 막내아들 부부를 미국으로 보내기로 작정하고 분하고 아쉬운 마음으로 떠나 보냈다.
　미국에 와서 우선 집을 사더니 가구와 필요한 것들을 마구 사들이고 한국에서 사놓은 값비싼 집과 가구들은 안중에도 없고 미국식으로 모든 것을 장만했다. 게다가 그집이 또 마땅치 않다며 더 크고 좋은 집을, 더 좋은 구역에다 사야 한다며 돈을 자꾸 보내라고 했다.
　『선생님! 돈이라는 것이 땅에서 곡괭이로 캐내는 것입니까? 모두 제 허영심을 채우느라 허랑방탕하게 써 없애라는 것인가요? 그 때문에 회사에서는 사정이 어려워져 월급도 제대로 못 줄 형편이니 회사원이 붙어있겠어요. 일이 제 뜻대로 되지 않으면 서울에서 돈을 보내지 않는다고 남편을 들볶는 것입니다.』
　그의 말은 긴 한숨 뒤에 계속 이어졌다.
　『결국 영애는 시집 식구들이라면 모두 원수처럼 여기며 자기가 낳은 아이까지도 「박씨, 박씨」하며 윽박지른답니다. 목사님의 딸이 어떻게 그럴 수가 있을까요. 선생님! 아들집에 가보면 사는 것이 너무 사치스러워 도저히 눈을 뜨고 볼 수가 없는 지경입니다. 심지어는 아이들 옷까지도 기성품은 싸구려가 돼서 가난한 집 아이들이나 입는다고 마춤옷이 아니면 안된다는겁니다. 처가의 부모도 딸에게 말했으나 통하지 않는 모양입니다. 그 아버지가 한번 말을 하니까 영애 대답이 「아버지는 고생밖에 모르고 자랐고 고생을 좋아하는 목사잖아요. 그런데 저는 사장집 며느리예요. 신분과 계급이 다르다는 것을 모르세요?」하더랍니다. 그런데 선생님, 며칠 전에 그애가 약을 먹고 자살하려 했어요. 지금 병원에 있는데 생명에는 지장이 없다고 하지만 많이 쇠약해진 것 같아요.』

그 말을 듣고 나는 깜짝 놀랐다. 왜냐하면 내가 아는 분이 며칠 전에 입원을 해서 심방갔을 때 음독자살을 기도한 젊은 한국 부인이 입원했다는 소리를 듣고 그 방에 가서 보았기 때문이다.

그때 그는 치료 후에 잠이 들어 혼수상태라고 하던 기억이 났다. 집으로 오는 길에 병실침대에서 혼수상태로 잠들어 있던 그 부인을 위해 더 기다리다가 깨어나면 위로의 말씀이라도 나누고 와야 했는데 하며 후회했다. 병원 이름과 입원한 날짜를 들으니 내가 본 그 부인인 것이 틀림없었다.

『자부되는 분은 언제 퇴원합니까?』

『글쎄요. 잘 알 수 없지만 병원에서 적어도 이 주일은 치료해야 한다고 합니다.』

나는 그를 심방하리라 결심했다.

그 손님은 계속해서 이런저런 이야기를 하다가 조카되는 분이 다시 와서 집으로 돌아갔다. 나는 문득 내일까지 기다릴 필요없이 지금 가보자는 생각이 났다.

서둘러서 병원으로 갔다. 그녀는 창백한 얼굴로 눈을 감은 채 침대 위에 누워있었다. 그 옆 조그만 탁자에 놓여있는 싱싱하고 아름다운 꽃들로 병실은 환했다. 내가 들어가 손을 가만히 잡자 그녀는 슬며시 눈을 뜨고 나를 쳐다보았다. 나는 미소를 지으며 좀더 힘을 주어 손을 잡았다. 그녀는 놀란듯 눈을 크게 뜨고 입을 열었다.

『어머나!』

그녀의 눈에서 눈물이 쏟아졌다. 나도 놀랐다. 「이 사람이 나를 아는가?」 그녀는 계속 흐느꼈다. 가뜩이나 눈물이 많은 나도 덩달아 울었다. 그 광경이 얼마 동안 계속되었다. 이윽고 그녀는 눈물을 닦지도 않은 채 나를 바라보다가 『안 선생님!』하며 또다시 흐느꼈다.

나는 「아, 이 사람이 나를 알고 있었구나!」 생각하니 그때서야 마음이 안정되었다.

『어떠세요?』

내 물음에 그녀는 머리를 들려고 애썼다.

『가만히 누워계세요. 누워있어야 나도 편해요.』
『미안해요. 안 선생님!』
『많이 아프세요?』
『네.』
『어디가 제일 아프시죠?』
『가슴과 목이 터질듯해요. 머리도 몹시 아프구요.』
그녀는 몹시 아파보였다.
『이젠 다 괜찮아질거예요. 시간이 약이니까 시간이 지나면 다 괜찮아져요.』
『선생님께서 어떻게 오셨어요?』
『오고 싶어서 왔어요. 정말 오고 싶었어요. 이번이 두번째 온 것이랍니다. 처음엔 우연히 왔고 오늘은 오고 싶어서 왔어요. 마음이 참 기뻐요. 잘 온 것 같아요.』
『저를 어떻게 아시고?』
『난 모르는 사람이 없다는 것을 모르세요? 이름도 성도 모르지만 만나는 분마다 모두 다 안다는 것이 제 특징이랍니다.』

나는 손을 놓고 그녀를 사랑스럽게 바라보면서 어떻게 위로해야 할까 생각했다. 성령님이 도와주시기를 마음 속으로 간절히 바라고 묵상하면서 그녀를 안정시키려고 애썼다. 그래서 나는 우선 다시 그녀의 손을 붙잡고 기도했다. 기도하는 동안 그녀는 잠잠했다. 나는 내 짧은 기도가 그녀의 마음에 부딪치기를 바라며 진정으로 주님의 도우심을 구했다.

기도가 끝난 뒤 그녀는 다시 나를 바라보며 무언가를 말하고 싶어하는 것 같았다.

『목이 아픈데 말하려고 무리하지 말아요.』
『아파도 괜찮아요. 아무래도 죽을텐데요 뭐.』
『아니예요. 다 나은 후엔 실컷 이야기합시다. 나도 듣고 싶은 말도 많고 하고 싶은 말도 많아요. 지금은 가만히 누워서 시간이라는 약이 지나가기를 기다리다가 목도 머리도 아프지 않을 때 이야기해요 우리, 내가 재미있는 이야기를 많이 가지고 올께요.』
『선생님, 괜찮아요. 지금 말씀하세요.』

그렇게 말하는 그녀는 몹시 지쳐보였다. 그리고 몹시 아프게도 보였다. 애처롭고 불쌍하여 연민이 느껴졌다. 사랑해 주고 싶었다. 나는 그녀의 손을 이불 속에 넣고 그녀의 피곤한 눈이 감겨질 즈음에 고요히 찬송을 불렀다.

영혼의 햇빛 예수여
가까이 비춰 주시고
이세상 구름 일어나
가리지 않게 하소서

주없이 살수 없으니
언제나 함께 계시고
주없이 죽기 두려워
밤에도 함께 하소서

그녀의 감은 눈이 또 한번 젖었다. 그리고는 조용히 잠이 들었다.
내가 그녀를 한참 지키고 앉아있는 동안 간호원이 맥박과 열을 재러 왔을 뿐 아무도 찾아오는 사람이 없었다. 교회에도 나가지 않는지 목사나 친구도 오지 않았다. 물론 남편이 가끔 찾아 왔기에 꽃이 싱싱했겠지. 의사가 간호원과 들어왔다. 절대안정이 필요하므로 혼자있는 것이 좋다고 하여 나는 집으로 돌아왔다.
삼일 후에 찾아갔더니 그는 특수 병실에서 보통병실로 옮겨져 있었다. 병실에 들어서니 거기에도 꽃이 있었다. 그녀는 여전히 창백한 얼굴로 눈을 감고 누워있었다. 조용히 앉아서 그녀의 얼굴을 자세히 보니 몹시 수척했고 꺼칠하고 노리끼리했는데 아마도 독한 약 때문인 것 같았다. 내가 간 시간은 면회시간이 아니어서인지 비교적 한산했고 방문객들도 없어서 밖은 떠들썩했지만 병실은 조용했다. 한참을 묵상하고 조용히 앉아있는데 그녀가 눈을 떴다.
『어머나! 안 선생님.』
나는 반가워서 그제서야 손을 잡았다. 그녀는 또 울었다. 나도 공연히 눈물이 나왔다. 눈물은 만병통치약이다. 눈물은 만사에 해결책이다.
그녀는 왜 울까? 나는 왜! 그렇지만 그녀의 울음과 이유없는 내 눈물은 우리 두 사람 사이를 더없이 가깝게 했고 마음의 문을 열어놓았다.
『안 선생님! 전 죽을래요. 왜 남이 죽겠다는 것을 이렇게 못 죽게 하는걸까요. 정말 죽고싶어요.』
『이렇게 말을 해도 괜찮아요? 자매님? 목이 아플텐데』
『지금은 그때보다 많이 나았어요. 말이 자꾸 하고 싶어져요. 말을 하면 살 것 같아요. 선생님, 저는 정말 죽고싶어요!』
『왜! 무엇 때문에?』
『제게 세상은 다 원수예요. 모두 원수뿐이에요. 이제는 남편까지도 원수 같아요. 시부모님, 시숙들, 그 권속들, 교회친구들 누구나 할 것 없이 모두가 제 원수예요. 심지어는 우리 부모까지도 저보고만 뭐라고 하니 우리 친정집 권속 모두, 동창생도 이웃도 모두 원수란 말이에요. 저를 좋아하는 인간은 천지에 없어요. 그런데 무엇 때문에 살아야 해요. 죽어 없어져버리면 저도 편하고 온 세상도 다 시원할 것 아니예요?』
그는 극도로 신경이 예민해진 것 같았다. 더욱이 찾아오는 사람도 없으니 더 심해진 것이 아닌가 싶다. 나는 그녀의 기분을 돌리기 위해서 말했다.
『꽃이 참 아름다워요. 누가 꽂았는지 정말 아름답고 신선해서 기분이 좋은데요.』
『그 꽃은 전화로 신청해서 가져오는 것이에요. 매일매일. 그러나 저는 그 꽃이 보기 싫어서 안 봐요. 꽃도 내게는 원수인 모양이에요. 선생님!』
그녀는 정말 꽃까지도 원수로 보인다는 표정이었다.
『왜 죽어 없어지려는 저를 못 죽게 할까요. 가만히 내버려 두었으면 지금쯤 깨끗이 이 세상에서 없어졌을텐데요. 정말 이 세상이 싫어 죽을 지경이에요.』
『자매님!』
나는 그녀를 부르며 침대 곁으로 바싹 다가앉았다. 그녀는 어디가 또 아픈지 얼굴을 찌푸리고 있었다.
『제가 왜 이런 고통을 겪어야 할까요. 아! 나는 왜 죽지도 못하는 걸까요. 죽어 없어지고 싶은데…. 왜? 왜?』

목이 아파서인지 큰소리로 말하지 못했다. 나는 마음속으로 주님의 지혜를 간절히 구했다.
『자매님! 제 말이 들리시죠?』
『네.』
조그만 소리로 천천히 대답했다.
『자매님은 예수님이 누구인지 아시죠?』
그녀는 잠잠하고 대답하지 않았지만 긍정하는 얼굴이었다.
『예수님은 우리를 도우시는 분이시므로 간구하는 자를 반드시 도와 주시는 것도 아시죠?』
그녀는 말이 없었다.
『내게는 예수님이 언제나 도와주시는 분이었고 나는 주님의 도우심 속에 살고 있어요. 예수님의 도우심은 사실 나를 깜짝깜짝 놀라게 하신답니다. 도저히 내 생각으로나 지혜로는 상상도 못하게 세세하게 시원스럽게 기쁨이 넘치게 또 황홀할 정도로 언제나 도와주세요. 나는 그분과 항상 같이 살고 있으니까 어렵고 괴롭고 또 억울하고 답답한 일이 있을 때도 염려나 겁이 나지 않아요. 왜냐하면 나는 무엇이든지 예수님께 의논하고 범사를 그분께 의지하며 믿으면서 항상 그분과 동거동락하고 있기 때문입니다.』
나는 그녀의 얼굴을 쳐다보며 말을 계속했다.
『내가 혹시 미처 말씀을 드리지 못할 정도로 급한 일을 당할 때라도 당황하지 않아요. 예수님은 벌써 다 알고 계시거든요. 그렇기 때문에 괴로운 일과 앞이 캄캄한 일도 잠깐이고 곧 아름답게 해결이 되지요. 그래서 나는 늘 마음이 평안하고 즐겁고 재미있게 산답니다. 제 말을 알아들으시겠어요. 자매님?』
『네!』
그녀는 듣고 있었다.
『나는 사람들이 행복의 조건으로 아는 돈, 지식, 명예, 권력, 아무 것도 없어요. 게다가 지금은 누구나 꺼려하고 싫어하는 노인이 되었어요. 말하자면 사람들의 판단으로 볼 때 불행한 삶이랄 수도 있는 조건들이죠. 그런데 나는 큰 소망이 마음 속에 꽉 차있어서 때때로 아니 무시로 소리를 높여 찬송을 부른답니다. 왜 그런지 아세요? 들어보세요.』

나는 그의 얼굴표정을 주시하며 계속했다.
『자매님! 나는 천국에 가는 기쁨의 소망이 내 속 가득히 자리잡고 있기 때문에 기뻐서 죽을 지경이에요. 예수님은 도와주시는 분이시고 구원하시는 분이세요. 하늘나라의 시민이 되는 표를 주시며, 믿는 사람 즉 그분을 의지하고 사는 사람과 항상 같이 계시기 때문이랍니다. 그런데 말이에요. 마귀는 뭘하는지 아세요? 마귀는 실패하게 하고 망신당하게 하고 나쁜 것만을 보게 하죠. 또 미워하고 시기하게 만들고 실망하고 좌절하게 하고 가정이나 교회나 세상을 슬프고 불행하게 만들어 어디서나 무엇이나 패역, 거역, 반역하게 하고 원수를 만들어 내고 결국 죽음으로 유혹해 지옥으로 끌고 가고야 맙니다.』
나는 또박또박 그러나 부드럽고 잔잔한 말로 한 마디 한 마디 일러주었다.
그는 눈을 뜨고 나를 보기 시작했다. 나는 힘을 얻어서 말을 했다.
『마귀가 무엇이라고 하느냐 하면「죽어라! 죽으면 시원하고 죽으면 잊어버린다. 시원할거야」언제나 그런 식으로 꾄답니다. 사실 육신이 죽으면 영이 더 자유로워지는 셈이랍니다. 생각해 보세요. 자매님! 당신은 지금 침대 위에 조용히 누워있지만 생각은 얼마나 분주히 돌아다니고 있소? 집과 아이들 생각, 남편과의 일들, 시댁의 일들, 얼마나 분주하며 쉴새없이 이어지고 있는가 말이에요. 그렇지요?』
그는 생각하듯이 눈을 깜박이다 긍정하듯『네』하며 대답했다.
『그런데 당신의 육신이 죽으면 영혼은 육체 때문에 거치거나 제한됨이 없이 정말 자유롭게 되지요. 왜냐하면 육체에는 영혼이 들어가 있어서 자유롭게 생각대로 행동하지 못했는데 육신이 죽어 그 육신에서 영혼이 빠져나오면 얼마나 자유스럽고 편해지겠어요. 영혼은 죽는 법이 없어요. 죽지 않는다는 말이에요. 영혼이 어떻게 죽을 수 있겠어요. 영원히 영원히 살아있어요. 영생이라는 말이죠. 그러나 천국의 주인은 하나님이시요 예수님이시니 세상에서 예수님과 동행하고 예수님이 그 주인이었으면 으레 그 영혼은 천국으로 가는 것이지만 지옥의 주인인 마귀와 같이 살며 그 시키는 대로 하고 마귀가 주인이었으면 마귀와 함께 사는 지옥으로밖에 갈 수 없지 않겠어요?』
나는 그의 얼굴이 변하는 것을 보았다.
『물론 죽으면 자유롭겠지요. 마치 제한되고 무겁고 괴롭던 짐을 지고 그 때문에 날지도 뛰지도 못하고 갇혀있던 내가 그 거추장스럽던 육신 속에서 쏙 빠져나와 버렸다는거예요. 즉, 죽고 보니 자기 육체가 죽은 것이지 자기가 죽은 것이 아니었다는거죠. 다시 말해서 육체 안에 갇혀서 제한받았는데 이제는 그것에서 벗어나서 자유롭게 빠져 나왔다는거예요.』

그녀는 눈을 번쩍뜨고 열심히 들었다.

내 말을 놓칠세라 진지한 표정이 되었다. 나는 계속했다.

『그런데 문제는 거추장스럽던 육체 속에서 나와 홀가분하고 자유로운 영혼이 되기는 했으나 갈 곳이 어디냐는 점이에요. 누가복음 16장의 부자와 거지 나사로의 이야기를 통해 예수님은 우리에게 분명히 천국과 지옥을 가르쳐 주셨어요. 부자는 호화롭게 자기 육체가 원하는 대로 하나님 없는 일생을 호의호식하며 살았죠. 영혼을 무시하고 자기 영혼이 있는 것조차 몰랐어요. 매일매일을 육체를 따라 마귀가 꾀고 지시하는 대로 살다 죽어 결국 지옥에 갈 수밖에 없었어요. 거기서 그는 너무 놀랐어요. 저 높고 높은 곳에 화려한 천국이 보였거든요. 거기에는 자기집 뒷문에서 자기가 먹던 찌꺼기를 얻어먹고 살던 냄새나고 병든 거지 나사로가 화려하게 단장하고 영화롭게 자기 조상 아브라함의 품에 안겨있었거든요. 그는 찬란한 자리에서 기쁨에 넘쳐 있는 나사로를 보았어요. 그는 너무 놀라고 기가 차서 소리를 질렀어요. 「아버지 아브라함이여! 나는 이 타는 불 속에서 죽을 지경입니다. 저 나사로 손 끝에 물 한방울만 찍어서 내게 보내 이 활활타는 불 속에서 괴로워하고 있는 내게 보내주사 내 혓바닥을 조금만 서늘해지게 해 주소서」하고 소리를 질렀더니 아브라함이 대답했지요. 「너와 우리 사이에는 오지도 가지도 못하는 크고 깊은 구렁이 있어서 할 수 없단다」 이 말은 지옥과 천국은 딴 세상이기 때문에 왕래할 수 없다는 뜻이에요. 나사로는 비록 병든 몸이었고 거지였으나 영혼이 영영히 사는 진리를 알고 준비한 사람이었다는 겁니다. 그런데 부자는 지옥불이 타는 곳에서 다른 곳보다 입속에 있는 혀가 가장 뜨거워 견디지 못하여 혀 끝에 물 한 방울만 적셔달라고 애걸한 것을 보면 그는 죄가 많았지만 혀로 가장 죄를 많이 진 것 같아요.』

나는 다시 그녀의 눈을 주시하며 말했다.

『손으로 도적질했거나 몸뚱이로 죄를 진 것보다 돈 버느라고 혀를 써서 속이고 거짓말하고 불신하고 업신여기는 말로 자랑하고 교만을 떨었던 것 같아요. 「죽으면 그만이지 뭐!」하면서 전도자들의 말도 듣지 않고 교회의 종소리에도 무감각하며 믿는 자들을 조롱하고 하나님을 거역하는 생활을 했기에 온통 불 속에서 유달리 혀가 뜨거워 혀 끝을 서늘하게 해달라고 애걸한 것이 아니겠어요? 혀가 불화의 시작이니까요. 혀가 교만과 불신의 표현도구로 쓰여졌을테니까요. 여하튼 그는 죽어서 깨닫고 보니 너무 세상만 알고 영혼을 무시하고 알려고도 안한 것이에요. 잠깐 있다가 죽는 육신만을 위해 산 것도 기가 막힌데 죽어보니 더는 죽지 못하는 것이랍니다. 안 죽는 것이란 말이에요. 계속 살아야 되는 영혼이란 말입니다. 안 죽어요. 죽는 것은 육이지 영혼은 죽지 않아요. 영원한 세상을 거부하고 반역하는 사람들이 비참하게 지옥으로 가는 것을 아는 사람들은 너무 안타까워서 선교사가 되는 사람이 얼마나 많은지 아세요?』

그녀의 눈이 젖는 것을 보면서 나는 말을 계속했다.

『어둡고 캄캄한 죄악의 우상숭배에 빠져 헤어나지 못하는 사람들이 사는 벽촌과 어촌, 무지의 미개국에 목숨을 걸고 주야로 고생하며 심혈을 쏟으며 핍박과 가난과 칼과 죽음의 위험을 달게 받으면서도 이 복음을 전하는 젊은이들이 얼마나 많은지 모르겠어요. 언젠가는 꼭 죽어야 하는 육신을 가진 우리는 죽는 날을 알지 못해요. 또 어떻게 죽을지도 몰라요. 병으로 죽을지, 지진으로 죽을지 사고로 전쟁으로 누가 어떻게 자기 죽을 날과 죽을 것을 알겠어요. 죽지 않는 사람은 없어요. 영혼이 하나님 말씀을 순종하면 할수록 밝아지고 더 확실해지고 강해지는 한편 그 말씀에 등을 돌리고 세상의 영화만 추구하면 천국은 멀고 멀어서 믿어지지도 않아요. 또 더 무서운 일은 자기에게 영혼이 있는지조차 믿지 못한다는 점이에요. 세상의 영화와 즐거움만을 절대적인 것으로 알다가 영원히 가슴을 치며 이를 갈아야 한다는 것입니다. 하나님은 모든 인간에게 자유를 주셨으므로 각 사람은 절대 자유성을 가졌어요. 지옥이냐 천국이냐는 주님이 정하시는 것이 아니고 각자가 자기 소견대로 자유로이 택하는 것이니까 이 자유 속에서 영원히 기쁠 것인가 영원히 후회할 것인가는 각자의 판단이란 말이오. 우리는 다 죽어요. 반드시 그러나 안 죽어요. 영원히 영원히 끝없이 살아야 해요. 인간은 생령(生靈)이기 때문이에요.』

그때 의사가 간호원과 함께 들어왔다. 나는 기도할 시간도 없이 병실에서 나와야 했다. 차에 시동을 걸어놓고 그 환자를 위해서 간절한 마음으로 기도하고 집으로 돌아왔다.

그후 나는 동부와 중부의 여러 도시를 돌아다니며 집회를 인도하느라 여념이 없었으며 그러는 가운데 세월은 또 정신없이 흘렀다.

6년 후 뉴욕에서 집회를 인도할 때였다. 비가 많이 온 날인데 한 부부가 어린 아이를 데리고 일곱 시간을 운전해서 나를 찾아왔다. 신문을 보고 찾아왔다는 부부의 얼굴은 너무도 행복해 보였다. 알고 보니 그 부인은 자살하려던 그분이었다. 너무 달라져서 보아도 기억이 잘 나지 않을 만큼 딴사람 같았다. 그들의 설명에 의하면 부인은 그후 곧 퇴원하여 몸이 건강해지고 신앙도 다시 가지게 되었다고 한다. 남편도 돌아오고 아기도 낳고 교회에 충성하다 결국 주님의 말씀에 감동되어 주의 종으로 쓰임받기 위해 신학교엘 간다고 했다.

『LA에서 여러 번 전화를 했지만 통화가 되지 못했어요.』

『늘 이렇게 돌아다니니까 그랬을겁니다.』

나는 그들과 이야기하면서 부인을 위해 기도한 부모를 생각하지 않을 수 없었다. 그녀의 부모님이 허영에 빠진 막내딸을 위해 얼마나 안타깝게 기도했을까? 그리고 기도를 들어주신 주님을 생각하니 너무나 감사했다. 부인은 울먹이며 말했다.

『선생님, 그때 선생님이 오시지 않았더라면 저는 어떻게 되었을까요. 생각만 해도 아찔해요. 선생님! 저는 선생님 같은 사모가 되고 싶어요. 그렇지만 저 같은 것이 어떻게 감히…』

나는 그의 말을 듣고 기뻐서 주님께 감사했다.

많은 사람들이 세상에서 호화롭게 살아야 하나님께 복받은 줄 생각한다. 더군다나 목사들이나 성직자들의 경우에도 이런 생각을 가지고 있는 분들이 많아서 참으로 안타깝다. 심각한 일이 아닐 수 없다. 그래서 나는 간절히 기도한다. 물질을 위해 사는 모든 사람과 호의호식과 편리한 인생을 즐기는 교역자들을 위해 기도한다.

주여 이들에게 우리는 나그네임을 깨닫게 하소서. 이 땅에서 참으로 소중한 것이, 참으로 사랑해야 할 것이 무엇인지 알게 하소서. 비천에 처할 줄도 알고 풍부에 처할 줄도 알아 모든 일에 배부르며 배고픔과 풍부와 궁핍에도 일체의 비결을 배우게 하소서

## 98
## 아버지, 우리 아버지, 내 아버지

나는 아버지의 형상을 보지 못하네.
그러나 그 음성 내 곁에 있다네.
나는 아버지의 두 손을 보지 못하네.
그러나 그 손이 날 도우사 날 붙드시는 것
나는 본다네.
나는 아버지의 두 눈을 보지 못하네.
그러나 그 눈이 내 하는 일 보고 계시네.
나는 아버지의 두 발을 보지 못하네.
그러나 내 앞에 가시는 것
나는 본다네.
나! 무언가 이루려고 애쓸 때
내 형편 다 아시는 아버지
내 기도를 들으사
천사를 보내어 이루는 것
나는 본다네.
나! 쓸쓸하고 답답할 때
주님의 넓은 품에 날 안으시는 것
나는 본다네.
아! 아버지, 우리 아버지, 내 아버지
난 어떻게 하나!
나! 아버지 없으면….
가슴이 벅차 오르네
눈물이 쏟아지네
자랑스럽네
담대해지네
아버지, 우리 아버지, 내 아버지

## 99
# 요한나

우리 옆집에 요한나와 그의 어머니가 살고 있어서 나는 그들과 자주 만나 이야기하곤 했다. 그 집에는 당나귀 새끼만큼이나 키가 크고 목이 긴 징기스칸종의 검은 개가 있었다. 이름은 죠지였다. 그 개는 자기 이름을 부르면 단번에 부드러워지지만 자기 이름을 모르는 사람에게는 맹견의 무서운 눈으로 겨누고 위협할 기세를 취했다. 그 개가 「왕!」하고 짖으면 그 소리가 얼마나 우렁찬지 내게는 여간 방해가 되질 않았다. 죠지와 친해지기 위해서 죠지가 좋아하는 개밥을 사다 놓고 죠지 이름을 다정하게 부르면서 먹였더니 그 염치없는 큰 개는 심심찮게 나를 불러냈다. 왕왕 짖어대는 소리가 귀찮아서 자꾸만 주니 버릇이 되어버렸다. 요한나 어머니는 나의 이러한 행동에 주의를 주었다. 너무 자주 먹이면 건강에 해가 된다는 것이었다.

『개짖는 소리가 너무 크네요. 정말 방해가 되어서 걱정인데요.』

내가 말하자 요한나 어머니는 그 개를 방안에 가두어 두었다. 여하튼 그 일을 계기로 우리들은 자주 이야기를 나누게 되었다.

요한나 어머니의 이름은 버니스다. 유태인 여자였고 남편은 미국인이었다. 이혼한 것인지 어떻게 된 것인지는 알아보지 않았다. 원래 미국인들은 남한테 간섭받는 것을 싫어하기 때문에 그런 일에 대해서 말할 수 없었다. 그 딸인 요한나는 대학을 나와서 사장 비서로 일하고 있었다. 사장 아들과 연애를 해서인지 집에서 가끔 볼 수 있을 뿐 대부분의 시간에는 그 어머니와 개만 보였다. 요한나는 굉장히 아름다운 여자였다. 얼굴은 헐리웃 배우만큼이나 예뻤고 몸매도 날씬해서 옷도 썩 잘 어울렸다. 음성까지도 고와서 그 아름다운 얼굴로 이야기하고 웃고 하는 모습은 꼭 영화에 나오는 주인공을 보는듯했다. 요한나는 간혹 뒷마당에 나오곤 했는데 워낙 얘기를 좋아하는지 나와 함께 이야기를 한번 시작하면 시간 가는 줄 몰랐다. 한번은 그녀가 내게 물었다.
『사모님, 사모님께서는 이 세상에서 가장 의미있는 것이 무엇이라고 생각하시나요. 그래서 제일 염두에 두고 힘쓰는 것이 어떤 것이지요?』
나는 생각할 여지없이 말했다.
『나는 과거에도 그랬고 지금도 그것을 위해 힘쓰지요. 얼마나 살지는 모르지만 앞으로도 그럴거예요. 요한나에게 생소하게 들릴지도 모르겠지만 그것은 바로 하나님의 사랑을 깨닫기 위해 끊임없이 노력하는 것이지요. 이것은 선택적이라기보다는 필연적인 과제라고 생각해요.』
『역시 사모님답군요. 즉 예수를 향한 노력이란 말이지요?』
『그렇지요. 예수님은 하나님이니까요.』
이 말에 요한나는 눈썹을 약간 찡그리는 것 같았다.
『예수가 하나님이란 말은 늘상 듣는 말인데요. 좀 이해가 안 가요. 유태인들도 예수를 부인하잖아요. 예수는….』
그는 말을 하려다 말고 내 얼굴을 한참 보더니
『저희 어머니도 유태인이에요. 하지만 제 아버지가 미국인이라 그런지는 몰라도 예수가 누구였든 상관없어요. 전에 남자 친구가 교회에 하도 가자고 해서 몇번 갔어요. 별로 좋은 것도 없었고 그런 사람들을 비판할 맘도 없어요. 그들은 그들이고 나는 나일 뿐이에요. 그런 것은 별로 신경쓰고 싶지 않아요.』
요한나는 사장 아들과 약혼하고 나서 받은 콩알만큼 큰 다이아반지를 내게 보여 주면서 말했다.
『웨딩드레스를 입고 식장에 들어가는 상상을 하면 잠이 오지 않아요.』
그는 반지 낀 손을 뒤집었다 놓았다 하면서 뿌듯한 얼굴로 나를 보았다. 그리고 여자 사원들이 자기 약혼자에게 반해 추태를 부리는 일로부터 시작해서 요한나 어머니가 유태인 여자라고 결혼까지 반대한 이야기, 또 결혼식을 어디에서 얼마나 호화스럽게 할 것인지 자랑삼아 말했다. 자기는 마치 신데렐라가 된 것 같다고 했다. 자기 시집에서는 본래 살던 집을 수리하고 있다면서 자기 앞에 펼쳐질 행복이 너무 벅차 어찌할 바를 몰라했다. 그러면서 나와 내 남편을 초청하고 싶다고 했다. 그때는 김 목사가 남미에 선교하러 가있던 때였다. 그리고 나도 곧 그곳에 가야할 형편이었기 때문에 거절할 수밖에 없었다.

그후 요한나와 그 어머니는 이사해갔다. 아마 더 좋은 집으로 간 모양이었다. 나는 그때 김 목사가 선교하고 있던 남미에 가서 네 나라나 선교하고 다녀야 했었기에 거의 두 달간 집에 없었다. 나는 집에 돌아와서 요한나네 집에 다른 낯선 사람들이 있는 것을 보고 놀랐다. 새로 이사온 그 사람들도 개를 기르고 있었다. 앙큼하게 생긴 개가 앙앙 짖어대며 나를 물어뜯을 기세였다. 주인 여자는 개를 달래면서 나를 보더니 인사했다.

『요한나와 버니스는 이사갔지요? 새로 이사오셨군요!』

『네, 바로 얼마 전에 이사왔어요. 개가 너무 짖어서 방해가 되지요?』

『아니예요. 참 그런데 전에 살던 사람들의 일은 아시는가요?』

『아니요, 모르겠는데요.』

사실 그럭저럭 날이 지나면서 요한나에 대한 생각은 점차 내 기억 속에서 지워졌다. 요한나에 관해 알 길도 없었고 또 알아야 할 절박한 필요도 없었던 것이다.

그후 삼년이나 되었을까? 문 두드리는 소리에 나가보니 얼굴 전체가 지독하게 비틀어지고 입 주변 근육이 일그러져 아랫입술이 반쯤 벌어진 웬 여자가 서 있었다. 차려입은 행색은 상거지나 다름없었다.

『누굴 찾으시죠?』하고 물었더니 아주 힘들게 『유(you), 유(you)』하는 것이었다.

당황스러웠으나 일단 그를 데리고 들어왔다. 그는 의자에 앉자마자 정숙하게 머리를 숙이고 기도 드리는 것이 아닌가! 나도 머리를 숙이고 같이 기도했다. 그는 나를 보더니 왈칵 눈물을 쏟았다. 그러나 곧 태도를 고치고 나를 보면서 이야기하려고 애썼다. 그는 자기 손가락으로 입을 가리키면서 나더러 들여다보라는 시늉을 하길래 그의 입안을 들여다보았다. 혀가 절반밖에 없었다. 그의 아래편 턱도 역시 절반은 없어진 것인지 쭈그러져 있었다. 그것 때문에 말을 못할 뿐만 아니라 얼굴 전체가 말이 아니었다. 눈만은 성했지만 눈두덩과 코에는 큰 상처 자국이 남아있었다.
　나는 무척이나 마음이 저리고 아팠다. 그리고 궁금하기도 했다.
　『어떻게 나를 찾아오셨지요?』
　내가 이렇게 묻자 그는 요한나라는 자기 이름만을 간신히 말하는 것이었다.
　『요한나?』
　나는 「악!」하고 비명을 내지를 뻔했다. 자세히 보았다. 아무리 보아도 요한나의 모습을 찾아볼 수 없었다.
　『당신이 요한나? 유대인 여자 버니스의 딸?』
　그는 고개를 끄덕였다. 나는 아연실색했다. 나는 더 가까이 다가서서 물었다.
　『정말 당신이 우리 옆집에 살았던 요한나란 말이요? 정말?』
　요한나는 고개만 끄덕거릴 뿐이었다. 우리 한국 여자였더라면 끌어안고 실컷 울기라도 해서 서로 마음을 풀고 위로 받았을까? 그렇지만 미국인들이 동정받기 싫어한다는 것을 나는 너무 잘 알고 있었다.
　『요한나! 참 보고 싶었어요. 내가 남미에서 선교하는 남편에게 가 있는 동안 다른 곳으로 이사갔더군요.』
　나는 그렇게 변명인지 설명인지를 한 후에 요한나의 말을 들었다. 절반도 안 되는 혀로 말하니 알아듣기가 힘들었다. 더욱이 앞에는 이빨이 전혀 없었다. 말을 자꾸만 반복해서 듣다 보니 요한나의 사연을 넉넉히 짐작할 수 있었다.
　그녀는 굉장히 화려하고 보기드문 결혼식을 하고 신혼여행을 떠났다. 산티아고에 있는 섬으로 가는 길이었다. 신랑 마이크는 전혀 술을 못 마시는 사람인데 결혼 파티에서 술을 마신 것이 문제였다. 운전하다가 갑자기 심장마비를 일으킨 것이었다. 고속도로에서 차가 갑자기 멈추는 바람에 뒤에 따라오던 트럭이 그 차를 받아 공중으로 날려버렸다. 차가 땅에 떨어지면서 신랑 신부 모두 온몸의 뼈까지 상할 만큼 큰 사고를 당했다. 두 사람은 혼수상태에 빠지고 급하게 달려온 앰블런스에 실려 병원에 옮겨졌다. 남자는 안전벨트를 했기 때문에 요한나같이 무섭게 상하지는 않았다. 요한나는 안전벨트를 안했기 때문에 차가 뛰어올랐다 곤두박질치는 순간 위 아랫니 사이에 혀가 끼어 잘리고 턱과 코도 부서졌다. 이년이 넘도록 이 병원 저 병원 찾아다니면서 치료했으며 앞으로도 정형하는 큰 일이 남았다고 했다. 정형을 하나씩 하나씩 해서 턱도 만들어 붙이고 코도 수선하고 상처 자국도 고친다고 하지만 잘린 혀는 고칠 방도가 없다고 했다. 그러나 정형이 더 발달하게 된다면 가능할지도 모른다고 했다. 그리고 보험회사에서 요한나의 치료비에 돈을 너무 많이 썼다며 정형하는 일에는 돈을 쓰지 않으려고 재판을 걸었기 때문에 기다리는 중이라고 했다. 남편 마이크도 많이 다쳐 아직도 아픈 데가 많고 특히 머리를 다쳐서 몹시 아픈 모양이지만 자기같이 참혹한 형편은 아니라는 것이었다.

『그런데 요한나, 어떻게 나를 찾아올 생각을 하게 되었나요?』

『여기를 지나는 길에 갑자기 옛날 생각이 났어요. 그래서 운전하는 분에게 멈추어 달라고 했어요. 꼭 내려서 사모님을 뵙고 싶었거든요.』

그는 돌아가지 않는 혀로 간신히 말하는 것이었다.

『왜 그렇게 나를 생각하게 되었지요.』

『사모님! 저 예수님을 영접했어요.』

그 말끝에 그녀는 울어버렸다. 나도 쏟아지는 눈물을 감출 수 없었다.

『뭐, 뭐라고요? 아! 정말 정말 요한나?』

우리는 부둥켜 안고 울며 울며 하나님께 감사드렸다.

『어떻게 그런 놀라운 일이 일어나게 되었지? 아! 참 놀라워요.』

그녀는 놀라워하는 내게 사고 직후의 일부터 차근차근 이야기했다. 그녀는 혼수상태였다. 누구나 다 그녀가 죽으리라고 생각했다. 어느날 새벽 흰옷을 입은 부드럽고 인자한 분이 나타나서 『따라오라』고 하는 말에 자기도 모르게 예수님이라고 불렀는데 그만 깨어났다는 것이었다. 도대체 믿을 수 없는 일이었다. 자기가 어떻게 자기 입으로 예수님을 말하게 되었는지 모르겠다는 것이다. 더 놀라운 것은 주사로만 간신히 생명을 부지하고 있었는데 의식이 깨어나면서부터 정신이 맑아지고 음식까지도 섭취할 수 있게 되었다는 것이다. 온통 세상이 달라졌다는 것이다. 물론 자기의 모습이 너무 흉하고 앞으로 있을 정형수술 때문에 고생해야 할 생각을 하면 왜 죽지 않고 살았나 싶기도 했지만 만약 그때 죽었더라면 지옥에 갔을 것이고 지옥에 가느니 이 모양일지언정 구원받을 수 있어서 감사하기 그지없다는 것이었다.

요한나도 요한나지만 어머니가 참 상심이 크겠다고 말하자 그녀는 말했다.
『제 어머니가 일생 동안 예수님을 업신여긴 탓으로 하나뿐인 딸 역시도 업신여김을 받고 살게 되었지요.』
놀랍게도 그는 열을 내고 불을 토하듯 설명하는 것이다.
『빌라도가 죄 없는 예수님을 놓아 보내려 했을 때 유태인들은 말했어요. 예수님 죽이는 죄값을 자기와 자기 자손에게 돌리라고, 결국 히틀러가 각국에 흩어져있는 6백만이나 되는 유태인을 잔인하게 학살했는데, 그것을 알았으면 깨닫는 것이 마땅치 않은가요?』
그리고 대자연은 또다른 하나님의 계시로 느껴진다면서 심는 대로 받게 되는 것이 자기를 통해 여실히 증명되지 않았느냐, 어머니가 예수님을 멸시한 그 씨가 바로 자기의 모습과 같은 추수를 하게된 원인이 아니냐며 다소 격앙된 어조로 말했다.
『어머니는 아직도 예수님을 믿지 않아요?』
『절대로, 그렇지만 조금씩 무너지게 되겠죠. 제 어머니도 역시 예수님 죽인 죄를 자기에게 돌리라고 한 유대인의 피가 흐르는데 어디 쉽겠어요?』
그는 할 말이 너무 많아서 어떻게 그 쌓인 말을 다 할까 여간 힘쓰는 것이 아니었다.
『나는 그 환상을 보고나서 목사님을 불러달랬어요. 목사님이 매일 오셔서 성경 말씀도 해주시고 기도도 해주세요. 그런데 제가 급히 생각난 분은 바로 사모님이었어요. 이웃집에 살면서 내게 얼마나 전도하고 싶었을까 생각해보았어요. 사모님은 유태인인 우리에게 조심스러울 수밖에 없었을거에요. 예수님을 주님으로 영접하고 나서 더욱더 사모님이 보고 싶었어요. 나도 모르겠어요. 그냥 사모님께 와서 모든 말을 다 하고 싶기만 했어요. 그리고 이곳은 제가 행복했을 때 살던 곳이잖아요. 제일 자신있었고 남들이 제일 부러워했고 제일 희망을 가지고 있을 때였잖아요. 그래서 꼭 한번 와보고 싶었거든요.』
그랬을 것이다. 그 시절 그녀가 얼마나 아름다웠던가! 그 당시 큰 다이아몬드 약혼반지를 끼고 좋아하면서 사장 아들과의 화려하고 멋질 결혼식에 들떠있던 그녀가 아니었던가! 끔찍이나 이쁘고 한없이 행복했던 요한나가 그토록 망가진 모습으로 내 눈앞에 앉아있으니 세상에 이런 일이 있을 수 있나 싶었다. 나는 요한나의 손을 꽉 잡고 말했다.

『천국에 가면 그 옛날 아름답던 요한나와 꼭 같을거에요. 이 세상은 잠깐이어서 안개와 같이 사라지지요. 이 세상은 잠깐 살다가 가는 세상이지만 우리가 이르는 그 곳은 영원한 곳이잖아요. 그 어떤 것과 견줄 수 있겠어요? 더욱이 요한나는 예수님이 친히 나타나서 구원해주셨으니 그 얼마나 큰 특권일까요? 너무 힘들게 느껴질 때 따라오라고 하신 예수님의 말씀을 기억하세요. 요한나! 잘 찾아왔어요. 너무 고맙고 또 참 반가워요. 우린 앞으로 한 세상에 가서 하나님을 섬기고 영원히 살게 되었으니 이보다 더 기쁜 일이 어디 있겠어요.』

『제가 말을 제대로 할 수 있게 된다면 유태인을 위한 선교사가 되고 싶어요. 끝날에는 유태인들도 회개하고 하나님께로 돌아온다고 하던데요.』

『그럼요. 그렇게 되야지요. 나도 열심으로 기도하겠어요.』

그순간 누군가 문을 두드렸다. 요한나를 데리러 온 사람이었다. 요한나는 시계를 보더니 자리에서 일어났다. 그는 가기 전에 내 손을 잡고 기도드렸다.

『주님은 제게 아름다운 육체를 주셨어요. 그때에는 주님을 몰랐어요. 주님을 거역했어요. 주님 지금 이 지경이 되어서야 비로소 깨닫게 되었어요. 비록 육신은 망가졌지만 육체의 상실로 인해 영원히 살 수 있는 소중한 생명에 눈을 떴습니다. 감사합니다. 앞으로 주님과 얼굴과 얼굴을 마주 대할 그 날을 가슴에 품고 기쁨으로 살겠습니다.』

그는 울음이 나서 말을 더 못했다. 불편한 몸을 이끌고 나를 찾아온 요한나는 너무도 귀중한 손님이었다. 목발을 짚고 걸으려는 그를 부축했다. 한발짝 한발짝 걷는 동안 쏟아져나오는 눈물을 주체할 수 없었다. 요한나의 어머니와 그 남편의 소식을 묻고 싶었지만 그녀에게 말을 시키는 것이 얼마나 큰 고역인지 나는 너무도 잘 알았다. 요한나는 나가면서 말했다.

『사모님, 저를 동정하는 것은 싫어요.』

아무리 불행한 처지에 있더라도 동정받고 싶지 않은 그녀의 심정을 왜 모르겠는가?

『요한나, 내가 우는 것은 당신을 동정하는 눈물이 아니라 어려운 중에 있지만 구원을 얻은 요한나의 모습을 보니 주님께 감사해서 우는거라구요. 당신이 혹 예수님을 몰랐다면 영원히 후회했을 것 아니겠어요. 지금 당신은 예수님의 양입니다. 당신에게 가장 필요했던 것이 무엇인지를 아시는 분이 깨닫게 해주셨잖아요. 세상에서 큰 사고나 불행을 만나도 주님을 모르는 불쌍한 사람들이 얼마나 많은지 몰라요. 다행히도 요한나는 주님을 보게 되었잖아요. 얼마나 감사해요. 내 뜻 알겠어요, 요한나?』

요한나는 고개를 끄덕였다. 내가 그를 부축해 가고 있는데 운전하는 사람이 나와서는 그를 번쩍 들어 차에 태웠다. 요한나는 차에 앉아서 내게 손을 흔들었다. 그 차가 안 보일 때까지 서 있었다. 방에 들어오자마자 나는 자리에 앉아서 그를 위해 기도했다. 저녁이 되고 밤이 되어도 그녀의 모습이 내 눈앞에서 사라지지 않았다. 이 글을 쓰는 지금, 그를 본 지 여러 해가 지났건만 그의 모습이 내 머릿속에서 지워지지 않는다. 요한나를 위해서 세월이 더 빨리 가 주었으면 하는 생각을 가져보기도 한다. 그래야 그가 이 모진 세상을 속히 떠나 영원한 아버지 집에 갈 것이 아닌가 해서 말이다.

## 100
## 그는 내 안에, 나는 그 안에

당신의 형상을 보지 못해도
내가 당신 안에 있음을 나는 봅니다.
당신의 크신 사랑의 울타리 안에서
당신의 끝없는 능력 속에서, 은혜 속에서
내가 먹고 입고 행하는 것을 봅니다.
내가 배우고 말하고 생각하며 새로워지는 것을 봅니다.

드넓은 바다에 뛰노는 물고기처럼
내 앞과 뒤, 위와 아래, 많고 많은 사랑의 섭리가 날 둘러싸고 노래
한다네.

아! 그 사랑!
바다를 먹물 삼아도 다 쓸 수 없는
그 사랑!
태초부터 날 사랑한 사랑!
내가 그 사랑 느끼기 전부터 사랑한 사랑.

나! 그 사랑 알았을 때
나의 조그만 가슴은 풍선처럼 부풀고,
그 사랑 놀라워 눈물만 강같이 흐릅니다그려!

## 101
## 사랑했어요

나 사는 동안
가장 귀한, 최고의 사랑이 있노라면
난 보았어요.
해봤어요.
난 그 사랑에 녹아버렸어요.
그렇게도 진하고 강한 그 사랑에
내 사는 동안
내 생명도 아낌없이 주었어요.
그럴수록 사랑은 더 깊어지고
그럴수록 사랑은 끝이 없었어요.
사랑, 사랑, 그 사랑이 그리도 좋아요.
사랑, 사랑, 그 사랑이 그렇게도 좋아요.
그 사랑 바라볼 때 내 맘이 환해지고,
그 사랑 품을 때면
내 가슴은 푸르른 궁창이 되지요.

맑고 밝고 높고 시원한 사랑.
내 가슴 속 용광로 같은 뜨거운 사랑.
어제도, 오늘도 또 내일도 영원한 사랑.
나는 그 사랑에 죽고 살고 영원히 살아요.

## 102
## 해방 곧 자유

해방되었노라.
자유하라!
나무 형틀 위에서 선언되고
터지는 아픈 가슴으로 그 선물을 내 맘속에 깊이 간직했어요.
지나가는 많은 군중이 외면하는 선물이 되었는데….
아! 나에겐, 나에겐
왜 그리도 놀라운 충격이 되었는지요.
정중히 내 맘에 모시고
나는야 두 손 번쩍 들고 환호성 높이어 반가이 맞이했어요.

나는 이 보혈 때문에 숨쉬고
나는 이 선물 때문에 살아요.
나는 해방되었어요.
아! 나는 절대로 자유해요.
그 해방의 선언은 하늘의 선물이고
나의 그 자유는 하나님의 사랑이라오.

## 103
## 생뗑이 교역자

『거기 LA인가요? 안 선생님 댁인가요?』
『네, 제가 안 사모인데요. 누구세요?』
『사정이 있어서 제 이름을 말씀드릴 수 없어요. 부탁이니 어딘가도 묻지 마시고, 제가 여쭙는 말에만 도움 말씀 주시면 감사하겠어요.』
『잘 알았어요. 그렇게 하겠으니 안심하시고 말씀하세요.』
『사모님! 시기심이 많고 욕 잘하고 남 미워하기 잘하는 전도사는 목사가 되어서는 안되지요?』
『거듭나지 못한 분이면 목사가 될 수 없다고 생각해요.』
『네, 그 말씀이 맞겠죠. 저도 그렇게 생각은 했지만, 혹시 제 생각이 틀렸나 해서 사모님께 여쭤보는 것이에요. 사모님 댁 전화번호를 겨우 찾아서 이렇게 전화를 드리는거에요.』
『그렇지만 그런 전도사라도 주님이 쓰시려고만 하면 언제든지 거듭나는 기적이 일어날 수 있어요. 그렇기 때문에 우리가 판단하는 것은 위험한 일이라고 생각해요.』
『아니에요. 이 사람은 신학교 시절에 벌써 거듭난 경험을 가지고 있어요. 신학교 다닐 때 거듭나서 울고불고 금식하고 산기도도 하고 그랬거든요. 그랬는데 미국에 와서 신학을 공부하면서 신앙에 변화가 왔어요. 그 뜨겁던 신앙이 얼음장같이 식어버렸어요. 전도사로 있는 지금까지도 언제나 불평만 해요. 사모님! 그 사람이 바로 제 남편이에요. 우리는 신학생 시절에 만나서 결혼했어요. 그리고, 둘이서 함께 목숨을 걸고 주님의 일을 하다가 천국에 가서 상급을 얻자고 약속했어요. 저는 신학교를 졸업하지도 못하고 남편을 따라 미국에 왔어요. 남편은 장학금으로 미국 신학교에 들어가고, 저는 아이들을 기르며 생활비를 벌기 위해 일하러 다녔어요. 하지만 저는 이런 고생 속에서도 희망을 가지고 살았어요. 그런데 어느날 어떤 목사님이 찾아오셨어요. 그분은 남편에게 자신이 개척한 교회에 와서 목회일을 하라고 하셨어요. 그래서 학교를 그만두고 짐을 챙겨 그 교회로 갔어요. 물론 목사님은 다른 곳으로 가시고 우리가 교회를 떠맡았어요. 교인은 칠팔십명 될거라고 듣고 왔는데, 와서 보니 아이들이 한 이십명 정도 되고 어른은 오십 명 정도 될까말까 했어요. 더구나 대부분 이 교회 저 교회를 왔다 갔다 하는 것이예요. 이곳에는 한국인 교회가 여럿 있어요. 그 중에 두 교회는 신자가 수백명 정도이고 다른 몇몇 교회는 우리 교회보다 신자가 조금 더 많은 것 같아요. 제 남편은 처음부터 이 교회에 온 것을 마땅치 않게 여기고 투덜대면서 속아서 왔다고 그 맡겨 준 목사님을 원망하는거예요. 더구나 장학금을 받을 수 없는 형편이 되었기 때문에 신학교로 다시 돌아갈 수도 없었어요. 또 저도 다니던 직장을 그만두고 왔기 때문에 여기서 직장을 얻지 않으면 안되는 형편이었어요. 교회에서 목사님에게는 월급을 드렸지만 전도사에게는 생활할 수 있는 충분한 돈을 주지 못하기 때문이에요. 사실 헌금에서 교회 집세를 물고 교회 비용을 제하고 나면, 우리에게 줄 수 있는 돈이 남지를 않았어요. 그래서 결국 제가 일해서 생활해야만 했어요. 하지만 제 남편이 열심으로 기도하고 가르치고 교인들을 잘 돌보고 키우면 주님이 우리를 굶어죽게야 하시겠어요?』

『그렇구말구요. 어른이 오십명이나 된다는데! 더군다나 떠나가신 목사님은 없는 데서 개척하셔서 그만큼 길러 놓으신 것일텐데요.』

『그러게 말이에요. 한 사람도 없었던 가운데서 아이들까지 합해서 교인이 칠십 명이나 되었다면 그 목사님이 얼마나 수고하셨다는 말이겠어요. 그래서 저는 남편에게 개척하는 셈치고 열심으로 기도하고 성경 가르치고 교인들을 돌보자고 했어요. 그러나 그는 영판 딴 소리만 하는거에요.』

『딴 소리! 뭐라구요?』

『자기는 목사가 아니라 전도사이기 때문에 사람들이 업신여겨 자기 설교는 잘 듣지 않고 또 사람들이 주일마다 떠나서 다른 교회로 간다고 그들을 미워하고 화를 내요. 그리고 한국에 있는 아는 목사님을 찾아가서 목사 안수를 받고 와야 목회를 할 수 있다면서 한사코 가겠다고 고집을 하는 것이에요. 사실 한국에 갈 돈이 어디 있어요? 이렇게 선생님께 전화하는 것도 여기 권사님 한 분이 제 사정을 아시고 전화를 할 수 있게 주선을 해주셨기에 하는데요.』
『그러시면 중요한 말씀만 하세요.』
『네, 사모님! 중요한 말만 하겠어요. 제 남편은 어떻게나 시기가 많은지 다른 교회들이 크고 잘 되는 것을 아주 못 견뎌해요. 그 교회들을 헐뜯을 뿐 아니라 사사건건 목사님들을 비방해요. 물론 공공연하게 비방하지는 못하지만, 기회만 있으면 자신의 시기심과 미워하는 마음을 드러내고 말아요. 사모님! 옆에서 그 말을 듣는 저는 진땀이 나고 사람들 보기가 민망해서 견딜 수가 없어요. 제가 남편에게 그러는 것이 아니라고 권면의 말을 하면 남편은 화를 내고 얼굴을 붉히며 듣기 싫다고 소리를 지르니 이제는 어떻게 할 도리가 없어요. 사모님! 그런 사람도 하나님이 쓰실까요? 목사가 될 수 있을까요?』
『그런 상태에서 목사가 되면 교인들이 비참해지고 자기 자신도 불행해질 것 같네요.』
『그렇지요? 제가 보기에도 목사가 되어서는 안 될 것 같아요. 정신상태가 비뚤어진 것 같은데 그런 그에게 성령님이 임재해 계실 수 있겠어요? 기도도 소홀하고 말씀도 공부하지 않고 텔레비 앞에만 앉아 있는 그를 보면 무슨 결단이 있어야겠다는 생각이 들어요. 그러나 제가 어떻게 해야 할지 판단을 할 수가 없어요. 지금 그의 생활상태와 언사를 보면 그는 도저히 목회할 수 있는 사람이 아닌 것 같아 보여요. 더욱이 요즘 신문에서 목사가 살인하고 감옥에 간 사건을 보니 더 두려운 생각이 들더군요. 목회 못 할 사람이 목사가 되어 살인을 했으니 그 동안 영적으로는 얼마나 많은 살인을 했을 것인가 하는 생각이 들었기 때문이에요. 사모님! 좋은 조언을 주시면 참 고맙겠어요.』
『아까도 말씀드렸지만, 만일 그가 주님이 택해 세운 목자라면 거듭난 경험이 있으니 다시 한번 새사람이 될 수도 있겠지요. 그렇지만 부부보다 더 가까운 사람이 어디 있겠어요? 부인이야말로 남편을 가장 잘 아는 분이고 또 신학 공부도 하셨다니 기도해 보시고 주님이 인도하시는 대로 따르세요.』
『그런데 사모님! 마음이 너무 상해서 기도도 제대로 안되고 앞이 캄캄하기만 해요. 어떻게 하면 좋을까요?』

『아니, 교회의 사모님은 길 잃은 양들이 앞이 캄캄한 일을 당했을 때 도와주어야 하는 분인데 뭘 그러세요. 정신 바짝 차리고 결사적으로 기도하세요. 저도 기도해 드릴테니까 죽으면 죽으리라는 각오를 가지고 열심히 기도하세요. 천지간에 도움을 주실 분은 주님밖에 없다는 사실을 우리는 잘 알고 있잖아요.』

『저희를 위해서 기도로 도와주세요. 그런데 사모님! 제 남편에게 목회일을 그만두자고 하면 죄가 될까요?』

『목회일을 안하면 무슨 다른 일은 할 수 있나요? 무슨 기술이라도 있는가 말이에요.』

『그분은 중국요리를 배웠기 때문에 요리사로 취직할 수 있어요. 만일에 그분이 목사가 되어서 교회를 망치느니 도리어 요리사로 취직을 하여 생활하면서 교회를 도우면 죄가 될까요?』

『자비량하면서 열심히 주님의 일을 할 수 있으면 도리어 좋을지도 모르지요. 그러나 중국요리집에 취직을 하면 주일을 지키지 못할 수도 있지 않을까요?』

『그러니까 제가 남편과 같이 중국집에 취직을 해서 열심히 일을 해주면 주일을 지키게 해주지 않을까요? 저는 중국집에서 웨이트레스로 일한 적이 있는데 그곳에는 요리사가 몇 사람 있었어요. 그래서 번갈아가며 쉬었거든요. 밤 늦도록 일을 하면 혹 가능할지도 모르겠어요.』

『혹 불가능할지도 모르잖아요?』

『그래서 동지를 구해 음식점을 경영했으면 해요. 그러면 주일에는 음식점 문을 닫고 쉴 수 있으니까요. 그런데 신학을 공부한 사람들이 식당을 하면 벌을 받지 않을까 하는 걱정 때문에 막상 일을 추진하기가 두렵네요.』

『기도를 철저하게 한 후에 결단을 내리셔야겠네요. 주님이 하지 말라고 하셨는데 자기 고집대로 하면 죄가 되지만 하라 하시면 해도 되는 것이에요. 어지간히 기도해서는 안될 것 같네요.』

『정말 그럴 것 같아요. 그런데 어떻게 하나님의 뜻을 분별할 수가 있지요?』

『자매님! 아브라함의 충성된 늙은 종의 기도를 기억하세요?』

『무엇인데요?』
『창세기 24장에 있는 이야기를 기억 못 하세요?』
『생각이 나지 않아요.』
『아브라함이 100세에 얻은 아들 이삭이 40세가 되었을 때의 이야기에요. 그가 자기 아들을 장가보내기 위해 어떤 방법으로 며느리감을 구해 왔는지 기억 못 하세요?』
『네, 이제 생각이 나네요. 그렇지만 사모님이 자세히 말씀해 주세요.』
『아브라함은 이삭에게 아내를 얻어주어야겠다고 생각했어요. 그러나 하나님을 모르고 살아온 가나안 족속의 여자는 이삭의 결혼상대가 될 수 없었어요. 그래서 그는 고민하기 시작했어요. 그러던 중 하루는 늙은 종 엘리에셀을 불러 자신의 고향에 가서 이삭의 아내를 구해 오라고 부탁을 했지요. 하나님을 알고 섬길 줄 아는 며느리를 데려오라고 부탁을 했다는 말이에요.』『네, 그랬어요.』
『그 아브라함의 늙은 종 엘리에셀이 어떻게 여자를 선택했던가요?』
『사모님이 말씀해주세요.』
『그는 아브라함의 고향에 찾아가서 우선 여자들이 오가는 우물가에 갔지요. 그리고 무엇이라고 기도했던가요? 「성중 사람의 딸들이 물 길러 나오겠사오니 내가 우물 곁에 섰다가 한 소녀에게 이르기를 청컨대 너는 물 항아리를 기울여 나로 마시게 하라 하리니 그의 대답이 마시라 내가 당신의 약대에게도 마시우리라 하면 그는 주께서 주의 종 이삭을 위하여 정하신 자라 이로 인하여 주께서 나의 주인에게 은혜 베푸심을 내가 알겠나이다」하고 기도했어요. 자기뿐 아니라 약대에게까지 물을 주는 여자는 아브라함의 며느리감이 넉넉히 되고 이삭의 아내로서도 손색이 없을 것이라고 생각한 엘리에셀은 하나님께 기도하고 기다렸어요. 그러자 그때 리브가가 물동이를 이고 우물에 왔어요. 엘리에셀은 그녀가 예쁘고 상냥해 보여서 곧 다가가 물을 마시게 해달라고 말했어요. 리브가는 기꺼이 물을 떠서 종에게 주고 열 마리 정도 되는 약대에도 일일이 물을 먹여 주었어요. 그 얼마나 너그럽고 아름다운 마음이에요. 그녀는 생긴 모양처럼 마음도 아름다운 것이었어요. 그래서 종은 곧 그녀의 이름과 또 누구의 딸인지를 알아본 후에 가지고 온 예물을 주었어요. 그것으로 인하여 그는 초청을 받아 리브가의 집에 가게 되었지요. 그런데 알고 보니 리브가는 이삭의 외삼촌 딸이지 뭐예요. 그래서 그 리브가를 데리고 와서 이삭의 아내가 되게 하였어요. 이 이야기를 잘 아시지요?』

『그럼요, 아다마다요, 그래서요?』

『그러니까 기도를 할 때는 그 종의 기도와 같이 하라는 말이에요.』

『어떻게 말이에요?』

『즉「제 남편이 목사가 되면 그의 언사와 성격으로 인하여 도리어 교회에 해를 끼치고 양들을 해칠까 염려가 되어요. 그래서 차라리 목사가 아닌 요리사가 되어, 요리를 하면서 전도하고 교회를 돕고 신자들을 돌보며 선교에 있는 힘을 다 쏟는 것이 좋을 것 같아요. 그러나 신학을 공부하고서 목사가 아닌 다른 일을 하는 것이 혹 죄가 되지 않을까 두려워요. 주님! 저를 바른길로 인도하여 주세요」하고 기도하세요. 그런 후에 3일 동안 중국요리집을 찾아 다니면서 일자리를 구해보세요. 과연 주일을 지킬 수 있는 곳이 있나 찾아보세요. 또 그 동안 같이 사업을 할 수 있는 분이 있는지 찾아보시고 알아보세요. 만일 이 둘 중에서 하나가 이루어지면 주님의 인도하심으로 알고 그대로 하세요. 또 아니면 주님이 목회일을 하라는 것으로 믿고 죽으면 죽으리라는 각오와 자세를 가지고 기도와 성경공부를 충실히 하고 매사에 조심하고 자중해서 성직에 충성을 다해야 할 것이에요. 목회자는 사람의 뜻이나 취미나 환경으로 되는 것이 아니라, 하나님의 부르심을 받은 사람만이 하는 것이기 때문에 여간 중요한 일이 아니에요. 부르심 없이 목회자가 되면 참 위험해요. 왜냐하면 영혼들을 살상하기 쉽고 또 자신이 평안을 얻을 수 없기 때문이에요. 그러니까 죽느냐 사느냐의 결사적인 자세로 기도하면서 하나님의 뜻을 찾아보세요.』

『잘 알았어요. 아브라함의 충성된 종이 기도했던 대로 하겠어요. 저희들을 위하여 기도해주시면 참 감사하겠어요.』

『나는 하루에 네 번씩 온 천하만국에 산재한 예수님의 교회와 교역자들과 신자들을 위해서 기도하지요. 그러니 자매님의 기도도 잊지 않을거에요. 자매님! 결사적인 기도는 승리를 가져온다는 것을 잊지 마세요.』

『네, 알겠어요. 그렇게 해보겠어요. 정말 고마워요. 안녕히 계세요.』

## *104*
# 승리하는 투쟁

추억이 많았던 대학시절을 동경에서 보낸 탓인지 나는 한국을 방문할 때면 으레 동경에 들른다. 아마 상당히 오래 전의 일이라 생각되는데 나는 대만에서 원고(죽으면 죽으리라)를 쓴 다음 미국에 가기 전 잠시 동경에 머무른 적이 있었다. 그때 겪은 일이 문득 생각난다.

나는 곧장 미국으로 가야 했지만 동경에 들러서 쉬고 싶었다. 으레 습관이 되어버린 그 일이 나에게는 자연스러웠던 것이다. 동경에서 쉬고 싶었던 이유 중 또 하나는 우리 선교부에서 일본에 호텔 같은 좋은 빌딩을 가지고 있었기 때문이었다. 그 빌딩은 선교사들에게 큰 도움을 주고 있었으며 조용하고 깨끗한 휴식처로서 그리 비싸지도 않았다. 나는 미국 국내선교사 자격으로 그 빌딩을 사용할 수 있었다.

나는 미리 전화로 빈방을 예약해놓고 동경에 도착한 즉시 그 빌딩으로 갔다. 숙박료는 엄청나게 비싸면서도 협소하고 불편한 일본의 호텔보다 부담스럽지도 않으면서 편리하게 사용할 수 있는 그 빌딩은 언제나 조용하고 깨끗한 분위기를 지니고 있었다.

그런데 그 빌딩을 맡아서 운영하는 직원이나 청소하는 종업원들은 모두 일본 사람이었다.

당시 내 방을 맡아 청소하고 일을 하는 여자 분은 전에 없었던 젊은 여자였다. 그 여자는 몸집이 아주 작은데다가 차갑고 웃음기 없는 얼굴을 하고 있었다. 나에게는 그리 호감을 주는 편이 아니었다. 어떻게 보면 싸움을 하고 그 억울함을 억지로 참고 있는듯한 인상이었던 것이다.

나는 진심으로 친절한 말씨로 인사했다.

『곤니찌와?』(안녕하세요?)
그녀는 대답은커녕 쳐다보지도 않았다.
나는 기분이 상했지만 그녀를 이해하는 태도를 보였다.
「그럴 수도 있지. 가정에 무슨 불행한 일이 있는지도 모르지, 그녀가 대답을 했든 안 했든 내게 손해난 것은 없으니까 잊어버리자.」
그리고 나는 잊어버렸다.
그 이튿날 그녀가 방을 노크하고 들어왔다. 그래서 나는 좀더 친절한 목소리로 인사했다.
『곤니찌와!
요구기데 꾸다삿데 아리가또!』
그녀는 들은척 만척했다. 나는 순간「아, 벙어리구나」생각하며, 선교사 빌딩이니까 특별히 어려운 사람들이 일하러 올 수도 있겠다고 여겼다.
『쯤보상데시다까.』
그녀는 내 말을 듣고 나를 쏘는듯이 쳐다보다가 곧 자기의 일을 계속하였다. 나는 그녀가 벙어리이지만 들을 수는 있는가보다 생각하고 다시 말했다.
『쯤모모 기꺼루소가나?』
그녀는 알아 들었는지 매서운 표정으로 나가버렸다. 순간 기분이 상했다. 그 고추같이 맵고 모진 얼굴이 내 머리 속에서 지워지지 않았다.「나는 여기에 쉬러 온 것이지 이렇게 속상하기 위해 온 것이 아니다」생각했다. 내 마음은 마치 전쟁하러 나온 심정이었다. 나는 하나님께 불평하기 시작했다.
『주님, 저 여자는 무엇 때문에 저렇게 생활하지요. 벙어리인 것 같은데 어떻게 듣고 방을 나가버렸는지요. 그리고 청소부라고 하면 하녀인데 손님으로 온 내게 인사는 해야 하지 않겠어요? 참 못된 여자예요. 제가 여기에 온 것은 쉬기 위한 것인데 말예요. 기분이 상해서 내일이라도 떠나고 싶어요. 저의 마음을 들여다보세요. 이 연기, 불쾌의 연기가 꽉 차고 기분이 정말 나빠요. 아버지!』
이렇게 불평을 늘어 놓은 뒤 다시 한번 생각했다.
「그 여자는 나를 한국 사람으로 알고 그렇게 대했을까? 비록 내가 미국 시민이고 영어로 이름을 기록했을지라도 말야. 그런데 많은 사람들은 내가 일본어로 말하면 일본인으로 알고 대하는데 유독 저 여자만 이렇게 나를 아무렇게나 대하지?」
나는 또다시 주님께 불평을 털어놓았다.
『주님, 그 새앙쥐 같은 일본 여자 보기 싫어요. 정말이지 보기 싫어요.』
나는 그 여자를 향해 좀더 심한 욕설을 퍼붓고 싶었다. 순간 나는 양심의 소리를 들었다.
「너는 변했어.」
마치 누가 내 귀에다 직접 말한 것 같았다. 충격적인 말이었다.
「변했어? 내가? 어떻게?」
내 마음은 갑자기 물먹은 솜처럼 자꾸자꾸 무거워져만 갔다.
「내가 변했다구? 이 말은 길이 달라졌다는 뜻일텐데. 가령 동쪽으로 가던 내가 서쪽을 향해 간다든지, 바른 길을 가다가 그릇된 길로 향해 간다는 것일게다. 나는 지금도 주님을 여전히 사랑하고 있고 말씀대로 순종하기 위해 기도와 성경 읽는 것과 성경 암송하는 것을 쉬지도 않고 연기하지도 않고 있는데 어떻게 변했다는 것일까? 그리고 돈이라면 주님께 바치고 나 자신에게는 인색하리만치 정확하게 계산하고 생각해서 쓰는데 이게 웬 말인가? 말할 때도 가려서 조심스럽게 하려고 하는데…. 그리고 내가 변했다면 더 좋게 변했을텐데, 설마 나쁘게 변했을라구?」
나는 맥이 풀리는 것 같아서 그만 침대에 드러누워버렸다. 멀뚱멀뚱 천정을 바라보기도 하고 창밖으로 옆의 빌딩을 쳐다보기도 했다. 이리 뒤척 저리 뒤척 하다가 눈을 감아버렸다.
마음 속 깊이 새겨진 생각이었을까? 고요하게 떠오르는 그 무엇이 있었다. 평양 형무소, 변소 같은 감방이 점점 선명하게 보이는 것이었다. 나는 뼈만 남은 초췌한 얼굴을 하고 종일 무릎을 꿇고 있었다. 무지한 간수들이 내 앞으로 지나갈 때마다 나는 그들에게 절하고 있었다. 그 모습은 그림같이, 아니 사진보다 더 선명하고 확실하게 보였다. 반면 또다른 모습이 떠올랐다. 그것은 바로 죄수들에게 복음을 전해 주려고 온갖 노력을 기울이는 모습이었다. 어떻게 하면 복음을 전해줄 수 있을까 연구하며 애쓰고 있었다. 마치 어려운 문제를 풀려고 진땀을 빼는 오늘날의 수험생과 같았다.

「아, 맞아. 바로 이것이야. 그 감방에 있을 때는 죄수 하나 하나에게 어떻게 하면 복음을 전할 수 있을까 골똘히 연구를 했는데 이제는 그러한 열심이 없어져 버렸구나. 단지 눈에 보이는 것으로 판단하고 밉게 굴면 미워하고 잘해주면 기뻐하게 되었구나. 연구하지 않는다는 것은 사랑하지 않는다는 뜻이다. 사랑이 없으면 상대방을 행동으로만 판단하고 그 속에 있는 영혼의 상태에 대해서는 무관심하게 된다. 소경이 된다는 뜻이다. 감방에 있을 때 나는 어떠했던가? 그 만주 여자, 정부가 생기자 서로 짜고 자기 남편을 열 두 조각으로 토막살인해 강물에 버린 그 만주 여자를 나는 어떻게 대했던가? 그녀의 저주 담긴 욕설에 재수없다고 상대조차 하지 않았던 다른 죄수들에 비해 나의 태도는 어떠했던가? 그녀를 내 방으로 데려오기 위해 기도하고 간수들에게 사정하지 않았던가? 그것은 참으로 그녀에게 복음을 전하고 싶었던 열정이었으리라.

그러나 이제는 비행기도 마음대로 타고 호텔에서 여정을 풀 수 있고 산 순교자랍시고 성도들에게 극진한 대접을 받고 먹고 싶은 대로 다 먹고 입고 싶은 것 다 입을 수 있지 않는가? 그뿐인가? 하나님께서는 내가 가지고 싶은 것을 다 주셨고 누리고 싶은 것도 다 주시지 않았는가? 감독자도 없는 이러한 자유, 이러한 축복을 거저 받지 않았는가? 아! 나는 정말 변했구나. 변해버렸어.」

나는 침대에서 벌떡 일어났다.

「그렇다면 내 생활은 고쳐져야 한다. 내 태도와 말씨도 달라져야 한다. 적극적으로 바꾸도록 하자. 그렇다면 어떻게 무엇부터 바꾸어야 하나? 우선 이 여자에 대한 미움을 사랑으로 바꾸어야 한다. 사랑스럽지 않기 때문에 사랑해야 하는 것이다.」

나는 하나님께 결심을 말씀드렸다.

『주님, 지켜보세요. 저는 회개했어요. 제게 지혜를 주셔서 사랑하는 법을 지키게 하소서.』

나는 일어나서 아래층 사무실로 내려갔다. 마음은 사랑할 수 있다는 흥분으로 가득차 있었다. 사무실 문을 열고 들어가 맨 앞 책상에서 일하고 있는 일본 사람에게 내 방을 맡아 청소하는 젊은 여자의 이름을 물었다. 그 직원은 상기된 내 얼굴을 보더니 무슨 무례한 일이 일어났는가 하는 궁금증으로 반문했다.

『왜 그러세요? 무슨 좋지 않은 일이라도 있나요? 그 여자 대신 다른 사람으로 바꾸어 드릴까요?』
나는 고개를 저으며 웃는 얼굴로 말했다.
『아니에요. 천만에요. 나는 그분과 친구예요. 그런데 이름을 모르니 말이 되겠어요?』
『친구요? 그게 정말입니까?』
『자세한 말씀은 나중에 해드릴께요.』
그는 3층을 맡아 일하고 있는 청소부 명단을 훑어보더니 찾았다는 신호로 고개를 끄덕였다.
『에미꼬 상이라는 사람이네요.』
『아, 네. 감사합니다. 정말 감사해요.』
나는 에미꼬 상의 모든 것을 안듯 기뻤다. 아니, 정말 에미꼬 상을 알게 될 것이라는 기대 때문이었을지도 모른다. 나는 「에미꼬, 에미꼬」하면서 연신 되뇌이었다. 엘리베이터를 타는 것도 잊어버리고 계단으로 올라갔다.
그런데 이게 웬 일인가. 에미꼬가 계단에서 내려오고 있지 않는가. 내 마음은 몹시 흥분되었다. 미움을 사랑으로 바꿀 기회가 온 것이라 생각했기 때문이다. 우리는 서로 마주쳤다. 그녀는 분명히 나를 알아보았다. 나는 눈치를 챘지만 일단 모른 체하고 발만 보며 계단을 올라갔다. 드디어 바로 앞에서 마주치게 되었다. 나는 그녀를 가로막고 섰다. 그녀가 왼쪽으로 가면 나도 왼쪽으로 갔고 그녀가 오른쪽이면 나도 오른쪽이었다. 그녀는 그때서야 쏘는듯한 눈초리로 나를 노려보았다. 나는 활짝 웃으며 그녀의 이름을 불렀다.
『에미꼬 상!』
그녀는 놀라면서 다시 나를 쳐다보았다. 그렇지만 여전히 입은 열지 않았다.
『에미꼬 상은 이유도 없이 나를 미워하고 있지요? 마치 내가 미워 죽을 지경인 것 같아요. 그런데 나는 에미꼬 상을 잘 알기 때문에 좋아 죽을 지경이에요. 믿겠어요?』
『나를 아신다구요?』
그녀의 음성은 날카로웠고 얼음같이 차갑고 싸늘했다. 그러나 나는 밝게 웃으며 말했다.

『그럼요. 알지요. 그러니까 이렇게 당신의 이름을 부르지요. 언제 당신이 내게 이름을 가르쳐준 적 있어요? 없지요? 그렇지요?』
그녀는 어처구니가 없다는 표정으로 대답했다.
『없어요.』
『그것 보세요. 그런데 내가 어떻게 당신의 이름을 알겠어요? 그것은 내가 당신을 좋아하기 때문이에요. 내가 애써서 당신의 이름을 알게 된거에요. 아시겠어요?』
그녀의 음성은 여전히 싸늘해서 마치 겨울 바람이 불어오는듯 했다. 그녀의 태도가 그럴수록 나는 더욱 사랑할 마음이 커갔다.
『자, 내가 어떻게 당신의 이름을 알게 되었고 또 내가 왜 당신이 좋아 죽을 지경인지 그리고 이것이 사실인지 알고 싶지 않으세요? 알고 싶으면 내 방에 찾아오세요. 내가 설명을 해줄께요.』
그렇게 말을 마치는 순간에도 나는 그녀의 냉정한 태도에 정이 떨어지는 것을 스스로 느낄 수 있었다. 그렇게 말하고 나서 나는 쓸쓸한 표정을 지으면서 내 방으로 돌아왔다. 여전히 기분이 좋지 않았다. 언제 그녀를 사랑하리라는 생각을 가졌던가 싶었다.
「어쩜 저런 사람도 있담.」 인간으로서 인정이 없다면 동물과 무슨 차이가 나겠는가? 단지 먹고 자고 새끼 낳고 하다가 죽을 뿐이다. 어찌 그리고도 이 세상을 살아갈 수 있단 말인가? 어떻게 이 세상에 붙어서 연명할 수 있단 말인가? 그리고 나는 왜 이런 사람을 상대로 하여 쉬어야 할 시간을 허비해야 되는가?
그 동안 책을 쓰느라 신경이 곤두서있는 판국에 사소 일로 다시 긴장해야 한다는 데 생각이 미치자 갑자기 짜증이 났다. 즉시 미국으로 가야 했는데 그렇게 하지 못한 것이 후회되었다. 미국에서 해야 할 많은 일을 뒤로 하고 동경에 온 것은 그동안 쌓였던 긴장을 풀고 새 힘을 얻어 더욱 열심히 일하겠다는 생각 때문이었다. 그런데 생각치도 않은 일이 일어나 나를 긴장 속으로 몰아 넣는 것이었다.
그러나 나는 마음을 바꾸기로 했다.
「투쟁은 이미 시작되었다. 나는 이 투쟁을 단념할 수 없다. 한번 선언된 투쟁은 되무를 수 없는 법이다. 나는 이 투쟁에서 이겨야 한다. 내가 이겨야 나의 것이 된다. 나를 살려두시는 주님의 기대에 어긋나지 않게 해야 한다.」

그러는 동안 아침을 먹지 않은 나는 시장기가 돌았다. 나는 비싸고 맛있는 음식을 사먹고 멋있는 옷도 한벌 사고 구두와 핸드백도 한 세트 구입해야겠다고 생각했다. 그렇게 하려면 우선 지갑에 돈이 두둑해야 했다. 나는 있는 돈을 꺼내 보았다. 그러나 내가 가진 돈은 숙박비를 치를 정도밖에 되지 않았다. 내가 원했던 여러 가지 것들은 나의 사치밖에 안 되었던 것이다. 그래서 나는 열흘 정도 머물려고 했던 계획을 사흘로 줄이고 남은 돈으로 쓸 수 있는 만큼 쓰기로 했다. 그러나 나는 옷이나 구두 핸드백 따위를 구입하는 것을 단념하고『투쟁하는 데』투자하기로 했다.

　우선 근처의 유명한 우동집에 가서 가장 비싼 우동을 시켜 먹었다. 그리고 전철을 이용하여 동경을 한 바퀴 돌았다. 그 옛날 젊었을 때, 즐거운 추억을 만들었던 때와는 다르게 그저 죄악의 도시를 순찰한다는 기분으로 다녔다. 전철 안에서는 거의 누구나 책이나 신문을 읽고 있었다. 나는 그들의 얼굴을 찬찬히 바라보면서 탄식하지 않을 수 없었다.

「세상의 일은 일점일획이라도 모를 것 없이 다 알기 원하는 소위 일본 지식인들이여, 그대들은 세상의 일보다 더 중요하고 더 큰 문제인 죽음이나 죽음 후의 일에 대해서는 왜 그리 캄캄한가?」

　제일 중요하고 제일 큰 사건은 영원히 죽지 않는 세계이다. 그러나 그 일본인들에게는 언제 찾아올지 모르는 죽음에 대해서는 생각이나 인식이 전혀 없는 것 같았다. 단지 그때 그때 눈앞에 닥치는 일에만 매이고 흔들리고 연연해 하는 것 같았다. 그들에게는 이미 내려진 채찍이 의식되지 않았던 것이다. 그 채찍은 무서운 원자탄이었다. 그들은 그 채찍에 대해 마치 남의 일인 양, 아니면 지나가는 바람소리인 양 무감각했다.

　깨달음이 없으면 짐승과 같다고 성경에서 말하고 있다. 이 말은 참으로 진리이다.

　나는 과거에 소명 때문에 일본 사람에게 복음을 전하기 위해 안간힘 쓰던 일을 오롯이 기억했다. 지금은 다 지나간 과거이지만 당시 내 생활은 잊을 수 없는 고통의 도가니였다. 그러나 복음에 대한 내 열정은 대단했다. 교만하기 짝이 없는 일본 군인들을 향해 하나님의 말씀을 선포하기도 하고 담대히 말도 했다.

『일본은 유황불에 의해 망하게 될 것이오. 그리고 일본은 온 세계로부터 수치를 당하게 될 것이오. 어서 빨리 회개하시오.』

나는 만 6년 동안 변함없이 경고하고 다녔다. 그것은 일종의 투쟁이었다. 인내가 필요했고 용기가 필요했다. 사형을 유도하기 위한 조사관의 어려운 질문에도 하나님의 말씀으로 자연스럽고 진지하게 대답할 수 있었다. 나는 결코 그들에게 무릎을 꿇지 않았다. 그러한 용기는 내게서 나온 것이 아니었다. 성령님께서 친히 내 속에서 역사하신 것이었다.

성령님의 역사는 세월이 지날수록 더욱 선명하고 분명하게 나타난다. 내 과거가 아무리 쓴 아픔이었다 할지라도 성령님의 역사하심을 체험했던 사실 하나만으로도 이 세상에서 살아가는 의미가 있는 것이다.

그렇게 생각하니 내 마음에는 어느새 하나님을 향한 기쁨과 감사가 넘쳤다. 나는 일본 군인들을 대할 때마다 생목숨을 걸었다. 죽고자 하는 자는 살고 살려고 하는 자는 죽는다는 예수님의 말씀은 체험으로 진리라 확증할 수 있다. 여기에 말씀의 묘미가 있는 것이다.

전쟁병에 걸려 미치광이처럼 살육하고 압제하며 약탈하는 광란자 일본에 조그마한 한 조선인이 어떻게 감히 맞설 수 있었겠는가? 때문에 죽으면 죽으리라는 자세가 되지 않을 수 없었다. 그러한 용기는 하나님께서 주신 힘이었다.

「과거에는 그렇게 주님이 하라고 하신 대로 순종했는데 이 청소부 여자 한 사람으로 인해 기분을 상하고 상처받다니…. 나는 정말 변했나봐.」

나는 그런 생각으로 다시 한번 결단을 내렸다. 전차는 내가 내릴 역에서 섰다. 내리면서 생각했다.

「다시 한번 해보는거야. 그래 하고 말고. 하고야 말리라.」

나는 흰 구름 가득한 하늘을 보았다. 그리고 그 구름 너머 창공에 계신 하나님을 우러러 보았다.

「아버지, 과거에 저와 친밀하게 함께 해주신 아버지, 내 아버지여! 그때 했던 결심을 오늘도 다시 하겠습니다. 죽으면 죽으리라는 순종을 하겠습니다. 지켜봐 주세요. 그리고 저를 도와주세요.」

나는 숙소에 들어가기 전에 제과점에 들렀다. 거기에서 제일 비싸고 보기에도 좋은 생과자를 여러 종류로 골라 한상자 만들었다. 포장도 특별하게 했다. 카드까지 구입했다.

숙소에 들어온 나는 카드에다 「사랑하는 에미꼬 상에게」라고 썼다. 내 이름을 쓰지 않았다. 리본으로 장식한 선물상자를 들고 아래층으로 다시 내려갔다. 사무실 바로 뒤쪽에는 청소하는 여자분들이 쉬는 방이 있었다. 나는 선물 상자를 그 방문 앞에다 놓고 내 방으로 돌아왔다.

피곤해야 할 나는 웬일인지 전혀 피곤하지 않았다. 마음에는 도리어 샘처럼 솟는 기쁨이 있었다. 사실은 감옥생활에서 얻은 체험이지만 나는 주님이 계시며 주님이 내게 시키신 것이라 생각하면 힘이 생기고 기쁨이 넘친다. 그리고 세상도 따라서 기뻐보인다. 성경의 인물 중 모세는 120세에도 눈이 완전했고 젊은 사람들같이 힘이 있었다고 하는데 이와 같은 것이 아닌가 싶다.

나는 에미꼬가 그 선물을 받고 어떠한 반응을 보일지 궁금해하면서 잔뜩 기대했다. 그러나 시간이 갈수록 더욱 부정적인 생각이 짙어져 갔다.

「그 맹꽁이 아가씨가 어쩌면 그 생과자를 먹지도 않고 내게 도로 가져다 줄지 모를 일이다. 일이 그렇게 된다면 나는 어떻게 할 것인가? 만일 에미꼬가 내게 와서「난 이런 것 먹지 않아요」하면, 나는 그녀의 손을 잡고 애원하듯이「그러지 말아요. 에미꼬, 그것은 에미꼬를 위해 내가 특별히 사온 것이에요. 먹어봐요?」라고 말해야겠지? 아냐, 그렇게까지 사정하면서 구차하게 굴 필요가 있을까? 차라리「아, 그래요? 잘 됐군요. 내가 먹지요. 뭐, OK」하면서 문을 쾅하고 닫아버릴까?」

그러한 생각으로 머리가 복잡했다. 그러나 또다른 생각이 뇌리를 스치고 지나갔다.

「그 과자를 사기 전에 나는 무엇이라고 하나님께 기도했던가? 하늘을 높이 바라보며 주님께 지켜봐달라고 그리고 도와달라고 기도하지 않았던가?」

변덕스러운 내 모습이 초라해져 부끄러웠고 심지어 미워지기까지 했다.

「에미꼬가 나를 대하는 태도와 내가 주님을 대하는 태도가 똑같지 않은가?』

나는 마룻바닥에 엎드렸다.

『아버지, 제 모습을 보았습니다. 저의 이런 모습을 용서하시고 당신의 자녀답게 행동하도록 도와주세요.』

나는 간절한 마음으로 기도드리고 다시 에미꼬의 태도에 대해 생각했다. 이런저런 생각을 하다가 피곤 탓인지 잠에 빠지게 되었다. 평안한 마음으로 눈을 붙인 것이었다.

다음날 아침 상쾌한 마음으로 하루를 맞이하였다. 아침 식사는 호텔에서 제공되었다. 나는 식당으로 내려가서 과일 쥬스를 마셨다. 그리고 잘 아는 선교사들과 대화를 했다. 특히 그 전날 도착했다는 어떤 선교사의 누님이 동생을 만나러 왔다고 하면서 미국 이야기를 했다. 긴 이야기를 나누고 내 방으로 돌아오니 10시가 넘어 있었다.

그날도 에미꼬는 제 시간에 방을 청소하고 있었다. 이미 사용했던 수건들을 치우고 새 수건을 걸어놓고 휴지통을 비우고 있었다. 그런데 에미꼬의 표정이 달라져 있었다. 무슨 말인가 하고 싶은 표정이었다. 순간 나는 너무 기뻐서 유심히 에미꼬를 쳐다보았다. 에미꼬는 갑자기 카페트에 무릎을 꿇으며 인사를 했다.

『센세이, 아리가도고자이마스(선생님, 고맙습니다.)』

나는 그 인사말을 듣고 너무 기뻤다.

『어머, 그래요? 좋아. 정말 좋아요.』

나는 활짝 웃으며 말을 했다. 에미꼬도 생긋 웃었다.「그녀가 웃다니!」나는 믿을 수 없을 정도로 놀랐다.

『에미꼬 상, 당신은 정말 미인이에요. 정말 이뻐요. 이쁘다구요.』

에미꼬는 부끄러운듯 몸을 조금 움추렸다. 그러나 곧 그 말에 대해 반응했다.

『우소데쇼.(거짓말이지요.) 저는 예쁘지 않아요. 세상에서 제일 못생겼어요.』

동경 말씨가 아니었다. 지방색이 짙은 사투리였다. 생과자 한 상자가 그렇게 놀라운 결과를 가져오리라고 기대하지 못했다. 시골에서 자라서인지 그런 생과자를 맛본 적이 없었던 것 같다.

우리는 금새 가까워졌다. 나는 가지고 있던 책「만일 그렇지 않을지라도」를 에미꼬에게 주고 싶었다. (이 책은「죽으면 죽으리라」의 일어판으로 내가 쓴 책이다. 성경 다니엘에 보면 느부갓네살 왕이 금신상에 절하지 아니하면 풀무불에 집어 넣겠다고 위협했을 때 사드락, 메삭, 아벳느고가 대답하는 장면이 나온다. 「왕이 만일 우리를 풀무불에 던져 넣으면 우리가 섬기는 우리 하나님이 우리를 건져 주실 것이요. 만일 그렇지 않을지라도 왕의 금신상에게 절할 수 없습니다.」 일어판의 제목은 여기에서 인용되었다.)

『에미꼬 상, 책읽는 것을 좋아해요?』

『하이』

나는 선뜻 선물했다. 일본은 의무교육 제도 때문에 벽촌에까지 문맹은 거의 없었다. 에미꼬도 국민학교는 나왔을테니까 책을 읽는다는 것을 의심할 필요가 없었다.

『에미꼬 상, 그런데 이 책은 좀 별다른 책이에요. 읽어보면 에미꼬 상도 다른 사람들같이 놀랄거에요. 읽을 시간이 있겠어요?』

『네, 저녁에는 시간이 많으니까 읽을 수 있어요.』

에미꼬 상은 가슴에다 책을 대고 두 팔로 꼭 안은 채 인사를 하고 문을 나섰다. 에미꼬로 인해서 신경이 그렇게도 곤두섰는데 웬일인지 평안하고 감사한 마음이 우러나왔다. 나는 주님께 감사했다.

『항상 그렇듯이 아버지께 순종하는 일은 이렇게 기쁘고 즐겁고 힘이 생기게 됩니다. 아버지, 감사합니다.』

그런데 여전히 에미꼬에 대한 궁금증은 집요한 의문이 되어 내 마음을 사로잡고 있었다.

「에미꼬가 그 책을 다 읽은 후 깨달을 수 있을까? 또 읽은 후에 무엇을 느낄 수 있을까?」

그런 생각을 하고 있는데 갑자기 전화벨 소리가 들렸다. 미국에서 온 도리스 씨였다. 함께 쇼핑을 가자고 했다.

『그래요? 저는 쇼핑할 돈이 없어요. 그렇지만 점심은 사먹어야 하니까 같이 가요.』

『동경에서 제일 유명한 거리를 아시지요?』

『그럼요. 알고 말고요. 동경이 넓지만 어떻게 다니는지 알아요. 그러니 나만 따라오세요.』

우리는 동경에서 유명한 거리 긴자로 향했다. 전차 속에서 우리는 투숙하고 있는 숙소와 종업원들에 대해서 이야기를 나누었다. 도리스는 내게 물었다.

『숙소는 조용하고 깨끗해요. 값도 싸구요. 그런데 종업원들이 모두 일본인이고 그들 중 대부분은 무표정하지요. 게다가 불친절해요. 어떻게 생각하세요?』

나는 순간 에미꼬를 떠올렸다.

『글쎄요. 그것은 그 숙소가 일본에 세워졌으니 종업원들은 일본인일 수밖에 없잖아요? 그리고 일본인은 사실 친절하지만 우리와 언어 소통이 안 되기 때문에 그렇게 불친절하게 보일지도 모르죠.』

도리스는 그렇지 않다는듯이 어깨를 으쓱하며 말했다.

『아무리 말이 통하지 않아서 말은 못 한다고 하더라도 태도나 표정으로도 충분히 친절할 수 있잖아요?』

도리스는 이해할 수 없다는 태도였지만 나는 일본인을 변호하는 사람처럼 그들의 입장에서 말하고 있었다.

『글쎄요. 아마 그 종업원들은 주님을 모르는 불신자들일거예요. 일본인들 중 기독교인은 얼마 되지 않으니까요. 주님을 모시지 않은 사람들은 친절에 대한 관심이 부족하겠지요. 그렇지 않을까요?』

『그 사람들은 아직 패전의 비굴함을 삭이지 못하고 승전한 미국인에게 반감을 가지고 있는지도 모르죠.』

도리스의 말을 듣고 보니 에미꼬의 태도가 생각났다. 에미꼬에게도 그런 의식이 있기 때문에 처음에 내게 그렇게 쌀쌀맞게 굴었는지도 모른다는 생각이 들었다. 그러나 다르게도 생각해보았다. 에미꼬가 일본인으로서 미국인들이 묵는 숙소에서 일하는 것은 뭔가 미국인과 관계가 있기 때문이 아닌가 싶었다.

도리스는 조금 비판적인 성격을 가지고 있었다.

『제 동생은 미국에서 좋은 직장에 다니고 있었어요. 그런데 그 좋은 직장을 포기하고 이 일본인들의 영혼을 구원하는 비전을 가지고 일본에 왔어요. 일본에 온 지 3년 6개월이나 되었는데도 그는 아직 한 사람도 구원시키지 못했어요. 세월만 보낸 셈이 됐지 뭐예요? 그리고 동생이 알고 있는 대학교수 한분도 일본인의 구령 사업을 위해 오셔서 영어 과목을 강의하신대요. 글쎄 지금까지 11년이나 되었는데도 가르친 학생들 중에서 주님께 바로 인도된 수는 세명도 못 된대요.』

나는 놀라며 물었다.

『세명도 못 되다니요? 그 말은 세명도 안 된다는 뜻인가요?』
『믿는다고 해놓고서 후에 만나보면 믿음을 바로 가지고 있지 않다는 것이지요. 그 교수는 참다못해 금년 말에 미국으로 돌아간대요. 일본인의 마음은 마치 돌처럼 굳어있고 딱딱한 모양이에요.』
『마음이 굳고 딱딱하기보다 마음에 다른 것 우상과 같은 것들이 꽉 차 있어서 그럴거에요.』
도리스는 놀란듯 눈이 더 커졌다.
『우상이 그렇게도 많아요? 정말 일본에서는 복음을 전하기가 힘들겠어요.』
『그래요. 그러나 동경대학의 야나이 하라 학장이라든가 후꾸다 간조 선생이라든가 가가와 도요히꼬 같은 성자도 있어요. 이분들은 모두 훌륭한 크리스챤이었어요. 그러나 그들의 교훈이나 신앙만으로는 이 민족에게 별 큰 영향을 끼칠 수 없는 것 같아요.』
『왜 그런가요?』
『이 민족은 돈을 참 좋아한답니다. 그들의 생각이나 마음은 돈을 버는 방법이나 어떻게 하면 부자가 될까 하는 생각으로 가득차 있어요. 게다가 몸과 영혼에는 2000여년 동안 내려온 우상숭배가 배어있어요. 이 우상들은 800만이나 된답니다. 일본인은 조상 대대로 이 우상들을 섬기기 때문에 미국인이나 한국인과는 달리 하나님에 대한 관심이 없답니다.』
도리스는 계속되는 내 말을 짜증내지도 않고 잘 들어주었다. 나는 계속 말했다.
『믿는 사람이 너무 적어서 그런지 모르지만 일본에는 교회나 신학교에 십자가가 우뚝 서있는 경우가 거의 없을 정도예요. 도리스, 그러나 한국에 한번 가보세요. 높은 빌딩 가운데 교회도 많구요, 십자가도 높이 서있어요. 그리고 산속에 세워진 기도원도 있지요. 아무데서고 울려 퍼지는 찬송 소리를 들을 수 있을거에요. 한국인들은 하나님을 당연히 섬겨야 할 분으로 생각한답니다. 심지어 어린 아이들까지도 그렇게 생각하고 있어요.』
도리스는 내 열변에 몰입된듯 고개를 끄덕이는 것조차 잊어버릴 정도였다. 나는 계속 우리 나라의 교회 수와 성도들에 대해 이야기했다.
『한국에 가보면 거리마다 골목마다 교회가 세워져 있어요. 교회 안에 들어가면 성도들이 꽉 차있어요. 또 신학교도 많아요. 거기서 젊고 씩씩하고 훌륭한 신학생들이 열심히 공부하고 있어요. 물론 죄도 많고 악한 사람도 많고 우상이나 잡신을 숭배하는 사람들도 많아요. 일본보다 생활수준은 좀 떨어지고 제도도 다소 뒤진 면이 있기는 하지만 말이에요. 도리스, 한번 건너가 보세요.』

『아! 에스더(나의 이름)는 본래 한국인이라지요? 그러니까 한국에 대해서 잘 알고 계시군요. 한국이 자랑스럽겠군요.』

『제가 한국을 자랑한 것같이 들렸어요? 저는 한국을 자랑했다기보다 신앙적인 면과 신자들에 대해서 말했을 뿐이에요.』

우리는 긴자 거리를 걸었지만 이야기에 몰두했기 때문에 쇼핑은 완전히 잊어버리고 말았다. 사실 도리스도 물건을 구입할 마음이 없는 것 같았다. 더군다나 그는 돈을 헤프게 쓰는 사람 같지도 않았다.

우리는 영어로 말했기 때문에 다른 사람들이 우리의 이야기를 들을까 염려할 필요가 없었다. 우리는 마음놓고 이야기할 수 있었다.

도리스는 내가 일제 때 만났던 심문관처럼 내게 일본에 대한 심정을 물었다.

『에스더, 당신은 일본인들에 대해 어떻게 생각해요? 그들은 에스더를 6년 동안이나 감옥에다 넣고 사형하려고까지 계획했잖아요. 당신의 청춘을 그들이 망쳐 놓았잖아요. 솔직하게 말씀해보세요. 일본이 괘씸하거나 싫지 않아요?』

『솔직하게 말해 보라고 하니 말할께요. 저는 일본인, 한국인, 미국인, 흑인 등을 나누는 인종 차별 같은 의식이 없답니다. 왜 그런지 아세요?』

도리스는 내 물음이 끝나기가 무섭게 물었다.

『왜 그러신가요?』

『로스엔젤레스에는 우리 부부가 봉사하는 교회가 있지요. 우리 교회에는 한국인, 미국인, 일본인, 흑인, 유대인, 인디안, 남미인, 중국인, 서반아인, 유럽인 등 여러 인종이 있어요. 모두가 한 형제요, 자매이지요. 한가족같이 가깝지요. 어느 민족이나 예수를 믿으면 이상스럽게도 한가족같이 감정이 통하고 서로 아끼고 사랑하게 되지요. 그분들은 우리를 한국인으로 여기지 않고 목자로 여긴답니다. 마찬가지로 우리 부부도 그분들을 일가붙이처럼 여기구요.』

『그렇습니다. 그렇구말구요..』

도리스는 계속 고개를 끄덕이며 내 말에 동의를 표했다. 나는 계속 말을 이었다.

『그러니까 예수님을 믿으면 서로 가까워지고 허물을 가려주고 사랑하게 되지요. 그러나 예수님을 믿지 않는 사람들은 불쌍하고 안타까워요. 외인같이 느껴지지요. 이 일본인들을 바라볼 때 불쌍하고 안타까워요. 일본인뿐만 아니라 예수믿지 않는 사람은 누구나 다 불쌍해요. 한국인이든 미국인이든 말예요.』

우리는 백화점에 들어가 이것 저것 구경했다. 산 것도 없이 돌아다니기만 했다. 시장기가 돌아서 빌딩 7층에 있는 식당에서 양식으로 점심을 먹었다.

도리스는 몸이 조금 뚱뚱한 편이어서 걸어다니는 것이 굉장히 힘들었던지 더이상 걷지 못했다. 우리는 택시를 타고 숙소로 돌아왔다.

방으로 돌아와 목욕 준비를 하려던 나는 책상 위에 놓여있는 나무 도시락을 보았다. 열어보니 맛있는 김밥이었다. 나는 즉각적으로 에미꼬가 갖다준 것임을 알고 기뻤다. 나는 환희의 소리로「할렐루야!」를 외쳤다.

그 김밥이 있어서 기쁜 것이 아니라 에미꼬가 변화되었다는 증거였기 때문이었다. 나는 목욕을 하면서 감사의 찬송을 힘차게 불렀다. 목욕이 끝난 후 김밥을 앞에 놓고 주님께 기도했다. 진지함과 경건함 그리고 회개가 포함된 기도였다.

점심을 먹은 나는 더이상 음식을 먹을 마음이 없었다. 그저 김밥 맛이나 볼까 하여 한개를 먹어본 나는 주저없이 절반 정도를 마구 먹어버렸다. 김밥이 너무 맛있었기 때문이었다. 나는 에미꼬의 정성과 변화를 생각했다. 그날밤 나는 어린 아이같이 깊이 그리고 달게 잘 수 있었다.

이튿날 아침 나는 기도하고 찬송하며 성경을 묵상하고 있었다. 갑자기 노크 소리가 나더니 에미꼬가 들어왔다. 그녀의 두손에는 음식들이 들려있었다. 맛있는 된장국 냄새가 온 방에 퍼지는 것 같았다. 나는 에미꼬가 가지고 온 음식들을 자세히 들여다보았다. 두부 된장국과 노란 무우 그리고 따끈따끈한 밥이었다. 그리고 거기에 생선초밥까지 곁들여 있었다.

『에미꼬 상, 이게 웬거예요? 이렇게까지 수고할 필요가 없는데
….』
『자꾸 이렇게 하고 싶어요 선생님.』
에미꼬는 웃으며 말했다. 나도 미소를 띠며 말했다.
『왜 그럴까요?』
『저도 모르겠어요. 그저 이렇게 하고만 싶은걸요.』
『아니, 이렇게 요리를 하려면 재료도 있어야 하고 시간도 내야 할텐데 말이에요. 여기서 일을 하는 에미꼬 상이 이렇게 해도 되는거에요? 이렇게까지 안 해도 되요, 에미꼬 상!』
『다른 사람들의 아침 식사가 끝난 후 재빨리 부엌에서 준비하면 괜찮아요.』
『그렇게 하다가 무슨 말을 들으면 어떻게 하려구요. 에미꼬 상, 정말 고맙고 감사해요. 점심이나 저녁은 바로 앞에 있는 식당가에서 먹으면 되요.』
에미꼬는 미소를 띠면서 내 말을 듣기만 했다. 그녀가 어찌나 사랑스러운지 내 가슴은 사랑으로 가득찼다. 마치 사랑스러운 사람이 곁에 있는 것 같았다.
「아, 그렇게도 보기 싫고 밉던 에미꼬였는데 이제는 너무나 사랑스럽다. 어쩜 저렇게 아름답고 사랑스러운 꽃송이 같을까? 안아 주고 싶다. 업어 주고 싶다. 볼을 대고 비벼주고 싶다.」
내 마음 속에서는 에미꼬를 향한 사랑이 한없이 넘쳐 나왔다. 나는 에미꼬를 기쁘게 하기 위해 가져온 음식을 그 앞에서 먹기로 했다. 그리고 눈을 감고 큰 소리 나게 일본어로 기도했다.
『아버지, 어찌하여 에미꼬 상을 제 친구로 만들어 주셨는가요. 당신이 이렇게 변화시켜 주셨습니다. 감사를 드립니다. 저는 에미꼬를 많이 사랑하고 자랑하며 살겠습니다. 감사합니다. 아버지, 나의 아버지 하나님, 참으로 참으로 감사합니다.』
나는 눈을 뜨고 에미꼬를 보았다. 에미꼬도 함박웃음으로 나를 바라보았다.
『선생님!』
에미꼬는 나를 불러 놓고서 아무 말없이 방긋 웃기만 했다.
『왜 그래요? 말해봐요.』

『그때 주신 책 말이에요.』
『그래요. 그래서요?』
『저는 그 책을 밤을 새면서 읽었습니다. 시간 가는 줄도 모르고 읽었어요.』
『네? 그랬어요? 어머나 좋아라. 그러니까 그 책이 좋았다는 뜻인가요?』
『좋았다니요? 얼마나 감명 깊었는지 몰라요. 그리고 얼마나 울었다구요.』
『울었어요? 어머 좋아라.』
『그 책을 쓴 분이 아직 살아 있는가요? 선생님?』
『물론 살아있지요.』
『어디에 계셔요?』
『여기』
『여기 일본에 계신다는 말씀이에요?』
『그럼요.』
『일본 어디에요?』
『여기라니까요.』
『동경에요?』
『아니, 바로 여기에요.』
『여기라뇨?』
『여기 이방 말이에요.』
『이방에요?』
에미꼬는 그러면서 손으로 입을 막았다. 에미꼬는 너무 놀라서 말 못하는 사람처럼 한동안 나를 쳐다보았다.
『그럼, 선생님이? 선생님이세요?』
『이 방에 나말고 또 누가 있어요?』
에미꼬는 다시 한번 나를 뚫어져라 쳐다보았다. 그리고 어느새 에미꼬의 두 뺨을 타고 눈물이 흘러내렸다. 나도 그와 함께 울었다.
나는 에미꼬를 붙잡아 의자로 인도했다. 에미꼬는 내 곁에 앉아서 고개를 숙인 채 두손을 모아서 무릎에다 놓았다. 에미꼬는 내 말을 기다리고 있었다.
『에미꼬 상, 나는 참으로 놀랍고 기뻐요. 왜 그런지 알겠어요?』

『왜 그러셔요?』
『그 높고 높으시고 위대하시고 존귀하신 하나님께서 에미꼬 당신을 그렇게까지 사랑하신다는 사실이 놀라운거에요. 나는 도무지 믿을 수 없도록 놀라고 있어요.』
『하나님께서 저를 사랑하신다구요?』
『그럼요. 에미꼬 상을요.』
『어떻게? 왜요?』
『에미꼬 상을 천국에 보내 주시려고 나를 미국에서 아니 대만에서 여기까지 보내신거에요. 나는 대만에서 원고를 다 쓴 다음 미국으로 돌아갔어야 했는데 말예요, 동경에 들러서 쉬고 가야겠다는 마음이 간절했던거에요. 그리고 여기에서 바로 당신을 만난거구요. 처음에 에미꼬 상은 내게 어찌나 냉랭했던지 기분이 상했어요.』
내 말에 에미꼬는 얼굴을 붉혔다. 마치 죄송스러운듯한 표정이었다. 나는 말을 계속하였고 그녀는 흥미깊게 들었다.
『그래서 나는 에미꼬 상을 보지도 않고 말도 나누지 않으려고 생각했어요. 솔직하게 말하는거에요. 사실 나는 에미꼬 상이 친절하든 않든 상관없이 며칠 동안 묵고 떠나면 되지요. 에미꼬 상에게 신경을 써야 할 필요가 전혀 없다는 말이지요.』
에미꼬는 머리를 끄덕이면서도 내 말을 조심스럽게 들었다.
『하나님께서는 내게 무거운 짐을 주셨어요. 여하튼 하나님께서는 에미꼬 상을 내 친구로 만들지 않고는 안 되도록 내게 역사하신거에요. 그래서 나는 어떻게 해서라도 에미꼬 상과 친해지기 위해 여러 일을 시도했지요. 처음에는 당신을 대할 때 내가 먼저 밝은 웃음을 보였지요. 그 다음에는 계단에서 당신의 길을 막고 나를 쳐다보게 했지요. 그런데 그렇게 해도 안 되었어요. 나는 포기하고 싶었어요. 그러나 마지막으로 내가 당신에게 관심이 있었다는 것을 표시해 놓고 떠나려고 과자와 카드를 선물했어요. 그러자 마침내 당신은 그 카드와 과자에 항복했지요. 하하하…. 항복을 말이에요.』
『그런데요, 선생님.』
『그런데 뭐예요?』
『저는 그것을 보았을 때 도로 가지고 올라와서 선생님께 갖다 드리려고 했어요. 그래서 그 상자를 들고 올라오다가 그만 떨어뜨려 버렸어요. 그래서 그 과자가 부서졌어요. 어떻게 그 상태로 두고 가겠어요? 그래서 똑같은 것으로 사려고 나가 보았는데 없었어요. 비슷한 것으로도 사려고 하니까 값이 너무 비싸서 살 수가 없었어요. 할 수 없이 돌아왔어요. 부서진 과자 맛은 이루 말할 수 없을 정도로 형편없었죠. 그러나 선생님의 정성을 생각하며 먹었어요.』
『그래서요?』
『그래서 나는 생각했어요. 평생 내게 이런 과자를 사준 사람이 있는가 하고 말이에요. 선생님의 인자하신 얼굴이 떠오르는 것이었어요.』
『뭐라구요? 내 얼굴을 보지도 않았을텐데?』
『아니에요. 아침식사 때 식당에서도 보았고 제가 안 보는 것 같았어도 다 보았는걸요.』
『그래요? 그래서요?』
『그래서 너무 고마운 생각이 들었어요. 저도 정성을 다하여 김밥을 만들었지요. 제가 시골에 있을 때는 그런 김밥은 명절이 되어야 먹곤 했어요. 그 김밥은 시골식이에요. 여기서 만드는 것과는 달리 만들어요.』
『아, 그래서 맛이 있었군요. 나는 너무 맛이 있어서 놀라면서 먹었어요.』
『그후부터 자꾸 선생님께 무엇이라도 해드리고 싶어졌어요. 선생님께서 무엇이라도 말씀만 하시면 제가 해드리겠어요.』
『나한테 더 해 줄 필요가 없어요. 나는 이제 곧 미국으로 돌아갑니다. 또 먹는 것에 대해서 별로 큰 관심이 없거든요. 단지 내가 기뻐하는 일은 내 말을 잘 들어주고 알아주는 일이에요. 이것이 내가 에미꼬에게 가장 원하는 것이에요.』
에미꼬는 계속 미소를 띤 얼굴이었고 표정도 밝았다.
『에미꼬 상도 나를 좋아하게 되었으니까 우리는 친구라는 관계를 가지게 된 것이지요. 그러니까 나의 말을 기꺼이 받아주고 들어준다면 내게 뭘 해주는 것보다 더 기쁘고 감사하겠어요.』
『네, 말씀하세요.』
『세상에 있는 사람 그 누구보다 즉 에미꼬 상의 부모나 형제나 친구보다도 에미꼬를 잘 아시는 분은 하나님이시라는 말이에요. 에미꼬 상의 부모님은 물론 에미꼬가 잘되기를 바라시고 원하시지만 하나님은 더욱더 에미꼬 상이 잘되고 영원히 행복하기를 바라고 원하세요.』
에미꼬는 질문하려는듯 나를 쳐다보았다. 나는 즉시 손을 들어 말을 막았다.
『에미꼬 상, 내가 말하는 동안에는 가만히 듣고만 있어요. 다만 머릿속에다 새기기만 해요. 질문이나 하고 싶은 말이 있으면 내 말이 끝난 다음에 얼마든지 해요. 알겠어요?』
『네.』
『자, 잘 들으세요. 에미꼬 상의 부모님은 에미꼬 상이 잘되고 행복하기를 원하지요. 그러나 그렇게 마음대로 할 수도 없고 되지도 않아요. 그러나 하나님은 전능하신 분이시고 천지와 그 가운데 있는 것을 모두 만드시고 또 그 능력의 말씀으로 붙드시고 운행하시는 분이세요. 하나님은 이 천지만물의 주인이시기 때문에 무엇이나 하실 수 있어요. 또한 에미꼬를 이 세상에 보내신 분은 하나님이세요. 부모님은 단지 몸을 빌려줄 뿐이지요. 그 증거가 무엇인지 아세요? 사람들이 아들을 낳기 원한다고 아들을 낳고 딸을 원한다고 딸을 마음대로 낳을 수 없지요. 그리고 키가 크고 얼굴이 잘생긴 자녀를 원한다고 그 원대로 다 되는 것이 아니잖아요? 다만 하나님께서 주시는 대로만 된다구요. 그래서 하나님은 어느 부모를 통해서 보내시든지 또한 어느 나라를 통해서 보내시든지 하나님의 사랑하는 자니까 모두 잘되고 영원히 행복하기를 원하신답니다. 우리가 하나님이 우리의 아버지이신 것을 깨닫고 하나님께서 원하시는 바를 들어드리면 잘되고 영원히 행복하게 된답니다.』
에미꼬는 그것이 무엇이냐는 태도로 계속 내 얼굴을 주시했다. 나는 그 뜻을 알아 차리고 재빨리 말을 이었다.
『하나님께서 원하시는 것은 그의 독생자 그러니까 하나밖에 없는 아들 예수님을 모든 사람들이 믿는 것이에요. 내가 쓴「죽으면 죽으리라」는 책을 읽었으니 내 말을 이해하기 쉬울거에요. 생각해보세요. 과거에 일본은 한국을 잔인하게 통치했지요. 그 당시 나는 용기있게「일본은 유황불에 타버린다」고 일본 고위층을 향해 말했지요. 그 이유로 나는 감옥에 감금되었고 사형선고를 받았지요. 그런데 일본은 어떻게 되었죠? 일본은 원자탄에 의해 불바다가 되었고 온 세계에 수치당하고 패전하게 되었지요. 일본인들은 한국에서 쫓겨나 일본으로 돌아오게 되었지요. 사형을 기다리고 있던 나는 자유인이 되어 마음껏 하나님을 찬양하고 감사함으로 친구가 되어 함께 대화하고 있잖아요? 이 모든 것은 하나님께서 살아계심을 보여주고 있지요. 하나님께서는 내게 에미꼬 상을 사랑하고 친구가 되기를 원하셨어요. 그래서 이렇게 된거에요. 알겠어요? 내가 쓴 책 가운데 또다른 것이 있는데「사랑 제일 조건」이에요. 지금 내게 없지만 내일 서점에서 구해다 줄께요. 꼭 읽어 보세요.』

에미꼬는 황홀한듯한 얼굴로 나를 계속 쳐다보고 있었다. 쉬지 않고 줄줄 나오는 내 말에 빠진듯했다.

『자, 에미꼬 상, 당신은 안이숙 친구죠? 그러나 그것은 아무것도 아니에요. 무엇보다 중요한 것은 하나님께서 에미꼬를 사랑하시며, 에미꼬가 예수님을 믿고 잘되는거에요. 하나님께서는 에미꼬가 행복하기를 원하세요.』

에미꼬는 내 말이 끝나자마자 말을 이었다.

『제가 시골에서 생활하고 있을 때 미국 선교사가 제게 선생님이 하신 그런 말처럼 하나님에 대해 말씀하셨어요. 저는 그 말씀을 좋아했어요. 여기에서 일하게 된 것도 그 선교사께서 소개해주신 덕분이에요.』

『아니, 그러면 에미꼬 상은 예수님을 구주로 믿는다는 말이에요?』

『교회 다니고 있어요.』

나는 적이나 놀랐다. 에미꼬를 교회와는 상관없는 사람으로 생각하고 있었기 때문이었다.

『교회에는 왜 나가지요?』

『예수님을 믿으니까 나가는 것 아니겠어요?』

『아니, 그러면 믿는 사람이 그렇게….』

『네, 죄송해요. 선생님께서 무슨 말씀을 하실는지 알겠어요. 하지만 저는 너무 못생기고 몸집도 작아서 누구를 만나든지 겁이 나고 두려워요. 그래서 자연히 피하게 되지요. 교회에 가서도 어느 누구와 인사해본 적이 없어요. 그저 몰래 들어갔다가 예배 끝나기가 무섭게 나와버리거든요. 제 자신이 부끄러워서요.』

『어휴, 딱해라. 에미꼬 상, 대부분의 사람들이 다 그래요! 그러나 에미꼬 상은 지금 달라졌잖아요?』

『그것은 선생님이 너무 좋아서 그래요.』
『그렇지 않아요. 내가 얼마나 못된 사람이었는지 에미꼬 상은 모를 거에요. 나도 에미꼬가 했던 것처럼 누구에게나 친절하지 못하고 비굴해지고 낙심할 때가 많아요. 그러나 예수님은 우리를 하나님의 딸로 만들어 주셨어요. 우리가 이 사실을 깨달으면 기뻐할 수 있고 강해질 수 있고 그러면서도 겸손하며 남을 사랑할 수 있는거에요.』
『선생님은 그러세요?』
『에미꼬 상도 지금 현재는 그렇지 않아요?』
『저야 뭐 본래 못생겼으니까요.』
『못생긴 사람이 하나님의 딸이 되어 예뻐졌고 사랑스러워졌다는 사실이 얼마나 기쁜 소식이에요. 그렇죠?』
우리는 손을 잡고 기도했다. 에미꼬는 자신이 해야 할 청소를 잊어버렸는지 계속 나와 함께 있었다.
『에미꼬 상, 교회에 나가고 예수님을 믿는데도 왜 그 마음에 기쁨이 없는 줄 알아요?』
『마음으로 믿지 않아서 그런 것 같아요 선생님.』
『잘 알고 있군요. 믿는 것 같았지만 사실 믿지 않은 것이었어요. 하나님이 자신의 아버지이심을 믿으며, 예수님을 그 마음에 모시면 새 마음이 생기게 되지요. 보는 것, 생각하는 방식, 하는 일까지 모두가 바뀌게 되지요. 말하자면 하나님의 자녀라는 인식이 생기는 것이에요.』
에미꼬는 선생님의 가르침을 받는 학생처럼 내 말에 귀를 기울였다. 그녀의 태도는 진지했지만 그 자신은 그 말씀을 실행할 자신이 없다는 실망스러운 표정을 짓고 있었다. 나는 더욱더 힘주어 말했다.
『에미꼬 상, 예수님을 모신 사람은 말이죠 예수님을 모시기 전의 생활과는 달라야 하고 또한 달라지게 되어 있어요. 가령 그가 불친절했거나 좌절했거나 사랑이 없었다면 그 상태에서 예수님을 모시고 변화되어 친절과 용기와 사랑이 가득 찬 생활을 하게 되지요. 따라서 그는 세상 사람들과 같지 않아요. 항상 하나님의 자녀로서 더 나은 삶을 살도록 힘쓰지요. 그리고 하나님을 인식하면서 살아요. 하나님의 딸이라면 모름지기 그렇게 되어야 하지 않겠어요? 하나님은 언제 어디서나 동일하시지요. 그분을 사랑하며 그분의 말씀에 순종하면 이 세상을 밝은 마음으로 살 수 있지요.』
　나는 순식간에 많은 말을 빨리 해버려 숨이 가빴다. 나는 에미꼬가 스스로 변화할 수 있다는 생각을 품고 희망을 가졌으면 하고 바랐다. 자기 자신을 인정하기 원했다. 말을 끝낸 나는 에미꼬를 바라보았다.
　『저 같은 것도 그렇게 될 수 있어요?』
　『저 같은 것이라니? 하나님께서 에미꼬를 사랑하셔서 나를 이곳까지 오게 하셔서 친구삼아 주셨잖아요? 하나님께서는 에미꼬를 도와주세요. 그러니까 에미꼬도 변화할 수 있어요. 예수님을 사랑하세요. 그리고 하나님께 더욱 가까이 가세요. 자기 마음대로 살아간다면 아무 유익이 없어요. 알겠어요?』
　나는 에미꼬에게 이야기하면서도 그녀의 유독 작은 몸집과 꾸밀줄 모르는 몸가짐을 보면서 새로운 동정 같은 것을 느꼈다.
　「그럴 수도 있지!」
　그러나 나는 주님께서 에미꼬를 사랑하심을 볼 수 있었다.
　예수님께서도「그럴 수도 있지」하시는 것일까?

## 105
# 말을 보태고 늘려요

『여사님, 이상한 이야기 가지고 의논해도 될까요? 참 부끄러워서 ….』

『전화니까 얼굴도 볼 수 없고 또 우리는 서로 모르지 않습니까? 안심하고 이야기해 보세요.』

『부모님은 내가 어렸을 때 이혼하셨어요. 저는 남들처럼 부모님의 사랑을 받지 못하고 자랐어요. 저말고도 네살 아래인 남동생이 하나 있는데요. 제가 결혼해서 이민오는 바람에 그애를 두고 온 것이 마음에 걸려 작년에 미국으로 데려왔어요. 그런데 이 동생에게는 말을 제 멋대로 보태고 줄이는 습관이 있어요. 그것 때문에 거짓말쟁이라는 말까지 듣는데도 고쳐지지 않아요. 아버지한테도 무척 많이 혼났지만 여전히 고칠 수가 없었어요. 그것 때문에 자기도 힘든가봐요. 동생은 마음씨도 착하고 인상도 좋아요. 손재주도 있어 눈으로 보는 것은 다 잘하고 누구와 싸우거나 미워하는 일도 별로 없어요. 수학이나 과학에는 뛰어나지 않지만 문학계통이나 운동은 아주 자신있어 보입니다. 그래서 책도 많이 읽고 운동도 굉장히 잘해요. 그런데 말을 그 모양으로 정직하게 하지 않으니 문제예요. 여사님! 그러한 버릇이 생긴 것은 누가 자기를 인정해 주지 않는다고 생각했기 때문이겠죠. 어머니는 그 애가 두살 때 집을 나갔어요. 우리는 계모의 눈치를 보면서 살아왔기 때문에 이민오게 되었을 때 그 애를 혼자 두고 오는 것이 여간 가슴아픈 것이 아니었어요. 그래서 그 애에게 그 고약한 말버릇을 고쳐야만 나 있는 곳에 와서 살게 해주겠다고 했더니 그 애는 정직하게 말하려고 노력할테니 제발 데려가 달라고 애원하는거예요. 그러나 미국에 와서도 그 버릇은 고칠 수가 없었어요.』
　『아니 도대체 말을 어떻게 하는데 그래요?』
　『학교에서 늦게 들어오면「좀 늦었습니다」하면 될 것을「오는 길에 차가 굉장히 밀렸어요. 어떤 성질 급한 사람이 신호등을 무시하고 달리다가 그만 연쇄사고를 일으켰어요. 내 차도 박살날뻔했지 뭐예요」하는 식으로 말을 해요. 사실은 사고가 난 것이 아니라 좀 붐빈 것을 가지고 그러는거예요. 또 교회문이 열리지 않아 잠깐 기다릴 때면 목사님에게「목사님! 많은 사람들이 한참 기다렸습니다」하는 것이에요. 목사님이 의아해하며「누가 와서 기다리고 있는데요?」라고 물으면「삼 사십명이나 되는 사람을 제가 어떻게 알 수 있습니까」하는 식이에요. 결국 교회에서는 제 동생을 거짓말쟁이로 여기고 심지어는 돌았다고까지 해요. 그렇지만 봉사도 잘하고 성경공부도 열심히 하고 싸우거나 나쁜 짓은 하지 않으니까 목사님이나 전도사님은 이해를 하고 동생을 불쌍하게 생각하지만 교인들은 무시하고 피하기도 해요. 여사님! 제 동생은 정말 주님을 사랑하고 있어요. 정말입니다. 한번은 교회에서 어린아이들을 무척이나 가르치고 싶어하는 눈치여서 시켜보았더니 성경이야기까지도 과장해서 가르치는거예요. 아니나다를까 아이들까지도 엉뚱한 말을 하고 다니는 것이에요. 이러니 주일학교에 오래 있을 수 있겠어요. 그런데 문제는 앞으로 신학교에 가서 목사가 되겠다고 하는거예요. 여사님! 그런 버릇이 있는데 목사가 될 수 있을까요? 목사가 되면 좀 달라질까요? 여사님은 경험이 많으시고 또 많이 배운 분이시니까 잘 아시리라 믿어져요. 어떻게 생각하세요?』
　『목사라는 직분은 사람들이 자기 의사대로 결정하는 것이 아니라는 사실을 알고 계신가요?』
　『그게 무슨 뜻이죠?』
　『물론 자기가 하고 싶어서 또 목사가 되면 편리상 도움이 될까 해서 그리고 해야 할 일이 마땅치 않아서 하는 수 없이 목사가 되는 경우도 있지요. 그러나 그러한 이유로 목사님이 되신 분은 평생 고통을 당하거나 불행해질 수도 있어요. 함부로 목사가 될 수는 없어요. 오직 주님께서 선택하시고 인도하신 사람만이 될 수 있어요.』
　『목사가 되는 일이 결코 쉽지는 않겠지요!』

『생각을 해보세요. 목사란 하나님이 하신 말씀을 전달하고 일러주고 가르쳐주는 사람이 아닙니까? 주님 말씀이 진리인 만큼 보태거나 늘려 전한다면 문제가 되겠지요. 또 신자들을 대할 때에도 진실하고 정직해야지 말을 보태고 늘린다면 어느 신자들이 목사를 받들겠어요. 되려 업신여기고 멸시당한다면 어디 목사로서 설 수 있겠어요.』

『목사가 되면 그러한 버릇이 고쳐지지 않을까요? 하나님은 전능하신 분이잖아요. 하나님께서 그 종의 성격을 고쳐주지 않으실까요?』

『예수님 말씀 가운데 열매를 보고 나무를 알라고 하신 말씀 기억하지요?』

『네.』

『우리는 열매를 보고 그 나무가 무슨 나무인지 알 수 있습니다. 우리 사람들도 마찬가지여서 운동을 잘하면 운동선수로, 손재간이 비상하면 기술자로, 머리가 좋고 말에 능하면 변호사로, 자연을 좋아하며 초목과 재배에 관심이 많으면 농과계통으로, 그리고 세상의 일보다는 영원을 추구하는 사람이면 훌륭한 목사감으로 생각하게 되지요.』

『제 동생은 무엇이나 다 될 수 있는 가능성이 있군요. 하지만 대체 뭐라고 말해야 될까요?』

『동생되시는 분이 누님의 말을 잘 듣는가요?』

『말을 보태고 늘리는 것 외에는 잘 듣는 편이에요. 그 애는 나름대로 장래에 대한 고민을 많이 해요. 저말고 누가 그 애를 도와주겠어요.』

『물론 주님께서 하시고자 한다면 그런 사람도 훌륭한 목사가 될 수 있겠지요.』

『그럼, 신학교에 가도 된다는 말씀인가요?』

『우리 친구들 중에 그런 목사님 한분이 있었어요. 어릴때부터 같이 자랐다고도 할 수 있는 분인데요, 그분 역시 말을 보태는 습관이 있었어요. 때문에 참 곤란한 일도 여러번 있었지요. 그분은 6·25 전쟁에 나가 사람들이 죽는 모습을 보고는 신앙을 갖게 되어 목사가 되었대요. 그런데 개척한 교회가 도무지 성장하지 않는거예요. 죽을 힘을 다해서 몇사람 모아 놓으면 모두 다른 교회로 가버리고 다시 애를 쓰고 힘들여 몇사람 모아 놓으면 또 흩어져 버리는거예요. 그는 20년간 안간힘쓰다 결국은 목사직을 떠나 회사로 들어갔지만 거기서도 얼마 있지 못하고 나와 버렸어요. 지금은 시골에 들어갔다고들 하는데 무엇을 하며 지내는지 모르겠어요. 또 잘 아는 여자분이 하나 있었는데 그 사람은 변덕스러운게 흠이었어요. 어딜 가나 석달을 있지 못했으니까요. 그러던 여자가 갑작스레 세상을 바꾸어 보겠다는 뜻을 품고 신학교에 들어가 공부했어요. 그러나 그 여자는 한 교회에 진득하니 있지 못하고 석달이 멀다 하고 이 교회 저 교회로 옮겨다녔어요. 선교사로 먼 나라에 가려고 했지만 후원할 수 없다고 하니까 자기 멋대로 어떤 선교지에 나가 버렸어요. 거기서도 일이 꼬이고 그를 따르는 분도 없나봐요. 이러한 분들은 나이가 들면 들수록 성격이 강해져서 자기만이 선하고 자기만이 주님을 위해서 희생한다고 하지요. 그러는 동안 세월은 흘러가고 점점 나이를 먹어 다른 일을 할 수 없는 처지가 되었으니 그분들의 말로가 어떻게 되겠어요? 사실 나 자신도 그들의 형편을 동정하고 안타까워하지만 진정한 친구가 되어주지 못하는 것은 그들을 믿을 수가 없기 때문이지요.』

『제 동생은 어떻게 해야 될까요?』

『동생에게 잘 말해서 일단 목사가 되는 것을 더 신중하게 생각하라고 설득시키고 그의 취미와 전공분야를 살려주는게 어떨까요? 물론 하나님을 더욱더 사랑하고 전심으로 봉사도 해야겠지요. 어쨌든 기도하면서 잘 인도해 주어야 할거예요.』

말은 참 고치기 힘든 습관이다. 하나님의 말씀을 전하는 사람들은 그래서 정확하고 진실하게 말해야 한다. 말에 훈련된 사람들이 목사 자격 있는 사람들일게다. 하나님의 뜻이 앞서야 함은 물론이지만 말이다. 이 일이 있은 후 나는 그 청년의 혀를 위해 주님께 기도했다.

## 106
## 억센 사람

억센 사람은 만나지 마세요.
차라리 사자나 곰을 만나는게 낫지요.
억센 사람을 만나는 것은
불운한 일이에요.
억센 사람은 생각을 무시해요.
그에겐
의리도 도리도 눈치도 사정도 상식도 경우도 인정도 없어요.
억센 사람을 만나면 빨리 피하세요.
도망치듯 사라지세요.
억센 사람은
상대를 무시하고 멀리해요.
상대의 형편에도 무관심해요.
상대가 누구이건 무정하고 차가워요.
억센 사람은
천사를 멀리하고 성령님을 거절해요.
억센 사람은
천사의 도움이 필요없고
성령님의 돌보심도 필요없어요.
천국에 대해서는 더더구나 흥미 없어요.
억센 사람은
지옥에 가도 견딜 수 있는 힘이 있다고 자부하지요.

## 107
## 변했어요

『여기는 서울이에요. 선생님, 꼭 드릴 말씀이 있는데 지금 바쁘세요?』
『바쁘진 않지만 장거리 전화인데 괜찮겠어요?』
『그 점은 염려하지 마세요. 충분히 알고 있으니까요. 아무리 길어도 꼭 들어주시고 도와주세요. 요단출판사에서 선생님의 전화번호를 알아냈을 때 너무 감사하고 고마웠어요.』
『그래요? 오히려 제가 고맙네요. 그런데 어떤 일로 전화를 하셨나요?』
『저는 칠년 전에 결혼했어요. 자세히 말씀드리면 제 남편은 어릴 때 같이 자란 여자와 이미 약혼한 사람이었어요. 두 집안은 매우 친하고 가까운 사이여서 약혼을 하지 않았더라도 결혼하게 되는 그런 사이였나봐요. 저는 도서실에서 그분을 자연스럽게 만나면서 인사도 하고 이야기도 자주 나누는 사이가 되었어요. 우리가 서로 가까워지자 전부터 저를 좋아하는 남학생이 약혼한 그분을 의심하기 시작했어요. 두 남자가 저를 가운데 두고 농담도 하고 장난도 쳤지만 그러면 그럴수록 저는 두 남자 사이에 끼어 사랑받는 내 입장이 싫지 않았어요. 어떤 때는 도리어 기분이 좋기까지 했어요. 가만히 눈치를 보니까 약혼한 남자는 정말 저를 좋아하는 것 같았어요. 두 사람 모두 괜찮은 사람들이었지만 제 마음은 약혼한 남자에게 더 끌렸어요. 그러면 안 된다고 생각해서 의도적으로 그 남자가 보는 데서 저를 좋아하는 남학생과 데이트 약속을 해버렸어요. 데이트하기로 한 남자가 약속시간보다 늦어서 기다리고 있는데 그 약혼한 남자가 달려와 데이트를 취소하라는거예요. 그리고 자기와 데이트하자고 하는 바람에 어쩔 수 없이 그렇게 했어요. 물론 저도 기분이 좋았고요. 그것을 계기로 우리들 사이는 더 가까워졌고 급하게 결혼을 서두르는 데까지 이르게 되었어요. 그 집에서는 크게 반대하여 결혼을 못하게 했지만 결국은 그분과 결혼하게 되었어요. 저는 학생 때부터 죠이클럽에 다니면서 예수님을 믿었지만 남편 집안은 유교 전통을 따랐고 그 많은 형제들 중 믿는 사람은 하나도 없었어요. 제가 어릴 때 어머님이 병환으로 돌아가셨지만 새어머니의 보살핌 아래서 친어머니 못지않는 사랑을 받으면서 자랐어요. 새어머니도 예수님을 믿어요. 좋은 신앙인이었기에 저를 친딸처럼 여기며 키우셨어요. 아버지는 사업이 바쁘다는 핑계로 신앙생활을 게을리하셨지만 하나님을 믿는 것을 반대하지는 않으셨어요. 시집 사람들은 예수님을 믿는 우리 집안을 싫어했고 더군다나 제가 그 집 아들을 꼬여 결혼해서 가까운 친구집과 원수되게 했다고 여간 말을 많이 하는게 아니예요. 그런데다가 저는 결혼한 지 칠년이나 되었는데 아직도 자식이 없어요. 시집에서는 제 남편에게 좋은 색시 마다하고 예수쟁이 데려와서 벌받는다고 하는거예요. 요사이 저는 부모님 생신 때나 조상들 제삿날에도 가지 않았어요. 그랬더니 불효막심한 며느리라고 남편에게 언짢은 소리를 마구 해대는거예요.』

『아니, 부모님 생신인데도 안 가세요?』

『네. 그때에는 온 식구가 다 모이는데 저만 자식이 없어요. 시부모님들은 손주나 손녀들을 안아보고 웃고 기뻐하세요. 아이가 없는 저는 시부모님들의 차별된 언사와 차가운 표정을 도무지 견딜 수 없었어요. 그래서 지금은 일체 가지 않아요. 갔다 오면 너무 속상해서요. 그런데 선생님! 그건 그렇고 더 큰 문제가 생겼어요.』

『더 큰 문제라뇨?』

『제 남편이 변했어요.』

그녀의 말소리는 가늘게 떨리고 있었다. 그리고는 한참 후에야 입을 열었다.

『선생님, 제 남편이 아주 변했어요.』

『어떻게 변했는데요?』

『저를 보려고 하질 않아요.』

『그래요?』

『집에 들어와도 저를 보지 않고 그냥 방에 쑥 들어가요. 밥 먹을 때도 보지도 않고 말도 안해요.』
『전혀 말을 안하세요?』
『고작 한다는 소리가「당신은 왜 다른 사람 같지 않아?」하는거예요.』
『자매님, 자매님은 그게 무슨 뜻이라고 생각해요.』
『뻔하지요. 저를 보지 않는 것은 제가 싫어진 것이고 다른 사람 같지 않다는 것은 애기를 못 낳는다는 뜻이겠지요.』
『글쎄요. 내 생각은 좀 다른데요.』
『선생님은 어떻게 생각하시는데요.』
『사람은 누구나 다 아름다운 것을 좋아하지요. 그 약혼까지 한 사람이 당신에게 매력을 느꼈다는 것은 자매님이 그때 아름다웠기 때문이 아니겠어요?』
『그래요. 그때 그분은 저를 굉장히 좋아했어요. 그래서 언제나 제곁을 떠나지 않으려고 했어요.』
『그렇지요? 자매님도 그땐 신경써서 멋도 내고 상냥하여 여하튼 그 약혼한 남자가 좋아할 만한 매력이 있었을거예요. 지금도 그때처럼 남편에게 잘 보이기 위해 노력하시는가요?』
『이렇게 마음이 상하는데 어떻게 그럴 수가 있어요. 저는 밤낮 울기만 하고 머리도 제대로 손질하지 못하는 형편이에요.』
『제 생각으로는 남편이 변한게 아니라 당신이 변했어요.』
『제가요?』
『자매님은 예수님을 믿지요?』
『물론이지요. 주님을 믿지 않았다면 저는 벌써 자살하거나 이 집에서 나가버렸을거예요.』
『예수님을 믿는 사람은 그 말씀대로 순종하면서 살아야 해요. 자매님은 순종하면서 살아간다고 생각하세요?』
『글쎄요.』
『예수님은 우리가 어려운 일이 있을 때 걱정하고 근심하고 낙심하라고 하셨나요?』
『너무 마음이 상해서 그래요.』
『물론 견디기 힘들거예요. 하지만 예수님은 우리가 어려울 때마다 모든 염려를 주님께 맡기고 기도하라고 하셨지요? 그대로 하셨나요?』

『아니요.』

『그렇게 다 알면서 행하지 않으면 무슨 소용이 있겠어요. 또 예수를 믿지 않는 것과 무엇이 다르겠어요. 믿는 사람답게 사셔야죠. 애기를 낳고 못 낳는 것에 상관하지 말고 주님께 맡기세요. 자매님은 그 옛날 약혼한 남자의 마음을 변화시켰던 것과 같이 계속해서 남편의 눈이 자매님에게서 떠나지 않게 했어야지요. 바로 이 점에서 당신이 변했다는거예요. 또 왜 당신은 다른 사람 같지 않느냐는 말은 왜 애기를 못 낳느냐는 말이 아니라 피곤해서 돌아온 남편에게 좀더 따뜻하게 대해줄 수 없겠느냐는 말이 아닐까요? 아직 당신네들은 젊고 결혼한 지 칠년밖에 안 되었는데 뭐가 그렇게 조급해요. 결혼한 지 십년만에 애기를 낳는 분도 있지 않습니까? 애기를 얻고자 하는 마음으로 기도드리고 있다면 먼저 믿고 기다려야지요. 오히려 그것을 계기로 기도할 수 있는 특권을 주신 것에 대해 감사드려야 되지 않을까요? 내가 보기에는 당신보다 당신 남편이 더 불쌍해요. 그분은 부모가 좋아하는 여자를 버리고 다른 여인과 결혼해서 아들의 신용을 잃어버렸어요. 게다가 상냥하고 매력적인 아내는 전과 같지 않고 걱정과 근심 속에 있으니 말이어요. 더욱이 그는 하나님도 믿지 않으니 의지할 데도 없지 않습니까? 또 시부모도 부모예요. 네 부모를 공경하라는 말씀대로 사셔야지요. 생일이 아니더라도 기회를 만들어 맛있는 것이나 귀한 물건을 사가지고 가서 정중히 인사하고 존경하고 고마워하고 높여드리세요. 그 노인들의 마음은 다 풀어지고 아이 없는 며느리가 더 안스러워 사랑하게 되지 않을까요? 예수님을 믿는 사람이 더 잘 해야지 우리 주님이 비방받지 않겠지요. 제 생각으로는 당신이 변했어요. 우선 그 옛날 모습을 다시 찾으시고 부모님에게는 마음에서 우러나오는 효도를 하면서 믿음으로 기도하고 기다리세요. 분명히 모든 상황에 변화가 있을거예요.』

『그렇게 해보겠어요. 왜 그렇게 쉬운 것을 몰랐을까요, 선생님!』

『됐어요. 용기를 내세요. 아무리 어려워도 믿는 사람은 다 할 수 있으니까요.』

## 108
## 말

말은 사람이라고 해요.
이 세상에서 말을 하는 것은 사람뿐이니까요.
모든 피조물은 제각기 나름대로 표현 방법이 있다지만
사람의 말은 상대방을 세우기도 하고 망하게도 하고
기쁘게도 하고 슬프게도 하고 웃기기도 하고 울리기도 하고
살리기도 하고 죽이기도 하고 변화시키기도 하니
말의 가치와 무게와 역할을 알고서 어찌 무분별하게 쓸 수 있을까?
나오는 대로 나가는 대로
마구 쓸 수 없는 것이 말이지요.
일생 동안 얼마나 많은 말을 하는가요.
그 가운데 영원한 상급이 될 말은 이런 말들이지요.
건설적인 말, 선한 말, 기쁨을 주는 말, 화목케 하는 말, 변화시키는 말, 살리는 말.
이런 말들을 세어 볼 때가 오고 있지요.
말은 사람이라고 해요.

# 109
# 어느 것일까?

『사모님, 저를 기억하세요? 로즈 매리예요.』
『로즈 매리? 낯익은 이름인데 생각이 나질 않네요.』
『전에 사모님이 저희 집에 오셨을 때 사슴고기 해드렸더니 안 잡수시고 닭고기만 드셨잖아요. 아니, 사모님이 저를 보고 예쁘다고 하시면서 로즈 매리라는 이름이 제게 꼭 맞는다고 하셨잖아요.』
『아! 맞아요. P도시에 사시는 분이죠.』
『네, 제 남편은 피터구요.』
『그럼요. 잘 알지요.』
『그런데 사모님!』
그녀는 목이 메어 한동안 말을 잇지 못했다.
『왜 그래요. 무슨 일 있어요?』
『사모님, 제 남편의 죽음을 받아들이는 것이 제게는 너무 힘들었어요. 서울 친정집에 있으면서 마음을 정돈시키고 얼마 전에 다시 돌아왔어요.』
『앞으로 생활하는데 어려움은 없겠어요?』
『네. 남편이 보험을 두 군데나 들어 놓았어요. 또 부대에서 나오는 돈도 있고요. 그래서 돈이 갑자기 많아졌어요. 먼저 이만불을 교회에 헌금했어요. 예배당이 없어서 굉장히 불편하거든요. 또 만불은 시부모님께 드렸어요. 그래도 많이 남았어요. 그래서 저는 대학에 가서 공부하면 어떨까 생각중이에요. 평소에도 공부 못한게 무척 후회가 되고 그래서 더욱 하고 싶었거든요.』
『좋은 생각이에요. 공부는 마땅히 해야 되니까요. 잘 생각했어요.

더욱이 로즈는 아직도 젊잖아요.』
『스물셋이에요. 좀 늦은 감이 있지만 열심히 할거예요. 아이는 부모님이 길러주시기로 해서 마음이 놓여요. 그런데 선생님! 문제가 생겼어요.』
『어떤 문제인데요.』
『제게 시동생이 있는 것 아시지요. 그때 사모님이 오셨을 때 같이 와서 아이와 놀아주고 사모님께 인사했잖아요. 제리라고….』
『아, 알고 말고요. 그 시동생 굉장한 미남이던데요.』
『그 시동생이 저와 동갑인데요. 저를 무척 좋아해요.』
『그게 무슨 뜻이에요?』
『단순히 좋아하는 것 이상이에요.』
『저런! 그래서는 안 되지요.』
『그러게 말이에요. 남편이 살아있을 때에도 우리 집에 자주 오고 언제나 나를 도와 주었어요. 형은 동생의 그러한 행동을 아주 싫어했어요. 그래서 막 꾸짖으면 슬그머니 갔다가 또다시 오곤 했어요. 형이 죽은 후에는 아예 우리 집에서 눌러 살다시피 해요. 아이도 잘 돌봐주고 또 무엇이나 잘 도와주는 그가 저도 싫지는 않아요.』
『그래서요.』
『시부모님들이 눈치채고 뭐라고 일러주는 모양인데도 잘 듣질 않아요. 사모님이니까 정직하게 말씀드리는데요. 제리가 와서 저를 도와주고 사랑해 주어서 쉽게 마음이 안정된 것은 사실이에요.』
『앞으로 제리와 어떻게 하려고요?』
『시동생하고 결혼하면 죄가 될까요?』
『아니, 그럼 그런 생각까지 하고 있는거예요?』
『아―니요. 그저 물어 보는거예요. 결혼할 만큼 가깝지도 않구요.』
『당연히 그래야지요. 믿는 사람일수록 더욱 조심해야지요.』
『그뿐만이 아니예요 사모님. 우리 교회에는 한국청년이 있는데요 그는 대학에 다니고 있어요. 사모님도 보시면 혹시 아실지 몰라요. 졸업 후에는 신학교에 가서 목사가 되려고 준비하고 있어요. 그런데 그 학생이 저와 결혼하자는거예요. 사실 저는 목사 부인이 제일 부러워 보였어요. 제가 아무리 대학에 가서 공부한다 하더라도 양색시라는 과거를 가지고 어떻게 목사부인이 될 수 있겠어요?』

『로즈는 하도 예뻐서 그런 일이 일어나는가봐요.』
『이 청년도 보통 열정이 아닌 것 같애요. 또 무척이나 여자들이 따르는데 왜 하필 저를 좋아하는지 모르겠어요.』
『로즈도 그 청년을 좋아해요?』
『저는 자꾸 피해요. 그러나 속으로는 목사 부인이 되어봤으면 하는 마음이 간절하기도 해요. 그런데 한편으로는 시동생이나 이 청년이 나보다는 내가 가진 재산이 탐나서 결혼하자는 것이 아닌지 의심스럽기도 해요.』
『남을 의심하는 것은 좋지 않지만 돈이라는 괴물이 사람의 마음을 미혹케 한다는 것은 부인할 수 없는 사실이지요. 이쁜 색시가 돈까지 많으니 그런 일이 있을 법도 하지요.』
『제가 어떻게 해야 할지 혼자 생각만으로는 알 수가 없어요.』
『목사님과 의논해 보셨나요?』
『부끄러워서 도저히 그런 말을 할 수 없었어요. 사모님은 믿어지고 의지가 되어 말씀드리는거예요.』
『고마와요. 로즈! 내 생각을 말해 볼까요?』
『네, 꼭 말해 주세요. 사모님이라면 이러한 때에 어떻게 하실 것인지 들려주세요.』
『내가 아는 바로는 로즈는 예쁘기도 하지만 총명하기도 해요. 고등학교 때 월반을 했다지요?』
『네. 국민학교 때에도 월반을 했어요.』
『그러니까 공부를 잘했다는 것은 그만큼 공부에 취미가 있다는 뜻이겠지요.』
『네, 그래요. 한국에 있을 때 남편이 저를 너무 좋아해서 제대하고도 본국에 돌아가지 않고 부대에 남아 허드렛일을 하면서 저를 설득했어요. 저는 그와 결혼하지 않으려고 했지만 그가 하도 불쌍하고 가여워서 결혼했어요. 그때 공부를 그만둔다는 것이 여간 아쉽지가 않았어요. 미국에서 대학에 보내주겠다고 했지만 아이를 낳고 기르다보니 생각한 것만큼 쉽지가 않았어요.』
『그렇다면 이제야말로 공부할 기회가 주어졌네요.』
『그런가요. 사모님?』
『아이는 부모님이 맡아줄게고 학비나 생활비는 남편 유산이 있으니 걱정 없잖아요. 뒷바라지할 남편도 없구요. 공부하기에는 아주 적당한 기회가 아닌가요? 나 같으면 공부하겠어요. 로즈같이 예쁘고 총명한 사람이 대학에 가서 더 많이 배우고 훌륭한 인격자가 되어 사람들을 가르친다면 주님의 사업에 얼마나 큰 보탬이 되겠어요. 로즈 자신도 보람있는 인생을 살게 되는 것이구요. 결혼은 앞으로 대학을 마친 후에 주님이 적당한 사람을 만나게 해주시면 할 수 있게 되지 않겠어요?』

『그래요. 저는 사모님같이 되고 싶어요. 앞으로 죽으면 죽으리라는 마음을 가지고 열심히 공부하겠어요.』

『나도 항상 자매님을 생각하며 기도드리겠어요.』

『다시 전화드리겠습니다. 안녕히 계세요. 정말 감사합니다.』

## 110
## 개인주의와 인정주의

오렌지카운티에 있는 어떤 한인교회의 저녁 예배에 말씀을 전하러 갔다.

그 교회를 인도하시는 목사님은 교계에 널리 알려진 신앙 인격자로 누구나 존경하는 목사님이셨다.

그날은 마침 목사님께서 타지방에 집회를 인도하러 나가셨고 장로님들께서 나를 맞아 주셨다. 이 교회는 미국인들과 같이 모이는 교회였는데 출발한 지 얼마 되지 않는데도 교인은 수백 명씩 규칙적으로 출석했다. 무엇보다 이 교회엔 훌륭한 장로님들이 여러분 충성스럽게 섬기고 계시어 반석 위에 세운 교회라는 인상을 받았다.

저녁 예배인데도 좌석들이 보기좋게 채워졌다. 장로 집사님들이 주님의 성전을 지키어 봉사한다는 자세도 무척 고맙고 감사하게 여겨지는 부분이었다. 더욱이 그 장로님들 중에 한 분이 나와 같은 보성 여학교에서 교편을 잡고 함께 교직에 있었기 때문에 더욱더 반갑고 감회가 깊었다.

집회가 끝난 후 목사님 사무실에서 장로님들과 함께 다과를 들게 되었다. 우아한 품위를 느낄 수 있는 목사 사모님께서 정성스레 음식을 권하여 주셨고 대화는 무르익었다. 특히 보성의 동료였던 양 장로님과는 지나간 일들과 동료교사들의 소식 등 모두 흥미진진한 화제로 이야기꽃을 피웠다.

그때 장로님 한분이 교회의 미국인 교인들, 특히 목사님이나 직원들이 얼마나 좋으신 분들인지 이야기하셨다. 모든 교인에 대해 차별을 두지 않아 한국 교인들을 사랑해 주며 같이 한 교회에서 주님께 봉사하는 일에 매우 큰 감사를 가지고 있다는 말씀이셨다. 그 말씀에 다른 장로님들도 그것이 사실임을 예를 들어 증명해 보이시며 감사해 하셨다. 듣고 있는 내 마음도 그렇게 기쁘고 뿌듯할 수가 없었다.

그런데 어떤 장로님 한 분의 말씀이 내 질문을 자아냈다.

『사모님, 그래서 우리는 이 미국인 형제들과 함께 언제까지라도 한 집에서 주님을 섬기기로 했습니다.』

『그게 무슨 말씀이시지요?』

『지금은 사실상 교회건물 하나를 두 교회가 쓰고 있는 것이기 때문에 여간 불편하지가 않아요. 그래서 예배 장소를 하나 더 짓는다는 이야기지요.』

『아! 좋은 일이지요. 어디에다 짓게 되나요?』

『이 교회는 땅이 참 크거든요. 그래서 이 교회 땅 바로 뒤에 한인교회를 짓기로 작정했습니다.』

장로님들의 얼굴은 모두 자신이 있어 보였다.

『그래서 우리는 헌금도 다같이 한 구좌에 넣고 무슨 일에나 협력하고 서로 도우며 서로 사랑하면서 참된 교회가 자라나도록 마음을 모으고 있답니다. 미국인과 한국인이 이렇게 잘 조화를 이루면서 주님을 섬기는 일이 얼마나 기쁜 일입니까? 이 미국이 아니면 이런 일이 있을 수 있겠습니까? 그래서 우리 두 교회는 모두 불이 붙은 셈입니다.』

다른 장로님이 이야기를 계속했다.

『이 사람들은 우리가 연보나 출석수가 서로 비슷하니까 우리를 무시할 수도 없고 또 우리의 열심이 그들보다 더 많으니까 오히려 우리를 존경하는 쪽입니다. 한번도 우리들의 마음을 상하게 하는 일이 없었으니까요. 참 좋은 사람들입니다. 그래서 우린 이들을 꽉 믿고 교회를 이 교회 땅에 새로 짓기로 약속을 했죠. 그분들도 매우 만족해하고 우리가 하고 싶은 대로 하라는겁니다. 얼마나 감사한 일입니까?』

『그래서 이 미국인 교회와 합동체가 된다는겁니까?』

『그렇지요. 교회당을 새로 지으면 서로 편리하게 필요한 대로 쓸 수가 있죠. 서로 나눠 쓰기도 하고, 물론 경제력(헌금)도 다 합쳐서 처리하고 말입니다. 그야말로 완전히 합쳐지는 것이지요.』

『안됩니다!』

왜 그런 말이 내 입에서 나왔는지는 순간적으로 외친 말이라 알 수 없었다. 장로님들은 일제히 입을 다물고 나를 쳐다보셨다. 침묵의 시간이 흐르고 한 장로님께서 내게 물으셨다.
『사모님! 안된다고 하셨습니까?』
『네.』
눈들이 모두 내게 와 박히는듯했다.
『저는 저희 교회에서도 어른들 하시는 교회일에 이렇다 저렇다 말하는 일이 없는데 제가 왜 그랬는지…. 참 죄송합니다.』
그때 또 한 분의 장로님께서 심상치 않다는듯이 내게 물으셨다.
『사모님, 우리가 지금 이야기 나눈 것이 사모님 생각엔 틀린 것 같다는 뜻입니까?』
『네!』
『왜 그렇게 생각하셨습니까?』
『이렇게 훌륭하신 장로님들과 존경하는 목사님께서 작정하신 일이고, 기도하고 하시는 일이신데 무슨 다른 의견이 있겠어요. 건방지게 말을 꺼내 부끄럽습니다. 용서해 주세요.』
『아니, 그게 또 무슨 말씀이십니까? 사모님께서는 미국에 오래 사셨으니 우리보다 이 사회에 경험이 많으실텐데요. 의견을 말씀하시는게 당연합니다. 또 사모님이 하자고 해서 할 일이거나, 하지 말자고 해서 하지 않을 일이 아니질 않습니까? 벌써 사모님이 말씀을 꺼내셨으니 의견을 말씀해 주셔야 하지 않겠습니까?』
몇 번이나 이야기를 삼키려다가 드디어 말을 꺼내기로 작정했다.
『장로님들께서 주님을 사랑하시고 교회가 잘 되기를 기원하시는 마음을 제가 보았기 때문에 그럼 안심하고 의견을 말씀드리겠어요.』
사무실 안에 갑자기 정적이 흘렀다.
『우선 우리 한국민족은 인정이 매우 넘치는 민족이 아닙니까? 인정 때문에 모든 일이 잘 되고, 안되는 것이 역사를 통해 증명되고 있지요. 그런데 이곳 미국 사람들은 개인주의적인 민족입니다. 절대적인 개인주의이기 때문에 우리 민족과는 생각하는 방식이 다르단 말입니다.』
나는 천천히 말을 꺼내어 이어갔다.
『믿음은 마치 열매와 같아서 좋은 땅에서 비료를 잘 받으면 큰 열매

더 좋은 열매를 맺고, 그렇지 않으면 못된 열매를 맺지요. 하지만 나무 자체는 변할 수가 없지 않습니까? 좋은 설교를 듣고 좋은 신앙 분위기에서 말씀으로 잘 자라면 훌륭한 신자가 되고 그렇지 않으면 죽은 신자가 되지만, 인간성 자체는 변하지 않는다고 저는 생각해요.』
　나의 목소리에는 점점 힘이 더해졌다.
　『이곳 사람들의 신앙은 좋은 열매일지 몰라도 극도로 개인주의적인 성격까지 고칠 수는 없다고 봅니다. 게다가 백인은 모든 다른 인종, 황인종, 흑인종에 대해서 우월감이 있지요. 그것을 없애버릴 수는 없습니다. 우선 지금은 두 교회가 다 좋은 목사님 밑에서 영적으로 불이 붙어 서로 사랑으로 뭉쳐 있으니까 그런 계획도 세우셨겠지요. 하지만 개인주의와 인정주의가 합해져서 오래 갈 것 같지가 않아서 하는 말입니다. 제가 혹 잘못 이야기를 하더라도 제 의견일 뿐이라고 여겨주십시오. 그렇지만 제 의견을 정직하고 솔직하게 이야기하자면, 절대로 안된다는 것입니다. 더욱이 이 교회의 목사님같이 어질고 착하신 분이 무슨 상심을 당하실려구요. 안되지요. 나중에는 재판소 출입이 생길거라고 말씀드리고 싶어요.』
　그렇게도 풍성하고 열이 들든 사람들의 마음을 단번에 식혀 버렸던 가보다. 방안의 공기가 싸늘해졌다. 아무도 내 말에 대해 왈가왈부하지 않았다. 나는 그 자리에 더 앉아 있는 것이 민망해져서 집으로 가기 위해 자리에서 일어났다. 장로님들도 모두 일어나셔서 내 차까지 전송을 나와주셨지만, 아무도 이전의 내 말에 대해서는 말씀이 없으셨다.
　차를 탔다. 차창 밖에서 내게 인사를 건네어 주시는 장로님들의 얼굴을 뵈니 내 마음이 죄송스러워졌다. 무어라고 할 말이 떠오르지도 않았기에 정중히 인사를 하고 교회를 떠났다. 사십 오분간이나 운전을 해 오면서 나는 내가 장로님들께 했던 말을 되새기며 생각을 모아 보았다.
　만약 다른 여자가 장로님들의 하시는 일에 대해서 또 그분들 앞에서 그런 태도로 말하는 광경을 보았다면 나는 어떠했을까를 생각한 것이다. 아마도 그 사람의 인격을 의심했을 것이다.
　「내가 예의 없는 짓을 했나?」
　우리 교회에서도 그런 태도나 발언을 해본 일이 없었다. 그런데 남의 교회, 그것도 훌륭한 장로님들 앞에서 그 교회의 중대사를 참견하고 나서는 일이란 상상도 못할 일이었다.

「내가 뭔데 그런 말을 의견이라고 해가며 강력하게 이야기했을까? 몰상식한 사람처럼 말야. 너무 독단적이었어.」

생각할수록 그만한 용기와 무례함이 어디서 나왔을지 궁금해졌다.

하지만 이상한 일은 내가 말한 이야기들이 크게 후회스럽지는 않다는 것이었다. 아니, 오히려 잘한 일이라고까지 생각이 들기도 하였다.

집에 돌아와서 우선 기도를 하기 시작했다. 말을 잘못하였으니 용서를 해달라는 기도가 아니었다. 그 장로님들이 실망하는 일이 없도록, 특히 자애하신 목사님이 상처를 받지 않으시도록 도와달라는 기도가 나왔다.

나는 내가 살아가면서 내 자신이 가지지 않은 상식 이외의 일이 더러 일어나는 일을 기억하고 그저 기도하는 것으로 모두 잊어버렸다.

세월이 많이 흘렀다. 여러날이 지난 것이다. 후에 나는「당신은 죽어요. 그런데 안 죽어요」라는 책을 내고 교회들의 초청을 받아 말씀을 증거하기 위해 집회를 자주 갖게 되었다.

그런데 내 마음 속에 다시 큰 압박과 같은 것을 느끼고 집필을 시작했다.「그럴 수도 있지요」라는 제목의 책이다. 그동안 각 교회와 신자들에게 일어난 일에 대해 전화로 상담을 받은 내용들이 머리에 가득 차 있었기에 다시 펜을 들고 쓰기 시작한 것이다. 집회를 다니다 보니 이 책을 쓰는데 도움이 되지 않음을 느꼈다. 왜냐하면 집회를 나가려면 공부도 공부지만 기도를 많이 하여야 했고, 또 집회 후에 걸려오는 상담 전화 때문에 시간이 부족했다. 특히나 어려운 신자들의 형편을 듣는 만큼 마음이 아프고 또 위해서 기도를 하며 매달리는 동안에 날은 빠르게 지나가버리고 마니 언제나 이 책이 완성될까 불안해졌다. 그래서 죄송스럽지만 그동안 약속해 놓은 집회를 모두 연기하거나 취소시켰다.

이제는 이 마지막 책을 약속한 날짜에 출판하도록 하기 위해 부지런히 쓰는 일만 남아있었다.

그런데 어느날 나는 친구되는 집사님 댁에 냉면을 먹으러 초대되어 갔다.

그 집에 들어서는데 집사님이 물으셨다.

『사모님, 다음 주일에 저희 교회에 오신다지요?』
『아니요. 다 연기하거나 취소했고 이제부터 책이 완성될 때까지는 원고만 쓰기로 한걸요. 집회에는 나가지 않을거예요.』
『그런데 왜 저희 교회 목사님은 광고를 내셨을까요? 안이숙 사모님이 오신다고 대대적으로 광고를 하시고 주보에도 내셨던데요.』
『뭐라구요? 주보에도 났어요? 어디 저에게 좀 보여주세요.』
집사님이 성경책에 끼여 있는 주보를 내게 주셨다. 광고란에는 분명 내가 온다는 활자가 똑똑히 찍혀 있었다.
「이럴 수가 있나?」
나는 허둥지둥 급히 집으로 돌아왔다. 아래층에 있는 달력에 약속된 교회들을 모두 굵은 펜으로 지워놓은 것을 확인했다. 또 위층에 뛰어 올라가서 달력에 표시돼있는 약속된 교회들도 지워놓은 것을 확인했다.
「어떻게 된거지? 오렌지교회는 약속이 되어있지도 않은데.」
아무리 생각을 해도 알 방법이 없었다. 그때 문득 일기장에 적어놓은게 아닌가 하는 생각이 들었다. 일기장을 가져다가 펴보았더니 연초에 두 교회에 약속한 것이 뚜렷이 보였다. 약속한 지가 너무 오래되어 까마득하게 잊어버리고 연기나 취소도 하지 못했던 것이다.
잊어버린 것은 내 잘못이니 이제는 가지 않을 수가 없게 되었다. 그래서 그 다음 주일에 그 교회에 가게 되었다.
집회를 마치고 장로님들이 나를 찾아와 하시는 말씀에 나는 깜짝 놀랐다.
『사모님, 우리를 기억하시겠어요? 사모님이 우리가 미국 교회와 합작을 하겠다고 작정을 다 하고 드린 말씀에 강경하게 반대하신 일 기억하세요?』
『그럼요. 기억이 나고 말고요. 환히 다 생각이 나지요.』
『그때 우리는 사모님 말씀대로 우리의 계획을 단번에 집어 던지고 그 교회에서 나왔습니다. 그래서 이 교회를 사서 온 것입니다.』
『어머나!』
나는 감탄하지 않을 수 없었다. 그 넓고 화려하고 밝고 아름다운 교회를 다시 한번 둘러보게 되었다. 강대상에서 내려다보며 말씀을 전하고 찬송을 불렀을 때에도 참 좋게 느껴진 교회였지만, 그 장로님들의 설명을 들으니 너무나 좋고 훌륭한 교회라는 생각에 마음이 기뻤다.

우리는 마주 앉아서 옛 친구가 만난 것 같은 반가움과 기쁨을 나누며 즐거운 시간을 보냈다.

『그때 사모님이 오시지 않았거나 또 오셨더라도 우리들 계획이 좋다고 하셨더라면, 우리는 이렇게 굉장한 교회 건물을 살 수도 없었을 것입니다. 그리고 미국에서 오래 살고 보니 미국 사람들이 얼마나 개인주의적인가 알게 되었답니다. 그들과 얼마를 싸우며 고생을 했는지 모릅니다.』

여전도부에서 준비한 음식을 맛있게 먹으면서 나는 옛날 일을 떠올려보았다. 무례하다는 생각이 들면서도 후회하지 않았던 일을 생각하면 마음이 흐뭇했다.

그때 계시던 목사님은 한국에 신학교 학장으로 가시고 나와 보성에서 교직을 같이했던 양 장로님은 선교사가 되어서 지교회에 나가셨다고 했다. 하지만 이 크고 아름다운 교회는 언덕 위에 높이 서 있어서 젊고 씩씩한 새 목사님과 아름다운 사모님을 모시고 무럭무럭 자라고 익어가고 있었다. 오랫동안 사귀어 왔던 친구들 중 여러 가정이 이 교회에서 믿음이 자라고 사랑이 늘어가고 있음을 보고 기쁘기만 했다.

마음에 없는 말을 하는 것이 늘 죄만 되는 것도 아니고 오히려 주님의 뜻을 지목하는 계기도 되는 것이었다.

## 111
## 생각

생각은 끝도 없고 제한도 없어요.
생각은 볼 수도 없고 붙잡을 수도 없어요.
생각은 시간도 없고 장소도 없고 감각도 없어요.
생각은 늙지도 어리지도 않아요.
생각은 귀천도 없고 차별도 없어요.
그러나
생각은 항상 있고 없어지지 않아요.
생각은 어디든지 있고 누구에게나 있어요.
아침부터 저녁까지 쉴새없이 있어요.
밤에 잠이 들면 생각은 꿈으로 변하지요.
쉬지 않는 것은 생각이에요.
그러니까 생각은 영원하고 아름다워요.
우리는
생각을 타고 날마다 하늘나라를 보아요.
생각 속에 말씀을 담고 매일매일 힘을 얻어요.
생각은 기도하게 하고 믿음을 세워요.
생각은 사랑을 만들고 화목을 지어내요.
생각은 나를 영원한 약속에 붙들어매고 악을 이기는 신호등이 되어 주어요.

## 112
## 왕의 이야기

부흥 집회는 아직 하루가 더 남았다. 집회에 참석한 사람들 가운데 나를 만나보기 원하는 사람들은 집회 일정이 다 끝난 후에 찾아가라고 주최측에서 누누이 광고를 했음에도 불구하고 늦은 저녁에 갑자기 전화가 왔다. 호텔 로비에서 하는 전화라고 했다.

『안 선생님, 너무 죄송스럽지만 저를 지금 당장 삼십 분만 만나주실 수 없을까요?』

『무슨 급한 일이라도 있으신가요?』

『네 꼭 말씀을 드려야 할 형편이랍니다.』

젊은 여자의 애처로운 음성을 들으니 도저히 거절할 수 없어서 내 방으로 올라 오도록 했다. 그녀는 삼십 대 중반의 아름답고 세련된 부인이었다.

『너무 미안합니다. 굉장히 망설이고 망설이다 염치를 무릅쓰고 이렇게 찾아 뵌 것이니 용서하세요.』

그녀는 진짜로 미안한 얼굴이었다.

『괜찮아요. 이젠 만났으니 그리 걱정하지 마세요.』

『밤도 너무 늦었고 또 선생님께서도 몹시 피곤하실테니 간단히 말씀드릴께요.』

그녀가 일본말을 사용했기 때문에 난 으레 일본 여자로 알고 이야기를 들었다.

『저는 간호사입니다. 제 어머니는 일본인이고 아버지는 한국인인데 아버지는 일본 이름으로 개명을 해서 일본인으로 되어 있지요.』

그녀의 사연을 추려보면 대강 이러했다.

그녀는 태어날 때부터 일본인과 똑같이 자랐기 때문에 아버지가 한국인이라는 것은 꿈에도 생각치 못하고 일본인으로 자신있게 살아왔다.

그런데 일본이 패전한 후 일본에 살던 한국인들이 서서히 신분을 드러내자 아버지도 자기가 한국인임을 그녀와 그녀의 동생에게 말해줬다.

그리고 아버지는 일본인을 「왜놈, 왜놈」하며 불렀고 한국 사람들이 모이는 곳에도 자주 출입하면서 예전의 아버지의 모습이 아닌 다른 사람으로 변해 가고 있었다. 어머니와도 자주 말다툼을 했고 가정에는 그 옛날의 화목함이 사라지고 불행의 그림자가 드리워지기 시작했다.

가정의 불화와는 상관없다는듯이 요시꼬(그 여자의 이름)는 같은 학교에 다니는 일본 남자아이와 친하게 지내고 있었다. 그러한 우정이 점차 자라서 그들이 대학에 들어갔을 때에는 뜨거운 연인 사이가 되어 대학을 졸업한 후에는 결혼을 할 것이라고 서로 믿고 있었다. 그 남자는 의학 공부를 했고 요시꼬는 간호학 공부를 했다.

그런데 그들 사이에 문제가 생겼다. 당사자끼리는 서로 좋아했지만 유이찌(청년의 이름)의 부모는 그녀를 좋아하지 않았던 것이다. 이유는 요시꼬가 교회에 다니며 예수님을 자기 삶의 왕으로 모신 데 반해 유이찌의 부모는 우상숭배에 푹 빠져있어 유이찌를 그 우상숭배에 끌어들이려고 애썼기 때문이었다. 그 집에 갈 적마다 요시꼬는 그 일 때문에 늘 마음이 무거워진 채로 돌아오곤 했다.

그러던 차에 미국에 가 있는 선배 간호사가 요시꼬에게 미국으로 오지 않겠느냐며 편지를 보냈다. 미국에 와서 수술실 간호사로 일하면 대우도 좋고 일도 매우 쉬우며 재미있다고 그녀를 부추겼던 것이다. 요시꼬는 아버지와 이 일을 상의했다.

『잘됐지, 가라, 가. 네가 여기 있으면 그 왜놈과 결혼하게 될텐데 너는 한국인이야. 이 좁은 일본 땅에서 머리를 맞대고 사느니 그 넓고 좋은 땅에 가서 영어도 배우고 세계 여러 나라 말도 배우며 늘어지게 잘 살거라. 자, 가라 가!』

그래서 요시꼬는 미국으로 왔고 수술실 간호사가 되기 위해 공부를 더하고 마침내 간호사가 되었다. 다행히 큰 병원에 취직이 되어 근무하고 있는데 선배가 자기 친구의 친척이라는 한국인 남자를 소개해 주었다.

그는 처음 만난 날부터 요시꼬에게 깊은 관심을 보이며 친절하게 대해 주어 친한 사이가 되었다.

요시꼬가 일본에 있는 유이찌에게 미국으로 오라고 여러번 편지를 했지만 그는 일본 의학이 미국 의학보다 앞섰다고 고집을 부리면서 거절의 뜻을 알려왔다.

그의 마음을 안 요시꼬는 한국인 윤 청년과 결혼하고 유이찌를 잊기로 했다. 그 무렵 갑자기 아버지께서 심장마비로 세상을 떠나셨다. 아버지가 돌아가신 지 얼마 안돼서 요시꼬의 어머니는 개가하여 일본인 늙은이에게 갔다.

갑작스런 아버지의 죽음과 어머니의 개가는 요시꼬에게 적잖은 슬픔을 안겨 줬으나 신혼의 행복으로 조금이나마 달랠 수 있었다.

그러나 날이 가고 해가 가도 그들 사이에는 아이가 없었다. 결혼할 때까지만 해도 윤 청년은 교회에 잘 나갔고 찬송가도 잘 불렀는데 어떻게 된 일인지 시간이 흐른 뒤에는 교회에 나가기를 꺼려했고 교회에 나가는 대신 친구를 찾아가거나 집에서 텔레비전을 보거나 했다.

『여보, 왜 교회에 가는 것을 그렇게 싫어하시죠? 같이 가요.』

그녀가 간청하자 그는 한 마디로 이렇게 말하는 것이었다.

『창피해서!』

요시꼬는 깜짝 놀랐다.

『뭐가 창피해요?』

『창피하니까 창피하지!』

『무슨 창피한 일이 있길래 그러세요. 뭐가 창피해요?』

『왜놈의 피가 창피하단 말야』

『왜놈피?』

요시꼬는 순간 피가 거꾸로 솟는듯한 기분이었다.

『우리 어머니를 말씀하시는건가요?』

더 긴 설명을 들을 필요도 없어서 그녀는 혼자 교회로 갔다. 그러나 찬송을 부를 힘도 없고 맘이 너무 상해 목사님 설교조차 귀에 들어오지 않았다.

예배가 끝난 후에도 상한 마음은 풀어지지가 않아 집에 들어가기가 싫었고 그래서 그녀는 운전을 하며 해변으로 갔다. 태평양 바다를 바라보며 과거를 생각하니 울음이 쏟아져나와 한없이 울었다. 어머니가 개가만 하지 않았으면 당장이라도 달려가서 어머니 무릎에서 실컷 울고 싶었다. 돌아가신 아버지를 생각하니 설움이 복받쳐왔다. 돌아가시지만 않았더라도 당장 일본으로 달려갈 것 같았다. 그녀는 그렇게 한참을 보냈다.

이상도 했다. 그렇게 분하고 서러웠던 감정도 홍분도 배가 고파지니 서서히 가라앉는 것이다. 그래서 근처에 있는 식당에 가서 아침부터 굶었던 것을 저녁 한 끼로 다 때워버렸다. 그래도 집에 가고 싶은 마음이 조금도 생기지 않았다. 잠시 갈 곳이 없어 막막했지만 곧 선배의 친구집으로 가서 그곳에서 자고 그 다음날 곧바로 병원으로 출근했다.

하루종일 일에 시달리니 감정이 조금은 누그러져 밤 늦게 집으로 돌아갔다. 남편은 집에 없었다. 새벽이 되도록 그는 들어오지 않았다. 아침이 되어 병원에 출근했지만 맘 한 구석이 무거워 일하는 데도 많은 지장이 생겼다.

남편은 며칠이 지나서야 돌아왔고 언제나처럼 생활은 반복되었으나 요시꼬의 맘속에는「왜놈의 피」라고 말한 남편의 악담이 깊이 박혀 조금도 지워지지 않았다. 그토록 의젓하고 친절했으며 사랑이 많았고 다정다감했던 남편은 시간이 지나면서 너무 많이 변해 다른 사람이 되어 있었다.

그런데 또 새로운 문제가 생겼다.

요시꼬는 미국에 간호사라는 직업인으로 왔기 때문에 영주권이 금방 나왔지만 남편 윤씨는 아직 영주권이 없어서 제대로 된 직장을 구할 수 없는 처지였다. 그런데 요시꼬와 결혼하면서 영주권자의 배우자가 되었으므로 영주권을 신청해 좀더 버젓한 직장을 구할 수 있게 되었다.

좀더 나은 직장을 얻었으나 그의 월급은 요시꼬의 수입에 비해 훨씬 적은 액수였다. 그런데도 그는 좋고 큰 차를 사서 월급을 그 차값과 보험료 그리고 예전에 진 빚을 갚는 데 다 써버렸다. 어떤 때는 자신의 월급으로는 다 충당할 수 없어서 요시꼬가 내기도 했으며 집세와 생활비 그 외의 모든 비용은 요시꼬가 대는 형편이었다.

거기다가 그는 한국에 계신 부모님의 생활비와 동생들의 교육비를 보내야 한다며 요시꼬와는 상의도 없이 매달 몇백 불씩을 요시꼬의 수입에서 따로 떼어냈다. 그러면서도 요시꼬가 교회에 헌금을 하려 하면 절대 못 하게 했고, 집안에 필요한 가구나 부엌용품을 사는 것도 일일이 제동을 걸었으며 요시꼬가 쓰는 화장품을 사는 것조차 싫어하여 이만저만 맘이 상하는 것이 아니었다.

한번은 냉장고가 너무 오래돼서 새것으로 들여 놓았더니 왜 그런 데다 큰 돈을 허비하느냐며 얼굴을 붉히고 화를 내 대판 싸운 적도 있었다. 요시꼬는 생각했다.

「내가 애써 벌어 자기와 같이 쓰는 중요하고 꼭 필요한 것을 샀는데….」

그의 몰이해가 섭섭했고 한편으로 분하기조차 했다. 자기가 버는 돈은 한푼도 생활비로 보태지 않으면서 아내가 고생해서 벌어온 돈은 자기 부모와 동생들의 생활비로 보내다니!

남편이 폭군같이 느껴져 애정이 식어지고 냉전이 계속되었다. 처음에는 재혼한 어머니를 못마땅하게 생각했지만 이제는 어머니가 자기를 어떻게 길러주고 보살펴 주었는가를 생각하니 미국에 와서 버는 많은 수입 중 일부를 어머니에게 보내고 싶은 생각이 간절해졌다.

그래서 이리저리 궁리하다가 한달치 월급을 몽땅 보내기로 결심했다. 그러나 한달치를 다 보내려면 아무래도 남편과 상의해야 할 것 같아 의논했다.

『여보, 이 달치 월급은 제 어머니께 보내드리겠어요.』

『뭐라구?』

남편은 기절할 것 같은 표정을 지으며 놀라는 것이다.

『제 어머니도 저를 낳아서 얼마나 애쓰며 길러주셨는데요. 비록 지금은 재혼을 하셨지만 그래도 제 어머니인걸요. 그토록 애써 길러주셨고 사랑과 이해로 돌봐주셨던 어머니가 이제는 늙고 몸도 약해지셨는데 저도 자식으로서 한번 기쁘게 해드리고 싶어요. 그리고 가급적 돌아가시기까지 계속 도와드리고 싶구요.』

그녀의 말이 채 끝나기도 전에 남편은 고함을 질렀다.

『그래 네가 번 돈이니 네 맘대로 쓰겠다 이 말이지, 안돼!』

그때부터 남편은 돈관리에 신경을 썼고 잔소리도 많아져 남편으로서 위신은 완전히 망가져 버렸다. 그녀도 굳이 싸움까지 하면서 어머니께 돈을 부칠 필요는 없다는 생각이 들었고 번번이 싸우기도 싫어 송금은 물론 선물조차 하지 않았다.

그러나 마음은 남편에게서 점점 멀어져 갔다. 남의 인격을 막 무시하는 야비한 사람에게 희생하고 살면 장래가 어떻게 될까 스스로 염려되는 것이었다. 극도로 이기주의자인 남편에게 일생 동안 희생하고 복종해야 하느냐는 회의가 생겼던 것이다.

기분이 상하는 일이 또 있었다. 그는 자주 고급 한국 음식점에 가서 비싼 음식을 혼자 사먹고 오며 팁도 지나치게 많이 주고 허세를 부리면서도, 고생해서 돈을 벌어오는 아내에게는 생일이 되든 결혼기념일이 되든 크리스마스가 되든 단돈 십 불이라도 써서 선물 한번 사오는 일이 없었다. 그것뿐 아니다. 자기 집에는 부모님 생일이다, 동생들 등록금이다, 조카 결혼식이다 하면서 있는 돈을 다 모아 보내면서 집안에서는 그릇 하나도 맘대로 못 사게 하는 것이다. 수퍼마켙에 혹시 같이 가는 일이 있을 때도 많이 사면 눈빛이 변하고 화를 낸다.

『여보, 사지 않으면 무엇으로 음식을 해먹어요?』

이러면서 수퍼마켙 안에서 싸운 적도 한 두번이 아니다.

지내보면 볼수록 극도의 이기주의자요 자기만 알고 자기 집만 생각하며 아내를 돈벌어 오는 도구로밖에 생각치 않으니 이런 얄미운 남자를 남편으로 일생 동안 섬겨야 하는 자기 신세가 불쌍하고 한심스러워 보였다. 더욱이 그런 마음으로 지내자 시간이 흐를수록 그가 극도로 무서워지고 미움과 분이 마음 속에 가득차 남편이 영주권을 받기 전에 이혼을 하여 영원히 남이 되어야 하지 않겠나 하고 심각하게 고민하고 있다고 했다.

이런 일을 그 사람을 소개해 준 선배 친구에게 상의했더니 그녀는 무척이나 미안해 했다는 것이다.

『나는 그 남자를 병원에서 만나 몇번 치료하면서 알았을 뿐이야. 괜찮은 사람 같아 소개했는데 그런 사람일 줄은 전혀 몰랐어. 참 미안하게 됐어. 그렇다면 아기가 생기기 전에 헤어져 다 잊어버리고 새출발하는 것이 장래를 위해서 좋을지도 모르겠다.』

나는 모든 사연을 들으면서 그녀의 얼굴을 유심히 보았다. 남편 이야기를 하는 동안 그녀의 표정은 정말로 남편을 미워하고 무서워하고 있는 것이 뚜렷했다. 그녀의 이야기가 다 끝났기 때문에 내가 말을 할 순서였다.

『믿고 무서운 사람 특히 자신보다 강한 상대를 섬기며 사는 일은 견디기 힘들지요.』

갑자기 그녀의 눈이 반짝였다.

『그렇지요, 선생님?』

그녀는 내가 자기의 모든 사연을 듣고 자기의 의견에 찬성하는 줄로 생각하는 것 같았다.

『네, 요시꼬, 당신의 말은 다 틀리지 않아요. 다 사실이겠고 옳은 말이기도 해요』

우리는 한동안 서로 생각에 잠겨 침묵했다.

『그러면 지금 변호사를 사서 이혼수속을 밟는 것이 좋지 않을까요?』

『정 원하신다면 그렇게 할 수밖에 없지 않겠어요.』

그녀는 웬일인지 내 말을 듣고 깊은 한숨을 쉬었고 표정이 착잡해지기 시작했다.

『요시꼬 상, 당신은 정말 예수님을 믿습니까?』

『그러믄요.』

『예수님이 당신 마음에 진정한 왕으로 계시느냔 말에요.』

이 말에 그녀는 잠시 생각하는듯 머뭇거렸다.

『글쎄요.』

『왕이라는 것은 절대적인 권위를 뜻하는 것이에요. 왕이 가라 하면 가고, 하라 하면 하고, 죽으라면 죽는 그런 절대 권위를 말하는거지요. 당신 마음 속에 예수님이 그런 절대권을 가진 왕으로 계시냐는겁니다.』

『그래야만 되는 것 아닌가요, 선생님?』

『그렇지요. 왕이 없으면 나라도 없는 것같이 내 맘속에 왕이 없으면 내가 없는 것이나 다름이 없지요. 그러나 하나님이 우리를 지으셨을 때에는 자유의지를 갖고 있는 인간으로 창조하셨기 때문에 우리는 자유롭게 왕을 모시기도 하고 모시지 않을 수도 있어요. 그런데 우리 마음은 항상 왕으로 채워져 있어야만 해요. 예수님이 왕으로 채워져 있지 않으면 사단으로 채워져 있기 때문이지요.』

『사단이 왕으로요?』

『예, 예수님을 왕으로 모시면 사단이 쫓겨나고 나는 달라지게 되죠.』
그녀는 좀더 주의깊게 내 말을 들으려는듯 자세를 정돈했다.
『요시꼬, 제 말을 딱딱한 설교라고 듣지 않고 사실을 사실대로 말하며 가르쳐주는 증인의 말로 들어줄 마음이 있나요?』
『네, 물론이죠.』
『고마워요. 자, 그럼 이야기를 시작하죠.』
나는 본론으로 들어가기 전에 한동안 그녀를 사랑하는 눈빛으로 바라봤다. 그러자 그녀는 어쩔 줄 모르는듯 미안한 태도로 말하기를 기다렸다.
『요시꼬, 내 마음에 예수님이 왕이시면 왕의 명령대로 해야만 해요. 세상의 왕들은 나쁜 왕도 많고 못됐거나 이기주의적인 왕도 많지만, 예수님은 좋은 왕이시기 때문에 불행을 일으키지도 나쁜 일을 하지도 않으시며 결코 변하거나 잊지 않으십니다. 그분은 내 마음에 계실 뿐 아니라 영이시기 때문에 어디나 계시지요. 또 하나님이시라 무엇이나 다 하실 수 있고 모르시는 것이 하나도 없으신 분입니다. 그분이 만일 내 마음에 계셔서 왕이 되시고 나를 인도하신다면 그것은 은혜이며 또 그의 말씀에 순종만 하면 세상에는 불행이 있을 수 없을 것입니다. 나는 그것을 체득했지요. 그래서 나는 참 증인이라고 말한거에요. 내 말 알아 듣겠어요?』
『그럼요. 선생님 책을 밤새워 읽으면서 너무 울어 눈이 부어 직장에도 못간 적이 있는데요.』
『좋아요. 그러면 요시꼬 또 한번 물어 보겠어요. 정말 당신 마음에 예수님이 왕으로 계십니까?』
『그럴 때도 있고 어떤 때는 그렇지 않은 때도 있어요.』
『예수님이 왕으로 계실 때도 있고 또 아닐 때도 있다는 말씀인가요?』
『네, 그런 것 같아요.』
『예수님이 왕으로 계시지 않으면 다른 왕이 마음 속에 있다고 했는데 그게 무엇이지요?』
『사단! 마귀라고 하셨지요.』
『예수님이 영이시듯 사단도 영이라 시간이나 공간의 제한없이 움직이니까 예수님이 마음 속에 없으면 마귀가 왕이 되어 군림한다는 말을 아시겠지요.』

『네.』

『그러면 지금 내게 하신 그 말, 즉 당신의 남편에게 영주권이 나오기 전에 이혼을 하겠다고 하는 것은 마음 속의 어느 왕이 지시한 걸까요? 예수님이신가요? 아니면 다른 왕?』

그녀는 잠시 생각을 하더니 놀라는 것이다.

『어머나!』

얼른 손으로 입을 가렸다.

『그러면 선생님, 내 마음에는 사단이 왕으로….』

『그렇지 않겠어요? 늘 온전하시고 선하시며 사랑의 원천이신 예수님이, 원수를 사랑하라고 당부하신 그분이 이혼해 버려라, 더욱이 영주권이 나오기 전에 골려주고 원수갚아 쫓아내라고 하실 것 같아요? 당신에게 그토록 불평을 갖게 하고 분을 일으키며 시시각각으로 참소하여「쫓아내라, 원수를 갚아라, 속시원하게 괴롭혀라」하는 소리는 다 마귀 사단이 시키는 명령이지요.』

그녀의 눈이 번쩍 뜨였고 긴장한 표정이 되었다.

『또 월급에 대해서도 사단은 당신을 여간 잘 유혹한 것이 아니에요. 돈이나 물질, 무엇이든지 세상에 속한 것은 하나도 나의 것이 없답니다. 왜냐하면 우리는 잠깐 동안 이 땅에 와 있다가 언제든지 우리를 보내신 분이 돌아오라고 하면 가야 하는 나그네이거든요. 늙었든지 젊었든지, 일을 했든지 다 못 했든지, 병으로, 사고로, 또 우연한 일이나 천재지변, 전쟁, 기근, 화재, 수재 등 온갖 사건에 언젠가는 걸려서 우리는 세상을 등지고 부르시는 대로 떠나게 되어있지 않아요? 무엇이든 간에 세상의 소유물들은 잠깐 맡아 갖고 있는 것뿐이고 빌린 것들임에 틀림이 없어요. 그런데 주님은 자매님에겐 더 많은 것을 맡기셨고 남편에게는 적게 맡기셨어요. 그러나 남편에게는 나누어 줄 사람을 많이 주셨고 아내인 자매님에게는 나누어 줄 사람을 주시지 않았지요. 그래서 당신은 많이 거두어다가 남편에게 줘서 필요한 분들의 필요를 채우라고 하신 것이 아닐까요?』

그녀는 고개를 끄덕였다. 뭔가 알아듣는 것을 보니 맘이 편해져 더욱 기뻤다.

『또, 가만히 이야기를 듣고 보니 당신 남편은 결코 나쁜 사람이 아니라는 생각이 들어요.』
『왜요?』
『그분이 만일 나쁜 사람이라면 돈을 가지고 술집이나 노름판에 가서 허랑방탕하게 썼을텐데 그는 가난한 부모님과 자라고 있는 동생들의 교육을 위해서 가정에서 냉전을 하면서까지 애쓰는 것을 보고 착한 분이라는 생각이 들었던거에요.』
『하지만 비싼 승용차 링컨 콘티넨탈을 타고 다니며 쓰는 돈은 얼만데요?』
『그건 자매님이 몰라서 하는 소리에요. 이걸 더 아셔야 돼요.』
『뭔데요?』
『하나님이 남자를 먼저 창조하셨는데 창조하신 목적은 하나님이 만드신 모든 피조물들을 다스리게 하기 위해서이지요. 즉 다스린다는 것은 주권자, 만물을 통치하는 왕이란 말이에요. 비록 사람을 흙으로 만드셨지만 주권자의 기질을 갖고 살게 하셨단 말입니다. 그래서 남자는 모두 다스리고 싶고 높아지고 싶고 대접받고 싶고 위에 있기를 원하지요. 보다 더 좋고 높은 것을 사모하고 행동하려 애쓰는 것은 하나님이 주신 남자의 성품이랍니다. 남자는 언제나 왕의 자리를 꿈꾸고 있기 때문에 비록 밖에 나가서는 왕이 되지 못해도 가정에서만은 왕이 되어야 좋아하는거에요.』

그녀는 그 말에 빙그레 웃었다. 그리고 내 말을 재촉하는 표정으로 침묵하고 있었다.

『그런데 보세요. 하나님이 여자를 어떻게 만드셨는가를요. 여자를 만드신 목적은 남자를 도와 좋은 왕으로 만들라고 해서 지으신거예요. 여자는 돕기 위해 창조되었고 남자는 다스리기 위해 창조되었지요. 창세기 1장, 2장을 잘 알아야 세상살기가 편해요.』
『그럴 수가!』
『다시 말하자면, 당신 남편이 그럴 형편이 못되는데도 링컨 콘티넨탈을 타고 으시대는 것을 보면, 그저「남자의 본성이구나」하고 이해하세요. 아내인 자매님은 남편이 조심하면서 타고 다니도록 기도하기만 하세요. 그리고 맡겨 주시는 재물로 남편이 기쁠 수 있도록 도와주면 자매님도 즐겁고 함께 만족을 느낄 수 있게 되죠. 사실 남자는 높아지지 않으면 못 살고 여자는 돕지 않으면 참 만족이 없지요. 이상하게 남자가 집안에서 왕노릇을 잘 하면 밖에 나가서도 존경을 받게 되고 자신감이 생기는 것이 사실이며 여자도 정성껏 남편을 도와주고, 그 남편이 잘되면 그것 이상 행복한 일은 세상에 또 없을거에요.』

『그러나 문제는 사랑인 것 같아요. 선생님 우리는 서로 사랑하지 않았어요.』

『자, 생각해 보세요. 하나님께서 남자를 만드신 재료는 흙이었고 여자의 재료는 갈비뼈였어요. 흙이 강해요? 뼈가 강해요? 물론 뼈가 강하지요. 남자는 흙이 원료인 만큼 힘은 있지만 신경은 둔하지 않겠어요? 그러나 갈비뼈는 얼마나 예민하고 섬세하겠어요. 예민한 여자가 으레 신경이 둔한 남자를 이해하고 도와주어야 하지 않을까요? 갈비뼈같이 단단한 결심을 가지고, 푸실푸실하고 신경이 둔해 아내의 소원도 기대도 무시하는 남편을 아내가 아니고서야 누가 도울 수 있겠어요? 그러나 아내로서 한가지 똑똑히 알아야 할 것은 흙은 무심하고 푸실푸실한 것 같지만 흙속에 무엇이라도 심어만 주면 흙은 그 씨의 종류에 따라 각종 열매를 맺어 오곡과 각종 과일, 채소, 화초 등을 우리에게 안겨주지요. 뿐만 아니라 더러운 퇴비나, 시체가 썩는듯한 냄새가 나고 또 보기 싫은 폐물이라도 흙에 묻어 놓으면 흙은 그것을 감쪽같이 녹여버리고 도리어 비료가 되게 하는 비밀의 능력을 가지고 있습니다. 그래서 갈비뼈인 아내가 단단한 결심으로 내것 네것없이 남편을 잘 보살펴주고 높여주면 남편은 자연스럽게 좋은 성품으로 변해 아내의 자랑거리가 되기 마련입니다. 흙은 이렇게도 저렇게도 할 수 있는 능력이 있으나 갈비뼈는 어디서나 무엇을 하든 융통성없는 뼈밖에는 되지 못하지요. 그래서 어떤 교수는 이렇게 말해서 큰 물의를 일으키기도 했답니다. 「여자는 아무리 잘났어도 남자의 12분의 1밖에 되지 않는다. 왜냐하면 갈비뼈는 모두 12개인데 그 중에 한개로 만들어졌으니까.」』

그 말에 그녀도 빙그레 웃었다. 굳었던 얼굴 표정도 아울러 부드러워졌다.

『여하튼 우리를 만드신 분은 우리를 지으실 때 행복하도록 창조하셨지요. 그 모든 지으신 창조물들을 다 우리 인간에게 맡기시고 만물의 영장으로 세워주셨으니 행복할 수밖에 없지 않아요? 그러나 우리 각자는 누구의 명령을 쫓아 사는가에 따라 행복할 수도 있고 불행하게 될 수도 있는거지요. 술 친구를 따르면 알콜 중독자가 되고, 학자를 따르면 학자가 되는 것처럼 사단을 따르면 불행에 빠지고, 예수님을 믿고 순종하면 지상천국에서 영원천국으로 인도된다는 뜻입니다. 나는 이 사실을 우리 아버지 집에서, 그 불신자들 속에서 사셨던 어머니를 통해 절실히 알게 되었고 깨닫고 체험했어요. 또한 내가 살아보고 지내오면서 알고 보니 참으로 성경말씀은 천지가 변한다 할지라도 일점일획도 변하지 않는 영원불변의 법칙이란 것을 확신하게 되어 나는 그 증인으로 살아가고 있답니다. 알겠어요?』

『그렇군요. 참 잘 알았습니다. 선생님.』

마음이 풀렸는지 그녀의 얼굴에 생기가 돌았다.

『선생님 지금 또 한가지 알게 된 것이 있는데 뭔지 아세요?』

『뭔데요?』

『선생님을 죽일 사람은 아무도 없다는거에요.』

『그게 무슨 말이에요?』

그녀의 말에 난 은근히 놀랐다.

『일본이 온갖 폭력을 동원해 선생님을 죽이려고 하지 않았어요. 그런데 오히려 창피하고 비참하게 유황불로 망하게 됐으니 말이에요. 갑자기 그 생각이 떠오른거에요. 감히 선생님을 누가 해치겠어요. 안 그래요. 선생님!』

『아! 네, 그런데 예수님이 마음에 왕으로 있는 크리스찬은 세상이 죽여주면 더 좋은 하나님 나라로 가니까 반갑고 좋은 일이지요. 그래서 나는 사형선고를 받고 일본인들이 사형시켜 주기를 얼마나 원하고 기다렸는지 몰라요. 일본이 패전해서 한편으로 기쁘고 좋았지만 내가 사형을 면하게 된 것 때문에 그 당시에는 무척 실망했답니다.』

그녀는 기분이 좋아졌는지 명랑한 표정으로 말했다.

『선생님 말씀을 듣고 보니 우리 남편은 좋은 분이라는 생각이 들어요. 저만 잘 하면 될 것이라고 하신 말씀 이제 알 것 같아요.』

『그럼, 왜놈의 피에 대해서도 풀린거지요?』

이렇게 묻자 그녀는 나를 슬쩍 쳐다보고는 한참 동안 생각에 잠겼다.

『선생님! 그 말이 아직도 왜 이토록 충격을 줄까요?』

『아직 마음에 상처로 남아있다는 말인가요?』

『예, 선생님. 미안해요!』

그녀의 얼굴이 다시 어두운 표정으로 변하는 것 같았다. 요시꼬의 마음에는 깊은 상처가 있어서 건드릴 때마다 아프고 쓰린 모양이다. 얼마 동안 우리는 말없이 쳐다보고만 있었다.

『요시꼬! 당신은 예수님 말씀을 사랑하고 그분이 하신 일에 대해 진정 믿고 따를 마음이 있나요?』

『예, 물론이지요.』

『그렇다면 예수님께서는 그런 상황에서 어떻게 하셨는지 말해볼까요?』

『예수님께서도 저와 같은 일을 당하셨다구요?』

『그래요, 들어보세요. 예수님께서 십자가에 죽임을 당하시기 바로 몇 시간 전에 있었던 일이에요. 열두 제자를 데리고 예루살렘을 향해 가시다가 도중에 이렇게 물으셨지요. 「내가 누구냐? 나를 누구라 하느냐?」 그때 베드로가 대답했어요. 「우리의 구세주이십니다.」 예수님은 그의 고백을 인정하셨지요. 그러자 주님께선 또 다시 「나는 예루살렘에 죽으러 가는 것이다. 수치와 모욕과 아픔과 절망 속에서 그것도 사랑하고 믿고 있는 제자들에게 버림을 당하고 민족의 지도자들에게 잡혀서 가장 무섭고 잔인한 죽음을 당할 것인데, 죽은 지 사흘 만에 죽음을 이기고 부활해서 다시 너희들을 만날 것이다」라고 하셨어요. 그런 예수님의 말씀에 베드로는 분이 나서 『주님! 저는 절대로 주님을 저버리는 일은 하지 않을겁니다. 저는 주님과 같이 죽을 각오를 하고 결단을 내렸으니 절대로 절대로 주님을 버리지 않을 것입니다. 이렇게 호언장담을 했을 때 다른 제자들도 다 비슷한 말로 단단히 약속을 했지요. 예수님께선 잡히시기 전에 제자들을 데리고 겟세마네 동산으로 가셨는데 제자들 중 예수님을 가장 사랑하고 순종하는 세 제자만 데리고 따로 올라가서는 함께 기도하자고 하셨답니다. 예수님께선 앞으로 다가올 그 무시무시하고 잔인한 모욕과 죽음을 내다보시면서 피땀어린 기도로 하나님께 호소하고 계셨는데 같이 죽겠다고 다짐했던 제자들은 잠만 자고 있는거예요. 예수님은 제자들이 약한 것을 아시기에 시험에 들까 두려워서 기도하시다가도 그들을 깨우고 깨웠지만 피곤한 제자들은 예수님이 몇 시간 전에 하신 말씀이나 자기들이 한 말에는 아랑곳하지 않고 그저 쓰러져 자기만 했어요. 그때 예수님께서 뭐라고 하셨는지 아세요?』
　질문에 답해 보라고 나는 잠시 기다렸다.
　『예수님은 제자들이 몇 시간 전에 그렇게도 자신있고 당당하게 서원했던 말을 꼬치꼬치 따지면서「너희는 몇 시간 전에 내게 뭐라고 했느냐. 나와 같이 죽을지언정 나를 따르겠다고 안 했어, 이 녀석들아!」하고 막 꾸짖으며 훈계하실 법도 한데 어디 그러셨어요? 예수님은 그들의 마음을 헤아려 주셨지요. 그래서「마음에는 정말 원하지만 그래 육신이 피곤하고 약해! 하셨거든요. 그 뜻은「그럴 수도 있지! 아무리 마음에는 원해도 육신 때문에 피곤하고 짜증도 날거야. 마음이 아무리 원해도 피곤한 육신으로는 잘 안되는 거니까!죠. 그럴 수도 있지!라는 예수님의 말씀이지요. 우리 인간들이 열심히 깨닫고 애를 써도 또 우리 영이 밝아지고 높이 들리워 살고자 해도 제한된 육신을 안고 살아야 하기에 육신은 영의 원대로 따라 오지를 못해요. 이것은 우리 자신들도 매일 경험하면서 느끼는 사실 아니에요? 우리의 마음은 원해도 우리의 육신은 실상 잘 못하는 것이지요. 그래서우리가 살아갈 때 행복하려면 예수님이 보여주신 모본을 늘 마음에 두고 어떤 일이 발생해도「그럴 수도 있겠지!」,이렇게 이해하는 태도를 잊어버리면 안됩니다.』
　요시꼬의 얼굴이 다시 밝아지면서 알아들었다는 표정을 지었다. 내 마음도 기뻐졌다.
　『요시꼬! 우리는 일본인도 한국인도 되지만 그것보다 먼저 우린 예수쟁이요, 천국 백성이요, 하나님의 딸들이며 예수님의 제자가 아닙니까? 예수님같이 말도 해야 하고 예수님같이 살도록 애써야지 한국피니 왜놈피니 그게 뭐 그리 대단한건가요, 안 그래요? 진정으로 우리가 예수님을 믿는다면!』
　『그래요, 선생님. 그래야 되지요.』
　『또 한가지 행복의 열쇠를 가르쳐 드릴까요?』
　『예, 선생님 말씀해 주세요.』
　『예수님께선 우리가 행복하려면 맨 처음에 가졌던 첫사랑을 잊어버리지 말라고 하셨어요. 그 말씀은 에베소에 있는 신자들에게 하신 것인데 현재 닥치는 핍박이나 장래에 닥쳐올 모든 고난을 이겨나가는 데는 이 첫사랑—예수님을 맨 처음 영접했을 때의 기쁨과 어떻게 주님의 사랑에 보답할까 하는 마음—을 언제나 잊지 않고 있으면 담대하게 이기고 승리를 거둘 수 있기 때문이지요. 만일 우리가 이 첫사랑을 까맣게 잊어버리고 현실의 어려움과 씨름하게 되면 어려움에 빠져들어가 지치고 쓰러질 가망성이 크죠. 그래서 아무리 어렵고 괴로운 일이 다가와도 신혼 당시의 첫사랑을 가슴과 머리에 가득 채우고서는 「아! 그럴 수도 있지」라며 현실을 정직하게 처리하면 일이 풀리지요. 그리고 우리에겐 기도라는 무기가 있지 않아요. 「예수님 말씀대로만 하고자 하오니 힘을 주시고 도와주세요」하고 예수님께 매어달리면 사단은 물러가고 우리에겐 승리가 주어집니다. 아시겠어요?』

『예, 마음이 분명해졌어요.』

『한가지 더 말해도 될까요?』

『그럼요. 선생님.』

요시꼬는 제법 명랑해졌다.

『지금 두분의 상처는 제법 깊어졌겠지요? 그렇죠?』

『예.』

『그 상처를 빨리 고치려면 거기에도 비결이 있어요. 이제부터는 남편이 송금하던 일을 당신이 하세요. 그리고 남편이 보내는 액수보다 조금 더 많이 보내 드리세요. 시동생들 등록금도 당신이 편지와 함께 직접 보내세요.』

『왜요?』

『어차피 보내야 할 돈인데 아내가 싫어하는 것을 남편은 떨면서 보내고 또 좋은 일인데도 아내는 화를 내고 불화를 일으키니 그런 손해나는 미련한 짓이 어디 있어요. 그러니까 요시꼬는 「이 돈은 하나님이 내게 맡기시고 필요한 사람들에게 주라고 하셔서 그렇게 하는 것뿐이다」라고 생각하고 기쁜 마음으로 보내드리세요. 남편에게는 생색내지 말고 그저 하나님께는 「하라 하신 일을 했으니 감사합니다. 또 앞으로도 더 잘하게 도와주세요!」하면 좋은 결과를 볼 수 있을 겁니다. 가난한 시부모님들은 우리 며느리가 최고라고 하실 것이고 감사해서 하나님께 영광을 돌리지 않겠어요. 또 조카들은 우리 작은엄마 최고야 하며 높여줄 것이고 남편도 내 아내가 최고라면서 더 사랑해 주지 않겠어요? 칭찬과 사랑을 받게 되면 당신은 돈버는 일이 재미있어지고 즐겁게 느껴져 짜증도 피곤도 모두 사라질거에요. 덕택에 얼굴에는 기쁨이 넘치며 몸은 건강해지고 구름을 보면 하늘나라에 올라갈 때 타고 갈 것이라 기쁘고, 꽃이나 새를 보면 하나님의 솜씨에 감격하게 되며, 이웃을 만나면 형제 같고 친구 같아 마음 속에 천국이 가득차게 되지요. 그렇게 되면 죽음을 두려워하지 않고 영원한 나라의 문이 열려지기를 기대하는 놀라운 승리의 생활이 펼쳐질 겁니다. 하나님은 우리가 이토록 행복하게 되기 위해 우리 죄를 씻어주시고 특권을 누리고 살라고 그 외아들을 보내주신 것이지요.』

그러는 동안에 어느덧 새벽 한 시가 되었다. 그녀는 시계를 들여다보고는 깜짝 놀라 걱정스런 표정을 지었다.

『어머나! 밤이 깊었는데 선생님 너무 피곤하셔서 어쩌지요?』

『예수님은 야곱의 우물가에서 말씀 전하는 일은 음식을 먹는 것이라고 하셨어요. 가장 좋은 음식을 먹었으니 힘이 나겠지요. 너무 염려 마세요. 저는 이 음식을 먹고 살기 위해 아직 이 세상에 남아있는 것이니까요.』

그녀는 정중히 인사를 하고 방을 나섰다.

언제나 그랬듯이 주님이 당신의 영광을 위해서 요시꼬와 그 가정에 크게 역사해주시기를 기도하고 나니 기쁘기 한이 없었다.

들으면 곧 깨닫고 빨리 알아들어 말의 중심을 파악하는 사람들은 맛있는 음식과도 같지 아니한가!

## 113
# 게으름

게으름은 위험해요.
게으르면 되는 것이 없어요.
게으른 사람은 요행만을 바라요.
내것 아닌 것이 내것이 되기를요.
그래서 성경에 게으른 자는 도적이 된다고 했어요.
그래서 성경에 게으른 자는 죽어버리라고 했어요.
일하기 싫거든 먹지도 말라고요.
그 말씀은 먹지 말고 죽어버리라는 것이라구요.
게으르면 말마다 일마다 핑계로 때워버리는 것을 아시죠.
핑계대면 다 되는 사람은 약속도 없고 일도 없고 의무나 책임도 없지요.
더욱이 믿음이란 있을 수가 없지요.
게을러서 기도도 말씀공부도 하지 않는데 어떻게 믿음이 생기고 자랄 수 있겠어요.
믿음이 없으면 당연히 소망도 없는거예요.
천국이 있을 수 없다는 말이지요.

## 114
## 벌레

나는 화단에서 벌레를 보았다. 몸집이 길고 검으며, 온몸에 발이 달린 흉하고 보기 싫은 벌레였다. 나는 호미를 가지고 당장에 그 벌레의 허리를 끊어서 죽일 수도 있었지만, 징그럽고 싫어서 그것을 피했다. 그러나 문득「아! 저놈의 악한 벌레가 이제 겨우 싹이 나서 자라려고 하는 오이를 모두 씹어 먹어버리지 않을까?」하는 생각이 들었다.

나는 급히 차를 타고 상점으로 갔다. 살충제를 사다가 그 벌레를 죽이기 위해서였다. 그러나 살충제를 사가지고 집에 돌아와 보니, 그 벌레는 자취를 감추고 보이지 않았다. 숨어버린 벌레는 아무리 찾아도 없었다. 나는 해가 서쪽으로 지고 곧 밤이 되어 포기하는 수밖에 없었다. 그 다음날 나는 해가 뜨기도 전에 불안한 마음으로 오이밭에 나가 보았다.

어머나! 왜 저러지! 오이 싹 하나가 죽어서 쓰러져 있었다. 악한 벌레가 죽여버린 것 같았다. 쓰러져 있는 싹은 원기도 생명도 없어 보였다. 다시 심어 보았자 이미 벌레에게 뿌리를 잘라 먹힌 상태였기 때문에 살아날 가망이 전혀 없었다.

그러나 나는 그 싹에 뿌리가 없어서 살 수 없다는 것을 알면서도, 햇볕을 피해 그늘에 뉘어도 보고 물로 씻어도 보았다. 그렇지만 이미 생명을 잃고 늘어져 있던 오이는 다시 생기도 돌아오지 않고, 아름다움이나 귀여움도 없었다. 가엾고 분한 생각만 들었다.

나는 그놈의 악한 벌레를 잡아 죽이려고 흙 위에 온통 살충제를 뿌렸다. 죽어버린 오이 싹은 햇볕을 받아 시들시들해지고 누렇게 변해 갔다. 다른 싹들은 햇볕을 받고 바람에 따라 춤을 추며 잘 자라고 있었다.

그런데 똑같이 돋아나왔으면서도 왜 하필이면 저것만 벌레에게 먹혀버렸을까 싶었다. 왜! 그런 악한 벌레가 그 싹에 달려들어 생명을 빼앗아 갔을까? 죽은 오이 싹은 얼마나 자라고 싶었을까? 여름이 오기를 얼마나 기다리고 있었을까? 우거진 잎과 노란 꽃을 얼마나 가지고 싶었을까?

아! 아름다운 나비가 날아와 꿀을 먹으며 기뻐하고 그 아름다운 날개로 포옹하고 사랑해주기를 얼마나 바랐을까?

조그마했던 열매가 자라고 자라서 묵직하고 싱싱한 오이가 되어 자신을 심고 흙을 돋우어주고 길러준 아름답고 귀중한 하나님의 종들을 위해 그들의 밥상 위에 싱싱한 채소로 올려져 그들의 몸에 영양을 공급하며 또 그들이 감사해 하는 소리를 듣기를 얼마나 갈망했을 것인가!

다른 오이들은 다 잘 자라고 잘 크는데 왜 그 오이만은 그렇게 무참하게 죽어야 했을까?

교회에서도 이런 일이 생길 수 있다는 생각이 들었다. 성령님이 영혼들을 다 심어놓고 잘 자라고 복되기를 고대하시는데 어디서 오는지도 모르고 어떻게 생겼는지도 모르는 악한 벌레 같은 악마가 난데없이 들어와서 잘 자라는 영혼들 중에서 하나씩 골라 죽여버리는 것이다.

악마에게 물린 영혼은 다시 살아날 기운이 전혀 없다. 좋은 소리, 좋은 말씀, 좋은 권면도 죽어있는 영혼에게는 독과 악이 될 뿐이다. 달래봐도 허사이다. 욕해봐도 소용이 없다. 죽어있는 영혼은 독기운과 악취와 소란만 뿜어낼 뿐이다. 죽은 영혼을 다시 살릴 수 있는 약은 없는가보다. 영혼의 주인은 썩은 영혼을 묻어버린다.

아! 주인은 그 영혼이 잘 되기를 얼마나 원했을까? 성령님은 그 영혼이 무럭무럭 잘 자라는 다른 모든 영혼들과 같이 말씀을 먹고 자라며, 찬송에 힘이 있고, 전도에 기운을 내고, 봉사에 앞장 서고, 기쁨과 즐거움을 느끼며, 자라고 크고 장해지고 용감해져서, 주님이 쓰시고 자랑스러워하시길 얼마나 원하고 바랐을까?

나는 오이로 인해 아프다. 마음이 쓰리고 아프다. 그러니 성령님은 얼마나 아프시고 서러우실까!

## 115
# 사랑을 만듭시다

부흥 집회 둘째 날이었다. 신자들은 전날과 같이 대회장을 가득 메웠다. 주최한 목사님들이 만족한 얼굴을 하고 이리 뛰고 저리 뛰면서 행사장을 분주히 살폈다.
 순서가 시작되고 전날에 이어 나에 대한 장황한 소개가 있은 뒤, 난 강단에 나가섰다. 꼭 성악을 해서 그렇다는 것은 아니지만 나는 말할 때, 특히 대중 앞에서 말할 때마다 마치 독창을 하는듯한 느낌을 늘 갖는다.
 사실 내가 성경을 읽어야 하는데 순서를 맡은 분이 읽어주었기 때문에 나는 곧장 말씀 증거에 들어갔다.
 『여러분, 저 들판에는 초목이 푸르게 우거져 있지 않습니까. 그 넓고 넓은 들판에는 심지도 않고 가꾸지도 않았는데 웬 풀이 그렇게 많을까요? 잡초, 화초, 독초들이 빈틈없이 무성하게 자라고 있지요. 마찬가지로 이 인간 사회에도 부모애, 효성애, 친구애, 연애, 불륜애, 치정애 등 소위 사랑이라는 이름을 가진 온갖 사랑들로 꽉 차있습니다. 그것은 심어준 것도 아니고 가꾸지도 않았는데 저절로 우리들 속에서 쏟아져 나온 감정입니다. 사람은 나면서부터 성장하고 죽을 때까지 온갖 온갖 애를 다 품고 느끼고 키우며 살아갑니다. 지식애, 연애, 가정애, 부성·모성애, 권력애, 명예애, 재물애 등 사랑이라는 명칭을 붙인 온갖 감정이 엉키고 설켜 뒤범벅됩니다. 다 저절로 생겨나서 저절로 자라는 변형된 사랑이라고 하는 것들입니다. 이러한 사랑은 모두 무시로 변하고 달라져, 있었다 없었다 하기 때문에 절대로 믿을 수가 없습니다. 마치 들판에서 아무도 심지 않았는데도 자라는 풀들이 우리들에게 크게 유익을 주지 못하는 것처럼 우리 사람들 속에서 생겨난 사랑이라는 것들은 믿을 만큼 귀한 것들이 아니기 때문에 나로 하여금 절대 안정감이나 행복을 누리게 할 수 없는 것들입니다. 그렇지만 좋은 땅을 만들기 위해 잡초를 뽑고 돌들을 골라내 고랑을 내고 비료를 줘 거기다 씨앗을 뿌리고 과일나무를 심으면 거기서 나오는 열매들은 우리들이 먹고 사는 양식이 되지 않습니까? 그처럼 사랑이라는 것은 우선 우리의 마음을 개간하여 잡초와 같은 세상 욕심, 야심, 탐심을 뽑아버리고 마음의 자세를 올바르게 정하고, 좋은 씨, 생명의 씨 즉 예수님을 마음에 심어야만 합니다. 그런 뒤 성경을 읽고 배우며 영혼에 비료를 주고 물을 주면서 잘 가꾸어 머리를 쓰고, 눈으로 보고, 손으로 만들며, 발로 다니면서 지어낸 사랑이야말로 아름답고 행복한 열매를 주렁주렁 맺게 됩니다. 그런 것이 참 사랑이고 반드시 있어야만 하며 지어내야 하는 것입니다. 그런데 사랑을 만드는 일이 그렇게 쉬운 것은 아닙니다. 한마디로 어려운 일이죠. 또 하기도 싫구요. 그래서 억지로 짓게 되는 것입니다. 개간한 농토를 가꾸는 일이 어디 쉬운 일입니까. 어렵고 싫지만 열매를 생각해서 억지로라도 나가 잡초들을 뽑아주고, 벌레를 잡아주며 물을 주는 희생을 하는 것 아니겠습니까. 마찬가지로 사랑을 짓는다는 일은 우선 희생이 따르고 정성과 땀흘림이 반드시 있어야만 가능한 것입니다.』

잠시 말을 멈추고 청중을 둘러보았다. 나는 뜨거운 열기를 느끼며 설교를 이어갔다.

『예수님 없이 사랑을 만든다는 일은 상상도 할 수 없기 때문에 세상에는 사랑이 없지요. 예수님은 하나님의 지위를 희생하시고 반가워하지도 않고 알아주지도 않으며 무시와 무관심으로 냉대하는 인류들을 구원해주시기 위해 사람이 되셨습니다. 사람으로 오신 것은 우리의 허물과 죄를 없이해 주시고 우리가 죽어야 할 그 자리에 대신 끌려가셔서 죽으심으로 내 죄값을 대신 갚아 주시기 위함입니다. 자기는 몹쓸 죽음을 당하시면서까지 우리를 높여 주셨고 믿기만 하면 구원을 얻게 하신 그분이 그 어떠한 사랑을 시작하시고 만들어 주셨는가를 여러분에게 알게 하고 믿게 하시는 그 하나님의 사랑을 나는 말하고 있는 것입니다. 그분을 믿으면 그분의 제자가 되어서 그분이 하신 것같이 나도 사랑을 시작하게 되고 심고 만들 수 있다는 말입니다. 그러나 예수님을 믿었다고 사랑이 저절로 생기고 자라는 것은 아닙니다. 예수님을 모시고 그의 본을 따라 억지로라도 사랑을 만들면 만들어지고 그 사랑이 열매가 되어서 우리를 만족케 하고 기쁘게 하고 행복케 한다는 뜻입니다. 믿는 사람이 사랑을 만들지 않으면 잡초가 속에서 돋아나는 법입니다. 그래서 교회에 다니는 사람들 가운데 욕심이 많고 싸우고 시기하고 미워하는 분들이 있는 까닭은 사랑을 만드는 노력과 희생이 없어서 그 사람들 속에서 잡초가 돋아났기 때문입니다.』

나는 강조하면서 설교를 이어갔다.

『사랑을 지어보세요. 물론 힘이 들지요. 처지와 환경이 방해가 되지요. 물질과 시간의 희생이 따라옵니다. 그러나 해보세요. 예수님은 그 큰 사랑을 십자가의 죽음을 갖고 만드셨는데 그분이 불행하신 줄로 아는 사람은 한 사람도 없을 겁니다. 그분은 죄인의 형틀에 못박혀 돌아가셨지만 만왕의 왕, 만유의 주, 하늘과 땅의 창조자로 높이심을 받으시고 하늘의 천군천사와 온 지상 피조물들의 찬송과 경배를 받으시는 주권자가 되지 않으셨습니까? 나는 감옥에서 사랑을 지어 보았습니다. 처음에는 억지로 시작을 했지만 일단 사랑을 짓고 나니 얼마나 놀랄 만한 행복이 쏟아지는지 계속해서 사랑을 짓게 되었습니다. 나는 사랑을 짓는 데 온 정성을 다하다 보니 감옥이 감옥 같지 않고 일터 같은 기분과 자세가 되는 것을 느꼈습니다. 사랑을 지으려고 하기 전에는 너무 이해타산에 젖어 특히 체면과 입장 관계에 온 신경이 가 있어서 쉬운 일이 아니었지만, 일단 용기를 내어 시작하니 성령님이 도와주셔서 아무리 힘들고 어렵고 싫었던 일도 무척 재미있고 감격 속에서 척척 되는 것을 매번 체험했습니다.』

그래서 나는 그 실제 예화로 만주 여자 사형수에 대한 이야기를 했다.

내 감방 죄수들이 극렬히 반대했으나 온갖 설득을 통하여 그 만주 여자를 겨우 우리 방으로 데려오기까지 참 힘들었다. 내 방에 던져진 그녀의 형상은 마치 악마의 모습 같았다. 그 여자의 옷은 대변과 소변에 흠뻑 젖은 채 얼어붙어 있었어 사람 꼴이 아니었다. 얼굴은 추위와 아픔, 괴로움과 사형의 공포로 질려있었고 손은 수갑과 무거운 쇠사슬로 묶여있었다. 그녀는 끝내 죽지 않고 살아있었다. 호흡을 하고 살아있다는 것 자체가 기적이었다.

물론 나는 그녀를 사랑하지 않았다. 불쌍하기는 했지만 무서운 마음이 더 강하게 들었다. 소변과 대변에 젖어 얼어 있는 그녀의 옷에서 나는 냄새도 그랬지만 그러한 옷속에 싸여 있는 모습도 인간이라고 보기에는 너무도 흉악하고 무서운 형상이었기 때문이었다. 아무래도 난 그녀를 사랑할 수 없었다. 사랑하지 않았다. 그런데 내가 그녀를 사랑한다고 거듭 되풀이하는 동안 내게 기적이 일어났다. 갑자기 그녀를 사랑하는 맘이 생겼을 때 나는 울어버렸다. 내가 사랑한다고 말로만 할 때는 그녀도 내게 저주를 담고 대했다. 그러나 울음을 터뜨리며 우는 나의 모습을 보자 일단 그녀의 저주는 멈췄다. 더욱이 그 무서운 기근의 산지옥에서 내 몫의 밥과 국을 먹지 않고 몽땅 그녀에게 주고 그것도 내 손으로 먹여 주기 시작한 지 사흘째 되던 날, 먹지 못해 자기에게 밥을 떠먹일 힘이 없어 와들와들 떨면서도 먹여주는 모습에 그는 잃었던 인간의 의식을 되찾았다.

나는 이 장면을 설명하면서 도저히 울지 않을 수 없었다. 그래서 그냥 울어버렸다. 나의 힘들고 어려웠던 과거 때문에 운 것이 아니고 그녀가 의식을 되찾은 모습을 보았을 때의 감격 때문에 울어버린 것이다. 시간이 많이 지났다.

『사랑의 재료는 얼마든지 우리 주위에 쌓여있습니다. 우리 가정에도 사랑을 만들 수 있는 재료가 얼마나 많습니까? 이웃은 물론 사랑을 제조하려고 미지의 땅에 목숨을 걸고 떠나가서 사랑을 짓다가 죽는 아름다운 인생들도 얼마나 많습니까? 사랑을 지읍시다. 사랑을 만듭시다. 하나님이 우리를 사람으로 지어 세상에 보내 살게 하신 것은 살아있는 동안 사랑을 만들고 생산하고 펼쳐서 행복하고 화목하게 지내며 하나님을 사랑하고 감사하며 살라고 하신 것입니다. 이 세상에는 사랑이 없어요. 사랑은 만들어야 있는 것입니다.』

나는 모인 청중을 내려다보면서 마음이 평안치 않았다. 「내게 주신 그 하나님의 사랑, 내가 소유하고 내 것이 되어있는 그 엄청나고 풍성한 아버지의 사랑을 이들도 깨닫고 나같이 복되게 될 것인가! 그저 듣기만 하고 갈 것인가? 비록 들었어도 별로 축복이 되지 않는다면! 어떻게 하면 그 사랑이 그들 속에 꼭 심어지고 자라며 익어서 나같이 복될까!」하는 답답함이 마음을 가득 채워 평안치가 않았다.

「더욱이 일본인들은 이천년이란 길고 긴 역사 동안 우상에 묶여 살아온 민족이 아닌가? 우상 숭배로 나라가 생겼고, 더군다나 제일 큰 여신을 필두로 팔백만이나 되는 우상을 섬기는 우상 국민이고 우상 민족이니, 어떻게 이 절대자 하나님을 바로 볼 수 있을 것인가…」

그리고 진정한 사랑은 예수님과 함께 하지 않으면 절대 불가능한 일인 것을 경험했는데 내가 아무리 있는 힘과 지혜를 다해서 전한다 해도 그 결과를 생각해 볼 때 마음이 어둡지 않을 수 없었다. 그렇지만 듣든지 안 듣든지 전하는 사명을 받았으니 최선을 다하는 길밖에 없었다.

그렇게 그렇게도 좋으신 아버지
그렇게 그렇게도 아름다우시고 가까이 계신 예수님
어쩌면 그렇게도 상세하시고 예민하시며 능하신 성령님이실까!
예수님을 믿고 그 말씀대로 살기만 하면 이런 축복이 쏟아지는데

일본인뿐만 아니라 온 세계 인류가 모두 행복을 찾고 찾으며 모두 사랑에 굶주려 있고 불행 가운데 있지 않은가? 이토록 간단하고 쉬운 길을 모르며 설혹 알면서도 행치 않는 것을 생각하니 안타깝기 짝이 없을 뿐 아니라 우울해지기까지 했다.

나는 내가 받은 이 복을 어떻게 해서라도 다시 한번 그들에게 알리고 싶었다.

여러분! 속지 마세요. 정말 속지 마세요.
이 세상엔 참 사랑이 없어요.
참 행복도 없어요.
내가 사랑을 지어야 있는거란 말이에요.
내가 사랑을 시작하고 지어서 나누어 주고 또 내가 누리고 나누어 줄 때 사랑은 굉장한 열매를 가져와요.
그것이 행복이라는거에요.
하나님이 태초에 사랑을 지으셨어요.
예수님이 십자가로 그 사랑을 다시 지어 보여 주셨어요.
성령님은 날마다 일마다 어디서나 이 사랑을 지어서 복되라고 권하세요. 해 보세요.
사랑을 억지로라도 지어 보세요.

습관이 되도록 매일 모든 일에 사랑을 만들어 보세요.
사랑을 많이 만들면 행복이 많고
사랑을 안 지으면 행복이 하나도 없어요.
예수님은 십자가에 못박혀 달리시고 피를 흘리시기까지 하면서 사랑을 지으셨어요.
온 세계 인류를 향해 지으신 사랑이요, 하나님의 사랑이었어요.
그 사랑 본받아서 사랑을 짓는거에요.
내가 좋아서 짓는 그것은 참 사랑이 아니에요.
하기 싫은데 억지로 지어내고 만들어내는 그 사랑이 참 사랑이에요.
예수님은 십자가에 죽으시려고 오셨지만 정작 십자가의 죽음이 닥쳐왔을 때는 피하게 해달라고 피땀을 흘리며 간구하셨어요
그러나 사랑없는 이 세상에
사랑을 만들어 놓으시기 위해서 그 쓰리고 아픈 고통을 견디시며 죽어주셨어요.
그것이 세상에서 제일 먼저
사랑이라는 것을 만들어 보여주신 것이지요.
무시하고 무관심한 죄인인 인간들에게 보여주시고 이루어주신 사랑의 모본입니다.
나를 미워하고 내게 해를 끼치고
나를 이용하고 망치는 원수
그런 이웃이나 상대방을 향해 사랑을 지으라고 하시는거에요.
지어 보세요. 만들어 보세요.
그리고 놀라지 마세요.
굉장한, 도무지 믿을 수 없는 결과가 행복이라는 감격으로 쏟아질 테니까요.
나는 그 사실을 시험해 보았어요.
나는 그것을 되풀이해서 시험했어요.
놀랐어요. 울기만 했어요.
행복이라는 말 가지고는 너무도 그 표현이 모자랐기 때문에 엉엉 울고 감사했어요. 행복했어요.
주님! 감사합니다.
「최고로 행복합니다」 고백하며 울기만 했어요.

이것이 인간이 가질 수 있는 권리예요.
동물은 못해요.
아무리 산맥이 크고 대륙이 넓다 해도 아무리 힘이 센 동물이라도 원수를 사랑하게 하고 행복을 만드는 사랑은
절대로 지을 수 없습니다.
우리만, 생령인 인간만이 할 수 있고 누릴 수 있는 것입니다.
예수님을 본받아서
사랑을 만들고 제조하고 늘리며 펼치고 계속 만들어야만 이 세상은
사랑의 세상이 되고
행복을 누리는 우리가 될거예요.
그러기 위해서
하나님이 세상을 창조하신 것이고
인간을 만들어 살게 하신 것이랍니다.

# 116
# 무책임

책임감이 없는 신자를 보셨나요?
그런 분은 정신병자라구요.
자기 책임을 감당 못 한다는 것은 밥을 먹지 않겠다는 것과 같은거예요.
그런데 밥은 멀쩡하게 먹으면서 자기 맡은 책임은 못 한다니 그것이 정신병자 아니고 뭐겠어요.
더더구나 아버지가 전능하신 분이라면서 자기 해야 할 일을 무시하고 부실하게 한다면 그가 믿는 것은 허공이요 망상아니어요?
신자한테는 만능이신 예수님이 주인이시고 다시없는 친구일진대 무책임이나 불가능이 있을 수 있을까요?
해도해도 못 다하는 일은 있겠지만 책임 자체에 무심하고 무시하고 지나쳐 버리는 것은 진짜로 위험하고 무서운 일이에요.

## 117
# 돌대가리

　그 젊은 사나이의 이름은 승수이다. 그는 많이 배우지는 못했다. 그의 여동생은 미군부대의 새까만 사람과 결혼해서 미국에 갔다. 그 덕택으로 승수도 미국에 가게 되었다. 초청장이 오자 승수는 그동안 애써 일하던 것을 집어치우고 밤낮으로 돌아다니며 놀기만 했다. 동네에서 잘 알고 지내던 어른 아저씨가 승수에게 말해 주었다.
　『이 사람 승수, 이제 미국에 갈텐데 학원에 가서 영어를 배워야 하지 않겠는가?』
　승수는 너털웃음을 치면서 말했다.
　『아저씨, 저는 영어말만 하는 나라엘 가요. 그 나라 사람은 누구나 다 영어로 말해요. 아이도 노인도 흑인까지도 말하는 것이 영어지요. 듣는 것이 영어인데 나 같은 젊은 사람이 그 영어천지에 가서 말 한마디 제대로 못하려구요?』
　『이 사람아, 배우지도 않은 영어를 어떻게 한단 말인가?』
　『아이들은 뭐 배워서 합니까. 저절로 하잖아요.』
　『아! 그래서 미국에 가면 저절로 다 된다는건가?』
　그는 어른이 하는 말을 듣지 않았다. 승수는 모았던 돈을 가지고 여전히 방탕하게 생활했다. 보다 못한 친구가 충고를 했다.
　『이 사람아, 자네 미국에 가질 않나? 돈이 좀 있어야 구멍가게라도 시작할 것이 아니겠나!』
　『친구, 자넨 내가 어디 가는지 모르나? 온 세계를 지배하는 재벌의 나라에 가는데 이 째째한 돈을 가져가서 무슨 도움이 되겠나.』
　승수는 가소롭다는듯이 웃기만 했다.

한번은 먼 친척 고모가 승수를 만났다.
『승수야, 미국에 가면 기술이 필요할텐데 자동차 수리하는 것이라도 배워야지.』
『고모님! 제가 어디를 가는지 모르시나요. 기술의 나라 미국에 가는거에요. 온 세계기술은 미국부터가 아니겠어요. 제가 기술을 배운다 한들 그 기술의 나라에서 써먹기나 하겠어요.』
승수는 고모 말도 우습게 여겼다.
드디어 승수는 미국에 도착했다.「오늘의 이 날을 얼마나 기다렸던가!」그러나 돈도 없고 기술도 없고 게다가 말까지 모르는 그는 빈털터리일 수밖에 없었다. 애써 찾은 누이동생은 사람노릇 못 한다고 밥도 주지 않았다. 기술이 없으니 무엇을 하겠는가! 영어 한 마디도 못 하니 오도 가도 못하고 돈 한 푼 없으니 설움만 당했다. 누이동생이 버스표를 사주면서 한국사람 많은 데 가서 없어지라고 하니 얼마나 기가 막히는가! 한국인 거리에 와서 상점마다 돌아다니며 애걸복걸하여 겨우 취직을 했다. 김치공장이었다. 공장 구석에서 쭈그리고 잠을 잤다. 겨우 돈 벌어 헌 차를 샀다. 그 헌 차가 승수에게는 숙식할 수 있는 유일한 집이었다. 그런데 왜 그렇게 일이 꼬이는지 자동차에서 강도를 만났다. 하는 수 없이 싸구려 아파트를 샀다. 일터까지 가는 도중 그 오래 된 똥차는 자꾸만 멎었다. 번 돈을 다 들여서 고칠 수밖에 없었다. 그런데 똥차는 또 고장이 났다. 똥차는 승수가 애써 번 돈을 다 먹어 치워 버렸다. 그런데도 또 고장이 났다. 너무 속상해서 울면서 일했다. 같이 일하던 여자는 승수가 불쌍하기만 했다. 서로 말하다보니 그만 사랑하게 되었다. 결혼하게 되었다. 여자는 돈만 먹는 그 차가 싫었다. 새차도 사고 가구도 사자고 했다. 승수는 여자 돈으로 사자고 했다. 그래서 부부싸움이 시작되고 한번 시작된 싸움으로 그들은 늘 싸웠다. 여자는 주책없는 남자에게 무척이나 화가 나있었다. 벼르고 벼르다가 기어이 아픈 데를 건드렸다.
『당신은 남자가 뭐 그래요. 돈도 기술도 영어도 모르면서 미국에 왜 왔어요. 거지가 되려고 왔어요?』
승수는 화가 머리꼭대기까지 치밀었다. 얼마나 괘씸한지 여자를 때리고 발로 차 나가라고 했다. 여자는 집을 나서면서「나는 저런 돌대가리하고는 못살아」하는 것이었다.

승수는 다시 한국에 갔다. 멋진 색시를 얻어야 했기 때문이었다. 미국에 가고 싶어 환장한 여자를 만났다. 승수는 일년 후에 여자와 함께 미국에 왔다. 여자는 영어를 할 수 있었기 때문에 금방 회사에 취직되었다. 승수는 영어 잘하고 이쁜 색시라고 자랑만 했다. 어느날 집에 와보니 색시가 없어졌다. 도망친 것이다. 사흘째 되던 날 여자한테서 전화가 왔다. 속아서 결혼했으니 앞으로는 찾지 말라고 했다. 얼마나 기가 막히는가! 승수가 화를 내면서 당장 돌아오지 못하겠느냐고 야단법석을 떨었더니 여자는 깔깔 웃으면서 말했다.

『이 돌대가리야, 난 돌대가리하고는 살 수 없어.』

그래도 승수는 자기를 원망하기보다 세상을 원망하고, 여자들을 저주했다. 털털거리며 가다 멎고 돈만 먹어대는 그 자동차를 타고 울기만 했다.

또 믿는 사람들 중에 이런 분도 있었다. 그는 많이 배우기도 하고 개인회사도 운영하는 사람이다. 그의 장모님은 사위에게 이런 말을 늘 권했다.

『자넨 돈도 그만큼이나 벌었으니 주일은 지켜야지.』

『일년에 몇번 나가면 됐지, 왜 매일 주일 주일 하십니까?』

『주님을 영접하고 구원을 얻어야 하잖는가?』

『연보 내고 찬송할 줄 알면 됐지 구원이 무슨 구원이요?』

『성경도 배우고 기도도 해야 되지 않겠나?』

『성경 다 압니다. 기도는 배고픈 사람이나 하는거 아니예요.』

『자네는 친구도 많은데 교회 좀 데려오지 않고.』

『전도는 목사가 하는 거지, 왜 제가 해요?』

『목사님은 양을 먹이고 기르는 목자지 양은 아니야. 양은 새끼를 낳지 않나.』

『나는 숫양이에요. 숫양도 새끼를 낳는답디까?』

승수나 이 사람이나 무엇이 다른가! 승수가 이 사람처럼 많이 배우고 큰 돈을 번다 한들 결국 죽을 인생 아닌가? 다가오는 영원의 세계를 위해 준비할 생각을 할 수 있겠는가! 이 사회에 이런 인텔리 돌대가리들이 얼마나 많은지 쯧쯧…

# 118
# 미움

미움병이 있으세요?
누가 미우세요?
왜 밉습니까?
조건이야 어찌 되었든지 미움병은 내 병이니 내가 상한답니다.
미움을 받는 상대가 변하나요?
아무리 미움을 화덕같이 달구어 쏟아보세요.
그는 변하지도 상하지도 않아요.
상하고 병들고 아픔이 있는 것은 미움을 만들어 내는 내게만 있게 되요.
그래서 신경병, 속앓이, 신앙의 문제가 날로 더 많아지고 더 커지고 더 깊어져서 아픔, 탄식, 원망, 불안, 공포, 의심, 불신, 불평, 악독이 가득해지는거예요.
그뿐일까요.
미움 속에는 사단이 악귀와 귀신을 수없이 거느리고 대장 노릇을 하는거예요.
나는 그런 사람을 보았어요.
미워하지 않고는 못 사는 사람을,
무서웠어요!

## 119
## 냉전

 어느날 한 교포 간호원 자매한테 어떤 신혼부부를 심방해달라는 청을 받았다.
 『저도 잘 모르는 사람들이지만 제 친구와 굉장히 가까운 사이래요. 그래 그 친구가 기어이 사모님을 모시고 그 신혼부부를 좀 심방해달라는 편지를 부쳐와서…, 정말 죄송해요. 사모님』
 자매는 미안한듯 양해를 구했다.
 『뭘요. 미안할 것 없어요. 사모니까 으레 심방하는 건 당연한 것 아니겠어요?』 그렇게 대화를 하면서 자매의 차로 그 신혼부부를 찾아갔다.
 한국에서 결혼하자마자 미국에 이민오게 된 신혼부부의 집에 심방가는 거니까 선물로 과일이 좋을 것 같아서 슈퍼마켓에 들러 과일을 사 가지고 갔다.
 남편이 기술공이고 부인이 약사인 그 부부는 무척이나 행복해 보였다. 같이 동행한 간호원 자매는 도움이 되는 좋은 말들을 많이 들려주었고, 나는 옆에 앉아서 내가 할 일이 무엇인지 생각해 보았다. 그때 간호원 자매는 친절하게도 내가 하고 싶은 말을 대신 해주었다.
 『교회에도 나오고 우리 좋은 친구가 되도록 해요.』
 그렇게 말을 하는데 구태여 나까지 같은 말을 할 필요가 없을 것 같아서 고개를 끄덕이며 권유의 말만 덧붙였다.
 『그래요. 꼭 그렇게 하도록 해요.』
 간단히 말을 끝내고 신혼부부의 집에 오래 머무르는 것이 폐가 될까 두려워 속히 자리에서 일어났다.

이러한 심방이 있었는데도 그들 부부는 교회에 나오지 않았으며 소식조차 없었다. 「신혼이라서 그런거겠지」하고 이해하는 마음으로 그들이 나오기만 기대했다. 그러나 오랜 기간이 지나도 그들 부부는 보이지 않았다. 그러던 어느날 너무나 소식이 궁금해서 같이 심방갔던 자매에게 물어보았다.

『신혼부부라서 자주 전화도 못 하고 찾아가면 더 실례가 될 것 같아 그저 기다리기만 해요, 사모님.』

자매는 상당히 바쁜듯 말을 끝내고 돌아갔다. 그러는 동안에 어느덧 세월은 흘러서 내 기억 속에서 그 신혼부부는 까맣게 잊혀졌다. 그런데 어느날 그 자매가 나를 찾아와 그들 부부에 대해서 이야기하는 것이었다. 그때서야 비로소 생각이 났다.

『아이참! 너무 오래 되어서 그들 부부에 대해서 잊을뻔 했어요. 도대체 어떻게 된거죠? 너무 무관심했던 것 같아요.』

나는 계속 말을 이었다.

『아, 그런데 잘들 있나요?』

『그러지 못한 것 같아요. 사모님』

안됐다는듯이 대답하는 간호원 자매의 말에 더욱 궁금해서 물었다.

『왜요? 왜 그렇죠?』

『언젠가 그 집에 전화를 했어요. 그랬더니 남편이 받더군요. 그래서 부인 좀 바꿔달라고 했죠. 그런데 세상에 뭐라는지 아세요?』

간호원 자매는 기가 막히다는듯 나를 바라보았다.

『뭐라고 하던가요?』

『전화를 끊은 다음 부인이 전화를 받을 때까지 다시 하라는거예요.』

나는 놀라서 물었다.

『왜 그러는거죠?』

『그러니까, 부부가 서로 말을 안한다는 뜻이겠죠 뭐!』

『어머나, 저런!』

나는 너무나 놀랐다.

『냉전인 모양이에요. 제 친구가 그러는데 두 사람한테 무슨 문제가 있는 것 같아 보인다던데요.』

『문제? 무슨 문제가 있다는거죠?』

『남자는 결혼하기 전에 사귀던 애인이 있었고 여자는 너무 이해심이 없는 에고이스트(이기주의자)라는거에요.』
『그러면 왜 결혼을 하고 같이 이민을 온거죠?』
『그거야 뻔한거 아니겠어요? 남자가 생각하기엔 그 여자는 약사니까 사귀던 애인보다는 훨씬 유익할거라고 계산을 하고, 여자는 남자가 멋있고 잘 생겼으니까 그런거겠죠. 하하하….』
그 자매는 농담인지 진담인지 모를 말을 해놓고 웃어댔다. 그리고는 조금 있다가 심각하고 진지한 어조로 말을 이어나갔다.
『사모님, 무서운 이야기가 하나 있는데 한번 들어 보시겠어요?』
『네. 그러죠. 말씀해 보세요.』
『제 친구가 그 약사한테 교회 좀 다니라고 했더니, 「교회에 가면 돈을 내라고 할텐데 이민와서 뼈빠지게 번 돈을 도저히 못 내겠다」는거에요. 치이, 제까짓게 약사 시험도 한국에서 본 것 가지고 괜히 잘난 척하고 있어….』
그 자매는 중얼거리듯 말을 맺고 나중에 다시 만나서 심방하자는 약속을 한 뒤에 헤어져서 집으로 향했다. 그 뒤로 며칠 지난 뒤에 우리는 다시 만나서 그 신혼부부 집에 갔다. 남편이 문을 열어주었다. 인사를 나누자마자 남편은 나가버리고 우리는 부인을 만나러 방으로 들어갔다. 부인도 인사를 받는 둥 마는 둥 별로 반가워하지 않는 기색이었다. 냉기가 도는 것이 웬지 분위기가 심상치가 않다는 생각이 머리를 스쳤다. 한참이나 말이 없던 간호원 자매가 입을 열었다.
『이봐요. 이제는 일자리도 구하고 생활의 기틀도 잡혔으니까 오손도손 살아야지 왜 그러세요? 아직은 신혼이라 권태기가 있을 리는 없을테고 말이에요.』
그 자매의 말이 끝나자마자 부인이 한숨을 내쉬며 말했다.
『저는 정말 남편이 그런 사람인 줄은 상상도 못했어요. 기분이 나빠서 더이상 못 살겠어요.』
『왜요? 뭐가요.』
간호원이 궁금한듯이 물었다.
『아니, 글쎄. 주급을 받으면 우선 은행에 예금부터 하고 우리 살림을 어떻게 꾸려나갈지 걱정하는게 먼저 아니겠어요? 그런데 이 사람은 주급을 받자마자 한국에 있는 부모에게 먼저 송금부터 하는거에요. 땀흘려 번 돈을 몽땅 송금해 버리니 얼마나 화가 나고 분하고 억울한지, 꼴도 보기 싫어요. 생각해 보세요. 우리는 결혼한 부부잖아요? 그것도 결혼한 지 6개월밖에 안 되었어요. 그래도 부모가 더 중요한가요? 매주 꼬박꼬박 돈을 보내니 세상에 그런 사람이 어디 있어요?』

『용자 씨!』

자매가 부인의 이름을 부르며 이야기했다.

『땀흘려 번 돈으로 부모님을 봉양하며 효도하는 것이 얼마나 좋아요. 그 부모님은 낳으시고 기르시고 공부시켜서 용자 씨와 결혼까지 시켜주셨잖아요.』

부인은 그렇지 않다는듯이 고개를 저으며 말했다.

『저는 그렇게 생각하지 않아요. 우리는 지금 타국 땅에 와 있으니까 일단 우리부터 자리를 잡고 생활이 안정된 다음에 필요에 따라서는 송금도 할 수 있다고 생각해요. 또한 부모님도 그렇게 되도록 격려해 주어야 하고요. 그런데 돈을 받아서 쓰는 사람이나 보내는 사람이나 인정이란 조금도 없어요.』

부인은 흥분한듯 물을 한 잔 마시면서 하던 말을 계속했다.

『그러면서 저한테는 돈밖에 모르는 돈벌레라고 화를 내는거에요. 그래서 말도 안하고 각방을 쓰는거예요.』

우리는 셋이 다 한숨을 내쉬며 서로 바라보았다. 나는 그 부인의 화난 얼굴을 바라보기가 민망해서 벽에 걸려있는 액자로 시선을 돌렸다. 자매가 부인에게 말을 걸었다.

『그래서 앞으로도 계속 이렇게 사실 작정이세요?』

『그래야지요. 끝장을 봐야 직성이 풀리거든요.』

생각해 볼 여지도 없다는듯 부인이 말했다.

『끝장? 그게 무슨 말이죠?』

자매는 이해할 수 없다는듯이 부인의 대답을 기다렸다.

『저는 원래 처음부터 의사나 변호사가 아니면 결혼할 생각은 꿈에도 없었어요. 그런데 미국 대사관에 이민 수속을 밟으러 갔을 때 우연히 남편을 만났어요. 그래서 외로이 혼자 미국에 가는 것보다 둘이 가면 의사나 변호사 부인보다 훨씬 행복하게 살 수 있으리라 생각한거죠.』

그녀는 그 말만 했을 뿐 남편의 전 애인에 대해서는 이야기하지 않왔다. 그러나 내력을 잘 아는 그 간호원 자매는 부인을 얼마나 얄밉게 생각했을까? 우리는 오래 앉아있을 생각이 없었는데 그렇다고 벌떡 일어날 수도 없는 형편이었다. 내 마음이 얼마나 답답했는지 모른다. 왜냐하면「교회에 가면 돈을 내라고 해서 가지 않겠다」는 부인에게 무슨 말을 해야 될지 몰랐기 때문이다. 물론 부인이 애초부터 틀린 것은 사실이다. 그렇지만 믿는 사람도 아니고 또한「예수 그리스도가 죄악 속에서 우리를 구원하시고 영원한 생명을 주신다」고 말하면 무시하고 비웃을게 뻔한데 별다른 뽀족한 수가 없었다. 시간이 흐를수록 내 마음은 괴롭기만 했다. 그 자매도 할 말이 없는지 그 부인을 쳐다보기만 했다. 방을 나오면서도 권면할 말이 없을까 생각해보았지만 도저히 생각이 나지 않았다. 이때 그 자매가 내 팔을 당기면서 말했다.

『사모님, 권면하는 말씀 좀 한 마디 해 주세요. 여기까지 왔는데…』
나는 잠시 머뭇거리다 생각에도 없는 말을 하게 되었다.
『두분 모두가 참 좋으신 분이고 남편 되시는 분도 효성이 지극하신 것같아요. 그러니 서로 자기 의견만 고집하지 말고 조금씩 양보하면서 화가 나더라도 참으세요. 그러다보면 괜찮아지고 전처럼 행복하게 가정을 꾸릴 수 있을겁니다.』
내가 말을 끝내자 자매도 옳다는듯이 고개를 끄덕이며 내 말을 이었다.

『그렇고말고요. 효자는 하나님이 아신다고요. 그래서 아들 딸들에게도 축복을 내려주신데요.』
집을 나오기 전에 그 부인을 붙잡고「하나님의 말씀」을 전하고 싶은 마음이 간절했지만 미국 약사 시험을 준비하느라 바쁜듯해서 더이상 말을 할 수가 없었다. 집으로 향하는 발걸음이 말씀을 전하지 못해서인지 무겁기만 했다.

얼마나 세월이 흘렀을까. 어느날 나는 우리 교회에 나오는 한 약사 자매가 일하는 큰 병원에 들렀다. 같은 교민인 환자와 함께 국립병원에 갔다 오는 길이라 잠깐 인사만 나누려고 했다. 들어서자마자 그 약사 자매는 뛰어나와 나를 끌어안으며 반겨주었다.

『내가 먼젓번에 들르고 오랜만에 왔는데 이젠 보조사까지 두고 많이 성장했군요.』
우리는 그러면서 이러저러한 이야기로 잠시 시간을 보냈다. 그러다가 무슨 말끝엔가 약사 자매는 다른 한 간호원을 가리키며 귓속말로 소근거렸다.

『사모님, 저 여자는 좀 머리가 이상하거나 과대망상증에 걸린 것 같아요. 약사 보조밖에 못하면서 말이예요.』

『왜요? 무슨 일이 있나요』

나는 궁금해서 물어보았다.

『만나는 사람마다 붙들고 중매 좀 서 달라는거예요. 그리고 자기를 만나는 모든 남자들이 자기를 좋아한다나 어쩐다나 하면서 떠벌리고 다녀요.』

『설마, 그럴 리가 있겠어요?』

『정말이에요, 사모님! 같이 교회에 나가자고 하면 「좋은 남자 하나 소개시켜 주겠느냐」는 둥, 「교회엔 좋은 사람이 없지 않느냐」는 둥 너무 이상해요.』

『몹시 결혼하고 싶어하는 사람인가 보군요. 나이가 꽤나 들어보이는데 아직 미혼인가요?』

『아니요. 전에는 아주 멋있는 남자와 결혼을 했었대요. 그런데 돈 문제 때문에 싸우고 1년간 별거하다가 남자는 전에 사귀던 애인과 재혼하고 여자는 저 꼴도 됐대요. 그래서 그런지는 몰라도 잘생긴 남자만 보면 자기 남편과 비슷하다고 한답니다.』

그 말을 듣고 나는 그 보조사의 이름을 물어보았다. 「서용자」, 그 이름이 내 귓전에 스쳤을 때 옛날의 아득한 기억이 떠올랐다. 바로 그 냉전 상태의 주인공이 아닌가!

『혹시, 저 보조사 돈 꽤나 모으지 않았나요?』

심방했을 때의 기억을 더듬으며 물어보았다.

『그래요. 그런데 참 이상해요. 사모님, 저 여자는 바늘로 찔러도 피 한방울 안 나올 정도로 구두쇠거든요. 그래서 돈을 버는 족족 은행에 예금하는데 몇천불 정도가 되면 병이 나서 병원비와 약값으로 다 날려버리는거예요. 그래서 항상 저렇게 초라하게 살고있어요. 그러니 누가 좋다고 저런 여자와 결혼하겠어요? 저러다가 죽어서 지옥이나 가지 않을까 걱정이예요.』

『잘 타이르고, 사랑으로 감싸주면서 하늘 나라로 인도하도록 하세요.』그렇게 말을 하기는 했지만 몇해 전 심방했을 때를 생각하니 마음이 어둡기만 했다. 그래도 약사 자매인 미스 김에게 다시 한번 부탁했다.

『미스 김! 내가 뒤에서 열심히 기도할테니까 저 여자분에게 복음을 전해주도록 해요.』

그러나 나는 「내가 복음을 심어야 한다」는 충동에 사로잡혀 그 여자 보조사한테 다가갔다.

『안녕하세요.』

『네, 그런데 누구시죠?』

『상당히 오래 된 일이라 기억을 못할거에요.』

『글쎄 어디서 많이 뵌 것 같은데 잘 기억이 나질 않네요. 전에 뇌수술을 받아서 기억력이 둔해졌어요. 그래서 약사 보조하는 것도 무척 힘들어요. 그런데 누구시죠?』

그 여자는 모르겠다는듯 갸우뚱거리며 다시 물었다.

『그것은 그렇게 중요한 문제는 아니고, 교회에 가보신 적이 있나요?』

『그럼요.』

『정말 잘했어요. 그러니 얼마나 좋아요.』

『그런데 교회에 가도 좋은 일이 하나도 없어요. 그저 뭐 좋은 일이 없을까 해서 여기저기 다니는거예요.』

나는 그 말을 듣고 놀라지 않을 수 없었다.

『그래 좋은 일이 한번도 없었나요?』

『저는 과거가 있는 여자라서 그런지 좋은 일이 없었어요. 공연히 허공만 치고 다니는거죠.』

『용자 씨에게 꼭 하고 싶은 말이 있어요.』

『무슨 말씀이죠?』

『하나님은 용자 씨를 사랑하셔요.』

『저를요? 하나님이요?』

믿어지지 않는듯이 여자가 되물었다.

『그래요.』

『저는 과거가 있는 여자라고 처음부터 말씀드렸잖아요.』

『그래요. 세상 사람들은 과거가 있는 여자라고 무시하고 비난할지 모르지만 하나님은 뭐라는지 아세요?』

『글쎄….』

그 여자는 말을 끌었다.

『하나님은 용자 씨를 보시면서「그럴 수도 있지」하신답니다. 그래서 하나님은 용자 씨를 돕기 원하시고 항상 함께 하신답니다.』

『뭐라고 하셨죠?』

『하나님은 용자 씨의 과거에 대해「그럴 수도 있지」라고 말씀하시며 그 안타까운 현실을 돕고 싶어 하신답니다. 그리고 용자 씨의 모든 것을 용서하시며 용자 씨가 하나님께로 돌아오기 원하십니다.』

『정말이에요? 그런 말은 처음 들어요.』

그녀는 심각한 표정으로 생각하며 또 생각하는듯 했다. 다행히도 그녀가 복음을 받아들여서 너무나 기뻤다. 집으로 돌아오는 길에 복음의 빚을 갚아서인지 기쁜 찬송만이 흘러나왔다. 정말 아름답고 기쁜 찬송이었다.

「시온의 영광이 빛나는 아침
 어둡던 이 땅이 밝아오네….」

## 120
## 그럴 수 있지

이해는 저절로 생기는 것이 아니던데요.
말씀을 읽고 알고 깨닫고 나서「그럴 수 있지」하고 생각했더니 마음이 시원해지고 환해지고 넓어졌어요.
서글프고 아픈 일이 닥쳐왔을 때마다「그럴 수도 있지」생각하면서 연습을 하고 또 했더니 온 세상은 정말 모두 그럴 수 있는 일들로 가득 차 있지 않겠어요?
세상은 온통 변하도록 만들어졌어요.
세상 모든 것이 변한다는 말이어요.
세상뿐 아니라 나 자신도 무시로 변하는거예요.
잘 울 수가 없는 세상에서 살아야 하니 모두가 다 그럴 수도 있다는 것이란 말이어요.
그래서 예수님이 베드로에게 일흔 번씩 일곱 번, 사백구십 번이라도 그럴 수 있지 하라고 했잖아요?
그러면 원수도 없고 미움도 실망도 없게 되는 것이에요.

## 121
## 물 한 그릇

목마른 사람에게 물 한 그릇!
이 세상에 사는 사람 중에 목마르지 아니한 사람이 있을까요?
고달픈 몸 속에 사는 영혼의 목마름!
목마른 몸이 물 한 그릇 마시면 시원하듯
목마른 영에게 물 한 그릇!
시원하게 해주라고 하세요.
시원한 물 한 그릇을 누구에게나 주시는 주님처럼 우리도 만나는 이 모두에게 물 한 그릇씩 준다면 얼마나 크고 굉장한 상급을 하늘나라에 쌓아두는 일이겠어요.
내 속에 샘물은 흐르고 솟아요.
퍼내고 또 퍼낼수록 내 영혼의 샘은 맑아지고 풍성해져요.
솟아올라 쏟아져 나오는 환희와 평안!
물 한 그릇의 연속으로 이루어지는거예요.

## 122
# 한나이야기

우리 교회당 주위에는 미국 시민들이 살고 있는 주택과 아파트가 있었다.
교회당 바로 옆에 라셀이라는 노인이 살고 있었는데 그 노인은 자신이 살고 있는 큰 집을 이리 쪼개고 저리 갈라서 아파트식으로 방을 꾸며 방세를 받아 살았다.
그중 한 방에 젊은 미국 여자가 딸을 데리고 이사해 들어왔다. 그 방은 잔디가 깔린 마당을 사이에 두고 교회당과 마주보고 있었다.
그 당시 LA에 있는 한인교회는 장로교, 감리교, 그리고 가정교회라고 불리는 여자 목사가 계신 세 곳이었다. 그런데 한국인 수는 적어서 한국인들은 거의 이 세 교회 중 한 곳에 속해 있었다. 우리는 세계각국 사람들이 모여사는 거기서 일해야 한다고 생각하고 영어로 예배를 드리기 시작했다.
영어로 찬송을 부르고 영어로 설교하는 소리를 들은 교회당 주위의 미국인들이 우리 교회에 출석하게 되었다.
새로 이사온 그 젊은 미국 여자가 딸을 데리고 예배에 참석하게 되었다. 그 여자의 이름은 한나고 딸은 쉐리였다. 한나는 아름다웠으며 신앙이 돈독하고 성숙한 여자였다. 그 아름다움은 보통이 아니어서 그야말로 천사 같은 인상을 주었다. 얼굴 생김은 말할 것도 없고 그 몸매라든지 말하는 모습과 음성까지도 고상하고 아름다웠다. 더욱이 그녀는 신앙이 매우 성숙해 있었기 때문에 자세가 말할 수 없이 자연스럽고 겸손했다. 그래서 그녀는 대하는 사람들에게 기쁨을 안겨 주고 저마다 그녀를 칭찬하기만 했다.

그런데 그녀의 딸인 쉐리는 너무나 이상한 아이였다. 마치 야생마처럼 계속 뛰어다니는데 어떻게나 빨리 뛰어달아나는지 붙잡을 수가 없었다.

노란 머리를 길게 길러서 뒤로 늘어뜨린 그 아이는 잠시도 서있거나 앉아있거나 얌전히 노는 일 없이 교회마당으로 길거리로 쉴새없이 뛰어 다녔다. 교회당에 들어오면 사교실에 들어가서 마구 뛰며 돌아다니는데 그 표정이 아주 결사적이어서 웃음보다 불안을 느끼게 할 만큼 극렬해 보였다. 너무 뛰어다녀서 그런지 비쩍 마른 얼굴과 몸집에 옷도 좋은 것이 아닌 막 입는 옷을 입고 있었다.

「저 애는 왜 저럴까?」

쉐리를 보는 사람마다 하는 말이었다. 그러면서도 누구 하나 말리려고 하는 사람은 없었다. 그 아이의 엄마 한나도 말릴 길이 없는지 엄두를 못 내는 것 같아 보였다.

한나는 큰 석유회사에 다니고 있었고 쉐리는 학교에 가는데 학교에서도 그렇게 뛰어 돌아다니기 때문에 문제가 이만저만이 아니었다.

한나는 회사에 가면 누구에게나 친절했다. 더욱이 뛰어난 미인인데다가 공손했기 때문에 회사에서 두드러지게 사랑과 존경을 받게 되었다. 또 그녀는 누구에게나 우리 교회에 나오라고 권면했기 때문에 회사원이 우리 교회에 적잖이 나오게 되었다. 또 그 회사원들의 권면을 받은 친분있는 사람들도 나오게 되었다.

그런데 놀란 것은 우리 교회의 찬양대가 유명해져서 음악을 전공한 사람들이 하나 둘씩 오기 시작했다는 것이다. 더욱이 성악을 전공한 여자들이 독창을 하게 해달라고 매번 간청하는 통에 곤란한 일도 적지 않았다. 그때 찬양대 인도는 김 목사가 했는데 대곡을 준비할 때엔 대원들은 신이 나서 노래부르며 기뻐했다. 내가 맡은 일은 찬양대 소프라노와 찬송인도였는데 김 목사는 설교와 찬양대 인도뿐 아니라 교인이 많아지니 몹시 분주하게 뛰어야 했다.

그들은 동양인인 김 목사의 설교와 성가대 인도와 사교자세에 굉장한 관심과 사랑을 가지고 아껴주고 칭찬해주고 잘 순종하며 따랐다. 폴, 로버트라는 미남은 김 목사를 무척 좋아했다.

「목사님, 나는 당신이 동양인이라는 느낌이 하나도 안 드니 이거 어떻게 된 일이죠?」

그는 주일학교 일 전체를 맡아 가지고 책임있게 봉사했다. 그의 부모는 동부 캐롤라이나주에 살고 있었다. 그 지역은 인종차별이 유독 심한 곳인데도 불구하고 폴은 우리를 좋아했다. 그리고 그의 부모는 아들이 신앙생활을 잘못할까 늘 염려를 했는데, 우리 교회에서 봉사한다는 말을 듣고는 비행기를 타고 와서 김 목사의 설교를 듣고는 매우 만족한 모습으로 돌아가기도 했다. 폴의 아내와 그의 두 아들도 교회에서 살다시피 하며 봉사했다.

한나도 그들과 함께 늘 교회 일에 앞장서고 교회 일이라면 시간과 돈을 아끼지 않고 충성을 다했다.

미국에서는 여자가 아름답기만 하면 신데렐라같이 호화롭게 살 수 있다고 한다. 부자들은 예쁜 여자만 보면 아내로 삼고 싶어 하는 것이 예사이고 또 힐리웃 영화사들에서 당장에 모셔 가려고 서로 경쟁하기 때문이다.

한나도 그러한 유혹을 무척 심하게 받아왔지만 그는 열번이고 백번이고 「노, 탱큐」하며 거절하고 흔들리지 않았다.

한나는 자신이 다니는 석유회사의 부사장까지 교회에 출석하도록 전도해서 그가 예배만 드릴 뿐 아니라 교제시간에까지 같이 참여해서 모든 교인들과 함께 먹고 마시고 웃고 즐기도록 인도했다.

그런데 한번은 굉장한 미남 변호사가 우리 교회에 나왔다. 그는 교회의 모든 행사에 열심히 참여하고 더욱이 예배시간에는 맨 앞자리에 앉아서 경건한 자세로 설교를 듣고 교인들과 가깝게 교제했다.

그는 김 목사를 유달리 좋아해서

「목사님 당신은 아주 매력있는 미남이신데요」

하면서 김 목사와 가까워지려고 무척 많은 노력을 하기도 했다. 그 변호사는 물론 한나를 사귀기 위해서 온 사람 중 하나였다. 그러던 어느날 국내선교부 모임이 있어서 김 목사는 며칠 동안 출타하고 없었다. 그런데 난데없이 그 변호사가 전화를 해서는 김 목사와 나를 대접하겠다고 했다. 그러나 김 목사의 출타 소식을 알고서도 굳이 나보고 혼자라도 꼭 나와서 식사를 같이 하자는 것이었다. 그 지방의 유명한 식당을 어렵게 예약해놓았기 때문에 꼭 참석해 달라고 간청을 하는 바람에 할 수 없이 가기로 했다.

그와 함께 간 식당은 화려한 영화배우들이나 그러한 부류들이 가는 곳이라 예약된 자리에 그와 마주앉았을 때 나는 괜히 왔다고 후회했다. 내 차림새도 그런 곳에 어울리지 않았고 더욱이 대번에 눈에 띄는 미국인 미남자와 같이 와서 앉고 보니 왜 내가 고집을 세우지 못하고 이런 델 왔는가 싶어 화가 치밀어 올랐다. 그러나 그 변호사는 주위 환경이나 나의 느낌 같은 것엔 무관하게 요리를 시키고 내게 자신의 소청을 말하기 시작했다.

『김 부인, 저를 좀 도와주셔야겠어요.』

『제가 무엇을 도울 수 있을까요?』

『김 목사님께 부탁해서 한나가 제게 관심을 갖도록 좀 해주세요. 이미 짐작하셨겠지만 저는 한나를 보기 위해서 굉장히 바쁜 일들을 다 제쳐놓고 먼 길을 운전해서 매주일 나오고 있습니다. 그런데 한나는 나를 거들떠보지도 않고 내 말을 들어 주려고도 않고 아주 무시하고 말아요.』

『한나는 친절한 사람인데요.』

『그렇지요. 그는 친절하지요. 그것은 분명합니다. 그러나 저는 누구에게나 하는 그런 친절을 원하는 것이 아니고 내게 대한 특별한 감정이 있는 친절을 원하거든요. 한나는 나를 특별하게 보질 않고 다른 교인들과 마찬가지로 대한다는 말입니다. 나는 그녀를 참 좋아해요. 정말로 그녀를 사랑한단 말입니다. 김 부인! 나를 좀 이해해주시고 도와주십시오. 부탁입니다.』

나는 그 남자가 한나를 연모해서 교회에 나온다는 것을 물론 잘 알고 있었다. 우리 교회에는 그 사람 외에도 미남자 호남자들이 우글거렸으며 와서 예배드리는 이유도 모두들 한나 때문이었다. 그리고 한나를 연모하지는 않더라도 인간적 호감과 친분관계 때문에 같이 나오는 사람들도 꽤 있었다. 아마 석유회사 부사장 같은 사람도 그런 사람 중의 하나였다.

나는 늘씬한 키에 잘 생긴 젊은 변호사의 열띤 애원을 들으며 한나가 만일 결혼을 한다면 이런 사람하고 해야 하지 않을까 하고 생각도 해보았다.

그러나 한나는 이미 결혼을 했으니까 딸 쉐리가 있는 것이고 또 딸이 있으면 분명 남편도 있을텐데 도대체 남편은 어떻게 된 것인지 나는 전혀 알지 못했다. 미국 습관에는 남의 개인 생활이나 나이, 형편

등을 꼬치꼬치 물어보는 것이 큰 실례이고 또 그런 일에 관심을 갖는 것도 몰상식한 일이기 때문에 한나의 사생활에 대해서는 아무것도 모르는 형편이었다.
『김 부인, 김 목사 돌아오시면 부탁해 주실 겁니까?』
『네, 그러지요』
그렇게밖에 말을 할 수가 없었다. 주문한 음식이 나왔는데 그는 전화를 건다고 자리에서 일어났다. 그러나 그가 속히 돌아오지 않았기 때문에 나온 음식을 앞에 놓고 기다릴 수밖에 없었다. 시간이 한참이나 흐른 후에 그는 부랴부랴 돌아와서는 말했다.
『김 부인, 너무 실례가 되는데요, 지금 다른 사람과 약속한 시간이 되어서 사무실에 전화를 걸어보았더니 그분이 벌써부터 와서 기다린다는군요. 이번 사건은 아주 중요하기 때문에 제가 속히 돌아가야겠는데 어떻게 하면 좋을까요. 김 부인, 죄송해서 어떻게 하죠?』
『괜찮아요, 저 때문에 염려하지 마세요. 빨리 가보세요.』
『김 부인, 음식이 다 식었는데 다시 데워달래서 잡수시면 제가 덜 미안하겠는데요?』
『괜찮아요. 정말 염려마세요.』
그리고 나는 자리에서 일어났다. 그의 표정을 보니 심상치가 않았다. 그래서 나는 재빨리 밖을 향해 걸어나갔다. 그는 내 등 뒤에서
「김 목사님이 돌아오시면 꼭 다시 모시겠습니다」하며 허둥허둥 나를 주차장까지 배웅해 주었다.
집에 돌아온 나는 배가 고파서 뭔가 먹어야만 했다. 냉장고를 열고 빵 두 조각을 꺼내 식탁에 앉으니 속에서 감사가 복받쳐나왔다. 초대 받아 호화로운 식당에 가기는 했지만 먹지도 못하고 괜히 마음만 조이며 앉아있다가 집에 돌아오니 마음이 놓였다. 얼마나 편안했던가! 구운 빵과 냉수를 놓고 감사에 찬 기도를 드리고 먹었다.
사실 나나 김 목사가 한나를 설득시킨다는 일은 미국 사회의 습관으로나 우리의 처지에서는 있을 수도 없는 일이었다. 하물며 미국인인 그 젊은 변호사야 으레 남일에 참견할 수 없다는 자기들의 관습을 잘 알텐데도 그런 무리한 일을 간청을 하다니, 얼마나 연정에 불탔으면 그랬을까 싶었다. 그 열렬한 연정 때문에 바쁜 변호사 일을 소홀히하고 교회에 나와 시간을 보내며 한나의 주의를 끌어보려고 무척이나 참

고 견디는 모습을 보니 한편으로는 안스럽게도 생각되었다. 그처럼 잘생긴 변호사 청년이 한나에게 뜨거운 애착심을 가지고 있다는 사실을 다른 청년들도 이미 알기 때문인지 누구도 감히 한나에게 접근하려고 하는 청년이 없는 것 같았다. 결투할 대상이 안 된다고 단념들을 한 셈이었는가?

쉐리는 교제 시간만 되면 사람들이 아무리 많고 복잡해도 결사적으로 뛰어 돌아다녔다. 사람 사이를 쏙쏙 빠져 다니면서 미친강아지같이 마구 뛰며 돌아다니는데 모든 사람들은 심상치 않은 눈치로 보고 있었다. 그러나 한나는 그애를 붙잡거나 말리거나 나무라지 않았다. 오로지 열심히 봉사하며 모두에게 친절하고 공손히 대해 주고 반겨주니 그녀는 마치 꽃동산의 아름다운 나비같이 눈길을 끌고 하늘나라에서 내려온 천사와도 같이 사람들을 기쁘게 해주고 이 교회에 정이 붙게도 해주는 역할을 하는 것이었다.

김 목사가 집에 돌아온 후 나는 젊은 변호사한테 초청을 받은 사연을 이야기했다.

『그 사람 염치가 없어도 유분수지! 결혼하고 가정을 가진 사람이 무슨 그 따위 말을 하는거요. 내버려 두어욧! 또 한나는 그런 사람 상대도 안 할테니까요.』

『그런데 그 변호사는 한나한테 미친강아지같이 뛰어다니면서 어지럽히는 딸이 있다는 것도 모르는 모양이지요?』

『그러게나 말이오. 아, 참! 쉐리는 뭐 좀 상당히 모자라는 아이인 것이 분명한데 그걸 어떻게 해야 할지 모르겠소. 한나는 가만 내버려 두는데 내가 붙잡을 수도 없고 야단을 칠 수도 없지 않소?』

『한나는 그렇게 의젓하고 지혜가 있는데 왜 쉐리를 내버려 둘까요? 이상하지 않아요?』

『무슨 이유가 있겠지요. 한나는 어쩌면 그렇게 신앙이 깊고 세련되었는지 정말 놀랄 만한 크리스찬이오. 신자가 되면 누구나 다 한나같이 예쁘지는 못해도 겸손하고 성숙하고 친절하고 눈치 빠르고 충성스럽게 봉사해야 하는데…. 한나 같은 여자는 우리도 처음 보는 것 아니요.』

우리는 한나를 칭찬하면서 젊은 변호사의 야심이 너무 허무맹랑한 것을 아쉽게 생각했다.

그러던 어느날 한나는 퇴근 시간이 아직 멀었을텐데도 교회에 와서 기도하고 있었다. 교회에서 일하고 있던 나는 한나가 일찍 와서 기도하고 있는 것을 보고 깜짝 놀랐다. 그녀가 기도를 마치고 집으로 돌아가려 할 때 나는 하던 일을 멈추고 다가갔다.

『한나, 오늘은 직장에서 왜 이렇게 빨리 왔어요?』

『빨리 와야 할 일이 생겼어요.』

그렇게 말하는 한나는 전같이 명랑한 표정이 아니고 어딘가 그늘진 얼굴이었다.

『무슨 염려라도 있어요?』

『좀 그래요.』

『뭔데요?』

『김 부인, 길고 긴 사연이 있어요. 그렇지 않아도 한번 목사님과 김 부인에게 이야기하려고 했지만 두 분이 하도 바쁘시니까 기회를 얻지 못했어요. 마침 오늘 기회가 생겼으니 이야기를 해야겠어요. 사실 오늘은 쉐리 아빠가 오는 날이에요.』

『쉐리 아빠가? 어디서요?』

『저 동부에서요. 비행기는 비싸서 버스를 타고 오는 모양인데 저녁이면 도착해서 여기에 찾아올 겁니다.』

『아, 그래요. 쉐리가 좋아하겠네요.』

『글쎄요. 그럴지도 모르지요.』

『왜? 한나는 기쁘지 않아요?』

『글쎄요. 기뻐해야 되겠는데….』

그리고 그녀의 길고 긴 사연이 시작되었다.

한나가 중학교 삼학년 때의 일이었다. 동급생 중에 빌리라는 사내아이가 있었는데 공부도 반에서 제일 잘하고 생김생김도 뛰어난 미남이었다. 같은 반 여학생들이 빌리와 가까워지려고 저마다 빌리를 대장같이 존경하고 그와 데이트를 하려고 애를 쓰며 야단들이었다.

한나도 빌리가 너무 좋아서 죽을 지경이었다. 그 당시 한나는 썩 빼어날 만큼 예쁘지는 않았다고 했다. 한나보다 더 예쁜 앤이라는 여자아이가 있었는데 빌리와 친했다. 그러던 어느날 빌리와 앤은 심하게 다투고 서로 말도 하지 않았다. 그런 후 빌리가 한나에게 데이트를 청했다. 한나는 너무나 좋아서 천하를 얻은 것같이 기뻤다. 한나는 빌리의 친절과 사랑에 그만 완전히 매혹당했다.
 한나는 빌리가 너무 좋아서 자나깨나 빌리와 같이 있고만 싶었다. 집에서 부모님들이 주의를 주었으나 견딜 수가 없어서 어둡고 비밀스런 장소를 찾아다니면서 빌리와 만나는 날이 계속되었다. 빌리는 한나와 나이도 같고 키도 같았다. 빌리가 없으면 이 세상을 살아갈 수 없을 것만 같았다. 그후 빌리와 한나는 같은 고등학교에 진학하게 되었다. 앤도 같은 고등학교 한반에 들어갔는데 빌리를 다시 찾으려고 기회를 보고 있었다. 마침 빌리는 집이 가난해서 오후에는 아버지의 일을 도와야 하는 까닭에 숙제도 밀리고 공부도 그 전같이 잘하지 못하게 되었다. 앤은 그런 기회를 이용해서 빌리를 도와줌으로 자기가 빌리의 여자 친구인 양 굴었다.
 한나는 빌리를 만나서 자기의 억울한 사정과 앤에 대한 불평을 늘어놓았다.
 빌리는「네가 정말로 나를 좋아한다면 나와 결혼하면 되는 것 아니냐」고 말했다. 그 소리를 들은 한나는 부모의 결사적인 반대를 뿌리치고 빌리와 비밀리에 부부가 되었다.
 부부가 되고 보니 세상은 달라졌다. 이제 겨우 고등학교에 들어왔기 때문에 앞으로 공부할 일은 태산 같았고 또 부모의 반대가 이만저만이 아니어서 부모 슬하에서 벗어나야만 했다.
 막상 빌리를 남편이라고 해놓고 보니 나이도 어리고 키도 작았다. 도리어 한나는 키가 점점 자라고 숙성해져 가는데 빌리는 반대로 공부도 잘 못하고 키도 작고 차림이 더욱 초라해져 갔다. 학교에 더이상 다닐 수가 없어서 둘이 자퇴하고 돈을 벌려 했으나 어느 누구도 일자리를 주려고 하지 않았다. 더욱이 빌리는 키도 작고 교육을 못 받은 것이 열등감이 되어 점점 짜증만 내고 결혼한 것을 원망만 하는 등 성격이 너무나 달라져갔다. 가난과 실망, 후회와 불안 속에서 한나는 자기 발로 걸어서 교회에 나갔다. 그녀는 하나님의 사랑에 부딪혔다.
「하나님을 사랑하는 사랑이라야 참 사랑이고 사람의 사랑은 변하며 불안과 후회를 가져온다」
 는 것을 체득했다.
 그녀는 빌리에게 교회에 가자고 간곡히 권면했지만 그는 작은 키와 무교육의 열등감 때문에 한나의 말을 듣지 않았다.

한나는 키가 빌리보다 한 치나 커졌고 몸매도 날씬해져 점점 예뻐지는 반면 빌리는 초라하고 마르고 신경질적이고 무지한 소인이 되고 말았다. 빌리는 날이 갈수록 한나에게 위험, 말하자면 어느날 한나가 훌쩍 떠나 다른 남자에게 가지나 않을까 하는 의처증 비슷한 심정을 느꼈는지 사사건건 반기를 들고 행패를 부렸다. 그러나 한나는 이러한 남편과 살면서 믿음의 훈련을 진지하게 받았다. 그가 못되게 행동하면 할수록 오래 참는 진리를 체득하며 예수님 말씀대로만 살려고 노력했다. 그러한 결과 한나는 점점 더 아름답고 이해심 많고 의젓한 신앙인이 되었다. 또 한나는 야간 고등학교에 열심히 다녀서 고등학교를 졸업하게 되었는데 빌리는 전혀 공부에 취미가 없어서 무식한 대로 버티고 있었다.

그런데 원하지도 기대하지도 않았던 쉐리가 태어났다. 아기 때문에 가난한 살림은 형편이 없었다. 가난과 쪼들림에도 불구하고 빌리가 일을 안하는 까닭에 한나가 일하면서 생활을 꾸려나가게 되었다. 빌리는 집에서 아기나 보고 아무것도 안하면서도 열등감 때문에 한나를 못살게 괴롭혔다.

집안은 항상 어둡고 앞길이 막막했으며 부부는 어떻게 할 바를 몰랐다. 그래서 결국 한나는 빌리와 의논도 없이 쉐리를 데리고 집을 떠나 LA로 오게 되었다. 오는 즉시 일자리를 얻었다. 그리고 신문을 보고 얻어 이사한 곳이 바로 우리 교회 옆집이었다. 한나는 직장에서도 충실하게 일했고 교회에 와서도 김 목사의 설교를 듣고 성경 공부를 하면서 신앙이 무럭무럭 자랐다. 또 내 간증을 듣고는 자신의 과거를 생각해 볼 때 너무도 부끄럽고 하나님께 죄스럽다며 회개했다. 그래서 이제부터는 주님을 위해서 과거에 못한 만큼 충성과 봉사에 전력을 다하며 산다고 했다.

그런데 갑자기 빌리가 온다는 연락이 왔다. 그리고 쉐리가 그렇게 미친듯이 뛰어 돌아다니는 것은 그 아빠를 그리워하는 데서 생기는 충격 때문이라는 것이었다. 그래서 쉐리를 위해서 하는 수 없이 빌리를 만나야 하니 마음이 어둡고 침통하다고 했다.

물론 법적으로 이혼은 했지만 멀리서 오는 빌리를 박대할 수는 없는 노릇이었다. 반면 지난 시절 빌리에게 시달림받은 것을 생각하니 하도 끔찍해서 어떻게 대해야 할지 알 수 없었다. 그래 일찍 직장에서 퇴근해 교회에 와서 하나님께 도움을 구하며 기도했다는 것이었다.
쉐리는 학교에서 일찍 돌아와 뛰어 돌아다니고 있었다.
『나는 쉐리가 저렇게 뛰어 돌아다니는 것을 보면서 나도 과거에 하나님 앞에서 저런 꼴이었을 것이라고 언제나 회개하게 되어요. 걷잡을 수 없이 하나님을 저버리고 세상으로 나아가 뛰어 돌아다니니 부모도 누구도 나를 제어할 수 없었을 것 아니겠어요?』
『어리고 철도 없었으니까 그럴 수 있는 것 아니겠어요? 그렇지만 한나는 지금 얼마나 신앙이 생활화되었어요. 너무나 아름답게 말이에요. 신앙이나 모양이 너무 아름다워요.』
『저는 한번도 그렇게 생각해 본 일이 없어요. 제가 저를 제일 잘 알고 제일 많이 내 자신을 보는 것 아닙니까? 저는 아직도 멀었어요. 김 부인이 말씀하시는 만큼 되려면요, 멀고 멀었어요.』
우리는 이런 이야기 저런 이야기로 긴 시간을 보냈다.
그런데 빼빼 마르고 키가 작은 초라한 남자 하나가 허름한 가방을 들고 기웃거리며 집을 찾고 있는 것이 보였다.
한나는 대번에 긴장된듯
「빌리예요. 빌리가 왔어요!」하며 자리에서 일어섰다.
나도 그녀를 따라서 일어나 그 기웃거리는 초라한 남자를 바라보았다. 빌리는 문턱에 앉아서 이야기하다 일어서는 우리를 보았다. 우리 중 하나가 한나임을 알아차린 그는 우리쪽으로 걸어왔다. 한나는 쉐리를 불러 빌리에게 데리고 가서는 악수도 인사도 없이 만나게 하고 있었다. 쉐리는 별다른 표정없이 그를 보더니 또다시 버릇대로 뛰어 돌아다녔다. 나는 교회당 안으로 들어왔다.
부부치고는 너무도 냉정한 만남이었다. 물론 이혼한 사이지만 악수라도 해야 하는 것 아닌가 하고 생각해 보았지만「그럴 수도 있겠지」했다. 얼마후 교회에서 한나를 만나 빌리에 대한 것을 묻고 싶었으나 사생활에 대한 질문에 질색하는 그들의 관습을 아는 터라 모른척하고 지나버렸다.
한나는 여전히 겸손하고 충성하며 열심으로 봉사했고 쉐리는 버릇대로 뛰어 돌아다녔다.
교회에는 주일마다 멋진 미국인들이 자리가 차도록 모여들었고 젊은 변호사도 늦게 오면 허둥지둥 들어와 자리에 앉아 예배드렸다. 또 멋진 총각들이 새로 듬성듬성 모여들자 그것 때문인지 멋진 여자들도 많이 모여들었다. 그중에 젊은 여자 셋은 유태인이었는데 우리 아파트에 찾아와 밤이 깊도록 앉아서 이야기하며 집에 가지 않는 통에 골치가 아팠다. 그때 유태인 가족도 더러 있었는데 그곳에는 안 가고 우리 집에만 와서 갈 줄을 모르고 밤새도록 성경을 공부하며 토론만 계속했기 때문이었다.

그러던 어느날 한나가 지나는 말로 슬쩍 이야기했다.

『김 부인, 제가 결혼을 할 것 같아요.』

나는 놀라기도 했지만 궁금하기도 해서 상대자가 누군가 물어보았다. 한나는 누구에게나 똑같은 태도로 대했기 때문에 도대체 어떤 청년이 한나의 배우자감인지 짐작할 수 없었다.

『누구요? 한나, 누군데?』

『김 부인이 들으면 깜짝 놀라실거예요. 사실은 상대자인 본인도 모르고 있을거예요.』

『아니 대체 그 사람이 누군데?』

『앞으로 알게 될테니 놀라지 마세요.』

『젊은 변호사는 아닐테고…』

『그 사람 웃기지요? 웃기는 사람이에요.』

『그럼, 폴, 부린스키?』

『아니에요. 김 부인은 상상도 못 할거예요.』

더 말할 시간이 없어서 우리는 그만치 하고 헤어졌다. 각자 분주히 일해야 했다. 그런 일이 있은 지 몇개월 후에 한나는 나를 찾아왔다.

『김 부인, 제가 선교사 부인이 될 자격이 있을까요?』

『선교사 부인? 있고 말고, 선교사 부인이 되면 전도를 굉장히 잘 할거예요.』

나는 그렇게 말하면서 우리 교회 청년 가운데 선교사가 되겠다는 사람이 있었는가 기억해 보았다. 폴 부린스키라는 캐나다 청년이 총각이고 미남이고 충성파인데 한나는 지난 번에 그 청년은 아니라고 분명히 말했다. 또 선교사가 되겠다는 청년 중에 유진이라는 흑인계 청년 충성파가 있었는데 유진은 실력있는 사람이었으며 또 흑인이라도 아주 보기 좋은 미남이고 백인들에게 사랑과 존경을 받는 신학생이었다. 그러나 그도 키는 한나보다 퍽 작았고 또한 쉐리의 미친 버릇을 안 좋게 보고 있었다. 한나가 그런 정도의 눈치가 없는 여자는 아니니 유진도 배우자가 아닌 것은 분명했다.

교회에서 너무 바쁘게 일하느라 한나의 결혼에 대해서는 그 정도만 생각하다가 집으로 돌아왔다. 집에 와서 김 목사에게 한나가 한 말을 전해주었다. 그도 짐작이 가지 않는다고 했다. 우리는 한나와 결혼할 가능성이 있는 청년들의 이름을 하나씩 들면서 생각해 보았지만 아무리 생각해 보아도 누군지 전혀 알 수가 없었다.

『한나가 행복한 결혼을 한다는 일은 축하할 일이지만 쉐리를 데리고는 글쎄…. 결혼생활이 얼마나 어렵겠어요.』

『한나는 주님이 자기에게 원하시는 것이 무엇인가를 항상 행동하기 전에 생각하고 기도한 후에 꼭 주님이 좋아하시는 대로 결정하는 사람이니까 누구하고 결혼을 하더라도 행복해질거요. 그리고 쉐리 문제도 잘 해결되겠지요.』

사실 한나에게는 언제나 말이나 행동에 앞서 생각하는 습관이 있었다. 즉 자신은 마음에 예수님을 모셨다는 강한 의식 때문에 어떠한 때에라도 말이나 행동에 다급하거나 함부로 하는 법이 없었다. 그래서 쉐리가 그렇게 뛰어 돌아다녀도

「기도했으니까, 주님이 아시는데!」

하며 주님이 자기한테 가르치실 일이 있어서 쉐리의 그 모양을 때가 될 때까지 지켜보면서 깨닫고, 고치고, 회개해야 할 것을 부지런히 찾는다고 했다. 그 얼마나 조심성있는 태도인가.「주여, 주여」만 하는 것이 아니고 자기를 구원해 주시고 인도해 주시는 예수님께서 지시하시는 대로 행동하며 살고있는 그녀의 태도는 그녀의 생긴 것과 꼭 같아서 아름답기만 하였다.

그래서 누구나 그녀에게 매력을 느끼고 그녀 말을 잘 듣고 또 그녀를 무척 사랑하며 아꼈다. 항상 성경을 읽는 그녀의 모습은 얼마나 진지하고 정성스러운지 마치 애인의 편지를 읽고 있는 사람같이 보였다. 또 그녀의 기도하는 모습도 마치 그림을 보는 것 같았다.

그녀는 항상 직장에서 돌아오면 먼저 교회당에 와서 기도를 했다. 오래하는 기도는 아니었다. 마치 아버지 방에 들어가서 인사하고 할 말을 여쭙고 나오는 사람의 태도였지만 워낙 아름다운 한나가 하는 일이어서 그런지 더욱 우아하고 고상하고 아름답게만 보이는 것이었다.

그런데 한번은 한나가 목사님을 찾아와서 말했다.
『목사님, 저는 대니와 결혼을 하고 선교사가 되겠어요.』
『뭐? 대니와?』
『네.』
대니는 물론 총각이었고 키도 한나보다 컸다. 게다가 대학도 나온 사람이었다. 그러나 대니는 지독한 노랑머리에다 얼굴에는 주근깨가 가득했고 또 촌스럽게 생겨 매력이라고는 전혀 찾아볼 수 없는 청년이었다. 그런데 왜 한나가 대니를 택하게 되었는지 알게 되었다.

대니는 믿음이 있는 청년이었다. 그의 친구 하나가 멕시코 벽촌에 가서 선교하고 있는데 너무 힘이 들어서 대니에게 와서 좀 도와달라고 애원했다. 한나는 대니에게 우연히 그 말을 듣고 나서 기도를 많이 하며 주님의 뜻이 어디 있는지 구했다. 만일 주님이 원하시면 대니를 따라 그 어려운 선교지에 가서 도우리라 결심한 것이었다.

그래서 한나는 쉐리 아빠 빌리를 만나서 쉐리를 데려가도 좋겠는가 아니면 쉐리를 아빠가 맡겠는가를 의논한 것이었다.

어느날 한나는 대니와 간단하게 결혼식을 올리고는 곧 멕시코 벽촌으로 떠나갔다.

모든 일이 너무도 급하게 진행됐다. 대니는 몹시 좋아했다. 그리고 그 얼굴에는 선교사가 된다는 자부심과 희생의 결심이 가득했다.

결국 우리는 한나를 대니에게 넘겨준 셈이 되고 말았다.

그들이 떠난 후에 교회는 너무나 쓸쓸해졌다. 모두 놀랐고 모두 아쉬워했고 모두 축복을 해주었다. 그 우아하고 고상하고 공손하고 착하고 예쁘고 아름다운 한나는 이렇게 영원히 우리 눈앞에서 사라졌다.

「위 위」하며 쉬지 않고 뛰어 돌아다니던 노랑머리 쉐리도 볼 수 없게 되었다. 그들이 간 곳은 멕시코 벽촌이어서 편지도 잘 가고 올 수 없다 했다. 그래서 우리는 마치 주님의 편지 복음을 받아들고 멀고 먼 광야로 떠나는 사자들을 전송하는 마음으로 그들을 떠나보냈다.

울고 싶었지만 주님이 보시기에 염치없고 죄스러워 우는 대신 찬송을 불렀다.

아버지 보좌와 그 영광 떠나서

밤 같은 세상에 만 백성 구하려
내 몸을 희생했건만 넌 무얼하느냐
이것이 귀중하건만 너 무엇하느냐

우리가 대신 갔으면 얼마나 얼마나 좋을까?
한나 이 어여쁜 그리스도인 자매여!
우리 믿는 자가 다 당신 같았으면
우리 주님이 세상에 오셔서 받으신
모든 고난과 희생이 얼마나 대견하시고 만족하실까!

옛 사무엘의 엄마도 한나였지!
삼년이라는 짧은 기간을 우리와 함께 산 현대판 한나는 그를 보고 안 사람들의 마음 속에 영원한 모범을 세웠다.
더욱이 우리 목자의 가슴 속에!

교회에 오는 분이 다
예수님을 믿고
한나같이 살면
주님이 얼마나 기쁘실까?
저 높은 곳에 이르는 그날
내 평생 원하고 바라던 예수님을 뵙고
가슴이 터질 지경으로 기쁜 그 순간
한나의 그 아름다운 모습을 찾았을 때
나는 무어라고 말할 것인가?
나는 그래서 멕시코를 잊지 못한다.
그 아름다운 한나가 있는 곳이기 때문에.

## 그럴 수도 있지

제1판  1쇄 발행 1990년 8월 15일
제1판 55쇄 발행 2024년 8월 30일

지은이   안이숙
발행인   김용성
펴낸곳   요단출판사
        07238 서울특별시 영등포구 국회대로 76길 10
기  획   (02)2643-9155
보  급   (02)2643-7290  Fax (02)2643-1877
등  록   1973. 8. 23. 제13-10호

ⓒ 요단출판사 1990

값 19,000원
ISBN 978-89-350-0015-9  03230

이 책의 저작권은 요단출판사가 소유하고 있습니다.
신 저작권법에 의하여 한국 내에서 보호 받는 저작물이므로 무단 전재와 무단 복제를 금합니다.

# 내일 일은 난 몰라요

작사 • 안이숙

1. 내일 일은 난 몰라요 하루 하루 살아요
   불행이 나요 행함이 도 내 뜻 송대로 못해 갈래요
   험한 이 길 가고 가도 끝은 없 고 곤해 요서
   주님 예수 팔 내 미사 내 손 잡 아 주소서
   내일 일은 난 몰라 요 장래 일 도 몰라 요
   아버지 여 날 붙 드사 평탄한 길 주옵소서

2. 좁은 이 길 진리의 길 주님 가신 그 옛 길
   내 가슴에 채운 진리 밝고 맑고 환해요
   예수 님의 그 언약은 사랑이 들 려 힘이니 힘이나
   내 마음은 정했어요 변치 말 게 합소서
   아버지 여 아버지 여 주신 소 명 이루소서

3. 내일 일은 난 몰라도 가는 길 난 알아요
   내 가슴에 채운 진리 밝고 맑고 환해요
   성신 님의 그 은혜로 사랑 이 들 려 주시니
   내 용감하고 겸손하여 그 사랑 전할래요
   내일 일은 난 몰라도 가는 길 난 알아
   아버지 여 아버지 여 언제 가 서 뵈오리까

### 요단 사역정신

"그러므로 너희는 가서 모든 민족을 제자로 삼아 아버지와 아들과 성령의 이름으로 침(세)례를 베풀고 내가 너희에게 분부한 모든 것을 가르쳐 지키게 하라 볼지어다 내가 세상 끝날까지 너희와 항상 함께 있으리라 하시니라"

1. **For God and Church**
   하나님의 영광과 그의 몸 된 교회의 영적 성장과 성숙을 위한 도서를 엄선하여 출판한다.

2. **Prayer-focused Ministry**
   기획 · 편집 · 제작 · 보급의 전 과정을 기도 가운데 진행한다.

3. **Path to Church Growth**
   건강한 교회를 세우는 축복의 통로로 섬긴다.

4. **Good Stewardship and Professionalism**
   선한 청지기와 프로정신으로 문서 사역에 임한다.

5. **Creating a Culture of Christianity by Developing Contents**
   각종 문화 컨텐츠를 개발함으로 기독교 문화 창달에 기여한다.